# LA THÉORIE DE L'EFFICIENCE DYNAMIQUE

# Collection « L'esprit économique »

fondée par Sophie Boutillier et Dimitri Uzunidis en 1996
dirigée par Sophie Boutillier, Blandine Laperche, Dimitri Uzunidis

Si l'apparence des choses se confondait avec leur réalité, toute réflexion, toute Science, toute recherche serait superflue. La collection « L'esprit économique » soulève le débat, textes et images à l'appui, sur la face cachée économique des faits sociaux : rapports de pouvoir, de production et d'échange, innovations organisationnelles, technologiques et financières, espaces globaux et microéconomiques de valorisation et de profit, pensées critiques et novatrices sur le monde en mouvement...
Ces ouvrages s'adressent aux étudiants, aux enseignants, aux chercheurs en sciences économiques, politiques, sociales, juridiques et de gestion, ainsi qu'aux experts d'entreprise et d'administration des institutions.

La collection est divisée en six séries :

Dans la série *Economie et Innovation* sont publiés des ouvrages d'économie industrielle, financière et du travail et de sociologie économique qui mettent l'accent sur les transformations économiques et sociales suite à l'introduction de nouvelles techniques et méthodes de production. L'innovation se confond avec la nouveauté marchande et touche le cœur même des rapports sociaux et de leurs représentations institutionnelles.

La série *Economie formelle* a pour objectif de promouvoir l'analyse des faits économiques contemporains en s'appuyant sur les approches critiques de l'économie telle qu'elle est enseignée et normalisée mondialement. Elle comprend des livres qui s'interrogent sur les choix des acteurs économiques dans une perspective macroéconomique, historique et prospective.

Dans la série *Le Monde en Questions* sont publiés des ouvrages d'économie politique traitant des problèmes internationaux. Les économies nationales, le développement, les espaces élargis, ainsi que l'étude des ressorts fondamentaux de l'économie mondiale sont les sujets de prédilection dans le choix des publications.

**La série *Krisis* a été créée pour faciliter la lecture historique des problèmes économiques et sociaux d'aujourd'hui liés aux métamorphoses de l'organisation industrielle et du travail. Elle comprend la réédition d'ouvrages anciens, de compilations de textes autour des mêmes questions et des ouvrages d'histoire de la pensée et des faits économiques.**

La série *Clichés* a été créée pour fixer les impressions du monde économique. Les ouvrages contiennent photos et texte pour faire ressortir les caractéristiques d'une situation donnée. Le premier thème directeur est : mémoire et actualité du travail et de l'industrie ; le second : histoire et impacts économiques et sociaux des innovations.

La série *Cours Principaux* comprend des ouvrages simples, fondamentaux et/ou spécialisés qui s'adressent aux étudiants en licence et en master en économie, sociologie, droit, et gestion. Son principe de base est l'application du vieil adage chinois : « le plus long voyage commence par le premier pas ».

Jesús Huerta de Soto

# La théorie de l'efficience dynamique

L'Harmattan

*Traduit de l'espagnol par Madame Rosine Letinier.*



**5-7, rue de l'École-Polytechnique ; 75005 Paris**

http://www.editions-harmattan.fr/

ISBN : 978-2-343-12526-8
EAN : 9782343125268

## PRÉFACE

Ce volume compile l'ensemble de mes travaux et articles publiés, tout au long de ces dix dernières années académiques. De cette manière, je compte faciliter le travail des étudiants et chercheurs intéressés par l'analyse et la poursuite de mes œuvres, leur présentant intégralement, une série de publications qui, autrement, auraient été laborieuses à réunir ou plus simplement difficile d'accès.

Cet ouvrage leur offre ainsi la possibilité de mieux suivre et comprendre l'évolution de ma pensée au cours de la dernière décennie, concernant des sujets variés, tels que, la théorie économique, la philosophie politique et leurs applications respectives aux problèmes les plus pressants de la réalité sociale.

J'ai structuré ce livre en cinq sections consacrées, respectivement, à mes essais les plus marquants avec une section finale dans laquelle j'inclus huit entretiens qui ont eu un écho important dans divers moyens de communication. Le lecteur remarquera comment, d'une part, je continue à consacrer tout mon effort académique et intellectuel à promouvoir et cultiver l'approche humaniste et pluridisciplinaire propre de la dénommée École autrichienne d'économie ; et comment, d'autre part, je cherche à offrir dans ce volume un net contraste entre les purs principes de la théorie, qui admet sans compromis, la poursuite illimitée de la vérité scientifique, et son application pratique aux problèmes les plus urgents, propres aux faits historiques et actuels que nous vivons. Ainsi, il se confirme qu'à chaque étape il n'y a rien de plus pratique qu'une solide théorie (c'est-à-dire, correcte), qui nous permet de comprendre ce qui se passe dans la réalité, et nous guide au fur et à mesure dans la direction la plus adéquate pour les prochaines étapes.

# CHAPITRE I

# LA THÉORIE DE L'EFFICIENCE DYNAMIQUE

## INTRODUCTION

Les critères traditionnels d'efficacité allocative d'origine parétienne, utilisés le plus souvent jusqu'ici en sciences économiques, sont affligés d'un caractère nettement statique et sont donc insuffisants pour être appliqués comme critères normatifs à la riche dynamique des institutions sociales de la vie réelle[1]. C'est pourquoi il faut remplacer le critère traditionnel d'efficience par un autre, que nous appellerons « *critère d'efficience dynamique* » et qui, d'une part, soit capable de combler les vastes lacunes des critères traditionnels d'origine parétienne et d'autre part, permette une application facile dans le domaine des institutions sociales.

Ce travail présente trois sections nettement différenciées. La première section rappelle le processus de formation du concept d'efficience parétienne. Ce concept se développe de la même façon que l'idée d'efficience énergétique apparue au XIX siècle en physique et mécanique. L'idée de cette section est d'expliquer pourquoi le critère traditionnel d'efficience parétienne, est devenu l'axe sur lequel pivotent toute l'économie du bien-être et une grande partie de l'analyse économique du droit. Ce critère est profondément enserré dans la statique comparative et, donc, difficilement applicable à la riche dynamique institutionnelle.

La seconde section présente le concept d'*efficience dynamique* qui est la conséquence naturelle de la théorie des processus de marché. Cette efficience dynamique est mise en action par la capacité, à la fois créative et coordinatrice, de l'esprit d'entreprise. Bien que le critère d'efficience dynamique n'ait pas encore réussi à s'introduire de façon généralisée dans notre discipline, les différents auteurs se sont intéressés à la question de l'efficience dynamique. Des économistes de l'envergure de Mises, Hayek, Schumpeter ou d'autres, plus récents, comme Rothbard, Kirzner, North, avec leur concept d'« *efficience adaptative* », ou Leibenstein, avec son concept d'« *efficience-X* », se sont souciés, d'une façon ou d'une autre, de développer ou de proposer d'autres critères, plus ou moins proches de notre concept de l'efficience dynamique. Dans cette section, nous étudierons et mettrons en relation les divers apports de ces auteurs dans ce domaine.

La troisième et dernière section de cet article est consacrée à l'analyse de l'un des aspects que nous considérons le plus important et prometteur, à savoir l'étude de la relation intime existante, à notre avis, entre le critère proposé d'efficience dynamique et le cadre de principes éthiques prépondérants dans chaque société. D'un côté s'ouvre un champ de recherche important et fructueux pour les futurs économistes. L'application systématique du critère d'efficience dynamique à chacune des institutions sociales (juridiques, morales

[1] Voir Huerta de Soto (2001a) et (2002a).

et économiques) permet une évaluation spécifique de celles-ci selon un critère distinct du traditionnel parétien. D'un autre côté, l'analyse réalisée nous donne les moyens d'identifier les principes éthiques qui permettent l'efficience dynamique et, donc, le développement et le progrès coordonné de la société et de la civilisation. Nous aurions ainsi réussi à établir une relation directe entre le domaine de la science économique et celui de l'éthique ; cela favoriserait une relation fructueuse entre les deux disciplines, qui s'en trouveront mutuellement renforcées.

## 1. La formation du critère d'efficience statique : une analyse critique

### a) *Antécédents historiques*

Le terme « efficience » procède étymologiquement du latin *efficiens* qui vient, à son tour, du verbe latin *ex facio*, « *sortir quelque chose de* » (Blánquez, 1998, p. 567, 2° acception). L'application de l'idée de l'efficience au domaine économique – capacité de « *sortir quelque chose de* » –, est antérieure au monde romain et remonte même à la Grèce classique, qui utilisa la première le terme « *économie* » (oikonomìa) pour désigner l'administration efficiente de la propriété ou maison de famille. Ainsi, 380 ans avant Jésus-Christ, Xénophon dit à Socrate, dans l'*Économique*, que l'économie est un « *savoir* » qui permet aux hommes d'accroître leur maison » ; tout en considérant que la maison est « *la même chose que la totalité des biens* », et en définissant le bien comme « *ce qui est utile à la vie de chacun* » (Jenofonte, 1966, p. 316). Or, Xénophon lui-même se soucie, dans les dialogues suivants et après cette définition si moderne et subjectiviste de l'économie, d'expliquer qu'il existe deux manières d'accroître la maison, comparables à deux dimensions différentes du concept d'efficience.

D'une part, la dimension que l'on pourrait appeler « *efficience statique* » : celle qui consiste en la bonne gestion des ressources disponibles (ou « *données* ») visant à éviter leur gaspillage. Selon Xénophon, cette gestion efficiente consisterait, avant tout, à maintenir le bon *ordre* des choses de la maison[2], et à superviser soigneusement l'administration de ses biens, à les surveiller et à les entretenir le mieux possible. Pour conclure et résumer l'ensemble des capacités nécessaires à la gestion efficiente des ressources « *données* », il cite la réponse judicieuse attribuée au grand roi barbare qui « tomba sur un bon cheval, et voulant l'engraisser le plus vite possible, demanda à un connaisseur en chevaux ce qui engraisse le plus rapidement le cheval. On raconte que celui-ci lui répondit : « *l'œil de son maître* ». De la même manière, Socrate, il me semble que, dans tous les domaines, c'est l'œil du maître qui obtient les meilleurs résultats »[3].

Mais, à côté de cette dimension du concept d'efficience que nous avons qualifiée de « *statique* », Xénophon parle aussi d'une dimension complémentaire de caractère « *dynamique* » ; celle-ci consiste à augmenter les biens en se faisant entrepreneur et en se livrant au commerce de ces biens. Il s'agit, en somme, d'augmenter les biens en pratiquant la créativité entrepreneuriale, c'est-à-dire le

---

[2] « *Rien n'est aussi utile, femme, ni aussi beau pour les hommes que l'ordre* » (Jenofonte, 1966, p. 338).

[3] *Ibid.*, p. 380.

commerce et la spéculation, plus qu'en évitant le gaspillage des ressources que l'on possède déjà. Xénophon donne deux exemples d'activités concrètes pour illustrer ce travail fondé sur la créativité entrepreneuriale. Le premier exemple concerne l'achat des terres mal cultivées ou incultes, les bonifier et les revendre ensuite beaucoup plus chères[4]. Le deuxième exemple d'efficience dynamique permettant d'augmenter les biens et d'obtenir de nouvelles ressources que l'on ne possédait pas est celui des commerçants qui achètent du blé là où il abonde et donc, à bon marché, puis le transportent et le vendent beaucoup plus cher là où, à cause de la sècheresse ou d'une mauvaise récolte, se sont propagées la rareté et la famine[5].

Cette tradition consistant à distinguer clairement deux dimensions différentes du concept d'efficience, la statique et la dynamique, se poursuit même jusqu'au Moyen-Age. Par exemple, Saint Bernardin de Sienne considère justifiés les revenus de commerçants et artisans au vu de leurs *industria* et *pericula ;* c'est-à-dire, d'une part, en raison de la bonne et diligente gestion de leurs ressources (données) – comportement diligent orienté à éviter le gaspillage (efficience statique) –, et d'autre part en raison de la prise en charge des risques et dangers *(pericula)* dérivant de toute spéculation entrepreneuriale (efficience dynamique) (Rothbard, 1999, p. 114).

b) *L'influence de la physique mécanique*

Cependant, et malgré ces antécédents encourageants, le concept d'efficience économique se rétrécit progressivement à partir de l'Époque moderne et finit par ne plus comprendre que la dimension statique, c'est-à-dire l'activité diligente tendant à éviter le gaspillage des ressources « données ». Dans cette évolution réductionniste, qui appauvrit beaucoup, le concept d'efficience et ses deux dimensions distinctes déjà exprimées par Xénophon, la façon dont l'apparition et le développement de la physique mécanique finit par affecter l'évolution de la pensée économique, en particulier à partir du XIX siècle, a une influence déterminante.

Avec l'avènement du modernisme, la physique prend, en effet, la place de l'astronomie comme « science par antonomase », et finit par se construire sur le concept d'« *énergie* », le concept abstrait sur lequel discutent tous les physiciens, même s'ils ne s'accordent pas sur ce qu'est exactement l'énergie, sauf quand ils

---

[4] « *Le moyen le plus efficace de s'enrichir en agriculture, pourvu que l'on soit diligent et travailleur, mon père le mit en pratique et me l'enseigna. Il ne permettait nullement d'acheter un terrain bien cultivé ; il conseillait, au contraire, d'acheter celui qui à cause de la négligence ou l'incapacité de ses propriétaires serait inculte ou à l'abandon. Il disait, en effet, que les terrains bien cultivés coûtent très cher et ne peuvent pas être bonifiés… et rien n'est plus bonifié qu'un champ en friche rendu productif. Sois sûr, Socrate, que nous avons réussi à ce que beaucoup de terrains atteignent une cotisation bien supérieure à leur valeur originelle* » (Jenofonte, 1966, p. 426).

[5] « *Les commerçants, en effet, pris d'une passion fervente pour le blé, s'embarquent pour aller le chercher où qu'il se trouve, sillonnant la mer Égée, le Pont-Euxin et la mer de Sicile. Aussitôt, ils en prennent la plus grande quantité possible et le transportent par mer, le chargeant même sur le bateau sur lequel il navigue. Puis, lorsqu'ils ont besoin d'argent, ils ne s'en défont pas n'importe où ni au hasard, mais se rendent à n'importe quel endroit où sa valeur est la plus haute et où il est le plus prisé, pour le livrer aux habitants* » (Jenofonte, 1966, p. 428).

observent ses effets sous forme de force ou mouvement[6]. En ce sens, la « loi de la conservation de l'énergie » acquiert un rôle de premier plan dans le développement de la physique, et on ne doit pas oublier son caractère essentiellement statique (« *l'énergie ne se crée pas, ne se perd pas, elle se transforme...* »). Plus tard, la deuxième loi de la thermodynamique énonce que, dans tout processus physique, une part d'énergie se gaspille, par exemple sous forme de chaleur qui se dissipe, de sorte que les systèmes physiques ne seraient pas réversibles. Ces deux lois jouent un rôle clé dans le développement de la physique au XIX siècle et expliquent pourquoi la plupart des scientifiques ne conçoivent pratiquement les phénomènes physiques que sous l'angle de l'« *énergie* ». En outre, la principale application pratique de la science physique se concrétise dans le développement du génie mécanique, construit exclusivement sur le concept (statique) d'efficience énergétique, que les ingénieurs définissent comme la « *minimisation dans le gaspillage de l'énergie* ». La machine à vapeur, devenue le bien d'investissement le plus typique de la Révolution industrielle, en est un exemple très illustratif. Elle sert à transformer la chaleur en mouvement et levée de poids. L'objectif de tout bon ingénieur mécanique était d'obtenir le maximum d'efficience (statique), c'est-à-dire le maximum de mouvement avec le minimum de consommation ou gaspillage d'énergie.

Cette conception réductionniste de l'efficience (statique) finit par dominer aussi le langage courant. Ainsi, en anglais, le *Webster's Dictionary* qualifie d'« *efficiente* » toute action qui « *minimise le gaspillage* »[7]. L'idée d'efficience, en espagnol, est intimement liée à la capacité d'obtenir un certain effet ou rendement, et le *Diccionario de la Lengua Española* définit le terme rendement comme la « *proportion entre le produit ou résultat obtenu et les moyens utilisés* »[8] (l'un et les autres étant donnés ou connus).

Cela étant, le plus important est peut-être de souligner maintenant l'influence négative que la conception statique de l'efficience énergétique a exercée sur le développement de la science économique. Ainsi, Hans Mayer et Philip Mirowski (Mayer, 1994) ont signalé que l'économie néoclassique se développait comme une copie de la physique mécanique du XIX siècle, avec une unité de technique formelle, remplaçant le concept d'énergie par celui d'utilité et appliquant les mêmes principes de conservation, maximisation du résultat et minimisation du gaspillage[9].

L'auteur le plus connu qui illustre le mieux cette influence de la physique sur la science économique est Léon Walras. Dans son article « *Économie et mécanique* » de 1909, il dit que la science physico-mathématique et ses *Éléments d'économie théorique pure* utilisent des formules mathématiques identiques, et insiste sur le parallélisme existant entre les concepts de force et de *rareté*

---

[6] De fait, le terme « *énergie* » procède, lui aussi, étymologiquement du grec et signifie « *action vigoureuse* ».

[7] « Marked by ability to choose and use most effective and *least wasteful means* of doing a task or accomplishing a purpose », 1981, *Webster's Third New International Dictionary*, Encyclopédie Britannique, Chicago et Londres, vol. 1, p. 725 (les italiques sont de moi).

[8] 1992, *Diccionario de la Lengua Española*, Real Academia Española, Espasa Calpe, Madrid, pp. 1254 et 559.

[9] Mirowski (1989). Plus tard, Mirowski (2002) a encore affiné son analyse critique du mécanisme de l'École néoclassique, qu'il qualifie de « *Cyborg incursion into economics* ».

(considérés comme vecteurs par Walras), d'une part, et ceux d'énergie et utilité (considérés par Walras comme quantités scalaires), d'autre part[10].

En somme, l'influence de la physique mécanique fait disparaître la dimension créatrice et spéculative qu'avait le concept d'efficience économique depuis l'origine. Il ne reste que la dimension réductionniste et statique de ce concept, laquelle vise exclusivement à minimiser le gaspillage de ressources économiques considérées, connues et données. On peut, par exemple, rappeler la définition du mot « efficience allocative » donnée par *The New Palgrave Dictionary of Economics* – et due à Stanley Reiter – : « maximisation de la satisfaction de besoins soumise à des restrictions de ressources et de technologie » données[11].

Que l'article consacré à l'efficience économique, dans le dictionnaire incontestablement le plus important de notre discipline, ne mentionne aucunement la dimension dynamique du concept d'efficience économique, est un fait aussi illustratif que décourageant. Surtout si l'on sait que, dans la vie réelle, ni les ressources ni la technologie ne sont « données », mais peuvent varier et varient, en effet, continuellement du fait de la créativité entrepreneuriale. Et si elles varient, il est évident qu'il existe toute une dimension du concept d'efficience (la dimension dynamique), de très vieille souche (elle peut remonter à Xénophon, nous l'avons vu), et qu'on ne peut l'ignorer sans que l'analyse économique de la réalité ne le paye très cher.

Le concept réductionniste d'efficience statique a également une forte répercussion dans le monde de l'organisation d'entreprise depuis le début du XX siècle avec l'apparition du taylorisme. Frédéric W. Taylor défend, en effet, dans son livre *The Principles of Scientific Management* (1911), l'établissement dans toutes les entreprises, d'un département d'« efficience productive » dont les objectifs seraient : premièrement, de contrôler les travailleurs ; deuxièmement, de mesurer leurs temps de travail, et troisièmement, d'éviter tout gaspillage (Taylor, 1967, p. 69). Ce concept réductionniste de l'efficience statique devient, de fait, une espèce d'idole à laquelle il semble tout devoir sacrifier, cette obsession (qu'on pourrait qualifier de « culte ») pour l'efficience s'étendant même au champ de l'idéologie politique.

Un exemple intéressant de ce phénomène est celui que représente le ménage de socialistes Fabiens formé par Sydney et Béatrice Webb qui, scandalisés par les « gaspillages » qu'ils observent dans le système capitaliste, décident de fonder la *London School of Economics* afin de stimuler la réforme du système économique pour en éliminer le gaspillage et le rendre « efficient ». Plus tard, les Webb ne devaient pas cacher leur grande admiration pour l' « efficience » qu'ils croient observer dans la Russie soviétique, à tel point que Béatrice dit qu' « elle était tombée amoureuse du communisme soviétique ».

Un autre auteur important tomba dans le rets de la conception statique de l'efficience économique ; c'était John Maynard Keynes, qui dans son introduction à la version allemande de la *Théorie Générale*, publiée en 1936,

---

[10] « Aussi a-t-on signalé celles des *forces* et des *raretés* comme *vecteurs*, d'une part, et celles des *énergies* et des *utilités* comme *quantités scalaires*, d'autre part » (Walras, 1909, « Économique et Mécanique », *Bulletin de la Société Vaudoise de Sciences Naturelles*, n° 45, p. 318 (cité par Mirowski, op. cit., p. 220).

[11] Eatwell, J., Milgate, M., Newman, P., 1987, *The New Palgrave Dictionary of Economics*, Macmillan, Londres, vol. II, p. 107.

indique expressément que ses prescriptions de politique économique « sont plus facilement adaptables aux conditions d'un État totalitaire ». Keynes loua, en outre, sans réserve, le livre *Soviet Communism* que les Webb avaient publié en 1933[12].

c) *Le concept statique d'efficience et l'« économie du bien-être »*

L'évolution décrite au paragraphe précédent atteint son apogée à partir des années 20 et 30 du siècle dernier, moment où le concept statique d'efficience économique devient le noyau de recherche[13] autour duquel se développe toute une nouvelle discipline qui finit par s'appeler « économie du bien-être » et qui est élaborée à partir d'une série de points de vue différents.

Ainsi, selon l'optique pigouvienne, l'efficience maximale du système économique serait atteinte lorsque les utilités marginales de tous les facteurs seraient égalisées ; il faudrait, pour ce faire, redistribuer le revenu jusqu'à ce que la dernière unité monétaire de chaque acteur procure à chacun la même utilité marginale. Pigou complète ainsi la tradition de l'utilitarisme étroit, commencée avec Jeremy Bentham et continuée par les marginalistes naïfs (Sax, Sidgwick, etc.). L'optique de Pigou implique de faire des comparaisons interpersonnelles d'utilité et d'introduire des jugements de valeur méta-scientifiques, en sorte qu'elle fut, de façon générale, rapidement remplacée par l'optique parétienne.

D'après celle-ci, un système économique se trouve dans une *situation* d'efficience si l'on ne peut pas favoriser quelqu'un sans nuire à une autre personne. Cette optique, bien que restant statique, évita apparemment la nécessité de faire des comparaisons interpersonnelles d'utilité et engagea divers spécialistes de l'économie du bien-être (Lerner, etc.) à élaborer le « premier théorème de l'économie du bien-être », d'après lequel le système de concurrence parfaite réussit une allocation efficace au sens parétien. La démarche suivante consista à identifier une série de « défauts du marché » qui engendreraient prétendument des inefficiences (au sens statique) en éloignant le système économique du modèle de « concurrence parfaite » (on parle ainsi, d'abord, des cas de monopole et des effets externes, pour analyser ensuite des situations plus sophistiquées d'inefficience statique, comme celles d'information asymétrique, risque moral ou *aléa moral*, marchés incomplets, etc.). On propose aussi, parallèlement, l'optique de Kaldor-Hicks qui introduit le principe analytique de la « compensation potentielle » : la situation II est considérée plus efficiente que la I si ceux qui gagnent peuvent compenser ceux qui perdent (Kaldor) ; ou si ceux qui perdent dans la II ne peuvent pas « suborner » ceux qui gagnent en passant de la I à la II, pour qu'ils n'effectuent pas ce changement (Hicks)[14].

Plus tard est élaboré le « deuxième théorème fondamental de l'économie du bien-être », d'après lequel l'efficience parétienne serait compatible avec divers

---

12 « *Are more easily adapted to the conditions of a totalitarian state* », (Keynes, 1973, vol. II, p. XXVI ; et vol. XXVIII, pp. 333-334). Keynes se fit également l'écho des affirmations des intellectuels obnubilés par les triomphes économiques de l'Union soviétique (« *je suis allé dans le futur et ça marche* »). Voir aussi Ralph Raico (1997).

13 Voir *infra*, p. 11 et s.

14 Sur l'impossibilité pratique d'appliquer le critère de Kaldor-Hicks, consulter l'article de Stringham (2001, pp. 41-50).

états de dotations initiales. Ce théorème oblige à considérer que les critères d'efficience et d'équité peuvent être isolés et se combiner dans des proportions différentes. Bergson et Samuelson, de leur côté, introduisent la « *fonction de bien-être social* » qui, bien que retombant dans les comparaisons interpersonnelles d'utilité, permettrait d'éliminer l'indétermination du point d'efficience maximale entre tous ceux qui sont efficients selon Pareto et qui constituent la courbe de possibilités maximales de production.

Plus tard, cependant, Arrow devait démontrer qu'il est impossible d'obtenir une fonction de bien-être social qui satisfait une série de conditions de cohérence assez raisonnables (« *troisième théorème fondamental de l'économie du bien-être* »). Un autre prix Nobel d'économie, Amartya K. Sten, démontra aussi, dans le même sens, l'impossibilité de concevoir une fonction de bien-être social qui remplit simultanément l'optimum de Pareto et les critères traditionnels du libéralisme, fondamentalement parce qu'on ne peut pas « *agréger* » les classements individuels d'utilité ordinale. Ainsi, il n'est pas possible de satisfaire, avec la fonction de bien-être social, toutes les préférences individuelles[15].

d) *Critiques de l'économie du bien-être et de son concept d'efficience statique*

Nous ne pouvons évidemment pas reprendre en détail toutes les critiques qui ont été faites aux différents critères d'efficience statique ayant apparu dans le cadre de l'économie du bien-être. Une abondante littérature, impossible à reproduire ici, analysait et critiquait ces points de vue. Néanmoins, nous ferons un résumé des critiques les plus courantes, essentiellement dans le but de les comparer avec celle qui, à notre avis, est, de loin, la plus importante, mais est pratiquement restée dans l'oubli jusqu'à nos jours.

Ainsi, premièrement, les différents critères d'efficience statique utilisés dans le domaine de l'économie du bien-être impliquent l'introduction plus ou moins subreptice de jugements de valeur dépourvus d'objectivité scientifique. Cela est évident, nous l'avons dit, dans le cas des points de vue de Pigou et de la fonction de bien-être social, car les deux exigent d'effectuer, pour avoir un contenu opératif, des comparaisons interpersonnelles d'utilité, scientifiquement illégitimes, selon l'opinion manifestée par la majorité des économistes depuis Lionel Robbins. En outre, il n'est pas évident qu'un même individu puisse effectuer des comparaisons d'utilité et par rapport à lui-même, si elles concernent des moments et un contexte d'actions différentes car, dans ce cas, et quoiqu'il s'agisse de la même personne, ce serait une comparaison de dimensions souvent distinctes et hétérogènes, difficilement comparables. D'autre part, même l'optique parétienne ne pourrait pas, malgré les apparences, être considérée comme totalement neutre du point de vue des comparaisons interpersonnelles de jugements de valeur : un jaloux, par exemple, pourrait se sentir réellement lésé si se produisait une amélioration parétienne (dans laquelle quelqu'un serait avantagé sans nuire « *apparemment* » à personne, sauf, bien sûr, au jaloux).

Deuxièmement, les diverses approches de l'économie du bien-être présentent un défaut important : elles supposent que les classements individuels d'utilité et les différentes possibilités s'ouvrant à chaque acteur sont « *donnés* »,

[15] Voir le résumé de l'état de la question par Gámir (1966).

c'est-à-dire sont connus et ne changent pas. Autrement dit, elles supposent toujours qu'il existe des «*fonctions d'utilité*», et que celles-ci sont constantes et connues. Cette supposition est particulièrement restrictive et critiquable dans le cas de l'approche pigouvienne. Sa proposition normative de redistribution du revenu implique la réalisation de comparaisons interpersonnelles d'utilité ainsi que provoquerait, par son application pratique, un changement radical dans les «*fonctions d'utilité*» correspondantes, et (ce qui est beaucoup plus important, comme nous le verrons) affecterait complètement le processus entrepreneurial de coordination.

Troisièmement, les critères d'efficience statique sont encore très influencés par le concept d'efficience technique qui dérive de la physique mécanique. Cela, malgré tous les efforts réalisés par de célèbres économistes (Robbins, Lipsey, Alchian et Alle, etc.) pour essayer de distinguer, une fois pour toutes, l'efficience technique ou technologique de l'efficience économique (Robbins, 1972, pp. 36-37 ; Lipsey, 1973, pp. 222-224 ; Alchian et Allen, 1964, pp. 435-437).

Ainsi, on a allégué l'argument suivant : alors que l'efficience technique ou technologique consisterait à minimiser l'utilisation d'inputs en termes physiques (par exemple, tonnes de charbon, barils de pétrole, etc.) pour atteindre un certain résultat, l'efficience économique consisterait en la même chose, c'est-à-dire la minimisation de l'utilisation d'inputs, non pas en termes physiques, mais en termes de coûts (unités d'input multipliées par leur prix de marché). Or, si l'on suppose, comme c'est le cas pour tous les critères d'efficience statique cités, que les technologies et les prix de marché sont « donnés », c'est-à-dire connus et invariables, il est évident que le *modus operandi* de l'efficience économique (dans sa version statique) et de l'efficience technique seraient identiques : tous deux consisteraient en une simple opération mathématique de maximisation soumise à des restrictions connues. L'on peut, donc, conclure qu'il existe, dans le contexte de l'économie du bien-être, une pleine similitude formelle entre le concept d'efficience technique et le concept statique d'efficience économique. Autrement dit : *la conception statique de l'économie réduit le concept d'efficience économique à un problème technique élémentaire de maximisation,* qui pourrait, en tout cas, être résolu avec un simple ordinateur dans lequel on introduirait les données qui sont toujours supposées connues dans les modèles d'efficience statique[16].

Néanmoins, et malgré leur importance, les critiques précédentes ne comprennent pas vraiment ce que nous estimons devoir être la critique fondamentale à faire aux différents critères d'efficience proposés dans le cadre de l'économie du bien-être. Car ceux-ci ne s'arrêtent qu'à l'un des aspects du concept d'efficience économique. Ils sont exclusivement axés sur la dimension statique de l'efficience économique, où l'on suppose, d'abord, que les ressources sont données et ne varient pas et, ensuite, que le problème économique fondamental consiste à éviter leur gaspillage, *sans tenir compte, pour juger, par exemple, une entreprise, une institution sociale ou tout un système économique, de son efficience dynamique, c'est-à-dire sa capacité à encourager, d'une part, la créativité*

[16] Après avoir écrit ces lignes, je me suis aperçu que Buchanan (1979, p. 25) suggérait la même idée.

*entrepreneuriale et, d'autre part, la coordination ou capacité entrepreneuriale à chercher, découvrir et vaincre les différents déséquilibres sociaux.*

Car, ce qui est, à notre avis, véritablement important n'est pas tant de mener le système à la limite de possibilités maximales de production (en considérant « donnée » la courbe correspondante) que d'appliquer systématiquement le critère d'efficience dynamique, c'est-à-dire celui qui s'intéresse à la capacité du système à « mouvoir » continuellement vers la droite la courbe de possibilités maximales de production. D'où l'importance de compléter et dépasser les critères statiques traditionnels d'efficience économique avec un autre critère capable de comprendre la dimension dynamique que possède tout système économique. Nous étudierons maintenant, plus en détail, le critère d'efficience dynamique que nous proposons.

## 2. Le concept économique d'efficience dynamique

### *a) L'efficience dynamique et la fonction d'entrepreneur*

Le critère d'efficience dynamique est indissociablement lié au concept de fonction d'entrepreneur et, de fait, la pleine compréhension du concept économique d'efficience dynamique. De ce fait, nous sommes d'abord amenés à présenter brièvement les concepts et les caractéristiques fondamentaux de la fonction d'entrepreneur, moteur principal de la créativité et de la coordination qui apparaissent spontanément dans le marché.

*Premièrement*, le terme « fonction d'entrepreneur » ou « action entrepreneuriale » procède étymologiquement du latin *in prehendo*, qui signifie « découvrir », « voir », « se rendre compte » de quelque chose. L'on peut, en ce sens, définir la fonction d'entrepreneur comme la *capacité typiquement humaine de se rendre compte des occasions de gain apparaissant autour de soi et d'agir de façon à en profiter.* La fonction d'entrepreneur implique, donc, une *perspicacité* spéciale, qualité que le *Dictionnaire* de la Real Academia Española définit comme le « regard très aigu et qui saisit beaucoup ». Un autre terme s'applique pleinement aussi à l'idée d'action entrepreneuriale que nous expliquons : le mot *spéculer*, qui vient également du latin, concrètement du terme *specula*, utilisé pour désigner les tours du haut desquels les guetteurs pouvaient voir à distance ce qui allait venir[17].

*Deuxièmement*, la fonction d'entrepreneur est, par sa propre nature, essentiellement créative. Cela signifie que tout désajustement social se matérialise dans une occasion de gain, qui attend d'être découverte par les entrepreneurs. Par exemple, si B n'estime pas et utilise mal une ressource R, très nécessaire à A, il est évident que cela implique l'existence d'un désajustement social qui crée une occasion de gain : il suffit qu'un entrepreneur C s'aperçoive de ce désajustement, pour qu'il achète bon marché la ressource à B et la vende cher à A, obtenant ainsi un « profit entrepreneurial pur ». Par conséquent, lorsqu'un entrepreneur s'aperçoit d'une occasion de gain qui est passée inaperçue, une nouvelle information est *créée* dans son esprit. Cette

[17] Sur la théorie de la fonction d'entrepreneur et ses éléments et caractéristiques les plus importants, consulter Huerta de Soto (2001b, chapitre 2).

information a pour rôle conduire, une fois l'acte entrepreneurial réalisé, à l'obtention d'un profit entrepreneurial pur.

*Troisièmement*, l'entrepreneur a également pour fonction de transmettre d'informations. Si, en effet, un entrepreneur C achète bon marché à B une ressource R que celui-ci possède en abondance et utilise mal, pour la revendre cher à A, qui en a un besoin urgent, il *transmet* une information : il fait savoir à A et B que la ressource R est disponible et doit être gardée, et à tout le marché, par vagues successives, que quelqu'un est disposé à payer pour R un bon prix de marché (les prix de marché sont des signes puissants en ce sens qu'ils transmettent beaucoup d'informations à un coût très réduit).

*Quatrièmement*, la fonction d'entrepreneur est coordinatrice. Par suite de l'acte entrepreneurial que nous décrivons, A et B apprennent à discipliner ou coordonner leur comportement en fonction de leurs besoins : une fois le désajustement social découvert et éliminé, en effet, B garde la ressource R qu'il n'utilisait pas, pour la remettre à A, qui en a un besoin urgent.

*Cinquièmement*, la fonction d'entrepreneur est liée à l'exercice de la concurrence. (…) Une fois l'occasion de gain découverte ou créée et mise à profit par un entrepreneur, cette même occasion, avec ses coordonnées spécifiques de temps et de lieu, ne peut plus être créée, découverte et mise à profit par un autre entrepreneur. Cela fait que le processus entrepreneurial est, avant tout, un processus de rivalité, nettement concurrentiel, dans lequel les entrepreneurs rivalisent entre eux pour découvrir et mettre à profit avant quiconque les occasions de gain qui se créent autour d'eux. Ainsi, la définition de la concurrence que donne le Dictionnaire de la Real Academia Española est très précise : « rivalité entre au moins deux personnes qui aspirent à obtenir la même chose ». Le concept de concurrence que nous avons présenté n'a évidemment rien à voir avec ce qu'on appelle le « modèle de concurrence parfaite », dans lequel de multiples offreurs font la même chose et vendent le même bien au même prix, c'est-à-dire dans lequel, paradoxalement, on ne peut pas considérer qu'il y ait de concurrents.

Enfin, *sixièmement*, le processus entrepreneurial ne s'arrête et ne s'épuise jamais. On peut penser que le processus social stimulé par l'action entrepreneuriale pourrait atteindre une situation d'équilibre, c'est-à-dire s'arrêter ou s'épuiser une fois que les entrepreneurs auraient découvert et mis à profit toutes les occasions de gain dans lesquelles se matérialisent les désajustements sociaux (de fait, cet « *état final de repos* » est celui que la plupart des membres de notre profession considèrent comme unique objet d'étude valant la peine d'être examiné), mais on ne peut pas considérer que le processus entrepreneurial de coordination s'arrête ou s'épuise jamais.

Car *l'acte entrepreneurial crée, en même temps qu'il coordonne, de l'information nouvelle qui modifie, à son tour, dans le marché la perception générale de fins et de moyens des acteurs impliqués ; cela provoque l'apparition de nouveaux désajustements, qui tendent eux aussi à être découverts et coordonnés de façon entrepreneuriale, et ainsi de suite, au cours d'un processus indéfini d'expansion illimitée de la connaissance et des ressources, reposant sur un volume de population toujours croissant et tendant à être aussi coordonné que possible à chaque moment de l'histoire* (« Big Bang social coordonné »).

Grâce aux caractéristiques essentielles du processus entrepreneurial étant expliquées, nous sommes en état de mieux comprendre le concept économique d'efficience dynamique que nous allons présenter, de même que la position des différents auteurs de la pensée économique qui l'ont étudié au cours de l'histoire.

*b) Le concept économique d'efficience dynamique : créativité et coordination*

On peut, dans un sens dynamique, affirmer, par exemple, qu'un homme, une entreprise, une institution ou tout un système économique seront d'autant plus efficients qu'ils stimuleront davantage et mieux la créativité et la coordination entrepreneuriale, comme nous venons de l'expliquer.

Dans cette perspective dynamique, l'important n'est pas tant d'éviter le gaspillage de moyens considérés, connus et « *donnés* » (l'objectif qui était prioritaire dans la perspective de l'efficience statique) que de découvrir et créer sans cesse de nouveaux objectifs et moyens, en stimulant la coordination et en admettant qu'il apparaisse toujours, dans tout processus entrepreneurial, de nouveaux désajustements, en sorte qu'*un certain gaspillage est inévitable et consubstantiel à toute économie de marché.*

On peut estimer, en ce sens, que la dimension dynamique de l'efficience est la plus importante, car, même si un système économique n'atteint pas la limite de possibilités maximales de production, il est possible que tous ses agents y trouvent leur compte. Si la créativité entrepreneuriale fait constamment bouger la courbe vers l'extérieur et augmente ainsi les possibilités de tous, grâce à un flux continu de créativité de nouveaux objectifs et moyens dont personne n'avait même eu l'idée, jusqu'à leur découverte entrepreneuriale.

L'on peut considérer, d'autre part, et cela est très important que la dimension dynamique englobe la dimension statique de l'efficience économique, car c'est précisément *la force même de la fonction d'entrepreneur, cause de l'efficience dynamique quand elle crée et découvre de nouvelles occasions de gain, qui parvient au plus haut degré d'efficience statique humainement possible à chaque moment, en coordonnant les désajustements préexistants* (même si, le flux de nouveaux désajustements étant intarissable, on ne peut jamais concevoir, nous l'avons dit, la possibilité d'atteindre l'optimum parétien dans une économie réelle de marché et, donc, l'élimination totale du gaspillage possible des ressources existantes).

Nous allons commenter maintenant les apports de divers auteurs qui ont abordé, selon différents points de vue, le concept d'efficience dynamique que nous venons d'exposer. Il n'est pas étonnant qu'ils se montrent souvent très influencés par la tradition de l'École autrichienne d'économie qui se caractérise, en particulier, par l'importance de la conception dynamique du marché et au rôle essentiel que joue la fonction d'entrepreneur dans ses processus. En ce sens, on devra rappeler ici les travaux les plus importants de Mises et de Hayek concernant le marché, présenté comme un processus dynamique stimulé par l'action entrepreneuriale (Mises), et la concurrence, imaginée comme un processus de découverte (Hayek)(Huerta de Soto, 2001a, chapitres 5 et 6).

*c) Israël M. Kirzner et le concept d'efficience dynamique*

Israël M. Kirzner est le grand penseur contemporain de la fonction entrepreneuriale. Il en a développé l'analyse *in extenso* en suivant la voie tracée par Mises et Hayek. Nous pouvons aussi le considérer comme l'un des théoriciens les plus importants parmi ceux qui ont étudié le concept économique d'efficience dynamique, qu'il définit comme « *la capacité à stimuler la perspicacité et la découverte entrepreneuriale d'une connaissance dont on n'imaginait pas auparavant qu'elle pût être acquise* ». L'acte entrepreneurial est, d'après Kirzner, éminemment coordinateur ; la coordination sociale étant présentée non pas dans son sens statique ou parétien, mais dans son sens dynamique, c'est-à-dire « *comme un processus dans lequel les participants du marché découvrent des occasions de gain mutuellement avantageuses qui, une fois mises à profit, arrangent de multiples erreurs préalables* » (Kirzner, 1997, p. 67).

Kirzner s'est, en outre, soucié de signaler que le critère d'efficience dynamique, fondé sur la créativité et la coordination entrepreneuriale, qu'il propose est libre de tout jugement de valeur, en sorte qu'il est pleinement *wertfrei* : quiconque, en effet, désire stimuler la coordination sait qu'il favorisera la fonction entrepreneuriale libre ; quiconque, au contraire, apprécie davantage les désajustements et conflits sociaux, devra entraver par tous les moyens la fonction entrepreneuriale (Kirzner, 1998, pp. 187-200). La théorie économique, à elle seule, ne peut pas qualifier de bon ou de mauvais un objectif ou un autre, quoiqu'elle aide indubitablement à voir plus nettement les possibilités éthiques et à adopter plus facilement une position morale cohérente.

L'efficience dynamique, telle que la conçoit Kirzner, ne donne pied à aucune des critiques que nous venons d'exposer à propos des différents critères d'efficience statique qui ont prévalu jusqu'ici. Kirzner explique enfin que, du point de vue analytique, la dimension dynamique est particulièrement utile pour la réalisation d'analyses comparatives des diverses institutions et des diverses options de législation. L'analyse de l'efficience dynamique permet d'effectuer une évaluation et d'adopter une position beaucoup plus claire et souvent très différente de celle qui découle habituellement de la simple analyse réalisée exclusivement dans une optique d'efficience statique (Israël et Kirzner, 1997, p. 64).

#### d) *Murray N. Rothbard et le mythe de l'efficience statique. L'essai de synthèse de Roy E. Cordato*

Les apports de Murray N. Rothbard en matière d'analyse de l'efficience dynamique sont aussi importants. Cet auteur a, d'une part, insisté sur le fait que l'idéal d'« efficience statique », principalement étudié par les théoriciens de l'économie du bien-être, n'est qu'un *mythe*, car son utilisation opérative exige un cadre donné d'objectifs et de moyens qui ne peut jamais exister ni, *a fortiori*, être connu, dans une réalité sociale qui change constamment. C'est peut-être Rothbard qui a exposé le plus clairement la relation existant entre la conception dynamique de l'efficience économique et l'éthique. Étant donné que la méconnaissance des objectifs, moyens et fonctions d'utilité existant dans la réalité, il considère indispensable d'établir au préalable le cadre éthique adéquat qui stimule l'efficience dynamique. Ce cadre est formé par l'ensemble de normes qui régissent le droit de propriété et permettent l'échange volontaire dans lequel les différents agents économiques manifestent toujours leurs véritables préférences. Seuls les *principes éthiques* peuvent servir, à son avis, comme critère d'efficience lors de la prise de décisions (Rothbard, 1979, p. 95 ; 1997, pp. 211-254).

Roy E. Cordato a analysé, dans un livre intéressant, les principaux apports des économistes autrichiens, en général, et ceux de Mises, Rothbard, Hayek et

Kirzner, en particulier, du point de vue de l'économie du bien-être. Il en conclut que l'important, dans le marché, consiste, plus que dans l'obtention de résultats « *optimaux* » (objectif de la dimension statique de l'efficience), dans la prépondérance d'un cadre institutionnel adéquat qui favorise la découverte entrepreneuriale et la coordination. La politique économique doit viser à identifier et écarter les obstacles artificiels qui entravent les échanges volontaires et le processus entrepreneurial (Cordato, 1992). La tentative de Cordato est particulièrement méritoire dans la mesure où elle vise à ouvrir une économie du bien-être vieillie, fondée sur des hypothèses exclusivement statiques, à la conception subjectiviste et dynamique du marché, développée jusqu'ici de façon prioritaire sous l'impulsion presque exclusive de l'École autrichienne.

*e) Joseph Alois Schumpeter et le « processus de destruction créatrice »*

Selon nous, l'un des auteurs les plus connus en raison de l'application d'une conception singulière de la dimension dynamique à l'analyse de l'efficience économique est Joseph Alois Schumpeter. Il entreprend son programme de recherche en la matière dès 1911, lorsqu'il publie la première édition allemande de sa *Théorie du développement économique* (Schumpeter, 1944, en particulier p. 135 et s.). Il parle déjà dans ce livre, suivant une orientation nettement autrichienne, de l'entrepreneur innovateur : c'est, pour Schumpeter, celui qui conçoit et découvre de nouveaux biens, de nouvelles combinaisons de biens et sources d'approvisionnement, introduit des innovations technologiques, crée sans cesse de nouveaux marchés et agrandit ceux qui existent déjà. Trente ans plus tard, en 1942, son livre *Capitalisme, socialisme et démocratie* poursuit la même ligne de recherche, en particulier dans ses chapitres 7 et 8. Ce dernier chapitre s'intitule même « *Le processus de destruction créatrice* ». Il explique le processus d'évolution économique qui a entraîné le développement du capitalisme, tandis qu'apparaissait la tension inhérente aux deux dimensions du concept d'efficience, la dynamique et la statique. Schumpeter se montre très critique à l'égard du concept traditionnel d'efficience statique utilisé par l'économie néoclassique et conclut que « *la concurrence parfaite non seulement est impossible, mais inférieure, et ne peut à aucun titre être présentée comme modèle d'efficience idéale* »[18].

Nous reprochons principalement à Schumpeter de continuer à considérer que le point fondamental de référence de l'analyse économique doit être le modèle d'équilibre, car il croit que, sans l'intervention des entrepreneurs, le monde économique se trouverait « normalement » dans une situation de flux routinier. Il conçoit ainsi que l'entrepreneur n'est qu'un élément de distorsion et de déséquilibre. Autrement dit, il ne considère que l'une des facettes du processus entrepreneurial, celle qu'il a appelée « *processus de destruction créatrice* ». Il ignore que le point central de recherche de l'analyse économique doit être, nous l'avons dit plus haut, le processus dynamique entrepreneurial et non le modèle d'équilibre. Car le processus de marché réel déclenché par l'action entrepreneuriale possède simultanément deux capacités : non seulement celle de

[18] Schumpeter, 1971, chapitre 8, p. 149 : « *Perfect competition is not only imposible but inferior and has no title to being set up us a model of ideal efficiency* ». Harper Perennial, 1976, *Capitalism, Socialism and Democracy*, New York, p. 106 (première édition publiée par Harper et Brothers en 1942). Blaug, 1998, p. 7 a utilisé expressément le terme « *efficience dynamique* » pour désigner le point de vue de Schumpeter.

« *destruction créatrice* » – la seule à être considérée par Schumpeter –, mais aussi celle, éminemment coordinatrice, qui tend à conduire le processus social vers un équilibre. Celui-ci, cependant, n'est jamais atteint, puisque surgissent continuellement, en cours de coordination, de nouveaux désajustements. Le processus entrepreneurial est, pour Schumpeter, une espèce de force explosive qui, résultant de la créativité entrepreneuriale, fausse l'ordre préexistant, alors que la *force même qui stimule la destruction créatrice tend à coordonner le système et à faire que le « big bang » social soit aussi harmonieux que possible dans chaque circonstance historique.* Face à Schumpeter qui considère l'entrepreneur comme n'étant qu'un élément de déséquilibre, l'optique de l'efficience dynamique que nous proposons considère l'action entrepreneuriale comme une force stimulatrice, à la fois créatrice et coordinatrice, faisant sans cesse avancer le marché et la civilisation.

*f) Le concept d'Efficience-X de Harvey Leibenstein*

Harvey Leibenstein introduisit pour la première fois le concept d'efficience-X dans son article « *Allocative efficiency vs. X-efficiency* », publié en 1966 (Leibenstein, 1966, pp. 392-415). Il conçoit, dans ce travail, l'inefficience-X comme le degré d'inefficience qui apparaît dans le marché à cause du caractère incomplet de nombreux contrats réglant les relations entrepreneuriales, surtout parce que ceux-ci ne précisent pas bien du travail que chacun doit accomplir. Il signale également comme sources d'inefficience la pression psychologique dont souffrent les divers agents économiques, et le poids des habitudes, inerties et routines qui font que de nombreux travaux dont le résultat pourrait être amélioré demeurent indéfiniment dans une situation d'inefficience.

Il faut souligner, avant tout, le caractère assez équivoque du concept d'inefficience-X proposé par Leibenstein, du moins dans ses premières formulations. Il semble qu'il aurait eu l'intuition d'une idée importante (il existe une inefficience qui passe inaperçue dans les modèles d'équilibre) qu'il n'est cependant pas capable d'exprimer clairement. C'est pourquoi, dix ans plus tard, Stigler (1976) répondait à Leibenstein, dans un article ironiquement intitulé « *The Existence of X-Efficiency* » (Stigler, 1976, pp. 213-216) que la quantité d'ignorance et d'inertie pouvant exister dans le marché sera, en tout cas, toujours optimale, car l'effort destiné à les surmonter s'arrêtera juste quand le coût marginal dérivé de celui-ci commencera à dépasser le revenu marginal espéré. Kirzner prit, par la suite, la défense de Leibenstein en disant qu'au moins, il existerait toujours une source importante d'inefficience-X : celle consistant dans l'erreur entrepreneuriale authentique, qui apparaît précisément lorsque quelqu'un omet de voir une occasion de gain dans le marché, celle-ci restant dans l'attente d'être découverte et mise plus tard à profit par d'autres entrepreneurs (Kirzner, 1979, pp. 120-136).

Autrement dit, l'argument fondamental de Kirzner à propos de l'efficience-X est le suivant : il reconnaît qu'elle n'existe pas, par définition, dans un contexte d'équilibre et de pleine information (cela, et cela seul, était l'argument clairement insignifiant de Stigler), et dit que la seule façon pour le concept d'efficience-X de se maintenir avec un sens analytique et opératif est d'être identifié avec le concept d'efficience dynamique que nous avons exposé, idée qui semble avoir été finalement acceptée par Leibenstein. Il est curieux de constater que le « *père de la créature* », Harvey Leibenstein, a été forcé d'admettre que son concept d'efficience-X, si confusément défini au début, ne conserve un degré (élevé) d'importance, une fois dépouillé de ses imprécisions et ambiguïtés initiales, que s'il tend à être identifié avec le concept d'efficience dynamique, tel que nous l'avons défini dans ce travail[19].

*g) Le concept d'« efficience adaptative » de Douglas C. North*

Le prix Nobel d'économie Douglas C. North a critiqué le concept parétien d'efficience purement allocative que la plupart des économistes néoclassiques ont utilisé et a proposé en échange le concept d'*efficience adaptative* qu'il définit comme « *la capacité de la société à acquérir des connaissances, apprendre, inciter à l'innovation, stimuler la créativité et la prise de risques, et résoudre des goulots d'étranglement au cours du temps* »[20].

North, on le voit, cite, dans cette définition, une série de caractéristiques qui coïncident pleinement avec celles que l'on a analysées comme étant propres au concept d'efficience dynamique : l'acquisition de connaissances, la créativité, l'innovation, etc. En outre – et c'est peut-être le trait le plus caractéristique de North –, cet auteur insiste spécialement sur le *cadre institutionnel* de normes qui stimulent la créativité et la capacité d'adaptation des différentes sociétés, et donne comme modèles historiques de flexibilité et capacité d'adaptation les sociétés européennes et nord-américaines.

Nous reprochons essentiellement à Douglas C. North de ne pas citer expressément la fonction entrepreneuriale comme la force principale qui meut tous les processus de marché. North se préoccupe presque exclusivement d'analyser la capacité des sociétés en général à *s'adapter* aux changements et chocs « externes » qui les affectent et viennent prétendument toujours de l'extérieur. C'est pourquoi il propose précisément le terme d'« efficience adaptative ». L'approche de North est donc beaucoup plus réactive que proactive. North, en effet, semble ne pas se rendre compte que l'initiative entrepreneuriale qui caractérise l'efficience dynamique et sa capacité de coordination est bien ce qui provoque, également et simultanément, les changements ou chocs (donc non externes, mais endogènes) qui créent les problèmes auxquels les différentes sociétés doivent s'adapter.

Il est donc évident que North tombe dans l'excès inverse de celui de Schumpeter. Alors que Schumpeter retenait exclusivement la dimension de la créativité entrepreneuriale et sa capacité de destruction (processus de « *destruction créatrice* »), North s'en tient à l'autre dimension, c'est-à-dire à la capacité adaptative ou coordinatrice de la fonction entrepreneuriale, oubliant complètement la *facette également créatrice qu'elle a toujours. L'on peut considérer, en ce sens, que la théorie de l'efficience dynamique stimulée par l'action entrepreneuriale que l'on a présentée dans ce travail combine pertinemment les deux dimensions (la créatrice et la coordinatrice), que Schumpeter et North ont étudiées partiellement, de manière séparée, exclusive et réductionniste.*

---

[19] Sur l'efficience-X, consulter aussi le livre de Frantz (1988).

[20] North (1990, pp. 80-82, 99 et 136) ; et North (1999, pp. 17-18). La meilleure évaluation critique de North, du point de vue autrichien, a été écrite par Stromberg, (2002, pp. 101-137).

### *h) Le concept d'efficience dynamique et la théorie des coûts de transaction de Ronald H. Coase*

Il convient maintenant de faire quelques commentaires sur les relations pouvant exister entre le concept d'efficience dynamique que nous avons expliqué et la théorie des coûts de transaction due à Ronald H. Coase, et qui a connu tant de succès dans les milieux de l'analyse économique, en particulier du droit et des institutions[21].

La différence essentielle entre les deux approches est peut-être celle qu'a signalée Kirzner. L'obstacle fondamental qui entrave l'efficience dynamique ne vient pas, d'après cet auteur, des coûts de transaction, mais de ce qu'il appelle l'« *erreur entrepreneuriale pure ou authentique* » : celle qui apparaît dans le marché faute de la perspicacité entrepreneuriale suffisante (Kirzner, 1973, pp. 225-234). Ou, autrement dit, même si nous pouvions concevoir un hypothétique nirvana[22] ou « *monde idéal avec des coûts de transaction zéro* », ce système n'atteindrait pas l'idéal d'efficience dynamique si, à cause d'erreurs entrepreneuriales pures ou authentiques, de multiples occasions de gain restaient à découvrir, à créer et à mettre à profit. Car, en dernière instance, et malgré les apparences, l'approche des coûts de transaction continue de présenter de multiples carences que nous avons analysées à propos de la dimension statique de l'efficience. En particulier, une analyse de comparaison institutionnelle axée sur les différents coûts de transaction de chaque institution, implique de supposer que ceux-ci sont donnés et connus, et qu'il est même possible d'effectuer un autre dessin institutionnel permettant de modifier les coûts de transaction de chaque situation donnée. Tout le cadre de coûts de transaction pris comme référence dans l'analyse peut, néanmoins changer radicalement et de manière imprévue si, par suite d'un acte de pure créativité entrepreneuriale, apparaissent de nouvelles options, possibilités de production et en général, de nouvelles solutions aux problèmes, qui étaient passées jusque-là inaperçues aux yeux des entrepreneurs.

C'est pourquoi – nous le verrons plus loin –, dans l'approche de l'efficience dynamique, qui est fondée sur la créativité et la coordination entrepreneuriale, la distribution initiale de droits de propriété n'est jamais sans importance (même, comme le suppose à tort le Théorème de Coase, dans le cas extrême où les coûts de transaction seraient nuls). Car la distribution de droits de propriété, inscrite dans le schéma éthique qui permet l'efficience dynamique et que nous

---

21 Voir, par exemple, parmi les traitements les plus récents de la question, celui de Zerbe (2001).

22 Harold Demsetz a critiqué le *Nirwana approach* de nombreux économistes néoclassiques (Arrow, etc.) qui s'obstinent à comparer des institutions réelles avec des institutions idéales ne pouvant jamais exister dans la réalité, car il serait impossible de faire face aux coûts de transaction qu'impliquerait la conduite du système réel au « *nirvana* ». Le schéma de Demsetz, même s'il nous apparaît comme un progrès méritoire dans le réalisme de l'analyse, n'est pourtant pas complètement adapté, car il continue d'ignorer que le problème essentiel est un problème de nature nettement entrepreneuriale, beaucoup plus que de coûts de transaction (Demsetz, 1989, chapitre 1, pp. 3-24).

analyserons ensuite, est précisément ce qui détermine, dans chaque circonstance spécifique de temps et de lieu, qui éprouvera les stimulations concrètes nécessaires pour activer l'acte entrepreneurial, avec sa double dimension créatrice et coordinatrice. Autrement dit, le Théorème de Coase, indépendamment de l'interprétation concrète qu'on lui donne, est dans l'optique de l'efficience dynamique fondée sur la fonction d'entrepreneur, scientifiquement faux, car, même dans un hypothétique schéma institutionnel aux coûts de transaction zéro, la distribution de droits de propriété ne sera pas sans importance pour atteindre l'objectif de l'efficience dynamique[23].

*i) Le concept d'efficience dynamique dans les manuels d'économie*

La plupart des manuels de notre discipline ignorent la dimension dynamique du concept d'efficience économique. Cela prouve une fois de plus l'obsession prépondérante jusqu'ici, en science économique, pour la statique comparative et le modèle d'équilibre et, donc, l'urgence qu'il y a à favoriser un changement de paradigme qui permet l'entrée de l'analyse dynamique des marchés et du concept d'efficience dynamique.

Sur un échantillon de vingt manuels d'économie, sélectionnés parmi les plus connus en langue anglaise et espagnole, quatre seulement mentionnent explicitement le concept d'efficience dynamique. Et, dans la majorité de ces honorables exceptions, le traitement du concept est très limité et ne s'intègre pas de façon cohérente dans une analyse globale permettant d'évaluer d'un point de vue d'efficience dynamique les différentes institutions et options étudiées dans les chapitres correspondants de chaque manuel. Nous citerons maintenant les traitements de l'efficience dynamique qui nous ont paru les plus intéressants[24].

Le manuel de Gwartney et Stroup, *Economics : Private and Public Choice* (Gwartney et Stroup, 1983, en particulier pp. 416-419), explique, quoique sans utiliser explicitement le terme « *efficience dynamique* », que le monde est en perpétuel changement à cause de la créativité entrepreneuriale et du processus de rivalité concurrentielle que développent les entrepreneurs, tout cela oblige, d'après les auteurs, à ce que les économistes révisent les notions traditionnelles d'efficience statique.

Dolan et Lindsay (1988, pp. 489-692) sont beaucoup plus explicites dans leur analyse de l'efficience dynamique, en particulier sur la différenciation entre l'efficience statique et dynamique, qu'ils définissent comme « *la capacité d'un système économique à déplacer vers la droite la courbe de possibilités maximales de*

---

[23] La thèse de Coase sur l'insignifiance de la distribution des droits de propriété (avec coûts de transaction zéro) a été appelée par Gary North la « *Don Corleone theory of property rights* » et est en radicale contradiction avec l'approche des relations entre l'éthique et l'efficience dynamique que nous exposons dans ce travail (voir North, 2002, pp. 75-100).

[24] L'échantillon de manuels utilisé inclut des livres très connus tels que ceux de Samuelson, Lipsey, Friedman (Milton), Fridman (David), Stiglitz, Kreps, Fisher-Dornbusch-Schmalense, Mankiw, Wonacott et Wonacott, Alchian et Allen, Sloman, Boulding, Bresciani-Turroni, Gwartney et Stroup, Dolan et Lindsay, Barre, Kasper et Streit, Hardwick-Kahl-Langmead, Gimeno et Guirola, González Paz, Mochón et O'Driscoll et Rizzo.

*production* ». L'efficience statique, au contraire, serait « *la capacité d'un système économique à se trouver ou se situer sur la courbe de possibilités maximales de production* ». Ils parlent, en outre, des apports novateurs de Schumpeter en matière d'efficience dynamique et considèrent que l'innovation et les découvertes technologiques sont les principaux moteurs de celle-ci, tout en mentionnant la capacité créative de la fonction d'entrepreneur comme apport essentiel des théoriciens de l'École autrichienne. Ils en arrivent même à estimer qu'elles ont pu être, de la Deuxième Guerre mondiale à nos jours, les pertes éventuelles d'efficience statique ayant pu affecter l'économie nord-américaine. Ils considèrent qu'elles représentent une moyenne de 2,5 pour cent du produit intérieur brut nord-américain, et estiment que ces pertes ont été très largement compensées par les gains d'efficience dynamique réalisés durant la même période et dus à la créativité et à la force coordinatrice des entrepreneurs nord-américains.

Wofgang Kasper et Manfred E. Streit publièrent, en 1998, un manuel important consacré à l'étude de l'analyse économique institutionnelle. Ils définissent, dans ce livre, l'efficience dynamique comme « *la capacité à s'adapter, à répondre et à créer de la connaissance nouvelle* » (Kasper et Streit, 1998, p. 58). Le manuel de Kasper et Streit est, comme on le voit, très proche de la théorie de l'efficience dynamique que nous avons exposée plus haut. Ces auteurs critiquent, en outre, comme Demsetz, l'« *optique du Nirvana* » propre à la méthodologie néoclassique et qui consiste à comparer la réalité avec l'utopie de l'efficience statique. Kasper et Streit concluent qu'une grande partie des « *défauts de marché* » n'en sont pas du point de vue dynamique, parce que, soit ils servent à stimuler la créativité et l'introduction de nouvelles technologies (ce serait le cas des « *monopoles* »), soit ils constituent la caractéristique la plus intime des marchés réels (il en serait ainsi dans les cas d'« *information asymétrique* », aléa moral non assurable, inhérent à tout acte d'entreprise, etc.). C'est pourquoi l'analyste doit, d'après ces auteurs, comparer la réalité institutionnelle non pas avec des modèles idéaux irréalisables (ce qu'ont fait jusqu'ici les théoriciens de l'économie du bien-être), mais avec des options institutionnelles qui sont praticables et servent à stimuler la créativité et la capacité coordinatrice de l'action entrepreneuriale. L'on voit, donc, que Kasper et Streit complètent les intuitions de Demsetz avec la théorie hayékienne de l'apparition et la création de la connaissance que les entrepreneurs découvrent continuellement dans les processus de marché.

O'Driscoll et Rizzo, suivant la même idée, expliquent, dans leur livre *The Economics of Time and Ignorance,* qu'il ne faut pas reprocher, comme le font souvent les néoclassiques, au processus réel de marché de ne pas être sur la limite de la courbe de possibilités maximales de production, c'est-à-dire de ne pas être statiquement efficient à cause de l'existence de soi-disant « *défauts* » de marché. Car, d'après eux, une telle critique suppose la possibilité de connaître une information que, seul, crée le processus réel de marché et qui, donc, si elle était connue a priori, rendrait ce processus inutile et superflu. Autrement dit, personne ne peut connaître la courbe de possibilités maximales de production parce qu'elle n'est même pas donnée, mais se transforme et se déplace continuellement vers la droite sous l'effet de la créativité entrepreneuriale. Critiquer le marché parce qu'il ne se trouve pas sur une limite que personne ne connaît, et qui change continuellement non seulement constitue une faute grave du point de vue méthodologique, mais peut également mener à la justification erronée de politiques d'interventionnisme économique qui finissent par entraver le processus réel de marché. Ce processus qui est, précisément, le principal moteur de l'accroissement quantitatif et qualitatif continuel des possibilités de la frontière de production (O'Driscoll et Rizzo, 1998, en particulier p. 88 et s.).

Nous ne voudrions pas, enfin, achever ce rappel des manuels qui ont traité, même si c'est de façon sommaire, du concept d'efficience dynamique, sans parler du cas curieux de celui de Wonacott et Wonacott, qui s'est obstiné à définir le concept d'« *efficience dynamique* » d'un point de vue strictement « *statique* », c'est-à-dire comme « le rythme *optimal* des changements ». Il n'est pas dit quel est le rythme de référence utilisé pour savoir si un système économique s'approche ou pas de l'« *optimal* ». C'est, selon ces auteurs, le modèle de concurrence parfaite qui promeut l'efficience dynamique, dans la mesure où il force les entreprises à adopter rapidement de nouvelles technologies ; ils signalent qu'on discute du point de savoir lequel des deux systèmes, la concurrence ou le monopole, favorise le plus la création et la découverte de nouvelles technologies. En tout cas, la manière dont Wonacott et Wonacott traitent de l'efficience dynamique non seulement est toute conditionnée par leur vision statique de l'économie, mais encore est très confuse (et déconcertante), car il semble que le paragraphe correspondant ait été incorporé au manuel pour répondre à une question considérée importante, mais sans qu'il soit fondé sur aucune analyse dynamique des processus réels de marché stimulés par l'action entrepreneuriale que l'on trouve dans la vie réelle (Wonacott et Wonacott, 1986, p. 492).

L'on peut affirmer, pour conclure ce bref coup d'œil à la littérature scientifique la plus répandue dans l'enseignement, que mis à part les exceptions citées, il reste encore un long chemin à parcourir avant que les économistes n'acceptent, de façon générale, et ne commencent à utiliser systématiquement le concept et les implications de la dimension dynamique de l'efficience économique. Lorsqu'il en sera ainsi, et que toute étude d'économie appliquée comprendra les considérations sur l'efficience dynamique, l'analyse de la conception dynamique de l'efficience économique finira par s'infiltrer dans les manuels, et son étude sera considérée comme un contenu standard indispensable des manuels pour étudiants en économie du monde entier.

## 3. Relations entre l'éthique et l'efficience dynamique

### a) *Introduction*

Nous avons dit (paragraphe 2.c) que, d'après le « *deuxième théorème fondamental de l'économie du bien-être* », développé dans le cadre statique de la théorie néoclassique, l'efficience et l'éthique apparaissaient comme deux dimensions distinctes pouvant se combiner de manière différente[25]. L'on considère, en effet, dans le contexte de l'économie du bien-être, qu'il existe de multiples optima parétiens (représentés par tout un chacun des points de la courbe de

[25] L'on peut aboutir à une conclusion semblable à partir du Théorème de Coase, nous l'avons vu.

possibilités maximales de production), dont chacun pourrait correspondre à un schéma éthique de redistribution du revenu différent. De sorte, par exemple, que, dans la version de Bergson-Samuelson, une hypothétique « *fonction du bien-être social* » serait capable d'adopter le schéma redistributif socialement acceptable et permettrait de déterminer *l'optimum optimorum* au point d'intersection entre cette fonction de bien-être social et la courbe de possibilités maximales de production. Ce genre d'analyse a, en outre, conduit de nombreux penseurs à croire à la soi-disant indétermination de la théorie dans le cas de l'évaluation d'un système économique, car ils considèrent qu'une telle évaluation dépend, en dernière instance, de jugements de valeur se situant au-delà du domaine de la théorie économique.

Or, tout ce schéma, accepté jusqu'ici de façon générale, est complètement bouleversé si l'on introduit la conception dynamique de l'efficience économique : nous allons voir, en effet, que tous les schémas éthiques de redistribution du revenu ne sont pas compatibles avec l'efficience dynamique entendue comme la créativité et la coordination entrepreneuriale. Un champ de recherche très intéressant s'ouvre, ainsi, au théoricien de l'économie ; il consiste, précisément, à analyser quels principes d'éthique sociale ou de justice distributive stimulent et sont compatibles avec les processus de marché qui caractérisent l'efficience dynamique.

b) *L'éthique, condition nécessaire et suffisante de l'efficience dynamique*

La plupart des positions concernant justice distributive et éthique sociale, adoptées jusqu'ici de façon générale et qui ont formé le « *fondement éthique* » d'importants mouvements politiques et sociaux (de nature « *socialiste* » ou « *sociale-démocrate* »), tirent leur origine de la conception statique de l'efficience économique. Le paradigme de la théorie économique néoclassique dominant jusqu'à présent se fondait sur la considération que l'information est quelque chose d'objectif et de donné (comme certain ou comme probable). Ainsi, l'on considérait, d'une part, qu'il est possible d'effectuer des analyses de coûts et profits sur celle-ci, et de l'autre, que les considérations de maximisation de l'utilité sont totalement indépendantes des aspects moraux, en sorte que les unes et les autres peuvent se combiner selon des proportions différentes.

La conception statique jusqu'ici prédominante conduisit, de plus, à conclure de manière presque inévitable que les ressources sont, dans un certain sens, données et connues, de sorte que le problème économique de leur distribution fut considéré distinct et indépendant de celui que pose leur production. Si, en effet, les ressources sont données, il devient extrêmement important d'analyser comment devront être distribués entre les hommes aussi bien les moyens de production disponibles que le résultat final des différents processus productifs.

Toute cette approche s'effondre dans la perspective de la nouvelle conception dynamique des processus de marché fondée sur la théorie de la fonction d'entrepreneur et sur le concept d'efficience dynamique que nous analysons. Selon cette perspective, tout homme possède une capacité créative innée lui permettant d'apprécier et de découvrir les occasions de gain qui apparaissent autour de lui et de les mettre à profit. L'action entrepreneuriale consiste donc dans la capacité typiquement humaine à créer et découvrir continuellement de nouveaux objectifs et de nouveaux moyens. Ainsi, les ressources ne sont jamais données, mais les fins et les moyens sont sans cesse imaginés et conçus *ex novo* par les entrepreneurs, toujours désireux d'atteindre de nouveaux objectifs dont ils *découvrent* qu'ils ont une valeur supérieure. Cette capacité créative de la fonction d'entrepreneur se combine à son tour, nous l'avons vu, avec la capacité coordinatrice de celle-ci. Et si les fins, les moyens et les ressources ne sont pas « *donnés* », mais sont sans cesse créés à partir du néant par l'action entrepreneuriale des hommes, il est évident que le problème éthique fondamental n'est plus dans la façon de distribuer équitablement « *ce qui existe* », mais dans la manière la plus conforme à la nature humaine de stimuler la coordination et la création entrepreneuriale.

On aboutit donc, dans le domaine de l'éthique sociale, à la conclusion fondamentale suivante : la conception de l'homme en tant qu'acteur créatif et coordinateur implique d'accepter comme axiome le principe selon lequel *tout homme a le droit de s'approprier les résultats de sa créativité entrepreneuriale.* Autrement dit, la propriété privée des fruits de ce que créent et découvrent les entrepreneurs est un principe de droit naturel, parce que, si l'acteur ne pouvait pas s'approprier ce qu'il crée et découvre, sa capacité à détecter des occasions de gain se bloquerait et le motif qui le pousse à agir disparaîtrait. Le principe exposé est, en outre, universel en ce sens qu'il peut s'appliquer à tous les hommes dans toutes les circonstances concevables de temps et de lieu.

Ce principe éthique que nous venons d'énoncer, et qui est la base du fondement éthique de toute économie de marché, présente d'autres avantages caractéristiques importants. Premièrement, il faut souligner le grand attrait intuitif qu'il présente pour tout le monde : il est évident que si quelqu'un crée quelque chose à partir du néant, il a le droit de se l'approprier, car il ne nuit à personne[26] (avant qu'il ne le crée, ce qu'il a créé n'existait pas, en sorte que sa création ne nuit à personne et profite, au moins, à l'acteur créatif, en supposant qu'elle ne profite pas aussi à beaucoup d'autres personnes). Deuxièmement, le principe énoncé est un principe éthique de valeur universelle très lié au principe traditionnel du droit romain concernant l'appropriation originaire de ressources qui n'appartient auparavant à personne (*occupatio rei nullius*), et qui permet en outre de résoudre le problème paradoxal posé par la « *condition de Locke* », selon laquelle la limite de l'appropriation originaire des ressources consiste à laisser un « *nombre suffisant* » de celles-ci pour d'autres personnes. Car le principe fondé sur la créativité, que l'on vient d'énoncer, rend inutile la « *condition de Locke* » : tout résultat de la créativité humaine n'existait pas avant d'être découvert ou créé de manière entrepreneuriale, de sorte que son appropriation ne peut nuire à personne. La conception de Locke n'a, donc, de sens que dans un cadre statique où l'on présuppose que les ressources existent déjà (sont « *données* »), ne varient pas, et où il faut les distribuer à un nombre prédéterminé de personnes.

Concevant l'économie comme un processus dynamique du type entrepreneurial, le principe éthique qui doit régler les interactions sociales est fondé sur la considération suivante : la société la plus juste sera celle qui promouvra de la manière la plus dynamique la créativité entrepreneuriale de tous ses membres. Il est alors indispensable que chacun ait la certitude *a priori* qu'il pourra s'approprier les résultats de sa créativité et que personne et les autorités publiques moins encore, ne l'en expropriera ni totalement ni partiellement.

---

[26] Sauf dans le cas de notre exemple de l'envieux pathologique et antisocial.

Il faut conclure que le principe fondamental d'éthique sociale que nous avons énoncé, fondé sur la propriété privée de tout ce qui se crée et se découvre de manière entrepreneuriale et, donc, par l'échange volontaire de tous les biens et services, est simultanément la condition nécessaire et suffisante de l'efficience dynamique. C'est une condition nécessaire puisque, si l'on ne respecte pas la propriété privée des fruits de chaque action humaine, le stimulant le plus important à la création et la découverte des occasions de gain et la source fondamentale de créativité et de coordination qui favorise l'efficience dynamique du système (le mouvement vers la droite de la courbe correspondante de possibilités maximales de production) se bloquent. Mais si l'éthique de la propriété privée est la condition nécessaire de l'efficience dynamique, elle en est aussi sa condition suffisante. Étant donné l'élan vital qui caractérise tout homme, un milieu de liberté où il n'est pas soumis à la contrainte et qui respecte sa propriété privée est condition suffisante pour le développement du processus entrepreneurial de créativité et de coordination qui caractérise l'efficience dynamique.

Bloquer, à quelque degré que ce soit, l'action humaine libre en minant le droit de propriété sur ce que créent les hommes agissant en tant qu'entrepreneurs, non seulement est dynamiquement inefficient, car cela bloque la créativité et la capacité de coordination des hommes, mais est, en plus, essentiellement immoral, car une telle restriction de liberté empêche l'acteur de développer ce qui est le plus propre à sa nature, à savoir sa capacité innée à créer et concevoir de nouveaux fins et moyens, et d'agir de façon à atteindre ses objectifs. Dans la mesure où la contrainte exercée par l'état empêchera l'action humaine du type entrepreneurial, sa capacité créative sera limitée et l'information ou connaissance nécessaire pour coordonner la société n'apparaîtra ni ne sera découverte. C'est pourquoi le socialisme et, en général, l'interventionnisme économique de l'état non seulement est dynamiquement inefficient, mais en plus, éthiquement répréhensible (voir Huerta de Soto, 2001b).

Ce sont justement ces considérations qui expliquent pourquoi le socialisme non seulement est une erreur intellectuelle, car il empêche de créer l'information dont l'organe directeur a besoin pour coordonner la société par voie d'ordre contraignant, mais – nous l'avons dit – va contre la nature de l'homme, et est éthiquement inadmissible. Autrement dit, l'analyse réalisée jusqu'ici peut montrer que le système socialiste et interventionniste est immoral, car il consiste à empêcher par la force que les hommes s'approprient les résultats de leur propre créativité entrepreneuriale. Ainsi, le socialisme apparaît non seulement comme quelque chose de théoriquement impossible et dynamiquement *inefficient*, mais aussi, et en même temps, comme un système social essentiellement *immoral*, qui va à l'encontre de la nature intime de l'homme, en l'empêchant de se réaliser par l'exercice d'une action libre et l'appropriation des résultats de sa propre créativité entrepreneuriale[27].

---

27 La forcé de la créativité entrepreneuriale se manifeste aussi en matière d'aide au prochain en détresse et de recherche préalable et détection systématique de situations de besoin chez autrui. De sorte que l'intervention coercitive de l'état, au moyen des mécanismes propres à l'État-providence, neutralise et empêche, en grande partie, l'exercice de la recherche entrepreneuriale de situations de nécessité humaine péremptoire et d'aide au prochain (et au « *plus éloigné* ») qui sont en difficulté, étouffant

Selon notre analyse, rien n'est donc plus efficient (dynamiquement) que la Justice (correctement entendue). C'est-à-dire que, dans la conception du marché comme un processus dynamique, l'efficience dynamique entendue comme coordination et créativité naît du comportement des hommes effectué suivant des règles spécifiques du type moral (concernant le respect de la vie, la propriété privée et l'exécution des contrats), de sorte que l'exercice de l'action humaine soumise à ces principes éthiques donne lieu à un processus social dynamiquement efficient tel que nous le définissons dans ce travail. Dans cette optique, on voit alors clairement pourquoi, *d'un point de vue dynamique, l'efficience n'est pas compatible avec divers schémas d'équité ou justice (comme le soutenait à tort le second théorème fondamental de l'économie du bien-être), mais naît exclusivement de l'un d'eux (celui qui se fonde sur le respect de la propriété privée et de la fonction d'entrepreneur).* C'est pourquoi l'opposition entre les dimensions d'efficience et de justice est fausse et erronée. Le juste ne peut pas être inefficient ni l'efficient injuste. Car, dans la perspective de l'analyse dynamique, justice et efficience ne sont que les deux faces d'une même monnaie, ce qui, d'un autre côté, *confirme l'ordre intégré et cohérent qui existe dans l'univers social.* Ainsi, notre analyse réalisée dans l'optique de l'efficience dynamique, non seulement nous permet de découvrir quels principes éthiques la rendent possible, mais aussi – et cela est encore plus important et ambitieux –, permet de donner un traitement objectif et scientifiquement unifié à tous les problèmes sociaux[28].

c) *Les principes de la morale personnelle et l'efficience dynamique*

Nous avons évoqué jusqu'à maintenant les principes essentiels de l'éthique sociale qui constituent le cadre permettant l'efficience dynamique. Hors de ce cadre se trouvent les principes de la morale personnelle la plus intime. Leur influence sur l'efficience dynamique a rarement été étudiée et l'on considère, en tout cas, qu'ils appartiennent à un domaine distinct et séparé de celui des principes de l'éthique sociale. Nous estimons, cependant, que cette séparation n'est nullement justifiée. Il existe, de fait, une série de principes éthiques et moraux très importants en ce qui concerne l'efficience dynamique des processus sociaux et à propos desquels on observe le paradoxe suivant : d'un côté, leur non-respect à l'échelle individuelle coûte très cher dans une optique d'efficience dynamique, mais, d'un autre côté, les imposer en utilisant la force coercitive des pouvoirs publics crée aussi de graves inefficiences du point de vue dynamique. D'où la grande importance de certaines institutions sociales pour transmettre et encourager l'observation de ces principes de la morale personnelle qui, en raison de leur propre nature, ne peuvent pas être imposés de force, mais sont, en même temps, très importants pour permettre l'efficience dynamique de la société. Par exemple, les individus qui intériorisent ces principes grâce à la religion et à la famille apprennent à les respecter de façon

---

ainsi les aspirations naturelles de solidarité et bloquant les actions tendant à aider les nécessiteux par la collaboration volontaire et spontanée qui a tant d'importance pour la plupart des gens. Cet aspect a été souligné, entre autres, Jean-Paul II, 1991, dans son encyclique *Centesimus Annus : en el centenario de la Rerum Novarum,* PPC, Madrid, chapitre 4, paragraphe 49, p. 92.

28 Une analyse plus détaillée des considérations précédentes se trouve dans Huerta de Soto (2002, pp. 193-219).

habituelle et à les transmettre de génération en génération[29]. Les principes de la morale sexuelle, la création et le maintien indéfini de l'institution familiale, la fidélité entre époux et le soin des enfants, le contrôle des instincts ataviques et en particulier, la maîtrise et le contrôle de l'envie malsaine, etc. sont tous d'une importance capitale pour que le processus social de créativité et coordination se réalise sans difficulté et puisse favoriser au maximum l'efficience dynamique dans la société.

L'inobservation individuelle des principes moraux finit toujours par engendrer de très hauts coûts humains, qui affectent non seulement le coupable, mais aussi un groupe important de tierces personnes en relation directe ou indirecte avec lui, et peut même bloquer largement l'efficience dynamique de tout le système social. Il y a beaucoup plus grave : la généralisation des comportements immoraux par des processus systématiques de corruption morale qui peuvent paralyser complètement le processus social sain et efficient. Ainsi, l'étude, selon la perspective de la théorie économique de l'efficience dynamique, du rôle que jouent les principes de la morale personnelle et les différentes institutions sociales qui permettent et favorisent leur respect et maintien, ouvre un vaste champ de recherche aux spécialistes dont nous espérons qu'il aura une importance déterminante dans le futur.

Un domaine peut illustrer, à titre d'exemple, la possibilité et l'importance d'une analyse réalisée du point de vue de l'efficience dynamique et portant sur les principes de la morale personnelle : c'est celui qui concerne le type de comportement que les époux doivent maintenir et développer, avec effort et constance, pour réussir leur mariage et faire perdurer l'institution familiale, le tout dans leur propre intérêt et, surtout, dans celui de leurs enfants. Car si, par exemple, le père de famille s'habitue à faire prévaloir le désir, plus ou moins frivole, d'avoir toujours à ses côtés une accompagnatrice jeune et attractive, il finira très probablement par divorcer, lorsque sa femme aura atteint l'âge mûr et que ses enfants seront relativement grands. Si ce genre de comportements se généralise, les femmes commenceront, avant de se décider au mariage et à fonder une famille, à considérer le risque élevé qu'elles courent d'être abandonnées, juste après avoir consacré de longues années à élever leurs enfants, et précisément quand leur âge et capacité sont dévalués dans le marché du travail. Ainsi, non seulement un plus grand nombre de ménages et de familles seront détruits, mais, en même temps – et c'est plus grave –, le rythme des nouveaux ménages et des nouvelles familles diminuera, les femmes tendront à prolonger leur célibat afin d'assurer leurs carrières professionnelles et les moyens de vie indépendante, et cela entraînera une diminution sévère du taux de natalité. En l'absence de mouvements migratoires qui peuvent pallier la diminution de la natalité et le vieillissement consécutif de la population, le processus social de créativité et coordination entrepreneuriale qui alimente l'efficience dynamique sera atteinte. Le progrès de la civilisation et le développement économique et social exigent un volume toujours croissant de population qui soit capable de supporter, avec un nombre d'individus toujours

[29] Le rôle de ces institutions (famille, religion) quant à l'intériorisation et à la pratique du respect des normes les plus générales d'éthique sociale (concernant le droit de propriété) est également indispensable. Toute la force de coercition de l'état serait insuffisante pour faire respecter les normes les plus élémentaires de coopération sociale sans l'aide de ce genre d'institutions.

plus élevé, le volume de connaissance sociale constamment croissant qu'engendre la créativité entrepreneuriale. Car, en définitive, l'efficience dynamique dépend de la créativité et de la capacité de coordination des individus qui, toutes circonstances égales, tendront à augmenter en même temps que le nombre de ceux-ci ; et cela n'est possible que si subsiste un certain cadre moral de normes sur les relations familiales.

Il est facile de comprendre que, dans ce contexte des relations familiales, les principes de la morale personnelle ont une importance déterminante du point de vue de l'efficience dynamique. Néanmoins, et de façon en apparence paradoxale, on ne peut pas envisager d'imposer de tels principes par la force de l'état comme on le fait pour défendre, par exemple, les normes juridiques de droit pénal. Ces normes, en effet, concernent surtout l'interdiction de certains comportements impliquant l'exercice criminel de la violence ou la duperie envers les autres, c'est-à-dire la violence ou menace de violence physique, ou l'obtention criminelle de certains résultats au moyen de la duperie ou de la fraude. L'imposition coercitive des principes de la morale personnelle donnerait lieu, en revanche, à une grave inefficience dynamique : les relations personnelles de type familial, par exemple, sont du domaine de la plus stricte intimité de l'individu, dont il est pratiquement impossible qu'un tiers obtienne toute l'information nécessaire pour juger en connaissance de cause et, à plus forte raison, pour porter remède aux problèmes possibles, si les parties impliquées n'éprouvent pas le désir suffisant de les résoudre. Mettre tout le cadre de principes de la morale personnelle sur le même pied que les normes juridiques (quant aux possibilités d'imposition par la force) ne donnerait lieu qu'à l'établissement d'une société fermée et inquisitoriale d'où disparaîtrait pratiquement toute la liberté individuelle sur laquelle repose la fonction d'entrepreneur, la seule capable de faire apparaître l'efficience dynamique dans le processus social.

Les considérations précédentes montrent l'importance du développement de procédés non contraignants de contrôle social permettant la connaissance, l'intériorisation et le respect des normes les plus intimes de la morale personnelle. Parmi eux, les sentiments et principes religieux, acquis eux aussi dès la plus tendre enfance au sein de la famille, jouent un rôle essentiel (ainsi que la pression sociale des autres membres de la communauté et la famille). Ces principes religieux orientent l'action des individus, les aident à contrôler leurs impulsions ataviques et servent, en somme, de guide lorsqu'il s'agit de choisir les personnes avec lesquelles nous décidons d'avoir une relation plus intime et, même, de passer le reste de notre vie et de former une famille. Personnes qui, toutes circonstances égales, devront être d'autant plus estimées que leurs principes moraux paraîtront plus forts et durables[30].

---

[30] Des convictions religieuses enracinées et un comportement cohérent avec elles servent un peu de « *certificat de garantie* » du respect futur des obligations familiales, ce qui diminue (sans l'éliminer) l'incertitude inhérente à toute décision matrimoniale et la possible frustration d'espoirs, favorisant ainsi l'ajustement et la coordination qui permettent l'existence d'une société prospère dynamiquement efficiente.

*d) L'apparition évolutive des principes éthiques : cadres institutionnels de l'efficience dynamique*

J'ai défini ailleurs le concept d'institution comme « *tout schéma réglé de conduite ou comportement* » (Huerta de Soto, 2001, p. 69, note 37). En ce sens, on déduit facilement de l'analyse réalisée jusqu'ici que le processus social de création et coordination dans lequel consiste l'efficience dynamique, doit être réglé, c'est-à-dire doit être soumis à l'éthique ou au droit ou, si l'on préfère, à une série de principes moraux et de normes juridiques.

L'acte entrepreneurial fondamental, en effet, consiste – nous l'avons vu – à acheter bon marché et à vendre cher, en profitant d'une occasion de gain et en coordonnant ainsi le comportement initialement désajusté des agents sociaux. Cet acte ne se réaliserait pas si l'on n'était pas sûr que chaque partie intervenante remplisse ses engagements ; ou en cas, par exemple, de vice de consentement chez l'un des contractants, ou si ceux-ci consentaient victimes de fraudes ou de duperies réalisées au moment du paiement ou de la livraison de la chose devant présenter la qualité promise. C'est pourquoi des principes juridiques fondamentaux comme le respect de la vie, la possession pacifiquement acquise, l'exécution des contrats et, en général, le respect des *normes juridiques qui ont évolué de façon coutumière et constituent le droit civil et pénal créent l'armature ou condition préalable institutionnelle de base qui permet l'efficience dynamique.* L'on peut en dire autant des principes de la morale personnelle commentés au paragraphe précédent et, en général, du droit naturel à la propriété privée et de ses implications, qui intègrent la condition d'éthique sociale fondamentale sur laquelle se fonde toute l'efficience dynamique.

Le fait que ces principes soient apparus de manière évolutive n'empêche pas de reconnaître qu'ils sont gravés dans la nature humaine. Autrement dit, la nature de l'homme se façonne de manière évolutive et celui-ci est capable ensuite, par son analyse rationnelle, de dégager les principes qui sortent progressivement de leurs vices logiques et de leurs contradictions, et de les renforcer et les appliquer par un travail d'exégèse aux nouveaux domaines et défis qui apparaissent dans le devenir social. C'est pourquoi toute analyse scientifique de l'efficience sociale dans sa dimension dynamique doit commencer par reconnaître qu'elle ne peut jamais se réaliser dans un vide institutionnel, c'est-à-dire que l'analyse théorique de l'efficience dynamique est inséparable de l'étude du cadre institutionnel dans lequel s'effectuent les comportements entrepreneuriaux. Il faut donc être particulièrement critique à l'égard de la théorie économique du Nirvana, développée jusqu'ici par les économistes néoclassiques de l'économie de bien-être qui s'obstinent, pour la plupart, à juger les processus réels de marché dans un vide institutionnel complet, c'est-à-dire en marge de la réalité des interactions humaines, telles qu'elles se présentent dans le monde qui nous environne.

Un immense champ de recherche s'ouvre ainsi pour le théoricien spécialiste de l'économie appliquée, qui consisterait dans la révision et réévaluation de toutes et chacune des institutions sociales (économiques, juridiques, morales, éthiques et même linguistiques) et dans l'analyse du rôle et de la capacité de chacune en ce qui concerne la stimulation de l'efficience dynamique du système économique. J'ai expliqué ailleurs pourquoi le théoricien devait être, ce faisant, particulièrement rigoureux et prudent, surtout parce qu'il analyse des réalités sociales évolutives très complexes qui impliquent un volume énorme d'expérience et d'information, constituent la nature humaine et sont souvent difficiles à comprendre avec l'outillage conceptuel rigide de l'analyste (Huerta de Soto, 1994, pp. 105-109).

Nous exposons, dans le dernier paragraphe de ce travail, quelques exemples d'application pratique qui illustrent, au moins à titre d'indices, la direction dans laquelle nous croyons que l'analyse économique future des institutions sociales pourra évoluer, si l'on applique de façon cohérente le concept dynamique de l'efficience économique que nous avons exposé.

## 4. Quelques applications pratiques

Nous citerons quelques domaines concrets dont nous estimons qu'ils peuvent être enrichis par une application systématique de l'optique de l'efficience dynamique exposée dans ce travail. Il ne s'agit naturellement pas de présenter une analyse, même plus ou moins définitive ni, à plus forte raison, exhaustive, mais seulement de signaler quelques idées, provisoires, sur des lignes de recherches qui semblent être très prometteuses et s'offrent au travail futur des chercheurs qui croient que l'analyse de la conception dynamique de l'efficience économique peut être fructueuse et intéressante.

Nous devons citer, en premier lieu, la *théorie de l'imposition.* Nous avons parlé du rôle très important que jouent les profits (et les pertes) entrepreneuriaux (purs) dans l'orientation de l'action créative et coordinatrice des entrepreneurs. De fait, ces profits sont le signe clé qui oriente et stimule le processus de marché menant à l'efficience dynamique. Or, si les profits entrepreneuriaux se dénaturent pour des raisons fiscales, le processus d'efficience dynamique (ie. la créativité et la coordination) peut en être gravement affecté, ce qui supposera une perte importante en efficience dynamique. Ce coût se superposerait à celui que la doctrine appelle « *excès de charge fiscale* » et qui correspond, dans l'optique de l'analyse économique de l'équilibre, à la perte d'efficience statique, la seule à avoir été analysée jusqu'ici par la théorie de l'imposition optimale[31].

Premièrement, l'objectif consisterait, donc, à ne pas taxer les profits entrepreneuriaux purs afin de favoriser l'efficience dynamique. Il faut reconnaître que cet objectif de politique économique présente, en tout cas, de grands problèmes pratiques, dérivés du fait que, dans presque toutes les circonstances réelles, les profits entrepreneuriaux purs apparaissent toujours indissociablement mêlés à d'autres sources de revenu (du travail, du capital, de la terre, etc.). Mais ces difficultés doivent servir de stimulant pour l'analyste et le chercheur qui, désireux de favoriser l'efficience dynamique, essaient de trouver de nouveaux procédés d'imposition et de développer des réformes fiscales qui

---

31 Selon l'analyse statique traditionnelle, les fonctions d'offre et de demande sont supposées constantes et connues et l'on estime, donc, que les élasticités correspondantes nécessaires à l'application opérative de la règle de Pigou peuvent se calculer : l'imposition optimale serait celle inversement proportionnelle à l'élasticité de la courbe de demande de chaque bien compensée par son revenu respectif.

réduisent leur impact négatif sur les profits entrepreneuriaux purs et, donc, sur la créativité et la coordination entrepreneuriale[32].

Deuxièmement, la *théorie de l'interventionnisme* (c'est-à-dire l'analyse économique de la coercition institutionnelle) peut-elle aussi être enrichie par l'application systématique de l'optique dynamique. Il s'agirait ici d'effectuer une révision de tous les actes d'intervention économique et de régulation pour faire, dans la mesure où ils se matérialisent par des restrictions au libre exercice de la fonction d'entrepreneur, l'analyse de leurs effets possibles d'un point de vue d'inefficience dynamique. De même, le diagnostic des problèmes d'inefficience que crée l'interventionnisme économique doit permettre d'imaginer des réformes qui puissent se réaliser progressivement afin d'éliminer les entraves à la créativité et à la coordination actuellement existantes et de favoriser ainsi l'efficience dynamique du système.

Troisièmement, *la législation de défense de la concurrence* peut être vue sous un jour totalement différent si l'on se place dans l'optique de l'efficience dynamique. Car du point de vue des processus dynamiques du marché stimulés par l'action entrepreneuriale, et en l'absence d'entraves institutionnelles à la liberté d'action en tout domaine entrepreneurial, le processus de rivalité entre entrepreneurs aboutit souvent à ce que quelques producteurs (et même un seul) s'imposent temporairement dans certaines circonstances de temps et de lieu se présentant sur le marché. Cela, loin d'indiquer un (soi-disant) « *défaut du marché* », serait, au contraire, une des manifestations les plus typiques du succès de ces entrepreneurs qui savent satisfaire, mieux que les autres, les désirs des consommateurs (c'est-à-dire de découvrir et concevoir de nouveaux produits, d'une qualité croissante et de les placer sur le marché à un prix de plus en plus réduit). De sorte qu'une législation restrictive en matière de « *défense* » de la concurrence pourrait coûter cher en efficience dynamique, dans la mesure où les entrepreneurs potentiels admettent *a priori* qu'en cas de succès (dans l'introduction d'une certaine innovation, le lancement d'un produit, ou la conquête d'un marché), les résultats de leur créativité puissent être contrôlés ou même expropriés en totalité ou partiellement par les pouvoirs publics. Les exemples de Microsoft et d'autres sont d'actualité et présents dans l'esprit de tous, qu'il est inutile de s'attarder sur eux. L'on peut dire la même chose de nombreuses autres pratiques comme, par exemple, celles des accords de prix entre offreurs, de répartition de marchés, de vente conjointe de biens, des accords de distribution en exclusivité, etc. ; car, même si on peut les considérer comme des mesures restrictives du point de vue de l'efficience statique qui jusqu'ici a éclairé, le plus souvent, la législation sur la « *défense* » de la concurrence, elles sont peut-être très significatives du point de vue de la conception dynamique de l'efficience économique qui joue un rôle principal dans les processus réels de marché[33].

---

[32] Dans le domaine des finances publiques, également, l'optique proposée montre l'inexistence, d'un point de vue dynamique, de biens publics (dans la mesure où les problèmes d'offre conjointe et d'exclusion de la consommation tendent à être détectés et résolus par la créativité entrepreneuriale), en sorte que disparaît ce qui était considéré jusqu'ici comme la justification théorique principale de l'existence de l'État.

[33] Kirzner (1999, pp. 67-77). Sur le caractère dynamiquement efficient des collusions entre entreprises privées qui ne soient favorisées ni directement ni indirectement par l'état, consulter Salin (1996, pp. 29-42).

Quatrièmement, la *théorie économique du sous-développement*, constitue un autre domaine très important d'application de la théorie de l'efficience dynamique. L'objectif clé de politique économique consisterait ici à étudier quelles réformes l'on peut faire pour éliminer des entraves et stimuler la fonction entrepreneuriale des pays pauvres. Car l'entrepreneur est, sans aucun doute, la figure principale de tout processus de développement économique, en sorte qu'il est pour le moins choquant de constater que des milliers et des milliers de pages ont été inutilement écrites dans le cadre de la théorie économique du sous-développement, parce qu'on ignorait totalement le personnage principal des processus de croissance (l'entrepreneur) et on ne mentionnait même pas le rôle de la fonction d'entrepreneur dans sa double facette créative et coordinatrice. En ce sens, les théoriciens néoclassiques de la croissance et du sous-développement sont, en grande partie, responsables par action et par omission, de ce que beaucoup de politiques économiques menées dans les pays sous-développés n'aient pas adopté les mesures nécessaires de protection et d'encouragement des classes entrepreneuriales, aussi bien les autochtones que celles formées par les étrangers qui décident d'exercer la fonction d'entrepreneurs et de miser sur les pays qui en ont le plus besoin, leurs populations étant les plus proches d'un niveau de simple subsistance économique.

Cinquièmement, le domaine de la *macroéconomie*, en général, et de la *théorie monétaire*, en particulier, peut lui aussi s'enrichir en adoptant le point de vue de l'efficience économique. Nous savons, depuis Carl Menger, que la monnaie apparaît de façon évolutive et coutumière, stimulée par le génie entrepreneurial de quelques-uns, qui découvrent, avant les autres, qu'ils parviennent mieux à leurs fins en demandant contre leurs biens et services un moyen d'échange facilement commercialisable dans le marché. Dans la mesure où ce comportement réglé se généralise et devient habituel, la monnaie apparaît comme moyen d'échange généralement accepté. La monnaie ne serait, donc, pas nécessaire dans un modèle d'équilibre répétitif statiquement et parfaitement efficient, puisque dans de telles circonstances irréelles, en l'absence d'un futur incertain, personne n'aurait besoin de maintenir aucun solde de trésorerie. C'est, au contraire, dans la vie réelle, pleine d'incertitudes futures dues à la créativité entrepreneuriale qui produit constamment de l'information nouvelle et modifie toutes les données et circonstances du marché, qu'il est indispensable de maintenir des soldes liquides pour faire face à un futur toujours changeant et incertain. Par conséquent, la monnaie, d'une part, naît des incertitudes qu'engendre la créativité entrepreneuriale et, d'autre part, donne aux individus la possibilité de développer leur fonction entrepreneuriale créative et coordinatrice, en leur permettant d'affronter le maximum d'options ouvertes à un futur toujours incertain.

Cela dit, il est important, dans cette perspective, que les institutions monétaires n'entravent pas les processus de coordination entrepreneuriale, empêchant ainsi d'atteindre l'objectif d'efficience dynamique. Ainsi, par exemple, si la création monétaire sous forme d'expansion de crédit permet le financement initial de projets d'investissement à un rythme ne suivant pas la croissance réelle de l'épargne volontaire de la société, un grave désajustement intertemporel apparaîtra alors entre le comportement des investisseurs et celui des consommateurs. Ce désajustement se manifestera, d'abord, par une bulle d'investissement spéculatif financée par l'inflation fiduciaire, qui finira par affecter les prix des biens d'investissement, lesquels tendront à augmenter de façon disproportionnée. Ce processus de bulle expansive finira cependant, tôt ou tard, par se transformer en une récession économique qui montrera les erreurs entrepreneuriales commises et la nécessité de reconvertir et restructurer les processus d'investissement entrepris à tort[34].

Un champ de recherche intéressant reste donc ouvert : il consiste dans l'évaluation des institutions monétaires et de crédit actuelles, du point de vue de la conception de l'efficience dynamique que nous avons présentée dans ce travail et qui devra, éventuellement, se matérialiser par le projet d'une série de réformes. Celles-ci devront à la fois favoriser la créativité entrepreneuriale et stimuler la coordination intertemporelle, en compliquant l'apparition artificielle des désajustements qui affectent périodiquement les économies de marché depuis le développement, au début du XIX siècle, du système bancaire moderne fondé sur la réserve fractionnaire.

Sixièmement, enfin, l'*analyse économique du droit, des normes juridiques et des institutions sociales* réalisée exclusivement jusqu'ici sur la base des postulats traditionnels de l'analyse économique de l'équilibre, demande, peut-être plus que tout autre domaine de l'économie, une réélaboration complète incorporant des intuitions nouvelles et des apports que seule la conception dynamique de l'efficience peut fournir. L'on pourra ainsi évaluer de façon tout à fait nouvelle les différentes normes juridiques et institutions sociales, en fonction de leur capacité à stimuler la créativité et la coordination entrepreneuriale. L'analyse économique du droit des contrats, de la responsabilité civile, du droit des patentes, copyrights et marques, l'analyse économique de la famille, etc., s'enrichiront énormément grâce à l'approche dynamique. Il en sera de même, en général, pour toute autre analyse économique des normes et institutions les plus proches de la réalité sociale qui nous environne et, par nature, essentiellement dynamiques.

Bien entendu, ces exemples et illustrations n'épuisent nullement les possibilités d'application pratique de la conception dynamique de l'efficience économique qui, nous l'avons dit, peut et doit être utilisée dans tous les domaines de l'économie théorique ou appliquée. Notre vœu le plus cher est que les illustrations précédentes servent d'encouragement aux jeunes chercheurs de notre discipline et que, grâce à leur effort, leurs apports soient couronnés de succès.

---

[34] J'ai consacré à l'analyse de ces phénomènes tout mon travail *Dinero, crédito bancario y ciclos económicos*, Unión Editorial, 2° éd., Madrid 2002. L'abandon de l'hypothèse concernant l'efficience statique et l'équilibre des marchés de capitaux donnera lieu à toute une réélaboration de la théorie désuète des marchés financiers qui a fait tant de mal en tant que fondement théorique de la dernière bulle spéculative durant les années de la Nouvelle Économie. La nouvelle théorie, au contraire, devra concevoir les marchés boursiers comme un processus dynamique de créativité entrepreneuriale, jamais parfaitement efficient du point de vue statique, mais tendant toujours à l'efficience dynamique du point de vue de la découverte et créativité d'occasions de gain et de coordination entrepreneuriale.

## CONCLUSION

Les conclusions principales de ce travail sont les suivantes :

1° L'efficience dynamique peut être considérée comme la capacité d'un système économique à stimuler la créativité et la coordination entrepreneuriale.

2° L'efficience dynamique est, néanmoins, une dimension que la plupart des économistes professionnels ont pratiquement ignorée jusqu'à présent. Ils se sont exclusivement intéressés à la dimension simplement allocative ou statique de l'efficience économique.

3° Cependant, l'efficience dynamique peut être considérée comme la dimension la plus importante du concept économique d'efficience, en particulier dans un monde réel qui ne peut jamais atteindre l'équilibre et dans lequel l'idéal d'efficience allocative ou statique est, par définition, inaccessible.

4° Quoique les deux dimensions de l'efficience (la statique et la dynamique) ne soient pas nécessairement exclusives l'une de l'autre, mais souvent complémentaires, différents comportements et institutions qui paraissent allocativement ou statiquement inefficients, sont cependant capables de stimuler énergiquement l'efficience dynamique. Un champ intéressant s'ouvre ainsi aux chercheurs, qui consiste à analyser les possibles *trade-off* entre les deux dimensions de l'efficience et à concevoir des projets de réformes tendant à stimuler la créativité et la coordination entrepreneuriale.

5° Loin d'être compatible avec différents schémas de comportements éthiques, l'efficience dynamique naît d'un seul d'entre eux : de celui qui respecte le mieux la propriété privée et en particulier l'appropriation des résultats de la créativité entrepreneuriale. Le concept dynamique d'efficience et l'éthique apparaissent ainsi comme les deux faces de la même monnaie. On a, en outre, avancé un argument nouveau, à savoir que les principes fondamentaux de la morale personnelle qui ont prévalu au cours de l'évolution humaine tendaient également à stimuler l'efficience dynamique. Notre conception dynamique de l'analyse économique peut, donc, permettre un traitement scientifique unifié des différents problèmes sociaux, dans lesquels les dimensions liées à l'efficience et à la justice, loin d'apparaître comme des mondes étrangers ou séparés, s'auto-expliquent et se renforcent mutuellement.

6° Nous estimons, en raison de ce qui vient d'être exposé, qu'aucune analyse d'efficience économique ne devrait oublier la dimension dynamique. Autrement dit, l'analyste doit introduire, dans toutes les études d'économie appliquée, la question de savoir quels sont, d'un point de vue d'efficience dynamique, les effets de la norme ou institution analysée ou des propositions de réforme que l'on étudie. L'efficience dynamique sera ainsi un élément fondamental à prendre en considération dans toute étude économique ; ce qui non seulement ouvre un champ de recherche immense et que nous espérons fructueux, mais conduira aussi, nous en sommes sûrs, à un développement de la science économique au service de l'humanité beaucoup plus féconde et dynamiquement efficient.

## RÉFÉRENCES BIBLIOGRAPHIQUES


ALCHIAN, A., ALLEN, W. R., 1964, *University Economics*, Californie, Wadsworth Publishing Co., Belmont.

BLANQUEZ, A., 1988, *Diccionario Latino-Español, Español- Latino*, Edit. Ramón Sopena, Tome I, Barcelone.

BLAUG, M., 1998, « The disease of formalism in economics, or bad games that economists play », *Lectiones Jenenses*, Jena.

BUCHANAN, J. M., 1979,. *What Should Economists Do?*, Indianapolis, Liberty Fund.

CORDATO, R. E., 1992, *Welfare Economics in an Open Ended World : A Modern Austrian Perspective*, Dordrecht, Kluwer Academic Publishers, Hollande.

DEMSETZ, H., 1989, *Efficiency, Competition and Policy*, Basil Blackwell, Londres.

DOLAN, E.G., LINDSAY, D.E., 1988, *Economics*, 5° éd., Dryden Press, New York.

FRANTZ, R., 1988, *X-Efficiency: Theory, Evidence and Applications*, Boston et Dordrecht, Kluwer Academic Publishers.

GAMIR, L., 1996, *La economía del bienestar*, Madrid, Fundación Argentaria, Grandes Cuestiones de la Economía, n° 8.

GWARTNEY, J.D:, STROUP, R., 1983, *Economics: Private and Public Choice*, 3° éd., Academic Press, New York et Londres.

HUERTA DE SOTO, J., 2001a, *La Escuela Austríaca: mercado y creatividad empresarial*, Editorial Síntesis, Madrid.

HUERTA DE SOTO, J., 2001b, *Socialismo, cálculo económico y función empresarial*, Unión Editorial, 2° -éd. (1° éd. 1992), Madrid.

HUERTA DE SOTO, J., 2002a, *Dinero, crédito bancario y ciclos económicos*, Unión Editorial, 2° éd., Madrid.

HUERTA DE SOTO, J., 2002b, « Socialismo, corrupción ética y economía de mercado », chap. 8 de *Nuevos estudios de economía política*, Unión Editorial, Madrid, pp. 193-219.

HUERTA DE SOTO, J., 1994, « Historia, ciencia económica y ética social », *Estudios de economía política*, Unión Editorial, Madrid, pp. 105-109.

JENOFONTE, 1966, *Económico*, Édition, traduction et notes de Juan Gil, Sociedad de Estudios y Publicaciones, Madrid.

KASPER, W., STREIT, M.E., 1998, *Institutional Economics*, Aldershot, Edward Elgar, Angleterre.

KEYNES, J., 1973, *Collected Writings*, vol.VII et vol. XXVIII, Macmillan, Londres.

KIRZNER, I., 1997, *How Markets Work:Disequilibrium, Entrepreneurship and Discovery*, Institute of Economic Affairs (IEA), Hobart Paper, n° 133, Londres.

KIRZNER, I., 1998,. « Austrian Economics, The Coordination Criterion and Classical Liberalism », *Journal des Économistes et des Études Humaines*, vol. 8, n° 2/3, juin-septembre, pp. 187-200.

KIRZNER, I., 1979, *Perception, Opportunity and Profit*, The University of Chicago Press, Chicago.

KIRZNER, I., 1973, *Competition and Entrepreneurship*, University of Chicago Press (2° éd. espagnole, Madrid 1998, Unión Editorial), Chicago.

KIRZNER, I (décembre 1998-janvier 1999), « Los objetivos de la política *anti-trust*: una crítica », *Información Comercial Española*, n° 775, pp. 67-77.
LEIBENSTEIN, H., 1966, « Allocative Efficiency vs X-Efficiency », *American Economic Review*, n° 56, pp. 392-415.
LIPSEY, R.G., 1973, *Introducción a la Economía Positiva*, Éd. Vicens-Vives, Barcelone.
MAYER, H., 1994, « The cognitive value of functional theories of price : critical and positive investigations concerning the price problem », chap. 16 de *Classics in Austrian Economics: A sampling in the history of a tradition,* I. M. Kirzner (éd.), vol. II, William Pickering, Londres,
MIROWSKI, P., 1989, *More Heat than Light: Economics as Social Physics, Physics as Nature's Economics,* Cambridge University Press, Cambridge.
MIROWSKI, P., 2002, *Machine Dreams.* Cambridge, Cambridge University Press.
NORTH, D.C., 1990, *Institutions, Institutional Change and Economic Performance,* Cambridge University Press, Cambridge et NY.
NORTH, D.C., 1999, *Understanding the Process of economic Change,* Institute of Economic Affairs (IEA), Londres.
NORTH, G., (automne 2002), « Undermining Property Rights : Coase and Becker », *Journal of Libertarian Studies*, vol. 16, n° 4, pp. 75-100.
O'DRISCOLL, G.P., RIZZO, M.J., 1998, *The Economics of Time and Ignorance,* Routledge, Londres.
RAICO, R., 1997, « Keynes and the Reds », *The Free Market*, n° d'avril.
ROBBINS, L., 1972, *An Essay on the Nature and Significance of Economic Science,* Macmillan et St. Martin's Press, Londres.
ROTHBARD, M. 1999, *Historia del pensamiento económico, volumen., El pensamiento económico hasta Adam Smith,* Unión Editorial, Madrid.
ROTHBARD, M., 1979, « Comment : Th Myth of Efficiency », dans Mario J. Rizzo (éd.), *Time, Uncertainty and Desequilibrium*, Massachussets, Lexington Books, p. 95.
ROTHBARD, M., 1997, « Toward a Reconstrucion of Utility and Welfare Economics », dans *The Logic of Action One: Method, Money and the Austrian School,* Cheltenham, Edward Elgar, Angleterre, pp. 211-254.
SALIN, P., 1996, « Cartels as Efficient Productive Structures », *The Review of Austrian Economics*, vol. IX, n° 2, pp. 29-42.
SCHUMPETER, J.A., 1944, *Teoría del desenvolvimiento económico*, traduction espagnole de Jesús Prado Arrarte, Fondo de Cultura Económica, Mexico.
SCHUMPETER, J.A., 1971, *Capitalismo, socialsmo y democracia*, Ed. Aguilar, Madrid.
STIGLER, G.J., 1976, « The Existence of X-Efficiency », *American Economic Review*, n° 66, pp. 213-216.
STRINGHAM, E., 2001, « Kaldor-Hicks Efficiency and the Problem of Central Planning », *The Quarterly Journal of Austrian Economics*, vol. IV, n° 2, pp. 41-50.
STROMBERG, J.R., 2002, « Douglas C. North and Non-Marxist Institutional Determinism », *Journal of Libertarian Studies*, vol. 16, n° 4, pp. 101-137.
TAYLOR, F. W., 1967, *The Principles of Scientific Management*, W. W. Norton and Company (1° éd. en 1911), New York et Londres.
WALRAS, L., 1909, « Économique et Mécanique », *Bulletin de la Société Vaudoise de Sciences Naturelles*, n° 45.

WONACOTT, P., WONACOTT, R., 1986, *Economics*, McGraw-Hill, New York.
ZERBE, R.O., 2001, *Economic efficiency in Law and Economics*, Angleterre, Edward Elgar, Cheltenham.

# CHAPITRE II

## LE *METHODENSTREIT* : APPROCHES AUTRICHIENNE ET NÉOCLASSIQUE EN SCIENCE ÉCONOMIQUE*

> Ce qui distingue l'École autrichienne et lui assurera une célébrité impérissable, est d'avoir formulé une théorie de l'action économique et non pas une théorie de l'équilibre économique, synonyme d'inaction.
>
> Ludwig von Mises**

## INTRODUCTION

La chute, il y a quelques années, du socialisme réel ainsi que la crise dont souffre l'État-providence ont porté un coup dur au programme de recherche, majoritairement néoclassique, qui soutenait jusqu'ici l'ingénierie sociale. Elles semblent en même temps confirmer les conclusions de l'analyse théorique sur l'impossibilité du socialisme développée par l'École autrichienne d'économie. D'autre part, l'École autrichienne a fêté en 1995 son 125° anniversaire : elle avait vu officiellement le jour en 1871 avec la publication des *Grundsätze* de Carl Menger[1]. Il semble donc tout à fait opportun de reprendre aujourd'hui l'analyse

*Cette étude a été faite à la demande de Gary Becker ; il m'a prié d'exposer le point de vue autrichien lors d'une table ronde qui devait comparer celui-ci au point de vue néoclassique ; c'était à l'occasion de la Réunion de la Mont Pèlerin Society en septembre 1996 à Vienne. Sherwin Rosen, Leland Yeager et Eric Streissler y participaient également. Rosen et Yeager ont publié chacun un résumé des points principaux du débat dans deux articles parus dans le *Journal of Economic Perspectives*, numéro 4 du volume 2 de 1997 (pp. 153-165). La version originale anglaise de ce travail a été publiée sous le titre « The ongoing Methodenstreit of the Austrian School », dans le *Journal des Économistes et des Études Humaines* (volume 8, numéro 1, mars 1998, p. 75-113). La version espagnole de cet article a été publiée deux fois : la première publication, plus complète et détaillée, se trouve dans les *Actas del V Congreso de Economía Regional de Castilla y León* – congrès tenu à Avila du 28 au 30 novembre 1996 – qui ont été publiées par le Servicio de Estudios de la Junta de Castilla y León (Consejería de Economía y Hacienda) à Valladolid, 1997 ; la seconde, plus courte, a paru dans la *Revista de Economía Aplicada*, numéro 15, volume 5, 1997, pp. 113-133, sous le titre « La Escuela Austríaca moderna frente a la Escuela Neoclásica » ; enfin, la revue argentine *Libertas* a publié à Buenos Aires la version détaillée de ce travail. L'article a été traduit également en français et en italien ; il a été publié à Québec dans la revue publiée par Internet *The Quebecquoise Libre* et en Italie par la revue *Civiltà delle Macchine*, année XVI, n° 3-4, pp. 21-33.

***Notes and Recollections*, Libertarian Press, 1978, p. 36. Trad. esp.: *Autobiografía de un liberal,* Unión Editorial, 2001, p. 70.

des différences et avantages comparatifs des deux approches, autrichienne et néoclassique, et de le faire à la lumière aussi bien des derniers évènements que de l'évolution récente de la pensée économique.

Ce travail est divisé de la façon suivante : en premier lieu, il expose et commente de façon détaillée les caractéristiques différenciatrices des deux optiques (autrichienne et néoclassique). Il présente ensuite, du point de vue de l'histoire de la pensée économique, une vision synthétique du Methodenstreit qui a occupé l'École autrichienne de 1871 à nos jours et commente ses diverses implications. Enfin, l'article s'achève par une réponse aux critiques les plus couramment dirigées contre l'optique autrichienne et une évaluation des avantages comparatifs des deux points de vue.

## 1. Différences essentielles entre l'École autrichienne et la néoclassique

L'un des principaux défauts que l'on puisse reprocher aux programmes des Facultés d'Économie est peut-être de ne pas avoir donné, jusqu'ici, de vision complète et intégrée des éléments essentiels du paradigme autrichien moderne au sujet de l'optique néoclassique dominante. Le tableau 1 essaie de couvrir cette lacune d'une façon à la fois complète, claire et synthétique, qui permet de comprendre d'un simple coup d'œil les différents points d'opposition entre les deux optiques que nous commentons ensuite brièvement.

---

[1] Carl Menger, 1871, *Grundsätze der Volkswirtscahftslehre*, Wilhelm Braumüller, Vienne. Trad. esp.: *Principios de Economía Política*, Unión Editorial, Madrid 1983, 2° éd., 1997. Nous citerons toujours cette 2° édition.

Tableau 1 : Différences essentielles entre l'École autrichienne et la néoclassique

| (POINTS DE COMPARAISON) | PARADIGME AUTRICHIEN | PARADIGME NÉOCLASSIQUE |
|---|---|---|
| 1. Concept de l'économique : (principe essentiel) : | Théorie de l'action humaine entendue comme un processus dynamique (*praxéologie)* | Théorie de la *décision* : maximisation soumise à restrictions (concept étroit de « *rationalité* »). |
| 2. Point de départ méthodologique : | *Subjectivisme* | Stéréotype de l'*individualisme méthodologique* |
| 3. Protagoniste des processus sociaux : | *Entrepreneur* créatif | *Homo economicus* |
| 4. Possibilité que les acteurs se trompent *a priori* et nature du profit entrepreneurial : | On conçoit la possibilité d'erreurs entrepreneuriales pures que plus de perspicacité entrepreneuriale aurait permis d'éviter. Les profits entrepreneuriaux purs naissent de la capacité entrepreneuriale à se rendre compte des occasions de gain. | On ne conçoit pas l'existence d'erreurs dont on peut se repentir, car toutes les décisions passées se rationalisent en termes de coûts et profits. Les profits entrepreneuriaux sont considérés comme le revenu d'un facteur de production. |
| 5. Conception de l'information : | La connaissance et l'information sont *subjectives, dispersées* et *changent* constamment (créativité entrepreneuriale). Distinction radicale entre connaissance scientifique (objective) et pratique (subjective). | On suppose une information pleine (en termes de certitude ou de probabilité) en matière d'objectifs et de moyens, qui est objective et *constante*. Pas de distinction entre connaissance pratique (entrepreneuriale) et scientifique. |
| 6. Point focal de référence : | Processus général à tendance coordinatrice. Pas de distinction entre la micro et la macroéconomie : tous les problèmes économiques sont étudiés de manière interrelationnelle. | Modèle d'*équilibre* (général ou partiel). Séparation de la micro et la macroéconomie. |
| 7. Concept de « concurrence » : | Processus de rivalité entrepreneuriale. | Situation ou modèle de « *concurrence parfaite* » |
| 8. Concept de coût : | *Subjectif* (dépend de la perspicacité qu'emploie l'entrepreneur à découvrir de nouveaux objectifs). | Objectif et constant (peut être connu par un tiers et mesuré.) |
| 9. Formalisme : | Logique *verbale* (abstraite et formelle) qui prend en considération le temps subjectif et la créativité humaine. | Formalisme *mathématique* (langage symbolique propre à l'analyse de phénomènes atemporels et constants). |
| 10. Relation avec le monde empirique : | Raisonnements *aprioristique-déductifs*. Séparation radicale et, en même temps, coordination entre théorie (science) et histoire (art). L'histoire ne peut pas vérifier de théories. | Vérification *empirique* des hypothèses (du moins de façon rhétorique). |

Tableau 1 (suite) : Différences essentielles entre l'École autrichienne et la néoclassique

| (POINTS DE COMPARAISON) | PARADIGME AUTRICHIEN | PARADIGME NÉOCLASSIQUE |
|---|---|---|
| 11. Possibilités de prédiction spécifique : | Impossible, car ce qui arrive dépend d'une connaissance entrepreneuriale future non encore créée. Seules sont possibles de *pattern prédictions* de type qualitatif et théorique sur les effets de désorganisation de l'interventionnisme. | La prédiction est un objectif délibérément recherché. |
| 12. Responsable de la prédiction : | L'entrepreneur | L'analyste économique (ingénieur social). |
| 13. État actuel du paradigme : | Sensible *renaissance* ces 20 dernières années (en particulier après la crise keynésienne et la chute du socialisme réel). | Situation de *crise et changement* accéléré. |
| 14. Quantité de « capital humain » investi : | *Minoritaire*, mais croissant | Majoritaire et montrant des signes de dispersion et division. |
| 15. Type de « capital humain » investi : | Théoriciens et philosophes multidisciplinaires. Libéraux radicaux. | Spécialistes en interventions économiques (*piecemeal social engineering*). Degré variable d'engagement pour la liberté. |
| 16. Apports les plus récents : | - Analyse critique de la contrainte institutionnelle (socialisme et interventionnisme).<br>- Théorie de la banque libre et des cycles économiques.<br>- Théorie évolutive des institutions (juridiques, morales).<br>- Théorie de la fonction d'entrepreneur.<br>- Analyse critique de la « Justice sociale ». | - Théorie du choix public<br>- Analyse économique de la famille<br>- Analyse économique du droit<br>- Nouvelle macroéconomie classique<br>- Théorie économique de l' « information » (economics of information). |
| 17. Position relative de différents auteurs : | ROTHBARD, MISES, HAYEK, KIRZNER | COASE, DEMSETZ, SAMUELSON, BUCHANAN, STIGLITZ, FRIEDMAN-BECKER |

*Théorie autrichienne de l'action et théorie néoclassique de la décision*

Les théoriciens autrichiens conçoivent la science économique comme une théorie de l'action plus tôt que comme une théorie de la décision ; c'est là une des caractéristiques qui les distinguent le plus de leurs collègues néoclassiques. Le concept d'action humaine, en effet, englobe et dépasse de beaucoup le concept de décision individuelle. En premier lieu, le concept essentiel d'action inclut, pour les Autrichiens, non seulement l'hypothétique processus de prise de décision dans un contexte de connaissance « *donnée* » des fins et des moyens, mais surtout – et c'est le point le plus important – « *la perception même du système de fins et de moyens* »[2] au sein duquel se réalise l'allocation économique, seul objet d'étude pour les néoclassiques. En outre, l'important n'est pas, pour les

[2] Israël M. Kirzner, 1975, *Competencia y función empresarial*, Unión Editorial, Madrid, p. 45 ; 2° éd., 1998, intitulée *Competencia y empresarialidad.*

Autrichiens, le fait qu'une décision soit prise, mais bien qu'elle le soit sous forme d'action humaine, *processus* (qui s'achèvera ou pas) au cours duquel se produit une série d'interactions et de processus de coordination dont l'étude constitue précisément, pour les Autrichiens, l'objet de recherche de la science économique. Ainsi l'économie, loin d'être pour eux une théorie du choix ou de la décision, est une théorie des processus d'interaction sociale ; ceux-ci seront coordonnés dans une plus ou moins large mesure selon la perspicacité des divers acteurs impliqués dans l'exercice de l'action entrepreneuriale[3].

C'est pourquoi les Autrichiens se montrent particulièrement critiques à l'égard de la conception étroite de l'économie qui dérive de la célèbre définition que donne Robbins de cette science : étude de l'utilisation de moyens rares susceptibles d'usages divers dans le but de satisfaire les nécessités humaines[4]. La conception de Robbins implique une connaissance donnée des fins et des moyens, en sorte que le problème économique se réduit à un simple problème technique d'allocation, de maximisation ou d'optimisation, soumis à des restrictions que l'on suppose également connues. Autrement dit, la conception de l'économie chez Robbins correspond au cœur du paradigme néoclassique et est complètement étrangère à la méthodologie de l'École autrichienne telle qu'on l'entend aujourd'hui. L'homme robbinsien est, en effet, un automate ou une caricature de l'être humain, qui se borne à réagir de façon passive aux évènements.

Il faut mettre en lumière, relativement à la conception de Robbins, la position de Mises, de Kirzner et des autres autrichiens. Ils considèrent que, plus qu'allouer des moyens donnés à des fins elles aussi données, ce que fait réellement l'homme est de chercher constamment de nouveaux objectifs et de nouveaux moyens, en apprenant du passé et en usant de son imagination pour découvrir et créer (par l'action) le futur. Ainsi l'économie n'est, pour les Autrichiens, qu'une partie intégrante d'une science bien large, une théorie générale de l'*action* humaine (et non de la décision humaine).

D'après Hayek, si cette science générale de l'action humaine « doit recevoir un nom, le terme de sciences *praxéologiques,* clairement défini et amplement utilisé par Ludwig von Mises, semble le plus approprié »[5].

*Subjectivisme autrichien et objectivisme néoclassique*

Le *subjectivisme* est, pour les Autrichiens, un second aspect d'importance capitale[6]. La conception subjectiviste consiste, pour eux, dans la tentative de construire la science économique en partant toujours de l'homme réel, fait de

---

[3] Kirzner, I. M., 1991, *The Meaning of Market Process: Essays in the Development of Modern Austrian Economics*, Routledge, Londres, pp. 201-208.

[4] Robbins, L., 1932 et 1972, *An Essay on the nature and Significance of Economic Science*, Macmillan, Londres.

[5] « If a name is needed, the term *praxeological* sciences now clearly defined and extensively used by Ludwig von Mises would appear to be most appropriate » (Hayek, F. A., 1952, *The Counter-Revolution of Science: Studies in the Abuse of Reason*, Free Press, Glencoe, III, , p. 209).

[6] La conception subjectiviste des Autrichiens permet de faire de l'économie une science générale qui traite de *toutes* les actions humaines et a donc une pleine validité *objective*, qui n'est paradoxale qu'en apparence.

chair et d'os et considéré comme acteur créatif et protagoniste de tous les processus sociaux. C'est pourquoi, pour Mises, « *la théorie économique ne s'occupe pas de choses et d'objets matériels ; elle s'intéresse aux hommes, à leurs jugements et, donc, aux actions humaines qui en découlent. Les biens, marchandises, richesses et toutes les autres notions concernant la conduite ne sont pas des éléments de la nature, mais se rattachent à l'esprit et à la conduite humaine. Celui qui veut pénétrer dans ce deuxième univers doit oublier le monde extérieur et concentrer son attention sur le sens des actions que réalisent les hommes* »[7]. C'est pourquoi, d'après les Autrichiens, et en assez forte opposition avec les néoclassiques, les restrictions en économie ne sont pas imposées par des phénomènes objectifs ou des facteurs matériels du monde extérieur (par exemple, les réserves de pétrole), mais par la connaissance de l'homme entrepreneur (la découverte, par exemple, d'un carburateur qui double l'efficacité des moteurs à combustion interne *a le même effet économique* que la duplication de toutes les réserves de pétrole).

*Entrepreneur autrichien et homo economicus néoclassique*

La fonction entrepreneuriale est la force qui joue le rôle principal dans la théorie économique autrichienne, alors qu'elle brille, au contraire, par son absence dans la théorie néoclassique. Car la fonction entrepreneuriale est un phénomène propre au monde réel, qui est toujours en déséquilibre et ne peut jouer aucun rôle dans les modèles d'équilibre qui retiennent l'attention des auteurs néoclassiques. Les néoclassiques considèrent, en outre, la fonction entrepreneuriale comme un facteur de production parmi d'autres, qui peut être employé en fonction des profits et coûts espérés, sans se rendre compte qu'en analysant ainsi l'entrepreneur, ils tombent dans une contradiction logique insoluble : demander des ressources entrepreneuriales en fonction de ses profits et coûts espérés implique de penser qu'une information est disponible aujourd'hui (valeur probable de ses profits et coûts futurs) *avant même qu'elle ait été créée* par la fonction entrepreneuriale. Autrement dit, la fonction principale de l'entrepreneur consiste à créer et découvrir de l'information qui n'existait pas auparavant, et, tant que ce processus de création d'information ne se réalise pas, celle-ci ne peut ni exister ni être connue, de sorte qu'il est impossible de ne prendre aucune décision préalable de type néoclassique sur l'allocation à faire sur la base de profits et coûts attendus.

Les économistes autrichiens s'accordent de façon presque unanime à considérer comme fausse la croyance d'après laquelle le profit entrepreneurial dérive de la simple assomption de risques. Le risque n'entraîne, au contraire, qu'un coût supplémentaire dans le processus de production, qui n'a rien à voir avec le profit entrepreneurial pur[8].

---

[7] Mises, L. von, 1995 [6° éd. 2001] *La acción humana : Tratado de economía*, 5° édition espagnole traduite par Joaquín Reig Albiol et publiée avec un « *Estudio preliminar* » de Jesús Huerta de Soto, Unión Editorial, Madrid, pp. 111-112. A la p. 169, Mises ajoute que « *la production n'est pas un fait physique, naturel et externe; c'est, au contraire, un phénomène intellectuel et spirituel* ».

[8] Mises, L. von, 1995, *La acción humana*, op. cit., pp. 953-955.

*Possibilité d'erreur entrepreneuriale pure (autrichiens) et rationalisation a posteriori de toutes les décisions (néoclassiques)*

Le rôle très différent que joue le concept d'*erreur* chez les autrichiens et les néoclassiques est rarement apprécié. Les Autrichiens considèrent la possibilité d'erreurs entrepreneuriales pures (*sheer entrepreneurial errors*[9]), chaque fois que les entrepreneurs manquent de découvrir une occasion de gain sur le marché. C'est précisément l'existence de ce genre d'erreur qui engendre le profit entrepreneurial pur (*pure entrepreneurial profit*). Pour les néoclassiques, au contraire, il n'y a jamais d'erreurs entrepreneuriales pures dont on a à se repentir *a posteriori* (*regrettable errors*). Cela vient du fait qu'ils rationalisent toutes les décisions prises dans le passé grâce à une soi-disant analyse coût-profit faite dans le cadre d'une maximisation mathématique soumise à des restrictions. C'est pourquoi les profits entrepreneuriaux purs n'ont pas de raison d'être dans le monde néoclassique et, lorsqu'ils sont mentionnés, ils sont considérés comme le paiement pour les services d'un simple facteur de production, ou comme le revenu découlant de la prise d'un risque.

*Information subjective des Autrichiens et information objective des néoclassiques*

Les entrepreneurs créent constamment de l'*information* nouvelle, qui est essentiellement subjective, pratique, dispersée et difficilement exprimable[10]. La perception subjective de l'information est donc un élément essentiel de la méthodologie autrichienne qui est absent de l'économie néoclassique, car celle-ci tend à considérer l'information de façon objective. Or la plupart des économistes ne voient pas que, si Autrichiens et néoclassiques utilisent le mot *information*, ils parlent de réalités radicalement différentes. Pour les néoclassiques, en effet, l'information est quelque chose d'objectif qui, comme les marchandises, se vend et s'achète sur le marché à la suite d'une décision de maximisation. Cette « *information* », stockable sur différents supports, n'est pas semblable à l'*information subjective* des Autrichiens : savoir pratique, pertinent, interprété, connu et utilisé par l'acteur dans le contexte d'une action concrète. C'est pourquoi les Autrichiens reprochent à Stiglitz et à d'autres théoriciens néoclassiques de l'information de n'avoir pas su allier leur théorie de l'information à la fonction entrepreneuriale, qui est toujours sa source première et créatrice, comme l'ont fait les Autrichiens. En outre et toujours d'après les Autrichiens, Stiglitz n'arrive pas à comprendre que l'*information* est toujours subjective et que les marchés qu'il appelle « *imparfaits* », plus qu'engendrer des « *inefficiences* » (au sens néoclassique), favorisent des occasions potentielles de gain entrepreneurial, qui tendent à être découvertes et mises à profit par les

[9] Kirzner, I. M., 1994, « A Tale of Two Worlds », dans *Advances in Austrian Economics*, Jay Press, Connecticut vol. I, Greenwich, pp. 223-226.

[10] Voir Huerta de Soto J., 1995, « The Economic Analysis of Socialism », chap. 14 de *New Perspectives on Austrian Economics*, Gerrit Meijer (éd.), Routledge, Londres et New York pp. 228-253, et Huerta de Soto J., *Socialismo, cálculo económico y function empresarial*, Unión Editorial (1° éd. 1992, 2° éd. 2001), Madrid, pp. 52-67 et 104-110.

entrepreneurs au cours du processus de coordination entrepreneuriale qu'ils suscitent constamment dans le marché[11].

*Processus entrepreneurial de coordination des Autrichiens et modèles d'équilibre (général et/ou partiel) des néoclassiques*

Les modèles d'équilibre néoclassiques ignorent généralement la force coordinatrice que représente, pour les Autrichiens, la fonction entrepreneuriale. Celle-ci, en effet, non seulement créée et transmet de l'information, mais, ce qui est plus important, suscite la coordination entre les comportements désajustés de la société. Toute incoordination sociale se matérialise par une occasion de gain latente, qui attend d'être découverte par les entrepreneurs. Lorsque l'entrepreneur se rend compte de cette occasion et tâche de la mettre à profit, elle disparaît et il se crée un *processus spontané de coordination*, ce qui explique la tendance de toute économie réelle de marché vers l'équilibre. De plus, le caractère coordinateur de la fonction entrepreneuriale est seul à permettre l'existence de la théorie économique en tant que science, c'est-à-dire comme un *corpus* théorique de lois de coordination qui expliquent les processus sociaux[12]. Cette optique explique pourquoi les économistes autrichiens sont intéressés par l'étude du concept *dynamique* de concurrence (entendu comme processus de *rivalité*), alors que les économistes néoclassiques se concentrent exclusivement sur les modèles d'équilibre propres à la *statique* comparative (concurrence « *parfaite* », monopole, concurrence « *imparfaite* » ou monopolistique)[13]. Pour Mises, et comme le dit la citation placée en tête de cet article, la construction d'une science économique fondée sur le modèle d'équilibre, où toute l'information permettant de construire les fonctions d'offre et de demande est

---

[11] Voir la critique autrichienne de la théorie de Grossman-Stiglitz sur l'information dans Thomsen E., 1992, *Prices and Knowledge : A Market Process Perspective*, Routledge, Londres.

[12] Rothbard et Kirzner ont critiqué la position subjectiviste extrême de quelques théoriciens qui, comme Lachmann et Shackle, considèrent qu'il n'existe aucune tendance coordinatrice dans le marché. Cette erreur est liée à la méconnaissance de la force coordinatrice de toute action humaine de type entrepreneurial. Voir Murray N. Rothbard, « The Present State of Austrian Economics », dans *Journal des Économistes et des Études Humaines*, vol. 6, n° 1, mars 1995, en particulier pp. 56-59 ; et Israël M. Kirzner, « Subjectivism and Austrian Economics », chap. 1 de *New Perspectives on Austrian Economics*, op. cit., pp. 11-22.

[13] Mes collègues de l'École autrichienne disent habituellement que les processus entrepreneuriaux mènent le système vers l'équilibre, mais reconnaissent qu'il n'est jamais atteint. Personnellement, je préfère parler d'un modèle différent, que j'ai appelé *big bang* social, qui permet la croissance illimitée de la connaissance et de la civilisation de la façon la plus adaptée et harmonieuse (c'est-à-dire coordonnée) possible à chaque moment de l'histoire. Car le processus entrepreneurial de coordination sociale ne s'arrête et ne s'épuise jamais. Autrement dit, l'acte entrepreneurial consiste fondamentalement à créer et transmettre de l'information nouvelle qui modifiera forcément la perception générale de fins et de moyens de tous les acteurs impliqués dans la société. Cela conduira à l'apparition illimitée de nouveaux désajustements qui supposent de nouvelles occasions de gain entrepreneurial tendant à être découvertes et coordonnées par les entrepreneurs. Et ainsi de suite, tout au long d'un processus dynamique qui ne s'achève jamais et fait constamment avancer la civilisation (*modèle* de *big bang* social coordonné). Voir Huerta de Soto J., *Socialismo, cálculo económico y función empresarial*, op. cit., pp. 78-79.

supposée « *donnée* », n'a pas de sens. Le problème économique fondamental pour les Autrichiens est tout autre : il s'agit d'étudier le processus dynamique de *coordination sociale* dans lequel les individus créent continuellement de l'information nouvelle (qui n'est jamais « *donnée* »), lorsqu'ils recherchant les fins et les moyens qu'ils considèrent pertinents dans le contexte de chaque action, et établissent ainsi, inconsciemment, un processus spontané de coordination. Par conséquent, le problème économique fondamental n'est pas, pour les Autrichiens, de nature technique ou technologique, comme le conçoivent les théoriciens néoclassiques en supposant que les fins et les moyens sont donnés et en posant le problème économique comme s'il s'agissait d'un simple problème technique d'optimisation. En d'autres termes, le problème économique fondamental ne consiste pas, pour les Autrichiens, dans la maximisation d'une fonction objective connue, soumise à des restrictions également connues. Il est, au contraire, strictement économique : *il apparaît lorsque les fins et les moyens sont nombreux, rivalisent entre eux, que leur connaissance n'est pas donnée, mais se trouve dispersée dans les esprits d'innombrables personnes qui la créent constamment ex novo et qu'on ne peut donc même pas connaître toutes les possibilités existantes ni l'intensité relative avec laquelle on veut poursuivre chacune d'elles*[14].

Il faut, en outre, comprendre que même les actions humaines semblant viser à une simple maximisation ou optimisation, ont toujours une composante entrepreneuriale, car l'acteur impliqué doit s'être préalablement rendu compte que telle façon d'agir , si automatique, mécanique et réactive, est la plus adéquate dans les circonstances concrètes où il se trouve. *Autrement dit, la conception néoclassique n'est qu'un cas particulier, relativement peu important, à l'intérieur de la conception autrichienne, qui est beaucoup plus générale, riche et explique mieux la réalité sociale.*

D'autre part, il n'y a, pour les Autrichiens, aucune raison de séparer en compartiments étanches la micro et la macroéconomie, comme le font les économistes néoclassiques. Les problèmes économiques doivent, au contraire, être étudiés conjointement et du point de vue de leurs interrelations, sans qu'il y ait lieu de distinguer leurs aspects micro et macro. La séparation radicale entre les aspects « *micro* » et « *macro* » de la science économique constitue l'une des déficiences les plus caractéristiques des manuels modernes d'Économie politique qui, au lieu de fournir un traitement unifié des problèmes économiques, comme essaient de le faire Mises et les économistes autrichiens, présentent toujours une science économique divisée en deux disciplines (« *microéconomie* » et « *macroéconomie* ») sans liens entre elles et que l'on peut donc étudier séparément. Comme le dit Mises, cette séparation dérive de l'utilisation de concepts tels que le *niveau général des prix* qui ignorent l'application de la théorie subjective et marginaliste de la valeur à la monnaie et restent ancrés dans l'étape préscientifique de l'économie où l'on tentait encore d'effectuer des analyses en termes de classes globales ou agrégats de biens plus tôt qu'en termes d'unités additionnelles ou marginales. Cela explique pourquoi s'est développée une « *discipline* » fondée sur l'étude des soi-disant relations

---

14 A. M. Endres a même fait allusion au « *principe mengerien de la non-maximisation* ». Voir son article « Menger , Wieser, Böhm-Bawerk and the Analysis Of Economic Behaviour », *History of Political Economy*, vol. 23, n° 2, été 1991, pp. 275-295, et en particulier la note 5, p. 281.

mécaniques existant entre agrégats macroéconomiques dont la connexion avec l'action humaine est très difficile, sinon impossible, à comprendre[15].

En tout cas, les économistes néoclassiques ont fait du modèle d'équilibre le point central de leurs recherches. Ce modèle présume que toute l'information est donnée (de façon certaine ou probabiliste) et que les différentes variables sont parfaitement ajustées. Le principal inconvénient de la méthodologie néoclassique vient, du point de vue autrichien, de ce qu'on suppose un ajustement parfait entre variables et paramètres, ce qui peut conduire facilement à des conclusions erronées sur les relations de à effet existant entre les différents concepts et phénomènes économiques. Ainsi, *l'équilibre serait comme une espèce de voile qui empêcherait le théoricien de découvrir la véritable direction existant dans les relations de cause à effet des lois économiques.* Car les économistes néoclassiques conçoivent, plus tôt que des lois à tendance unidirectionnelle, une détermination mutuelle (circulaire) de type fonctionnel entre les différents phénomènes, dont l'origine (action humaine) reste cachée ou est considérée sans intérêt[16].

*Coûts subjectifs des Autrichiens et coûts objectifs des néoclassiques*

Un autre élément essentiel de la méthodologie autrichienne est sa conception purement subjective des coûts. De nombreux auteurs considèrent que l'on pourrait facilement incorporer cette idée dans le paradigme dominant néoclassique. Néanmoins, les néoclassiques n'incluent pas le caractère subjectif des coûts que d'une façon rhétorique et, quoiqu'ils mentionnent l'importance du concept de « *coût d'opportunité* », ils l'incorporent toujours sous une forme objectivée dans leurs modèles. Pour les Autrichiens, en tout cas, le *coût* est la valeur subjective que l'acteur donne aux fins auxquelles il renonce lorsqu'il décide d'entreprendre et de suivre une certaine ligne d'action. Autrement dit, il n'y a pas de coûts objectifs, mais ceux-ci doivent être sans cesse découverts grâce à la perspicacité de chaque acteur. Il se peut, en effet, que plusieurs

---

15 « *L'économie moderne ne prétend pas découvrir combien vaut le 'fer' ou le 'pain', mais combien vaut une quantité donnée de fer ou de pain pour un individu concret agissant à un moment et dans un lieu donné. Nous devons procéder de la même façon quand il s'agit de monnaie. L'équation d'échange se heurte aux principes fondamentaux qui guident la pensée économique. Cela équivaut à retomber dans cette mentalité dépassée, propre aux époques primitives où les gens ne saisissaient pas les phénomènes praxéologiques, parce qu'ils partaient toujours de concepts holistiques. C'est une démarche stérile, tout comme les anciennes conjectures sur la valeur du 'fer' ou du 'pain' en général* », Ludwig von Mises, *La acción humana*, op. cit., pp. 302-303.

16 Mises appelle le modèle d'équilibre « *économie en rotation uniforme* » (*evenly rotating economy*) et le considère comme une construction imaginaire à valeur exclusivement instrumentale qui sert à améliorer la compréhension analytique de deux problèmes de notre science : l'apparition des profits entrepreneuriaux dans un environnement dynamique, et la relation existant entre le prix des biens et services de consommation et le prix des facteurs de production nécessaires pour les produire. Sur ce point, j'irais plus loin que Mises, car je crois que l'on peut parfaitement expliquer l'apparition des profits entrepreneuriaux et la tendance à la fixation des prix des facteurs de production selon la valeur escomptée de leur productivité marginale sans l'aide des modèles d'équilibre (général ou partiel), mais en ayant seulement recours au processus dynamique qui tend vers ce que Mises appelle « *état final de repos* » (qui n'est jamais atteint). Voir Ludwig von Mises, *La acción humana*, op. cit., pp. 302-303.

options possibles passent inaperçues qui, une fois découvertes, changent totalement *la conception subjective des coûts* de la part de l'entrepreneur. Les coûts objectifs qui tendent à déterminer la valeur des fins à atteindre n'existent donc pas. La réalité est tout autre : les coûts sont assumés et donc déterminés comme valeur subjective en fonction de la valeur subjective des fins véritablement recherchées (biens de consommation) par l'acteur. C'est pourquoi ce sont les prix des biens de consommation finale, en tant que matérialisation dans le marché des évaluations subjectives, qui déterminent les coûts que l'acteur est disposé à assumer pour les produire, et non le contraire, comme le laissent souvent entendre les économistes néoclassiques.

*Formalisation verbale des Autrichiens et formalisation mathématique des néoclassiques*

Un autre aspect intéressant de la position divergente des deux écoles concerne l'utilisation du formalisme mathématique dans l'analyse économique. Dès l'origine, le fondateur de l'École autrichienne, Carl Menger, signala l'avantage du langage verbal qui permet d'exprimer l'essence *(das Wesen)* des phénomènes économiques, ce que le langage mathématique ne peut pas faire. Menger, en effet, se demandait dans une lettre adressée à Walras : « *Comment pourra-t-on arriver à connaître, par exemple, l'essence de la valeur, de la rente foncière, du profit entrepreneurial, de la division du travail, du bimétallisme, etc., par la méthode mathématique ?* »[17].

Le formalisme mathématique est particulièrement adapté pour exprimer les états d'équilibre qu'étudient les économistes néoclassiques, mais ne permet d'intégrer ni la réalité subjective du temps ni, moins encore, la créativité entrepreneuriale, caractéristiques essentielles du raisonnement analytique des Autrichiens. Hans Mayer a sans doute résumé mieux que quiconque les insuffisances du formalisme mathématique en économie lorsqu'il a dit : « En essence, il y a au cœur même des théories mathématiques de l'équilibre une fiction immanente plus ou moins camouflée : *elles relient toutes, à l'aide d'équations simultanées, des grandeurs non simultanées qui n'apparaissent que dans une séquence génétique-causale, comme si elles coexistaient toutes à tout moment.* Ainsi, le point de vue statique *synchronise* les évènements, alors qu'en réalité il s'agit d'un *processus.* Mais on ne peut pas considérer un *processus génétique* d'un point de vue statique sans éliminer précisément sa caractéristique la plus intime »[18]. Les Autrichiens considèrent, de la sorte, que de nombreuses théories et conclusions de l'analyse néoclassique de la consommation et de la production n'ont aucun sens. Par exemple, la « *règle de l'égalité des utilités marginales pondérées par les prix* », dont les fondements théoriques sont très douteux. Cette règle suppose, en effet, que l'acteur est capable d'évaluer de façon *simultanée* l'utilité de tous les biens à sa disposition. Elle ignore que toute action est *séquentielle* et créative et que les

[17] Walras, L., 1965, *Correspondence of Léon Walras and Realted Papers*, W. Jaffé (éd.), North Holland, Amsterdam vol. II, p. 3.

[18] « In essence there is an immanent, more or less disguised, fiction at the heart of mathematical equilibrium theories: that is, *they bind together in simultaneous equations, non-simultaneous magnitudes operative in genetic-causal sequence as if these existed together at the same time.* A state of affairs is *synchronized* in the 'static' approach, whereas in reality we are dealing with a *process.* But one simply cannot consider a *generative process* 'statically' as a *state of rest*, without eliminating precisely that which makes it what it is ».

biens ne sont pas évalués à la fois, ce qui égaliserait leur utilité marginale présumée, mais l'un après l'autre, au cours d'étapes et d'actions différentes, pour chacune desquelles l'utilité marginale correspondante non seulement peut être différente, mais n'est même pas comparable[19]. En somme, *les Autrichiens considèrent l'utilisation des mathématiques en économie comme nocive, parce qu'elles lient de façon synchronique des grandeurs qui sont hétérogènes du point de vue temporel et de la créativité entrepreneuriale.* Les Autrichiens considèrent, pour la même raison, que les critères axiomatiques de la rationalité utilisés par les néoclassiques sont dépourvus de sens. Si un acteur, en effet, préfère A à B et B à C, il peut parfaitement préférer C à A, sans cesser pour autant d'être « *rationnel* » ou cohérent, s'il a simplement changé d'avis (même si ce n'est que pendant le centième de seconde que dure la question dans son esprit)[20]. Car, pour les Autrichiens, les critères néoclassiques de rationalité confondent constance et cohérence.

*Le lien avec le monde empirique : les différents sens du concept de « prédiction »*

Enfin, le rapport distinct avec la réalité empirique et les différences de point de vue sur les possibilités de prédiction opposent radicalement les paradigmes autrichien et néoclassique. Pour les Autrichiens, en effet, le fait que l'observateur scientifique ne puisse pas obtenir l'information subjective que les entrepreneurs « *observés* » créent et découvrent constamment d'une manière décentralisée explique l'impossibilité théorique de toutes vérifications empiriques en économie. Les Autrichiens considèrent, en effet, que les raisons qui déterminent l'impossibilité théorique du socialisme expliquent aussi que l'*empirisme* et l'analyse coût-profit ou l'utilitarisme dans son sens le plus étroit ne sont pas viables en économie. Car il est indifférent que ce soit un chercheur ou un gouvernant qui essaie vainement d'obtenir l'information pratique pertinente dans chaque cas dans le but de vérifier l'exactitude de théories ou de doter ses ordres d'un contenu coordinateur. Si cela était possible, on pourrait aussi bien utiliser cette information pour coordonner la société à l'aide d'ordres contraignants (socialisme et interventionnisme) que pour vérifier empiriquement les théories économiques. Cependant, les mêmes raisons : *premièrement*, l'immense volume d'informations ; *deuxièmement*, la nature de

[19] Hans Mayer nous dit que quand « *all wants differing in kind or quality are not reciprocally present to one another, then the postulate of the law of equal marginal utility becomes impossible in the real world of the psyche* ». Il ajoute de manière très imagée, à propos de l'absurdité théorique qu'est la synchronisation forcée d'estimations d'utilité que suppose cette règle, que « *It is as if one were to express the experience of aesthetic value of hearing a melody – an experience determined by successive experiences of individual notes – in terms of the aesthetic value of the simultaneous harmonization of all notes of making up the melody* ». Hans Mayer, « The Cognitive Value of Functional Theories of Price », op. cit., p. 81 et 83. On peut faire de semblables analyses critiques à propos des courbes d'indifférence-préférence et de l'effet revenu-effet substitution. Voir, en ce sens, Pascal Salin, 1996, « The Myth of the Income Effect », *The Review of Austrian Economics*, vol. IX, n° 1, pp. 95-106.

[20] Ludwig von Mises, *La acción humana*, op. Cit., pp. 123-124. Et Murray N. Rothbard, « Toward a Reconstruction of Utility and Welfare Economics », dans *Austrian Economics*, Stephen Littlechild (éd.), Edward Elgar, Aldershot, Angleterre 1990, vol. III, p. 228 et suiv. Sur l'utilisation des mathématiques en économie, voir aussi ce que nous disons plus bas aux pp. 128-131.

l'information pertinente (disséminée, subjective et tacite) ; *troisièmement*, le caractère dynamique du processus entrepreneurial (l'information non encore créée par les entrepreneurs ne peut être transmise) ; et *quatrièmement*, l'effet de la coercition et de l'« *observation* » scientifique (qui dénature, corrompt, entrave ou empêche la création entrepreneuriale d'information) conduisent les théoriciens autrichiens à considérer que l'idéal socialiste tout comme l'idéal positiviste ou le strictement utilitariste sont irréalisables.

Ces mêmes arguments sont également valables pour justifier la croyance des Autrichiens dans l'impossibilité théorique de faire des *prédictions spécifiques* (relatives à des coordonnées de temps et de lieu déterminées et avec un contenu empirique quantitatif) en économie. Ce qui se passera demain ne peut pas être connu scientifiquement aujourd'hui, car cela dépend dans une large mesure d'une connaissance et d'une information qui n'ont pas encore été créées par les entrepreneurs et ne peuvent pas encore être connues aujourd'hui. On ne peut donc faire, en économie, que des « *prédictions de structure* » générales, ce qu'Hayek appelle *pattern prédictions*. Elles seront de nature essentiellement qualitative et théorique et serviront, tout au plus, à prévoir les désajustements et les effets d'incoordination sociale fruits de la coercition institutionnelle (socialisme et interventionnisme) qui s'exerce sur le marché.

Il faut, en outre, rappeler l'inexistence de faits objectifs directement observables dans le monde externe ; elle est liée, selon la conception subjectiviste des Autrichiens, au fait que les objets de recherche en économie ne sont rien d'autres que les *idées* que d'autres ont sur les buts qu'ils poursuivent et sur leurs actions. Ces idées ne sont jamais directement observables ; elles sont seulement interprétables dans une perspective historique. Pour interpréter la réalité sociale qui constitue l'histoire, il faut disposer d'une théorie préalable, et avoir un jugement pertinent non scientifique (*verstehen* ou compréhension) qui n'est pas objectif, mais peut varier selon les historiens et fait ainsi de leur discipline (l'histoire) un art véritable.

Les Autrichiens considèrent, enfin, que les phénomènes empiriques sont constamment variables, en sorte qu'il n'y a ni paramètres ni constantes dans les évènements sociaux et que tous sont des « *variables* ». Cela rend très difficile, sinon impossible, l'atteinte des objectifs traditionnels de l'économétrie tout comme le programme méthodologique positiviste dans toutes ses versions (depuis le vérificationnisme le plus naïf jusqu' à la falsification poppérienne la plus sophistiquée). Les économistes autrichiens prétendent, en contraste avec l'idéal positiviste, construire leur discipline d'une manière aprioristique et déductive. Il s'agit, en somme, de créer tout un arsenal logico-déductif[21] à partir

[21] Par exemple, se signale la démonstration que fait Mises, d'un point de vue exclusivement logique, de la Loi des Rendements Décroissants (*La acción humana*, op. cit., pp. 153-156). Cette démonstration logique faite *a contrario* se fonde sur le fait que si cette loi n'existait pas dans le monde de l'action humaine, le facteur de production considéré comme fixe aurait une capacité productive illimitée et se convertirait donc en un bien libre. Le mathématicien Karl Menger, fils du grand économiste autrichien, a essayé, à notre avis sans succès, de réfuter le théorème de Mises sur le caractère strictement praxéologique de la Loi des Rendements Décroissants. Voir Karl Menger, 1979, « Remarks on the Law of Diminishings Returns. A Study in Met-Economics », chap. 23 de *Selected Papers in Logic and Foundations, Didactics, Economics*, D. Reidel Publishing Co., Dordrecht, Hollande, pp. 279-302.

de connaissances évidentes en elles-mêmes (axiomes tels que le concept subjectif d'action humaine avec ses éléments essentiels) qui découlent par introspection de l'expérience intime du chercheur, ou bien sont considérées comme évidentes en elles-mêmes parce que personne ne peut les discuter sans se contredire[22].

Cet arsenal théorique est, d'après les Autrichiens, indispensable à l'interprétation convenable de cette masse apparemment chaotique de phénomènes historiques complexes qu'est le monde social, et à l'élaboration d'une vision historique ou d'une prévision future (mission typique de l'entrepreneur) présentant un minimum de cohérence, de garanties et de chances de succès. Ainsi s'explique l'importance que les Autrichiens donnent en général à l'histoire comme discipline et leurs efforts pour la distinguer de la théorie économique, tout en l'y reliant d'une manière appropriée[23]. Hayek emploie le terme de « *scientisme* » (*scientism*) pour désigner l'application indue, en sciences sociales, de la méthode propre aux sciences de la nature. Il existe, dans le monde naturel, des constantes et des relations fonctionnelles qui permettent l'application du langage mathématique et la réalisation d'expériences quantitatives en laboratoire. Mais, d'après les Autrichiens, il n'y a pas, en économie, de relations fonctionnelles (ni, donc, de fonctions d'offre, de demande, de coût, ni d'aucune autre sorte). Rappelons que mathématiquement, selon la théorie des ensembles, une fonction n'est qu'une correspondance ou projection bijective entre les éléments de deux ensembles appelés « *ensemble de définition* » et « *ensemble image* ». Étant donné la capacité créatrice innée de l'homme, qui engendre et découvre constamment de nouvelles informations chaque fois qu'il poursuit un but et considère les moyens permettant de l'atteindre, il est évident qu'on ne retrouve en économie aucun des trois éléments nécessaires à l'existence d'une relation fonctionnelle : a) les éléments constituants l'ensemble de définition ne sont ni donnés ni constants ; b) les éléments constituants l'ensemble image ne sont ni donnés ni constants ; et ce qui constitue le plus important, c) *les correspondances entre les éléments des deux ensembles ne sont pas non plus donnés, mais varient continuellement par suite de l'action et de la capacité créatrice de l'homme.* Ainsi, comme le disent les Autrichiens, l'utilisation de fonctions en science économique exige l'introduction d'une *présupposition de constance* dans l'information qui supprime radicalement l'auteur de tout processus social, à savoir l'être humain doté d'une capacité créatrice innée. Le grand mérite des Autrichiens est d'avoir démontré qu'il est parfaitement

---

22 La première position est celle de Rothbard et la seconde celle de Mises. Voir le résumé de la position méthodologique autrichienne fait par Hans-Hermann Hoppe dans son *Economic Essence and the Austrian Method*, The Ludwig Von Mises Institute, Auburn University, Auburn 1995 ; et l'article très éclairant de Barry Smith, 1996, « In Defense of Extreme (Faillibilistic) Apriorism », *The Journal of Libertarian Studies*, vol. 12, n° 1, printemps, pp. 179-192.

23 On trouvera une explication brillante, favorable et dépassionnée du paradigme méthodologique autrichien dans Bruce Caldwell, *Beyond Positivism : Economic Methodology in the Twentieh Century*, Routledge, 2° éd., Londres 1994, pp. 117-138. Sur les relations entre la théorie et l'histoire, le travail le plus important est de Mises : *Theory and History*, Yale University Press, Yale 1957 de même que l'ouvrage classique de Hayek *The Counter-Revolution of Science*, op. cit.

possible de construire logiquement[24] tout un corpus de théorie économique, sans avoir utilisé de fonctions ou établir de présuppositions de constance qui ne cadrent pas avec la nature créatrice de l'homme, seul et véritable protagoniste de tous les processus sociaux qui constituent l'objet de la science économique.

Même les économistes néoclassiques les plus éminents ont dû admettre que d'importantes lois économiques (comme la théorie de l'évolution et de la sélection naturelle) ne sont pas vérifiables empiriquement[25]. Les Autrichiens ont spécialement souligné l'insuffisance des études empiriques à susciter le développement de la théorie économique. Les études empiriques, en effet, peuvent tout juste fournir quelque information sur certains éléments des résultats des processus sociaux de la vie réelle, mais ne donnent aucune information sur la structure formelle de ces processus, dont la connaissance constitue précisément l'objet de recherche de la théorie économique. En d'autres termes, les statistiques et études empiriques ne peuvent fournir aucune connaissance théorique (en cela consistait, précisément, l'erreur des historicistes de l'École allemande du XIX siècle et que répètent aujourd'hui largement les économistes néoclassiques). En outre, et comme l'a souligné Hayek dans son discours de réception du Prix Nobel, les agrégats mesurables en termes statistiques sont souvent dépourvus de sens théorique et, en revanche, de nombreux concepts ayant un sens théorique capital ne sont pas mesurables et ne se prêtent pas à une approche empirique[26].

En bref, les économistes autrichiens reprochent principalement aux néoclassiques : *premièrement*, de se concentrer exclusivement sur des états d'équilibre avec un modèle de maximisation qui considère comme « *donnée* » l'information nécessaire aux agents et portant sur leurs fonctions objectif et les restrictions ; *deuxièmement*, le choix, souvent arbitraire, de variables et paramètres concernant la fonction objectif aussi bien que les restrictions, et une tendance à inclure les aspects les plus évidents et à en omettre d'autres très importants, mais dont l'approche empirique (valeurs morales, habitudes, etc.) est plus difficile ; *troisièmement*, de se concentrer sur des modèles d'équilibre qui utilisent le formalisme des mathématiques et masquent les véritables relations de cause à effet ; *quatrièmement*, d'élever au niveau de conclusions théoriques de simples interprétations de la réalité historique, qui peuvent parfois être importantes, mais n'ont aucune validité théorique universelle, puisqu'elles ne contiennent qu'un savoir historiquement contingent.

Ce qui précède ne signifie pas que toutes les conclusions de l'analyse néoclassique soient erronées. La plupart, au contraire, peuvent être pertinentes et valables. La seule chose que les Autrichiens veulent souligner c'est que la validité des conclusions des néoclassiques n'est jamais garantie, de sorte que celles qui sont valables peuvent être obtenues de façon plus profitable par l'analyse économique que préconisent les Autrichiens ; celle-ci permet, en plus,

---

24 Il serait plus précis de dire « *de manière praxéologique* ». Selon Mises, la logique se distingue de la praxéologie en ce que la première est constante et atemporelle, alors que la seconde tient compte du temps et de la créativité. Ludwig von Mises, *La acción humana*, op. cit., pp. 119-120.

25 Rosen, S., 1996, « Austrian and Neoclassical Economics: Any Gains from Trade? », The Mont Pèlerin Society General Meeting, Vienne, 8-13 septembre, p.8.

26 Hayek, F. A., 1989, « The Pretence of Knowledge », *The American Economic Review*, décembre, pp. 3-7.

d'isoler les théories erronées (également nombreuses), en montrant les vices et les erreurs que la méthode empirique fondée sur le modèle d'équilibre dissimule.

## 2. Les épisodes du *Methodenstreit*

Durant la longue période qui va de sa fondation, en 1871, jusqu'à nos jours, l'École autrichienne a progressivement affiné ses positions, et l'a presque toujours fait à l'occasion des nombreuses polémiques auxquelles elle a pris part. L'on peut considérer que le *Methodenstreit*, ou querelle des méthodes, s'est développé dès les débuts de l'École autrichienne pour durer jusqu'à nos jours. Il a eu et conserve une influence très importante sur le devenir de la science économique. Nous en examinerons ici les principales étapes.

*Premier épisode : Carl Menger contre l'École historique allemande*[27]

Il est incontestable que l'École autrichienne d'économie voit le jour en 1871 avec la publication des *principes d'économie* de Menger. L'idée distinctive la plus originale et essentielle de Menger consiste dans la tentative de construire l'économie en partant de l'être humain, considéré comme acteur créatif et protagoniste de tous les processus sociaux (*subjectivisme*). De là ses deux apports les plus importants : Menger est, d'abord, le premier à avoir théorisé à partir d'un processus d'action constitué par une série d'*étapes intermédiaires* (« *biens économiques d'ordre supérieur* ») que l'acteur entreprend, et s'efforce de mener à bien jusqu'à l'obtention de l'objectif ou de bien final de consommation (« *bien économique de premier ordre* »). Ainsi, Menger conclut : « *lorsque nous disposons des biens complémentaires d'un ordre supérieur quelconque, nous devons d'abord les transformer en bien de l'ordre immédiatement inférieur et poursuivre pas à pas ce processus jusqu'à les transformer en bien du premier ordre, que nous pouvons alors utiliser pour la satisfaction directe de nos besoins* »[28].

Le deuxième apport essentiel de Menger est sa théorie économique de l'émergence des *institutions sociales*. Menger découvre que les institutions résultent d'un processus social constitué par une multiplicité d'actions humaines et mené par une série d'êtres humains (entrepreneurs) qui, dans leur contexte historique particulier de temps et de lieu, sont capables de découvrir avant les autres qu'ils atteignent plus facilement leurs objectifs en adoptant un certain comportement réglé. Ainsi se déclenche un processus décentralisé d'essai et erreur où dominent généralement les comportements qui coordonnent le mieux les désajustements sociaux, de sorte que l'exemple donné par les individus les plus créatifs et performants s'étend sous l'effet d'un processus social inconscient d'apprentissage et d'imitation, et qu'il est suivi par les autres membres de la société. C'est ainsi qu'apparaissent, dans les domaines

---

[27] Consulter, quoiqu'elle ne coïncide pas complètement avec notre description des différentes polémiques entre Autrichiens et néoclassiques, la synthèse de Lawrence A. White, 1984, *The Methodology of the Austrian School Economists*, The Ludwig von Mises Institute, Auburn University, Auburn.

[28] Voir Menger C., *Principios de Economía Política*, op. cit., p. 121 de la 21 éd., et, en général, tous les paragraphes 2, 3 et 4 du chap. I.

économiques (monnaie), juridique (normes et comportements moraux) et linguistique, les comportements réglés acceptés de façon générale, ou *institutions*, qui rendent possible la vie en société[29].

Menger dut être très déçu de voir que les professeurs de l'*École historique allemande* non seulement ne le comprenaient pas, mais considéraient son apport comme un défi dangereux fait à l'historicisme. Au lieu de voir, en effet, que cet apport constituait l'appui théorique dont avait besoin la conception évolutionniste des processus sociaux, ceux-ci estimèrent que son caractère d'analyse abstraite et théorique était incompatible avec l'historicisme étroit qu'ils défendaient. Ainsi naquit la première querelle, qui fut sans doute la plus célèbre de celles auxquelles prirent part les Autrichiens, le *Methodenstreit* (querelle I) qui occupa les énergies intellectuelles de Menger durant plusieurs dizaines d'années[30].

L'un des sous-produits les plus importants du *Methodenstreit* est la première formulation que fait Menger d'une méthodologie adéquate pour la science économique. On considère celle-ci comme une série de théories, lesquelles constituent la « *forme* » (dans son sens aristotélicien) qui intègre l'essence des phénomènes économiques et se découvre grâce à une réflexion intérieure (introspection) et à un processus d'analyse fondé sur des raisonnements logiques et déductifs. À côté de la théorie se trouve l'histoire, constituée par les faits empiriques qui forment la « *matière* » (dans son sens aristotélicien). On ne peut tirer directement de l'histoire aucune théorie ; on a besoin, au contraire, d'une théorie préalable pour l'interpréter correctement. De cette façon, en s'appuyant sur la position méthodologique dont J. B. Say avait déjà eu l'intuition, Menger établit les fondements de ce qui allait devenir la méthodologie « *officielle* » de l'École autrichienne[31].

Plusieurs études récentes ont montré, en effet, que Menger avait repris, en s'inspirant de Say, une tradition de pensée beaucoup plus ancienne,

---

29 L'exposition la plus brillante et synthétique de la théorie de Menger se trouve dans son article « On the Origin of Money », *Economic Journal*, juin 1892, pp. 239-255. Cet article a récemment été réédité par Kirzner dans son *Classics in Austrian Economics : A Sampling in the History of a Tradition*, op. cit., vol. I, pp. 91-106 et en particulier pp. 98-99. On peut consulter, en espagnol, Carl Menger « Teoría del dinero », chap. VIII de *Principios de economía política*, op. cit., pp. 319-349, reproduit dans Jesús Huerta de Soto (éd.), *Lecturas de economía política*, Unión Editorial, Madrid 1986, vol. I, pp. 213-238.

30 Il existe au moins trois sens du terme « *historicisme* ». Le premier, lié à l'École historique du droit (Savigny, Burke) et opposé au rationalisme cartésien est celui que défend l'École autrichienne dans son analyse théorique des institutions. Le second est utilisé par l'École historique de l'économie des professeurs allemands du XIX siècle et des institutionnalistes américains du XX, qui nient la possibilité de l'existence d'une théorie économique abstraite à validité universelle comme celle que développaient et défendaient Menger et les économistes autrichiens. La troisième sorte d'historicisme est à la base du positivisme méthodologique, lequel prétend avoir recours à l'observation empirique (histoire) pour démentir ou confirmer des théories et n'est, selon Hayek, qu'une autre manifestation du rationalisme cartésien tant critiqué par les Autrichiens. Voir Raimondo Cubeddu, 1997, *La filosofía de la Escuela Austríaca*, Unión Editorial, pp. 67-69.

31 Sur J. B. Say, précurseur de la méthode autrichienne, consulter en particulier Murray N. Rothbard, 1995, *Classical Economics : An Austrian Perspective on the History of Economic Thought*, Edward Elgar, Angleterre, vol. II, pp. 12-18.

interrompue à cause de l'influence négative d'Adam Smith et de l'École classique anglaise. Je veux parler de la tradition catholique continentale qui a construit, au cours des siècles, tous les éléments essentiels du paradigme de l'École autrichienne actuelle. L'on est ainsi ramené, comme l'a dit Bruno Leoni[32] à propos de l'émergence spontanée des institutions, à la tradition juridique romaine, aux scolastiques espagnols[33] comme Juan de Lugo et Juan de Salas[34], à Balesbat en 1692, au marquis d'Argenson en 1751 et surtout à Turgot qui, bien avant Adam Smith, avaient exprimé parfaitement le caractère dispersé du savoir que contiennent les institutions sociales en tant qu'ordres spontanés. Ainsi, Turgot conclut en 1759 : « *Il est inutile de prouver que chaque particulier est le seul juge compétent de cet emploi le plus avantageux de sa terre et de ses bras. Il a seul les connaissances locales sans lesquelles l'homme le plus éclairé n'en raisonne qu'à l'aveugle. Il a seul une expérience d'autant plus sûre qu'elle est bornée à un seul objet. Il s'instruit par des essais réitérés, par ses succès, par ses pertes, et acquiert un tact dont la finesse, aiguisée par le sentiment du besoin, passe de bien loin toute la théorie du spéculateur indifférent* ». Il parle plus loin de la « *l'impossibilité absolue de diriger par des règles constantes et par une inspection continuelle une multitude d'opérations que leur immensité seule empêcherait de connaître, et qui de plus dépendent continuellement d'une foule de circonstances toujours*

[32] Leoni, B., 1995, *La libertad y la ley*, Unión Editorial, 2° éd., en particulier pp. 107-108.

[33] Parmi les auteurs ayant récemment étudiés les apports dus aux scolastiques espagnols en matière de théorie économique, on citera : Murray N. Rothbard, « New Light on the Prehistory of the Austrian School », dans *The Foundations of Modern Austrian Economics*, Sheed & Ward, Kansas City 1976, pp. 52-74; et *Economic Thought before Adam Smith: An AustrianPerspective on the History of Economic Thought*, Edward Elgar, Angleterre 1995, vol. I, chap. 4, pp. 97-133 ; Lucas Beltrán, « Sobre los orígenes hispanos de la economía de mercado », dans *Ensayos de economía política*, Unión Editorial, 1996, pp. 234-254 ; Marjorie Grice-Hutchinson, *The School of Salamanca: Readings in Spanish Monetary Theory 1544-1605*, Clarendon Press, Oxford 1952 ; *El pensamiento económico en España (1177-1740)*, traduit de l'anglais par Carlos Rochar et Joaquín Sempere, Édit. Crítica, Barcelone 1982, et *Ensayos sobre el pensamiento económico en España*, Laurence S. Moss et Christopher K. Ryan (éd.), versión espagnole de Carlos Rodríguez Braun et Maria Blanco González, Alianza Editorial, Madrid 1995 ; Alejandro A. Chafuen, *Economía y ética: raíces cristianas de la economía de libre mercado*, Rialp, Madrid 1986 ; et Jesús Huerta de Soto, « New Light on the Prehistory of the Theory of Banking and the School of Salamanca », *The Review of Austrian Economics*, vol. 9, n° 2, 1996, pp. 59-81. L'influence intellectuelle des théoriciens espagnols sur l'École autrichienne n'est pas un simple hasard ou caprice de l'histoire. Elle s'explique par les relations historiques, politiques et culturelles étroites qui se nouèrent entre l'Espagne et l'Autriche à partir de Charles Quint et de son frère Ferdinand I et devaient durer plusieurs siècles ; l'Italie y joua un rôle très important, en servant de pont culturel entre les deux extrêmes de l'Empire (l'Espagne et l'Autriche). Voir Jean Bérenguer, *El Imperio de los Habsburgo 1273, 1918*, traduit du français par Godofredo González, Crítica, Barcelone, 1993, pp. 133-335.

[34] Le premier, se demandant quel était le prix d'équilibre, en arriva à conclure qu'il dépendait de tant de facteurs que Dieu seul pouvait le connaître (« Pretium justum mathematicum licet soli Deo notum », *Disputationes de iustitia et iure*, Lyon 1643, vol. II, D. 26, S. 4, N. 40) ; de son côté, Juan de Salas dit, à propos des possibilités de connaître l'information spécifique du marché, qu'elle est si complexe que « *quas exacte comprehendere et ponderare Dei est non hominum* » (*Commentarii in Secundam Secundae D. Thomae de Contractibus*, Lyon 1617, n° IV, 6, p. 9).

*changeantes, qu'on ne peut ni maîtriser ni même prévoir*»[35]. Les scolastiques espagnols du XVI siècle, en particulier Diego de Covarrubias y Leyva[36], développent également la théorie subjective de la valeur, Luis Saravia de la Calle étant le premier à indiquer expressément que ce sont les prix qui déterminent les coûts et non le contraire[37]. Cette conception subjectiviste est appliquée par d'autres scolastiques, Martín Azpilcueta et Luis de Molina, à la théorie de la monnaie. Ils reprennent le concept d'entrepreneur qu'avaient développé avant eux Saint Bernardin de Sienne et Saint Antonin de Florence et dont, plus tard, Cantillon, Turgot et Say feront le point de convergence de leurs analyses.

Toute cette tradition est tronquée par les effets négatifs de la réforme protestante, qu'explique, dans une certaine mesure, l'involution que supposa Adam Smith. Leland B. Yeager les a récemment résumés dans son brillant commentaire à l'ouvrage posthume de Rothbard, *An Austrian Perspective on the History of economic Thought* : « *Adam Smith laissa de côté les apports précédents, centrés sur la théorie subjective de la valeur, la fonction d'entrepreneur et le désir d'expliquer les prix existant dans les marchés du monde réel. Il les remplaça par la théorie objective de la valeur travail et se préoccupa avant tout du fantasmagorique 'prix naturel' d'équilibre à long terme, un monde dans lequel la fonction d'entrepreneur est supposée ne pas exister. Il a imprégné la science économique de calvinisme en défendant, par exemple, l'interdiction de l'usure ou en distinguant les occupations productives et improductives. Enfin, il se détacha du laissez-faire radical d'autres économistes français et italiens du XVIII siècle en introduisant dans son 'libéralisme' toutes sortes d'exceptions et de nuances. Son travail, en définitive, ne forme pas de système et il est rempli de contradictions* »[38].

*Deuxième épisode : Böhm-Bawerk contre John Bates Clark (et contre Marshall et Marx)*

Le rôle principal, dans le deuxième épisode du *Methodenstreit,* fut tenu par Böhm-Bawerk. Il soutint une querelle essentielle du point de vue qui nous intéresse (avec John Bates Clark-querelle II), et d'autres, moins importantes, avec Marshall (querelle III) et Marx (querelle IV).

John Bates Clark s'oppose énergiquement au concept dynamique d'action introduit par Menger et refuse surtout de considérer que celle-ci est constituée d'une série d'étapes successives. Il estime, ainsi, que le capital est un fonds

---

[35] Murray N. Rothbard, *Economic Thought before Adam Smith: An Austrian Perspective on the History of Economic Thought*, op. cit., vol. I, p. 268, 369, 387 et 388. A. R. J. Turgot, 1844, *Éloge de Gournay, Oeuvres de Turgot*, Guillaumin, Paris, vol. I, p. 275 et 288.

[36] Carl Menger cite l'ouvrage de Covarrubias sur la monnaie à la p. 157 de la première édition allemande de ses *Gründsätze* (p. 325 de la 2° édition espagnole).

[37] Luis Saravia de la Calle, 1949, *Instrucción de mercaderes*, Colección de joyas bibliográficas, Madrid, chap. III, p. 53.

[38] Leland B. Yeager, « Book Review » d'*Economic Thought before Adam Smith (vol. I)* et *Classical Economics (vol. II), An Austrian Perspective on the History of Economic Thought* (Edward Elgar, Aldershot, Angleterre 1995), publié dans *The Review of Austrian Economics*, vol. IX, n° 1, 1996, p. 183. Je ne comprends pas comment quelqu'un pourrait encore prétendre, après avoir lu les deux volumes de Rothbard si brillamment commentés par Yeager, qu'Adam Smith est le père des économistes libéraux modernes. En outre, si Rothbard a raison, de solides arguments permettent de défendre la thèse selon laquelle l'École autrichienne fut à l'origine une école espagnole, et que les prédécesseurs allemands de Menger, plutôt qu'influencés par Adam Smith, le furent par la tradition catholique qu'ils reçurent de Jean Baptiste Say après Hufeland et d'autres.

homogène qui se reproduit lui-même, de sorte que la production (c'est-à-dire l'action humaine) est instantanée et ne prend pas de temps. La thèse de Clark est indispensable pour justifier sa conclusion selon laquelle le taux d'intérêt est déterminé par la production marginale du capital ; cela oblige à considérer ce dernier non seulement comme un fonds qui se reproduit seul de manière instantanée, mais aussi comme un environnement statique (en équilibre), et à considérer également que les valeurs des biens d'investissement sont déterminées par leurs coûts historiques de production. Clark reconnaît lui-même explicitement que sa thèse n'a de sens que dans l'hypothèse d'un environnement statique, en équilibre et parfaitement ajusté : « *Dans une société dynamique, il faut du temps avant que n'importe quel bien parvienne à la consommation et, dans l'intervalle, ses propriétaires doivent attendre les résultats prévus. Une fois que les séries de biens en différentes étapes de production sont établies, l'action normale du capital se révèle. À partir de là, on n'a plus à attendre* »[39]. Böhm-Bawerk critiqua la thèse de Clark[40] et la qualifia de *mystique* et de *mythologique* ; il montra qu'elle supposait, outre une attaque radicale à la conception dynamique de Menger, l'intronisation définitive du paradigme statique de l'équilibre qui devait, selon lui, avoir de très grandes conséquences sur le développement futur de notre discipline, ce que l'histoire postérieure a confirmé. Par la suite, les auteurs néoclassiques ont réaffirmé, à l'instar de Clark, qu'il était indispensable au maintien de leur construction théorique d'éliminer le concept dynamique d'action introduit par Menger et que constituent une série d'étapes successives. Ce fut le cas du fondateur de l'École de Chicago, Frank H. Knight, qui renouvela avec Hayek et Machlup, dans les années 1930, la même querelle que celle soutenue à la fin du XIX siècle par Clark et Böhm-Bawerk[41]. L'influence de Clark se révéla très négative pour

[39] « *In a dynamic condition of society… time is required before any goods are ready for consumption, and during this interval owners must wait for their expected products. After the series of goods in various stages of advancement has once been established, the normal action of capital is revealed. Thenceforward there is no waiting* ». John Bates Clark, 1893, « The Genesis of Capital », *Yale Review*, novembre, p. 312.

[40] Eugen von Böhm-Bawerk, 1895, « Professor Clark's Views on the Genesis of Capital », *Quartely Journal of Economics*, IX, pp. 113-131, reproduit aux pages 131-143 de *Classics in Austrian Economics*, Israël M. Kirzner (éd.), op. cit. Böhm-Bawerk, faisant preuve d'une grande vision du futur, signala que, si la vision statique de Clark triomphait, les doctrines de la sous-consommation réfutées depuis longtemps réapparaîtraient, ce qui fut le cas du keynésianisme, inspiré par le néoclassique Marshall : « *When one goes with Professor Clark into such an account of the matter, the assertion that capital is not consumed is seen to be another inexact, shining figure of speech, which must not be taken at all literally. Any one taking it literally falls into a total error, into which, for sooth, science has already fallen once. I refer to the familiar and at one time widely disseminated doctrine that saving is a social evil and the class of spendthrifts a useful factor in social economy, because what is saved is not spent and so producers cannot find a market* », *Ibidem*, p. 137

[41] Frank H. Knight jugea, par exemple, que la théorie de Menger sur les biens économiques de premier ordre et d'ordre supérieur (concept d'action humaine constituée d'étapes) était l'un de ses apports économiques les « *moins importants* ». Voir le « Prologue » qu'il écrivit pour la première édition anglaise des *Principles of Economics*, J. Dingwall et B. Hoselitz (éd.), Free Press of Glencoe, 1950. Les articles les plus importants de la polémique avec l'École de Chicago sont celui de Fritz Machlup, « Professor Knight and the 'Period of Production' », *Journal of Political Economy*, octobre 1935, vol. 43, n° 5, et celui de F. A. Hayek, « The Mythology of Capital », *The Quarterly Journal of Economics*, février 1936, pp. 199-228.

l'évolution postérieure de la pensée économique, car il défendit une position contraire à celle des historicistes américains et qui semblait donner raison aux Autrichiens dans leur querelle avec l'École historique allemande, *alors qu'en réalité sa défense du paradigme de l'équilibre et son attaque frontale contre la conception dynamique de l'action de Menger supposèrent un virage de notre science vers une voie radicalement opposée à celle qu'avaient inaugurée les Autrichiens.*

Outre, sa polémique avec Clark (querelle II), Böhm-Bawerk entreprit deux autres débats, l'un avec Marx et l'autre avec Marshall, qui montrèrent eux aussi différents aspects de la pensée de l'École autrichienne. À Marx, il reprochait de ne pas prendre en compte la catégorie subjective de la *préférence temporelle*, qui rendait stérile l'analyse marxiste de la plus-value ou de l'exploitation[42]. À Marshall, d'essayer de réhabiliter Ricardo et de soutenir que l'offre était avant tout déterminée par des considérations liées au *coût historique de production* ; il lui reprochait aussi de ne pas savoir assimiler le concept autrichien de coût subjectif d'opportunité avec toutes ses implications[43].

*Troisième épisode : Mises, Hayek et Mayer contre le socialisme, Keynes et l'École néoclassique*

C'est sa troisième génération d'économistes, Mises en tête, qui soutient la troisième série des querelles méthodologiques de l'École autrichienne. Cette fois, la polémique la plus importante est celle qu'entame Mises sur l'*Impossibilité théorique du socialisme* (querelle V). Le théorème de l'impossibilité théorique du socialisme est, selon Mises, une conséquence immédiate de la conception subjectiviste et dynamique développée par les Autrichiens. Si, en effet, la source de toutes les intentions, de tous les jugements et les savoirs se trouve dans la capacité créative et entrepreneuriale de l'homme, tout système fondé sur l'exercice de la coercition violente contre la liberté d'agir de l'individu, comme c'est le cas du socialisme, empêchera la création et la transmission de l'information nécessaire à la coordination de la société. En outre, Mises se rend parfaitement compte que, si les économistes néoclassiques ne comprennent pas le théorème de l'impossibilité du socialisme, c'est parce qu'ils n'ont pas su accepter la conception subjectiviste et dynamique des Autrichiens. D'après lui, en effet : « *le mythe qui admet la possibilité d'un ordre rationnel en matière de gestion*

---

[42] Voir Eugen von Böhm-Bawerk, *La teoría de la explotación*, chap. 12 du vol. I de *Capital e Interés*, Unión Editorial, Madrid 1976 ; et « Una contradicción no resuelta en el sistema económico marxista », *Libertas*, n° 12, mai 1990, año VII, Buenos Aires, pp. 165-296.

[43] Eugen von Böhm-Bawerk, 1959, « On the Value of Producer's Goods and the Relationship between Value and Cost », *Capital and Interest*, Libertarian Press, South Holland, Illinois, vol. III, chap. VIII, pp. 97-115 ; et « The Ultimate Standard of Value », *Shorter Classics of Eugen von Böhm-Bawerk*, Libertarian Press, South Holland, Ill., 1962, pp. 303-370. Le concept subjectif de coût d'opportunité fut développé à l'origine par Friedrich von Wieser en 1876. (Voir son article « On the Relationship of Costs to Value », chap. 8 du vol. I de *Classics in Austrian Economics*, op. cit., pp. 207-234). Mises a néanmoins montré que Wieser était le membre de l'École autrichienne le plus proche du paradigme néoclassique de l'École de Lausanne : « *[Wieser] n'était pas, comme théoricien, un esprit créatif et il fut, en général, plus nuisible qu'utile. En effet, il n'a jamais saisi réellement le fond du subjectivisme et cela fut la cause de confusions fatales. Ses idées sur le calcul de la valeur permettent d'affirmer qu'il n'est pas à considérer comme un membre de l'École autrichienne, mais plutôt de celle de Lausanne* ». Voir Ludwig von Mises, *Notes and Recollections*, op. cit., p. 36. Je cite la version espagnole : *Autobiografía de un liberal*, Unión Editorial, 2001, pp. 69-70.

*économique dans une société fondée sur la propriété publique des moyens de production tire son origine de la théorie erronée de la valeur formulée par les économistes classiques, et de l'incapacité tenace de nombreux économistes modernes à saisir le théorème fondamental de la théorie subjective et à comprendre jusqu'aux plus lointaines conséquences qui en découlent... En vérité, les seules erreurs de ces écoles faisaient prospérer les idées socialistes* »[44]. On peut citer, par exemple, le fondateur de l'École de Chicago, Frank H. Knight qui affirma : « *le socialisme est un problème politique qui relève de la psychologie sociale et politique, et la théorie économique n'a pas grand-chose à en dire* »[45]. De fait, les économistes néoclassiques contemporains ne comprennent toujours pas les raisons théoriques profondes de l'impossibilité du socialisme ; ils ont, tout au plus, voulu expliquer *a posteriori* la chute du socialisme réel de deux façons : soit ils invoquent l'« *erreur* » commise dans l'interprétation des données statistiques provenant des systèmes de socialisme réel, qui auraient été acceptés par la « *profession* » sans l'esprit critique nécessaire ; soit ils estiment qu'on n'a pas considéré de façon satisfaisante le rôle que jouent les « *stimulants* » dans la vie économique[46]. Heureusement, les anciens économistes socialistes ont été plus perspicaces que leurs collègues néoclassiques occidentaux et ont compris qu'Oskar Lange et les autres néoclassiques socialistes « *ne réussirent jamais à faire face au défi des Autrichiens* »[47]. Il est cependant encourageant et significatif de voir un auteur néoclassique de la taille de Stiglitz reconnaître récemment que « *les modèles standards néoclassiques sont en partie coupables de la situation désastreuse qu'ont connue de nombreux pays d'Europe de l'Est. L'on peut soutenir sérieusement que certaines idées en matière économique ont conduit la population mondiale à une souffrance indescriptible* »[48].

La polémique contre les macroéconomistes, et en particulier contre Keynes et les théoriciens de Cambridge, fut essentiellement menée par Hayek du côté autrichien (querelle IV). Elle découle naturellement de l'opposition entre les conceptions propres à l'analyse effectuée exclusivement en matière d'agrégats macroéconomiques et la conception dynamique du marché développée par les Autrichiens. Nous ne pouvons pas nous attarder sur le développement

---

[44] Ludwig von Mises, *La acción humana*, op. cit., p. 250.

[45] « *Socialism is a political problem to be discussed in terms of social and political psychology, and economic theory has relatively little to say about it* » Frank. H. Knight, 1938, « Review of Ludwig von Mises' *Socialism* », *Journal of Political Economy*, n° 46, avril, pp. 267-268.

[46] Ce sont les seules explications mentionnées, par exemple, par Gary Becker dans son « Presidential Address » à la Réunion Régionale de la Mont Pèlerin Society tenue à Prague, Tchécoslovaquie, du 3 au 6 novembre 1992, sur le thème « In Search of a Transition to a Free Society ».

[47] « Never succeeded in confronting the Austrian challenge », Wlodzimierz Brus et Kazimierz Laski, 1985, *From Marx to the Market: Socialism in Search of an Economic System*, Clarendon Press, Oxford, p. 60. Et Robert L. Heilbroner conclut également que : « Mises was right: socialism has been the great tragedy of this century ». Voir son article « Analysis and Vision in the History of Modern Economic Thought », *Journal of Economic Literature*, septembre 1990, pp. 1097-1110, et « The Triumph of Capitalism », *The New Yorker*, 23 janvier 1989, pp. 90-91, et « Reflections after Communism », *The New Yorker*, 10 septembre 1990, pp. 91-100.

[48] « *The standard neoclassical models were partly to blame for the disastrous situation in which so many Eastern European countries found themselves. A strong case could be made for the proposition that ideas about economics have led half the world's population to untold suffering* ».

spécifique de toute cette polémique[49], mais le tableau 2 (p. 65) présente une synthèse des aspects différentiels existants, d'un point de vue macroéconomique, entre l'École autrichienne et la néoclassique (formée par les monétaristes, les keynésiens et leurs divers successeurs)[50].

Ces débats méthodologiques, qui datent surtout de l'entre-deux-guerres, achevèrent de convaincre les Autrichiens que leur victoire présumée, lors du « *premier épisode* » du *Methodenstreit,* contre l'École historique allemande n'avait été, comme cela arriva aux théoriciens de la *Currency School* avec la loi de Peel de 1844, qu'une victoire à la Pyrrhus, pour ne pas dire strictement nominale. De sorte que, comme l'a dit Kirzner, l'une des conséquences les plus intéressantes de la querelle sur l'impossibilité du socialisme est d'avoir forcé les Autrichiens à clarifier leur position méthodologique, à comprendre ses implications les plus profondes et surtout à prendre conscience de l'abîme méthodologique qui les séparait des néoclassiques[51]. Ainsi, les économistes réamorcent peu à peu une espèce de seconde version du *Methodenstreit,* cette fois contre le paradigme néoclassique émergent, et commencent à redéfinir leurs positions méthodologiques qui se concrétisent fondamentalement dans les ouvrages de Mises, Mayer et Hayek parus entre 1930 et 1960 (polémique VII). Mises synthétise et établit, dans ses divers travaux méthodologiques résumés dans la première partie de l'*Action humaine,* la méthodologie contraire à l'usage des mathématiques en économie et au positivisme. Hans Mayer fit, quant à lui, dans un article resté sans réplique, une critique dévastatrice de l'analyse fonctionnelle et mathématique de la théorie néoclassique des prix. Cet article n'a été publié que très récemment en anglais, grâce à Israël M. Kirzner, sous le titre « *The Cognitive Value of Functional Theories of Price : Critical and Positive Investigations concerning the Price Problem* »[52].

---

[49] Voir, par exemple, F.A. Hayek, 1996, *Contra Keynes y Cambridge*, vol. IX des *Obras completas de F. A. Hayek*, Unión Editorial, Madrid.

[50] Ce tableau reproduit celui de Jesús Huerta de Soto, « Nota Introductoria » dans F.A. Hayek, *Contra Keynes y Cambridge*, op. Cit., p. 3, et est en même temps une adaptation de celui que présentent F. A. Hayek, 1946, *La teoría pura del capital*, traduction d'Andrés Sánchez Arbós, Aguilar, Madrid, pp. 39-40, et Mark Skousen, 1990, *The Structure of Production*, New York University Press, New York, p. 370.

[51] Toutefois, ce processus prit un certain temps et cela explique cette assertion de Fritz Machlup : « *Le triomphe réel de l'École autrichienne vient de ce que la plupart de ses apports ont été absorbés par le paradigme dominant de sorte que personne n'a continué à les considérer comme autrichiens* ». Étonnamment, Mises s'exprimait encore de façon semblable en 1932. Voir Israël M. Kirzner, « Introduction » au volume I de *Classics in Austrian Economics*, op. cit., p. xvi et suiv.

[52] « La valeur cognitive des théories fonctionnelles des prix : recherches critiques et positives sur le problème des prix », chap. 16 du vol. II de *Classics in Austrian Economics*, op. cit., pp. 55-168. Cet article est la traduction anglaise de celui publié par Hans Mayer sous le titre « Der Erkenntiswert der Funktionellen Preistheorien », dans l'ouvrage *Die Wirtschaftheorie der Gegenwart*, Verlag von Julius Springer, Vienne 1932, vol. II, pp. 147-239b. Une version augmentée en fut publiée quelques années après, en langue italienne, grâce à Gustavo del Vecchio : Hans Mayer : « Il concetto di equilibrio nella teoria economica : richerche sulla trattazione matematica del problema dei prezzi », dans *Economia Pura*, Gustavo del Vecchio (éd.), *Nuova collana di economisti stranieri e italiani*, vol. 4°, UTET, Turin 1937, pp. 645-799.

Enfin, Hayek résume et exprime ses critiques méthodologiques contre l'empirisme d'origine saint-simonienne et l'utilitarisme étroit de l'analyse néoclassique des coûts et profits, dans son ouvrage *The Counter-Revolution of Science*, publié en 1952[53]. Malheureusement, un an plus tard, Milton Friedman publie *Essays in Positive Economics*[54], ouvrage qui obtient un grand succès et remet en vogue la méthodologie positiviste en économie. L'ouvrage d'Hayek avait, dans une large mesure, prévu les points les plus importants de celui de Friedman, y avait répondu et les avait critiqués. Malgré cela, Hayek ne put s'empêcher de dire plus tard: « *l'une des choses que j'ai toujours dit publiquement est que l'une des choses que je regrette le plus est de n'avoir pas repris la critique du traité de Keynes. Mais cela est également vrai pour Milton et ses [Essays in] Positive Economics, qui sont, en un certain sens, un livre tout aussi dangereux* »[55].

[53] Hayek F. A., *The Counter-Revolution of Science: Studies in the Abuse of Reason*, op. cit.

[54] Friedman, M., 1953, *Essays in Positive Economics*, The University of Chicago Press, Chicago.

[55] « *One of the things I often have publicly said is that one of the things I most regret is not having returned to a criticism of Keynes' treatise (The General Theory), but it is as much true of not having criticized Milton Friedman's Essays in Positive Economics, which in a way is quite as dangerous a book* ». *F. A. Hayek, Hayek on Hayek, Routledge, Londres et New York 1994, p. 145. Hayek explique encore ailleurs les différences méthodologiques qui le séparent de Friedman et des néoclassiques, en ces termes : « Friedman is an arch-positivist who believes nothing must enter scientific argument except what is empirically proven. My argument is that we know so much detail about economics, our task is to put our knowledge in order. We hardly need any new information. Our great difficulty is digesting what we already know. We don't get much wiser by statistical information except by gaining information about the specific situation at the moment. But theoretically I don't think statistical studies get us anywhere… Milton's monetarism and Keynesianism have more in common with each other than I have with either… The Chicago School thinks essentially in 'macroeconomic' terms. They try to analyze in terms of aggregates and averages, total quantity of money, total price level, total employment, all these statistical magnitudes… Take Friedman's 'quantity theory', I wrote forty years ago that I have strong objections against the quantity theory because it is a very crude approach that leaves out a great many things: I regret that a man of the sophistication of Milton Friedman does not use it as a first approach but believes it is the whole thing. So it is really on methodological issues, ultimately, that we differ* ». Interview d'Hayek par Robert Pool et Virginia Postrel, publiée dans *Free Minds and Free Markets*, Pacific Research Institute for Public Policy, Californie 1993, pp. 129-130

Tableau 2 : *Deux façons de concevoir la macroéconomie*

| *Ecole autrichienne* | *Ecole néoclassique* |
|---|---|
| 1. Le *temps* joue un rôle essentiel. | 1. On ignore l'influence du temps. |
| 2. Le « *capital* » est conçu comme un ensemble *hétérogène* de biens d'investissement qui s'usent constamment et qu'il faut *reproduire*. | 2. Le capital est conçu comme un fonds *homogène* qui se *reproduit tout seul*. |
| 3. Le processus de production est *dynamique* et *divisé* en de *multiples* étapes de type *vertical*. | 3. On conçoit une structure productive en *équilibre*, unidimensionnelle et horizontale (flux *circulaire* du revenu). |
| 4. La monnaie affecte le processus en modifiant la structure des prix *relatifs*. | 4. La monnaie affecte le niveau général des prix. On ne considère pas de changements dans les prix relatifs. |
| 5. Explique les phénomènes macroéconomiques d'un point de vue *microéconomique* (variations dans les prix relatifs). | 5. Les *agrégats macroéconomiques* empêchent d'analyser les réalités microéconomiques sous-jacentes. |
| 6. Possède une théorie des causes endogènes des crises économiques expliquant leur caractère *récurrent*. | 6. Pas de théorie endogène des cycles. Les crises sont dues à des causes *exogènes* (psychologiques et/ou erreurs de politique monétaire). |
| 7. Possède une *théorie* élaborée *du capital* | 7. Pas de théorie du capital |
| 8. L'*épargne* joue un rôle fondamental et détermine un changement *longitudinal* dans la structure productive et le type de technologie qui sera utilisé. | 8. L'épargne *n'est pas* importante. Le capital se reproduit *latéralement* (sans changements) ; la *fonction de production* est fixe et donnée par l'état de la technique. |
| 9. La demande de biens d'investissement varie en sens *inverse* de la demande de biens de consommation. Tout investissement exige une épargne et, donc, une diminution temporaire de la consommation. | 9. La demande de biens d'investissement varie dans le même sens que la demande de biens de consommation. |
| 10. On suppose que les coûts de production sont *subjectifs* et ne sont pas donnés. | 10. Les coûts de production sont *objectifs*, réels et on les considère comme donnés. |
| 11. Les prix de marché tendent à déterminer les coûts de production et non le contraire. | 11. Les coûts historiques de production tendent à déterminer les prix de marché. |
| 12. Le taux d'intérêt est considéré comme un prix de marché, déterminé par des évaluations subjectives de préférence temporelle, et qui s'utilise pour escompter la valeur actuelle du courant futur de rendements vers lequel tend le prix de marché de chaque bien d'investissement. | 12. On estime que le taux d'intérêt tend à être déterminé par la productivité ou efficience marginale du capital, et il est conçu comme le taux interne de retour qui rend le courant espéré de rendements égaux au coût historique de production des biens d'investissement (considéré donné et invariable). Le taux d'intérêt est considéré comme un phénomène essentiellement monétaire. |

*Quatrième épisode : les néo-autrichiens contre le paradigme dominant et le nihilisme méthodologique*

Le dernier épisode de la discussion méthodologique a eu lieu durant les vingt-cinq dernières années. Les économistes autrichiens se sont convaincus de la justesse de leur position après s'être rendu compte que les modèles néoclassiques (d'équilibre général) servaient à justifier la possibilité théorique du socialisme. De nombreux théoriciens néoclassiques positivistes ont, en outre, affirmé que seules les considérations empiriques pouvaient faire pencher la balance en faveur du système économique capitaliste ou du socialiste[56]. Ils ont fait ainsi table rase de tous les enseignements théoriques *a priori* de l'École autrichienne qui démontrent l'impossibilité du socialisme et ont condamné inutilement à une grande souffrance une bonne partie du genre humain au cours du XX siècle. Pour les Autrichiens, les principaux responsables de cette souffrance sont, comme l'a dit Stiglitz, non seulement la plupart des membres de l'École néoclassique, qui ignorent le contenu de l'analyse autrichienne concernant l'impossibilité du socialisme, mais aussi le positivisme, qui prétend que seule l'expérience peut, en dehors de toute théorie, faire connaître les possibilités de survie de tout système social.

Tout cela explique le nouvel essor que connaît l'École autrichienne depuis les vingt-cinq dernières années et l'effort qu'elle a réalisé pour reprendre les apports les plus importants de notre discipline selon la méthodologie subjectiviste et l'approche dynamique qu'avait inaugurées Menger, en les purgeant des erreurs que le paradigme positiviste de l'équilibre tend à introduire subrepticement dans notre science. De plus, l'extension, durant ces dernières années, du nihilisme méthodologique épuré, issu des enseignements de Karl Popper, a fait naître une nouvelle polémique (querelle VIII), qui se déroule également au sein même de l'École autrichienne. Le triomphe du « *pluralisme* » méthodologique sembla, au début, favoriser les Autrichiens, car leur méthode, pratiquement oubliée par la communauté scientifique, fut à nouveau « *respectée* » (comme n'importe quelle autre). Cependant, beaucoup d'Autrichiens se sont aperçus que le « *tout est bon* » méthodologique, aujourd'hui si à la mode, se heurtait radicalement aux critères traditionnels de rigueur méthodologique et de recherche exigeante de la vérité scientifique que les Autrichiens ont toujours défendus. Ainsi s'explique la récente réaction de plusieurs économistes autrichiens contre le nihilisme et le pluralisme méthodologique poppérien et contre la position de l'herméneutique postmoderniste d'auteurs qui, comme Deirdre (auparavant Donald) McCloskey et Don Lavoie, croient que la vérité scientifique dépend en grande partie du contexte culturel dans lequel se déroule

[56] Ainsi, George Stigler considérait qu'aucune des deux parties, dans le débat sur le socialisme, n'avait su apprécier les conséquences « *empiriques* » de sa position respective, car seule l'« *évidence empirique* » pourrait résoudre les différences existant entre les partisans du capitalisme et ceux du socialisme. Voir son ouvrage *The Citizen and the State*, The University of Chicago Press, Chicago 1975, pp. 1-13, et le commentaire critique à la position de Stigler par Norman P. Barry, 1984, « The Economics and Theory of Socialism », *Il Politico*, Université de Pavie, XLIX année, n° 4, pp. 573-592.

la discussion. Kirzner[57] et Hans-Hermann Hoppe[58] ont fait remarquer la façon dont l'herméneutique supposait, en économie, une certaine résurrection des vieilles erreurs de l'École historique allemande, car elle fait dépendre les critères de vérité scientifique de réalités externes contingentes.

## 3. Réponse à quelques critiques et commentaires

Nous répondrons ici à quelques critiques habituellement adressées au paradigme autrichien et que nous estimons infondées. Les plus courantes sont les suivantes :

*Les deux optiques (autrichienne et néoclassique) ne sont pas exclusives l'une de l'autre, mais plutôt complémentaires*

Cette idée est défendue par les auteurs néoclassiques qui désirent ne pas se montrer ouvertement opposés à l'École autrichienne. Les Autrichiens considèrent, cependant, que cette thèse n'est qu'une conséquence malheureuse du nihilisme propre au pluralisme méthodologique, d'après lequel toute méthode est valable et le seul problème de la science économique consiste à choisir la méthode la mieux adaptée pour chaque problème concret.

Nous estimons que cette thèse n'est qu'une tentative d'immunisation du paradigme néoclassique contre les puissants arguments critiques émanant de la méthodologie autrichienne. La thèse de la comptabilité était fondée si la méthode néoclassique (basée sur l'équilibre, la constance et le concept étroit de rationalité) correspondait à la façon dont les individus agissent réellement et ne tendait pas, comme le croient les Autrichiens, à vicier l'analyse théorique. Il est donc très important de reprendre les conclusions théoriques néoclassiques, mais selon la méthodologie subjectiviste et dynamique autrichienne, afin de voir quelles conclusions théoriques néoclassiques demeurent valables et lesquelles doivent être abandonnées en raison des vices théoriques que contient leur analyse. La méthode néoclassique est, du point de vue autrichien, essentiellement erronée et fait ainsi encourir à l'analyste de graves risques qui l'éloignent de la vérité[59].

---

[57] Voir Israël M. Kirzner, 1994, « Book Review » à propos du livre de Bridget Berger (éd.) *The Culture of Entrepreneurship*, publié dans *Advances in Austrian Economics*, vol. I, Jay Press, p. 328.

[58] Hoppe H.-H., *Economic Science and the Austrian Method*, op. cit, p. 54. Et les articles de Murray N. Rothbard « The Hermeneutical Invasion of Philosophy and Economics », *The Review Of Austrian Economics*, n° 3, 1989, pp. 45-59, et « Intimidation by Rhetoric », *The Review of Austrian Economics*, vol. XI, n° 1, 1996, pp. 173-178.

[59] Pour la même raison, la thèse de Barry Smith (*Austrian Philosophy : The Legacy of Franz Brentano*, Open Court III, 1994, pp. 330-331) est inacceptable : elle soutient que la méthodologie autrichienne serait la bonne pour établir les fondements de la discipline, alors que l'empirisme néoclassique s'occuperait surtout des problèmes propres à l'économie appliquée. Cette optique de Barry Smith serait correcte si la méthodologie scientiste des néoclassiques ne tendait pas à cacher les problèmes véritablement intéressants et à introduire, dans l'analyse théorique, des vices qui décident, dans une large mesure, de la validité de leurs conclusions.

Rappelons enfin que, d'après la théorie d'Hayek sur la hiérarchie des ordres spontanés selon leur niveau de complexité, un certain ordre peut expliquer, englober et signaler des ordres plus simples que lui. Mais il est inconcevable qu'un ordre relativement simple en englobe et signale d'autres formés d'un système de catégories plus complexe[60].

Si l'on applique cette conception hayekienne au domaine de la méthodologie, il est concevable que l'approche autrichienne, relativement plus riche, complexe et réaliste, puisse englober l'approche néoclassique ; celle-ci pourrait être acceptée au moins dans les cas relativement rares où les individus choisissent un comportement plus réactif et étroitement maximisateur. Mais il est impensable d'incorporer dans le paradigme néoclassique des réalités humaines qui, comme celle d'action entrepreneuriale créative, dépassent de loin son schéma conceptuel de catégories. Tenter d'introduire de force dans le corset néoclassique les réalités subjectives de l'individu, qu'étudient les Autrichiens, conduisent immanquablement à une caricature de celles-ci ou à l'échec salutaire de l'approche néoclassique, dépassée par le schéma conceptuel plus complexe, riche et explicatif de l'optique autrichienne.

*Les Autrichiens ne devraient pas reprocher aux néoclassiques l'utilisation d'hypothèses simplifiées qui aident à comprendre la réalité*

À cet argument, si souvent utilisé, les économistes autrichiens répondent qu'il faut distinguer entre une hypothèse simplifiée et une hypothèse totalement irréelle. Les Autrichiens ne reprochent pas aux néoclassiques de simplifier leurs hypothèses ; ils leur reprochent de les choisir contraires à la réalité empirique du dynamisme et de la créativité qui caractérisent le comportement de l'individu. C'est donc l'irréalité (et non la simplification) essentielle des hypothèses néoclassiques qui, du point de vue autrichien, met en péril la validité des conclusions théoriques auxquelles ils croient aboutir dans l'analyse des divers problèmes d'économie appliqués sur lesquels ils se penchent.

*Les Autrichiens échouent dans la concrétisation de leurs propositions théoriques*

C'est là le seul argument exposé par Stiglitz, à l'encontre de l'École autrichienne, dans son récent traité critique des modèles d'équilibre général[61]. Nous avons expliqué plus haut (p. 66) les raisons pour lesquelles la plupart des économistes autrichiens se sont toujours montrés récalcitrants à l'utilisation du langage mathématique en économie. Ils considèrent que l'usage du formalisme mathématique constitue un vice plus qu'une vertu, car il s'agit d'un langage symbolique répondant aux exigences du monde des sciences naturelles, du génie civil et de la logique, dans lequel le temps subjectif et la créativité

---

[60] Hayek, F. A., 1952, *The Sensory Order*, University of Chicago Press, Chicago.

[61] Stiglitz, J. E., 1994, *Whither Socialism?*, op. cit. Stiglitz intitule même une section de son livre « Hayek Versus Stiglitz » (pp. 24-26). Malheureusement, Stiglitz prétend reconstruire les modèles néoclassiques à l'aide d'une méthodologie fondée sur l'équilibre et le langage formalisé, de sorte qu'il ne réussit pas, d'après les Autrichiens, à éviter les erreurs méthodologiques des modèles qu'il critique. Voir Stephen Sullivan, « Signifying Nothing : A Review Essay of Joseph Stiglitz' *Whither Socialism?* », *Advances in Austrian Economics*, vol. III, Jay Press, 1996, pp. 183-189.

entrepreneuriale brillent par leur absence. Ce langage tend donc à ignorer les caractéristiques les plus essentielles de la nature de l'individu, protagoniste des processus sociaux que les économistes devraient étudier. Par exemple, Pareto lui-même se trahit et dénonce ce grave inconvénient du formalisme mathématique, lorsqu'il reconnaît que toute son approche ignore le protagoniste véritable du processus social (l'être humain) et qu'en ce qui concerne son analyse d'économie mathématique, « l'individu peut disparaître pourvu qu'il nous *laisse une photographie de ses goûts* »[62].

En tout cas, les mathématiciens devront, s'ils le peuvent, concevoir et développer une nouvelle « *mathématique* » qui permet l'analyse de la capacité créative de l'individu avec toutes ses implications, sans avoir recours aux postulats de constance propres au domaine de la physique et auxquels obéissent tous les langages mathématiques que nous connaissons à ce jour. Cependant, le langage scientifique idéal pour traduire cette capacité créative est, à notre avis, celui que les individus eux-mêmes ont spontanément créé à l'occasion de leur activité entrepreneuriale quotidienne et qui se concrétise dans les différents langages verbaux connus dans le monde.

*Les Autrichiens produisent très peu de travaux de type empirique*

C'est là la critique que les empiristes formulent le plus souvent à l'encontre de l'École autrichienne. Même si les Autrichiens accordent une très grande importance au rôle de l'histoire, ils reconnaissent que leur activité scientifique s'exerce dans un domaine très différent : celui de la théorie, laquelle doit être connue préalablement, avant d'être appliquée à la réalité ou illustrée par des faits historiques. D'après les Autrichiens, il existe trop de travaux empiriques et, par comparaison, trop peu d'études théoriques permettant de comprendre et d'interpréter ce qui se passe dans la réalité. En outre, les hypothèses méthodologiques de l'École néoclassique (équilibre, maximisation et constance dans les préférences), tout en facilitant apparemment la réalisation d'études empiriques et la « *vérification* » de certaines théories, cachent souvent les relations théoriques correctes, de sorte qu'elles peuvent induire à commettre de graves erreurs théoriques et d'interprétation de ce qui se passe réellement à chaque moment ou dans chaque circonstance historique.

*Les Autrichiens renoncent à la prédiction dans le domaine de l'économie*

Les Autrichiens, nous l'avons vu, se montrent très humbles et prudents à propos des possibilités de prédiction scientifique de ce qui se passera dans le domaine économique et social. Ils se préoccupent plus tôt de construire un schéma ou arsenal de concepts et de lois théoriques qui permettent

---

62 « The individual can disappear, provided he leaves us his photograph of his tastes ». Pareto, V., 1971, *Manual of Political Economy*, Augustus M. Kelley, New York, p. 120. Pareto fait allusion aux courbes d'indifférence-préférence dont l'utilisation est, à notre avis, nuisible en économie, car elle ne reconnaît pas le caractère séquentiel et diachronique des actions humaines, ignore que l'homme n'envisage que les combinaisons les plus adaptées à chaque fin concrète (ce qui *indiffère* ne suppose aucune action) et ne reflète pas convenablement le phénomène universel et capital de la *complémentarité* des biens.

d'interpréter la réalité et aident les entrepreneurs à prendre les décisions les plus favorables. Bien que les « *prédictions* » des Autrichiens ne soient que qualitatives et théoriques, il se trouve qu'en pratique leurs conclusions et théories ont, paradoxalement, beaucoup plus de chances de présenter des prédictions exactes dans le domaine de l'action humaine, car les hypothèses de leur analyse sont beaucoup plus réalistes (processus dynamiques et de créativité entrepreneuriale) que celles de l'École néoclassique[63].

*Les Autrichiens manquent de critères empiriques pour confirmer leurs théories*

D'après cette critique, souvent formulée par les empiristes qui, comme Saint Thomas, ne croient pas ce qu'ils ne voient pas, on ne peut pas distinguer les théories économiques non correctes qu'en ayant recours à la réalité empirique[64]. Ce point de vue ignore que l'« *évidence* » empirique n'est jamais incontestable en économie, car elle a trait à des phénomènes historiques complexes qui ne sont pas susceptibles d'expériences en laboratoire permettant d'isoler les phénomènes importants et de laisser constants tous les autres aspects pouvant avoir une influence. Autrement dit, les lois économiques sont toujours des lois *Ceteris paribus*, mais cette hypothèse ne se vérifie jamais dans la réalité. D'après les Autrichiens, la confirmation des théories est parfaitement possible à condition d'éliminer sans cesse les vices de la chaîne de raisonnements logico-déductifs, d'analyser et de réviser les différentes étapes du développement logico-déductif des différentes théories. À condition aussi d'être très vigilant lorsqu'au moment d'appliquer les théories à la réalité, on doit juger si les *hypothèses* qu'elles envisagent coïncident ou pas avec le cas concret analysé. Étant donné l'uniformité de la structure logique de l'esprit humain, cette activité continue de confirmation proposée par les Autrichiens est largement suffisante pour permettre un accord intersubjectif entre les diverses personnalités scientifiques. Accord qui, malgré les apparences, est beaucoup plus difficile à atteindre sur le plan des phénomènes empiriques, qui sont toujours susceptibles, car très complexes, d'interprétations les plus diverses.

---

63 Deux exemples de ce que nous avançons : la « *prédiction* » de la chute du socialisme réel implicite dans l'analyse misesienne de l'impossibilité du socialisme et la prédiction que firent les Autrichiens de la Grande Dépression de 1929. Aucun de ces deux faits historiques capitaux ne furent prédits pas les néoclassiques. Voir en ce sens Mark Skousen, « Who Predicted the 1929 Crash? », dans *The Meaning of Ludwig von Mises*, Jeffrey M. Herbener (éd.), Kluwer Academic Publishers, Amsterdam 1993, pp. 247-284. Dans son « Introduction » à la première édition de *Prices and Production* de F. A. Hayek (Routledge, Londres 1931, p. xii), Lionel Robbins se fit l'écho de la prédiction, réalisée par Mises et Hayek, de l'avènement inexorable de la Grande Dépression, causée par les folies commises en matière monétaire et de crédit durant les « *heureuses années vingt* », et qui parut dans un article d'Hayek publié en 1929 dans les annales de l'Institut Autrichien de Recherche sur le cycle économique. Cette prédiction autrichienne est en contraste avec l'optimisme des néoclassiques (Keynes et monétaristes comme Fisher) qui affirmaient encore quelques mois avant le *crash* que l'« *essor* » économique des années vingt et l'euphorie boursière qui le caractérisa se maintiendraient indéfiniment.

64 C'est le cas, chez nous, de l'éminent professeur Pedro Scwartz.

*L'accusation de dogmatisme*

Cette accusation est, heureusement, de moins en moins formulée. Cela est lié à la notable renaissance de l'École autrichienne et à sa meilleure compréhension de la part des économistes. Cependant, nombre d'économistes néoclassiques cédèrent, par le passé, à la facile tentation de disqualifier globalement tout le paradigme autrichien en lui reprochant son « *dogmatisme* », mais sans étudier ses divers aspects ni répondre aux critiques qu'il exprimait[65].

Bruce Cadwell se montre spécialement critique envers cette attitude néoclassique consistant à mépriser les positions des méthodologies autrichiennes : il la qualifie à son tour de dogmatique et antiscientifique et conclut qu'elle ne se justifie nullement d'un point de vue scientifique[66]. Il se pose ainsi, à propos de Samuelson, la question suivante : « *Quelles sont les raisons cachées de cette réponse presque antiscientifique à la praxéologie ? Elles révèlent, en tout cas, une méfiance pratique : le capital humain de la plupart des économistes serait sévèrement réduit et deviendrait obsolète si la praxéologie triomphait en économie. Mais la raison principale pour laquelle la méthodologie de Mises est rejetée n'est pas aussi pragmatique. En bref, l'intérêt des Autrichiens pour les « fondements ultimes » de la science économique doit paraître absurde, sinon pervers, à tous les économistes qui ont appris leur méthodologie de Friedman et sont donc sûrs que les hypothèses ne sont pas importantes et que la prédiction est la clé… Indépendamment de ses motifs, cette réaction du paradigme dominant contre la praxéologie a été dogmatique et, dans son essence, antiscientifique* »[67].

La façon dont les économistes néoclassiques présentent généralement ce qu'ils considèrent comme le point de vue essentiel de l'économie, exclusivement fondé sur les principes d'équilibre, la maximisation et la constance des préférences, est encore plus arrogante et dogmatique. Ils prétendent s'arroger ainsi le monopole de la conception de « *l'économique* » et, pour ce faire, font silence sur d'autres conceptions qui, comme celle des Autrichiens, leur disputent le terrain en présentant un paradigme beaucoup plus riche et réaliste. Espérons, pour le bien du développement futur de notre discipline, que ce dogmatisme disparaisse progressivement[68].

---

65 Voir, par exemple, les dures observations de Samuelson, qui osa affirmer que l'existence des économistes autrichiens le faisait « *trembler pour la réputation de notre Science* » (*The Collected Scientific Papers of Paul A. Samuelson*, R. C. Merton (éd.), The MIT Press, Cambridge, Massachusetts 1972, vol. III, p. 761). De même, les accusations formulées contre l'École autrichienne par Mark Blaug dans son livre *The Methodology of Economics*, Cambridge University Press, Cambridge et Londres 1980, pp. 91-93. Cependant, Mark Blaug a récemment modifié sa position et s'est progressivement rapproché des postulats de l'École autrichienne, sinon par sa méthodologie déductive, du moins par son acceptation de l'approche dynamico-entrepreneuriale et par sa critique du modèle d'équilibre du paradigme néoclassique-walrasien.

66 Pour Caldwell, la réaction de Blaug et d'autres « *is itself dogmatic and, at its core, anti-scientific* ». Bruce J. Caldwell, 1994, *Beyond Positivism: Economic Methodology in the Twentieth Century*, Routledge, Londres, p. 119.

67 Caldwell, Bruce J., 1994, *Beyond Positivism*, op. cit., pp. 118-119.

68 Le discours prononcé par Gary Becker lors de sa réception du Prix Nobel, « The Economic Way of Looking at Behaviour » (reproduit comme chap. 26 de *The Essence of* Becker, Ramón Febrero et Pedro Schwartz (éd.), Hoover Institution, Stanford University, Stanford 1995, pp. 633-658) nous fournit un exemple de cette arrogance des néoclassiques.

Par chance, quelques auteurs néoclassiques commencent à reconnaître l'étroitesse de leur conception traditionnelle de « *l'économique* ». Ainsi, Stiglitz a pu affirmer : « *La critique formulée contre l'économie néoclassique lui reproche non seulement de ne pas considérer les conséquences plus larges de l'organisation économique et la nature de la société et l'individu, mais aussi de se focaliser étroitement sur un sous-ensemble des caractéristiques humaines : le comportement égoïste et rationnel* »[69]. Cependant, cette conception plus large ne s'est pas encore généralisée, et les néoclassiques en général se font à juste titre reprocher leur « *impérialisme scientifique* », en prétendant étendre leur concept étroit de rationalité à des domaines qui, comme ceux de la famille, la criminalité et l'analyse économique du droit, sont de plus en plus vastes. C'est en ce sens qu'Israël M. Kirzner a récemment affirmé : « *Les économistes modernes ont permis que les formulations les plus étroites de l'hypothèse de rationalité dictent la politique sociale d'une façon perçue comme très dangereuse par la critique. Il n'est pas étonnant que cela ait provoqué une réaction des plus vigoureuses* »[70].

## CONCLUSION

Ce qui précède ne signifie pas – nous l'avons dit – que toutes ou la plupart des conclusions théoriques des économistes néoclassiques doivent être rejetées. Nous suggérons plus tôt une révision et, le cas échéant, une réélaboration de toutes les doctrines néoclassiques, mais selon l'optique autrichienne. Cela permettrait de renforcer les conclusions importantes que l'on doit aux théoriciens néoclassiques et, en même temps, de montrer les erreurs qui ont jusqu'ici échappé aux « *lunettes théoriques* » du chercheur néoclassique.

Il faut faire ici mention d'un point qui est important, en particulier pour tous les économistes libéraux désireux d'encourager la recherche sur la théorie et la pratique de la liberté humaine. Car la méthodologie néoclassique, fondée sur un concept étroit de rationalité, sur l'analyse utilitariste coût-profit et les hypothèses de constance et de pleine disposition de l'information nécessaire (d'un point de vue déterministe ou probabiliste), finit toujours, d'une façon ou d'une autre, par justifier des mesures coercitives d'intervention. En d'autres termes, l'optique de l' « *ingénieur social* » qu'adoptent les néoclassiques les

---

[69] « The criticism of neoclassical economics is not only that it fails to take into account the broader consequences of economic organization and the nature of society and the individual, but that it focuses too narrowly on a subset of human characteristics *-self-interest, rational behaviour…* » J. E. Stiglitz, *Whither Socialism?*, op. cit., p. 273.

[70] « *Modern economists have seemed to permit the narrowest formulations of the rationality assumption to dictate social policy in what critics could easily perceive to be a highly dangerous fashion. It is not surprising that all this has stimulated sharply critical reaction* ». Israël M. Kirzner, *The Meaning of the Market Process: Essays in the Development of Modern Austrian Economics*, Routledge, Londres 1992, p. 207. Cependant, l'accusation d'impérialisme ne se justifie pas quand elle vise exclusivement le domaine d'application de la science économique et non pas l'approche néoclassique : les Autrichiens eux aussi, en concevant l'économie comme une théorie générale de l'action humaine, la considèrent applicable dans tous les domaines d'action de l'individu. L'accusation d'impérialisme n'est clairement justifiée que pour l'application de la conception fondée sur l'*homo economicus* néoclassique étroitement rationnel ; elle ne l'est pas quant au domaine d'application du point de vue économique correctement entendu, mais quant à l'essai néoclassique d'appliquer l'optique étroitement rationaliste à tous les domaines humains.

transforme insensiblement en « *analystes* » enclins à conseiller une intervention face aux différents problèmes qu'ils diagnostiquent dans la réalité. C'est précisément ce qui donne une apparence de supériorité « *opérationnelle* » à l'École néoclassique qui finit souvent par justifier de graves mesures d'intervention étatique. Le problème se pose avec une virulence particulière chez les libéraux néoclassiques de l'École de Chicago. Leur dévotion et leurs efforts en faveur de la défense de la liberté sont indiscutables, mais leurs conclusions théoriques s'éloignent souvent de ce qui serait souhaitable du point de vue libéral, car elles sont conditionnées par la conception scientiste de l'École néoclassique à laquelle ils vouent une dévotion plus grande encore. Ainsi, Menger montrait déjà en 1883, dans sa critique d'Adam Smith, que ceux qui prétendaient créer et améliorer scientifiquement les institutions en venaient à des conclusions interventionnistes[71]. Et, récemment, l'un des membres distingués de l'organisation libérale *Mont Pèlerin Society* se lamentait dans ces termes : « *il est frustrant de constater que nos alliés de Chicago se servent de leurs talents manifestes pour aider l'état à réaliser de façon plus efficace ce qu'il ne devrait pas faire ou faire beaucoup moins* »[72].

Il se trouve que les théoriciens néoclassiques qui veulent être libéraux, en particulier les économistes libéraux de l'École de Chicago, sont souvent victimes de ce qu'on pourrait appeler le « *paradoxe de l'ingénieur social' libéral* » : ils partagent pleinement, en effet, le paradigme scientiste des ingénieurs sociaux néoclassiques et prétendent en même temps justifier, dans cette perspective et avec cet outillage analytique, des politiques soi-disant plus « *libérales* », souvent contraires aux principes essentiels de la liberté. Ils finissent ainsi par encourager, sans souvent le prétendre ni s'en rendre compte, la coercition institutionnelle propre à l'interventionnisme étatique.

Cela vient non seulement de ce que les innovations analytiques qu'ils promeuvent sont facilement utilisées, par des théoriciens moins soucieux de défendre la liberté, pour justifier des mesures d'intervention, mais aussi de ce qu'ils en viennent eux-mêmes, comme dans le cas cité par Crane, à proposer des recettes qui, bien que paraissant aller dans la bonne direction, renforcent souvent le rôle interventionniste de l'État. Cette tension entre l'approche scientiste des néoclassiques et le libéralisme est présente tout au long de l'histoire de la pensée économique et l'exemple le plus frappant en est peut-être

---

[71] Pour Menger, cette approche d'Adam Smith (aujourd'hui partagée par les néoclassiques) « *contrary to the intention of its representatives inexorably leads to socialism* ». Carl Menger, *Problems of Economics and Sociology*, University of Illinois Press, III, 1963, p. 177 (pp. 207-208 de l'édition originale allemande des *Untersuchungen über die Methode der Sozialwissenschaften und der Politischen Oekonomie insbesondere,* Duncker & Humblot, Leipzig, 1883).

[72] « *It is frustrating when our Chicago allies employ their manifest talents in helping the state do more efficiently that which it either shouldn't be doing or of which it should be doing much less* ». Edward A. Crane, « A Property Rights Approach to Social Security and Immigration Reform », commentaire sur l'article de Gary S. Becker « An Open Door for Immigrants? », présenté à la Réunion Régionale de la Mont Pèlerin Society en juin 1996, à Cancún (Mexique), manuscrit en cours de publication, p. 6. De son côté, William H. Hutt énumère, dans son excellent livre *Politically Impossible...?* (The Institute of Economic Affairs, Londres, 1981), plusieurs cas concrets dans lesquels les économistes libéraux néoclassiques ont justifié directement ou indirectement des mesures d'intervention.

celui de Jeremy Bentham qui, malgré ses sympathies initiales pour le libéralisme, justifia plus tard d'importantes doses d'interventionnisme[73].

Il est évident, en tout cas, que c'est, en grande partie, à l'ingénierie sociale préconisée par le paradigme néoclassique qu'a été due l'extension de l'État au XX siècle. C'est pourquoi Hans-Hermann Hoppe a raison de dire que la méthodologie néoclassique-positiviste a souvent été « *la couverture intellectuelle du socialisme* »[74].

La chute du socialisme réel et la crise de l'État-providence, tentatives les plus ambitieuses d'ingénierie sociale réalisées au XX siècle, auront un impact profond sur l'évolution future du paradigme néoclassique, jusqu'ici prépondérant. Car l'économie néoclassique, qui n'a su ni analyser ni prévoir convenablement un évènement aussi capital, a échoué sur un point crucial. Ainsi, le néoclassique Sherwin Rosen a reconnu que « *la faillite de la planification durant la précédente décennie fut une surprise pour la plupart d'entre nous* »[75]. Nous avons mentionné les critiques émises par Stiglitz contre les modèles standards néoclassiques, dans son ouvrage *Whither Socialism ?* Il n'est heureusement pas nécessaire de partir de zéro : la plupart des instruments analytiques nécessaires pour replacer l'économie dans une voie plus réaliste ont déjà été construits et perfectionnés par les théoriciens de l'École autrichienne. Ceux-ci les ont élaborés, expliqués, défendus et affinés au cours de huit débats successifs que nous avons commentés, et qui 1 ont opposés aux théoriciens du paradigme néoclassique. Quelques-uns ont eu récemment le courage de renier le modèle d'équilibre général et le paradigme statique néoclassique-walrasien ; c'est le cas de Mark Blaug[76], qui conclut : « *Je me suis rendu compte lentement et très à contrecœur qu'ils [l'École autrichienne] avaient raison et que nous autres avons tous eu tort* ». En outre, la saine influence des circonstances actuelles sur le paradigme dominant commence à se faire sentir dans une série de recherches (théorie des enchères, des marchés financiers, théorie de l'information imparfaite, des organismes industriels et des interactions stratégiques). Il convient, toutefois, de formuler certaines réserves : dans la mesure où cette nouvelle tendance se limite à introduire des hypothèses un peu plus réalistes, mais sans apporter de

---

[73] Rothbard : « *the case of Jeremy Bentham should be instructive to that host of economists that tend to weld utilitarian philoosphy with free market economics* ». Murray N. Rothbard, *Classical Economics*, op. cit., p. 55.

[74] Hoppe, H.-H., 1988, « The Intellectual Cover for Socialism », *The Free Market*, février.

[75] « *The collapse of central planning in the past decade has come as a surprise to most of us* ». Sherwin Rosen, « Austrian and Neoclassical Economics: Any Gains from Trade? », manuscrit présenté à la Réunion Générale de la Mont Pèlerin Society, 8-13 septembre 1996, Vienne, p. 10. Ronald H. Coase fut lui aussi surpris : « *Nothing I'd read or known suggested that the collapse was going to occur* ». « *Looking for Results* », interview de Ronald Coase par Thomas W. Hazlett, *Reason: Free Minds and Free Markets*, janvier 1997, p. 45.

[76] « *I have come slowly and extremely reluctantly to view that they [the Austrian School] are right and that we have all been wrong* ». Voir *Appraising Economic Theories*, Mark Blaug et Neil de Marchi (éd.), Edward Elgar, Londres 1991, p. 508. Plus récemment, dans l'*Economic Journal* (novembre 1993, p. 1571), Blaug a de nouveau fait allusion au paradigme néoclassique, à propos de son application pour justifier le système socialiste, le considérant comme quelque chose de « *so administratively naive as to be positively laughable. Only those drunk on perfectly competitive static equilibrium theory could have swallowed such nonsense. I was one of those who swallowed it as a student in the 1950s and I can only marvel now at my own dim-wittedness* ».

modifications à la méthodologie néoclassique, il y aura probablement substitution de certains modèles méthodologiquement vicieux par d'autres également faux. Seule l'introduction des nouveaux espaces de l'approche dynamique fondée sur les processus de marché, le subjectivisme et la créativité entrepreneuriale qu'ont développés les Autrichiens permettra, à notre avis, de stimuler avantageusement le développement de la science économique dans la nouvelle étape qui s'amorce.

La comparaison des succès des différents paradigmes est faite habituellement par les économistes néoclassiques, en accord avec leur position méthodologique et d'un point de vue strictement empirique et quantitatif. Par exemple, ils considèrent comme critère déterminant du « *succès* » d'un point de vue méthodologique le *nombre* de scientifiques qui l'adoptent. Ils citent souvent aussi la *quantité* de problèmes concrets apparemment « *résolus* » en pratique par le point de vue en question. Cependant, l'argument « *démocratique* », relatif au nombre de scientifiques qui se soumettent à un certain paradigme est bien peu convaincant. Non seulement l'histoire de la pensée humaine montre que les scientifiques se sont souvent trompés, même en sciences naturelles, mais il se pose en économie un problème supplémentaire : l'évidence empirique n'est jamais incontestable, de sorte que les doctrines erronées ne peuvent pas être immédiatement identifiées et rejetées.

Par ailleurs, quand les analyses théoriques fondées sur l'équilibre semblent être confirmées empiriquement, bien que la théorie économique sous-jacente soit erronée, elles peuvent être considérées comme valables pendant longtemps. L'erreur ou vice théorique qu'elles contiennent peut finalement apparaître, mais comme elles avaient été réalisées pour résoudre des problèmes historiques concrets qui ont perdu leur actualité, l'erreur théorique commise dans l'analyse passe inaperçue, du moins pour presque tout le monde.

Il faut, en outre, ajouter que les agents sociaux (autorités publiques, leaders sociaux et public en général), ont toujours réclamé, de façon naïve, mais fréquente, des prédictions concrètes et des analyses empiriques et « *opérationnelles* » concernant les mesures de politique économique et sociale qui peuvent être prises. Naturellement, cette demande (comme pour les horoscopes et prédictions astrologiques) tend à être satisfaite par des « *analystes* » et « *ingénieurs sociaux* » qui fournissent à leurs clients ce qu'ils désirent, sous des apparences de respectabilité et de légitimité scientifiques.

Comme le dit Mises, « *l'apparition de l'économiste professionnel est une séquelle de l'interventionnisme. Ce n'est actuellement qu'un spécialiste qui tâche de découvrir les formules permettant au gouvernement de mieux intervenir dans la vie commerciale. Ce sont des experts en matière de législation économique, législation qui n'aspire aujourd'hui qu'à perturber le libre fonctionnement de l'économie de marché* »[77]. Si le comportement des membres d'une profession de spécialistes en intervention est le juge final d'un paradigme qui délégitime méthodologiquement leurs mesures d'intervention, l'argument « *démocratique* » n'a plus de sens. Si, d'autre part, on admet que l'économie, à la différence du génie et des sciences naturelles, connaît souvent des reculs importants[78] et des erreurs longues à identifier et à corriger, on ne peut pas

---

[77] Ludwig von Mises, *La acción humana*, op. cit., p. 1027.

[78] Exemples de recul dans l'évolution de la pensée économique : la réapparition de la théorie objective de la valeur à l'initiative de l'École néo-ricardienne, l'analyse économique keynésienne, l'abandon de la dimension temporelle et de la théorie du

accepter non plus comme critère définitif du succès le nombre de solutions opérationnelles apparemment couronnées de succès, car ce qui semble aujourd'hui « *correct* », d'un point de vue opérationnel, peut s'avérer demain issu de formulations théoriques erronées.

Face aux critères empiriques du succès, nous proposons un *critère qualitatif*. Selon ce critère, un paradigme aura connu un succès d'autant plus grand qu'il aura permis un nombre plus élevé de développements théoriques corrects importants pour l'évolution de l'humanité. De ce point de vue, il est évident que l'approche autrichienne surpasse largement la néoclassique. Les Autrichiens ont su élaborer une théorie de l'impossibilité du socialisme qui, prise à temps en considération, eût évitée de grandes souffrances à l'humanité. En outre, la chute historique du socialisme réel est venue montrer et illustrer la véracité de leur analyse.

On peut en dire autant à propos de la Grande Dépression de 1929, et dans beaucoup d'autres domaines visés par leur analyse dynamique des effets d'incoordination qu'engendre l'intervention étatique. Par exemple, en matière monétaire, de crédit et de cycles économiques, en ce qui concerne la réélaboration de la théorie dynamique de la concurrence et du monopole, l'analyse de la théorie de l'interventionnisme, la recherche de nouveaux critères d'efficience dynamique qui substituent les critères parétiens traditionnels, l'analyse critique du concept de « *justice sociale* », construit à partir des critères étatiques du paradigme néoclassique, et, en somme, la meilleure compréhension du marché comme processus d'interaction sociale mû par la force entrepreneuriale.

Ce sont là des exemples d'importants succès qualitatifs de l'approche autrichienne. Ils contrastent avec les graves insuffisances (ou échecs) de l'approche néoclassique et, entre autres, avec son incapacité à reconnaître et prévoir à temps l'impossibilité théorique et les conséquences préjudicielles du système économique socialiste.

Il est clair que, pour vaincre l'inertie que suppose la demande sociale de prédictions concrètes, de recettes d'intervention et d'études empiriques, facilement acceptée bien qu'elle comprend des vices théoriques importants, mais invisibles dans un contexte empirique hostile à des conclusions évidentes et incontestables, il faudra étendre et approfondir l'approche subjectiviste proposée par l'École autrichienne.

Il faut rappeler, en ce sens, la phrase d'Hayek : « *il n'est probablement pas exagéré de dire que tout progrès de la théorie économique durant les cent dernières années a été un pas en avant dans la voie de l'application régulière du subjectivisme* »[79]. Si Hayek a raison, seule l'application constante de la méthode subjectiviste pourra faire avancer la science économique.

---

capital dans la pensée macroéconomique moderne, et les concepts étroits de rationalité, maximisation et équilibre sur lesquels se fonde l'analyse néoclassique.

[79] « *it is probably not exaggeration to say that every important advance in economic theory during the last hundred years was a further step in the consistent application of subjectivism* », F. A. Hayek, *The Counter-Revolution of Science*, op. cit., p. 31. Hayek ajoute à la note 24 (p. 210) que le subjectivisme « *has probably been carried out most consistently by Ludwig von Mises and I believe that most peculiarities of his views which at first strike many readers as strange and unacceptable are due to the fact that in the consistent development of the subjectivist approach he has for a long time moved ahead of his contemporaries* ».

Le *Methodenstreit* de l'École autrichienne sera d'actualité tant que les êtres humains préfèrent des doctrines qui les satisfont dans chaque cas concret à celles qui sont théoriquement exactes et tant que prévaudront ces orgueil traditionnel ou arrogance fatale rationaliste qui poussent l'homme à supposer qu'il dispose, dans chaque circonstance historique concrète, d'une information très supérieure à celle qu'il peut réellement obtenir. Face à ces tendances dangereuses, qui ne disparaîtront jamais, nous ne disposons que de la méthodologie beaucoup plus réaliste, fructueuse et humaniste que développent les théoriciens autrichiens. J'invite, en terminant cette étude, tous les scientifiques et amants de la vérité à s'y rallier.

# CHAPITRE III

# EN DÉFENSE DE L'EURO : UNE APPROCHE AUTRICHIENNE

(contient une critique des erreurs de la B.C.E. et de l'interventionnisme de Bruxelles)

## INTRODUCTION : LE SYSTÈME MONÉTAIRE IDÉAL

Les théoriciens de l'École autrichienne ont réalisé un effort considérable visant à expliquer quel était le système monétaire idéal pour une économie de marché. Ils ont développé toute une théorie du cycle qui démontre le caractère récurrent des mouvements cycliques engendrés par l'expansion de crédit sans épargne réelle qu'orchestrent les banques centrales à l'aide d'un système bancaire pratiquant la réserve fractionnaire. Sur le plan historique, ils ont expliqué l'apparition et évolution de la monnaie et la manière dont l'intervention coercitive de l'État, encouragée par de puissants groupes d'intérêt, avait éloigné du marché et corrompu l'évolution naturelle des institutions bancaires. Sur le plan éthique, ils ont mis en évidence les exigences et les principes juridiques du droit de propriété en matière de contrats bancaires. Principes qui naissent de l'économie de marché elle-même et sont, à leur tour, indispensables à son fonctionnement correct[1].

Toute cette analyse théorique aboutit à la conclusion suivante : le système monétaire et bancaire actuel est incompatible avec une véritable économie de libre entreprise ; il souffre de tous les défauts énoncés par le théorème de l'impossibilité du socialisme, et est une source continue d'instabilité financière et de perturbations économiques. Il est donc indispensable de repenser le système financier et monétaire mondial, de façon à extirper la racine des problèmes qui nous affligent. Cette démarche doit se fonder sur les trois réformes suivantes : (a) le rétablissement du coefficient de caisse de 100 pour cent, comme principe essentiel du droit de propriété privée, pour tout dépôt à vue de monnaie et ses équivalents ; (b) l'abolition de toutes les banques centrales : elles sont superflues comme prêteurs en dernier recours si la réforme (a) est réalisée et sont, en tant que véritables organes de planification centrale financière, une source continue d'instabilité ; les lois établissant le cours forcé et le fatras de réglementation administrative qui en découle devraient disparaître également ; (c) le retour à l'étalon-or classique, comme étalon monétaire mondial unique qui fournirait une base monétaire non manipulable par les pouvoirs publics et capable de réfréner et de discipliner les désirs inflationnistes des divers agents sociaux[2].

Les recommandations précédentes permettraient d'extirper les maux qui nous affligent en favorisant un développement économique et social encore jamais vu. Elles indiquent, en outre, quelles réformes sont bien ou mal orientées

[1] Sur les auteurs et les développements principaux, consulter Huerta de Soto 2011a [1998].
[2] *Ibid.*, chap. 9.

et facilitent un jugement plus exact sur les différents choix possibles de politique économique. C'est dans cette seule perspective, strictement conjoncturelle et «*possibiliste*» que l'on doit interpréter la « *défense* » relative de l'euro contenue dans cet article et développée selon le point de vue de l'École autrichienne.

## 1. La tradition autrichienne de soutien aux taux de change fixes face au nationalisme monétaire et aux taux de change flexibles

Les économistes autrichiens ont toujours considéré que, tant que le système monétaire idéal ne serait pas établi, c'était une grave erreur théorique et de praxis politique que celle commise par de nombreux économistes, en particulier ceux de l'École de Chicago, qui défendent des taux de change flexibles dans un contexte de nationalisme monétaire, comme si les premiers et le second correspondaient mieux à une économie de marché. Pour les Autrichiens, en revanche, tant que les banques centrales n'auront pas été supprimées et l'étalon-or classique été réinstauré avec un coefficient de réserve bancaire de 100 pour cent, il faudrait tout faire pour que le fonctionnement et les résultats du système monétaire en vigueur approchent l'idéal. Cela exige de limiter au maximum le nationalisme monétaire, d'empêcher dans chaque pays le développement d'une politique monétaire autonome et d'endiguer le plus possible les politiques inflationnistes d'expansion de crédit, en créant un cadre monétaire qui discipline au maximum les agents économiques, politiques et sociaux et, en particulier, les syndicats et autres groupes de pression, les politiques et les banques centrales.

C'est dans ce seul contexte que doit être interprétée la position d'économistes autrichiens aussi illustres que Mises et Hayek. Il convient ainsi de rappeler la critique-démolisseuse d'Hayek contre le nationalisme monétaire et les taux de change flexibles développée en 1937 dans son remarquable livre *Monetary Nationalism and International Stability* (Hayek 1971 [1937]) : Hayek démontre que les taux de change flexibles empêchent une allocation efficace des ressources au niveau international, car ils entravent et faussent immédiatement les flux réels de consommation et d'investissement ; ils obligent, de surcroît, à toujours effectuer les ajustements à la baisse nécessaires en matière de coûts par élévation du reste des prix nominaux, et cela dans un contexte chaotique de dépréciations concurrentielles, expansion de crédit et inflation. Contexte qui favorise, en plus, toutes sortes de comportements irresponsables de la part des syndicats, en poussant à des réclamations salariales et professionnelles continuelles qui ne peuvent être satisfaites sans aggraver le chômage qu'en augmentant encore l'inflation. Trente-huit ans plus tard, en 1975, Hayek synthétisait ainsi son argument : « It is, I believe, undeniable that the demand for flexible rates of exchange originated wholly from countries such as Great Britain, some of whose economists wanted a wider margin for inflationary expansion (called 'full employment policy').They later received support, unfortunately, from other economists[3] who were not inspired by the

[3] Même s'il ne les cite pas expressément, Hayek fait allusion aux théoriciens de l'École de Chicago et à Milton Friedman dont le point de vue coïncide, ici comme ailleurs, avec celui des keynésiens.

desire for inflation, but who seem to have overlooked *the strongest argument in favor of fixed rates of exchange, that they constitute the practically irreplaceable curb we need to compel the politicians, and the monetary authorities responsible to them, to maintain a stable currency* » (les italiques sont de moi). Il ajoute pour mieux expliquer son argument: « *The maintenance of the value of money and the avoidance of inflation constantly demand from the politician highly unpopular measures. Only by showing that government is compelled to take these measures can the politician justify them to people adversely affected. So long as the preservation of the external value of the national currency is regarded as an indisputable necessity, as it is with fixed exchange rates, politicians can resist the constant demands for cheaper credits, for avoidance of a rise in interest rates, for more expenditure on 'public works', an so on. With fixed exchange rates, a fall in the foreign value of the currency, or an outflow of gold or foreign exchange reserves acts as a signal requiring prompt government action*[4]. *With flexible exchange rates, the effect of an increase in the quantity of money on the internal price level is much too slow to be generally apparent or to be charged to those ultimately responsible for it. Moreover, the inflation of prices is usually preceded by a welcome increase in employment; it may therefore even be welcomed because its harmful effects are not visible until later* ». *Et Hayek conclut: « I do not believe we shall regain a system of international stability without returning to a system of fixed exchange rates, which imposes upon the national central banks the restraint essential for successfully resisting the pressure of the advocates of inflation in their countries – usually including ministers of finance* » (Hayek, 1979 [1975], pp. 9-10).

Quant à Ludwig von Mises, on sait qu'il se détacha de son disciple très cher Fritz Machlup, lorsque celui-ci se mit à défendre en 1961, au sein de la Mont Pèlerin Society, les taux de change flexibles. D'après R. M. Hartwell, en effet, « *Machlup's support of floating exchange rates led von Mises to not speak to him for something like three years* » (Hartwell, 1995, p. 119). Mises pouvait comprendre que les macroéconomistes sans formation universitaire en matière de théorie du capital, comme Friedman et ses collègues de Chicago et, en général, les keynésiens, défendent les taux flexibles et l'inflationnisme qui en découle, mais il n'était pas disposé à pardonner quelqu'un qui, comme Machlup, avait été son disciple et était donc expert en économie, mais s'était laissé séduire par le pragmatisme et les modes passagères du politiquement correct. Il en vint même à dire à sa femme qu'il ne pouvait pas pardonner Machlup parce que « *he was in my seminar in Vienna ; he understands everything. He knows more than most of them and he knows exactly what he is doing* » (Margit von Mises, 1984, p. 146). La défense que fait Mises des taux de change fixes est parallèle à sa défense de l'étalon-or comme système monétaire idéal au niveau international. Il écrivait en 1944 dans *Omnipotent Government* : « The gold standard put a check on governmental plans for easy money. It was impossible to indulge in credit expansion and yet cling to the gold parity permanently fixed by law. Governments had to choose between the gold standard and their – in the long run disastrous – policy of credit expansion. The gold standard did not collapse. The governments destroyed it. It was incompatible with etatism as was free trade. The various governments went off the gold standard because they were eager to make domestic prices and wages rise above the world market level, and because they

---

[44] On verra plus loin qu'avec une monnaie unique telle que l'euro, la capacité de discipline des taux de change fixes est assumée par la cotation de la dette souveraine de chaque pays.

wanted to stimulate exports and to hinder imports. *Stability of foreign exchange rates was in their eyes a mischief, not a blessing. Such is the essence of the monetary teachings of Lord Keynes. The Keynesian school passionately advocates instability of foreign exchange rates* »[5] Il ne faut donc pas s'étonner du mépris que manifesta Mises à l'égard des théoriciens de Chicago lorsqu'ils se laissèrent séduire, en cette matière et dans d'autres, par le keynésianisme le plus grossier. Mises estimait, d'autre part, qu'il était assez facile de réinstaurer l'étalon-or et de revenir aux taux de change fixes : « *The only condition required is the abandonment of an easy money policy and of the endeavors to combat imports by devaluation* ». Il considère, en outre, que seuls les taux de change fixes sont compatibles avec une démocratie authentique, l'inflationnisme lié aux taux de change flexibles étant essentiellement antidémocratique : « *Inflation is essentially antidemocratic. Democratic control is budgetary control. The government has but one source of revenue-taxes. No taxation is legal without parliamentary consent. But if the government has other sources of income it can free itself from their control* » (Mises, 1969, pp. 251-253).

Ce n'est que si les taux de change sont fixes que les gouvernements sont obligés de dire la vérité au public. C'est pourquoi la tentation du recours à l'inflation et aux taux flexibles pour éviter le coût politique des augmentations d'impôts est si grande et si pernicieuse. Et, même s'il n'y a pas d'étalon-or, les taux fixes contiennent et disciplinent l'arbitraire des politiques : « Even in the absence of a pure gold standard, fixed exchange rates provides some insurance against inflation which is not forthcoming from the flexible system. Under fixity, if one country inflates, it falls victim to a balance of payment crisis. If and when it runs out of foreign exchange holdings, it must devalue, a relatively difficult process, *fraught with danger for the political leaders involved.* Under flexibility, in contrast, inflation brings about no balance of payment crisis, nor any need for a politically embarrassing devaluation. Instead, there is a relatively painless depreciation of the home (or inflationary) currency against its foreign counterparts » (Block, 1999, p. 19).

## 2. L'euro, « proxy » de l'étalon-or (ou pourquoi les défenseurs de la libre entreprise et de la liberté du marché doivent appuyer l'euro tant que la seule autre option sera le retour au nationalisme monétaire)

Les économistes de l'École autrichienne, nous l'avons vu, sont partisans de l'étalon-or parce qu'il freine et limite l'arbitraire des politiques et gouvernants : il discipline le comportement de tous les agents impliqués dans le processus démocratique et incite les individus à une action ordonnée et morale. C'est, en somme, un frein au mensonge et à la démagogie, car il propage et facilite la transparence et la vérité dans les relations sociales. Ni plus ni moins. Mises l'a sans doute exprimé mieux que quiconque : « *The gold standard makes the*

---

[5] Il faut indiquer, pour renforcer l'argument de Mises, qu'on ne peut nullement imputer à l'étalon-or l'erreur commise par Churchill après la Première Guerre mondiale consistant à fixer sa parité sans tenir compte de la grande inflation de livres papier émise pour financer le conflit. Ce fait n'a rien à voir avec la situation actuelle de l'euro qui est coté librement sur les marchés internationaux ni avec les problèmes des pays périphériques de la Zone euro liés à la perte de compétitivité réelle de leurs produits soufferte pendant la bulle (Huerta de Soto, 2011, p. 351, 483)

*determination of money's purchasing power independent of the changing ambitions and doctrines of political parties and pressure groups. This is not a defect of the gold standard, it is its main excellence* » (Miss, 1966, p. 474).

Or la création de l'euro en 1999 et sa mise en place définitive en 2002 ont supposé la disparition du nationalisme monétaire et des taux de change flexibles dans la plus grande partie de l'Europe continentale. Nous parlerons plus loin des erreurs commises par la Banque centrale européenne. Il s'agit maintenant de constater la façon dont les différents États de l'Union monétaire ont cédé et perdu complètement leur autonomie monétaire, c'est-à-dire la possibilité de manipuler leur monnaie locale et de la mettre au service des besoins politiques conjoncturels. En ce sens, l'euro a dès lors agi, du moins pour les pays de la zone euro, d'une manière très semblable à celle dont agissait, en son temps, l'étalon-or. C'est pourquoi l'euro doit être considéré comme un réel équivalent, quoiqu'imparfait, de l'étalon-or. C'est d'ailleurs avec l'avènement de la Grande Récession de 2008 que la capacité de discipline de l'euro s'est manifestée le plus clairement à tous : pour la première fois, les pays de l'Union monétaire ont dû faire face à une profonde récession économique sans politique monétaire autonome. Jusqu'à l'adoption de l'euro, les gouvernements et banques centrales adoptaient invariablement, en cas de crise, les mêmes mesures : ils injectaient toute la liquidité nécessaire, laissaient flotter à la baisse et dépréciaient la devise locale, différaient indéfiniment les douloureuses réformes structurelles de libéralisation économique, de dérégulation, de flexibilisation des prix et marchés (en particulier du travail), de réduction de la dépense publique et de repli et démantèlement du pouvoir syndical et de l'État-providence. Avec l'euro, et malgré toutes les erreurs, faiblesses et concessions dont nous parlerons, ces fuites inconscientes en avant ne sont plus possibles.

Par exemple, en Espagne, deux gouvernements successifs ont été littéralement obligés, en l'espace d'un an, de prendre une série de mesures qui, bien qu'encore insuffisantes, auraient été considérées jusqu'ici comme utopiques et politiquement impossibles, même par les observateurs les plus optimistes : 1°- Le principe anti-keynésien de la stabilité et de l'équilibre budgétaires a été introduit dans l'article 135 de la Constitution ; il concerne le gouvernement central, les communautés autonomes et les municipalités ; 2°- Tous les projets pharaoniques d'augmentation des dépenses publiques, d'achat de votes et de subventions sur lesquels les gouvernants fondaient habituellement leur popularité et leur action politique ont été brusquement interrompus ; 3°- Tous les fonctionnaires ont vu leurs traitements réduits de 5 pour cent, puis congelés, tandis que leur temps de travail augmentait ; 4°- Les pensions de la Sécurité sociale ont été congelées en pratique ; 5°- L'âge normal de la retraite est passé de 65 à 67 ans ; 6°- la dépense publique budgétisée a été réduite de 15 pour cent ; et 7°- le marché du travail, les horaires commerciaux et, en général, la réglementation économique ont été nettement libéralisés[6]. Ce

[6] Nous étions, en Espagne, plusieurs économistes adeptes de l'École autrichienne à réclamer sans succès, depuis des dizaines d'années, l'introduction de ces réformes (et de bien d'autres) qui n'ont été politiquement possibles, et avec une rapidité surprenante, qu'aujourd'hui, grâce à l'euro. Deux observations : les mesures allant dans la bonne direction ont été contrebalancées par la hausse des impôts, en particulier sur le revenu et les revenus du capital mobilier (voir le « Manifiesto » contre la hausse des impôts que j'ai signé avec cinquante autres académiciens en février 2012 dans

qui s'est produit en Espagne se répète en Irlande, au Portugal, en Italie et même dans des pays qui, comme la Grèce, étaient jusqu'à présent des modèles de relâchement social, d'absence de rigueur budgétaire et de démagogie politique[7]. En outre, les chefs politiques de ces cinq pays, ne pouvant pas manipuler la politique monétaire pour cacher au public le coût véritable de leurs politiques, ont été expulsés sans ménagements de leurs gouvernements respectifs. Et même, des États qui, comme la Belgique et, surtout, la France et la Hollande semblaient jusqu'ici à l'abri de la vague réformatrice, commencent eux aussi à devoir reconsidérer les fondements mêmes du volume de leur dépense publique et de la structure d'un État-providence hypertrophié. Tout cela est indiscutablement dû au nouveau cadre monétaire introduit par l'euro que tous les défenseurs de la libre entreprise et de la limitation des pouvoirs du gouvernement doivent donc juger favorablement et avec optimisme. Car il est difficile de concevoir qu'on ait pu prendre de telles mesures dans un contexte de monnaie nationale et de taux de change flexibles : les politiques fuient, dès qu'ils le peuvent, les réformes impopulaires et le public tout ce qui implique sacrifice et discipline. C'est pourquoi, sans l'euro, on aurait assisté à ce qui était habituel jusqu'à lors : une fuite en avant consistant à augmenter l'inflation, déprécier la monnaie pour gagner à court terme en compétitivité et récupérer le «*plein emploi*» (en protégeant les syndicats, véritables responsables du chômage) et, en somme, à différer indéfiniment les réformes structurelles nécessaires.

Il convient ici de signaler deux différences significatives de l'euro par rapport, d'une part, au système de monnaies nationales liées entre elles par des taux de change fixes et de l'autre, à l'étalon-or. Sur ce second point, il faut souligner qu'une sortie de l'euro présente beaucoup plus de difficultés que n'en supposa l'abandon de l'étalon-or. Les monnaies liées à l'or, en effet,

---

www.juandemariana.org/nota/5371/manifiesto/subida/impositiva/respeto/senor) ; quant aux principes de stabilité et d'équilibre budgétaire, ils sont une condition nécessaire, mais non suffisante, du retour à une économie soutenable, car si une expansion de crédit se reproduisait, seul un excédent important durant l'époque de « *vaches grasses* » pourrait empêcher, quand aurait lieu la récession inévitable, la répétition des graves problèmes que nous connaissons actuellement.

[7] Pour la première fois, et grâce à l'euro, la Grèce affronte le défi de son propre avenir. Quoique les monétaristes acrimonieux et les keynésiens récalcitrants ne veuillent pas le reconnaître, la déflation interne est possible et n'implique aucun cycle «*pervers*» si elle est accompagnée de profondes réformes de libéralisation et de récupération de la compétitivité. Il est vrai que la Grèce a reçu et reçoit des aides importantes, mais il n'en reste pas moins qu'elle a la responsabilité historique de démentir tous les prophètes qui, pour diverses raisons, s'obstinent à ce que son effort échoue pour pouvoir maintenir dans leurs modèles l'hypothèse si banale (et intéressée) selon laquelle les prix (et salaires) sont rigides à la baisse (voir aussi ce que nous disons à la note 8 à propos des effets désastreux de la dévaluation argentine tant admirée de 2001). Pour la première fois, l'État grec, traditionnellement en faillite et corrompu, s'est soumis à un traitement de choc. En deux ans (2010-2011) le déficit public a diminué de 8 pour cent, les fonctionnaires ont vu réduire leurs traitements de 15% dans un premier temps puis de 20%, 80.000 d'entre eux ont été supprimés, le nombre de communes a diminué environ de moitié, l'âge de la retraite a augmenté, le salaire minimum a baissé, etc., etc. (Vidal-Folch 2012). Cette reconstruction «*héroïque*» contraste avec la décomposition économique et sociale de l'Argentine qui a pris le chemin opposé : celui du nationalisme monétaire, de la dévaluation et de l'inflation.

conservaient leur dénomination locale (franc, livre, etc.), de sorte qu'il fut assez facile, durant les années trente du XX siècle, de rompre l'ancrage à l'or, car les agents économiques continuèrent, selon le théorème régressif de la monnaie énoncé par Mises en 1912 (Mises, 2012, pp. 83-134), d'utiliser la monnaie nationale, qui n'était plus convertible en or, en s'appuyant sur la capacité acquisitive qu'elle possédait juste avant la réforme. Cette possibilité est aujourd'hui fermée pour les pays qui désirent, ou doivent, abandonner l'euro. Étant la seule dénomination monétaire commune à tous les pays de l'Union monétaire, son abandon exige l'introduction d'une nouvelle monnaie locale, à capacité acquisitive beaucoup plus faible et inconnue, ce qui sera cause de troubles énormes pour tous les agents économiques du marché : débiteurs, créanciers, investisseurs, entrepreneurs, travailleurs[8]. Il faut au moins reconnaître, sur ce point précis, et selon la perspective autrichienne, que l'euro l'emporte sur l'étalon-or, et qu'il aurait été très utile que dans les années trente du XX siècle, les différents pays concernés fussent obligés de conserver l'étalon-or, parce que, comme c'est aujourd'hui le cas pour l'euro, toute autre option était irréalisable en pratique et devait avoir des conséquences et des effets beaucoup plus nocifs, douloureux et manifestes pour la société.

Il est quelque peu comique (et pathétique) de constater que la légion d'ingénieurs sociaux et politiques interventionnistes qui, dirigés autrefois par Jacques Delors, conçurent la monnaie unique comme un instrument supplémentaire de leurs projets grandioses d'union politique européenne, assistent aujourd'hui avec désespoir à ce qu'ils n'avaient nullement prévu, car l'euro a agi *de facto* comme l'étalon-or : il a discipliné société, politiques et gouvernants, neutralisé les démagogues et démasqué les groupes de pression (dirigés par les syndicats, invariablement privilégiés) et même contesté la

[8] Nous sommes donc heureusement « *enchaînés à l'euro* », comme le dit Cabrillo (Cabrillo 2012). L'exemple contemporain le plus utilisé par keynésiens et monétaristes pour illustrer les « *mérites* » d'une dévaluation et de l'abandon du taux fixe est sans doute le cas de l'Argentine après le « *corralito* » instauré à partir de décembre 2001. Cet exemple est erroné pour deux raisons. Premièrement, parce que le Corralito n'est, tout au plus, que l'illustration de l'impossibilité, pour un système bancaire avec réserve fractionnaire, de fonctionner sans un prêteur en dernier recours (Huerta de Soto, 2011a, 610). Deuxièmement, parce qu'après la dévaluation, le P.I.B. par tête passa en Argentine de 7.726 dollars en 2000 à 2.767 dollars en 2002, et perdit donc deux tiers de sa valeur. Cette chute de 65 pour cent du revenu et de la richesse argentins devrait faire pâlir tous ceux qui manifestent aujourd'hui maladroitement et violemment, comme en Grèce, pour protester contre les sacrifices et les chutes de prix, relativement inférieurs, de la saine et inévitable déflation interne qu'impose la discipline de l'euro. De plus, tous les boniments sur les taux de croissance « *impressionnants* » en Argentine, supérieurs à 8 pour cent par an à partir de 2003, ne doivent nullement nous impressionner étant donné le niveau de départ, extrêmement bas après la dévaluation, et la pauvreté, le marasme et le désordre de l'économie argentine, où un tiers de la population dépend des subventions et des subsides, où le taux réel d'inflation dépasse les 30 pour cent et la pénurie, les restrictions, la régulation, la démagogie, l'absence de réformes et le (manque de ) contrôle du gouvernement sont à l'ordre du jour (Gallo, 2012). Pierpaolo Barbieri signale dans le même sens : « *I find truly incredible that serious commentators like economist Nouriel Roubini are offering Argentina as a role model for Greece* » (Barbieri, 2012).

durabilité et les fondements de l'État-providence[9]. C'est justement en cela que consiste, selon l'École autrichienne, le principal avantage comparatif de l'euro en tant qu'étalon monétaire, en particulier face au nationalisme monétaire ; et non pas dans les arguments plus prosaïques qui, comme celui de « *la réduction des coûts de transaction* » ou « *l'élimination du risque cambiaire* », ont été utilisés en leur temps par les ingénieurs sociaux, indéfectiblement myopes.

Notre second commentaire concerne la différence entre l'euro et un système de taux de change fixes, en cas d'ajustement provoqué par l'apparition de différents degrés d'expansion de crédit et d'intervention entre les divers pays. Dans le système de taux fixes, ces différences se manifestent, naturellement, par de fortes tensions sur les taux de change qui aboutissent, le cas échéant, à des dévaluations explicites, lesquelles entraînent, fort heureusement, le discrédit des responsables politiques correspondants. Dans le cas d'une monnaie unique, comme l'euro, ces tensions se manifestent par une perte généralisée de compétitivité. Celle-ci ne peut être récupérée que si l'on procède aux réformes structurelles requises pour garantir la flexibilité des marchés et la dérégulation de tous les secteurs ainsi que les chutes et ajustements nécessaires dans la structure des prix relatifs. Tout cela affecte, en outre, les recettes de chaque secteur public et leur cote de crédit. De fait, la cotation de la dette publique souveraine de chaque pays sur les marchés financiers recueille aujourd'hui, dans la zone euro, les tensions qui se reflétaient traditionnellement dans les crises des taux de change, lorsque ceux-ci étaient plus ou moins fixes dans un contexte de nationalisme monétaire. C'est pourquoi, le rôle principal n'appartient plus actuellement aux spéculateurs en devises, mais aux agences de notation et, surtout, aux investisseurs internationaux qui, en achetant ou n'achetant pas de dette souveraine, marquent salutairement le rythme des réformes et disciplinent et dictent le sort de chaque pays. L'on dira que cela « *n'est pas démocratique* » mais c'est, en réalité, tout le contraire. La démocratie était régulièrement viciée par l'action politique irresponsable fondée sur la manipulation monétaire et l'inflation, véritable impôt aux effets dévastateurs qui, en marge du parlement, s'imposait à la société de façon progressive et sournoise. Aujourd'hui et grâce à l'euro, le recours à l'impôt inflationniste est bloqué dans chaque pays, du moins au niveau local, et les politiques ont été soudain démasqués, obligés de dire la vérité et d'assumer l'usure que cela suppose. La démocratie a besoin pour fonctionner d'un cadre qui discipline les agents qui y participent. Et ce rôle est aujourd'hui assumé, en Europe continentale, par l'euro. La chute successive des gouvernements irlandais, grec, portugais, italien et espagnol, loin de prouver un déficit démocratique, montre le degré croissant de rigueur, transparence budgétaire et santé démocratique que l'euro fait naître dans leurs sociétés respectives.

---

[9] Le Président de la BCE Mario Draghi a même affirmé que le « *continental's social model is 'gone'* » (Draghi, 2012).

## 3. L'hétéroclite « *Coalition anti-euro* »

Il convient de mentionner brièvement, l'amalgame hétérogène et bigarré que forment les ennemis de l'euro, car il est à la fois curieux et illustratif. Il comprend des éléments aussi disparates que les doctrinaires d'extrême gauche et d'extrême droite, les keynésiens nostalgiques ou irréductibles comme Krugman, les monétaristes dogmatiques défenseurs des taux de change flexibles comme Barro et d'autres, les adeptes de la théorie des zones monétaires optimales de Mundell, les chauvinistes apeurés du dollar (et de la livre) et, enfin, la légion de défaitistes perplexes qui « *devant l'imminente disparition de l'euro* » propose de le dynamiter et l'abolir au plus tôt[10] !

La preuve la plus claire de l'exactitude de l'analyse, faite par Mises, de l'effet disciplinant qu'exercent sur la démagogie politique et syndicale les taux de change fixes et, surtout, l'étalon-or est sans doute la suivante : c'est la façon dont les leaders des partis politiques de gauche, les syndicalistes, les formateurs d'opinion « *progressistes* », les « *indignés antisystème* », les politiques d'extrême droite et, en général, tous les amis de la dépense publique, des subventions étatiques et de l'interventionnisme se rebellent, ouvertement et frontalement, contre la discipline qu'impose l'euro et, en particulier, contre la perte d'autonomie de chaque pays en matière de politique monétaire et son corollaire : la dépendance, si décriée, vis-à-vis des marchés, des spéculateurs et des investisseurs internationaux quand il s'agit de placer la dette publique souveraine croissante qu'exige le financement des déficits publics continuels. Il suffit de jeter un coup d'œil sur les éditoriaux des journaux les plus à gauche[11], ou de lire les déclarations des politiques les plus démagogues[12], ou des syndicalistes les plus notables, pour constater qu'il en est ainsi et qu'aujourd'hui, comme dans les années trente du siècle dernier, les ennemis du marché et les défenseurs du socialisme, de l'État-providence et de la démagogie syndicaliste protestent tous contre « *la discipline rigide que nous imposent l'euro et les marchés financiers* ». Ils réclament la monétisation immédiate de toute la dette publique qui sera

[10] Je n'inclus pas ici l'analyse de mon cher disciple et collaborateur Philipp Bagus (*The Tragedy of the Euro*, The Lusdwig von Mises Institute, Auburn, Alabama, U.S.A. 2010), car du point de vue allemand, la manipulation à laquelle La Banque centrale européenne soumet l'euro menace la stabilité monétaire traditionnelle dont jouissait l'Allemagne avec le mark. Son argument, d'après lequel l'euro a stimulé les politiques irresponsables par un effet typique de tragédie des biens communaux, me paraît plus douteux, car durant la période de bulle, la plupart des pays qui ont aujourd'hui des problèmes, sauf la Grèce, étaient en situation d'excédent (ou en étaient bien proches). Je crois donc que Bagus aurait mieux fait d'intituler son livre, par ailleurs excellent, *la tragédie de la Banque centrale européenne* (et non de l'euro), compte tenu surtout des graves erreurs commises par la Banque centrale européenne à l'époque de la bulle et dont nous parlerons plus bas (je remercie Juan Ramón Rallo de m'avoir suggéré cette idée).

[11] La ligne éditoriale de l'ancien journal espagnol *Público* fut, en ce sens, représentative (voir aussi, par exemple, le cas d'Estefanía 2011 et de sa critique contre la réforme de l'article 135 de la Constitution espagnole qui consacre le principe anti-keynésien de stabilité et équilibre budgétaires).

[12] Voir, par exemple, les déclarations du candidat socialiste à la présidence de la France, pour qui « *le chemin de l'austérité est inefficace, létal et dangereux* » (Hollande, 2012), ou de la candidate d'extrême droite Marine Le Pen qui déclare : « *nous devons revenir au franc et fermer une fois pour toutes la parenthèse de l'euro* » (Martin Ferrand, 2012)

nécessaire, sans accepter, en contrepartie, aucune mesure d'austérité budgétaire ni aucune réforme qui stimule la compétitivité.

On assiste dans le milieu universitaire, avec une ample répercussion dans les médias, à une forte offensive des théoriciens keynésiens contemporains contre l'euro, qui n'est comparable, par son agressivité, qu'à celle entreprise par Keynes contre l'étalon-or dans les années trente du siècle dernier. Le cas de Krugman[13] est particulièrement significatif. En tant que chroniqueur syndiqué, il répète presque chaque semaine cette vieille rengaine : l'euro implique l'existence d'un « *corset insupportable* » pour la reprise de l'emploi. Il se permet même de reprocher à l'Administration nord-américaine si gaspilleuse de n'être pas suffisamment expansive et d'avoir été chiche dans ses stimulants fiscaux (par ailleurs considérables)[14]. L'opinion de Skidelsky, plus intelligente et plus savante, n'en est pas moins erronée ; cet auteur a le mérite d'expliquer que la théorie autrichienne du cycle économique[15] est la seule option qui peut remplacer celle de son Keynes bien-aimé, et reconnaît clairement que la conjoncture suppose, en fait, une répétition du duel qui opposa Hayek à Keynes durant les années trente du siècle dernier (Skidelsky, 2011).

Plus étrange encore est la position que défendent les théoriciens néoclassiques des taux de change flexibles et, en particulier, les monétaristes et les membres de l'École de Chicago[16]. Il semble que, dans ce groupe, prévale la sympathie pour les taux de change flexibles et le nationalisme monétaire sur le désir (que nous supposons sincère) d'encourager des réformes de libéralisation économique. Ils considèrent, en effet, primordial de maintenir l'autonomie de la politique monétaire et de pouvoir dévaluer (ou déprécier) la monnaie locale afin de « *récupérer la compétitivité* » et d'absorber le chômage au plus tôt et, seulement plus tard, d'essayer, éventuellement, de promouvoir des mesures de flexibilité et libéralisation. Leur ingénuité est extrême ; nous y avons fait allusion à propos des raisons de l'affrontement entre Mises, pour le côté autrichien, et Friedman, pour l'École de Chicago, sur la question des taux de change fixes et flexibles. Mises a toujours vu clairement que les politiques prenaient difficilement des mesures bien orientées, sauf s'ils y étaient littéralement obligés, et que les taux flexibles et le nationalisme monétaire balayaient pratiquement tout stimulant effectif capable de discipliner les politiques et de mettre fin à la « *rigidité à la baisse* » des salaires (qui devient ainsi une sorte d'acquis que monétaristes et keynésiens acceptent inconditionnellement), et aux privilèges des syndicats et autres groupes de pression. Et que, pour cette raison, les monétaristes se transformaient, à la longue et bien malgré eux, en alliés des vieilles doctrines

---

[13] Par exemple, entre autres articles, celui de Krugman 2012.

[14] Le déficit public des États-Unis s'est situé entre 10 et 8,2 % durant les trois derniers exercices et représente quasiment plus du triple du déficit allemand qui n'a été que de 1% en 2011.

[15] Voir l'explication moderne de la théorie autrichienne du cycle dans Huerta de Soto 2011a.

[16] Les économistes de ce groupe sont très nombreux ; la plupart viennent de la zone dollar-livre ! On peut citer, entre autres, les cas de Robert Barro (2012), Martin Feldstein (2011) et de l'assesseur du président Barak Obama, Austan Golsbee (2011). Pour ce qui est de chez nous, il faut inclure dans ce groupe, quoique pour des raisons diverses, des économistes prestigieux tels Pedro Schwartz, Francisco Cabrillo ou Alberto Recarte.

keynésiennes : « *la compétitivité une fois récupérée* », les réformes sont ajournées et, pire encore, les syndicats s'habituent à ce que les effets pernicieux de leurs politiques de restriction restent toujours masqués par des dévaluations successives.

Cette contradiction latente entre la défense du marché libre et l'appui au nationalisme et la manipulation monétaire à l'aide des taux « *flexibles* » se retrouve chez de nombreux adeptes de l'interprétation la plus généralisée de la théorie de Robert A. Mundell sur les « *zones monétaires optimales* » (Mundell, 1961). Ces dernières seraient celles où il y aurait « *préalablement* » une grande mobilité de tous les facteurs de production, car au cas contraire, il vaudrait mieux les compartimenter avec des monnaies à étendue plus limitée, pour permettre une politique monétaire autonome face à un quelconque « *choc externe* ». Mais nous devons nous demander : ce raisonnement est-il correct ? Nullement : la source principale de rigidité dans les marchés du travail et des facteurs de productions vient de, et est consacrée par, l'intervention et la régulation étatique des marchés. Ainsi, il est absurde de penser que les états et leurs gouvernants vont commencer par se faire hara-kiri, en renonçant à leur pouvoir et en trahissant leur clientèle politique, dans le but d'adopter ensuite une monnaie commune. La réalité est tout autre : ce n'est qu'après être entré dans une monnaie commune (l'euro, pour nous) que les politiques ont été obligés de faire des réformes qui étaient inimaginables hier encore. Selon Walter Block : « ...*government is the main or only source of factor immobility. The state, with its regulations... is the prime reason why factors of production are less mobile than they would otherwise be. In a bygone era the costs of transportation would have been the chief explanation, but with all the technological progress achieved here, this is far less important in our modern 'shrinking world'. If this is so, then under laissez-faire capitalism, there would be virtually no factor immobility. Given even the approximate truth of these assumptions the Mundellian region then becomes the entire globe – precisely as it would be under the gold standard –* » (Block 1999, p. 21). Et cette conclusion de Block est également applicable à la zone euro, dans la mesure où celui-ci agit comme un « *proxy* » de l'étalon-or qui discipline et limite le pouvoir arbitraire des politiques des États membres de la zone.

Il convient de noter que keynésiens, monétaristes et mundelliens sont dans l'erreur parce qu'ils raisonnent exclusivement sur la base d'agrégats macroéconomiques et proposent ainsi un ajustement très semblable, fondé sur la manipulation monétaire et fiscale, le « *fine tuning* », et les taux de change flexibles. Tout le travail à faire pour sortir des crises est donc, d'après eux, du ressort des modèles macroéconomiques et de l'ingénierie sociale. Ainsi, la profonde distorsion microéconomique qu'introduit la manipulation monétaire et fiscale dans la structure des prix relatifs et dans le réseau des biens d'investissement est totalement ignorée. Une dévaluation (ou dépréciation) forcée met tout le monde dans le même sac : elle implique une chute subite en pourcentage, chute linéaire et identique pour tous, du prix des biens et services de consommation et des facteurs de production. Cela donne l'impression à court terme d'une récupération intense de l'activité économique et d'une grande réabsorption du chômage, mais en réalité, fausse complètement la structure des prix relatifs (car, en l'absence de manipulation monétaire, certains prix devraient avoir chuté davantage, d'autres moins, et d'autres ne devraient pas chuter du tout, mais plutôt monter), induit à une mauvaise allocation généralisée des ressources productives et crée un trauma profond que n'importe quelle économie met des années à surmonter[17]. C'est là l'analyse microéconomique axée sur les *prix relatifs* et la *structure de la production* que les théoriciens de l'École autrichienne (Huerta de Soto, 2011a) ont traditionnellement développée et qui, en revanche, est totalement absente des instruments d'analyse des théoriciens opposés à l'euro.

Enfin, et en dehors du contexte purement universitaire, l'insistance avec laquelle les économistes, investisseurs et analystes financiers anglo-saxons s'obstinent à discréditer l'euro et à lui augurer un avenir des plus obscurs est assez suspecte. Cette impression se renforce au vu de la position hypocrite des différentes Administrations des États-Unis (et , dans une moindre mesure, du Royaume-Uni) qui souhaitent (du bout des lèvres) que la zone euro « *mette de l'ordre dans son économie* », et oublient volontairement de mentionner que la crise financière est née de l'autre côté de l'Atlantique ; ce qui signifie qu'elle est issue du manque de contrôle et des politiques expansionnistes menées durant des années par la Réserve fédérale et dont les effets ont contaminé le monde par l'intermédiaire du dollar, utilisé comme monnaie de réserve internationale. La pression exercée pour que la zone euro se lance dans des politiques monétaires au moins aussi expansives et inconscientes (« *quantitative easing* ») que celles entreprises aux États-Unis est presque insupportable, et doublement hypocrite, car ces politiques sonneraient, sans aucun doute, le glas de la monnaie unique européenne.

Cette position du monde politique, économique et financier anglo-saxon ne cacherait-elle pas la crainte que l'avenir du dollar, en tant que monnaie de réserve internationale, ne soit menacé si l'euro survit et se montre capable de lui faire concurrence dans un futur assez proche ? Tous les indices montrent que cette interrogation est de plus en plus pertinente et, même si aujourd'hui elle ne semble pas encore politiquement correcte, elle met le doigt sur la plaie des analystes et responsables du monde anglo-saxon : l'euro naît comme un rival du dollar potentiellement redoutable au niveau international[18].

La coalition anti-euro regroupe, comme on le voit, des intérêts très variés et puissants. Chacun se méfie de l'euro pour des motifs différents. Mais tous coïncident de la façon suivante : les raisons sur lesquelles se fonde leur opposition à l'euro seraient identiques et seraient même avancées avec plus de vigueur si, au lieu de concerner la monnaie unique européenne, elles devaient

---

[17] Voir l'excellente analyse, développée par Whyte 2012, du grand mal que cause la dépréciation de la livre en Angleterre ; pour les États-Unis, consulter Laperriere (2012).

[18] « *The euro, as the currency of an economic zone that exports more than the United States, has well-developed financial markets, and is supported by a world class central bank, is in many aspects the obvious alternative to the dollar. While currently it is fashionable to couch all discussions of the in doom and gloom, the fact is that the euro accounts for 37 percent of all foreign exchange market turn over. It accounts for 31 percent of all international bond issues. It represents 28 percent of the foreign exchange. reserves whose currency composition is divulged by central banks* » (Eichengreen, 2011, p. 130). Guy Sorman a, pour sa part, fait allusion à « *l'attitude ambiguë des experts et acteurs financiers des États-Unis. Ils n'ont jamais aimé l'euro parce qu'il rivalise, par définition, avec le dollar : les soi-disant experts américains, dociles à des ordres reçus, nous ont expliqué que l'euro ne pourrait pas survivre sans un gouvernement économique central et un système fiscal unique* » (Sorman, 2011). Il est clair, en définitive, que les partisans de la concurrence entre monnaies devraient orienter leurs efforts contre le monopole du dollar (par exemple, en appuyant l'euro), plutôt que de défendre la réintroduction et la concurrence entre « *petites monnaies* » locales (drachme, escudo, peseta, lire, livre, franc et, même, mark).

s'opposer à l'étalon-or classique comme système monétaire international. Il existe, de fait, une grande similitude entre les forces qui se sont alliées dans les années trente pour forcer l'abandon de l'étalon-or et celles qui prétendent, sans succès jusqu'ici, réintroduire en Europe un nationalisme monétaire périmé. Nous l'avons dit, il a été beaucoup plus facile techniquement d'abandonner l'étalon-or que ne le serait aujourd'hui, pour n'importe quel pays, quitter l'Union monétaire. Il n'est donc pas étonnant que l'on tombe souvent dans un défaitisme impudent : on annonce la catastrophe et l'impossibilité du maintien de l'Union monétaire, pour proposer comme « *solution* », tout de suite après, son démantèlement immédiat. On convoque même des concours internationaux (en Angleterre, patrie de Keynes et du nationalisme monétaire) auxquels participent des centaines d' « *experts* » et de songe-creux, qui proposent chacun la manière la meilleure et la plus inoffensive de dynamiter l'Union monétaire européenne[19].

## 4. Les véritables péchés capitaux de l'Europe et l'erreur fatale de la Banque centrale européenne[20]

Personne ne niera que souffre de problèmes économiques et sociaux importants et chroniques. Toutefois, cet euro tant critiqué n'en fait pas partie. L'euro agit, au contraire, comme un puissant catalyseur ; il montre la gravité des véritables problèmes de l'Europe et accélère (ou « *précipite* ») la prise des mesures nécessaires à leur solution. Aujourd'hui, en effet, et grâce à l'euro, se développe plus que jamais la conscience de la non-durabilité de cet État-providence européen hypertrophié et de la nécessité d'importantes réformes[21]. L'on peut en dire autant des programmes omnicompréhensifs d'aides et de subventions, parmi lesquels la Politique agricole commune occupe la première place, à cause tout autant de ses effets très nocifs que de son manque total de rationalité économique (O'Caithnia, 2011). Et l'on peut surtout en dire autant de l'ingénierie sociale et de la réglementation écrasante qui, sous prétexte

---

[19] Tel est le cas, par exemple, du concours convoqué au Royaume-Uni par Lord Wolfson, propriétaire des magasins Next, auquel se sont présentés rien moins que 650 « *experts* » et faiseurs de projets. Si l'hypocrisie de ce genre d'initiatives, toujours prises hors de la zone euro (spécialement dans le monde anglo-saxon par ceux qui craignent, haïssent ou méprisent l'euro), n'était pas aussi évidente et grossière, il faudrait être reconnaissant à leurs auteurs du gros effort et de l'intérêt qu'ils manifestent pour le destin d'une monnaie qui, en fin de compte, n'est pas la leur.

[20] Il convient de signaler que l'auteur de ces lignes est un « *eurosceptique* » ; il considère que l'Union européenne devrait *exclusivement* se borner à garantir la libre circulation des personnes, des capitaux et des biens dans un cadre de monnaie unique (si possible étalon-or).

[21] Nous avons parlé, par exemple, des changements législatifs récents retardant l'âge de la retraite, jusqu'à même 67 ans (avec possibilité de glissement supplémentaire en fonction de l'évolution future de l'espérance de vie), déjà réalisés en Allemagne, en France, en Italie, en Espagne, au Portugal et en Grèce. Ou de l'établissement du « *ticket modérateur* » et des privatisations croissantes en matière d'assistance sanitaire. Avancées timides dans la bonne direction qui, étant donné leur coût politique élevé, n'auraient pas eu lieu hors de l'euro, et font contraste avec la tendance contraire qu'a supposée la réforme sanitaire de Barak Obama, ou avec cet immobilisme évident face à la réforme inéluctable du National Health Service britannique.

d'harmoniser les diverses législations nationales, fossilise le marché unique européen et l'empêche d'être un véritable marché libre (Booth, 2011). Aujourd'hui, plus que jamais, apparaît, dans la zone euro, le coût véritable de toutes ces insuffisances structurelles : sans politique monétaire autonome, les différents gouvernements sont obligés de reconsidérer (et, éventuellement, de réduire) tous leurs postes de dépenses publiques et d'essayer de gagner en compétitivité sur le plan international, en dérégulant et en flexibilisant au maximum leurs marchés (en particulier celui du travail, traditionnellement très rigide dans de nombreux pays de l'Union monétaire).

À tous ces péchés capitaux de l'économie européenne s'ajoute un autre, plus grave encore à cause de son caractère particulier et sinueux. Il s'agit de la grande facilité avec laquelle les institutions européennes se laissent entraîner, souvent par manque de vision, de leadership, ou de foi en leur propre projet, dans des politiques incompatibles, à la longue, avec les exigences d'une monnaie unique et d'un véritable marché unique libre.

Par exemple, il est surprenant de voir que les nouvelles mesures croissantes et asphyxiantes introduites en Europe viennent de plus en plus du monde universitaire et politique anglo-saxon et en particulier, des États-Unis[22], alors qu'elles se sont déjà avérées inefficaces ou fortement perturbatrices. Cette influence malsaine date de loin (rappelons que les subventions accordées à l'agriculture, la législation de « *défense de la concurrence* », ou les réglementations en matière de gouvernement et de « *responsabilité sociale corporative* » sont venues des États-Unis) ; elle se répète et se renforce aujourd'hui : pensons aux Normes Internationales de Comptabilité, ou aux tentatives faites, heureusement sans succès, pour parachever les accords de Bâle III dans le secteur bancaire (ou de Solvabilité II dans le secteur des assurances) et qui montrent d'insurmontables carences théoriques de fond et de graves problèmes d'application pratique (Huerta de Soto, 2003 et 2008).

Un deuxième exemple de cette influence anglo-saxonne malsaine concerne le Plan Européen de Relance Économique (« *European Economic Recovery Plan* »). Celui-ci fut lancé, sous l'égide du sommet de Washington et le leadership de politiques keynésiens comme Barak Obama et Gordon Brown et avec le conseil de théoriciens ennemis de l'euro comme Krugman[23], fin 2008 par la Commission européenne. Il était recommandé aux pays membres une expansion de la dépense publique d'environ 1,5 pour cent du P.I.B. (environ 200 milliards d'euros au niveau agrégat). Quelques pays, comme l'Espagne, commirent l'erreur d'élargir leurs budgets, mais grâce à Dieu et à l'euro, le plan s'en est vite allé « *en eau de boudin* », au désespoir des keynésiens et de leurs acolytes (Krugman, 2012), lorsqu'on a vu qu'il ne servait qu'à augmenter le déficit, empêcher l'accomplissement des objectifs du Traité de Maastricht et déstabiliser gravement les marchés de la dette publique souveraine des pays de la zone euro. L'euro a agi une nouvelle fois comme cadre disciplinant et frein anticipé du déficit, en contraste avec le désordre budgétaire des pays victimes du nationalisme monétaire et, en particulier, des États-Unis et de l'Angleterre,

---

[22] Voir, par exemple, « United States'Economy: Over-regulated America: The home of laissez-faire is being suffocated by excessive and badly written regulation », *The Economist*, février 18, 2012, p. 8, et les exemples qui y sont cités.

[23] Sur l'hystérie en faveur des grands stimulants fiscaux de cette période, consulter Fernando Ulrich 2011.

qui ont clôturé avec un déficit public de 10,1 pour cent du P.I.B. en 2010 et de 8,8 pour cent en 2011, dépassé seulement, au niveau mondial, en Grèce et en Égypte. Malgré de tels déficits et stimulants fiscaux, le chômage continue d'atteindre en Angleterre et aux États-Unis des niveaux records (ou très hauts) et leurs économies respectives n'arrivent pas à démarrer.

Enfin, et surtout, on remarque une pression croissante en faveur de l'union politique européenne complète, présentée comme la seule « *solution* » capable de permettre la survie de l'euro à long terme. Mis à part les « *euro-fanatiques* », adeptes de tout prétexte justifiant plus de pouvoir et de centralisme en faveur de Bruxelles, deux groupes appuient l'union politique. D'une part, et paradoxalement, les ennemis de l'euro, groupe d'origine anglo-saxonne : les Américains, éblouis par le pouvoir central de Washington et conscients qu'il ne peut exister en Europe, savent que leur proposition introduit le virus de la discorde, mortel pour l'euro ; d'autres, les britanniques, utilisent l'euro comme tête de Turc (injustifiée) pour y déverser leurs frustrations (totalement justifiées) face à l'interventionnisme croissant de Bruxelles. Le second groupe comprend tous les théoriciens et penseurs qui croient que seule la discipline imposée par un organe gouvernemental central peut garantir les objectifs de déficit et de dette publique fixés à Maastricht. Cette croyance est erronée. Le mécanisme de l'Union monétaire crée, tout comme l'étalon-or, une menace pour la solvabilité des pays qui abandonnent la rigueur et la stabilité budgétaires, et les obligent à prendre des mesures urgentes pour rétablir la durabilité de leurs finances publiques, s'ils ne veulent pas se voir contraints à suspendre leurs paiements.

Nonobstant ce qui vient d'être dit, le problème le plus grave ne consiste pas dans la menace d'une union politique impossible, mais dans le fait indiscutable qu'une politique d'expansion de crédit continue de la part de la Banque centrale européenne durant une étape de prospérité économique, est capable de neutraliser, du moins temporairement, l'effet disciplinant de l'euro sur les agents économiques de chaque pays. Par exemple, *l'erreur fatale de la Banque centrale européenne a consisté à ne pas savoir isoler et protéger l'Europe de la grande expansion de crédit orchestrée au niveau mondial par la Réserve fédérale des États-Unis à partir de 2001*. Pendant plusieurs années, la Banque centrale européenne a permis, en contradiction flagrante avec le Traité de Maastricht, que M3 atteigne des niveaux supérieurs même à 9 pour cent par an, bien au-delà de l'objectif de croissance de 4,5 pour cent de la masse monétaire, originairement fixé par la BCE elle-même[24]. De plus, cette croissance, même si elle est moins délirante que celle menée par la Réserve fédérale des États-Unis, s'est distribuée de manière non uniforme dans les pays de l'Union monétaire et a touché de façon

---

24 Concrètement, la croissance moyenne de M3 dans la zone euro, de 2000 à 2011, dépasse les 6,3% ; il faut souligner les augmentations vécues pendant les années de la bulle 2005 (de 7% à 8%), 2006 (de 8% à 10%) et 2007 (de 10% à 12%). Ces données montrent que l'objectif du déficit zéro, quoique louable, n'est qu'une condition nécessaire, mais non suffisante de stabilité : au cours d'un cycle dominé par l'expansion de crédit, des engagements de dépenses publiques peuvent être assumés pendant la période d'expansion avec la fausse idée rassurante qu'ils engendrent des excédents, lesquels sont ensuite, à l'arrivée inévitable de la récession, insoutenables. Cela prouve que l'objectif du déficit zéro exige, en outre, une économie non soumise aux oscillations de l'expansion de crédit ou du moins, de clôturer les budgets, pendant les années d'expansion, avec des excédents beaucoup plus importants.

disproportionnée les états de la périphérie (Espagne, Portugal, Irlande et Grèce) qui ont vu croître leurs agrégats monétaires à un rythme très supérieur – de trois à quatre fois – à celui que connaissaient la France ou l'Allemagne. Il y a à cela plusieurs raisons : elles vont de la pression exercée par la France et l'Allemagne pour que la politique monétaire ne soit pas trop restrictive pour elles, jusqu'à la myopie absolue des pays périphériques qui ne veulent pas reconnaître qu'ils étaient en pleine bulle spéculative, n'ont pas su, telle l'Espagne, donner des instructions catégoriques à leurs représentants au Conseil de la BCE afin d'exiger la stricte exécution des objectifs de croissance monétaire fixés par la BCE elle-même. Durant les années précédant la crise, en effet, tous ces pays, sauf la Grèce[25], observèrent largement les limites du déficit de 3 pour cent, et quelques-uns, comme l'Espagne et l'Irlande, clôturèrent même leurs comptes publics avec d'importants excédents[26]. Ainsi, bien que le cœur de l'Europe ait réussi à se tenir à l'écart du processus d'exubérance irrationnelle américain, celui-ci s'est reproduit avec virulence dans les pays européens périphériques, sans que personne, ou presque, ait su diagnostiquer le grave danger de ce qui se passait[27]. Si les universitaires et les responsables politiques des pays affectés et de la Banque centrale européenne avaient utilisé, non pas les instruments d'analyse macroéconomiques et monétaristes importés du monde anglo-saxon, mais ceux de la théorie autrichienne du cycle économique[28] (produit, en fin de compte, de la pensée économique continentale la plus authentique), ils auraient pu détecter à temps le caractère largement artificiel de la prospérité de ces années-là et la non-durabilité de beaucoup d'investissements (en particulier dans le domaine de la promotion immobilière) entrepris grâce aux grandes facilités de crédit. Ils auraient, en somme, compris que le flux étonnamment croissant de recettes publiques allait être de très courte durée. Cependant et heureusement, bien que la Banque centrale européenne n'ait pas été, durant le dernier cycle, à la hauteur de ce que la société européenne était en droit d'exiger et que sa politique puisse être qualifiée de « *tragique* », la logique de l'euro, en tant que monnaie unique, s'est de nouveau imposée. Elle a fait apparaître les erreurs commises et obligé chacun à reprendre le chemin du contrôle et de l'austérité. Le paragraphe suivant présente un bref commentaire de la façon dont la Banque centrale européenne a développé sa politique durant la crise et en quoi elle diffère de celle menée par les banques centrales des États-Unis et d'Angleterre.

---

[25] La Grèce serait donc le seul cas auquel on puisse appliquer l'argument de « *la tragédie des biens communs* » à propos de l'euro, développé dans Bagus 2010. Nous croyons que le livre remarquable de Bagus devrait s'intituler, nous l'avons dit, non pas *The Tragedy of the Euro,* mais *The Tragedy of the European Central Bank.*

[26] Les excédents, en Espagne, ont été de 0,96%, 2,02% et 1,90% en 2005, 2006 et 2007 respectivement. En Irlande, de 0,42%, 1,40%, 1,64%, 2,90% et 0,67% en 2003, 2004, 2005, 2006 et 2007 respectivement.

[27] On peut citer, comme exception, l'auteur de ces lignes : Huerta de Soto 2011a.

[28] *Ibid.*

## 5. L'euro face au dollar (et à la livre) et l'Allemagne face aux États-Unis (et au Royaume-Uni)

L'un des aspects les plus notables du dernier cycle, qui s'est terminé par la Grande Récession de 2008, est, sans aucun doute, le comportement divergent des politiques monétaires et fiscales de la zone anglo-saxonne, fondées sur le nationalisme monétaire, et de celles menées par les pays de l'Union monétaire européenne. À partir de la crise financière et de la récession économiques apparues en 2007-2008, la Réserve fédérale aussi bien que la Banque d'Angleterre ont entamé des politiques monétaires consistant à réduire pratiquement à zéro les taux d'intérêt ; consistant aussi dans l'injection massive de moyens de paiement, euphémiquement appelée « *quantitative easing* », et dans la monétisation massive et continue, directe et sans scrupule, de la dette publique souveraine[29]. À cette politique monétaire très laxiste (dominée à la fois par les recommandations monétaristes et keynésiennes) s'ajoute le stimulant fiscal énergique que suppose le maintien, tant aux États-Unis qu'en Angleterre, de déficits budgétaires représentant environ 10 pour cent de leurs Produits Intérieurs Bruts respectifs (considérés cependant comme très insuffisants, du moins par les keynésiens les plus récalcitrants comme Krugman et d'autres).

Fort heureusement, et à la différence de ce qui se passe avec le dollar et la livre, l'injection monétaire, dans la zone euro, n'est pas aussi facile à réaliser et le désordre budgétaire ne peut pas s'y maintenir aussi impuni indéfiniment. La Banque centrale européenne n'est pas compétente, du moins en théorie, pour monétiser la dette publique européenne. Elle l'a certes acceptée comme collatéral de ses prêts massifs au système bancaire, et a même acquis directement et sporadiquement, à partir de l'été 2011, des bons des pays périphériques les plus menacés (Italie, Espagne), mais il existe une différence économique fondamentale entre la façon d'agir des États-Unis et de l'Angleterre et la politique menée en Europe continentale : alors que le monde anglo-saxon pratique délibérément et sans scrupule l'agression monétaire et le désordre budgétaire, ce genre de politiques sont menées en Europe « *à contrecoeur* », après des « *sommets* » successifs, multiples, et interminables ; elles sont le fruit de négociations longues et difficiles et, ce qui est plus important, *les injections monétaires et l'appui à la dette des pays en difficulté sont toujours dosés et réalisés en échange de réformes fondées sur l'austérité budgétaire (et pas sur la stimulation fiscale) et l'introduction de politiques d'offre qui favorisent la libéralisation et la compétitivité des marchés*[30]. Et, quoiqu'elle eût dû avoir lieu bien plus tôt, la suspension de

[29] À ce moment-là (2011-2012), la Réserve fédérale acquiert directement environ 40 pour cent de la dette publique américaine de nouvelle émission. Et l'on peut en dire à peu près autant de la Banque d'Angleterre qui détient directement 20 pour cent de toute la dette publique souveraine du Royaume-Uni. Face à ces chiffres, la monétisation (indirecte et directe) réalisée par la Banque centrale européenne apparaît comme un « *jeu d'enfants* ».

[30] Luskin et Roche Kelly ont même parlé de l'« *Europe's Supply-Side Revolution* » (Luskin et Roche Kelly, 2012). Est également significatif le « *Plan pour la croissance en Europe* » réclamé le 20 février 2012 par les leaders de douze pays de l'Union européenne (entre autres, de l'Italie, l'Espagne, les Pays-Bas, la Finlande, l'Irlande et la Pologne) qui ne comprend que des politiques d'offre et ne fait mention d'aucune mesure de stimulation fiscale. De même le manifeste « Initiative for a Free and Prospering Europe » (IFPE)

paiements *de facto* de l'État grec, qui a obtenu une remise de dette (« *hair cut* ») de près de 75 pour cent de la part des investisseurs privés ayant confié à tort en sa dette, a lancé un signal incontournable aux marchés : ce dernier ne laisse d'autre issue aux autres pays en difficulté que d'affronter avec rigueur, énergie et sans perte de temps toutes les réformes nécessaires. Nous l'avons vu, même dans des États comme la France, apparemment intouchable et installé dans un système d'État-providence hypertrophié, le crédit de la dette n'obtient plus la cote maximale, le différentiel avec le Bund allemand a augmenté et il a fallu récemment entreprendre des réformes d'austérité et de libéralisation pour que leur appartenance, indiscutable jusqu'ici, au « *noyau dur* » de la zone euro ne soit pas menacée[31].

Du point de vue politique, la direction de l'Allemagne (en particulier de son chancelier Angela Merkel), promoteur de tout ce processus d'assainissement et d'austérité (s'opposant à toute proposition maladroite qui, comme l'émission de « *bons européens* », éliminerait la disposition actuelle des divers pays à agir avec rigueur), ne fait aucun doute. Elle agit souvent contre vents et marées, car les pressions politiques internationales favorables à la stimulation fiscale sont constantes, en particulier de la part de l'Administration américaine de Barak Obama, qui utilise la « *crise de l'euro* » comme écran de fumée pour dissimuler l'échec de ses propres politiques. D'autre part, elle se heurte à l'incompréhension et au rejet de la part de tous ceux qui ne désirent rester dans l'euro que dans la mesure où cela les favorise, et se rebellent violemment contre la discipline amère que la monnaie unique nous impose à tous, et en particulier aux politiques démagogues et aux groupes d'intérêt privilégiés les plus irresponsables.

Il faut en tout cas souligner, en guise d'illustration et au grand regret des keynésiens et monétaristes, le résultat très inégal obtenu jusqu'ici par les politiques américaines de stimulation fiscale et de « *quantitative easing* », par comparaison avec celui des politiques allemandes d'offre et de relative austérité fiscale, dans le contexte monétaire de l'euro : déficit public, 1% en Allemagne, plus de 8,20% aux États-Unis ; chômage, 6,9% en Allemagne, près de 9% aux États-Unis ; inflation, 2,5 % en Allemagne, plus de 3,17 % aux États-Unis ; croissance, 3% en Allemagne, 1,7% aux États-Unis (les paramètres de l'Angleterre rappellent en pire ceux des États-Unis). Le conflit des paradigmes et le contraste des résultats ne peuvent être plus évidents[32].

---

cosigné, à Bratislava, par l'auteur de ces lignes en janvier 2012. Bref, un changement de modèle dans des pays qui, comme l'Espagne, doivent passer d'une économie spéculative et « *chaude* », fondée sur l'expansion de crédit, à une économie « *froide* », fondée sur la compétitivité, semble prioritaire. En effet, dès que les prix baissent (« *déflation interne* ») et que la structure des prix relatifs se rajuste, dans un contexte de libéralisation économique et de réformes structurelles, vont apparaître de multiples occasions de profit entrepreneurial en investissements durables, dont le financement, dans une zone monétaire aussi étendue que celle de l'euro, est garanti. Ainsi se produit l'assainissement nécessaire et la relance tant espérée, à nouveau froide, durable et fondée sur la compétitivité, est assurée.

[31] Dans ce contexte, et comme nous l'avons expliqué au paragraphe consacré à l'« *hétéroclite coalition anti-euro* », on ne peut pas s'étonner des déclarations des candidats à la présidence de France que nous citons à la note 13.

[32] Estimations au 31 décembre 2011.

## CONCLUSION : HAYEK VERSUS KEYNES

Nombreux sont aujourd'hui ceux qui critiquent et haïssent l'euro, comme autrefois l'étalon-or, à cause de ce qui est en réalité sa principale vertu : sa capacité à discipliner les politiques gaspilleuses et les groupes de pression. Il est évident que l'euro n'est nullement l'étalon monétaire idéal, qui exigerait un étalon-or classique, un coefficient de caisse de 100 pour cent pour les dépôts à vue et l'abolition de la Banque Centrale. Il est ainsi très possible qu'au bout d'un certain temps, le souvenir des derniers évènements monétaires et financiers s'étant estompé, la Banque Centrale retombe dans ses graves erreurs et promeuve une nouvelle bulle d'expansion de crédit[33]. Mais il ne faut pas oublier que les péchés de la Réserve fédérale et de la Banque d'Angleterre ont été bien pires et que l'euro a mis fin, au moins en Europe continentale, au nationalisme monétaire et agit pour les États de l'Union monétaire, même si ce n'est que timidement, comme un «*proxy*» de l'étalon-or, favorise la rigueur budgétaire et les réformes tendant à améliorer la compétitivité et limite les abus de l'État-providence et de la démagogie politique.

Il faut reconnaître, en tout cas, que nous nous trouvons à un moment historique[34]. De la survie de l'euro dépendra que l'Europe internalise et fasse sienne la traditionnelle stabilité monétaire allemande, seul et indispensable cadre disciplinant qui permette de continuer à stimuler la compétitivité et la croissance de l'Union européenne à court et moyen terme. Au niveau mondial, la survie et la consolidation de l'euro permettront, pour la première fois depuis la Deuxième Guerre mondiale, l'apparition d'une devise capable de rivaliser efficacement avec le monopole du dollar comme monnaie de réserve internationale et, donc, de discipliner la capacité américaine à relancer des crises financières systémiques qui, comme celle de 2007, mettent en péril l'ordre économique mondial.

Il y a un peu plus de quatre-vingts ans, le monde se trouva dans une situation semblable à celle d'aujourd'hui : il se débattait entre, d'une part, le maintien de l'étalon-or, de l'austérité budgétaire, d'un marché du travail flexible et du commerce libre et pacifique et, d'autre part, l'abandon de l'étalon-or,

---

[33] J'ai parlé ailleurs des réformes incrémentales qui comme la séparation radicale entre la banque commerciale et la banque d'investissement (du genre Glass Steagall Act) pourraient améliorer l'euro. Par ailleurs, c'est en Angleterre que, paradoxalement (ou pas, étant donné le préjudice social dévastateur causé par la crise bancaire), mes propositions ont eu le plus d'écho ; il a même été présenté au Parlement Britannique un projet de loi pour compléter la Loi de Peel de 1844 (toujours en vigueur) et étendre l'exigence du coefficient de caisse de 100 pour cent aux dépôts à vue. L'accord obtenu pour séparer la banque commerciale de la banque d'investissement doit être considéré comme un pas (timide) dans la bonne direction (Huerta de Soto, 2010 et 2011b).

[34] Mon oncle par alliance, l'entrepreneur navarrais Javier Vidal Sario, parfaitement lucide et actif à ses 93 ans, me confirme qu'il n'avait jamais assisté, sa longue vie durant, pas même pendant le Période du Plan de stabilisation de 1959, à un effort collectif de discipline budgétaire et institutionnelle et d'assainissement économique comparable à celui d'aujourd'hui, sans parler de la valeur historique ajoutée de celui-ci, car il ne concerne pas un pays particulier (par exemple, l'Espagne) ni une monnaie spécifique (par exemple, la peseta), mais s'étend à toute l'Europe, et il est le fait de centaines de millions de personnes, dans le cadre d'une unité monétaire commune (l'euro).

l'extension du nationalisme monétaire, des politiques inflationnistes, d'un marché du travail rigide, de l'interventionnisme, du « *fascisme économique* » et du protectionnisme commercial. Hayek et les théoriciens autrichiens disciples de Mises firent un effort intellectuel titanesque pour analyser, expliquer et défendre les avantages de l'étalon-or et de la liberté du commerce, face aux théoriciens qui, adeptes de Keynes et des monétaristes, voulaient dynamiter les fondements monétaires et fiscaux de l'économie libérale que la Révolution industrielle et le progrès de la civilisation avaient favorisée jusque-là[35]. Cette fois-là, la pensée économique évolua dans un sens très différent de celui défendu par Mises et Hayek et conduisit aux résultats économiques, politiques et sociaux que l'on sait. Et aujourd'hui encore, en plein XXI siècle, le monde souffre encore d'instabilité financière, de manque de rigueur budgétaire et de démagogie politique. C'est pour ces raisons, et surtout parce que cela est urgent pour le bien de l'économie mondiale, que Mises et Hayek[36] méritent de triompher, et l'euro (du moins provisoirement et en attendant d'être substitué par un étalon-or) mérite de survivre[37].

## RÉFÉRENCES BIBLIOGRAPHIQUES


ANDERSON, B. M., 1924, « Cheap Money, Gold, and the Federal Reserve Bank Policy », *Chase Economic Bulletin*, vol. IV, n° 3, 4 août 1924, p. 9.

BAGUS, P., 2010, *The Tragedy of the Euro*, Ludwig von Mises Institute, Auburn, Alabama (édition espagnole d'Unión Editorial, Madrid 2011)

BARBIERI, P., 2012, « The Tragedy of Argentina », *The Wall Street Journal*, 20-22 avril, p. 15

BARRO, R., 2012, « An Exit Strategy From the Euro », *The Wall Street Journal*, mardi 10 janvier, p. 16.

BLOCK, W., 1999, « The Gold Standard : A Critique of Friedman, Mundell, Hayek and Greenspan from the Free Enterprise Perspective », *Managerial Finance*, vol. 25, n° 5, pp. 15-33.


---

[35] En 1924 déjà, le grand économiste américain Benjamin M. Anderson écrivait : « *Economical living, prudent financial policy, debt reduction rather than debt creation –all these things are imperative if Europe is to be restored. And all these are consistent with a greatly improved standard of living in Europe, if real activity be set going once more. The gold standard, together with natural discount and interest rates, can supply the most solid possible foundation for such a course of events in Europe* ». L'histoire, une fois de plus, se répète (Anderson, 1924). Je remercie mon collaborateur Antonio Zanella de m'avoir signalé cette citation.

[36] La conjoncture historique se répète de façon très nette en Chine, où l'économie est en ce moment au bord de l'écroulement expansif et inflationniste. Voir « Keynes versus Hayek in China », *The Economist*, 30 décembre 2011.

[37] Mises, le grand défenseur de l'étalon-or et de la banque libre avec un coefficient de caisse de 100 pour cent, s'opposa frontalement aux théoriciens des taux de change flexibles, comme Friedman, et dénonça la conduite de son disciple Machlup, qui avait abandonné la défense des taux de change fixes. Aujourd'hui, cinquante ans plus tard et à propos de l'euro, l'histoire se répète : on avait vu alors triompher les épigones du nationalisme monétaire et de l'instabilité cambiaire, et l'on sait comment cela se termina. Espérons que cette fois la leçon ait été apprise et que ce soit Mises qui triomphe. Le monde en a besoin et lui le mérite.

BOOTH, P., 2011, « Europe's Single Market Isn't a Free Market », *The Wall Street Journal,* vendredi 23 décembre, p. 17.
CABRILLO, F., 2012, « Encadenados al Euro », *Expansión,* 30 janvier 2012, p. 39.
DRAGHI, M., 2012, « Continental's social model is 'gone' », *The Wall Street Journal Europe*, 24 février.
EICHENGREEN, B., 2011, *The Rise and the Fall of the Dollar and the Future of the International Monetary System*, Oxford University Press, Oxford et New York.
ESTEFANIA, J., 2011, « Constitución antipática », *El País*, lundi 12 décembre, p. 29.
FELDSTEIN, M., 2011, « The Euro Zone's Double Failure », *The Wall Street Journal,* vendredi-dimanche 16 décembre, p. 17.
GALLO, A., 2012, « Trade Policy and Protectionism in Argentina », *Economic Affairs*, vol. 32, n° 1, février, pp. 55-59.
GOLSBEE, A., 2011, « Europe's Currency Road to Nowhere », *The Wall Street Journal,* mercredi 30 novembre, p. 18.
HARTWELL, R.M., 1995, *A History of the Mont Pèlerin Society*, Liberty Fund, Indianapolis.
HAYEK. F.A., 1971, *Monetary Nationalism and International Stability*, Augustus M. Kelley, New York [première édition Longmans, Green, Londres 1937].
HAYEK, F.A., 1978, *Unemployment and Monetary Policy: Government as Generator of the « Business Cycle »,* Cato Institute, San Francisco, Californie. Conférence prononcée le 8 février 1975 sous le titre « Inflation, Misdirection of Labor and Unemployment » à l'Academia Nazionale dei Lincei de Rome lors du centenaire de la naissance de Luigi Einaudi.
HOLLANDE, F., 2012, « La vía de la austeridad es ineficaz, letal y peligrosa », *La Gaceta*, jeudi 26 janvier, p. 1.
HUERTA DE SOTO, J., 2003, « Nota crítica sobre la propuesta de reforma de las normas internacionales de contabilidad », *Partida Doble*, n° 21, abril, pp. 24-27.
HUERTA DE SOTO, J., 2008, « El error fatal de Solvencia II », *Partida Doble*, n° 199, mai, pp. 92-97.
HUERTA DE SOTO, J., 2010, « Algunas reflexiones complementarias sobre la crisis económica y la teoría del ciclo », *Procesos de Mercado: Revista Europea de Economía Política*, vol. VII, n° 2, automne, pp. 193-203.
HUERTA DE SOTO, J., 2011a, *Dinero, crédito bancario y ciclos económicos*, 5° édition, Unión Editorial, Madrid [première édition 1998]. Edition anglaise *Money, Bank Credit and Economic Cycles*, 3rd revised edition 2012, Ludwig von Mises Institute, Auburn, Alabama, USA [First English edition 2006, first Spanish edition 1998].
HUERTA DE SOTO, J., 2011b, « Economic Recessions, Banking Reform and the Future of Capitalism », *Economic Affairs,* vol. 31, n° 2, juin 2011, pp. 76-84.
KRUGMAN, P., 2012, « El desastre de la austeridad », *El País*, 31 janvier 2012 (publié en anglais sous le titre « The Austerity Debacle », *The New York Times*).
LAPERRIERE, A., 2012, « The High Cost of the Fed's Cheap Money », *The Wall Street Journal,* mardi 6 mars.
LUSKIN, D.L., ROCHE KELLY, L., 2012, « Europe's Supply Side Revolution », *The Wall Street Journal,* lundi 20 février, p. 17.
MARTIN FERRAND, M., 2012, « El euro es la solución », *ABC,* vendredi 13 avril, p. 14.

MISES, L. von (1966), *Human Action: A Treatise on Economics*, 3° edition, Henry Regnery, Chicago, USA.
MISES, L. von, 1969, *Omnipotent Government: The Rise of Total State and Total War*, Arlington House, New Rochelle, New York.
MISES, L. von, 2012, *La teoría del dinero y del crédito*, 2°édition, Unión Editorial, Madrid (1° édition allemande de 1912).
MISES, M. von, 1984, *My Years with Ludwig von Mises*, Center for Futures Education, Iowa, USA.
MUNDELL, R., 1961, « Optimal Currency Areas », *The American Economic Review*, vol. 51, septembre 1961, pp. 657-664.
O'CAITHNIA, B., 2011, « Compounding Agricultural Poverty : How the EU's Common Agricultural Policy is Strangling European Recovery », dans *Institutions in Crisis: European Perspectives on the Recession*, David Howden (éd.), Edward Elgar, Cheltenham, Royaume-Uni et Northampton, USA, pp. 200-228.
SKIDELSKY, R., 2011, « Nueva contienda Keynes-Hayek », *La Vanguardia*, 6 octobre, p. 21.
SORMAN, G., 2011, « La crisis del euro no va a tener lugar », *ABC*, 30 octobre, p. 54.
ULRICH, F., 2011, « Fiscal Stimulus, Financial Ruin », dans *Institutions in Crisis : European Perspectives on the Recession*, David Howden (éd.), Edward Elgar, Cheltenham, Royaume-Uni et Northampton, USA, pp. 142-163.
VIDAL-FOLCH, X., 2012, « Heroica reconstrucción del Estado faillido griego », *El País*, jeudi 23 février, p. 21.
WHYTE, J., 2011, « El alto coste de una libra barata », *Procesos de Mercado: Revista Europea de Economía Política*, vol. VIII, n° 2, automne, pp. 287-289. (Originairement publié dans *The Wall Street Journal*, 17 mai 2011).

# CHAPITRE IV

# MÉTHODE ET CRISE EN SCIENCE ÉCONOMIQUE

## 1. Critique du positivisme

### *A) Essentialisme et nominalisme. Évolution historique de la méthode en sciences naturelles*

On appelle « *essentialisme méthodologique* » ou réalisme méthodologique la doctrine selon laquelle le travail des scientifiques ne se borne pas à l'étude des phénomènes tels qu'ils sont perçus par les sens. Cette doctrine soutient, en effet, que ces phénomènes sont variables et qu'il n'y a d'autre science que celle du permanent et de l'universel. La tâche des scientifiques consiste à orienter la recherche vers la réalité sous-jacente aux évènements superficiels. Le but de la science est de formuler les lois qui concernent l'essence des phénomènes réels.

Le « *nominalisme méthodologique* », au contraire, met en doute l'existence d'une essence sous-jacente à la réalité phénoménique. Toute question métaphysique étant écartée, ce courant soutient que le travail des scientifiques consiste à formuler des hypothèses pour résoudre exclusivement des doutes concernant l'expérience des sens, à faire des observations fondées sur ces hypothèses, les contrôler et, enfin, à vérifier les uniformités trouvées (de nature déterministe ou probabiliste) en les comparant à la réalité. Le nominalisme est à la base du « *positivisme méthodologique* ».

Ce travail défend l'idée que la différence entre les sciences naturelles et les sciences sociales tient au système de catégories utilisé par chacune dans l'interprétation des phénomènes et la construction des diverses théories. Les sciences naturelles ignorent totalement les causes ultimes des objets de leur étude. Les sciences sociales ou, plus tôt, les sciences de l'action humaine se situent, au contraire, pleinement dans l'orbite de l'intention ou de l'action consciemment orientée vers l'obtention de fins concrètes.

La révolution philosophique qui a accompagné la Renaissance a consisté, entre autres, dans la substitution de l'essentialisme par le nominalisme méthodologique. Traditionnellement, lorsque les personnes ignoraient les relations de cause à effet qui produisaient les conséquences observables dans le monde extérieur, ils cherchaient pour celles-ci des interprétations finalistes ou téléologiques. On créa ainsi des dieux et des démons dont l'action déterminait les phénomènes observés dans la nature : un dieu produisait l'éclair et le tonnerre, un autre châtiait les hommes par des maladies, et ainsi de suite. C'est seulement à l'Époque moderne que les sciences naturelles ont substitué le finalisme à la recherche causale nominaliste.

Les progrès surprenants des sciences naturelles expérimentales ont, cependant, facilité le développement d'une doctrine purement matérialiste, connue sous le nom de « *positivisme* ». Le positivisme refuse toute entrée à la recherche finaliste ou téléologique. Seules, d'après lui, les méthodes expérimentales des sciences naturelles sont adaptées à toute recherche. Seules ces méthodes sont scientifiques et toutes les autres doivent être considérées comme métaphysiques, superstitieuses et fausses.

On arrive ainsi à une situation dans laquelle la méthode positiviste des sciences naturelles veut s'appliquer à toutes les sciences et nie l'utilité de toute étude finaliste ou téléologique. Ce « *pan-physicalisme* » affecte spécialement les sciences sociales et, en particulier, l'économie. Il a, en la matière, des effets néfastes sur les résultats de la recherche. La plupart des économistes n'ont pas pu échapper à son influence et, croyant que l'utilisation du positivisme pourrait leur assurer une précision et des succès semblables à ceux obtenus en sciences naturelles, ils se sont efforcés de construire l'économie en utilisant des fondements méthodologiques qui lui sont totalement étrangers.

*B) Les inconsistances logiques du positivisme*

Bien qu'écrit il y a plus de vingt-cinq ans, l'article de Milton Friedman, « *La méthodologie de l'économie positive* », reste la justification philosophique la plus importante d'une bonne partie de la recherche contemporaine en science économique. Les points principaux de cet article ne sont cependant qu'une adaptation ingénieuse de certains arguments positivistes exposés, dans les années trente, par le philosophe Karl Popper. Ce dernier fait dépendre le caractère « *scientifique* » d'une observation du fait qu'elle puisse ou non être « *réfutée* » par l'observateur. Prenons pour exemple l'affirmation suivante : « *tous les cygnes sont blancs* ». Selon le critère de Popper, l'on peut contredire, mais ne pas vérifier cette proposition ; il suffit que nous trouvions un cygne noir pour que nous puissions la considérer comme fausse. ; mais, même si nous n'observons que des cygnes blancs, nous ne pouvons pas la considérer comme confirmée. Cependant, et malheureusement, nous pouvons vérifier, mais nullement déclarer fausse, la proposition contraire à la précédente, à savoir que « *certains cygnes sont blancs* ». Pourquoi ne peut-on pas réfuter l'affirmation contraire ? Parce que celle-ci étant de nature particulière, on ne peut la contredire qu'en établissant une proposition universelle, ce qui est impossible à faire par des procédés empiriques. Ainsi, pour réfuter l'affirmation « *certains cygnes sont blancs* », l'on doit vérifier qu'aucun cygne n'est blanc. Or, si l'on veut être cohérent avec la méthodologie poppérienne, l'on peut avoir observé un nombre infiniment grand de cygnes, aucun n'étant blanc, mais on ne pourra pas dire pour autant qu'il n'existe pas de cygnes blancs. Il est clair que cette méthodologie a quelque chose d'erroné: il est absurde de dire que la proposition « P » a un sens et un caractère scientifique parce qu'elle est réfutable, alors que l'on refuse tout sens et caractère scientifique à la proposition contraire à « P ». Si une proposition est vraie, une proposition contraire est fausse, et vice versa ; mais ce qui est incompatible avec notre logique c'est que le contraire d'une proposition vraie ou fausse soit totalement dépourvu de sens pour n'être nullement réfutable.

De plus, les critères positivistes de vérification, sous toutes leurs formes, présentent des difficultés logiques encore plus graves que celle qui vient d'être exposée. Par exemple, les critères de vérification établissent qu'une affirmation a ou n'a pas de sens, elle est scientifique ou ne l'est pas, dans le sens où'on peut ou non la vérifier. Mais cette affirmation relative à la signification de propositions est vérifiable en elle-même ? Même si nous pouvions vérifier dans un grand nombre de cas que diverses propositions sont scientifiques, parce que vérifiables, on ne pourrait pas conclure, selon le principe même du critère de vérification, que ce critère est vrai, car on pourrait toujours trouver un cas dans lequel il ne s'applique pas. Le critère de vérification permettant de déterminer si une proposition a ou n'a pas de sens implique ainsi en lui-même une proposition qui n'est pas vérifiable et qui, d'après le critère lui-même, n'a donc ni sens ni caractère scientifique. Le critère positiviste de vérification n'est qu'une affirmation universelle *a priori*, étrangère à la réalité empirique. Et ce n'est pas tout ; le positivisme s'autodétruit parce que le fait de « *signifier* », selon le critère de vérification, n'est pas quelque chose de discernable empiriquement. Une proposition a un sens si elle est vérifiable, c'est-à-dire si les faits que nous observons permettent de la confirmer ou pas. Mais pour pouvoir apprécier si les faits confirment ou non une proposition, il faut d'abord donner une signification aux faits observés, de sorte que l'on donne une signification à une chose avant de voir si elle a ou non une signification, suivant le principe positiviste de la vérification. Car le fait, pour une affirmation, d'avoir un sens ou pas ne peut pas être établi par rapport aux faits observables dans le monde extérieur, mais est un simple résultat de l'intelligence logique. Que signifie vérifier une affirmation ? Cela implique toujours l'application du jugement de notre intelligence à ce que nous observons dans le monde extérieur, pour voir si nous pouvons confirmer ou non l'affirmation. Autrement dit, nous réalisons toujours un acte de jugement dans le temps et dans l'espace, attribuant un sens à ce que nous observons, en marge de toute expérience, pour apprécier si l'expérience peut ou non confirmer ce que nous désirons. L'acte de vérification présuppose un acte préalable de l'intelligence sans relation aucune avec le monde extérieur.

Il est donc clair que, malgré les efforts tragi-comiques que font les philosophes positivistes pour fonder leur position, celle-ci a un fondement contradictoire, faible et incompatible avec notre structure mentale. La doctrine positiviste, qui refuse d'attribuer un caractère scientifique à toute recherche métaphysique, n'est pas moins métaphysique que n'importe quelle doctrine dont elle prétend nier la validité. Un vaste champ reste, donc, ouvert à la recherche métaphysique, téléologique et finaliste, tant dans le domaine des sciences naturelles que dans celui des sciences sociales.

### *C) L'utilisation de la méthode positiviste en économie est particulièrement critiquable et nuisible*

Nous laisserons de côté les sciences naturelles et leurs problèmes épistémologiques dus à l'inconsistance de leurs fondements positivistes pour nous placer dans le domaine qui nous intéresse le plus, celui de l'économie. Car les critères positivistes de vérification et de falsifiabilité sont encore moins justifiables en économie qu'en sciences naturelles, et cela pour de nombreuses et diverses raisons.

Il convient premièrement de souligner les faits objets de recherche en sciences sociales qui ne sont pas directement observables dans le monde extérieur. Un morceau de métal est une « *monnaie* », un son émis par quelqu'un est un « *mot* » et un certain composé chimique est un « *cosmétique* » simplement parce que quelqu'un « *pense* » que le morceau de métal « *est* » une monnaie, quelqu'un « *interprète* » comme un mot doté de signification le son qu'il entend ; et quelqu'un « *utilise* », pour soigner sa peau, le composé chimique qu'il acheté comme cosmétique. Il est clair que les faits objets de recherche en économie sont, respectivement, la « *monnaie* », le « *mot* », le « *cosmétique* » et non pas le morceau de métal, le son émis par quelqu'un ou le composé chimique qui constituent physiquement ces objets. Dans le cadre de leur étude par les sciences sociales, les faits de l'action humaine appartiennent à telle catégorie ou à telle autre, non pas en fonction de ce que l'observateur sait de l'entité physique de tels objets, la seule directement observable dans le monde extérieur, mais en fonction de ce que nous croyons que la personne observée « *sait* » de ces objets. C'est pourquoi les sciences sociales doivent être construites non pas en langage physique, mais en fonction des opinions ou intentions des acteurs ; autrement dit, la méthode des sciences sociales doit être, par nature, essentialiste, finaliste et téléologique. Pour cette raison, les faits qui sont à la base de la recherche en sciences sociales n'ont pas la même nature que les faits étudiés par les sciences physiques. : ce sont des catégories ou modèles mentaux que nous construisons en nous-mêmes pour interpréter ce que d'autres font. Nous autres économistes devrions accepter la dure réalité et reconnaître que nous travaillons sur des concepts mentaux et non sur des faits observables du monde extérieur ; nous devrions reconnaître, en somme, que notre travail se limite à la construction d'une théorie logique capable d'interpréter les faits du monde extérieur. La théorie économique ne consiste donc pas dans des lois, au sens de règles empiriques concernant le comportement d'objets du monde extérieur définissables en langage physique. Elle s'attache, au contraire, à fournir une technique de raisonnement qui, comme la logique ou les mathématiques, nous aide à interpréter les faits individuels du monde extérieur, mais qui n'étudie pas les faits directement observables en eux-mêmes. Ainsi, cet argument, fondé sur une caractéristique spécifique des sciences sociales, nie de façon catégorique la possibilité d'utiliser la méthode positiviste en science économique.

Il faut, deuxièmement, tenir compte que l'expérience sur les faits objets de recherche en sciences sociales consiste toujours en une expérience sur des faits ou phénomènes « *complexes* ». Les sciences de l'action humaine ne donnent jamais l'occasion de faire des expériences de laboratoire. Nous sommes incapables d'observer le changement d'un élément isolé, toutes autres conditions influant sur ce fait de la vie sociale restant inchangées. L'expérience sur les faits des sciences sociales est toujours une expérience « *historique* », c'est-à-dire une expérience concrète sur des phénomènes complexes qui ne fournit en rien des faits, au sens où ce terme est employé en sciences naturelles : faits du monde extérieur isolés par des expériences réalisées en laboratoire. L'information donnée par l'expérience historique ne peut pas être utilisée pour construire des théories et prédire des évènements futurs. Chaque donnée de cette expérience peut être interprétée de différentes manières et ne peut l'être que si l'on dispose au préalable d'une théorie logique qui permette cette interprétation. Les postulats du positivisme en science économique sont, donc, purement illusoires. Il est impossible de réformer les sciences sociales suivant le modèle méthodologique de la physique et des autres sciences naturelles. On ne peut établir, en économie, aucune théorie *a posteriori* sur l'action humaine ou les évènements sociaux. À l'inverse de ce qui se passe dans le cas des expériences de laboratoire réalisées en sciences naturelles, l'expérience sur les faits, dans le cadre des sciences sociales, est toujours une expérience historique qui ne peut ni prouver ni démontrer la fausseté d'aucune hypothèse ou affirmation générale. Il n'est possible ni de vérifier ni de réfuter expérimentalement aucune proposition théorique en science économique. Les phénomènes complexes de la vie sociale, produits d'une multitude de facteurs hors de la portée de l'esprit humain, ne peuvent vérifier aucune théorie économique. De tels phénomènes, au contraire, ne sont compréhensibles que si l'on dispose de la théorie logique fournie par la science économique et obtenue par d'autres procédés méthodologiques. Lorsqu'on a voulu construire des théories économiques à partir des faits directement observables du monde extérieur, on a invariablement construit des théories imaginaires *ad hoc*, dépourvues de toute justification logique. La statistique économique n'est qu'un procédé permettant d'obtenir des données historiques du monde extérieur ; ce n'est pas de l'économie et on ne peut en tirer ni théorèmes ni théories économiques. Les statistiques de prix et revenus sont exclusivement de l'histoire économique. Et, par exemple, le fait de savoir que, *ceteris paribus*, « *un accroissement de la demande résulte toujours d'une augmentation des prix* » ne vient nullement de l'expérience. Personne n'a été capable ni ne le sera dans le futur, d'observer quoi que ce soit, dans le monde extérieur, *ceteris paribus*. L'économie quantitative n'existe pas ; seule existe l'économie logique et théorique qui permet d'interpréter les faits du passé et de construire l'histoire économique. Il est vrai que les empiristes fanatiques rejettent la position que nous défendons ici et prétendent n'apprendre que de l'expérience historique. Toutefois, ils se contredisent aussitôt qu'ils cessent de compiler prix et données économiques individuelles et se mettent à établir des séries, des nombres-indices et des moyennes avec les données recueillies. La classification par groupes des données statistiques et le calcul de différents moyennes ou indices se fondent sur des réflexions théoriques plus ou moins arbitraires, mais qui sont logiquement antérieures à l'obtention de ces données. Ainsi, malgré leurs manies positivistes, ces économistes quantitatifs ont été contraints de construire leurs théories *a priori*, quoique plus ou moins cohérentes, pour pouvoir interpréter l'avalanche de données provenant du monde extérieur.

Troisièmement, la méthode positiviste est inapplicable en économie parce qu'il n'y a pas, dans cette science, de relations constantes et aucune mesure n'est, donc, possible. Il n'y a pas de paramètres : il n'y a que des variables. Il ne faut pas oublier que les prix recueillis dans les statistiques sont comme les flocons de neige, qui « *fondent* » en tombant et font immédiatement partie du passé. De même, l'unité monétaire a une capacité acquisitive pouvant varier à tout moment sans qu'on puisse le prévoir exactement. Ainsi, comme ce que l'on veut mesurer et l'hypothétique « *tige de mesure* » à utiliser varient constamment, on ne peut effectuer aucune mesure scientifique en économie qui ressemble aux mesures réalisées en sciences naturelles. En contradiction paradoxale avec la devise de la société économétrique, l'économie n'admet ni mesure ni quantification. L'impossibilité d'effectuer des mesures en science économique n'est pas due à une absence de procédés techniques, mais exclusivement à l'absence de relations constantes dans le domaine qui nous occupe. Si cette difficulté ne résultait que de problèmes techniques, l'on pourrait au moins faire des estimations approximatives. Mais, comme aucune relation constante n'existe entre les variables économiques, le concept même de mesure n'a aucun sens dans notre science. L'économie n'est pas, comme le répètent les positivistes, une science arriérée, parce qu'elle n'est pas une science quantitative. Elle n'est pas quantitative parce qu'il n'y a pas de relations constantes entre les faits étudiés et qu'on ne peut pas effectuer de mesures. Beaucoup de scientifiques essaient, malheureusement, de procéder à la quantification de la science économique. Ils croient que l'économie devrait imiter la Chimie qui est passée d'une méthodologie qualitative à une méthodologie quantitative. Leur devise est la maxime positiviste : « *la science est mesurée* ». Soutenus par de multiples fonds financiers, ces chercheurs réunissent et utilisent constamment les données statistiques que leur fournissent les gouvernements, chambres de commerce, entreprises et syndicats. Ils cherchent obstinément à calculer des relations arithmétiques entre ces données et à déterminer ce qu'ils appellent, par analogie avec les sciences naturelles, des fonctions et relations. Ils ne comprennent pas que, dans le domaine de l'action humaine, la statistique n'est jamais qu'histoire et que ces fonctions et corrélations ne décrivent que ce qui s'est produit à un instant donné du passé, dans une zone géographique définie et par l'action d'un nombre concret de personnes. L'économétrie n'est qu'un simple jeu d'enfants qui ne contribue nullement à élucider les problèmes économiques réels.

## 2. La méthode aprioristique et déductive, méthode correcte pour la science économique : l'individualisme méthodologique

### *A) Analyse des critiques lancées par les positivistes contre le raisonnement aprioritique et déductif*

Une fois démontrée l'inconvenance de l'utilisation de la méthode positiviste en économie, nous verrons, dans un premier temps, comment on peut construire une théorie économique essentialiste ? Nous examinerons et réfuterons, pour ce faire, les critiques lancées par les empiristes contre le rationalisme aprioritique déductif :

1. Les raisonnements logiques ne sont pas de simples relations entre symboles, sans contenu réel, et ne traduisant que des usages linguistiques. Il faut, d'une part, souligner que les principes logiques ont un contenu universel, indépendant de l'usage d'une langue concrète. La phrase « l*e rouge est une couleur* » pourrait hypothétiquement signifier, dans une autre langue, « *cette voiture est à moi* », mais cela ne diminue en rien le contenu logique que je donne en espagnol à l'expression « *le rouge est une couleur* ». Il est clairement contradictoire de prétendre, comme le font les positivistes, que les principes logiques ne comportent que des conventions du langage et de reconnaître, en même temps, qu'ils impliquent des connaissances logiques universelles indépendantes de toute langue particulière. D'autre part, on peut reconnaître de nombreuses vérités *a priori* sans même utiliser aucun langage. Ce seront, naturellement, des vérités logiques simples, mais il est certain, par exemple, que l'homme primitif, ignorant encore tout langage, avait à l'esprit, lorsqu'il partait en quête de nourriture, le principe logique suivant lequel la distance la plus courte entre deux points est la ligne droite, et qu'il chassait en faisant le moins de détours possible.

2. Les principes logiques ne sont pas des conventions choisies arbitrairement. Lorsque les positivistes critiquent les aprioristes, ils confondent les définitions réelles et les définitions verbales. D'un côté, une définition verbale est, bien entendu, conventionnelle. Chaque mot du dictionnaire de la *Real Academia* pourrait avoir été utilisé pour définir un concept différent de celui auquel renvoie la définition. D'un autre côté, une définition réelle tente d'établir

non pas une coutume linguistique sous forme de mots, mais le caractère, la catégorie d'un objet de la pensée. Or la plupart des propositions *a priori* sont essentiellement des définitions réelles, des catégories de la pensée humaine qui ne peuvent pas être modifiées. Ainsi, la catégorie de la négation n'a pas été choisie arbitrairement ; c'est, au contraire, une catégorie nécessaire pour la pensée humaine. Il ne pourrait pas, en effet, y avoir de pensée sans elle. Mais même si l'on pouvait démontrer que la distinction entre le « *oui* » et le « *non* » est née de l'expérience, ou qu'elle a été choisie arbitrairement parce qu'utile dans la vie pratique, on n'aurait nullement réfuté l'affirmation selon laquelle l'esprit humain est capable, avant tout langage, de distinguer entre le « *oui* » et le « *non* ». Personne, en vérité, pas même les positivistes les plus acharnés, n'est parvenu à fonder sa vie sur l'idée que la logique n'est qu'une pure et simple convention. De plus, réaliser cette affirmation revient à présupposer sa fausseté. Pour affirmer, en effet, que la logique est conventionnelle, on utilise une logique conventionnelle à son tour – d'après les positivistes –, qui enlève tout sens à la critique qu'ils font de l'apriorisme logique.

3. Le rationaliste soutient qu'il y a deux sortes de propositions *a priori*. D'une part, les propositions simplement tautologiques et, de l'autre, des propositions *a priori* beaucoup plus significatives pour la connaissance qu'on appelle propositions conceptuelles *a priori* ou catégories conceptuelles. Ces catégories conceptuelles sont indispensables à la pensée humaine ; elles peuvent être acquises et perfectionnées par l'effort intellectuel.

En soutenant que les principes logiques sont de simples tautologies, la critique positiviste tombe dans cet extrême quasi freudien qui consiste à considérer que l'homme veut dire, à l'aide des mots utilisés quotidiennement, beaucoup plus de choses qu'il ne l'aurait jamais soupçonné et que même l'examen le plus profond du terme ne permet de le révéler. Ainsi, presque personne n'éprouve de difficulté à identifier un cube, mais la plupart des gens ignorent combien d'arêtes il possède. La meilleure façon de répondre à cette question est probablement de compter, par exemple, les arêtes d'un morceau de sucre ; mais, en tout cas, la nécessité de réaliser ce compte nous prouve que le nombre d'arêtes n'est, du moins pour la plupart des gens, ni évident ni inclus dans définition du cube. En outre, l'affirmation positiviste d'après laquelle les principes logiques sont tautologiques, car les nier reviendrait à se contredire, implique également une tautologie (car nier que « *nier une proposition logique revient à se contredire* » équivaut à s'autocontredire) ; c'est pourquoi, cette affirmation positiviste étant tautologique en elle-même, elle ne peut valoir comme critère de détermination des principes logiques simplement tautologiques.

4. Il est faux que les principes logiques soient de simples propositions qui, même exactes, ne disent rien sur la réalité. Sur ce point, les positivistes détracteurs du rationalisme ont souscrit à l'un des paradoxes les plus intrigants de la philosophie moderne. Parce que, si les propositions sont exactes, comment peuvent-elles ne rien dire qui concerne la réalité ? Qu'est-ce qui peut être exact si rien n'est dit sur la réalité ? Ce qui est sûr c'est que si l'on ne dit rien qui la concerne, rien ne peut être exact. Mais s'il y a quelque chose d'exact, comme l'admettent les positivistes eux-mêmes à propos des propositions simplement logiques, c'est que quelque chose est dit qui concerne la réalité. La contradiction dans laquelle tombent les positivistes ne peut être plus évidente.

L'on peut affirmer pour conclure qu'une partie importante du savoir humain, totalement scientifique, n'est cependant accessible que par des procédés logiques aprioristiques-déductifs. Les positivistes ont tort de nier tout contenu scientifique au raisonnement purement logique, et même s'ils ont essayé de trouver des arguments de plus en plus sophistiqués à l'appui de leur position, ils se sont tout de même pris à leur propre piège en utilisant la structure logique de l'esprit qui nous est commune à tous pour critiquer le caractère scientifique de cette même structure logique, aboutissant ainsi aux conclusions les plus ridicules que l'on puisse imaginer. Ainsi, quelques philosophes positivistes s'en sont récemment pris au rationalisme en arguant qu'il était nécessaire d'être en contact avec les faits observables du monde extérieur pour découvrir les absurdités qui existent dans notre chaîne de propositions logiques, celles-ci étant considérées comme un ensemble de conventions du langage. Mais les absurdités ne se trouvent pas dans les conventions du langage ; elles se trouvent dans la pensée humaine. Les isoler et les éliminer est une mission exclusive de l'intelligence ; sans compter que l'élimination des absurdités n'est qu'un objectif secondaire du raisonnement logique, dont la fin principale est d'élargir le nombre de vérités logiques connues par notre esprit. L'existence de l'absurdité ne justifie nullement le positivisme, bien au contraire : elle renforce la nécessité de fonder notre raisonnement sur des catégories purement conceptuelles.

Après avoir démontré l'existence d'un champ de recherche très important dans le cadre de la méthodologie essentialiste, c'est-à-dire fondé exclusivement sur des catégories conceptuelles aprioristiques et déductives, nous verrons comment appliquer cette méthode dans le domaine des sciences sociales et, en particulier, en science économique.

### B) *La méthode aprioristique et déductive. La praxéologie et l'histoire. La prédiction en économie*

Les sciences sociales ou, plutôt, les sciences de l'action humaine se divisent en deux grandes branches : la praxéologie (théorie générale de l'action humaine dont la plus grande partie correspond à l'économie) et l'histoire. Le domaine de la praxéologie est celui de l'application de la catégorie conceptuelle d'« *action humaine* ». Tout ce qui est nécessaire à la déduction des théorèmes praxéologiques est de connaître l'essence de l'action humaine. Il s'agit d'un savoir que nous pouvons construire justement parce que nous sommes humains, que nous savons ce que signifie la catégorie d'action humaine, quelles fins poursuit l'homme en agissant comme il le fait, et comment il agit en poursuivant ces fins. Aucune expérience particulière n'est nécessaire pour comprendre les théorèmes praxéologiques et aucune expérience, aussi riche soit-elle, ne pourrait donner de connaissances praxéologiques à quelqu'un qui ignorerait ce qu'est l'action humaine *a priori*. La seule manière de construire les théorèmes de l'économie est de faire l'analyse logique de notre propre connaissance de la catégorie conceptuelle de l'action humaine. Comme pour la logique ou les mathématiques, le savoir praxéologique est en nous : il ne vient pas du monde extérieur. Tous les concepts et théorèmes de la théorie économique sont contenus dans le concept et la catégorie de l'action humaine. La première mission de notre science consiste à extraire et déduire ces concepts, exposer leurs implications et définir les conditions requises pour l'existence de l'action humaine. Après avoir montré ces conditions, il faut aller plus loin et définir, de façon catégorique et formelle, les conditions moins générales requises pour chaque type particulier d'action. L'on pourrait ainsi construire un système compréhensif qui inclurait tous les types possibles d'action existant dans la réalité. La science économique, toutefois, avec ses concepts aprioristiques et déductifs, cherche à interpréter et à comprendre les faits qui se produisent dans la réalité et axe ses recherches sur les actions humaines qui se sont réalisées dans le passé ou dont on pense qu'elles pourraient se réaliser dans le futur. Cependant, cette référence à l'expérience ne diminue en rien le caractère aprioristique et déductif de l'économie. L'expérience est utilisée exclusivement pour orienter la curiosité du chercheur vers certains problèmes. Elle n'indique pas ce que nous devrions étudier ; ni la méthodologie à utiliser dans notre recherche du savoir. Mais il est, en tout cas, certain, d'une part, que l'on ne peut connaître aucun phénomène de la réalité sans avoir préalablement interprétée celle-ci à l'aide des concepts et théorèmes de l'action humaine obtenus par des procédés aprioristiques-déductifs ; et, d'autre part, que seule la pensée, et en aucun cas l'expérience, peut orienter la recherche vers les hypothétiques catégories d'actions humaines dont on peut concevoir, pour une raison quelconque, même si elles furent inconnues dans le passé, qu'elles se réaliseront dans le futur.

La science économique se construit sur la base de raisonnements logico-déductifs à partir de quelques axiomes fondamentaux inclus dans le concept d'« *action humaine* ». Le plus important d'entre eux est la catégorie même de l'action humaine : les hommes choisissent, par tâtonnement, leurs objectifs, et cherchent les moyens adéquats pour les atteindre ; et cela, selon leurs échelles individuelles de valeur. Un autre axiome nous dit que les moyens, s'ils sont rares, seront d'abord consacrés à l'obtention des objectifs les plus estimés, et seulement ensuite à la satisfaction des autres (« *loi de l'utilité marginale décroissante* »). Le troisième, que de deux biens de caractéristiques identiques, disponibles à des moments différents, l'on préfèrera toujours le bien disponible le plus tôt (« *loi de la préférence temporelle* »). Le concept ou la catégorie d'action humaine contiennent d'autres éléments essentiels, à savoir que cette action se déroule toujours dans le temps, que le temps est une ressource rare et que les individus agissent dans le but de passer d'un stade à un autre qui les satisfait davantage, car, sinon, ils n'agiraient pas. La théorie économique, axée sur les problèmes de la vie réelle, se construit à partir de raisonnements logico-déductifs et de ces axiomes, en introduisant à l'endroit convenable de la chaîne de raisonnements logico-déductifs les faits de l'expérience (pour interpréter ces faits, nous l'avons dit, il faut d'abord avoir une connaissance de l'action humaine et de ses implications). Ainsi, les faits de l'expérience, connus et interprétés à la lumière de la théorie de l'action humaine, sont ensuite utilisés par celle-ci dans l'élaboration de théorèmes importants pour la vie réelle. Les faits, par exemple, que les hommes aient des capacités et des goûts divers, qu'ils s'instruisent par l'expérience, que la productivité marginale des facteurs de production est décroissante, etc., sont connus grâce à l'interprétation que nous en fournit notre connaissance *a priori* ; et ils sont ensuite réutilisés, lorsque la théorie les inclut pour aboutir à des théorèmes plus complexes. Autrement dit, l'on construit, à partir des principes intellectuels inclus dans la catégorie de l'action humaine, par de simples déductions logiques, opportunément enrichies par les faits de l'expérience que notre connaissance de l'action humaine permet d'interpréter, une science économique en connexion avec la réalité, qui permet d'interpréter celle-ci et n'utilise que des concepts aprioristiques, des raisonnements logico-déductifs et des interprétations théoriques de la réalité.

Par exemple, « *la désutilité du travail* » n'est pas un concept aprioristique nécessairement inclus dans la catégorie de l'action humaine. L'on pourrait construire toute une théorie de l'action humaine dans un monde où le travail ne produirait aucune désutilité. Mais il ne s'agirait évidemment pas d'un monde réel et la construction de telles théories ne présenterait aucun intérêt. Notre interprétation intellectuelle de l'expérience nous enseigne, au contraire, que la désutilité du travail existe. Mais cette expérience ne nous parvient pas directement, nous l'avons signalé plusieurs fois dans ce travail. Aucun phénomène du monde extérieur directement observable par lui-même ne peut être qualifié de « *désutilité du travail* ». Seules existent de multiples données de l'expérience qui, interprétées à partir de notre connaissance aprioristique de l'action humaine, signifient que les hommes préfèrent, toutes circonstances égales, le loisir, c'est-à-dire l'absence de travail, au travail. Nous en déduisons que le loisir est considéré comme un bien et le travail comme un effort. Sans nos connaissances préalables de l'action humaine, nous n'aurions jamais été capables d'aboutir à cette solution.

Un autre exemple. L'on peut construire toute une théorie économique du troc, c'est-à-dire de l'échange là où la monnaie n'existe pas. L'on peut construire toute une théorie économique de l'échange indirect, c'est-à-dire de l'échange avec monnaie. Les théorèmes qui concernent la situation d'échange indirect ne sont pas applicables aux conditions dans lesquelles il n'existe que le troc. Mais cela ne diminue en rien la validité de notre théorie de l'échange indirect. Tous les théorèmes de l'économie sont nécessairement valables pourvu que se réalisent les hypothèses sur lesquelles ils se fondent. Ces hypothèses étant les faits de l'expérience que nous n'avons pu appréhender qu'à partir de notre connaissance aprioristique et déductive de l'action humaine et qui ont été réintroduits au bon endroit dans notre chaîne de raisonnements déductifs

La seconde branche des sciences de l'action humaine est l'histoire. Elle n'est que la collection et l'étude systématique des faits de l'expérience relatifs à l'action humaine. L'histoire traite du contenu concret de l'action humaine dans le passé. Elle étudie les entreprises humaines les plus variées, en tenant compte de toutes leurs implications accidentelles, spéciales ou particulières ; elle étudie aussi les idées qui guidèrent certaines actions entreprises dans le passé, de même que le résultat des actions accomplies. Elle couvre chacun des aspects de l'action humaine. Il y a, ainsi, non seulement une histoire générale, mais aussi l'histoire de secteurs humains plus concrets. L'on peut concevoir une histoire politique, une histoire des idées et de la philosophie, une histoire des activités économiques, de la technologie, de la littérature, de l'art, de la science, de la religion, de la morale et des coutumes et de tous les aspects de la vie humaine. L'ethnologie, la sociologie et l'anthropologie, dans la mesure où elle ne fait pas partie de la biologie, sont aussi des sciences historiques ; de même que la psychologie, dans la mesure où elle ne se coïncide pas avec l'épistémologie ou la philosophie. La linguistique, si elle ne se confond pas avec la logique ou la physiologie du langage, fait elle aussi partie de l'histoire. L'histoire ne peut se construire qu'en interprétant les faits du passé à l'aide des outils logico-déductifs fournis par la théorie générale de l'action humaine ou praxéologie. Celle-ci est, toutefois, insuffisante pour construire l'histoire et interpréter les faits du passé. Il faut, en outre, utiliser un élément supplémentaire comme lien entre la praxéologie et les faits directement observables du monde extérieur. L'on appelle « *compréhension étymologique* » le savoir expérimental et, donc, historique concernant le contenu des jugements de valeur humaine, les actions que ceux-ci déterminent, et les réponses à ces actions chez certaines catégories de personnes. Par exemple, nous pouvons connaître le théorème économique d'après lequel « *si l'on impose au facteur travail des prix minimaux, supérieurs aux salaires du marché, le chômage tend à apparaître* ». Et ce théorème est indispensable à la compréhension de multiples faits historiques. Cependant, on ne peut, par exemple, construire l'histoire de régulations de salaires minimaux qu'en utilisant, outre notre connaissance du théorème précédent, notre compréhension étymologique. C'est-à-dire ce que nous savons de la manière d'agir des hommes, des intérêts créés à un moment donné de l'histoire à propos de telle loi ; des jugements de valeur que celle-ci suscite chez les syndicats et le public en général ; de la peur des politiques de s'opposer aux régulations hautement populaires ; et, en général, de toutes les autres données de l'expérience nécessaires pour faire l'histoire d'un fait concret. L'on peut donc conclure que l'histoire se construit en interprétant les faits du passé à l'aide de la science économique et de la praxéologie en général ; mais en utilisant, en tout cas, la compréhension étymologique comme lien entre une théorie purement aprioristique et des faits qui ne sont pas directement observables dans la réalité et ne sont connus que grâce à cette théorie. La compréhension étymologique est en elle-même une branche du savoir – certains l'ont appelée « *psychologie littéraire* » –, de nature expérimentale, et donc historique ; on ne peut la construire qu'en interprétant des faits du monde extérieur à la lumière des théories praxéologiques, aprioristiques et déductives.

La compréhension étymologique doit également être utilisée si l'on veut spéculer sur des faits futurs. L'on entre ainsi dans le problème de la prédiction en économie. Le lecteur comprendra, pour les raisons exposées jusqu'ici, qu'on ne peut pas réaliser, dans ce domaine, de prédictions semblables à celles que l'on fait en sciences naturelles. Les lois de l'économie sont purement logico-déductives et l'on ne peut établir, en la matière, que des prédictions de nature « *qualitative* ». Or, de telles prédictions n'ont rien à voir avec celles des sciences naturelles et l'on ne peut établir, de façon précise, de prédictions sur le futur de faits concrets. L'homme est constamment obligé, dans sa vie quotidienne, de planifier son action et d'agir à partir de certaines croyances sur l'évolution future des évènements. Pour réaliser de telles prédictions, il utilise ses connaissances théoriques pour interpréter les faits de la réalité immédiate. Il se sert toujours de la compréhension étymologique, c'est-à-dire de sa connaissance des circonstances du cas particulier dans lequel il se trouve, prédit l'évolution des évènements et planifie ainsi sa façon d'agir. Son incertitude vis-à-vis des faits futurs est, donc, totale ; il ne peut que la minimiser, mais jamais l'annuler, s'il possède de bonnes connaissances praxéologiques et une profonde expérience des jugements de valeurs et motivations qui conduisent les hommes à réaliser certaines actions et à adopter certains comportements (c'est-à-dire, une compréhension étymologique adéquate). L'expérience montre que certaines personnes sont mieux préparées que d'autres pour planifier leur stratégie. L'entrepreneur est, en particulier, le professionnel qui réussit le mieux : c'est lui qui se trompe le moins souvent dans ses prédictions du futur. Nous sommes tous des entrepreneurs, au sens large, car tous les hommes doivent entreprendre quotidiennement des actions à partir de ce qu'ils croient que sera le futur. Mais, au sens strict, les entrepreneurs sont les professionnels de la prise de décisions qui, en raison de leur connaissance des aspects concrets de la nature humaine, de la praxéologie, par intuition, par chance, etc., réussissent le mieux à agir en fonction de l'évolution future des faits. Ainsi, l'homme en général et l'entrepreneur en particulier doivent réaliser des prédictions sur l'évolution future des évènements et utiliser, pour ce faire, leurs connaissances théoriques et leur expérience. Mais l'économiste ne peut nullement, en tant que scientifique, effectuer de prédictions concrètes, de nature quantitative, géographique et temporelle déterminée s'il s'obstine à faire de telles prédictions, mieux vaut qu'il abandonne immédiatement le domaine scientifique de l'économie pour s'orienter vers le secteur humain et entrepreneurial de la prédiction. L'économiste a moins de chances de tomber juste que l'entrepreneur, car celui-ci connaît mieux, conformément à sa profession, la réalité concrète et l'expérience lui a fourni une meilleure compréhension étymologique. L'on dira que ce système de prédiction n'est ni « *scientifique* » ni exact ; mais c'est le seul dont on dispose et le seul que l'homme puisse utiliser étant donné la structure du monde dans lequel nous vivons. Forcer l'économie afin d'en obtenir des prédictions scientifiques semblables à celles que donnent les sciences naturelles implique une ignorance crasse du monde dans lequel nous vivons et de la nature humaine en général, de même qu'une conception méthodologique erronée de la science économique.

### 3. La statistique et les mathématiques en économie. Le rôle de l'économétrie. Critique de la macroéconomie

A) L'on déduit facilement de ce qui précède le rôle exact, qui est celui de la Statistique. Celle-ci n'est qu'une méthode spécifique de la recherche historique. Il existe, dans le domaine de l'action humaine, certains évènements descriptibles en langage numérique. La Statistique fournit, dans ce cas, l'information numérique nécessaire concernant les faits du passé. Elle s'occupe toujours de faits du passé, jamais du futur. Comme toute autre expérience du passé, l'information contenue dans les statistiques peut rendre occasionnellement d'importants services pour la planification du futur, quoiqu'on ne puisse jamais en tirer directement aucune conclusion pour ce futur. Il n'y a pas, dans la vie réelle, de « *lois statistiques* ». Les scientifiques ont eu justement recours aux méthodes statistiques parce qu'ils étaient incapables de trouver la régularité et la concaténation nécessaires dans les évènements qu'ils observaient. La performance statistique la plus connue, celle des tables de mortalité, ne montre nullement que la stabilité existe dans la vie réelle, mais tout le contraire : elle montre des changements continuels qui se produisent au cours du temps et se manifestent dans les taux de mortalité. Le concept de « *loi statistique* » est apparu lorsque quelques auteurs, étudiant l'action humaine, ne surent pas voir que certains faits ne se modifiaient que lentement et, pris d'un enthousiasme aveugle et borné, confondirent la lenteur des changements dans la vie réelle avec l'absence de tout changement. Ils crurent ainsi avoir découvert des régularités dans la vie sociale. Mais, nous l'avons dit, le domaine des sciences de l'action humaine se caractérise par une absence totale de relations constantes entre les variables et, donc, par l'impossibilité de n'effectuer aucune mesure.

Dans ce domaine, aucune mesure n'est possible et il n'existe pas de lois distinctes de celles données *a priori* et de manière déductive par la science économique. En dehors de ces lois, seule existe, en sciences humaines, l'histoire et il faut y inclure la Statistique. Quelques mots, pour finir, sur la différence du concept de probabilité selon qu'il est utilisé en sciences naturelles ou en sciences sociales. Il convient, en raison des relations constantes existant entre les variables, d'utiliser, en sciences naturelles, le concept de probabilité objective. Et, si le champ de recherche est nouveau, l'on pourra partir d'un concept subjectif de la probabilité qui permette au chercheur d'établir *a priori* un degré de croyance sur le phénomène naturel; ensuite, on rapprochera, selon les procédés bayésiens, cette probabilité subjective de la probabilité objective existant réellement dans le monde de la nature. La situation est totalement différente dans le domaine des sciences humaines. Il n'y a ici aucune probabilité objective qui puisse être connue immédiatement ou puisse l'être hypothétiquement dans le futur grâce à un processus bayésien d'acquisition d'information. Seule existe la probabilité subjective et qui, de plus, concerne des cas concrets. Cela signifie que l'homme a, en agissant, une idée des possibilités de réalisation de certains évènements. Dans la formation d'une telle idée, ou d'un degré de croyance, intervient non seulement sa connaissance des lois praxéologiques, mais aussi son expérience relative aux circonstances concrètes qui entourent le cas. Ce degré de croyance pourra être modifié si la connaissance de l'individu touchant aux circonstances du cas est altérée ; mais on se trouve, en tout cas, face à un processus bayésien progressif d'acquisition d'information et de perfectionnement des degrés de croyance en une hypothétique probabilité objective (dépourvue de sens dans le domaine de l'action humaine). De surcroît, le concept de probabilité objective en économie est tout à fait insignifiant et l'éventuel degré de croyance d'un acteur expérimenté concernant certains faits concrets peut être en apparente contradiction avec nos idées traditionnelles sur la probabilité objective. Par exemple, un joueur peut « *recevoir* » l'intuition qu'un certain numéro va sortir à la roulette. Selon sa probabilité subjective dans ce cas concret, le 17, par exemple, sera le numéro tiré, il agira en conséquence et gagnera ; dans le domaine de l'action humaine, seules existent des probabilités subjectives, c'est-à-dire des degrés de croyance sur des faits concrets relatifs aux évènements humains.

B) Pour ce qui concerne l'utilisation des mathématiques en économie, sachons d'abord que tout ce qui a été dit jusqu'ici vaut pour les mathématiques. L'utilisation de celles-ci est souvent liée à l'orientation positiviste et empiriste de la recherche en économie. S'il n'existe pas de constantes en économie et si l'on ne peut pas effectuer de mesures, on pourra difficilement utiliser la méthode mathématique avec un minimum de cohérence. Cependant, les critiques contre l'utilisation des mathématiques en économie ne s'arrêtent pas là. Il faut d'abord remarquer que les grands économistes-mathématiciens font toujours progresser leurs recherches de façon logique ; ce n'est qu'ensuite qu'ils traduisent et présentent leurs idées à l'aide du formalisme mathématique. On dit que les mathématiques sont un langage plus précis et ordonné que celui du pur raisonnement logique. Toutefois, le mathématicien Karl Menger, fils de l'éminent économiste, a affirmé dans un livre écrit en l'honneur de son père que les expressions logiques en économie ne sont que plus générales, mais nullement moins précises, que les expressions mathématiques. Et le langage logique est plus général parce qu'il n'est pas soumis, par exemple, aux restrictions infinitésimales du calcul différentiel. Il est donc clair que, si les économistes-mathématiciens doivent d'abord construire leurs théories rationnellement, puis exprimer ensuite leurs résultats à l'aide du formalisme mathématique, en vérifiant chaque fois, selon les règles de la logique, les conclusions auxquelles ils aboutissent dans leurs modèles, ils violent le grand principe scientifique selon lequel on doit toujours éviter la multiplication superflue d'entités. Mais si l'utilisation des mathématiques n'était critiquable qu'en raison du principe de l'économie d'effort, elle serait au moins défendable pour des raisons, par exemple, d'esthétique. Néanmoins, la méthode mathématique doit être rejetée en économie, car non seulement elle est parfaitement inutile, mais également nuisible à la construction de la science économique. L'économie est une science qui se fonde sur des faits de la vie réelle, des catégories de l'action humaine ancrées dans la conscience de tout individu, et qui n'ont rien à voir avec les formules et éléments du langage mathématique. Les mathématiques conviennent à l'expression des états répétitifs et d'équilibre du domaine de la mécanique. C'est pourquoi les économistes-mathématiciens se sont progressivement éloignés de la réalité et ont exclusivement limité leurs études aux modèles économiques d'équilibre ou stationnaires, seuls à admettre un traitement mathématique. Cette attitude est nuisible parce qu'elle suppose une incompréhension du véritable objet de la science économique. Cet objet, c'est l'étude de l'action humaine, autrement dit l'étude des actes humains qui constituent les processus de marché. Ces processus font que toute économie de marché tend vers un équilibre qui cependant, n'est jamais atteint en raison de la modification constante des données provenant du monde extérieur. L'économie a pour objet l'étude des processus qui conduisent vers l'équilibre ; mais pas l'équilibre en lui-même, lequel n'est qu'une construction logique auxiliaire créée par les économistes afin de mieux comprendre ces processus. La méthode mathématique doit donc être rejetée, non seulement en raison de son inutilité, mais parce qu'elle est totalement vicieuse, qu'elle part d'hypothèses fausses (existence de relations constantes entre les variables économiques, disponibilité de toute l'information nécessaire, etc.) et aboutit, en outre, à des conclusions trompeuses. Celles-ci, en effet, ne sont applicables qu'à des états d'équilibre qui n'existent jamais dans la réalité. Les mathématiques distraient les esprits brillants des problèmes économiques véritablement intéressants et les conduisent dans des sphères purement imaginaires n'ayant rien à voir avec le monde réel. Les conséquences néfastes de l'utilisation des mathématiques se manifestent dans n'importe quel domaine de la science économique : la théorie de la concurrence parfaite a créé un modèle étranger à la réalité et qui n'explique nullement les processus réels de marché, les seuls intéressants pour l'économiste ; l'économie du bien-être prétend paradoxalement juger les faits économiques de la vie réelle à l'aide d'un modèle totalement étranger à celle-ci : le modèle d'équilibre général ; le problème du calcul économique dans les économies socialistes est considéré comme possible par les économistes-mathématiciens, parce que leurs modèles supposent que toute l'information nécessaire est donnée, alors que le problème consiste en réalité dans la manière d'acquérir l'information ; on affirme en macroéconomie que les variations dans la demande agrégée affectent *ipso facto* la demande des différents facteurs de production, alors que cette influence est très indirecte, se produit à travers des processus de marché complexes et peut être gravement dénaturée par l'interventionnisme étatique, donnant ainsi lieu à des crises économiques ; et ainsi de suite. Parce qu'elle utilise de façon combinée la statistique et les mathématiques, l'économétrie doit être considérée comme doublement nuisible. Sa partie statistique, du moins, pourrait servir à la connaissance humaine, si les spécialistes reconnaissaient, dans un élan d'humilité, qu'ils se limitent à faire de l'histoire et pas de l'économie. L'on peut donc retenir de l'économétrie ce qui est apte à élargir nos connaissances historiques sur le passé de la vie sociale. La partie restante, mécaniciste et mathématique, devrait disparaître à tout jamais des plans d'études.

C) La macroéconomie ignore toute action individuelle. Elle choisit arbitrairement certains segments de l'économie de marché qu'elle appelle agrégats macroéconomiques et essaie de chercher entre eux des relations qui peuvent être vérifiées empiriquement. Il s'en suit, comme l'indiqua le professeur Hayek dans son discours de réception du Prix Nobel, qu'un ensemble de théories fausses (car elles ne tiennent pas compte de l'action individuelle et des processus de marchés fondés sur la transmission d'informations et l'apprentissage) sont considérées comme vraies, car elles reçoivent une apparente confirmation dans les études empiriques ; alors que les théories économiques exactes, qui tiennent compte de la réalité telle que nous la connaissons, et auxquelles on est parvenu à l'aide d'une méthode compatible avec la nature de la science économique, sont considérées comme fausses ou sont simplement oubliées, car il n'est possible d'établir aucun lien entre elles et les études empiriques réalisées aujourd'hui. Ainsi s'explique le discrédit dont souffre actuellement la science économique et dont nous reparlons dans le paragraphe suivant.

## CONCLUSION : LA CRISE DE LA SCIENCE ÉCONOMIQUE

La science économique traverse aujourd'hui une crise profonde due aux raisons suivantes : 1) la préoccupation prédominante des théoriciens pour les états d'équilibre, qui n'ont rien à voir avec la réalité, mais sont les seuls à pouvoir être analysés à l'aide des méthodes mathématiques ; 2) l'oubli total, ou l'étude d'un point de vue fâcheux, du rôle que jouent les processus de marché et la concurrence dans la vie économique réelle ; 3) l'attention insuffisante prêtée au rôle que jouent dans le marché la connaissance, les perspectives et les processus d'apprentissage; 4) l'utilisation indiscriminée des agrégats macroéconomiques et l'oubli subséquent de l'étude de la coordination entre les plans des agents individuels prenant part au marché. Tout cela explique l'incompréhension de la science économique actuelle à l'égard des problèmes économiques les plus importants de la vie économique réelle de notre temps et, par suite, la crise et le discrédit dont souffre aujourd'hui notre science. Les raisons citées ont toutes une cause commune : tenter d'appliquer une méthodologie propre aux sciences naturelles à un domaine qui lui est étranger : celui des sciences de l'action humaine. Le jour où les économistes, disposés à faire preuve d'humilité, voudront admettre que l'application de la méthodologie positiviste ne convient pas en économie, ils auront posé les bases d'une reconstruction totale et fructueuse de cette science.

Ce mouvement s'est amorcé, et un groupe de plus en plus nombreux de jeunes économistes se sont rendus compte ces dernières années, aux États-Unis, en Grande-Bretagne et dans d'autres pays qu'il était impossible d'ignorer plus longtemps les motifs présentés ici comme cause de la crise que traverse l'économie. Ce groupe de jeunes professeurs redécouvre des traditions qui, comme celle de l'École autrichienne d'économie, ont toujours essayé d'avancer dans leurs recherches à partir d'hypothèses plus réalistes et d'une méthodologie plus adaptée au caractère de l'action humaine. Le nouveau courant souligne surtout le caractère finaliste de l'action humaine ; le rôle que joue le savoir individuel dans les choix économiques ; le rôle de la concurrence et de l'entrepreneur dans les processus de marché ; la manière *ex ante* dont le temps affecte toujours l'activité économique. Ces apports et d'autres sont contenus dans les travaux de professeurs qui, comme Mises et Hayek, jouissent d'une considération de plus en plus grande. Que l'économie ait commencé à se reconstruire sur ces bases nouvelles constitue un motif très net d'espoir et d'optimisme.

## RÉFÉRENCES BIBLIOGRAPHIQUES


BELLVÉ, F., 1956, « On Methodology in Economics », *On Freedom and Free Enterprise*, Van Nostrand, Princeton.

BLANSHARD, B., 1973, *Reason and Analysis*, Open Court, Illinois.

BOCHENSKI, I. M., 1956, « Scholastic and aristotelian logic », *Proceedings of the American Catholic Philosophical Association*, 30.

BAUER, P. T., 1981, *Equality, the Third World and Economic Delusion*, Harvard University Press.

BLOCK, E., 1973, « A Comment on 'The extraordinary claim of praxeology', by professor Gutiérrez », *Theory and Decision.*

CAIRNES, J. E., 1888, *The Character and Logical Method of Political Economy*, Macmillan, Londres.

CALDWELL, B., 1994, *Beyond Positivism: Economic Methodology in the Twentieth Century*, Routledge, Londres, pp. 117-138.

HAYEK, F. A., 1972, « The Fact of the Social Sciences », dans *Individualism and Economic Order*, Gateway, Chicago.

HAYEK, F.A., 1967, « The Theory of Complex Phaenomena », *Studies in Philosophy Politics and Economics*, The University of Chicago Press.

HAYEK, F. A., 1955, *The Counter-Revolution of Science*, Free Press, Glencoe, Illinois.

HUERTA DE SOTO, J., 1980, « La Teoría austríaca del ciclo económico », *Moneda y Crédito*, Madrid, marzo [dans ce volume, chapitre XIII].

HUERTA DE SOTO, J., 1992, *Socialismo, Cálculo económico y Función empresarial*, Unión Editorial, Madrid, pp. 406-409.

ISCHBOLDING, B.M., 1960, « A Critic on Econometrics », *Review of Social Economy*, septembre.

KIRZNER, I., 1976, *The Economic Point of View*, Universal Press, Kansas City.

KIRZNER, I., 1981, « The Austrian Perspective on the Crisis », *The Crisis in Economic Theory*, Ed. D. Bell et I. Kristol, Bassic Books, New York.

LACHMANN, L. M., 1977, *Capital, Expectations and the Market Process*, Universal Press, Kansas City.

LACHMANN, L. M., 1973, « Macroeconomic Thinking and the Market Economy », IEA, Londres.

LEONI, B., FROLA, E., 1955, « On Mathematical Thinking in Economics », *Il Politico*, 20.

MACHLUP, F., 1956, « The Inferiority Complex of the Social Sciences », *On Freedom and Free Enterprise*, Van Nostrand, Princeton.
MAYER, H., 1994, « The Cognitive Value of Functional Theories of Price : Critical and Positive Investigations concerning the Price Problem », chapitre 16 de *Classics in Austrian Economics: A Sampling in the History of a Tradition,* Israël M. Kirzner (éd.), William Pickering, vol. II, Londres, pp. 55-168.
MENGER, C., 1973, *Problems of Economics and Sociology*, University of Illinois.
MENGER, C., 1889, « Toward a Systematic Classification on the Economic Sciences », *The Collected Works of Carl Menger* (LSE 1934-1936), III, pp. 187-218.
MENGER, K., 1973, « Austrian Marginalism and Mathematical Economics », *Carl Menger and the Austrian School of Economics*, Ed. Hicks et Weber, Clarendon Press, Oxford.
MISES, L. von, 1981, *Epistemological Problems of Economics*, New York University.
MISES, L. von, 1978, *Theory and History*, Arlington House, New York.
MISES, L. von, 1966, *Human Action*, Yale University Press.
MISES, L. von, 1962, *The Ultimate Foundation of Economic Science*, Van Nostrand, Princeton.
PAINLEVE, P., 1909, « The Place of Mathematical Reasoning in Economics », préface à l'édition française de W. S. Jevons, *The Theory of Political Economy*, Paris.
RIZZO, M. J., 1978, « Praxeology and Econometrics : A Critic of Positivist Economics », *New Directions in Austrian Economics,* Ed. Spadaro, Menlo Park, IHS.
ROBBINS, L., 1972, *Essay on the Nature and Significance of Economic Science*, Macmillan, Londres.
ROTHBARD, M., 1957, « In Defense of Extreme Apriorism », *Southern Economic Journal*, janvier.
ROTHBARD, M., 1956, « Toward a Reconstruction of Utility and Welfare Economics », *On Freedom and Free Enterprise*, Van Nostrand, Princeton.
ROTHBARD, M., 1973, « Praxeology as the Method of Economics », *Phenomenology and the Social Science*, Northwestern University Press, Evanston.
SCHUTZ, A., 1967, *The Phenomenology of the Social World*, Northwestern University Press.
SENNHOLZ, H.F., 1971, « Chicago Monetary Tradition in the Light of the Austrian Theory », *Essays in Honor of Ludwig von Mises*, Menlo Park, IHS.
SPADARO, L., 1956, « Averages and Aggregates in Economics », *On Freedom and Free Enterprise*, Van Nostrand, Princeton.

# CHAPITRE V

## HISTOIRE CONJECTURALE, SCIENCE ÉCONOMIQUE ET ÉTHIQUE SOCIALE

Le professeur Hayek affirme à la page 20 de son ouvrage *The Fatal Conceit* que « *reluctant as we may be to accept this, no universally valid system of ethics can ever be known to us* ». Nous prétendons ici, dans ce bref commentaire, critiquer cette affirmation du professeur Hayek et exposer, en même temps, une théorie sur la compatibilité de trois niveaux différents d'approche de l'étude de la réalité humaine.

Un premier niveau serait constitué par ce qu'Hayek appelle, à l'instar de Hume, « *conjectural history* » (p. 69). La *conjectural history* consiste à interpréter les processus de l'évolution et à en analyser les résultats (coutumes, morale, loi et institutions). Ce premier domaine de recherche est issu de la tradition amorcée par Montesquieu et Hume et qui culmine avec les travaux les plus significatifs d'Hayek, en particulier son ouvrage *The Fatal Conceit*. Ce niveau d'approche est nettement multidisciplinaire ; il comprend des études à caractère sociologique, de science politique, d'anthropologie, etc. Cette approche de l'étude de la réalité humaine est, en somme, la première à être apparue dans l'histoire de la pensée scientifique, et elle prétend expliquer l'évolution et apparition de la « *real or positive Law* ». Le principal danger pour le chercheur réside alors dans la grande facilité avec laquelle il peut effectuer une interprétation incorrecte des phénomènes d'évolution historique, en particulier lorsqu'il utilise implicitement une théorie erronée au cours de ce processus d'interprétation.

Le deuxième niveau d'approche apparaît beaucoup plus tardivement, en même temps que la science économique à la fin du XVIII siècle. Il est considérablement développé par l'École autrichienne d'économie qui axe son programme de recherche scientifique (Scientific Research Program) sur l'étude formelle des processus spontanés et dynamiques issus de l'interaction humaine. Ce niveau consiste, donc, dans le développement d'une théorie formelle des processus sociaux ou, si l'on veut, dans la tentative de rationalisation détaillée de ces processus sociaux. Ce second domaine de recherche donne naissance à la praxéologie ou théorie formelle des processus sociaux amorcée par Menger, poursuivie par Mises, développée par Hayek lui-même dans sa première étape et actuellement par les membres de l'École néo-autrichienne. Dans la terminologie de Montesquieu, ce deuxième niveau d'approche prétendrait découvrir de manière rationnelle les lois de la nature en matière sociale (« *law of nature in social life* »). Le danger principal de ce deuxième niveau réside dans ce qu'Hayek appelle le constructivisme ; l'économiste peut facilement commettre l'erreur de ne pas se limiter à forger un arsenal de concepts et théories lui permettant d'interpréter et d'étudier logiquement et formellement les processus sociaux ; il tombe ainsi dans le « *fatal conçoit* » de croire qu'il est possible et souhaitable d'utiliser ces connaissances pour concevoir et reconstruire la société *ex novo*.

Le troisième niveau d'approche, enfin, serait constitué par le développement d'une théorie formelle de l'éthique sociale. Ce niveau est justement celui qu'Hayek semble nier dans la citation reproduite ci-dessus. Nous croyons néanmoins que, de même que l'on peut avancer dans la rationalisation des processus sociaux (économie), il est possible de réaliser une certaine rationalisation formelle de l'éthique sociale. Nous entrerions donc dans le domaine de la découverte et justification du droit naturel, *natural law*, poursuivant ainsi la tradition de Locke, aujourd'hui continuée par des auteurs tels que Nozick et Rothbard. Naturellement, comme c'est le cas pour l'économie, le risque principal de ce troisième niveau d'approche réside dans le constructivisme. Cependant, cela ne doit pas nous faire abandonner directement les tentatives visant à rationaliser, dans la mesure de nos possibilités, une théorie formelle de l'éthique sociale. On peut observer sur le schéma qui accompagne ce commentaire la mise en relation pertinente des trois niveaux de recherche, que nous trouvons, en tout cas, également importants et complémentaires, pourvu que les dangers inhérents à chacun d'eux soient évités. En ce sens, il faut être sur ses gardes lorsque les conclusions rationalistes du deuxième ou troisième niveau semblent contredire ouvertement les conclusions du premier (*conjectural history*). Dans ce cas, il faudra faire très attention de ne pas tomber dans le constructivisme.

L'œuvre d'Hayek est particulièrement méritoire par ses apports tant au second niveau (théorie économique) qu'au premier (théorie de l'évolution critique du constructivisme. Toutefois, nous estimons qu'elle aurait pu être encore enrichie si le professeur Hayek nous avait fait également bénéficier de son vaste savoir dans le cadre du troisième niveau (théorie de l'éthique sociale).

Schéma 1 : Trois niveaux pour l'étude des sciences sociales

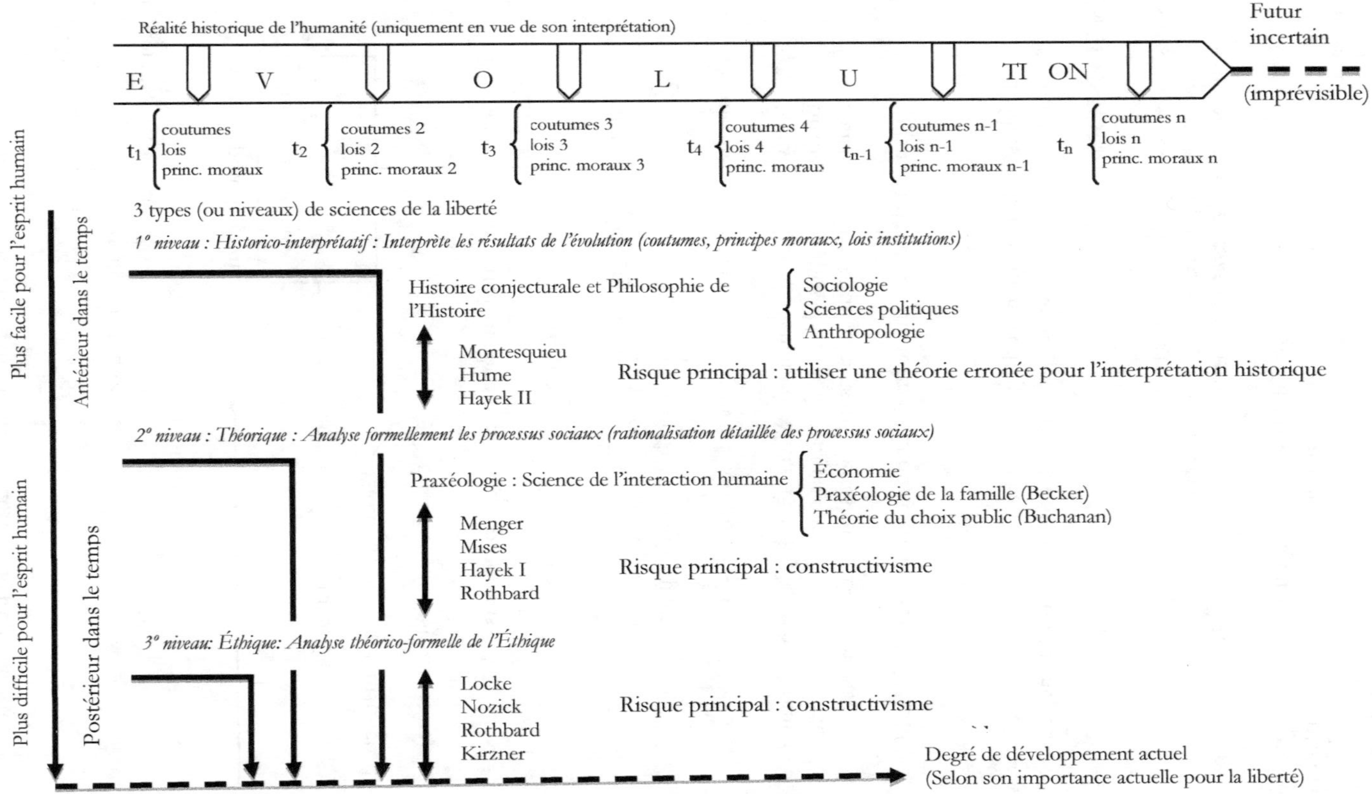

Schéma 2 : Stratégie pour l'étude de la théorie de la liberté

NIVEAUX

1° Compréhension de : { Principes moraux / Lois / Institutions de la Liberté

- Guides pour le public ordinaire ←

- | Principes moraux<br>Lois<br>Institutions | → Assurance de vie de la Liberté

Contre : < l'homme lui-même (instincts de base) / scientisme (constructivisme)

2° Amélioration constante de la théorie formelle des processus

- Critiquant spécialement : { scientisme / utilitarisme / théorie de l'équilibre, / hypothèses d'information

- Une théorie meilleure améliore notre compréhension du 1° et du 2°

- Nous avons besoin d'autant de Mises, Hayeks, Kirzners, Rothbards et Buchanans que possible, car ils sont en minorité face au courant du constructivisme et du scientisme (Cartésiens et Benthamistes)

3° Développement d'une théorie formelle et objective de l'ÉTHIQUE SOCIALE

↓

- Déduisant logiquement l'éthique de la liberté
- Il faut appliquer les mêmes principes aux nouveaux problèmes réels

## CONCLUSION

Notre *travail* doit s'effectuer aux trois niveaux
Nous devons *séparer* nettement les trois niveaux
Nous devons *mettre en rapport* les trois niveaux

Les trois niveaux constituent des approches différentes de la même réalité humaine. Ils sont distincts, mais complémentaires et s'enrichissent mutuellement.

# CHAPITRE VI

# DROITS DE PROPRIÉTÉ ET GESTION PRIVÉE DES RESSOURCES DE LA NATURE*

## INTRODUCTION

Cette étude prétend démontrer que la gestion privée des ressources de la nature, réalisée à travers des marchés libres, dans lesquels les droits de propriété sont correctement définis, est beaucoup plus efficace et satisfaisante que la gestion publique de ces ressources réalisée jusqu'ici. Ce travail peut être inclus dans le cadre de la « *Nouvelle Économie des Ressources Naturelles* » (*New Resource Economics*), qui s'est développée récemment sur un fondement triple et solide, constitué par la théorie économique des processus dynamiques de l'École autrichienne, l' « *économie politique des droits de propriété* » et, enfin, la théorie du « *choix public* »[1].

Nous étudierons d'abord brièvement le fonctionnement du marché libre concernant les ressources naturelles qui sont rares et les avantages de l'économie de marché pour l'allocation de ces ressources. Nous répondrons ensuite aux critiques formulées contre la gestion privée des ressources naturelles, le plus souvent pour justifier, au moins implicitement, la gestion publique de celles-ci. La troisième partie de l'article montrera que la gestion publique des ressources naturelles est très déficiente, en sorte qu'on ne peut pas la considérer comme une option apte à fournir de meilleures solutions que le marché aux problèmes d'allocation de ces ressources. L'on développera, pour finir, une théorie de l'évolution des droits de propriété et l'on citera divers cas particuliers auxquels les principales conclusions de cet article peuvent être appliquées avec profit.

---

*L'auteur désire remercier publiquement le Liberty Fund qui a parrainé un séminaire sur le thème traité dans cet article dans le cadre de la Huitième Université d'Eté de la Nouvelle Économie, qui s'est tenue du 5 au 14 septembre 1985 à Aix-en-Provence (Faculté de Droit de l'Université d'Aix-Marseille). Outre l'auteur, ont participé à ce séminaire les professeurs suivants : John Baden (Univ. de Montana) ; Baudoin Bouckaert (Univ. de Gante) ; Jean-Pierre Centi (Univ. d'Aix-Marseille) ; Jacques Garello (Univ. d'Aix-Marseille) ; Michel Glais (Univ. de Rennes) ; Jean-Louis Harouel (Univ. de Poitiers) ; Jean-Dominique Lafay (Univ. de Poitiers) ; Henri Lepage (Institut de l'Entreprise de Paris) ; Leonard P. Liggio (Institute for Humane Studies) ; Jean-Philippe Mangin (r.i.p.) (Univ. Nice) ; Christian Mouly (Centre International Uncitral de Vienne) ; Pascal Salin (Univ. de Paris-Dauphine) ; Alain Siaens (Université de Louvain) et Richard Stroup (Univ. de Montana).

[1] Simmons, R. T., Baden, J., 1984, « The Theory of the New Resource Economics », publié dans le *Journal of Contemporary Studies*, vol. III, n° 2, printemps, p. 45 et s.

## 1. Gestion privée et fonctionnement du marché en matière de ressources naturelles

Lorsque les ressources naturelles sont privées et les droits de propriété bien définis, institutionnellement protégés et facilement transmissibles, les décisions économiques concernant les ressources sont décentralisées. Dans ce cas, l'allocation des ressources et la coordination entre les différents et multiples plans individuels relatifs à celles-ci se font par l'intermédiaire du marché. Le plus important est que, dans cette situation, les propriétaires possèdent aussi bien l'*information* indispensable pour effectuer une allocation efficace des ressources que l'*encouragement* nécessaire pour les administrer utilement au bénéfice des consommateurs. De même, les consommateurs qui doivent payer pour les ressources naturelles qu'ils utilisent profitent de l'information que contiennent les prix de celles-ci, et peuvent distribuer plus efficacement leur revenu en fonction de l'échelle d'évaluation qu'ils considèrent la plus appropriée et expriment lors de chaque choix.

Par exemple, le propriétaire d'une mine d'un minéral quelconque reçoit du marché, dans une économie où les autres ressources naturelles sont privées, une information de grande valeur concernant les autres utilisations possibles du minéral qu'il extrait et se voit contraint d'assigner la ressource naturelle dont il est propriétaire à la valeur comparativement plus élevée fournie par le marché. Le fait que telle ou telle affectation efficiente des ressources semble ou non se vérifier dans des cas historiques concrets est sans importance, puisque nous devons nous contenter de l'existence dans le marché d'une *force* ou *tendance constante* allant dans le sens de cette affectation optimale (résultat de l'information que contiennent les prix et de l'encouragement pour les propriétaires à maximiser leurs profits), même si ce résultat optimal ne peut jamais être atteint à cause de l'incertitude inhérente à toute action humaine et du changement continuel se produisant dans le marché et dû à la modification constante des circonstances importantes et des évaluations individuelles. Car, en tout cas, si un propriétaire, pour une raison quelconque, n'utilise pas ses ressources de façon efficiente, il supportera consciemment ou inconsciemment des coûts d'opportunité importants qui influeront tôt ou tard sur son action et la rendront plus correcte[2].

L'on peut affirmer que la gestion privée des ressources naturelles au travers du marché présente de grands avantages touchant à la diversité, la liberté individuelle, la capacité d'adaptation, la production d'information et l'équité des résultats. La *diversité* est liée au fait que, dans le système de propriété privée des ressources naturelles, il n'y a pas un décideur unique, mais une grande variété de propriétaires et d'entrepreneurs, pouvant chacun exercer et tester ses propres

---

[2] Sur le rôle important joué par l'*information* et la création de *stimulants* dans le marché, par rapport aux autres systèmes d'affectation où ni l'une ni l'autre n'existent (par exemple, dans le cas de la gestion publique des ressources naturelles), consulter le travail extraordinaire de Thomas Sowell, *Knowledge and Decisions*, publié en 1980 par Basic Books à New York. Sowell, actuellement à l'Université de Stanford, travaille fondamentalement à partir des apports de l'École autrichienne, et en particulier de ceux du prix Nobel d'économie F. A. Hayek. En ce sens, voir le travail séminal d'Hayek « The Use of Knowledge in Society », publié dans la *American Economic Review*, septembre 1945.

idées sur la gestion qu'il estime la plus adaptée pour le futur. De sorte que ceux qui anticipent le mieux sur les désirs futurs des consommateurs de leurs ressources obtiendront un *prix* à leur anticipation sous forme de profits.

La *liberté individuelle* se manifeste dans le marché fondamentalement parce que ceux qui désirent participer à une certaine gestion des ressources naturelles ou l'appuyer possèdent l'information nécessaire venant des prix de marché et la stimulation suffisante pour agir de la meilleure façon à tout moment. Peu importe que seuls quelques-uns soient capables de prévoir les occasions futures, s'ils peuvent acheter, vendre et intervenir sur le marché des ressources naturelles de manière flexible et rapide, sans avoir à convaincre 51 pour cent des votants, ou les bureaucrates impliqués (comme il faudrait le faire dans le cas de la gestion publique – ce que nous verrons plus loin –) des avantages qu'ils voient dans leur façon d'agir.

La *production d'information* est un autre avantage clef du marché des ressources naturelles. Car on sait qu'il est très difficile d'administrer de façon rationnelle et efficiente les activités pour lesquelles il n'existe pas de marché défini. L'on connaît, par exemple, le montant du sacrifice que les gens sont disposés à faire afin d'obtenir une certaine quantité de bois pour la fabrication de meubles ; cependant, il est actuellement très difficile de savoir, par exemple, ce que le public serait disposé à payer pour jouir d'une journée dans le *Coto de Doñana*, ou autres Parcs Nationaux publics.

Il est essentiel de comprendre le rôle fondamental que joue la *fonction entrepreneuriale* dans le marché. Considérer cette fonction entrepreneuriale comme un état d'*alerte* et la *perspicacité* nécessaire pour connaître les occasions de gain et en profiter constitue l'un des apports les plus importants de l'École autrichienne d'économie[3]. La fonction entrepreneuriale est, donc, la force motrice du marché, et constitue une fonction intégrée ou une capacité qui s'étend plus ou moins, à tout moment historique, à tous les agents économiques intervenants (promoteurs, gérants, travailleurs, capitalistes et consommateurs).

Le marché est, donc, un processus merveilleux mû par la force de la fonction entrepreneuriale. C'est l'institution sociale et humaine par excellence ; elle est née de façon spontanée à la suite d'un processus d'évolution qui a engendré les institutions et les lois relatives au droit de propriété qui le rendent possible[4]. Car la force motrice du marché – nous le verrons plus loin – donne naissance aux lois dont le marché a besoin pour survivre et se développer au cours du processus d'évolution. Le fonctionnement du marché exige que les droits de propriété de chaque ressource naturelle soient *bien définis* et *facilement transmissibles*. Si les droits de propriété ne sont pas bien définis, ou si l'appareil étatique de coercition ne fonctionne pas et ne les défend pas efficacement, ceux qui estiment relativement moins ces ressources peuvent les utiliser sans avoir besoin de dédommager le propriétaire ou les autres consommateurs qui les

---

[3] Voir en particulier le Traité d'économie de Ludwig von Mises, *La acción humana,* dont la troisième édition a été publiée par Unión Editorial, Madrid 1980. Sur les apports de Mises, l'un de ses meilleurs disciples, Israel M. Kirzner, de l'Université de New York, a construit une théorie très élaborée de l'entrepreneur. Il faut signaler son ouvrage *Competencia y función empresarial* (trad. Espagnole : Unión Editorial, Madrid, 1974), et, plus récemment, *Perception, Opportunity and Profit*, University of Chicago Press, Chicago 1979.

[4] C'est là l'idée centrale de l'ouvrage magistral de F. A. Hayek, *Derecho, legislación y libertad*, publié par Unión Editorial, en trois volumes, 1982-1994.

estiment relativement davantage. Si les droits de propriété ne sont pas facilement transmissibles (ce qui arrive souvent quand ils ne sont pas bien définis, ou pas correctement défendus par l'État), le marché ne peut pas non plus effectuer une gestion optimale des ressources, puisque le propriétaire, dont le droit n'est pas facilement transmissible, sera tenté d'utiliser de façon inefficiente sa ressource naturelle plutôt que de la transmettre à d'autres sans aucun dédommagement.

Il faut donc être conscient que la plupart des problèmes d'allocation des ressources naturelles dérivent non pas d'un mauvais fonctionnement du marché, mais du fait que l'État définit et défend mal les droits de propriété, alors que leur bon fonctionnement est indispensable à celui du marché. Il ne semble donc pas scientifiquement honnête de critiquer le fonctionnement du marché et de préconiser une plus grande intervention de l'État, alors que le fonctionnement inadéquat des institutions publiques, surtout en matière de définition et de défense des droits de propriété, entrave précisément l'exercice correct par le marché des fonctions qui lui sont propres.

## 2. Critique des arguments concernant la soi-disant « *insuffisance* » du marché. Critique de l'interventionnisme étatique en matière de ressources naturelles

Nous avons fait apparaître, au paragraphe précédent, que les critiques visant le fonctionnement du marché en matière de ressources naturelles étaient, en réalité, liées à une mauvaise définition et une mauvaise défense des droits de propriété, dont le fonctionnement est nécessaire à celui du marché. Nous examinerons maintenant d'autres arguments, élaborés dans le but de justifier l'interventionnisme étatique dans la gestion des ressources naturelles. En la matière, les arguments relatifs au monopole, aux externalités, aux biens publics et communs, aux coûts de transaction et les arguments d'équité sont les plus importants. Nous les analyserons à tour de rôle.

*La situation de monopole*

La situation critiquée dans le cadre du *monopole* est fondamentalement celle de l'hypothèse où un individu ou une entreprise unique contrôle l'offre totale d'une ressource naturelle, en sorte que dans certains cas (courbe de demande « *inélastique* ») il pourrait être intéressant de réduire la production totale et d'augmenter le prix. Cette théorie du monopole est toutefois très déficiente. Il faut tout d'abord signaler que le monopole n'est pas une situation « *statique* » comme celle qui est décrite, mais que, selon les derniers apports de l'École autrichienne[5], le problème du monopole, comme celui de la concurrence, ne peut s'envisager que dans un sens dynamique. Ainsi, un monopole n'est concevable que dans les cas où, par suite d'une norme gouvernementale, un privilège est accordé en exclusivité, qui restreint ou interdit l'accès de la fonction entrepreneuriale à une certaine parcelle du marché.

[5] Sur la théorie du monopole, voir l'ouvrage de Kirzner précité et surtout le travail de Murray N. Rothbard, *Man, Economy and State*, Nash Publishing, Los Angeles 1970, chap. 10.

Hormis ces cas inconcevables dans une économie de marché pure, la plupart des « *situations de monopole* » analysées par la doctrine correspondent plutôt au sain de processus dynamique et concurrentiel qu'est le marché. Ce processus peut même faire naître des situations de monopole apparent, conséquence de prévisions exactes d'entrepreneurs qui mettent à la disposition des consommateurs des facilités et des ressources naturelles qui, bien qu'apparemment monopolistes, ne seraient nullement apparues sans cet instinct et cette prévision des entrepreneurs qui en eurent l'idée. Il est donc absurde de reprocher son caractère monopoliste au résultat d'un processus concurrentiel qui, s'il n'avait pas eu lieu, n'aurait nullement fait naître ce résultat, apparemment monopoliste, mais hautement estimé.

*Le problème des externalités*

Une autre cause de l'insuffisance du marché est, elle aussi, citée fréquemment : l'existence d'externalités. Selon la doctrine la plus répandue, il y aurait externalité quand les résultats positifs ou négatifs d'une certaine décision ne seraient pas intégralement supportés par le décideur. En ce sens, il faudrait distinguer deux types d'externalités : positives et négatives. Il y aurait, par exemple, externalité négative dans le cas où une usine polluant l'air ne supporterait pas les coûts produits par la pollution et affectant les personnes qui respirent cet air. Les externalités négatives tendent en général à trop se produire, au préjudice des personnes affectées. Il y a externalité positive lorsque les actions du décideur profitent à d'autres sans que ces tiers favorisés offrent aucune contrepartie. Ces externalités positives tendent à peu se produire, au préjudice, dit-on, du public en général.

Cependant, l'argument des externalités est en même temps très douteux. Pour ce qui est des externalités négatives, il s'agit d'hypothèses où la définition et la défense des droits de propriété par l'État est insuffisante et non pas d'un mauvais fonctionnement du marché. Quant aux externalités positives, l'argument est encore plus fragile, car toute action humaine bénéficie, dans quelque contexte que ce soit, d'externalités positives liées aux circonstances héritées du passé, à l'environnement présent, etc. ; et cela, en ce qui concerne aussi bien les différentes institutions et les avantages que comporte la vie sociale, que les biens matériels et immatériels que nous obtenons des autres à un prix de marché inférieur à celui que nous serions disposés à payer. On ne peut, en aucun cas, définir de manière objective des externalités positives qui justifient spécifiquement en elles-mêmes une certaine intervention étatique, et encore moins indiquer, de façon arbitraire ou pas, la quantité de ressources qui devraient être consacrées à cette activité publique.

*Les biens publics ou communs*

Ces biens peuvent être considérés comme des cas extrêmes d'externalité positive. En ce sens, le bien public est défini comme celui qui, une fois produit, est utilisable par toute personne pouvant en profiter sans rien payer (« *free rider* »). L'on peut donc appliquer à la doctrine des biens publics l'argument exposé à propos des externalités positives, et conclure que non seulement on ne peut pas définir de manière objective un bien public présentant une nature différente des autres biens et services du marché, mais que toute définition proposée par la doctrine contient des jugements de valeur qui ne seront sans doute pas partagés par tous et, en tout cas, ne sont pas scientifiques.

*Les coûts de transaction*

Le problème des coûts de transaction est plutôt un dénominateur commun de tous les arguments émis jusqu'ici sur l'« *insuffisance* » du marché. Car les problèmes d'externalités, de biens publics ou même de monopole n'existeraient pas si les coûts de transaction visant à éviter des *free riders*, à faire supporter aux producteurs d'externalités négatives leur véritable coût, etc., étaient très petits ou inexistants[6]. Les coûts de transaction sont, donc, le plus souvent la conséquence, non pas de défauts inhérents au marché, mais d'une mauvaise définition et une mauvaise défense, de la part des organismes publics responsables, des droits de propriété qui sont nécessaires au fonctionnement du marché. Nous verrons, en outre, que si l'on entrave le libre fonctionnement du marché, il ne pourra pas découvrir les innovations techniques et légales nécessaires pour minimiser les coûts de transaction.

*L'équité intergénérationnelle*

L'argument de l'équité intergénérationnelle, enfin, soutient que l'allocation de ressources naturelles par l'intermédiaire du marché priverait les générations à venir de la jouissance de bon nombre de ces ressources naturelles. Cet argument, toutefois, ne résiste pas à un examen logique. Il faut signaler, avant tout, que le marché connaît une manifestation spécifique de la fonction entrepreneuriale très importante dans le cas qui nous intéresse : celle qu'effectue le *spéculateur*. Le spéculateur est celui qui est disposé à acheter des biens présents pour les revendre plus ou moins vite, au moment où ils atteindront, espère-t-il, un prix plus élevé. *Dans le domaine des ressources naturelles, la fonction des spéculateurs consiste, précisément, à conserver des ressources naturelles pour le futur*. Il est donc risible de constater que ce sont souvent les écologistes, apparemment les plus intéressés à la conservation de la nature, qui critiquent le spéculateur de ressources naturelles, alors que sa fonction consiste justement à conserver ces ressources pour le futur. Ce n'est qu'en payant aujourd'hui un prix plus élevé que celui que sont disposés à payer les consommateurs actuels qu'il est possible de réserver les ressources pour le futur ; et c'est là l'activité propre à la fonction entrepreneuriale du spéculateur en matière de ressources naturelles. Dans un marché où les droits de propriété sont bien définis et défendus, les spéculateurs bénéficieront de l'information nécessaire et de l'encouragement adéquat pour mettre en réserve les ressources naturelles dont on pense qu'elles seront plus estimées dans le futur que dans le présent. Un mécanisme autre que celui du marché et de la spéculation, capable de fournir une allocation efficiente des ressources naturelles pour le futur, est très difficile à imaginer ; et nous verrons qu'on ne peut pas considérer comme solution, même médiocrement intéressante, celle de la gestion publique démocratique où

[6] Cet argument est développé en détail dans le magnifique travail de Richard Stroup et Baden, J., 1979, « Property Rights and Natural Ressource Management », dans *Literature of Liberty*, vol. 2, n° 4, septembre-décembre.

les votants et les bureaucrates ne disposent pas de l'information et des stimulants nécessaires pour la mener à bien de façon efficace.

Nous avons cité jusqu'ici les arguments les plus couramment évoqués contre le fonctionnement du marché visant à justifier implicitement l'interventionnisme étatique en matière de ressources naturelles. Il faut néanmoins souligner l'apparition de toute une théorie sur l'*insuffisance de la gestion publique*, car il est absurde de justifier la gestion publique simplement par les échecs apparents du marché, alors que les échecs et inefficiences dérivés de l'action publique sont beaucoup plus coûteux et nuisibles que ceux qui découlent prétendument du mauvais fonctionnement du marché[7].

On peut identifier cinq raisons fondamentales pour lesquelles la gestion publique de l'activité économique en général et des ressources naturelles en particulier est vouée à l'échec, ou du moins à une inefficience beaucoup plus significative que la gestion fondée sur la propriété privée et le marché :

1. *L'effet de la rationalité de l'ignorance.* Il est rationnel, d'après ce principe, d'ignorer toutes les matières qui sont complexes et hors de notre contrôle. Les individus, en effet, consacrent le temps et l'effort nécessaires à la prise de décisions et à l'action politique d'une façon identique à celle dont ils utilisent les autres ressources rares dont ils disposent. En sorte qu'ils auront intérêt à obtenir de l'information et à essayer d'influencer les résultats de la gestion publique uniquement dans les deux cas suivants : premièrement, s'il s'agit de matières suffisamment importantes pour l'intéressé ; et, deuxièmement, si celui-ci pense être capable d'influencer leurs cours d'une manière ou d'une autre. Ainsi, il est clair que l'individu moyen ne se donnera pas la peine d'étudier le pour et le contre d'options relatives à la politique nationale d'eaux souterraines, non pas qu'il les considère sans importance en général, mais parce qu'il sait qu'il lui est impossible d'avoir une influence quelconque sur ce genre de politiques. Il se passe en politique à peu près la même chose qu'avec les agriculteurs : le facteur déterminant – sans doute le plus important – de leur revenu est l'évolution du temps atmosphérique. Il est, cependant, logique qu'ils ne prennent pas la peine d'étudier la météorologie, l'évolution du temps échappant absolument à leur contrôle.

Ce principe de la rationalité de l'ignorance perdure malgré la propagande tenace et les arguments ingénieux employés par les politiques pour faire valoir leur profession, intéresser les gens à la marche des affaires publiques, et essayer, par exemple, de réduire les hauts pourcentages d'abstention fréquents à l'occasion des élections organisées dans les régimes démocratiques les plus solides. Il est clairement absurde, la plupart du temps, de parler de gestion publique démocratique comme solution de remplacement d'une gestion privée réalisée par l'intermédiaire du marché, alors que, selon le principe dont nous

---

[7] Sur le mauvais fonctionnement de la gestion publique des ressources naturelles, voir le travail de John Baden et Richard Stroup, « The Environmental Costs of Government Action », dans *Policy Review*, n° 4, 1978. On trouve d'autres exposés plus généraux sur l'échec de la gestion publique dans le livre de Gwartney y Stroup, *Economics : Private and Public Choice*, Academia Press, Florida 1983, chap. 30. Voir aussi le livre de Mckenzie et Tullock, *Modern Political Economy. An Introduction to Political Economy*, McGraw Hill, New York 1978, chap. 5 et 6 ; et celui de William Mitchel, *The Anatomy of Government Failures*, publié en 1979 à Los Angeles par l'Institut International de Recherche Économique.

parlons, la plupart des individus ont intérêt à rester en dehors des processus démocratiques et bureaucratiques d'où émanent les décisions publiques.

2. *L'effet des groupes spéciaux*. La gestion publique n'est pas seulement viciée parce qu'il convient à la plupart des gens de ne pas s'y intéresser ; elle l'est aussi parce que de petits groupes d'intérêt fortement organisés peuvent souvent avoir une influence politique importante et provoquer des décisions contraires aux intérêts de la majorité que personne ne prend la peine de défendre. Ces groupes d'intérêt se forment chaque fois qu'un ensemble d'individus discernent un avantage très important pour eux dans un aspect très concret de la gestion publique et se rendent compte qu'il convient aux autres de rester en dehors de toute polémique et de s'abstenir d'étudier les différentes options.

Il résulte de la somme des effets mentionnés dans les paragraphes précédents que la gestion publique, dans sa presque totalité, est le résultat agrégé de l'influence exercée par les groupes d'intérêt, à l'encontre du bien commun ou de l'intérêt général. On en est même arrivé à une situation absurde : ce que les membres d'un groupe privilégié d'intérêt gagnent en obtenant l'application d'une politique défendue par eux dans un certain domaine, ils le perdent par suite de la détérioration de leur situation dans les autres domaines de la vie sociale et économique où d'autres groupes d'intérêt différents ont obtenu des privilèges particuliers[8].

3. *L'effet de la représentation non contraignante*. Il faut aussi tenir compte que, même si un électeur prenait la peine d'étudier toutes les questions publiques qu'il considère comme importantes et pensait que son vote devait être décisif, parmi les milliers de ceux de ses concitoyens, pour la détermination d'une politique, il existe une grave difficulté, à savoir que l'électeur ne manifeste pas, le plus souvent, sa volonté à propos de questions concrètes ; il élit seulement un représentant, une liste ou un programme de parti politique qui devra configurer en bloc la politique de chacune des questions.

4. *L'effet de la « myopie » gouvernementale*. D'après ce principe, l'on peut s'attendre à ce que la gestion publique soit toujours orientée vers le court terme, puisque les politiques et membres de l'administration publique qui cherchent avant tout à réussir doivent gagner l'appui des électeurs actuels. Autrement dit, les générations futures ne peuvent pas voter aux élections d'aujourd'hui et ne comptent donc pas, en pratique, vis-à-vis de la gestion publique des ressources naturelles. En revanche, la spéculation privée que réalise la fonction entrepreneuriale dans le cadre du marché n'est pas limitée par le besoin d'obtenir, à des intervalles de temps assez courts, l'appui démocratique *présent* de certains groupes. Elle peut ainsi s'orienter vers le futur avec beaucoup plus de liberté.

5. *Le manque de motivation à agir de façon efficiente*. À la différence de ce qui se passe dans le secteur privé, où les entreprises qui utilisent des ressources d'une valeur supérieure (coûts) à la valeur de ce qu'elles produisent perdent de l'argent et voient donc leur existence menacée, il n'existe, dans le cas de la gestion publique, aucun contrôle autonome de ce genre, mais une ligne d'action

[8] La démocratie, telle que nous l'entendons aujourd'hui, est un système très déficient qu'il faut améliorer. Voir, en ce sens, les projets de réforme pensés par Hayek et qui éviteraient nombre de problèmes évoqués ici. Ces projets sont décrits dans le vol. III (*El orden político de una sociedad libre*) de son ouvrage *Derecho, legislación y libertad*, Unión Editorial, Madrid, 1982.

publique sera maintenue, indépendamment de son efficience, si elle reçoit un appui politique suffisant (généralement de puissants groupes d'intérêt). Le fonctionnaire de l'Administration publique bénéficie lui-même rarement d'une efficience supérieure d'un point de vue économique, car non seulement cette efficience est très difficile à mesurer dans la gestion publique, mais encore le fonctionnaire agit, comme quiconque, en fonction de motivations individuelles parmi lesquelles la rémunération, sa position dans l'échelle administrative, le montant et l'envergure du budget dont il peut disposer, la quantité de fonctionnaires sous ses ordres, etc., sont les facteurs déterminants de son action. En définitive, la motivation politique de la gestion publique est de s'étendre de façon incontrôlée plutôt que d'économiser.

L'on peut, en somme, considérer que les apports de l'École autrichienne d'économie, en général, et ceux du « *Public Choice* », en particulier, ont favorisé une analyse beaucoup plus réaliste du processus de gestion publique et de l'activité politique : elle montre que, derrière toute décision publique, il y a toujours des individus concrets (et non de mystérieux organismes) ; ce sont eux qui prennent les décisions, animés par des motivations individuelles très concrètes. Les études réalisées par ces écoles montrent en outre que, pour qu'une décision soit profitable à la société, une connexion est nécessaire entre ceux qui prennent la décision et les coûts et profits qui découlent de celle-ci (concept de « *responsabilité* »). Il est clair que, dans le marché, la gestion privée des ressources sur la base de droits de propriété bien définis garantit une responsabilité adéquate des décisions prises, alors que, dans la démocratie représentative, celle-ci s'estompe et le lien décision-responsabilité disparaît. Ainsi, on ne peut pas garantir *a priori* – et cela n'arrive presque jamais *a posteriori* – que les décisions prises soient les plus favorables au bien commun[9].

## 3. La tragédie des biens communs

Un cas typique de gestion publique considérée comme nécessaire est celui des biens communs. Tout le monde peut, en principe, jouir de ceux-ci, mais personne ne supporte individuellement le coût de ses actions. Supposons, par exemple, des pâturages mis à la disposition de tous les éleveurs d'une communauté ou une zone de chasse ouverte à tous. L'expression « *tragédie des biens communs* », titre de ce paragraphe, fait allusion au fait que ces biens seront, au bout de quelque temps, complètement détériorés et ne pourront plus servir. Cette réalité est connue depuis très longtemps et exprimée par ce dicton espagnol traditionnel : « *ce qui est commun n'est à personne* ». Mais pourquoi les biens communs subissent-ils cet effet tragique ?

Reprenons le cas des pâturages. Chaque éleveur, en tant qu'acteur rationnel, prétend atteindre ses objectifs, c'est-à-dire maximiser ses profits. De sorte qu'il se pose, de façon explicite ou implicite et plus ou moins consciente, la question

[9] Voir, par exemple, l'excellent travail de Migué et Bèlanger « Toward a General Theory of Managerial Discretion », dans *Public Choice*, n° 17, 1974 ; ainsi que les travaux fondamentaux de William Niskanen, *Bureaucracy and Representative Government*, Adine-Atherton, Chicago 1971, et Gordon Tullock, *The Politics of Bureaucracy*, Public Affairs Press, Washington D. C., 1965.

de savoir quelle utilité il y a pour lui à mener son troupeau paître aux monts communaux et quel est le coût de cette action.

La composante d'utilité dépend du fait que l'éleveur qui mène l'animal marginal à ce pâturage en perçoit les profits intégraux, équivalents à la valeur supérieure qu'il retire de la vente de l'animal, etc. Cependant, la composante négative du coût dérivé du fait qu'un animal marginal supplémentaire paisse sur le mont n'est pas supportée par cet éleveur, mais partagée de façon diffuse par tous les éleveurs qui agissent de la même manière. Ainsi, comme chaque éleveur profite de toute l'utilité et ne supporte pas totalement son coût respectif, il existe une motivation constante qui favorise la surexploitation et la disparition de la capacité de pâturage du mont communal[10].

Il est clair que la seule solution au problème de la tragédie des biens communs passe par l'établissement de droits de propriété privée sur ceux-ci. L'histoire offre de multiples exemples des conséquences de l'adoption de solutions correctes ou erronées face au problème des biens communs. Par exemple, la disparition du buffle des prairies d'Amérique du Nord a été due au fait que les Indiens, tout comme les blancs de la frontière, le considéraient comme un bien commun et n'établirent pas à temps des droits de propriété sur cet animal (fondamentalement parce qu'il était très difficile techniquement de définir et défendre de tels droits).

Il s'est passé quelque chose de semblable pour la chasse dans les monts communaux et publics espagnols. Tout chasseur amateur espagnol sait que les espèces que l'on peut y chasser ont pratiquement disparu. Il s'est, en revanche, développé une activité importante d'exploitation de ressources cynégétiques de nature privée, qui atteignent des prix de marché permettant de tirer efficacement profit de ces ressources, lesquelles attirent annuellement en Espagne un grand nombre de chasseurs étrangers.

Autre exemple : celui du développement des territoires de chasse par les Indiens du Canada avant l'arrivée de l'homme blanc. Ces territoires exigeaient une définition et une défense assez effective des droits de propriété concernant la chasse du castor et la distribution de ses peaux, qui évita la surexploitation des ressources et permit la conservation des populations de castors. Cependant, à l'arrivée des blancs, la défense des droits de propriété des Indiens fut abandonnée et les castors considérés comme des biens communs, de sorte que la plupart de populations disparut, victime de la surexploitation[11].

---

[10] Le travail classique en ce domaine est celui de Garret Hardin « The Tragedy of the Communs », publié en 1968 et inséré ensuite dans le livre *Managing the Commons*, édité par Hardin et Baden, Freeman and Co., San Francisco 1977, p. 16-30. Cependant, quoique nous partagions l'analyse de Hardin, nous ne pouvons pas partager les conclusions néomalthusiennes concernant la population qu'il inclut dans son article ; elles montrent que l'auteur est plus un biologiste qu'un économiste. En particulier, il omet de dire que le fait d'avoir de nouveaux enfants implique bien un coût que les parents escomptent *a priori* de façon plus ou moins consciente, et que l'augmentation de la population entraîne souvent un accroissement des ressources productives, des occasions favorables et de la production totale qui n'aurait pas pu se réaliser par d'autres moyens.

[11] Voir, surtout, le travail d'Eleanor Leacock « The Montagnais Hunting Territory and the Fur Trade », publié dans *The American Anthropologist*, n° 56 (1954), n° 5, 2° partie, mémoire n° 78, p. 35 ; et celui de Frank G. Speck « Land Ownership among Hunting

On a affirmé que le problème de la « *tragédie des biens communs* » justifiait à leur égard intervention et gestion publique. Néanmoins, nous avons constaté plus haut que le résultat de cette gestion publique sur les biens communs était beaucoup plus inefficient que celui de la gestion privée fondée sur le marché et une définition et une défense correcte des droits de propriété portant sur ces biens. Il n'existe pas encore en Espagne d'études concernant l'échec de la gestion publique des ressources naturelles, mais une littérature s'est développée aux États-Unis et dans d'autres pays à propos de l'inefficience de cette gestion publique, en particulier en ce qui concerne la gestion des monts communaux, forêts, parcs nationaux et eaux de surface et souterraines. Nous craignons que lorsque de telles études concernant l'Espagne apparaîtront, les inefficiences et pertes dues à la gestion publique des ressources naturelles ne soient très graves ou même irréversibles[12].

La question de la gestion publique des ressources aquifères, très actuelle en Espagne à cause de la récente nationalisation des eaux souterraines par le gouvernement socialiste visant à pallier la pénurie des ressources aquifères des dernières années, est d'une grande importance[13]. Il est difficile d'imaginer une politique aussi fâcheuse en la matière. La pénurie d'eau, liée aux circonstances météorologiques, a été terriblement aggravée par la gestion publique, et surtout par la fixation de « *prix politiques* » artificiellement réduits, qui entraînèrent la mauvaise gestion des ressources aquifères et leur gaspillage. Cet effet négatif a surtout affecté les eaux de surface, celles qui d'après la *Ley de Aguas* (Loi des Eaux) espagnole de la fin du XIX siècle avaient déjà un caractère public et sont administrées à des prix artificiellement bas par des organismes et entreprises régionales et locales à caractère public. Nos gestionnaires publics n'ont pas reconnu que le problème s'était, cependant, maintenu dans des limites supportables, à cause justement de l'existence de ressources aquifères souterraines de propriété privée, qui furent correctement allouées : elles furent économisées dans la mesure du possible, ce qui permit de compenser, au moins en partie, la pénurie relative de ressources aquifères de surface. La réaction de la plupart des représentants politiques sur ce point a consisté à ignorer la réalité, encouragés par une analyse erronée de ce qui était arrivé et par la pression des bureaucrates impliqués et d'autres groupes d'intérêt, le tout assaisonné d'une idéologie « *socialiste* » dépassée, qui aura de très graves conséquences, en général, à long terme sur l'environnement naturel de l'Espagne et, en particulier, à chaque nouvelle période de sècheresse[14].

---

Peoples in Primitive America and the World's Marginal Areas », Twenty-Second International Congress of Americanists 2.

12 Par exemple, l'article de Baden et Stroup « Externality, Property Rights and the Management of our National Forest », dans *The Journal of Law and Economics*, n° 16, octobre 1973, pp. 303-312 ; « Property Rights, Environmental Quality and Management of National Forest », publié comme chap. 22 du livre *Managing the Commons*, précité, et « The Environmental Costs of Government Action », dans *Policy Review*, printemps 1978, pp. 23-38. Nous invitons d'ici les chercheurs espagnols amants de la nature à entamer des recherches semblables sur leur pays.

13 Loi 29/1985, du 2 août, d'Aguas (*BOE* du 8 août), et RD 2.473/1985, du 27 décembre (*BOE* du 2 janvier 1986).

14 Sur l'application des principes recueillis par cet article au domaine des ressources aquifères, voir l'excellent travail de Terry L. Anderson *Water Rights : Scarce Resource Allocation Bureaucracy and the Environment*, Pacific Institute, San Francisco 1984. Les effets

## 4. La réponse du marché au problème des biens communs : une théorie de la formation et évolution du droit de propriété

Ce paragraphe veut montrer qu'il existe toujours, dans une économie de marché, une tendance à améliorer la défense et la définition des droits de propriété concernant les biens qui deviennent relativement plus rares et acquièrent ainsi une valeur marginale supérieure. L'explication est simple. Elle permet de comprendre les changements institutionnels intervenant spontanément dans une économie libre et concernant les biens « *libres* » (surabondants) qui, à un certain moment, deviennent relativement plus rares, et sont donc économisés. Elle aide également à comprendre le processus d'amélioration de la définition des droits de propriété de même que la création d'encouragements visant à favoriser des innovations technologiques et à promouvoir des changements légaux les permettant, pour les biens communs qui supposent, pour diverses raisons, une définition des droits de propriété relativement plus difficile.

Le modèle considère que l'activité destinée à améliorer la définition des droits de propriété et l'action publique de défense s'effectue en fonction du modèle traditionnel de décision marginale de la science économique. On considère donc que l'établissement et la protection des droits de propriété sont comme toute autre activité productive à laquelle les individus consacrent des ressources en fonction des revenus marginaux qu'ils espèrent en retirer et des coûts marginaux subjectifs qu'ils croient découler de leur action. Il est clair que toutes circonstances égales, plus les individus espèrent une valeur de marché élevée des biens impliqués, plus grand est l'effort qu'ils réalisent pour obtenir une meilleure définition et défense de leurs droits de propriété. Il se peut que durant une période plus ou moins longue cette action individuelle soit entravée par les circonstances spécifiques du cas, qui le rendent très difficile pour des raisons technologiques ou institutionnelles. Néanmoins, l'évaluation économique supérieure du bien et la fonction entrepreneuriale encourageront la réalisation de découvertes technologiques ou d'économie de coûts permettant, à partir d'un certain moment, de mieux définir des droits de propriété qui, en principe, semblaient très difficiles à établir ou à défendre efficacement. Il existe toujours dans le marché une tendance spontanée à l'innovation technique, à la réduction de coûts et à la simplification de la définition du droit de propriété. Même si elle ne peut pas assurer dans chaque circonstance historique concrète la solution définitive des problèmes, elle permet cependant de garantir à long terme une adaptation spontanée du marché et des institutions qui le rendent

---

de la nationalisation des eaux souterraines se feront sentir de façon plus grave encore dans les régions comme les Canaries ou les Baléares, où l'eau est plus rare et des investissements privés plus importants ont été destinés à l'exploitation des eaux souterraines. Indépendamment de la constitutionnalité douteuse de la loi en question, qui suppose une expropriation sans indemnisation, il est réconfortant de constater que l'opposition a annoncé son intention de suspendre cette législation si elle arrive au pouvoir. Dans ce cas, nous estimons que la privatisation devrait s'étendre non seulement, de nouveau, aux eaux souterraines, mais aussi, dans la mesure du possible et pour la première fois, aux eaux de surface.

possible aux nouvelles circonstances qui affectent la définition et défense de nouveaux droits de propriété[15].

Il est très important de voir que, si à un moment donné la gestion privée au travers du marché est remplacée par la gestion publique d'une ressource pour laquelle il est difficile d'établir ou de définir des droits de propriété, *le processus spontané d'adaptation que nous venons de décrire est automatiquement suspendu*, parce que la recherche de solutions au problème posé par la fonction entrepreneuriale est interrompue. De sorte que cette force inexorable qu'actionne le marché chaque fois qu'il faut mieux définir et défendre un droit de propriété concernant un bien commun mal utilisé disparaît. Si l'on ajoute à cela le fait qu'une gestion publique correcte n'est nullement garantie, il est évident que, dans les cas où les ressources sont mal utilisées parce que la définition du droit de propriété les concernant est difficile, la meilleure solution consiste à améliorer cette définition et à permettre aux forces du marché d'agir plutôt qu'à permettre de manière indiscriminée la gestion publique de ces ressources.

Le modèle décrit dans ce paragraphe permet d'interpréter plus clairement le processus d'évolution de droits de propriété qui s'est nécessairement produit à maintes reprises par le passé. Il suffit, par exemple, de mentionner le grave problème qui se posa dans l'Ouest américain lors de la définition des droits de propriété de la terre et donna lieu à de fortes tensions entre éleveurs et agriculteurs, argument populaire de nombreux films et romans historiques. Ces tensions liées à la valeur croissante des produits de la terre, produits agricoles et d'élevage, naquirent dans l'Ouest américain durant la seconde moitié du XIX siècle. Cela incita tous les agents économiques impliqués à définir et défendre de mieux en mieux leurs droits de propriété respectifs. Cependant, durant plusieurs années, le problème technique de la défense et de la délimitation de la propriété de la terre dans les grandes étendues de l'Ouest paraissait presque insoluble. Heureusement, le marché finit, comme toujours, par fournir une solution, grâce à l'ingéniosité de nombreux entrepreneurs. Ainsi, on découvrit dans les années 1870 et on introduisit dans le marché le fil de fer barbelé, ce qui réduisit sensiblement le coût de séparation des propriétés et facilita largement la délimitation des grandes extensions de terrain et, donc, la définition et la défense pratique des droits de propriété correspondants. La plupart des problèmes de cette zone se trouvèrent ainsi résolus. L'on pourrait citer beaucoup d'autres exemples semblables à celui-ci et l'on peut, de fait, affirmer *a priori* qu'*un processus semblable s'est spontanément produit chaque fois qu'au cours de l'histoire une ressource considérée « libre » jusqu'à un certain moment, parce que non rare, a commencé à être économisée et est, donc, devenue la propriété privée de quelqu'un*[16].

---

[15] Consulter le développement détaillé de ce modèle, accompagné de graphiques, dans l'article de Terry L. Anderson y P. J. Hill « From Free Grass to Fences: Transforming the Commons of the American West », publié au chap. 20 du livre *Managing the Commons*, précité. Nous n'admettons l'analyse graphique que dans la mesure où elle facilite la compréhension de l'idée fondamentale exposée, mais nous n'acceptons pas l'existence, dans la vie réelle, de fonctions d'offre et de demande, ou de coûts, qui puissent être connues ou mesurées de quelque façon que ce soit. Voir, en ce sens, mon article « Método y crisis en la ciencia económica », dans *Hacienda Pública española*, n° 74, et la bibliographie qui y est citée.

[16] Du point de vue théorique, l'évolution des droits de propriété a été étudiée par Harold Demsetz, « Towards a Theory of Property Rights », dans *American Economic*

Il est, en tout cas, intéressant d'examiner, à la lumière du modèle théorique d'évolution des droits de propriété dans le marché décrit dans ce paragraphe et de l'interprétation historique de cette évolution dans le passé, les tentatives modernes concernant les ressources considérées libres jusqu'ici et qui commencent à être rares, comme celles de la mer, la richesse des fonds souterrains de l'océan, l'exploitation des côtes, etc. Il peut sembler paradoxal de parler de privatisation de telles ressources, mais notre analyse montre que c'est la seule solution à long terme. En ce sens, beaucoup de ce qui se fait dans ce domaine sous la pression d'organisations internationales et d'études plus ou moins scientifiques est décourageant. Et si cela avait été appliqué dans le passé aux biens qui sont aujourd'hui rares, mais étaient alors libres, le développement de notre civilisation n'aurait pas atteint le niveau que nous connaissons aujourd'hui[17].

## CONCLUSIONS DE POLITIQUE ÉCONOMIQUE

La conclusion la plus importante de cet article est que les ressources naturelles et biens communs ne font pas exception à la règle générale du marché. On a montré que la mauvaise utilisation apparente de ces ressources avait toujours pour cause une définition et une défense insuffisante des droits de propriété correspondants, et jamais un fonctionnement incorrect du marché. On a vu également qu'il fallait à tout prix laisser fonctionner le marché en la matière, car c'est la seule façon de garantir l'intervention de la force inexorable de la fonction entrepreneuriale qui imagine et introduit les innovations technologiques de toute sorte nécessaires à une meilleure définition et une défense des droits de propriété, plus en accord avec les nouvelles circonstances de l'environnement. Il faudra, en tout cas, minimiser la gestion publique de ces ressources et la réserver aux cas où une solution meilleure serait impossible ; cette gestion publique devra se réaliser de la façon la plus conforme au marché et toujours de manière transitoire et provisoire. Il en est ainsi parce que l'option de la gestion publique produit des résultats plus mauvais que ceux que l'on prétend éviter en l'utilisant et *annulant les mécanismes du marché qui sont toujours capables de garantir, à moyen et long terme, la solution des problèmes*. En somme, en matière de ressources naturelles et de biens communs, il faut, plutôt que rechercher une perfection immédiate dans les résultats, entreprendre des stratégies d'améliorations relatives et incrémentales par lesquelles toutes les ressources propres à la fonction entrepreneuriale commerciale sont mises en fonctionnement de façon décentralisée.

Ces principes étaient considérés, il y a peu de temps encore, comme « *choquants* » par la plupart de ceux qui s'intéressent au maintien et à la bonne exploitation des ressources naturelles. Mais un nombre croissant de professionnels et d'amants de la nature commencent, aujourd'hui, à les juger

*Review,* n° 57, mai 1967 ; Svetozar Pejovich, « Towards an Economic Theory of the Creation of Property Rights », dans *Review of Social Economy*, n° 30, 1972, p. 309-325. Pour le point de vue historique, il faut citer le travail du professeur Douglass C. North, 1972, *The Creation of Property Rights in Europe, 900-1.700 a.d.,* University of Washington.

[17] Voir en particulier D.R. Derman, 1984, *Markets under the sea,* Hobart Paperback 17, IFA, Londres.

corrects. En ce sens, la politique de vente de terres publiques entreprise dans des pays comme les États-Unis est encourageante : la moitié, à peu près, des terres des États occidentaux étaient jusqu'à présent propriété fédérale, et les mauvais résultats de la gestion publique y sont considérés insupportables. De même, de plus en plus d'écologistes et de « *verts* » se mettent à dire que la gestion privée est beaucoup plus efficiente et sûre que la gestion publique des ressources naturelles, et tout un mouvement d'activités privées s'est mis en place dans le sens qu'ils préconisent : création et exploitation de sociétés et d'entreprises pour l'acquisition de parcs, terres et ressources naturelles, meilleure conservation de ceux-ci pour en faire mieux profiter les membres de ces sociétés et le public en général (moyennant, naturellement, le paiement du prix correspondant)[18]. Si cette tendance se confirme au niveau international, et en Espagne, soyons sûrs que nous jouirons à la fin de ce siècle d'un environnement naturel beaucoup plus riche, mieux soigné, moins exploité et, surtout, plus libre.

[18] Voir, par exemple, l'intéressant article de l'écologiste O'Toole, R., 1984, « What do Environmentalists Really Want ? », dans *16-High Country News*, 10 décembre.

# CHAPITRE VII

# ÉCOLOGIE DE MARCHÉ

L'*écologie de marché*[1] est une nouvelle discipline apparue au début de la dernière décennie et qui s'est aujourd'hui considérablement développée[2].

Ce que les théoriciens de l'*écologie de marché* ont développé, c'est, en somme, toute une théorie sur les relations intimes existant entre économie et écologie. Ces relations, d'autre part, semblent évidentes, surtout parce que l'économie n'est, dans son acception la plus moderne, que l'étude théorique des processus dynamiques d'interaction existant entre les individus[3] et que l'écologie peut être

---

[1] Nous préférons l'expression *écologie de marché* à la traduction plus littérale « *écologisme de marché libre* » (*free market environmentalism*), qui correspond au titre original du livre d'Anderson et Leal, référence obligatoire en la matière (Terry L. Anderson et Donald R. Leal, *Free Market Environmentalism*, Pacific Research Institute for Public Policy, San Francisco 1991 ; une édition espagnole vient de paraître, que j'ai préfacée : *Ecología de Mercado*, Unión Editorial, Madrid 1993). Quoique ces auteurs considèrent l'écologisme de marché comme un « *nouveau mouvement sociopolitique qui préconise la défense de la nature* » à travers le marché et la libre entreprise, son principal mérite est d'avoir favorisé, dans le cadre de la théorie économique, le développement d'une nouvelle discipline « *qui étudie la relation entre les groupes humains et leur environnement, aussi bien physique que social* » (seconde acception du terme « *écologie* », Diccionario de la Real Academia, Espasa Calpe, Madrid, édition de 1992, p. 555).

[2] De fait, et comme le signale Richard Stroup, le mouvement intellectuel en faveur de *l'écologie de marché* fait son apparition dans la deuxième moitié des années 1970 ; il est conçu par un groupe de jeunes économistes amants de la nature et attentifs à l'environnement, rattachés à l'Université de Montana, à l'Université de Californie de Los Angeles (U.C.L.A.) et au *Public Choice* Center. Ce groupe crée une discipline nouvelle, la « *Nouvelle Économie des Ressources* » (*New Natural Resource Economics*), fondée sur trois constructions théoriques différentes, mais complémentaires : premièrement, la théorie de l'École autrichienne d'économie, axée sur le processus d'interaction sociale résultant de la force créative de la fonction entrepreneuriale ; deuxièmement, les études de l'École du choix public qui analysent ce qui incite à l'action combinée des politiques, des bureaucrates et des électeurs, ses conditions et résultats ; troisièmement, la théorie économique des droits de propriété, de leur évolution, développement et fondement. Voir le travail de Richard Stroup « Natural Resource Scarcity and the Economics of Hope », publié dans *Economics and the Environment : A Reconciliation*, édité par Walter E. Block, The Fraser Institute, Canada, 1990, p. 132. La réception des idées de ce mouvement se produit en Europe à partir du séminaire organisé par Liberty Fund à Aix-en-Provence en septembre 1985, et auquel assistèrent, outre les professeurs John Baden et Richard Stroup et l'Université de Montana, l'auteur de ces lignes et d'autres économistes prestigieux, amants de la nature du continent européen. J'ai écrit, à la suite de ce séminaire, un travail pionnier en Espagne et publié en 1986 sous le titre « Derechos de propiedad y gestion privada de los recursos de la naturaleza », *Cuadernos del pensamiento liberal*, n° 2, Unión Editorial, Madrid 1986, pp. 13-30, réédité dans le vol. III de mes *Lecturas de Economía Política*, Unión Editorial, Madrid 1987, pp. 25-43. [Inclus comme chap. XXI dans ce livre].

[3] Voir mon ouvrage *Socialisme, calcul économique et fonction entrepreneuriale*, L'Harmattan, Paris 2014, pp. 34, 41 et surtout pp. 64.

définie comme « *la science qui étudie les relations des êtres vivants entre eux et avec leur milieu* »[4].

Il est donc évident que la conception des deux disciplines présente un parallélisme absolu, de même que leur objet d'étude : celui de l'économie est axé sur l'analyse du *marché* entendu comme ordre spontané de type décentralisé, et celui de l'écologie sur l'étude et le suivi des *écosystèmes* conçus, de même que le marché, comme des processus évolutifs et décentralisés où les diverses espèces s'adaptent et se modifient spontanément en fonction d'une multitude de circonstances spécifiques de temps et de lieu que personne ne peut prévoir ni connaître complètement[5].

La découverte la plus importante des théoriciens de l'écologie de marché est celle de l'existence de processus spontanés mus par la force créative de la fonction entrepreneuriale humaine, qui tendent à ce que le développement économique et social de l'espèce humaine s'adapte de manière efficiente et respectueuse aux autres espèces et éléments de l'environnement naturel. On a, en somme, découvert que les agressions les plus sérieuses faites à l'environnement naturel, les problèmes de pollution, la menace d'extinction de nombreuses espèces, la détérioration des ressources naturelles et, en général, de l'environnement, loin d'être le résultat inévitable du développement économique, du fonctionnement du marché et du système spontané d'organisation sociale fondé sur la libre entreprise, se manifestent lorsque l'État utilise la contrainte de façon systématique et institutionnelle et entrave, dans une plus ou moins large mesure, le processus spontané de coordination et d'adaptation qui naît du marché et du libre exercice de la fonction entrepreneuriale dans tous les domaines où l'individu a des relations avec ses semblables et avec les autres espèces et ressources de la nature.

Il faut souligner que les problèmes de dégradation environnementale constituent, de ce point de vue, l'un des exemples les plus typiques des effets pervers de l'exercice systématique de la contrainte ou de l'agression institutionnelle contre l'action humaine ou fonction entrepreneuriale[6]. L'exercice non contrôlé et non dirigé de l'action entrepreneuriale fait naître

---

[4] Première acception du terme *ecología* dans le Diccionario de la Real Academia, édition de 1992, op.cit., p. 555.

[5] Et même, comme l'indique Walter Block, il n'y a pas qu'une simple analogie entre le marché et les écosystèmes : les lois d'évolution et interaction dans ces processus sont très semblables ; l'on pourrait ainsi soutenir que l'écologie n'est autre qu'une partie de la science économique (d'où le terme « *écologie de marché* ») ou, si l'on préfère, que l'économie elle-même est une discipline englobée dans une autre plus large, l'écologie. Voir l'article de Walter Block « Environmental Problems, Private Rights Solutions », dans *Economics and the Environment : A Reconciliation,* op. cit., p. 289.

[6] J'ai défendu ailleurs l'idée que le socialisme devait être défini comme « *tout système d'agression institutionnelle contre le libre exercice de la fonction entrepreneuriale* » et j'ai démontré que cette agression empêchait la création et la découverte de l'information pratique nécessaire à la coordination des comportements humains et rendait donc impossible le développement de la civilisation. Lorsqu'on entrave, dans un domaine social quelconque, et en particulier dans celui des relations avec le milieu, le libre exercice de l'action humaine, il se trouve, paradoxalement, que les individus ne se rendent plus compte qu'ils agissent de manière inefficiente et incoordonnée, de sorte que de nombreux ajustements sociaux ne sont pas découverts, et les cas les plus flagrants d'agression environnementale ne sont ni découverts ni palliés.

spontanément une série d'institutions, entendues comme schémas de comportement qui, à la fois, émanent du processus entrepreneurial et le rendent possible[7]. Parmi ces institutions sociales qui, comme les écosystèmes, naissent et se développent d'une manière évolutive, décentralisée et adaptative, l'une des plus importantes est peut-être, avec le langage et la monnaie, celle que constituent le droit privé en général et en particulier, les contrats et les droits de propriété. Peu d'actions humaines, en effet, se réaliseraient si leur résultat, au lieu de demeurer la propriété de leurs auteurs, leur était enlevé de force par un tiers (par quelqu'un dont l'action ne serait pas conforme au droit), ou si l'on pouvait, dans ces actions, agresser ou léser d'autres personnes, comme cela arrive lorsqu'on ne tient pas convenablement compte du coût d'opportunité que l'on subit des couts en agissant. Il est donc essentiel, et c'est là une des bases fondamentales du tissu institutionnel du système de libre entreprise, de fixer, pour tous les biens susceptibles de devenir rares face à l'obtention d'objectifs quelconques, les droits de propriété nécessaires qui, d'un part, permettent d'internaliser les coûts externes[8] que l'action fait encourir et, d'autre part, garantissent à chaque entrepreneur, dans le cadre des normes établies par le droit de propriété, l'obtention des objectifs découverts, créés et atteints par l'action entrepreneuriale[9].

L'on comprend facilement, en observant la situation de notre environnement naturel, que c'est précisément dans les zones où il est fait obstacle à la définition et/ou défense des droits de propriété, et donc au libre exercice de la fonction entrepreneuriale soumis aux principes traditionnels du droit privé, que se produisent avec toute leur virulence les effets tragiques de détérioration et de spoliation de l'environnement si souvent dénoncés par les amants de la nature. De fait, si nous devions donner une définition théorique de l'expression d'*environnement naturel détérioré ou menacé*, nous dirions que c'est un ensemble constitué par les deux types de biens naturels suivants : d'abord, les biens qui jusqu'ici étaient relativement surabondants, mais qui commencent à

[7] La théorie du développement évolutif des institutions a pour origine l'ouvrage de Carl Menger, 1883, *Untersuchungen über die Methode der Sozialwissenschaften, und der Politischen Ökonomie insbesondere*, Duncker Humblot, Leipzig, p. 182, et mon livre *Socialismo, cálculo económico y función empresarial*, op. cit., pp. 68-73.

[8] Voir en particulier les considérations pionnières et judicieuses de Ludwig von Mises à ce sujet dans « The Limits of Property Rights and the Problems of External Costs and External Économies », paragraphe 6 du chap. XXIII de *Human Action : À Treatise on Economics*, Henry Regnery, Chicago, 3° éd., 1966 (la 1° est de 1949), pp. 614-663.

[9] Sur les principes fondamentaux du droit de propriété nécessaires pour le fonctionnement d'une économie de libre entreprise et leur application spécifique au cas des problèmes environnementaux, lire l'article suggestif de Murray N. Rothbard « Law, Property Rights and Air Pollution », inclus dans le livre *Economics and Environment : À Reconciliation*, Walter Block (éd.), op. cit., pp. 233-279. Dans cet intéressant article, Rothbard défend et développe l'application des principes traditionnels du droit de propriété, apparus de manière évolutive et entrepreneuriale, aux circonstances nouvelles qui se manifestent de façon imprévue. Il les dégage de leurs impuretés historiques et de leurs vices logiques, et propose leur application aux réalités nouvelles liées à l'évolution de la civilisation. Rothbard explique ainsi les avantages qu'il y aurait, par exemple, à privatiser les routes, les couloirs aériens, les usages de la mer, de l'air et du sous-sol. Et il indique de manière très ingénieuse et imaginative, comment cette privatisation pourrait et devrait être réalisée techniquement et juridiquement.

faire défaut pour certaines actions concrètes. Ce sont donc les biens qui se situent à la *frontière* entre les « *biens libres* » et les biens relativement rares du point de vue de la satisfaction de besoins humains et qu'il faut forcément allouer. Or, dans la mesure où on empêche la définition de droits de propriété pour ces « *biens frontières* », comme cela s'est souvent produit pour les biens traditionnellement libres devenus rares (Anderson mentionne le cas des prairies de l'Ouest américain au XIX siècle), il se produira inexorablement cet effet tragique de surexploitation ou de détérioration que Garrett Hardin a appelé « *tragédie des biens communs* »[10]. La seconde catégorie de biens est constituée par tous ceux qui sont *déjà* rares, mais auxquels l'État a interdit l'extension du droit contractuel privé et du droit de propriété, et sont donc considérés, du point de vue juridico-administratif, comme des « *biens publics* ».

L'origine de ces deux sortes de biens, inexorablement liés à une surexploitation de l'environnement naturel, est double : soit la concession par l'État d'un privilège à certaines entités privées, leur permettant de violer impunément les droits de propriété d'autrui (c'est le cas de nombreux industriels pollueurs, protégés des conséquences de leur agression sous prétexte d'une défense mal comprise du progrès industriel) ; soit le développement d'une doctrine erronée des « *biens publics* »[11] concernant certaines ressources rares, qui justifie le frein mis à leur privatisation spontanée, bloque l'esprit

---

[10] Bien que l'expression littérale soit de Garrett Hardin, la première analyse du phénomène de la « *tragédie des biens communs* » a été réalisée par Mises en 1940 dans son écrit « Die Grenzen des Sondereigentums and das Problem der external costs und external economies », paragraphe VI du chap. 10 de la partie IV de *Nationalökonomie : Theorie des Handelns und Wirtschaftens*, Editions Union, Genève 1940, 2° éd. Philosophia Verlag, Munich 1980, pp. 599-605. L'apport de G. Hardin « The Tragedy of the Commons » fut publié presque 30 ans plus tard dans *Science*, décembre 1968, et réédité aux pp. 16-30 du livre *Managing the Commons*, Garrett Hardin et John Baden (éd.), Freeman & Co., San Francisco 1970. L'analyse d'Hardin est à peine supérieure à celle de Mises et aboutit, en outre, à des conclusions néomalthusiennes que nous ne pouvons pas partager et qui montrent qu'Hardin est plus un biologiste qu'un économiste. Il ignore, en particulier, le fait que d'avoir de nouveaux enfants implique un coût que les parents escomptent *a priori*, de façon plus ou moins explicite. J'ai également démontré que l'accroissement de la population était la condition nécessaire à tout développement économique et social et que le problème des sociétés sous-développées actuelles est lié, plus qu'à la population, à l'imposition forcée d'institutions et de systèmes économiques qui ne permettent ni l'exercice créatif de la capacité entrepreneuriale ni le développement coordonné de marchés libres et efficients (socialisme et interventionnisme). Voir mon ouvrage *Socialismo económico y función empresarial*, op. cit., pp. 80-83.

[11] Comme l'indique Mises (*La acción humana*, op. cit., p. 917), le problème des biens publics naît de l'existence de *profits externes* dans le cas des biens offerts conjointement et sans rivalité de consommation. Il a donc sa propre identité, complètement différente de celle des cas de *coûts externes* qui apparaissent chaque fois qu'on empêche la définition et/ou défense de droits de propriété concernant les ressources naturelles, provoquant ainsi la « *tragédie des biens communs* ». Il est donc incorrect d'appliquer le concept de « *bien public* » au problème de la détérioration environnementale qui nous occupe ici. J'ai défendu ailleurs, incidemment, que l'ensemble des biens publics tendait à se vider dans une économie non dirigée et que l'on ne pouvait pas utiliser l'analyse statique de son existence supposée pour justifier l'existence de l'État. Voir *Socialismo, cálculo económico y función empresarial*, op. cit., pp. 36-37.

d'entreprise nécessaire à leur utilisation correcte et rend impossible la découverte et introduction des innovations technologiques indispensables pour la définition et défense des droits de propriété correspondants.

Ainsi est détruite la force de la fonction entrepreneuriale, son énergie et son esprit créatif dévié de façon perverse. Premièrement, il est clair que les problèmes environnementaux sont un cas particulier qui illustre parfaitement le théorème de l'impossibilité du calcul économique socialiste, le socialisme étant entendu comme le système contraignant qui empêche systématiquement, de façon plus ou moins étendue, le libre exercice de l'action entrepreneuriale. En effet, l'existence de zones réservées au domaine public empêche, en premier lieu, le *calcul économique* nécessaire pour allouer les ressources en connaissance de cause[12]. Par calcul économique, il faut entendre tout jugement estimatif portant sur la valeur des différents plans d'action. De sorte que si le fonctionnement du marché libre est entravé et les droits de propriété ne sont pas déterminés, l'information nécessaire pour agir de façon rationnelle ne pourra pas se créer et même les écologistes les plus radicaux ne seront pas sûrs que les mesures qu'ils préconisent ne vont pas provoquer des dommages environnementaux encore plus importants que ceux qu'ils essaient d'éviter. Comment pouvons-nous, par exemple, être sûrs que l'établissement obligatoire de stations d'épuration de $SO_2$ pour des usines qui utilisent du charbon ne supposera pas un coût supérieur pour l'environnement ? Car il est possible que le coût d'installation de ces stations soit très supérieur, du point de vue des ressources économiques et environnementales, à celui d'autres options. Options qui pourraient être découvertes si, dans le cadre de droits de propriété bien définis et protégés, on laissait agir la fonction entrepreneuriale (l'on pourrait par exemple, au lieu d'installer des stations d'épuration, utiliser du charbon moins riche en sulfure).

Deuxièmement, l'extension du concept juridique de bien public aux ressources naturelles non seulement empêche, comme nous l'avons vu, le calcul économique rationnel, mais dévie de façon perverse l'exercice de l'action entrepreneuriale, en modifiant de manière généralisée les stimulants qui meuvent les entrepreneurs. Il est clair qu'en déclarant que l'air est un bien public, on empêche la définition de droits de propriété sur celui-ci et quiconque peut le polluer plus ou moins. Cela crée, pour tous les entrepreneurs, une incitation à polluer, puisque ceux qui ont des scrupules écologiques et décident d'installer une station d'épuration vont augmenter leurs coûts et ne pourront pas faire concurrence à ceux qui se contentent de salir l'air ; ils seront, de cette manière, expulsés de leur affaire. Ainsi s'explique à nouveau le phénomène de la « *tragédie des biens communs* » qui menace tous les domaines dans lesquels l'exercice de l'action entrepreneuriale n'est pas permis, les droits de propriété ne sont pas définis ou correctement défendus ou le libre fonctionnement du marché est soumis à un contrôle contraignant. Car, pour n'importe quel bien déclaré public, chaque acteur internalise la totalité des profits découlant de son

[12] « *Le calcul économique devient, à coup sûr, faux et trompeur là où la proportion des coûts externes est importante. Cette réalité lamentable ne peut nullement être attribuée à une soi-disant déficience du système de propriété privée des moyens de production. Elle vient, au contraire, de ce que l'organisation sociale mentionnée n'a pas été implantée avec la rigueur suffisante. Tous ces inconvénients répétés disparaîtraient avec une réforme opportune de la réclamation de dommages et intérêts et l'abolition des obstacles qui entravent la pleine implantation du droit de propriété privée* » (Ludwig von Mises, *La acción humana : Tratado de economía*, op. cit., p. 957).

utilisation, sans assumer la totalité des coûts encourus ni en être responsable. Ces coûts ne se voient pas et ne sont pas découverts; ils atteignent de façon diluée tous les usagers potentiels présents et futurs, de sorte qu'il y aura toujours incitation à la détérioration et à la surexploitation. Comme dit le refrain, « *ce qui est à tous n'est à personne* ». En effet, le braconnier, par exemple, a tout intérêt à chasser aujourd'hui le buffle ou l'éléphant dont il veut prendre la peau ou les défenses, car s'il ne le fait pas, il est probable qu'un autre le fera demain. Le résultat inexorable du domaine public est la disparition de l'éléphant, du buffle, de la baleine ou de la ressource naturelle publique concernée.

Par ailleurs, il ne sert pas à grand-chose de maintenir le caractère commun du bien sans définir de droits de propriété sur lui, mais en établissant les conditions de son utilisation par voie réglementaire. Cela est dû au fait que le fonctionnement des systèmes politiques est nettement inefficient, comme l'a démontré en détail l'analyse théorique de l'École du choix public. Les décisions gouvernementales remplacent le libre réseau de contrats volontaires avantageux pour toutes les parties (s'ils ne l'étaient pas, ils n'existeraient pas), par la lutte politique entre groupes d'intérêt, où ce que les uns gagnent les autres le perdent («*jeux à somme nulle*»). La gestion publique se compose d'un amas législatif incompréhensible qui rend terriblement inefficace la gestion des ressources, non seulement parce qu'il est le résultat du consensus politique, mais aussi à cause de son caractère arbitraire et surtout de l'état d'ignorance inévitable dans lequel se trouve toujours le législateur ou gouvernant par rapport aux acteurs individuels. L'information concernant tout phénomène de la société, et en particulier les espèces et ressources naturelles, est, en effet, une information privée, éparpillée, subjective et difficilement exprimable, qui varie en fonction des coordonnées concrètes de temps et de lieu, et ne peut être connue, c'est-à-dire découverte et interprétée, que par chaque entrepreneur individuel dans le cadre de son action. C'est pourquoi non seulement il est impossible de transférer telle information à l'organe gouvernemental de contrôle, mais l'intervention contraignante de l'Administration empêche l'exercice de l'action entrepreneuriale, bloquant ainsi l'apparition de l'information nécessaire pour allouer et gérer correctement les ressources naturelles. Comment pourrons-nous savoir, par exemple, quelle sorte et quelle composition de couches pour enfant sont les plus indiquées d'un point de vue écologique ? Comme l'enlèvement et le traitement des ordures sont une responsabilité du gouvernement qui se finance par des impôts, les consommateurs ne peuvent pas internaliser les coûts de traitement des divers types d'ordures. Ainsi, les producteurs de couches ne s'intéressent pas aux qualités environnementales de leur produit, et il en va de même, sans que nous nous en rendions compte, dans tous les autres domaines où l'État intervient[13].

---

[13] De plus, les défenseurs de la théorie des biens publics tombent dans une contradiction logique irrésoluble lorsqu'ils prétendent résoudre le problème de la gestion de ces biens à l'aide du système politique démocratique. Car on prétend alors résoudre un problème d'« *effets externes* » en en créant un autre de même nature et beaucoup plus important. En effet, comme l'effort de s'informer sur les affaires politiques, d'agir et de voter en connaissance de cause profite à toute la communauté, tout en supposant un coût individuel élevé pour chaque acteur, il se produit un cas typique d'effets positifs externes qui fait que les individus se désintéressent

Comment se résoudront donc les problèmes environnementaux qui nous assaillent aujourd'hui ? Les théoriciens de l'écologie de marché ont le grand mérite d'insister sur le fait que les seules solutions véritables et définitives que l'on puisse donner aux problèmes environnementaux sont de type institutionnel. Autrement dit, l'important est de mettre en fonctionnement les processus entrepreneuriaux tendant à résoudre le problème. Cela signifie qu'on ne peut pas donner de recettes concrètes et spécifiques de type technique, puisqu'elles devront être découvertes, à partir des circonstances particulières de temps et de lieu de chaque problème environnemental, par la force de la fonction entrepreneuriale, dans un contexte de libre entreprise et de définition et défense correctes des droits de propriété[14]. Car seule la créativité entrepreneuriale pourra trouver des solutions permettant d'introduire les innovations technologiques nécessaires à la définition et défense des droits de propriété dans des domaines où cela n'a pas encore été possible. Par exemple, l'on pourra être surpris d'entendre parler de routes privées, mais c'est une possibilité parfaitement réalisable d'un point de vue technique et qui augmenterait considérablement non seulement la sécurité, mais aussi la propreté de l'air dans ces espaces. L'on peut analyser systématiquement, de la même manière, les problèmes que posent les différents biens naturels, aussi bien ceux qui concernent les parcs naturels que ceux touchant à l'eau, l'air, les ordures, la pollution et les espèces en danger de disparition. Et l'on peut appliquer à tous ces domaines la théorie dynamique de processus fondée sur la fonction entrepreneuriale et noter les solutions possibles que les entrepreneurs, par analogie avec ce que l'action entrepreneuriale a déjà créé dans des domaines semblables, ou parce qu'on commence timidement à les concevoir, pourraient développer et introduire afin de résoudre de manière effective les problèmes qui se présentent aujourd'hui[15].

---

généralement des processus démocratiques, tendent à ne pas s'informer convenablement et à ne pas y participer. Comment les démocrates résoudront-ils cette contradiction inhérente à leur système ? En justifiant l'emploi de la contrainte institutionnelle contre les citoyens pour qu'ils s'informent et votent dans le système démocratique ? Cela ne supposerait-il pas la mort du système démocratique et l'apparition d'une dictature inflexible ? Il n'est pas évident d'essayer à définir et de gérer les biens publics à travers des processus politiques crée un problème de bien public beaucoup plus grand, qui ne peut être résolu par des moyens politiques.

[14] D'après Kirzner, en effet, nous ne pouvons pas disposer aujourd'hui de la connaissance qui ne sera créée que demain par les entrepreneurs qui, agissant dans un contexte institutionnel adéquat, essaient de résoudre les problèmes et d'affronter les défis concernant l'environnement. Mais ce qui précisément nous empêche de connaître les solutions concrètes qui seront adoptées (la fonction entrepreneuriale) nous donne, paradoxalement, la certitude que l'on adoptera, chaque fois, les solutions les mieux adaptées aux problèmes environnementaux. Voir Israel M. Kirzner, 1985, *Discovery and the Capitalist Process*, The University of Chicago Press, Chicago, p. 168

[15] L'on peut considérer également, de façon temporaire et subsidiaire, des solutions de *second rang* pour les domaines où la privatisation paraît moins facile, et qui sont en général liés à la création de marchés de *permis* ou droits de polluer, de capturer certaines espèces, etc. Ce système serait beaucoup plus efficient que ceux utilisés actuellement, quoiqu'il laisse une grande place à l'intervention bureaucratique pour la fixation, par exemple, de la quantité totale de pollution ou de pêche possible. Il faut, en tout cas, souligner que les solutions de second rang doivent toujours être mises en application de

Par conséquent, la stratégie pratique visant à défendre l'environnement naturel se fonde surtout sur la privatisation des biens publics, et sur une redéfinition du rôle de l'État qui devrait consacrer tous ses efforts à la promotion de la définition et la défense des droits de propriété, aussi bien des biens publics rares que des « *biens frontières* », libres jusqu'ici, mais devenant rares[16]. Permettre la définition de droits de propriété, établir un système judiciaire efficace et défendre correctement les droits de propriété bien définis sont les mesures les plus importantes et urgentes que doit adopter le gouvernement s'il veut conserver et améliorer l'environnement naturel[17]. La nouvelle théorie de l'*écologie de marché* a, en somme, montré que, d'un point de vue théorique, le système de domaine public ne se justifiait pas pour l'environnement naturel. Les problèmes peuvent soi-disant justifier son existence incitent fortement à une solution utilisant la créativité entrepreneuriale. Dans cette perspective dynamique, quand des circonstances font apparaître un bien commun, les forces spontanées qui tendent à les éliminer se mettent en mouvement, en sorte que l'ensemble de ce type de biens publics tend aussi théoriquement à se vider[18].

J'achève ces lignes à Formentor, qui présente l'un des plus beaux écosystèmes de notre géographie. En observant la réalité qui m'entoure, la surexploitation du bois par les embarcations, les incendies forestiers qui mettent en danger l'existence de milliers de pins, les plages bigarrées et les eaux qui, même encore propres, sont de plus en plus menacées, je me rends compte, en appliquant la théorie de l'*écologie de marché*, que ce milieu privilégié de Majorque ne pourra se maintenir libre d'abus, soigné et pur pour les générations futures que si l'on permet son exploitation suivant les critères propres au marché libre et si la privatisation complète de toutes les ressources naturelles impliquées se

---

façon temporaire et subsidiaire, et de ne pas oublier que l'objectif fondamental est de permettre l'exercice de la libre entreprise afin qu'elle découvre de façon créative les innovations et solutions techniques nécessaires pour définir et défendre correctement les droits de propriété correspondants.

16 Il est décourageant de constater que la tendance a été jusqu'à présent, en Espagne, exactement la contraire de celle qu'indiquent les conclusions de l'écologie de marché. Il suffit de rappeler la Ley de Aguas (Loi des Eaux), promulguée par le gouvernement socialiste, qui élimina les droits de propriété existants sur les eaux souterraines. Nous souhaitons que cette tendance change dans le futur, surtout dans les Administrations non socialistes, locales ou régionales, qui voudront étudier de façon moins dogmatique les problèmes de l'environnement. Il serait ainsi très facile de privatiser de nombreux biens publics dont la gestion serait considérablement améliorée par la privatisation (parcs zoologiques, parcs naturels, services d'enlèvement des ordures, etc.). L'introduction de solutions de second rang serait relativement aussi facile dans le cas, par exemple, des droits de pollution des chauffages au charbon et au fuel des édifices des capitales d'Espagne, en particulier de Madrid.

17 Le principe politique essentiel à défendre n'est donc pas : « *que paie celui qui pollue* », comme l'ont maladroitement défendu les programmes politiques de centre-droit, mais le suivant : « *que celui qui pollue indemnise la victime de la contamination et soit, éventuellement, sanctionné pénalement s'il y a eu faute ou négligence et s'il n'y a pas eu de transaction volontaire avec les victimes* ».

18 La théorie de l'*écologie de marché* présente un autre grand avantage : elle démolit toute l'analyse fondée sur le *développement soutenable*, prépondérant jusqu'ici chez de nombreux écologistes naïfs et spécialistes de la nature peu experts en économie.

réalise, de façon à ce qu'elles se transforment en droits de propriété bien définis et défendus par les organismes publics. C'est à cette conclusion, à laquelle j'ai moi-même abouti à l'instar des théoriciens de l'*écologie de marché*, qu'arriveront, nous en sommes sûrs, tous les amants de la nature qui liront ce livre avec une mentalité ouverte.

# CHAPITRE VIII

# THÉORIE DU NATIONALISME LIBÉRAL*

## INTRODUCTION

Le problème du *nationalisme* et l'existence de *nations* produisent, en général, un grand embarras chez les penseurs libéraux d'aujourd'hui. On reconnaît, d'une part, que le nationalisme a joué un rôle important et salutaire en favorisant la chute des régimes communistes de l'Europe de l'Est et en s'opposant souvent, au cours de l'histoire, à l'étatisme interventionniste et centralisateur. En outre, de grands leaders libéraux européens ont récemment défendu le rôle de la *nation* en tant qu'élément d´équilibre insubstituable face aux tendances interventionnistes et centralisatrices qui sont, par exemple, évidentes dans le processus d'unification de l'Europe. Enfin, on observe dans de nombreuses circonstances que la décentralisation nationaliste met en marche un processus spontané de concurrence pour réduire les mesures de régulation et d'interventionnisme qui, pour la plupart, émanent des organes centraux du pouvoir étatique[1].

Cependant, et d'autre part, on reconnaît aussi que le nationalisme a souvent eu d'importantes conséquences contraires à la liberté des individus. Ainsi, sans avoir besoin de rappeler la tragédie que supposa l'essor du national-socialisme en Allemagne et en Italie, il est facile d'évoquer celle de la guerre qui oppose les nations de l'ancienne Yougoslavie ou, par exemple, l'atteinte à la liberté de nombreux citoyens réalisée, en matière d'éducation, par le gouvernement catalan actuel.

La nécessité d'une théorie sur le nationalisme qui permette d'expliquer ces problèmes, et aux libéraux d'adopter une position cohérente sur le problème que posent le concept de nation, le nationalisme et la relation entre les différentes nations semble donc évidente.

## 1. Concept et caractéristiques de la nation

L'on peut définir la nation comme un sous-ensemble de la société civile. C'est un ordre spontané et vivant d'interactions humaines, constitué par des comportements réglés de nature linguistique, culturelle, historique, religieuse et, dans une moindre mesure, raciale. Parmi toutes les habitudes de comportement qui constituent l'essence nationale, la langue que partagent les membres du

---

*Je dédie cet article à mon bon ami Alejo Vidal-Quadras, grand catalan, grand espagnol et grand libéral. Je remercie Mario Vargas Llosa pour ses suggestions et commentaires précieux concernant ce travail.

[1] Par exemple, il faut signaler que le fisc de la Communauté basque, à l'exemple de la Communauté forale de Navarre, a éliminé de fait l'imposition des successions entre parents, ce qui suppose une amélioration considérable de la situation de ces habitants par rapport au reste des Espagnols.

groupe national doit être particulièrement prise en considération, car elle constitue l'une des manifestations les plus importantes de l'identité nationale.

L'essence du concept de nation que nous venons de décrire s'adapte parfaitement à la théorie sur l'origine, la nature et le développement des institutions sociales que l'on doit à l'École autrichienne d'économie[2]. L'École autrichienne explique, en effet, l'apparition et l'évolution spontanée des institutions sociales (éthiques, morales, économiques et linguistiques), résultats d'un processus décentralisé d'interactions humaines, mené par les hommes qui font preuve, dans chaque circonstance historique, de plus de perspicacité entrepreneuriale pour découvrir les comportements permettant le mieux d'atteindre leurs objectifs particuliers. Ces comportements qui se manifestent au cours d'un processus social d'essai et erreur, au travers de mécanismes sociaux d'apprentissage et d'imitation, s'étendent à tout le corps social. Cela veut dire que les institutions sociales subissent un processus d'évolution constante. Et, en particulier, la nation et toutes les manifestations linguistiques et culturelles qui la constituent sont perpétuellement en situation de changement, chevauchement et concurrence avec d'autres ordres nationaux. Ceux-ci aussi, et de façon continue, apparaissent, croissent, se développent et, éventuellement, peuvent se paralyser ou même disparaître, absorbés par d'autres nationalités et langues plus avancées, plus riches ou plus importantes. Les nations ne sont, en somme, que des réalités sociales évolutives, essentiellement unies par une langue commune et d'autres caractéristiques historiques ou culturelles. Elles apparaissent de manière spontanée et sélective et concourent dans un « *marché* » beaucoup plus vaste (de dimension mondiale) de nations, sans qu'on puisse savoir *a priori* quel sera le destin historique de chaque nation ni encore moins quelles nations concrètes seront prépondérantes ou subsisteront dans le futur[3].

Il est important de reconnaître les relations étroites existant entre les institutions juridiques, économiques et le sous-ensemble de la société civile que nous avons appelé *nation*. La société, en effet, n'est qu'un processus très complexe d'interactions humaines, qui sont essentiellement des relations d'échange réalisées par les individus à l'aide d'un langage souvent commun, substrat fondamental de toute nation. En outre, les interactions s'effectuent d'après certaines normes, ou règles de conduite qui constituent non seulement

---

[2] Sur la théorie autrichienne des institutions sociales et le concept de société, entendue comme un processus spontané, l'on peut consulter Jesús Huerta de Soto, 1992, *Socialismo, cálculo económico y función empresarial*, Unión Editorial, Madrid, en particulier pp. 68-73 et 84-85.

[3] Sur la considération des nations en tant qu'ordres spontanés ou sous-ensembles de la société civile qui concourent dans le processus social avec d'autres ordres nationaux, consulter le livre de Ludwig von Mises, *Nation, State and Economy : Contributions to the Politics and History of our Time*, New York University Press, New York et Londres 1983. Ce livre est la traduction anglaise de celui publié par Mises juste après la Première Guerre mondiale et intitulé *Nation, Staat und Wirtschaft : Beiträge zur Politik und Geschichte der Zeit*, Manzsche Verlags-und Universitäts-Buchhandlung, Vienne et Leipzig 1919. Les idées suggestives de Mises sur le nationalisme furent développées par la suite dans son livre remarquable *Omnipotent Government : The Rise of the Total State and Total War*, Arlington House, New York 1969 (la première édition est de 1944 et a été publiée par Yale University Press. Ludwig von Mises fut un témoin particulièrement qualifié des graves évènements qui se terminèrent par les deux guerres mondiales et qu'il explique et commente, avec sa perspicacité habituelle, dans les livres cités.

le droit au sens matériel, mais tout un ensemble de comportements réglés de type moral, de normes d'éducation, de courtoisie, d'usages vestimentaires, de croyances, etc., qui, en définitive, sont englobés dans le concept de nation. Les groupes sociaux qui adoptent les comportements réglés les plus adaptés à l'obtention des objectifs qu'ils poursuivent prennent le dessus sur les autres, au cours d'un processus sélectif et spontané qui est en perpétuelle évolution. L'homme ne dispose pas de l'information nécessaire pour planifier consciemment ces processus sociaux complexes, car ceux-ci supposent un volume énorme d'information et de connaissances pratiques, lequel est constitué par tout ce que les individus apprennent et découvrent continuellement. C'est pourquoi l'utilisation de la contrainte ou de la violence physique pour imposer certains comportements réglés de type national est condamnée à l'échec ; et cela, pour les mêmes raisons que celles qui empêchent, d'un point de vue théorique, la coordination de la vie en société par des ordres coercitifs. Autrement dit, le théorème de l'impossibilité du socialisme découvert par les théoriciens de l'École autrichienne (Mises et Hayek) est pleinement applicable à la volonté d'imposer par la violence un certain résultat du processus social dans le domaine des nationalités.

L'explication précédente, jointe au caractère constamment dynamique de la réalité nationale, empêche d'admettre le principe selon lequel à chaque nation doit correspondre un État politique à frontières fixes et déterminées. Si nous considérons, en effet, la nation comme un sous-ensemble de la société civile en processus constant d'évolution et d'expérimentation, il est évident qu'il y aura toujours une masse importante d'individus en processus d'expérimentation nationale, c'est-à-dire plus ou moins influencée par divers comportements nationaux, sans qu'on puisse savoir s'ils finiront par s'intégrer à la culture et à la langue d'une nation ou d'une autre, ou par en constituer une nouvelle. L'on sait que les nations se trouvent toujours en état de concurrence, de changement, d'évolution et de chevauchement. Il s'en suit qu'en concevant la nationalité comme une réalité historique de caractère dynamique, on ne peut pas la rattacher de façon rigide à un espace géographique déterminé. Toute tentative visant à fixer par la violence, dans des frontières préétablies, une réalité aussi changeante et sociale que celle de la nation n'engendrera que des guerres et des conflits irrésolubles, très coûteux humainement et socialement, qui mettront finalement en danger l'existence même de la réalité nationale. Les nationalités considérées comme des sous-ensembles de la société civile ne peuvent, au contraire, survivre que dans le cadre d'un processus concurrentiel *international* se développant dans une ambiance de liberté dont nous analysons les principes régulateurs essentiels au paragraphe suivant.

## 2. Principes essentiels du nationalisme libéral

Trois principes essentiels doivent régir une relation saine, pacifique et harmonieuse entre les différentes nations : le principe d'autodétermination, celui de la liberté totale du commerce entre les nations, et celui de la liberté d'émigration et d'immigration.

Le *principe d'autodétermination* signifie que chaque groupe national doit pouvoir, à tout moment, décider librement de quel État politique il veut faire partie. Autrement dit, chaque sous-ensemble de la société civile doit être libre de décider à quel groupe politique il veut appartenir. Ainsi, il est possible qu'une même nation se trouve, en fonction de la volonté librement exprimée par ses membres, dispersée dans divers États. C'est ce qui se produit, par exemple, dans le cas de la nation anglo-saxonne, qui est peut-être actuellement la plus avancée, vivante et productive, et se trouve dispersée dans divers États politiques, parmi lesquels les États-Unis et le Royaume-Uni sont les plus importants. Il faut citer aussi l'exemple de la nation de langue allemande : plus de cent millions de ses membres sont répartis dans trois États européens, l'Allemagne, l'Autriche et une partie de la Suisse.

Il est possible également que diverses nations décident de former un même État. Ainsi, la Suisse comprend une série de cantons qui appartiennent à trois nations différentes : allemande, française et italienne. De même, dans le cas de l'Espagne, il faudrait considérer l'existence d'au moins trois groupes nationaux, le castillan, le catalan et le basque[4].

En ce qui concerne le principe d'autodétermination, il faut apporter, cependant, deux précisions. Premièrement, la décision de faire ou non partie d'un certain État politique n'est pas forcément une décision explicite (quoiqu'en certaines circonstances, une sécession puisse être décidée par voie de référendum, comme cela s'est produit récemment pour les nations tchèque et slovaque). Souvent, la décision de faire partie d'un État se manifeste de façon coutumière, c'est-à-dire par la volonté implicite maintenue dans le temps par la majorité des membres d'une certaine nation de s'intégrer dans un État et d'y vivre. Deuxièmement, le principe d'autodétermination ne suppose pas seulement la possibilité pour les individus qui résident dans un certain milieu géographique de décider, à la majorité, s'ils veulent être dans un État donné en fonction de leur choix national ; un tel principe doit s'appliquer de façon générale à tous les niveaux et pour tous les sous-ensembles de la société civile, qu'il y ait ou non entre eux un lien de type national. Cela veut dire deux choses : d'une part, le fait que des nations décident librement de se disperser dans différents États est parfaitement compatible avec le principe d'autodétermination et, d'autre part, il faut accepter qu'à l'intérieur d'une même nation et d'un même État, des groupes minoritaires décident de leur sécession, séparation ou intégration dans un autre État en fonction de leurs intérêts particuliers. Il est donc nécessaire d'éviter qu'un groupe national qui a décidé de se séparer d'un État où il était en minorité fasse usage à son tour de la politique de contrainte systématique qu'il subissait auparavant pour soumettre d'autres groupes nationaux minoritaires se trouvant dans son sein.

Le second principe essentiel devant régir la relation entre les différentes nations est celui de la complète *liberté de commerce* entre elles. Si les nations, en effet, s'obstinent à fixer entre elles des frontières géographiques, en entravant la liberté du commerce et en prenant des mesures protectionnistes, alors leur économie et leur société devront inévitablement s'organiser sur la base du

---

[4] Peut-être le diagnostic de Fernando Pessoa est-il plus exact. Il considère qu'il existe en Ibérie trois nations différentes, la Castille, la Catalogne et la nation galaïco-portugaise, intégrées dans des États différents : l'Espagne et le Portugal. Pessoa ne parle pas de la nation basque, peut être parce qu'il la considère comme une nation en rétrogression, presque disparue et intégrée dans d'autres. Voir ses articles « Para o ensaio 'Iberia' » et « Principios do Nacionalismo Liberal », inclus dans Fernando Pessoa, 1986, *Obra Poética e em Prosa*, vol. III, Lello & Irmâo Editores, Oporto, pp. 979-1009 et 1125-1136.

principe d'autarchie. L'autarchie n'est pas viable du point de vue économique parce qu'étant donné le haut degré de développement de la division internationale du travail, aucune zone géographique ne dispose aujourd'hui de toutes les ressources nécessaires pour maintenir une économie moderne. Ainsi, une nation protectionniste serait constamment obligée de forcer l'expansion de ses frontières afin d'obtenir plus de ressources économiques, matérielles et humaines. Cela signifie que le protectionnisme dans le domaine national fait inévitablement apparaître la logique du conflit et de la guerre, laquelle se justifie pour élargir les frontières et gagner des marchés et des ressources productives. En définitive, le protectionnisme national détruit donc et sacrifie les réalités nationales elles-mêmes dans une guerre inévitable de toutes les nations contre toutes les nations. On comprend facilement que les grands conflits belliqueux soient toujours nés du nationalisme protectionniste et que, d'autre part, les conflits nationaux que nous connaissons aujourd'hui (Yougoslavie, Moyen-Orient, etc.) disparaîtraient s'il s'instaurait un marché commun permettant une liberté complète du commerce entre toutes les nations impliquées.

Il faut, dans le cadre de ce principe, tenir compte de la loi économique suivante : toutes circonstances égales, plus une nation appartient à un État politique de petite dimension, plus il lui sera difficile d'imposer le protectionnisme centraliste créateur de conflits belliqueux et plus elle sera obligée d'accepter la liberté du commerce. Car, plus l'État en question est petit, plus ses habitants sentiront l'impossibilité d'accéder aux marchés et ressources de l'étranger si la liberté du commerce n'est pas totale. Au contraire, plus l'organisation étatique sera géographiquement et humainement importante, plus l'organisation d'une économie autarchique sera facile à organiser, sans que les habitants puissent identifier tout ce que l'absence de liberté du commerce leur fait perdre. Cette loi économique importante est, sans aucun doute, un argument *prima facie* en faveur de la décentralisation et de la localisation politique des nations en unités administratives le plus petites possible[5].

Premièrement, la liberté du commerce n'est pas suffisante sans l'existence parallèle d'une complète *liberté d'émigration et immigration.* Si cette liberté n'existe pas, d'importantes inégalités de revenu entre groupes sociaux peuvent se maintenir de façon continue ; inégalités liées à l'existence d'un monopole protectionniste dans le marché du travail (constitué précisément par les frontières et régulations qui empêchent la liberté d'immigration). Et tout cela peut donner lieu à d'importants troubles et violences entre ces groupes sociaux. Cela étant, la liberté d'émigration et immigration doit être, à son tour, soumise à une série de règles et principes qui empêchent qu'on l'utilise à des fins coercitives et interventionnistes contraires à la libre interaction entre les nations. Ainsi, l'immigration ne doit pas être subventionnée par l'« *État-providence* ». Ceux qui immigrent doivent le faire à leurs propres risques. Sinon, les transferts forcés de revenu de certains groupes sociaux à d'autres attireront comme un aimant une immigration artificielle qui non seulement fera échouer les processus redistributifs, mais entraînera en outre de graves conflits sociaux. On comprend parfaitement la grande menace que constitue l'immigration pour l'« *État-providence* », et que celui-ci soit le principal responsable, aux temps

[5] Voir, en ce sens, l'intéressant article de Hoppe, H.-H., 1993, « Against Centralization », publié dans *The Salisbury Review*, juin pp. 26-28.

modernes, de l'érection de murs face à l'immigration. La seule solution pour une coopération pacifique des nations consiste, donc, dans le démantèlement de l'« *État-providence* » et l'établissement d'une liberté complète d'immigration[6].

Deuxièmement, la liberté d'émigration ne doit en aucun cas impliquer la concession rapide du droit de vote aux émigrants ; cela, afin d'éviter une exploitation politique de la part des nationalités impliquées dans les flux d'émigration. Ceux qui émigrent doivent savoir qu'ils s'installent dans un nouveau milieu culturel, où ils amélioreront probablement leurs conditions de vie, mais sans avoir le droit d'utiliser les mécanismes de la contrainte politique (concrétisés par le vote démocratique) pour intervenir et modifier les processus spontanés des marchés nationaux où ils arrivent. Ce n'est qu'au bout d'une longue période et après avoir constaté qu'ils ont pleinement assimilé les principes culturels de la société réceptrice, que l'on pourra alors envisager de leur donner le droit de vote[7].

Troisièmement, les émigrants ou immigrants doivent pouvoir démontrer qu'ils entrent dans le groupe social qui les reçoit pour y apporter leur capacité de travail, leur savoir technique ou entrepreneurial. Autrement dit, qu'ils vont avoir des moyens d'existence indépendante, ne constitueront pas une charge pour l'assistance publique et pourront, en principe, se suffire à eux-mêmes.

Et, quatrièmement, le principe le plus important qui doit présider à l'émigration : les émigrants doivent respecter scrupuleusement, en général, le droit matériel (en particulier, pénal) du groupe social qui les reçoit et, en particulier, le droit de propriété privée en vigueur dans cette société. On évitera ainsi les phénomènes d'occupation massive (comme, par exemple, celui des *favelas* au Brésil construites sur des terrains appartenant à des tiers). Car les problèmes les plus visibles de l'immigration découlent généralement de l'absence préexistante d'une définition claire et/ou d'une défense des droits de propriété impliqués. De sorte que ceux qui arrivent causent inévitablement une grande quantité de coûts externes aux résidents, ce qui fait naître des poussées de xénophobie et de violence très coûteuses socialement. Ces conflits se réduisent et disparaissent totalement précisément dans la mesure où progresse le processus de privatisation de toutes les ressources du corps social.

### 3. Avantages économiques et sociaux du nationalisme libéral

Si les principes expliqués au paragraphe précédent sont respectés, les idées de nation et de nationalité, loin de nuire au processus d'interaction sociale, sont très positives du point de vue libéral, car elles enrichissent, renforcent et approfondissent le processus spontané et pacifique de coopération sociale. Considérons, par exemple, un milieu où s'appliquent les trois principes

---

[6] Sur les conséquences bénéfiques de l'accroissement de la population et de l'immigration, consulter les travaux de Julian L. Simon, 1990, et, en particulier, *Population Matters : People, Resources, Environment and Immigration*, Transaction Publishers, Londres.

[7] C'est dans cette situation que se trouve la plupart de la population de la Catalogne et, surtout, du Pays basque ; sa nationalité est fondamentalement castillane et personne ne peut mettre en doute ses droits politiques, car elle réside dans ces régions depuis de longues années, et même des générations.

fondamentaux cités et, en particulier, les principes de liberté du commerce et liberté d'émigration, comme c'est le cas de l'actuelle Communauté économique européenne (aujourd'hui Union européenne). Il est clair que, dans ce milieu, aucun État-nation ne peut à lui seul adopter de mesures interventionnistes ou de contrainte institutionnelle. Ainsi, nous observons qu'en Europe le nationalisme agit comme une véritable soupape de sécurité contre les forces socialistes et interventionnistes défendues par d'importants secteurs de l'eurocratie, comme Jacques Delors et autres euro-fanatiques. Rappelons que, lorsqu'on essaie d'établir dans un État ou territoire une réglementation plus restrictive ou des impôts plus élevés, les investissements et les habitants tendent immédiatement à fuir la zone et s'installent, grâce à l'existence des principes de liberté du commerce et d'émigration, dans d'autres États ou nations ayant une réglementation moins interventionniste et plus favorable. C'est ce qui s'est produit récemment à l'occasion des réglementations du travail et fiscales à Dijon ; elles provoquèrent l'abandon de la région par les entreprises et usines les plus importantes, qui fermèrent leurs installations pour s'installer dans d'autres zones plus favorables de la Communauté économique européenne, en Écosse et autres régions du Royaume-Uni. Il n'est donc ni étonnant ni contradictoire qu'une libérale aussi remarquable que Margaret Thatcher, leader des libéraux eurosceptiques (dont je fais partie) ait défendu le modèle du nationalisme libéral dans la Communauté économique européenne face au centralisme de Bruxelles, puisque la concurrence entre les nations, dans une situation de liberté du commerce, fait que les mesures et réglementations les plus libérales de chacune d'elles s'étendent et s'appliquent aux autres par le jeu même de la concurrence[8]. Inversement, on comprend très bien que l'intuition des socialistes et interventionnistes soit correcte lorsqu'ils considèrent comme indispensable la création d'un puissant État fédéral européen fortement centralisé à Bruxelles. En effet, aucune mesure interventionniste (dans le domaine social, fiscal ou du travail) ne réussira si elle ne s'impose pas en même temps à tous les États et nations membres de la Communauté européenne, de sorte que les socialistes sont obligés de déplacer le centre de gravité des décisions politiques des États-nations vers le coeur de l'Europe et de donner de plus en plus de pouvoirs et de prérogatives aux organismes de Bruxelles au détriment des États-nations composant la Communauté. On est, en outre, étonné de constater la myopie de nombreux politiques socialistes qui, comme Felipe Gónzalez, n'ont pas encore compris que, dans un État fédéral fortement centralisé, l'importance de leurs propres États et nations était réduite à sa plus simple expression. Quelqu'un a-t-il entendu parler du chef de l'État du Texas ? Il sera tout aussi absurde de penser, dans quelques dizaines d'années, au rôle d'un chef d'État ou d'un roi au Royaume-Uni ou en Espagne, si toutefois les forces centralisatrices favorables à Bruxelles mues par l'esprit du socialisme interventionniste européen finissent par l'emporter.

Un autre exemple de situation de liberté du commerce, où différentes nations concourent entre elles, est celui de l'Espagne. La liberté du commerce

[8] Ce phénomène est précisément celui que les leaders socialistes prétendent éviter, en particulier Felipe González, lorsqu'ils parlent avec mépris de « *l'Europe des marchands* » conçue par le Traité de Rome, et désirent la création d'un « *espace social* » et interventionniste européen.

et de l'immigration entre les différentes régions et nationalités de l'Espagne est évidente. De sorte que, dans divers domaines, la concurrence entre zones a produit une certaine dérégulation. Et, si celle-ci n'a pas augmenté davantage, c'est à cause du poids que le parti socialiste, fortement interventionniste et centralisateur, a eu jusqu'à présent dans toutes les régions espagnoles. Ainsi le Fisc foral basque a éliminé l'impôt sur les successions, auquel est soumis le reste des citoyens espagnols (sauf en Navarre), et a permis également une régularisation de bilans, flagrant défi lancé à la voracité fiscale dont fait preuve le centralisme socialiste de Madrid. Il faut aussi signaler le cas de la Navarre qui possède, pour des raisons historiques, une administration forale unique et perçoit ses propres impôts. Et, bien qu'elle ait utilisé jusqu'ici ses prérogatives historiques avec une grande timidité, elle est, en définitive, le modèle d' « *administration unique* » qui devrait s'étendre le plus tôt possible aux autres régions et nationalités de l'Espagne.

## 4. Le rôle de l'État dans le nationalisme libéral

Le modèle de concurrence entre nations dans un milieu soumis aux trois principes cités (autodétermination, liberté du commerce et de l'immigration) doit être approfondi aussi bien vers le haut que vers le bas dans l'échelle des différents niveaux de l'organisation étatique. Il en est ainsi, *vers le haut*, pour les États-nations constituant la Communauté européenne dans le cadre du modèle de concurrence libérale défendu par Margaret Thatcher. Cette concurrence entre les nations conduira, inévitablement, à une libéralisation croissante et à l'établissement de barrières de plus en plus élevées contre le centralisme dirigiste de Bruxelles. Mais l'application du modèle doit également être défendue, *vers le bas*, c'est-à-dire pour les régions et nations qui constituent les divers États de l'Europe. Ce serait, par exemple, le cas de l'Espagne, et du processus des autonomies qui doit, à notre avis, culminer avec le système de l'*administration unique* pour toutes les régions et nations d'Espagne qui le choisissent (en imitant le modèle de la Communauté Forale de Navarre qui est, sans aucun doute, le plus décentralisé de ceux existant actuellement).

Quel serait donc le rôle de l'État dans le système libéral de nationalités en concurrence que nous défendons ? Si l'État doit avoir un rôle, il devra précisément supposer l'incarnation juridique des trois principes fondamentaux qui permettent la coopération volontaire et pacifique entre les diverses nations. Ainsi, dans le cas de l'Espagne, la Couronne et l'État ne trouveront leur raison d'être dans le futur que s'ils garantissent et assurent les principes essentiels du libéralisme, c'est-à-dire de la liberté complète du commerce, de l'entreprise et de l'émigration, dans une zone et entre zones. Cela vaut aussi, à une autre échelle, pour la seule raison d'être légitime de l'Union européenne en parfait accord avec l'esprit premier de sa fondation recueilli dans le Traité de Rome. Il faut aussi défendre le principe selon lequel aucune organisation étatique ne doit avoir d'attributions et de compétences qui puissent être exercées par des organisations étatiques plus petites et inférieures dans l'échelle politique, de sorte que, suivant le principe que nous défendons, plus nous nous élevons dans cette échelle, plus le contenu politique correct des organisations étatiques devra diminuer ; celles-ci auront de plus en plus des compétences strictement juridictionnelles (tribunal de droits de l'homme, consacré fondamentalement à la défense et garantie des principes de la liberté d'entreprise et de commerce). À ces compétences juridictionnelles, il faut ajouter, comme soupape de sécurité, des compétences concernant l'établissement des limites maximales de régulation et d'imposition fiscale pouvant être effectuées par les organismes politiques inférieurs. Il s'agit, en somme, d'éviter que les régions et nationalités décentralisées puissent subjuguer impunément leurs citoyens, comme ce fut le cas en Catalogne, malgré l'existence formelle de la liberté du commerce et de l'immigration entre zones. C'est pourquoi il convient d'ajouter aux processus spontanés de concurrence entre nations, qui conduiront *normalement* à un démantèlement des mesures d'intervention, des plafonds maximaux de régulation et d'imposition fiscale fixées par les États et organisations politiques supérieures, de façon à ce que celles-ci ne permettent, en matière d'impôt et de régulation, que la concurrence vers le bas et que les entités décentralisées ne surpassent, en aucun cas, les niveaux maximaux de charge fiscale et de régulation établis par chaque État[9]. C'est pourquoi il faut abandonner le processus d'harmonisation légale établi dans la Communauté européenne, en vertu duquel les mesures interventionnistes de chaque pays sont, dans la plupart des cas, imposées dans tous les autres ; il faut le remplacer par un processus de concurrence dérégulatrice entre les différentes nations, dans lequel la Communauté européenne n'a qu'un rôle juridictionnel (protection des droits personnels et surveillance de la liberté du commerce et de l'immigration) et, en tout cas, d'établissement de limites à la capacité d'intervention et de régulation économique, sociale et fiscale de chaque État.

## 5. Nationalisme libéral et nationalisme socialiste

On comprend, donc, facilement que l'origine des maux actuels, qu'on associe généralement au nationalisme, réside davantage dans la non-application des trois principes fondamentaux du nationalisme libéral que dans l'idée de nationalité. Autrement dit, le nationalisme cesse d'être une force positive pour le processus pacifique de coopération social et devient, comme cela s'est plus ou moins produit avec le gouvernement catalan actuel, un foyer de conflits et de souffrances quand il cesse précisément d'être libéral pour se transformer en un nationalisme interventionniste ou dirigiste. L'erreur se trouve dans le socialisme, dans l'interventionnisme et dans l'exercice systématique de la coercition, et non dans le nationalisme *per se*. Il faut, cependant, noter que les interventionnistes et socialistes font souvent appel, tout en la prostituant, à l'idée de nation pour alimenter et justifier leurs mesures coercitives. On comprend très bien, en analysant n'importe quel cas de conflit national, que l'origine des problèmes et conflits se trouve dans le socialisme et l'interventionnisme, et pas dans le nationalisme. Ainsi, la guerre yougoslave disparaîtrait immédiatement si l'on établissait une liberté totale d'immigration et

---

[9] Il appartient donc aux États, dans le cadre exclusivement juridictionnel de la défense des droits personnels et de la liberté du commerce, d'interdire, par exemple, les limitations aux horaires commerciaux et autres mesures d'intervention coercitive qui ont été récemment adoptées en Catalogne et autres régions espagnoles, et qui, de par leur nature particulière, sont moins atteintes par les effets bienfaisants de la concurrence interrégionale.

un marché commun de biens et services dans lequel les droits de propriété seraient respectés. De même, le conflit créé par le gouvernement de la Catalogne en matière d'éducation vient de ce que celle-ci est publique, est financée par des impôts, et qu'on décide politiquement dans quelle langue l'enseignement va se faire, ce qui équivaut à une coercition systématique exercée sur de très larges couches de la population. Dans un contexte de liberté de l'enseignement (avec un bon scolaire ou un système équivalent garantissant la liberté de choix des citoyens), tout le conflit créé par la Generalidad de Catalogne à propos de la langue disparaîtrait complètement[10].

## 6. Les « *nationaux-socialistes* » peuvent-ils se convertir au nationalisme libéral ?

L'analyse du nationalisme libéral que nous avons effectuée permet, en plus, de fournir des arguments puissants aux défenseurs de l'idéal nationaliste qui, jusqu'ici, déformant ses exigences, l'ont plus ou moins concrétisé de manière interventionniste ou socialiste.

Ainsi, l'on peut dire à un nationaliste, authentique partisan de l'idée de la nation, qu'il n'existe que deux modèles de coopération entre les différentes nations : celui fondé sur les principes de liberté du commerce, de l'immigration et de l'autodétermination, ou bien celui fondé sur le protectionnisme, l'intervention et la coercition systématique d'origine étatique. Il est, en outre, facile d'expliquer à tout nationaliste que le modèle de protection coercitive et d'intervention face à d'autres nations est inévitablement voué à l'échec. L'autarchie qu'il entraîne engendre une dynamique de guerre et de destruction qui affaiblira considérablement la nation que l'on voudra défendre. Le modèle protectionniste de relation entre les diverses nations n'est, donc, nullement viable. La seule solution possible, que les nationalistes eux-mêmes commencent à accepter, consiste en ce que les nations concourent sur un pied d'égalité et sur la base des principes de liberté du commerce et de l'immigration.

Cela dit, en supposant que le principe de liberté du commerce et de l'immigration entre les nations soit accepté, l'on peut faire un pas de plus dans l'argumentation théorique et expliquer au nationaliste que, s'il choisit d'être, dans le cadre de sa propre nation, un nationaliste interventionniste et régulateur (c'est-à-dire plus ou moins socialiste), ses mesures dirigistes seront vouées à l'échec s'il ne parvient pas à les faire appliquer simultanément dans toutes les nations avec lesquelles il concourt dans un cadre géographique étendu. Autrement dit, il est absurde d'établir des mesures de régulation et intervention dans un seul État-nation (par exemple, de la Communauté économique

---

[10] D'après Mises, « The way to eternal peace does not lead through strengthening state and central power, as socialism strives for. The greater the scope the state claims in the life of the individual and the more important politics becomes for him, the more areas of friction are thereby created in territories with mixed population. *Limiting State power to a minimum, as liberalism sought, would considerably soften the antagonisms between different nations that live side by side in the same territory*. The only true national autonomy is the freedom of the individual against the state and society. The 'statification' of life and of the economy leads with necessity to the struggle of nations ». Voir *Nation, State and Economy*, op. cit., p. 96.

européenne) si l'on n'obtient pas qu'une directive émanant de Bruxelles impose la même intervention au reste des États-nations et régions de la Communauté. Par conséquent, si le nationaliste à velléités interventionnistes et socialistes poursuit assidument et efficacement ses objectifs d'intervention, il ne parviendra qu'à transporter le centre de gravité des décisions politiques et économiques de la nation dont il prétend défendre au centre politique de l'État ou organisation politique plus large à laquelle il appartient (Madrid ou Bruxelles). Ainsi, nous constatons à nouveau l'incorrection de l'intuition socialiste des Jacques Delors, Felipe González et autres euro-fanatiques qui préconisent un renforcement continu des pouvoirs de Bruxelles. Mais ce qui semble paradoxal et contradictoire c'est que de nombreux leaders nationalistes aient défendu, au préjudice de leurs propres nations, l'agrandissement des centres étatiques de pouvoir, alors qu'ils ont poursuivi des politiques de type interventionniste.

Il n'est pas exagéré, dans cette perspective, d'affirmer, par exemple, qu'une grande part de la responsabilité du centralisme madrilène est liée au nationalisme catalan qui n'a jamais hésité, pour obtenir des privilèges en sa faveur (de type protectionniste, etc.), à « *pactiser* » avec Madrid pour obtenir des lois de portée nationale qui obligent toutes les régions, accroissant ainsi le pouvoir de la capitale au préjudice de la nation même qu'ils prétendaient défendre[11]. Historiquement, il n'y a donc de plus grands responsables du centralisme madrilène que les nationalistes myopes de Catalogne[12]. Il semble que ce résultat historique paradoxal se répète dans le cadre plus large de la Communauté économique européenne, à laquelle les leaders des différentes régions et nationalités ont ingénument recours, croyant diminuer ainsi le pouvoir des États-nations. Ils ne se rendent pas compte que le renforcement fédéral de la Communauté crée l'accroissement d'un pouvoir centraliste, celui de Bruxelles, qui peut éventuellement être bien pire. Ainsi les nationalistes naïfs qui défendent le développement de Bruxelles au préjudice des États-nations et les enthousiastes naïfs européistes (comme Felipe González entre autres) que l'intuition socialiste porte à renforcer le pouvoir de Bruxelles se transforment en étranges compagnons de route. Ni les uns ni les autres ne voient que cela suppose aussi bien un affaiblissement continu de l'idée nationale espagnole et de ses symboles les plus essentiels, comme la monarchie elle-même, qu'un affaiblissement progressif de l'idéal national à l'échelle régionale (dont les décisions comptent de moins en moins par rapport à celles qui sont prises dans la Communauté).

---

[11] C'est ce qui s'est produit quand on a imposé le protectionnisme catalan à la Castille libre-échangiste, ou dans le cas de la promulgation de la loi de faillites, faite à la mesure des exigences de la Catalogne après la faillite de la Banque de Barcelone, ou plus récemment, avec l'appui politique prêté au régime dirigiste et corrompu qui occupe actuellement le pouvoir à Madrid au préjudice du reste de l'Espagne, par le nationalisme catalan.

[12] Comme l'a montré Ludwig von Mises, « *within a system of interventionism the absence of inter-State trade barriers shifts the political centre of gravity to the federal government* ». Voir *Omnipotent Government*, op. cit., p. 268 et s., où il explique en détail les raisons théoriques qui font que, dans un contexte de liberté du commerce, les mesures d'intervention et de socialisation vont toujours à l'encontre des intérêts des nations qui constituent l'État et en faveur du centre politique de ce dernier.

L'on observe dans ce domaine, comme dans d'autres, que les intérêts erronés et naïfs des nationalistes et socialistes convergent, au préjudice du véritable esprit libéral qui doit régler les relations pacifiques, harmonieuses et fécondes entre nations.

Nous ne devons, en tout cas, pas renoncer à utiliser l'argumentation rationnelle avec les nationalistes interventionnistes, puisque ceux chez qui prévaut l'idéal nationaliste sur l'idéologie interventionniste ou coercitive finiront peut-être par comprendre que rien ne s'oppose davantage à l'idée de nation qu'ils défendent que les politiques interventionnistes dans tous les domaines (économique, culturel, linguistique, etc.) qu'ils ont préconisées jusqu'à présent.

L'une des explications les plus plausibles du nationalisme interventionniste est peut-être le complexe d'infériorité et le manque d'assurance de nombreuses nations. C'est justement pour cela que les nations les plus en recul et les moins sûres d'elles-mêmes sont celles qui réagissent le plus violemment contre leur destin. L'on pourrait affirmer, en principe, que plus une nation est en état de rétrogression (ayant été absorbée par d'autres, plus riches et plus dynamiques), plus les spasmes de son agonie seront violents (comme le prouve le cas de la nation basque et, dans une moindre mesure, celui des manifestations interventionnistes de la nation catalane en matière linguistique). Une nation sûre d'elle-même, qui croit en son futur et ne craint pas la concurrence, à égalité de chances, avec d'autres nations, est une nation où prévaudra l'esprit de coopération libérale que nous avons décrit dans cet article[13].

## CONCLUSION

La conclusion de l'analyse concernant le nationalisme libéral et réalisée dans cet article a permis de montrer à quel point la politique des eurosceptiques engagée par Margaret Thatcher à propos de la Communauté économique européenne était cohérente et juste, face à l'euro-enthousiasme naïf des politiques européennes de tendance socialiste (Felipe González, Jacques Delors, etc.). Défendons, donc, les nations dans un contexte de liberté du commerce, du marché et de l'immigration, car c'est la meilleure assurance de vie contre le dirigisme, la coercition et l'interventionnisme. Montrons, également, aux nationalistes myopes de chaque État que tout ce qui n'est pas développement de l'idéal national dans un contexte de liberté complète va à l'encontre de l'idée même de nation qu'ils défendent. Le manque de confiance en soi dans la valeur des principes culturels et idiomatiques de leur nationalité les conduit à imposer

---

[13] « *A nation that believes in itself and its future, a nation that means to stress the sure feeling that its members are bound to one another not merely by accident of birth but also by the common possession of a culture that is valuable above all to each of them, would necessarily be able to remain unperturbed when it saw individual persons shift to other nations. A people conscious of its own worth would refrain from forcibly retaining those who wanted to move away and from forcibly incorporating into the national community those who were not joining it of their own free will. To let the attractive force of its own culture prove itself in free competition with other peoples -that alone is worthy of a proud nation, that alone would be true national and cultural policy. The means of power and of political rule were in no way necessary for that* ». Ludwig von Mises, *Nation, State and Economy*, op. cit., p. 76. On a rarement écrit des lignes aussi denses, courageuses et exactes sur le concept et l'idéal du nationalisme libéral que celles-ci.

par la force un protectionnisme idiomatique, culturel et économique qui affaiblit leur propre nation et la met en danger dans le processus de concurrence libérale avec les autres nations. La nation ne peut se développer et se renforcer que dans un contexte de liberté, et plutôt les nationalistes s'apercevront de ces principes essentiels, plutôt ils abandonneront les politiques tragiques qu'ils ont adoptées jusqu'ici, au préjudice de leurs propres nations et de celles avec lesquelles ils doivent forcément cohabiter. Le nationalisme libéral n'est pas uniquement la seule conception du nationalisme compatible avec le développement des nations. Il constitue vis-à-vis du futur le seul principe de coopération harmonieuse, pacifique et féconde entre tous les groupes sociaux.

# CHAPITRE IX

# THÉORIE LIBÉRALE SUR L'IMMIGRATION

## 1. Théorie libérale sur l'immigration

Les problèmes que pose la liberté d'émigration et d'immigration des êtres humains sont souvent source d'importante confusion parmi les théoriciens libéraux et les amants de la liberté. Tout d'abord, en effet, la doctrine libérale s'est traditionnellement déclarée – et souvent sans qualification ni réserve – favorable au principe de la liberté complète d'émigration et immigration.

Cette position suppose que l'on considère les frontières politiques comme un acte flagrant d'interventionnisme et de contrainte institutionnelle de la part des États, qui entrave souvent ou empêche même complètement la liberté de mouvement.

Il faut, en outre, reconnaître que de nombreux contrôles frontaliers et lois d'immigration naissent de la pression politique de certains groupes d'intérêt qui, tels les syndicats, visent avant tout à restreindre l'offre de travail et donc à élever les salaires. Dans la mesure où ces normes interventionnistes sur l'immigration empêchent ou gênent les accords volontaires que pourraient atteindre les parties (par exemple, employés et employeurs, natifs et étrangers) il est certain qu'elles violent les principes fondamentaux devant être considérés comme essentiels pour toute société libérale.

De plus, ces politiques interventionnistes sur l'immigration affectent spécialement les citoyens des pays étrangers, car il faut reconnaître que l'on respecte au moins le libre mouvement des personnes à l'intérieur des frontières de chaque État (ou d'associations d'États comme l'Union européenne).

D'autre part, et bien que cela semble paradoxal, non seulement l'action perturbatrice des États se manifeste dans les difficultés qu'ils mettent au libre mouvement des personnes, mais, simultanément, l'intégration de certains groupes de personnes s'impose souvent par la force, à l'encontre du désir des natifs et citoyens d'une région ou d'un État.

Cette action coercitive de l'État se manifeste tant sur le plan intranational qu'au niveau international. Ainsi, à l'intérieur de chaque nation, des mesures d'intégration coercitive sont parfois imposées ; mesures par lesquelles on prétend intégrer de force certains groupes et minorités, comme dans le cas des lois anti-discrimination, d'*affirmative action*, et de la scolarisation forcée aux États-Unis.

Au niveau international, de nombreux États ouvrent leurs frontières aux étrangers, légalement ou *de facto*, de façon indiscriminée et leur permettent l'utilisation de biens publics du pays (routes, rues, places et jardins publics, plages, services sanitaires et éducatifs, etc.) en tant qu'usagers profiteurs (*free riders*). C'est-à-dire qu'ils créent des coûts externes pour les citoyens natifs qui sont obligés d'accepter l'intégration forcée des étrangers même contre leur gré ou dans des conditions qu'ils ne seraient pas disposés à négocier volontairement dans le cadre d'un contrat ou d'une coopération volontaire[1].

Le caractère apparemment contradictoire des différents problèmes que nous venons de citer montre la grande importance qu'il y a à isoler leur véritable origine et tenter d'élaborer une théorie libérale sur l'immigration clarifiant les principes fondamentaux qui devraient guider les flux migratoires dans toute société libérale.

## 2. Théorie pure sur les flux migratoires dans une société libérale

À l'instar de Murray N. Rothbard, nous partons dans notre analyse de l'hypothèse du modèle anarcho-capitaliste pur, c'est-à-dire celui dans lequel « *aucune parcelle de terre ni aucun mètre carré de terrain au monde, ne sont publics ; tous les terrains, qu'il s'agisse de rues, places ou quartiers, sont privés* » (Rothbard, op. cit., p. 6).

Dans ces conditions, il est évident qu'aucun des problèmes diagnostiqués au paragraphe précédent ne peut se produire. Car, dans ce cas, les conditions concernant le nombre et la durée de tout déplacement personnel seront celles que les parties impliquées décident et acceptent volontairement. Ainsi, il faut souligner que dans un tel contexte il peut même y a voir des mouvements massifs de travailleurs, si les entrepreneurs impliqués sont disposés à leur donner du travail, à leur offrir la possibilité de se loger convenablement, et même à organiser et financer leur voyage.

En somme, tout un éventail de possibilités contractuelles s'ouvrira aux différentes parties pour permettre que les flux migratoires se réalisent de manière volontaire, avec toute la richesse et la variété de circonstances et de nuances considérées opportunes dans chaque cas.

Dans un tel contexte, il est évident que les flux migratoires, loin de nuire à un développement économique et social harmonieux, favorisent, au contraire, nettement l'essor de la civilisation. Car les arguments souvent avancés et concernant les effets négatifs qu'une augmentation du flux de main d'œuvre peut produire sur les travailleurs autochtones sont insoutenables : les êtres humains ne constituent pas un facteur de production homogène et leur comportement par rapport à l'environnement naturel de ressources rares qui les environnent n'est pas exclusivement biologique, comme s'il s'agissait de rats ou autres animaux, dont la population croît toujours jusqu'au moment où les ressources disponibles pour l'alimentation de chaque individu commencent à diminuer.

D'une part, les êtres humains, au contraire, ont une capacité créative innée de nature entrepreneuriale. Ainsi, plus le nombre de personnes augmentera, dans un contexte dynamique permettant le libre exercice de la fonction entrepreneuriale soumis aux principes généraux du droit, plus un accroissement

[1] Murray N. Rothbard dit qu'il s'est rendu compte des grands problèmes que pourrait engendrer l'intégration forcée au niveau international de la façon suivante : « *J'ai commencé à réviser mon point de vue sur l'immigration quand, à l'occasion de l'effondrement de l'Union soviétique, il est devenu évident que les Russes ethniques avaient été encouragés à inonder littéralement l'Estonie et la Lituanie afin de détruire aussi bien la culture que la langue de ces pays* ». Murray N. Rothbard, 1994, « Nations by Consent : Decomposing the Nation State », *Journal of Libertarian Studies*, vol. XI, n° 1, automne, p. 7.

exponentiel du développement économique et social sera possible ; étant fondé sur la capacité de découverte et l'exploitation constante de nouvelles occasions dans tous les domaines concevables, il ne connaîtra pas de limites.

D'autre part, étant donné la capacité limitée de l'esprit humain à assimiler information et savoir, et compte tenu du fait que le développement de la civilisation implique toujours un accroissement exponentiel du volume d'information et de savoir utilisé par la société, il est évident que ce développement requiert une expansion et un approfondissement continus de la division du travail ou, en termes plus modernes, de la division du savoir.

Cette simple idée signifie que tout processus de développement implique, du point de vue vertical, un approfondissement et une spécialisation continus du savoir humain, lequel devra forcément s'appuyer, pour s'étendre horizontalement, sur un nombre constamment croissant d'individus, c'est-à-dire sur une augmentation constante de la population.

Au niveau mondial, l'augmentation de la population se réalise à long terme, progressivement ; elle est le résultat de la naissance d'individus à un rythme plus rapide que celui de leur diminution pour décès. Néanmoins, à court et moyen terme, la seule façon effective et rapide de répondre aux ajustements continuellement nécessaires en raison des changements sociaux et économiques est celle qui se réalise grâce aux flux migratoires. Car ces flux permettent un approfondissement rapide de la division du travail (c'est-à-dire l'augmentation, dans certains secteurs, de la quantité de savoir spécifique qui y est utilisée). On surmonte ainsi l'obstacle que suppose la capacité limitée d'assimilation dont dispose l'esprit de chaque personne dans les processus qui, le moment venu, acquièrent une plus grande importance sociale[2].

En effet, comme l'a dit Hayek : « *Nous sommes arrivés à être des individus civilisés précisément grâce à l'augmentation du nombre de personnes que, d'un autre côté, la civilisation a permise : nous pouvons être peu nombreux et sauvages, ou beaucoup, et civilisés* »[3].

Le développement des villes comme centres de richesse économique et carrefours de la culture et de la civilisation est un exemple très clair des conséquences profitables des flux migratoires sur les processus d'expansion du savoir. Nous avons pu, en effet, constater que le dépeuplement continu des zones rurales et la migration massive de travailleurs vers les centres urbains, loin de les appauvrir, n'ont fait que favoriser le développement économique et engendrer un processus accumulatif et croissant de développement économique, social et culturel, lequel est devenu une caractéristique de l'histoire du genre humain depuis la Révolution industrielle jusqu'à nos jours.

En outre, les flux migratoires tendent, dans le contexte libéral considéré, à multiplier la variété et la diversité de solutions possibles pour les divers problèmes qui peuvent apparaître. Tout cela favorise la sélection culturelle et le développement économique et social, puisque nous supposons que tous les flux migratoires se produisent par suite d'accords volontaires et qu'il est toujours possible, lorsque les circonstances changent et que les personnes impliquées le considèrent opportun, d'émigrer ou de se déplacer vers d'autres points

---

[2] Nous expliquons en détail ce processus social d'expansion du savoir à travers l'augmentation de la population dans *Socialismo, cálculo económico y función empresarial,* op. cit., pp. 80-83.

[3] Hayek, F. A., 1990, *La fatal arrogancia: los errores del socialismo*, op. cit., p. 360.

géographiques sans autres restrictions que celles liées aux accords volontaires nécessaires dans chaque cas[4].

Il faut enfin souligner le fait que, dans le contexte complètement privatisé que nous venons de décrire, aucun des deux effets négatifs identifiés au début de cet article ne peuvent se produire. Ainsi, d'une part, les effets négatifs des lois anti-discrimination, de scolarisation forcée et d'autres, pouvant produire un flux massif et indésirable d'émigrants sur des parcelles de terrain (rues, jardins, etc.) qui sont actuellement publiques, seraient réduits à un minimum.

Car, dans ce cas, les mouvements de personnes s'effectueraient toujours à l'aide de moyens de transport privés selon les conditions contractuelles qui auraient été fixées entre les parties impliquées (propriétaires de ceux-ci et voyageurs) en payant naturellement, dans chaque cas, le prix de marché correspondant. Une foule d'agences de voyages privées (semblables à celles de tourisme) se spécialiseraient dans la réalisation des itinéraires et garantiraient l'accès à chaque moyen de transport.

De même, les propriétaires des moyens de transport (mobiles et fixes, comme les rues, routes, places, etc.) prendraient soin, dans leur propre intérêt, que les usagers atteignent leur destination de la manière la plus efficace et bon marché possible, et utilisent correctement les moyens de transport sans se convertir en usagers indésirables et sans que se produisent des cas d'occupation massive non souhaitée. Encore une fois, nous ne pouvons pas imaginer aujourd'hui l'immense variété et richesse d'accommodements et d'accords sociaux, ni leur concrétisation juridique et économique dans de multiples institutions, que la créativité entrepreneuriale propre à un marché libre expérimenterait et développerait continuellement à tous les niveaux sur ces biens qui sont aujourd'hui considérés comme propriété publique.

Nous pouvons donc conclure que, du point de vue de la théorie économique, les flux migratoires *per se*, pourvu qu'ils soient soumis aux principes généraux du droit et se réalisent dans un contexte où tous les biens sont propriété privée, non seulement ne posent aucun problème social d'intégration forcée, mais ne peuvent pas non plus engendrer de coût externe de type négatif. Dans ces circonstances, au contraire, la liberté de migration favorise un développement économique et social continu qui fait sans cesse progresser la culture et la civilisation de façon inimaginable[5].

---

[4] Il faut reconnaître, cependant, que la révolution technologique et celle concernant le domaine des communications auxquelles nous assistons aboutissent souvent à ce qu'il ne soit plus nécessaire, pour chaque acteur, de se déplacer matériellement pour arriver aux fins qu'il poursuit. Julian L. Simon (*Population Matters : People Resources, Environment and Immigration,* Transaction Publishers, New Brunswick, Londres 1996, pp. 263-303) offre un bon résumé de ces avantages et d'autres que présentent les flux migratoires ; bien qu'ils reconnaissent l'importance de la capacité entrepreneuriale des immigrants, il est encore, à mon avis, trop attaché à l'analyse statique néoclassique.

[5] L'on peut, néanmoins, imaginer quelques solutions entrepreneuriales qui apparaîtraient spontanément, simplement en observant, comme point de comparaison, les graves problèmes qui se sont initialement posés lors du développement massif du tourisme et se sont résolus en pratique aujourd'hui dans le monde entier. En effet, le développement massif des moyens de transport et des lignes aériennes, des chaînes hôtelières, le développement du secteur touristique et des services (assurances, etc.) qui lui sont annexes, la prolifération d'agences de voyages et de toute sorte d'intermédiaires qui organisent et garantissent les voyages de tourisme du début à la fin, etc., sont toutes

## 3. Les problèmes engendrés par l'intervention coercitive de l'État en matière de régulation des flux migratoires

L'analyse précédente a permis d'identifier l'origine réelle de tous les problèmes diagnostiqués au début de cet article et qui sont aujourd'hui évidents dans le domaine de l'émigration et l'immigration. De fait, la plupart de ces problèmes naissent exclusivement de l'intervention coercitive des États qui, à différents niveaux, d'une part, cherche à lever des barrières et frontières qui entravent plus ou moins le libre flux de mouvements migratoires pouvant naître d'un accord volontaire entre les différentes parties impliquées. D'autre part, et en même temps, les États s'obstinent à imposer systématiquement des mesures d'intégration forcée, aussi bien de façon explicite (lois anti-discrimination ou d'*affirmative action*, etc.) que tacite ou indirecte, en déclarant par exemple que des zones importantes sont de propriété publique (rues, places, jardins, plages, mers, etc.) et donc librement accessibles à quiconque. Ainsi, et comme cela arrive toujours quand ne définit pas correctement les droits de propriété correspondant aux « *étrangers* » et aux « *natifs* », l'intervention de l'État est la cause des principaux problèmes et conflits ressentis aujourd'hui en matière de flux migratoires.

Les effets négatifs de l'intervention de l'État en ce domaine se manifestent, en effet, à deux niveaux. Premièrement, à un niveau intranational, c'est-à-dire à l'intérieur des frontières de chaque État-nation. Les problèmes classiques d'intégration forcée et d'externalités négatives se manifestent de façon virulente, lorsque sont déclarées publiques – et donc librement accessibles à tout le monde – des ressources qui, en toute hypothèse, devraient être propriété privée.

Deuxièmement, les effets négatifs de l'interventionnisme étatique se font sentir au niveau international, c'est-à-dire entre les différents États et nations ; ils sont la conséquence de l'imposition de frontières et des différentes lois d'immigration établies par les États. Par suite de cette régulation, d'une part, la liberté de circulation de personnes est entravée même si celle-ci résulte de l'accord volontaire entre les différentes parties impliquées (natifs et étrangers de chaque pays). D'autre part, de multiples mouvements massifs de personnes sont attirés artificiellement à cause de l'établissement de tout un réseau de subventions et d'avantages qui sont le propre des politiques de redistribution caractéristiques des « *États-providence* ».

Ainsi, on assiste souvent aujourd'hui au paradoxe suivant : ceux qui veulent respecter scrupuleusement les lois d'immigration se heurtent à l'impossibilité de déménager dans le pays de leur choix même s'ils sont acceptés par certains de ses citoyens ou certaines de ses entreprises. En même temps, l'existence de multiples biens qualifiés de « *publics* » et la possibilité d'avoir gratuitement accès à tous les avantages que procure aujourd'hui l'État-providence, agissent comme un aimant irrésistible qui provoque constamment des flux croissants

---

les institutions qui, à une échelle beaucoup plus large (celle de tout transport ou mouvement de personnes), seraient favorisées au maximum dans une société complètement anarcho-capitaliste. Il faut rappeler que le volume de touristes à certaines saisons dans certains pays est énorme. L'Espagne reçoit plus de 40 millions de touristes par an, c'est-à-dire un nombre de touristes supérieur même aux résidents de ce pays.

d'immigrants, la plupart illégaux et sources, pour les natifs, d'importants conflits et coûts externes négatifs.

Ces phénomènes favorisent à leur tour l'apparition de la xénophobie et provoquent l'établissement de mesures d'intervention ultérieures qui, souvent, loin de résoudre les problèmes, les aggravent sans que les citoyens affectés soient capables de diagnostiquer la véritable origine des maux qui les frappent. Peu à peu s'accroissent le malaise, la confusion et le trouble ; les citoyens sont alors facilement victimes de la démagogie et finissent par appuyer des mesures politiques qui, outre le fait d'être contradictoires, se révèlent à la longue inefficaces et nocives.

Enfin, il ne faut pas oublier qu'au moins dans le cas des flux massifs d'immigration actuels, les problèmes les plus sérieux se manifestent au niveau international (plus qu'au niveau intranational). Car chaque État ou nation a atteint un plus haut niveau d'homogénéisation économique, sociale et culturelle, laquelle est souvent liée à une longue évolution historique et tend à diminuer l'importance et les motivations des mouvements massifs de personnes.

Au niveau international, au contraire, les disparités dans la répartition des revenus sont beaucoup plus grandes ; de plus, l'énorme progrès et la facilité des communications et moyens de transport qu'a permis le développement de l'économie de marché (en quantité, en qualité et en réduction de coûts) fait qu'il est très facile et bon marché de voyager ou de passer d'un État à un autre : l'on peut aujourd'hui voler en quelques heures seulement de New Delhi aux États-Unis ou d'Amérique latine en Espagne ; et dans le cas de l'émigration d'Afrique du Nord vers l'Europe ou du Mexique vers les États-Unis, les coûts sont encore plus réduits.

## 4. Comment résoudre les problèmes que posent les flux migratoires ?

Il est évident que la solution idéale et définitive de tous ces problèmes interviendrait après qu'on ait privatisé toutes les ressources considérées aujourd'hui propriété publique et que toute intervention de l'État ait disparu en matière de flux migratoires. Autrement dit, tous les problèmes que nous avons identifiés sont le produit des effets négatifs qu'engendre l'intervention coercitive de l'État, et non pas l'émigration ou immigration en soi. C'est pourquoi dans un système anarcho-capitaliste pur il n'y aurait pas d'effets négatifs importants dus aux flux migratoires effectués d'un commun accord entre les parties.

Cependant, tant que les États existent, il faut trouver des solutions opérantes qui permettent, dans la mesure du possible, de résoudre les problèmes évoqués même si c'est à moyen et long terme.

Sur ce point, des théoriciens libéraux ont développé différents modèles de décentralisation et sécession qui, dans la mesure où ils tendent à démembrer les États-nations actuels, fortement centralisés, en unités politiques plus petites, favorisent la diminution de l'effet nocif des normes actuelles d'intervention étatique en matière de migration.

Car, la concurrence croissante entre différents États d'une étendue de plus en plus réduite et décentralisée, qui cherchent à attirer des personnes, des entreprises et des investissements (ou à empêcher qu'ils ne s'en aillent), oblige à promouvoir un processus de diminution continue du degré d'intervention des différents États à tous les niveaux. Dans ce processus de concurrence entre organisations politiques de plus en plus petites et décentralisées, les flux d'émigration et immigration jouent un rôle essentiel, puisqu'ils sont la manière la plus efficace de révéler les préférences des citoyens.

En effet, la possibilité de « *voter avec ses pieds* » en fuyant les États qui présentent, par exemple, les plus hauts niveaux d'imposition, de réglementation ou d'intervention suppose une pression très puissante qui les obligerait à démanteler continuellement tout leur schéma d'intervention, en particulier dans le domaine fiscal et celui de la réglementation qui caractérisent les États actuels. Comme l'indique Hans-Hermann Hoppe, « *un monde qui serait composé de dizaines de milliers de petits pays, régions et cantons, de centaines de milliers de villes libres, comme Monaco, l'Andorre, San Marino, Liechtenstein, Hong Kong et Singapour caractérisés par une augmentation exponentielle des occasions de migration d'une zone à une autre, serait un monde de petits gouvernements libéraux économiquement intégré grâce à la liberté du commerce et à la prépondérance d'une devise commune de caractère privé comme le fut l'or en son temps. Ce serait un monde avec un développement économique sans précédent et une prospérité que même aujourd'hui nous ne pouvons pas imaginer* »[6].

Nonobstant, le fait que nous ayons su identifier les solutions aussi bien idéales qu'opérantes qui pourraient mettre définitivement fin aux problèmes que posent aujourd'hui l'émigration et l'immigration ne nous dispense pas de l'obligation d'étudier quelle sorte de principes devraient s'appliquer aux flux migratoires dans les circonstances actuelles caractérisées par l'existence d'États-nations fortement interventionnistes.

Ces principes doivent être compatibles avec les idéologies libérales et tenir compte, en même temps, des graves restrictions, difficultés et contradictions qui apparaissent actuellement à cause de l'injustice et de l'inefficacité propres à chaque intervention étatique.

Le paragraphe suivant s'intéresse aux principes qui devraient guider, dans les circonstances actuelles, la régulation des flux migratoires.

## 5. Principes sur lesquels devraient se fonder les flux migratoires dans les circonstances actuelles

Diverses raisons rendent indispensable la conception d'une série de principes qui, compatibles avec l'idéal libéral, peuvent en même temps être facilement appliqués aux processus migratoires actuels.

Il faut considérer, tout d'abord, que même si le processus de démantèlement étatique proposé par Rothbard, Hoppe et d'autres est mis en marche, il ne garantira pas que la régulation des migrations réalisée dans chaque État soit la plus indiquée d'un point de vue libéral. Hoppe lui-même reconnaît, en effet, que la « *sécession tend à résoudre ce problème en permettant aux États de plus en plus petits d'avoir chacun leurs critères d'admission et de déterminer de manière autonome avec qui ils s'associeront sur leur territoire et avec qui ils préfèreront coopérer à distance* » (Hoppe, op. cit., p. 101).

---

[6] Hoppe, H.-H., 1996, « Small is beautiful and efficient: the case for secession », *Telos*, n° 107, printemps, p. 101. Sur ce même sujet, consulter aussi l'article de Murray Rothbard cité dans les notes précédentes et mon étude « *Teoría del nacionalismo liberal* », publié dans mes *Estudios de economía política*, Unión Editorial, Madrid 1994.

Cependant, il est parfaitement possible que la régulation prépondérante dans beaucoup de ces petits États soit hautement interventionniste et tende à entraver la liberté de mouvement des personnes, quoique négociée volontairement entre les parties impliquées, ce qui va donner, en ce qui concerne les différentes nations, des résultats inefficaces, nocifs et contraires aux principes libéraux.

En outre, tant que les États existent (indépendamment de leur petite taille), des zones considérées «*publiques*», telles que rues, routes, parcelles pour lesquelles les droits de propriété ne sont pas convenablement définis ou défendus, tendront toujours à s'y maintenir, de sorte qu'il pourra se produire des phénomènes d'intégration forcée ou d'occupation massive, lesquels, comme dans le cas des *favelas* au Brésil, peuvent engendrer d'importants coûts négatifs externes et de graves violations du droit de propriété.

D'autre part, il est manifestement important de concevoir des solutions qui, n'étant pas directement incompatibles avec l'idéal libéral, vont dans le bon sens et sont aussi opératives que possible dans chaque occasion. Cela, afin que les graves problèmes qui nous assaillent aujourd'hui en matière d'émigration s'atténuent ou tendent à se résoudre (par exemple, la question des flux migratoires à travers la frontière qui sépare le Mexique des États-Unis ou entre l'Afrique du Nord et l'Europe).

En somme, il faut concevoir une série de règles tendant à empêcher que les flux migratoires n'entrent en conflit avec les principes qui doivent guider toute société libérale.

Le premier de ces principes est que les personnes qui émigrent doivent le faire à leurs propres risques. Cela signifie qu'en aucun cas l'immigration ne doit être subventionnée par l'État-providence, c'est-à-dire attirée par les prestations actuellement fournies par les gouvernements des nations et qui sont financées par des impôts.

Ces prestations non seulement sont celles que fournit traditionnellement l'État-providence dans le domaine de l'éducation, la santé, la sécurité sociale, etc., mais elles comprennent aussi celles qui naissent de la possibilité d'utiliser gratuitement les différentes parcelles de terrain aujourd'hui considérées biens publics. Car, si l'on admet que les immigrants ont le droit de recevoir les prestations de l'État-providence, lesquelles consistent toujours en des transferts forcés de revenu de certains groupes sociaux à d'autres, ces prestations agiront comme un aimant irrésistible qui tendra à attirer artificiellement de multiples groupes d'émigrants.

Il convient de souligner qu'il suffit qu'un groupe suffisamment important d'émigrants (mais pas la totalité) se décide à émigrer en raison des prestations sociales indiquées, pour que les effets négatifs cités se déclenchent.

Notre argument est, donc, parfaitement compatible avec la thèse exposée par divers auteurs et d'après laquelle les flux d'émigration globalement considérés ne nuisent pas aux prestations de l'État-providence, parce que les émigrants tendent à effectuer un volume de contributions au système qui est habituellement plus élevé que la valeur des prestations qu'ils en reçoivent (surtout pendant les premières années de résidence dans le pays d'accueil).

Ce que nous voulons dire c'est que, si certains groupes, même minoritaires, se décident à émigrer, plus ou moins motivés par les subventions qu'ils espèrent recevoir, cela suffira à produire des effets pervers d'encouragement artificiel de l'immigration au préjudice des citoyens du pays récepteur.

D'autre part, même s'il est vrai qu'en général les émigrants sont, pendant un certain nombre d'années, des contribuables nets aux systèmes publics de Sécurité sociale des pays récepteurs, et dans la mesure où il en est ainsi, cela constitue, plus qu'un argument en faveur d'une immigration complète et incontrôlée vers les États-providence, une raison pour éliminer l'exploitation dont font actuellement l'objet beaucoup d'émigrants obligés de cotiser à un système dont ils vont sûrement recevoir assez peu de prestations.

Étant donné que beaucoup d'émigrants se situent dans les échelons de revenu le plus bas, ce phénomène d'exploitation est particulièrement odieux et serait résolu si on leur permettait, au moyen des systèmes de non-affiliation (*contracting out*), sortir des systèmes publics de Sécurité sociale et s'adresser à des compagnies privées d'assurances-vie, assistance sanitaire et fonds de pension.

Voilà, donc, la première règle qui devrait régir les flux migratoires : les émigrants ne devraient en aucun cas avoir droit aux prestations que fournit l'État-providence du pays récepteur. Cela éviterait que des groupes d'immigrants obtiennent des prestations par le simple fait d'abandonner leur pays d'origine. Et dans les cas où l'on considère que les contributions à effectuer par les émigrants seront plus élevées que les prestations reçues, il est évident que les principes libéraux exigent de mettre fin à cette odieuse exploitation et de permettre de s'adresser aux systèmes et institutions propres au marché privé (compagnies d'assurances-vie et fonds de pension) pour le minimum de prestations considérées comme nécessaire aux émigrants.

On atteindrait de cette façon deux objectifs considérés très positifs du point de vue libéral. Premièrement, éviter un encouragement artificiel de l'immigration par le truchement des subventions et des politiques coercitives de redistribution du revenu que suppose l'existence de tout État-providence ; et deuxièmement, contribuer progressivement à démanteler les systèmes publics actuels de Sécurité sociale fondés sur le système de répartition, en favorisant au contraire le développement des systèmes privés reposant sur l'épargne et la capitalisation et qui seraient utilisés massivement par les émigrants[7].

Le deuxième principe libéral qui doit, à notre avis, inspirer les flux migratoires consiste à exiger des immigrants de pouvoir à tout moment démontrer qu'ils possèdent des moyens de subsistance indépendants et que, pouvant se suffire à eux-mêmes, ils ne seront donc une charge ni pour l'État-providence ni pour les systèmes de charité privée.

---

[7] Il est paradoxal de remarquer que Julian Simon, dans son enthousiasme pour essayer de justifier la liberté complète d'émigration, souligne les effets « *positifs* » qu'elle a sur le financement de la sécurité sociale, sans se rendre compte que le fait d'être des contribuables nets au système représente un mal énorme pour les émigrants les plus pauvres et que les profits que ceux-ci pourraient obtenir seraient immenses s'ils pouvaient se dégager du système public de sécurité sociale des pays d'accueil et souscrire pour leur compte un contrat avec les systèmes sanitaires et de prévision correspondants. Simon et d'autres théoriciens de l'École de Chicago ont défendu le système, à mon avis clairement injuste, de la vente aux enchères des droits d'émigration. Il me semble, en effet, incroyable que Simon reconnaisse que le système d'enchères qu'il propose « *permettrait de faire passer une partie considérable du 'profit' de la poche des immigrants à celle des natifs* », Julian L. Simon, *population Matters*, cit., p. 293.

Autrement dit, les immigrants doivent être capables de démontrer qu'ils accèdent au groupe social qui les reçoit dans le but d'apporter la contribution de leur travail, leurs compétences techniques ou leur capacité entrepreneuriale.

Il existe différentes solutions opérationnelles qui peuvent permettre de mettre en pratique ce principe, bien qu'aucune d'elles ne soit absolument parfaite. La plus opérationnelle est peut-être celle qui oblige chaque émigrant à avoir à tout moment un citoyen natif qui l'avalise, soit parce qu'il lui donne du travail ou un contrat de prestation de service, soit parce qu'il agit comme dépositaire d'une quantité déterminée d'argent ou d'investissements, soit parce que c'est une institution qui garantit qu'elle va s'occuper de l'émigrant en question.

Naturellement, la flexibilité propre au marché libre exige que les travailleurs étrangers aient la possibilité, durant des laps de temps raisonnables, de chercher un nouveau travail, au cas où ils perdraient celui qu'ils avaient, sans être forcément rapatriés dans leur pays d'origine. Quoique cela exige, certes, que les entrepreneurs notifient à une agence étatique la rescision des contrats de travail correspondants, ce ne serait, du point de vue administratif, ni plus compliqué, ni plus coûteux que les processus administratifs compliqués de légalisation des émigrants actuellement en vigueur dans la plupart des pays occidentaux, y compris l'Espagne.

Le troisième principe essentiel qui doit présider aux flux migratoires veut qu'en aucun cas, on ne donne le droit de vote politique aux immigrants, parce que cela favoriserait la démagogie politique et l'exploitation, à des fins partisanes, du sentiment des différents groupes d'immigrants arrivant dans chaque pays. Autrement dit, ceux qui émigrent doivent être conscients qu'ils se dirigent vers un nouveau milieu culturel et économique où ils amélioreront probablement leurs conditions de vie, mais que cela ne va leur donner en aucun cas le droit d'utiliser les mécanismes de la coercition politique (au moyen du vote politique) pour appuyer des politiques de redistribution du revenu, contrôler ou modifier les processus spontanés des marchés nationaux pour ceux qui arrivent.

Il est vrai que dans les processus éventuels de démembrement des États actuels en unités politiques de plus en plus petites, le droit de participer à des élections politiques perdrait graduellement de son importance et serait remplacé, en pratique, par le système du « *vote avec ses pieds* », c'est-à-dire par les flux migratoires depuis les zones considérées les moins favorables vers celles considérées les plus propices. Mais il n'en est pas moins vrai que, tant que ce processus de décentralisation n'est ni entamé ni réalisé, la concession automatique de droits politiques aux émigrants peut se convertir en une véritable bombe à retardement qui, utilisée de façon démagogique par les majorités politiques prépondérantes dans chaque cas, peut détruire non seulement le marché, mais aussi la culture et la langue propre de chaque pays.

Il faut donc proposer ceci : ce n'est qu'au bout de très longues périodes, permettant de considérer que les émigrants ont complètement assimilé les principes culturels de la société qui les a reçus, que ceux-ci peuvent solliciter le droit à la citoyenneté avec toutes ses conséquences (c'est-à-dire y compris le droit de participer aux élections publiques).

Ce principe se heurte à la tendance qui tente actuellement de s'imposer dans l'Union européenne, et veut reconnaître dans chaque pays le droit de vote, au moins aux élections municipales, pour les citoyens des autres États de l'Union.

Cette règle peut arriver à bouleverser complètement l'atmosphère et la culture des communes à majorité de résidents étrangers (cas de l'Espagne) due à l'affluence massive de touristes-résidents provenant du Royaume-Uni, de l'Allemagne, etc. À notre avis, ce n'est que lorsque ces résidents auront vécu dans la commune durant un minimum d'années et y auront acquis un minimum de droits de propriété (immeubles ou investissements du même genre) qu'il sera justifié de leur permettre d'exercer les droits de vote correspondants.

Voici enfin, et quatrièmement, le principe le plus important qui doit toujours orienter les flux migratoires : tous les émigrants doivent observer à tout moment les lois au sens matériel, et spécialement le droit pénal en vigueur dans le groupe social qui les accueille. Ils devront en particulier respecter scrupuleusement tous les droits de propriété établis dans la société qui les reçoit.

Toute violation de ces droits devra être punie par l'application non seulement des peines fixées dans le Code pénal correspondant, mais aussi de mesures d'expulsion (la plupart du temps définitive) de l'émigrant en question. Ainsi, les phénomènes d'occupation massive (comme dans le cas des *favelas* au Brésil, construites pour la plupart sur des terrains privés de tierces personnes) pourront être évités.

Nous avons constaté que les problèmes les plus visibles et les plus graves liés aux flux migratoires viennent de ce que l'État ne définit pas clairement et ne défend pas efficacement comme les droits de propriété des natifs. Ainsi, les émigrants qui arrivent créer d'importants coûts externes négatifs ; ceux-ci provoquent l'explosion de sentiments de xénophobie et de violence qui ont un coût social et humain très élevé et font du tort aux parties les plus innocentes.

Ces conflits diminueraient dans la mesure où les droits de propriété correspondants seraient définis et défendus correctement, et seraient étendus à toutes les ressources considérées jusqu'ici comme propriété publique et, donc, de libre accès pour tous (rues, routes, places, plages, etc.).

Jusqu'à ce que se produise la privatisation complète de toutes ces ressources, leur utilisation doit naturellement être réglée de façon à éviter les phénomènes d'occupation massive dont nous avons parlé ; elles devront être administrées comme si elles étaient totalement privées[8].

---

[8] Les principes précédents devraient s'appliquer aux flux migratoires aussi bien intranationaux qu'internationaux. Même si à l'intérieur des frontières des États-nations actuels, dotés d'une uniformité culturelle et économique plus grande, les problèmes que posent les flux migratoires ne sont pas aussi sérieux, beaucoup de coûts externes négatifs (par exemple ceux que créent les indigents et quémandeurs professionnels dans les grandes villes) se résoudraient si les principes indiqués dans le texte principal étaient appliqués systématiquement. C'est cependant pour les flux migratoires internationaux qu'il est le plus important d'appliquer les principes indiqués dans cet article. En tout cas, d'autres mesures, proposées curieusement par des théoriciens se qualifiant eux-mêmes de « *libéraux* » par exemple le contingentement de l'immigration ou le la vente aux enchères du droit d'immigrer, doivent être écartées parce qu'elles portent directement atteinte aux principes les plus élémentaires d'une société libérale.

## CONCLUSION

Bien entendu, les mesures que nous venons de citer ne vont pas éliminer tous les problèmes que posent actuellement les flux migratoires. Elles tendront, tout au plus, à réduire les conflits et à orienter l'état de choses actuel vers la situation idéale que défendent tous les amants de la liberté. Il faut en tout cas insister sur le fait qu'il n'y aura pas de solution définitive aux problèmes migratoires tant que les États-nations actuels ne se démembreront pas en un nombre de plus en plus réduit d'unités politiques et que l'ensemble des biens publics qui y subsistent ne seront pas complètement privatisés.

# CHAPITRE X

## *L'ESSAI SUR LA NATURE DU COMMERCE EN GÉNÉRAL* DE RICHARD CANTILLON : NOTE BIBLIOGRAPHIQUE

### INTRODUCTION

C'est récemment (en 2005) qu'a eu lieu le 250° anniversaire de la publication posthume (1755) de l'*Essai sur la nature du commerce en général* du grand économiste irlandais, d'abord installé en Angleterre puis en France, Richard Cantillon[1]. Le livre fut écrit, en réalité, 25 ans avant sa publication, peu avant la mort de Cantillon en 1734. L'importance de cet ouvrage est liée au fait qu'il s'agit, sans aucun doute, du premier traité scientifique, compréhensif et systématique d'économie politique et à l'optique proto-autrichienne qu'il présente. Certes, les premiers penseurs qui ont examiné l'ordre spontané du marché (et qui furent, en ce sens, les premiers économistes, bien que sans le savoir) ont été les grands jurisconsultes du droit romain classique, dont la tradition fut continuée par Saint Thomas d'Aquin, puis par des auteurs comme Saint Bernardin de Sienne et Saint Antonin de Florence, ces apports ayant été notablement développés par les scolastiques du Siècle d'Or espagnol (Huerta de Soto, 1999, pp. 1-12 ; 2007, pp. 249-261). Aucun de ces penseurs, cependant, ne fut capable d'écrire un traité synthétique et omni-compréhensif, du point de vue de la conception subjectiviste et dynamique de l'ordre spontané du marché, avec la profondeur et la justesse de Cantillon. C'est pourquoi celui-ci doit être considéré non seulement comme le véritable père fondateur de notre science[2], mais encore comme le premier économiste à avoir amorcé la tradition qui devait prendre par la suite le nom d' « *École autrichienne d'économie* ».

---

[1] Sur la vie de Richard Cantillon, consulter la biographie d'Antoine E. Murphy (Murphy, 1986). Ce livre est, à maints égards, définitif, particulièrement en raison de l'abondance des informations et données historiques qu'il apporte. Les interprétations théoriques de Murphy, trop éclectiques, keynésiennes et favorables à John Law, sont de moindre qualité. Le livre, en tout cas, ignore complètement, l'interprétation des apports de Cantillon du point de vue de l'École autrichienne et, surtout, s'intéresse très peu à l'une des contributions les plus importantes de notre auteur : l'« *effet cantillon* ».

[2] Dans une interview faite à Milton Friedman et publiée peu avant sa mort (*ABC* de Madrid, dimanche 10 juillet 2006, p. 10), celui-ci répond que, s'il avait pu inviter à déjeuner trois économistes déjà décédés, il aurait sans aucun doute choisi Adam Smith, Alfred Marshall et John Maynard Keynes. Il prouve, par ce choix, son caractère d'économiste de l'équilibre qui accepte pleinement *la méthodologie agrégée* ( ?) et l'optique macroéconomique qu'il a héritées de Keynes (et se situe donc aux antipodes de l'optique dynamique, subjectiviste et entrepreneuriale de l'École autrichienne). Répondant à cette même question, j'aurais personnellement choisi d'inviter Cantillon, Menger et Mises (Hayek et Rothbard sont morts eux aussi, mais j'ai eu la chance de déjeuner avec eux à plusieurs reprises ; Kirzner, lui, est vivant). Le choix que je fais de Cantillon contraste spécialement avec celui de Friedman en faveur d'Adam Smith, car je considère que le père de notre science fut Cantillon, et en aucun cas Adam Smith.

Nous ferons un bref commentaire des principaux apports de Cantillon, en insistant sur les plus significatifs du point de vue du développement futur de la conception autrichienne de l'économie.

## 1. La méthode de la recherche scientifique

Cantillon se montre spécialement original dans l'introduction du procédé ou méthode correcte d'élaboration de la science économique. Cela, non seulement à cause de l'optique subjectiviste de son étude (il souligne, dès la page 7 de l'*Essai*[3], que les différents producteurs sont toujours obligés de suivre les désirs de leurs consommateurs) mais aussi par l'usage répété qu'il fait, pour la première fois, de l'hypothèse *ceteris paribus*, ou « *toutes circonstances égales* », pour définir les lois de tendance existant dans le marché (par exemple, aux pages 196 et 201 où il suppose : « *toutes autres choses étant égales* »). D'autre part, et comme nous le verrons en étudiant l'« *effet cantillon* », il inaugure l'analyse économique des processus de marché intégrés par étapes successives, point central de recherche autour duquel se développe l'analyse économique de l'École autrichienne, et qui présente un contraste si marqué avec l'étude néoclassique de l'équilibre économique où il ne se produit pas de changements, où la fonction d'entrepreneur brille par son absence et où un ajustement complet et parfait est supposé exister entre les différentes variables économiques.

Il faut enfin souligner la concordance existant entre la théorie et l'évidence empirique (histoire), subjacente dans tout le traité de Cantillon (traité fondamentalement théorique, mais avec des références continuelles à un appendice numérique que l'on n'a jamais trouvé). On remarque, en tout cas, à plusieurs endroits et en particulier à la page 391 que Cantillon ne se sert de l'expérience que pour illustrer ses conclusions théoriques. Il aboutit à celles-ci indépendamment de l'expérience historique et donc, sans prétendre, comme les différents positivistes, extraire la théorie de la connaissance empirique ou convertir celle-ci en l'unique critère de validation ou d'invalidation des théories économiques.

## 2. La figure clef de l'entrepreneur

L'entrepreneur joue un rôle principal et indispensable dans l'analyse économique de Cantillon. Il souligne, dès le début de son traité (p. 12), que les entrepreneurs et les marchands s'établissent aux alentours des villes. L'entrepreneur se caractérise par le fait qu'il assume le hasard ou incertitude. Il prétend avant tout obtenir un profit qui est toujours incertain (p. 64). C'est pourquoi, étant donné l'état d'ignorance inévitable où il se trouve, au lieu d'obtenir des profits, il récolte souvent des pertes et fait même banqueroute (« *tout cela cause tant d'incertitude parmi tous ces Entrepreneurs qu'on en voit qui font journellement banqueroute* », p. 66). L'entrepreneur agit, en tout cas, « *suivant ses idées* » (p. 62), c'est-à-dire selon la connaissance propre qu'il acquiert et en

[3] Désormais je citerai littéralement (en incluant donc les archaïsmes orthographiques qui apparaissent dans l'original), à partir de la première édition de l'*Essai* que je possède. Cantillon (1755).

cherchant toujours à obtenir le profit le plus élevé possible (« *On pourrait peut-être avancer que tous les Entrepreneurs cherchent à attraper tout ce qu'ils peuvent dans leur état* », p. 70).

En outre, la fonction d'entrepreneur est, pour Cantillon, une fonction intégrée qui, pour ainsi dire, se répand par le don d'ubiquité entre tous les agents économiques. Ainsi, comme il l'explique à la page 62, le fermier est nettement un entrepreneur : « *Le Fermier est un Entrepreneur qui promet de payer au Propriétaire, pour la Ferme ou la Terre, une somme fixée d'argent (qu'on suppose ordinairement égale en valeur au tiers du produit de la Terre), sans avoir de certitude de l'avantage qu'il tirera de cette entreprise* ». Sont également entrepreneurs les capitalistes qui accumulent un fonds financier et les travailleurs à leur compte (« *Tous les autres sont Entrepreneurs, soit qu'ils s'établissent avec un fond pour conduire leur entreprise soit qu'ils soient Entrepreneurs de leur propre travail sans aucun fonds, & ils peuvent être considérés comme vivant à l'incertain* », pp. 71-72).

Cantillon illustre de façon si originale le caractère d'entreprise de toute activité humaine qu'il évoque même la composante entrepreneuriale des actes des criminels (« *les Gueux mêmes et les Voleurs sont des Entrepreneurs de cette classe* »). Il se montre plus original encore lorsqu'il explique à la page 105 que même le fait de se marier est un acte d'entreprise qui enserre des incertitudes. Il utilise, en outre, une terminologie étonnement moderne ; par exemple, il mentionne pour la première fois, à la page 343, les « *spéculations* » qui causent de fréquents changements dans le marché.

Cantillon fait enfin allusion à ce qui deviendra par la suite l'exemple kirznérien typique du travailleur pour le compte d'autrui qui décide de devenir indépendant et de se transformer en entrepreneur et travailleur à son propre compte. Ainsi, « *si un Porteur d'eau à Paris s'érige en Entrepreneur de son propre travail, tout le fond dont il aura besoin sera le prix de deux seaux, qu'il pourra acheter pour une once d'argent, après quoi tout ce qu'il gagne devient profit* » (pp. 271-272).

## 3. Les prix du marché réel et leur différence avec les hypothétiques prix d'équilibre. La « *valeur intrinsèque* » en tant que coût d'opportunité

L'un des aspects les plus originaux de l'analyse de Cantillon est peut-être la distinction qu'il opère entre les prix apparaissant chaque jour dans le marché (et déterminés par les évaluations subjectives, p. 37) et ceux qu'il appelle « *valeurs intrinsèques* » qui coïncident par définition avec le coût des facteurs de production incorporés dans les biens de consommation sous forme de ressources naturelles (terre) et travail. La « *valeur intrinsèque* » coïncide, donc, pour Cantillon avec le concept de coût d'opportunité (Thornton, 2007) : « *Mais il arrive souvent que plusieurs choses qui ont actuellement cette valeur intrinsèque ne se vendent pas au Marché, suivant cette valeur : cela dépendra des humeurs & des fantaisies des hommes, & de la consommation qu'ils feront* » (p. 36). Le programme de recherche lancé par Cantillon et concernant la théorie des prix contraste sensiblement avec celui que développa plus tard Adam Smith. Car celui-ci cesse de s'intéresser à l'étude des prix qui apparaissent quotidiennement dans le marché réel pour se concentrer sur l'étude du fantasmagorique prix naturel d'équilibre à long terme, déterminé par le coût de production et, concrètement, par la quantité de travail incorporée dans les biens. Erreur grave que celle d'Adam Smith, qui se sépare de la trajectoire amorcée par Cantillon. Erreur dont les effets dévastateurs sur l'analyse économique postérieure sont encore ressentis de nos jours. La théorie du coût objectif de production en tant que déterminant du prix est, en effet, à la base de la théorie marxiste de l'exploitation. Et, comme elle ne peut se justifier que dans un hypothétique état d'équilibre où, par définition, prix et coûts s'adaptent parfaitement entre eux, elle explique la tendance, majoritaire jusqu'ici, des analystes de l'économie à focaliser leur intérêt sur les états d'équilibre au lieu d'étudier les processus dynamiques de marché qui se produisent dans la vie réelle.

Peut-être Cantillon pèche-t-il, à l'occasion, par excès d'optimisme (par exemple, aux pages 38 et 39), lorsqu'il indique que le prix du marché réel n'est pas très éloigné de la « *valeur intrinsèque* » et, en ce sens, explique-t-il de façon moins claire que l'espagnol Luis Saravia de la Calle que ce sont les prix qui déterminent les coûts et non l'inverse[4]. Cantillon considère, en tout cas, que les prix sont déterminés par un processus de marché, dans lequel les différents entrepreneurs acquièrent aujourd'hui des facteurs de production dans l'espoir de pouvoir demain les vendre réélaborés à un prix plus élevé (p. 14). Ainsi, comme l'explique le Chapitre IV de la Première Partie, les différents facteurs de production tendent à être assignés en fonction du besoin qu'on en a pour produire les biens et services demandés par les consommateurs (p. 28). La production suit donc toujours, pour Cantillon, les changements de goûts des consommateurs comme il l'explique aux pages 81 et 83, ou le résume dans le titre même du Chapitre XIV de la Première Partie : « *Les humeurs, les modes & et les façons de vivre du Prince, & principalement des Propriétaires de terres, déterminent les usages auxquels on emploie les terres dans un État, & causent, au Marché, les variations des prix de toutes choses* » (p. 76).

Aux pages 156 et suivantes (en particulier p. 58), Cantillon présente, en outre, une analyse du processus de marché de détermination du prix, résultat de l'interaction entre acheteurs potentiels et vendeurs potentiels, qui anticipe, du moins de façon embryonnaire, l'explication théorique que Böhm-Bawerk devait développer plus tard en détail (Böhm-Bawerk, 1889, pp. 201-228). Remarquons la finesse avec laquelle il s'exprime : « *Quoique cette méthode de fixer les prix des choses au Marché n'ait aucun fondement juste ou géométrique, puisqu'elle dépend souvent de l'empressement ou de la facilité d'un petit nombre d'acheteurs, ou de vendeurs ; cependant, il n'y a pas d'apparence qu'on puisse y parvenir par aucune autre voie plus convenable* » (p. 156). Dans la détermination du prix intervient aussi la relation existant entre les marchandises qui arrivent sur le marché et la quantité de monnaie qui y est offerte pour les acheter : « *Les prix s'y fixent par la proportion des denrées qu'on y expose en vente & de l'argent qu'on y offre pour les acheter* » (p. 15).

Enfin, la fixation de prix monétaires, dans le marché, pour les différents biens permet le calcul économique aux agents impliqués. La monnaie rend donc possible l'estimation de ce que sera le prix futur dans le marché et le calcul économique qui oriente l'action : « *qu'il règle une mesure commune, comme l'argent,*

---

[4] « *Ceux qui mesurent le juste prix de la chose d'après le travail, les coûts et les dangers encourus par celui qui traite ou fait la marchandise se trompent beaucoup ; parce que le juste prix naît de l'abondance ou du manque de marchandises, de marchands et d'argent ; et non des coûts, travaux ou dangers* ». Saravia de la Calle (1949, p. 53). Toutefois, et comme on l'a déjà indiqué, Thornton a démontré que le concept de « *valeur intrinsèque* » coïncide chez Cantillon avec celui de coût d'opportunité, en sorte qu'il n'y a pas lieu de qualifier notre auteur d'« *objectiviste* » (Thornton, 2007).

*pour fixer le prix auquel les Fermiers leur cèderont la laine, & celui auquel ils lui fourniront le drap, & que les calculs de ces prix soient réglés de manière que les Maîtres-artisans aient les mêmes avantages & les mêmes douceurs qu'ils avoient à-peu-près lorsqu'ils étaient Inspecteurs* » (p. 78).

## 4. La connexion microéconomique entre le côté monétaire et le côté réel de l'économie : l'« *effet cantillon* »

À la différence d'Adam Smith, Cantillon non seulement fut un théoricien pénétrant, mais il acquit de première main une grande connaissance pratique du fonctionnement de l'économie réelle. Jeune, en effet, il commença sa carrière professionnelle en Espagne, durant la Guerre de Succession ; il s'occupa d'abord, comme intermédiaire, de l'approvisionnement en munitions des troupes anglaises qui défendaient la cause de la Maison d'Autriche, puis il fut banquier en France durant la période agitée de la régence de Philippe d'Orléans, qui essayait de faire face par tous les moyens aux dépenses énormes engagées par la France pour appuyer celui qui devait être couronné comme Philippe V, premier Bourbon d'Espagne. L'intelligence et la capacité d'observation de Cantillon le firent se rendre compte que les effets les plus importants des augmentations de l'offre monétaire n'étaient pas les effets agrégés que ces augmentations avaient sur le « *niveau général des prix* », mais ceux qui se produisaient de façon successive et progressive, étape par étape et en affectant toujours la structure de prix relatifs des biens et services échangés sur le marché. C'est en cela, précisément, que consiste l'« *effet Cantillon* », décrit en détail aux pages 213 à 239 de l'*Essai*. Cantillon y explique brillamment comment d'abord montent certains prix, puis d'autres, et qu'ils le font avec une intensité différente (p. 217), cela entraînant une redistribution du revenu entre les divers agents économiques (p. 216). Il observe également avec sagacité que toute injection monétaire est un cadeau empoisonné, car ainsi les prix relatifs de la zone où l'argent nouveau pénètre pour la première fois croissent plus rapidement que ceux des zones adjacentes. Cela provoque un effet de sortie du flux monétaire, d'une part, et de ruine des producteurs locaux, d'autre part ; ceux-ci ne pouvant pas concurrencer les importations venant de l'extérieur (ce fut là précisément l'effet dévastateur que produisit sur l'économie espagnole l'affluence massive de métaux précieux importés après la conquête de l'Amérique).

Cantillon écrit en particulier : « *Je conclus qu'une augmentation d'argent effectif dans un État y introduit toujours une augmentation de consommation & l'habitude d'une plus grande dépense. Mais la cherté que cet argent cause ne se répand pas également sur toutes les espèces de denrées & de marchandises, proportionnément à la quantité de cet argent ; à moins que celui qui est introduit ne soit continué dans les mêmes canaux de circulation que l'argent primitif ; c'est-à-dire, à moins que ceux qui offraient aux marchés une once d'argent, ne soient les mêmes & les seuls qui offrent maintenant deux onces, depuis que l'argent est augmenté du double de poids dans la circulation, ce qui n'arrive guère. Je conçois que lorsqu'on introduit dans un État une bonne quantité d'argent de surplus, le nouvel argent donne un tour nouveau à la consommation & même une vitesse à la circulation ; mais il n'est pas possible d'en marquer le degré véritable* ».

Cantillon, en outre, inclut l'analyse de ce processus de marché dans le contexte d'une théorie monétaire plus générale. Il explique, par exemple, que la demande monétaire d'or apparaît historiquement après que celui-ci connaît une demande « *industrielle* » (c.-à-d., comme bien de consommation et/ou facteur de production, p. 130 et s.) et pose ainsi les bases de ce qui serait plus tard la théorie de l'émergence de la monnaie développée par Carl Menger (1998). Il effectue, en outre, aux pages 189 à 196 une analyse complète des causes de demande de monnaie, et retient en premier l'incertitude indéracinable propre à tous les entrepreneurs : « *Plusieurs Propriétaires, Entrepreneurs, & autres, gardent toujours quelque argent comptant dans leurs poches ou dans leurs caisses, contre les cas imprévus, & pour n'être point à sec* » (p. 193). Il explique aussi pourquoi l'or et l'argent sont devenus la monnaie par antonomase, primant sur d'autres biens qui s'échangent fréquemment sur le marché, comme le tabac, le sucre ou le cacao (Cantillon, 1755, p. 145).

Après son analyse de la demande de monnaie, il explique les diverses origines que peut avoir l'accroissement de l'offre monétaire (pp. 239-240), et établit les fondements de la théorie des flux monétaires de la balance des paiements (car la monnaie, comme nous l'avons indiqué, tend à sortir des pays où l'on découvre les mines auxquels arrivent d'abord, pour une raison quelconque, les nouveaux flux monétaires).

Ainsi, les éléments fondamentaux de la théorie autrichienne de la monnaie et de son effet sur le système économique, et en particulier ceux qui seraient développés plus tard par Mises et Hayek, furent déjà élaborés théoriquement, et de façon très claire, par Cantillon dans son remarquable *essai.*

Il faut enfin souligner la brillante analyse que fait Cantillon de l'effet de diminution de la demande de monnaie qu'engendrent les systèmes de compensation de comptes entre les différents commerçants et entrepreneurs qui apparaissent spontanément sur le marché. (p. 186)

## 5. Le taux d'intérêt et sa relation avec les variations monétaires

Si l'analyse que fait Cantillon de l'impact de l'accroissement de l'offre monétaire sur l'économie réelle et la structure de prix relatifs est absolument remarquable, sa théorie sur le taux d'intérêt et sa variation, reprise en grande partie par Hume et à partir de là, par les économistes de l'École autrichienne n'est pas moins importante.

Sans s'étendre beaucoup, Cantillon développe une théorie d'après laquelle l'intérêt est déterminé par l'offre et la demande de fonds prêtables (« *l'intérêt de l'argent dans un État se fixe par la proportion numérique des prêteurs et des emprunteurs* », p. 264). Il distingue également deux composantes du taux d'intérêt. La première correspondrait au taux d'intérêt naturel et serait distincte de la composante de risque qui s'ajoute pour déterminer le taux d'intérêt nominal sur le marché (p. 288). Cette prime de risque tend être très forte dans le cas des prêts accordés aux plus pauvres (p. 279, « *dans les plus basses classes, l'intérêt est toujours le plus fort à proportion du plus grand risque* »), risque qui s'accroît beaucoup en cas de guerre (p. 288).

Cela étant, l'observation la plus importante faite par Cantillon est que l'augmentation ou la diminution de l'offre monétaire n'affecte pas le taux d'intérêt, mais le pouvoir acquisitif de la monnaie : « *L'abondance ou la disette d'argent dans un État, hausse toujours ou baisse les prix de toutes choses dans les altercations du troc, sans avoir aucune liaison nécessaire avec le prix de l'intérêt, qui peut très bien être haut dans les États où il y a abondance d'argent, et bas dans ceux où l'argent est plus rare : haut où tout est cher, bas où tout est à grand marché : haut à Londres, et bas à Gênes* » (p. 285).

Ainsi, dès le début, la vision à court terme et keynésienne d'après laquelle l'augmentation de l'offre monétaire tend à faire baisse le taux d'intérêt, et dont Cantillon dit qu'elle « *n'est pas toujours vraie ni juste* », est rejetée (p. 283). L'auteur souligne, de plus, que la fixation de taux d'intérêt maximaux par la promulgation de lois d'usure ne fait qu'engendrer la rareté des fonds prêtables et beaucoup d'opérations clandestines. Tout cela gêne le commerce et fait monter encore plus les taux d'intérêt (à cause de l'augmentation de la prime de risque qui en résulte).

L'analyse de Cantillon dans ce domaine, comme dans d'autres, est, on le voit, bien supérieure d'un point de vue théorique à celle réalisée plus tard par Adam Smith : « *Si le Prince ou les Administrateurs de l'État veulent régler le prix de l'intérêt courant par les lois, il faut en faire le règlement sur le prix courant du Marché dans la plus haute classe, ou approchant : autrement la loi sera inutile, parce que les contraints qui suivront la règle des altercations, ou le prix courant réglé par la proportion des prêteurs aux emprunteurs, feront des Marchés clandestins ; cette contrainte de la loi ne servira qu'à gêner et à hausser le prix de l'intérêt, au lieu de le fixer* » (p. 292).

Cantillon explique également que le taux d'intérêt s'utilise pour déduire le mouvement futur de revenus d'un bien d'investissement et déterminer sa valeur actuelle, quoiqu'on ajoute souvent une prime pour le prestige lié à l'état de propriétaire de la terre : « *Les prix courant de l'intérêt dans un État, semblent servir de base et de règle pour les prix de l'achat des terres. Si l'intérêt courant est à cinq pour cent, qui répond au denier vingt, le prix des terres devrait être de même : mais comme la propriété des terres donne un rang et une certaine Juridiction dans l'État, il arrive que lorsque l'intérêt est au denier vingt, le prix des terres est au denier vingt-quatre ou vingt-cinq, quoique les hypothèques sur les mêmes terres ne passent guères le prix courant de l'intérêt* » (pp. 294-295).

## 6. Théorie bancaire du cycle économique

Cantillon a longtemps été banquier à Paris. Il n'est donc pas étonnant que son essai consacre un bon nombre de pages à l'analyse de la théorie bancaire. Il fait ainsi allusion aux « *orfebres* » et « *banquiers publics* » dès la page 187 de son traité. À la façon dont ils prennent des dépôts (p. 399) et émettent des billets de banque qui servent de substituts monétaires parfaits. Il ne peut, en somme, que justifier – comme je l'ai expliquée ailleurs – (Huerta de Soto, 2006) la pratique bancaire de la réserve fractionnaire, en sorte que le coefficient de caisse pourra être plus réduit selon que la confiance dans la banque sera plus grande.

Il s'exprime ainsi : « *Si un particulier a mille onces à payer à un autre, il lui donnera en paiement le billet du banquier pour cette somme : cet autre n'ira pas peut-être demander l'argent au banquier, il gardera le billet et le donnera dans l'occasion à un troisième en paiement, et ce billet pourra passer dans plusieurs mains dans les gros paiements, sans qu'on aille de longtemps demander l'argent au banquier : il n'y aura que quelqu'un qui n'y a pas une parfaite confiance, ou quelqu'un qui a plusieurs petites sommes à payer qui en demandera le montant. Dans ce premier exemple, la caisse d'un Banquier ne fait que la dixième partie de son commerce* » (pp. 399-400).

Il faut rappeler que Cantillon agit frauduleusement en s'appropriant et en utilisant les titres de la société Mississippi, fondée par Law, qu'il avait en dépôt à vue; cela donna lieu à d'innombrables demandes et procès au cours desquels il élabora des arguments en sa défense qui font partie, pour la plupart, de son essai. Il n'est donc pas étonnant qu'il ait essayé de justifier son action et la pratique de la réserve fractionnaire, bien que cette façon d'agir soit indéfendable d'un point de vue juridique et engendre des problèmes économiques importants (Huerta de Soto, 2006). Il reconnaît malgré tout que le coefficient de réserve fractionnaire que pratiquent les banques accroît l'offre monétaire (il ne reconnaît que partiellement cet effet – concrètement la première itération –, ne découvrant pas l'effet multiplicateur complet du coefficient de réserve fractionnaire sur tout le système bancaire, p. 408).

L'inventaire de trucs désespérés auxquels ont recours les banquiers pour ne pas payer les dépôts à vue qui leur sont réclamés est également très significatif (p. 425 et s.) : « *Les raffinements qu'on apport pour soutenir la Banque et modérer son discrédit, étaient d'abord d'établir plusieurs commis pour compter l'argent aux porteurs, d'en faire compter de grosses sommes en pièces de six & de douze sols, pour gagner du temps, d'en payer quelques parties aux porteurs particuliers qui étaient-là à attendre des journées entières pour être payé à leur tour ; mais les sommes les plus considérables à des amis qui les emportaient et puis les rapportaient à la Banque en cachette, pour recommencer le lendemain le même manège : par ce moyen, la Banque fait la bonne contenance et gagne du temps ; en attendant que le discrédit ralentisse ; mais lorsque cela ne suffit pas, la Banque ouvrit des souscriptions, pour engager des Gens accrédites et solvables, à s'unir pour se rendre garants de grosses sommes et maintenir le crédit et la circulation des billets de banque* » (pp. 425-426).

Il faut souligner aussi cette affirmation cynique : « *il ne sait pas* » s'il existe une seule banque qui pratique un coefficient de caisse de cent pour cent (la Banque d'Amsterdam était universellement connue, à son époque, pour pratiquer ce coefficient, mais Cantillon n'avait pas intérêt à rappeler ce fait qui nuisait à la stratégie employée pour sa défense juridique). Il fait allusion en effet, au chapitre 7 (p. 406 et s.), aux Banques de Venise, d'Amsterdam et de Londres et dit : « *Je ne pouvais pas avoir des informations exactes de la quantité des sommes qu'on porte ordinairement à ces Banques ni le montant de leurs billets & écritures, non plus que celui des prêts qu'ils font, & des sommes qu'ils gardent ordinairement en Caisse pour faire face : quelque autre qui sera plus à portée de ces connaissances en pourra mieux raisonner* » (p. 407).

Il explique également que l'expansion de crédit engendre du désordre (p. 413) : « *Une abondance d'argent fictif et imaginaire [créé par la banque qui procède à l'expansion de son crédit] cause les mêmes désavantages, qu'une augmentation d'argent réel en circulation, pour y hausser le prix de la terre et du travail, est pour enrichir les ouvrages et Manufactures au hasard de les perdre dans la suite : mais cette abondance furtive s'évanouit à la première bouffée de discrédit, & précipite le désordre* ».

Toute l'analyse de processus de marché, que réalise Cantillon avec une grande originalité, cherche à étudier comment les changements monétaires conduisent à des changements réels qui, souvent, ne sont pas soutenables à long terme et engendrent des étapes de récession économique. Ainsi s'explique la récession économique que connurent l'Espagne et le Portugal par suite de l'affluence de métaux précieux en provenance de leurs colonies. Et, de même, le désordre suivi de récession qu'engendre l'expansion de crédit dérivant de la pratique bancaire de la réserve fractionnaire, en particulier lorsqu'elle est favorisée par une banque à caractère national comme celle établie par John Law dans la France de son époque.

Cantillon s'exprime dans les termes suivants : « *Voilà à peu près ce qui est arrivé à l'Espagne depuis la découverte des Indes. Pour ce qui est des Portugais, depuis la découverte des Mines d'or du Brésil, ils se sont presque toujours servis des ouvrages et des Manufactures des étrangers ; et il semble qu'ils ne travaillent aux Mines, que pour le compte et l'avantage de ces mêmes étrangers. Tout l'or et l'argent que ces deux États tirent des Mines, ne leur en fournit pas plus dans la circulation, qu'aux autres. L'Angleterre et la France en ont même ordinairement davantage* » (p. 200).

Et sur le désordre que créent les banques qui pratiquent la réserve fractionnaire (en particulier celles à caractère public), Cantillon dit ce qui suit : « *Il est donc constant qu'une Banque d'intelligence avec un ministre est capable de hausser et de soutenir le prix des fonds publics, & de baisser le prix de l'intérêt dans l'État au gré de ce ministre, lorsque les opérations en sont ménagées avec discrétion, et par-là de libérer les dettes de l'État* » (p. 429).

Cantillon conclut donc que la monnaie n'est jamais neutre, mais possède une force d'impulsion importante, de sorte que manipulée par gouvernants et banquiers, elle entraîne de graves distorsions du système économique qui, tôt ou tard, se transforment en crises et récessions économiques.

## CONCLUSION

L'Essai de Cantillon présente d'autres apports de valeur qui, étant donné leur relation plus étroite avec le paradigme néoclassique dominant jusqu'ici, ont été largement commentés par la littérature spécialisée. On trouve ainsi chez Cantillon la théorie sur la localisation spatiale que von Thünen développera plus d'un siècle plus tard (p. 206). Il y explique pourquoi les capitales des états, et les villes en général, se construisent de préférence au bord de la mer et des fleuves, car cela réduit les coûts de transport.

Il a également l'intuition d'une théorie embryonnaire de la productivité marginale et remarque, en particulier, qu'on a tendance à payer les artisans en fonction de leur productivité (p. 27). De même, il introduit pour la première fois le concept de « *bien libre* » et l'illustre par l'exemple de l'eau de la Seine (p. 36). L'idée aussi que toute société exige, pour subsister, d'attribuer des droits de propriété (p. 8) ; et il explique (p. 9) pourquoi la propriété tend à se distribuer de façon inégale dans le marché.

Il explique aussi la théorie quantitative de la monnaie aux pages 148 et 154, bien que tout son essai vise à démonter la thèse selon laquelle le seul effet important d'une augmentation de la quantité de monnaie en circulation est la diminution de son pouvoir acquisitif ; et il insiste, au contraire (comme on l'a vu), avec son « *effet cantillon* », sur la distorsion que produit tout accroissement de l'offre monétaire dans l'attribution de ressources productives et dans la structure de prix relatifs. Son analyse de la vitesse de la monnaie, terme qu'il est le premier à utiliser dans un livre scientifique d'économie (par exemple, p. 173 et 183), est, elle aussi, remarquable. Il expose enfin très clairement, à la page 372 de son *essai*, ce qui devait plus tard s'appeler la loi de Gresham.

Naturellement, on ne pouvait pas exiger de Cantillon qu'il vit toujours juste et son livre présente, de fait, diverses velléités mercantilistes et physiocratiques (par exemple l'analyse contenue aux p. 56 et 119). Il inclut, d'autre part, quelque critique peu consistante, comme la « *pique* » qu'il envoie aux ordres mendiants et aux catholiques à la page 125 et il se présente, somme toute, comme un net précurseur de la théorie malthusienne de la population, jetant les bases des mêmes erreurs que celle dans lesquelles Malthus devait tomber (p. 110 et s.), et énonçant même ce qui plus tard serait connu comme la « *loi d'airain des salaires* » (p. 40).

Malgré ces déficiences et d'autres (pp. 252-253), il faut insister sur le fait que l'essence de l'analyse économique de Cantillon est fondamentalement correcte et qu'il sut créer les bases du futur développement de toute la théorie dynamique des marchés que l'École autrichienne d'économie portera à son niveau le plus élevé. C'est pourquoi notre auteur doit être considéré non seulement comme le véritable fondateur de la science économique moderne, mais aussi comme le premier auteur à avoir traité de manière systématique les fondements dynamiques des processus de marché, noyau central des recherches des théoriciens de l'École autrichienne d'économie.

## RÉFÉRENCES BIBLIOGRAPHIQUES


BÖHM-BAWERK, E., 1885, Kapital und Kapitalzins, Positive Theorie des Kapitales Innsbruck, Verlag der Wagner'schen Universitäts-Buch-Handlung. Version espagnole, 2005 « La ley básica de determinación del precio », dans *Lecturas de economía política*, J. Huerta de Soto (éd.), 2° éd., Unión Editorial, Madrid, pp. 99-142.

CANTILLON, R., 1755, *Essai sur la nature du commerce en général*, Traduit de l'anglois, Chez Fletcher Gyles dans Holborn, M.DCC.LV, Londres.

HUERTA DE SOTO, J., 1999, « Juan de Mariana and the Spanish Scholastics » dans *Fifteen Great Austrian Scholars*, Randall G. Holcombe (éd.), Auburn University, Ludwig von Mises Institute, Alabama.

HUERTA DE SOTO, J., 2006, *Dinero, crédito bancario y ciclos económicos*, 3°éd, Unión Editorial, Madrid.

MENGER, C., 1998, « Del origen del dinero », *La economía en sus textos*, Segura, J. et Rodríguez B.C. (éd.), Taurus, Madrid, pp. 200-220.

MURPHY, A. E., 1986, *Richard CANTILLON: Entrepreneur and Economist*, Clarendon Press, Oxford.

SARAVIA DE LA CALLE, L., 1949, *Instrucción de mercaderes*, Colección de Joyas Bibliográficas (1° éd. Medina del Campo, 1544), Madrid.

THORNTON, M., 2006, « Cantillon on the cause of the business cycle », *Quarterly Journal of Austrian Economics*, vol. 9, n° 3, automne, pp. 45-60.

THORNTON, M., 2007, « Richard Cantillon and the Discovery of Opportunity Cost », *History of Political Economy*, vol. 39, n°1, printemps, pp. 97-119.

# CHAPITRE XI

# THÉORIE DE LA CRISE ET DE LA RÉFORME DE LA SÉCURITÉ SOCIALE

## INTRODUCTION

Les problèmes que pose la Sécurité sociale peuvent se diviser en *deux grandes catégories*. D'une part, la question des *pensions* de retraite, veuvage, orphelinat, invalidité ou décès, c'est-à-dire le paiement de prestations économiques régulières en cas de survie, invalidité ou décès. D'autre part, celle de l'*assistance sanitaire*. Nous envisagerons séparément les deux problèmes, mais en accordant une attention spéciale à la question des pensions, car elles constituent actuellement le problème le plus important, aussi bien en Espagne qu'à l'étranger, à cause de l'ampleur des obligations qui ont été assumées et des difficultés que pose toute réforme en ce domaine.

Le premier paragraphe sera consacré au *diagnostic* du problème que pose la Sécurité sociale en matière de pensions, d'un point de vue à la fois *technique* et *éthique*. Nous exposerons ensuite la *contradiction inhérente* à tout système étatique de Sécurité sociale et présenterons le *modèle libéral de Sécurité sociale* que nous considérons comme le plus indiqué. Nous proposerons, en quatrième lieu, un *processus de réforme* de la Sécurité sociale qui, orienté correctement, minimise les tensions de toute réforme. Nous analyserons enfin, à partir de différents points de vue, ce que doit être la *stratégie* la plus adéquate pour que la réforme réussisse. Nous consacrerons, pour finir, un paragraphe au problème de l'*assistance sanitaire*.

### 1. Diagnostic du problème

La crise de la Sécurité sociale, unanimement reconnue, présente une double nature : c'est, d'une part, une crise technique, économico-actuarielle et, d'autre part, une crise éthique.

#### *a) Problèmes techniques*

1. Ce sont les plus facilement reconnaissables. Il faut signaler, en particulier, que le *système financier de répartition*, base du financement de la Sécurité sociale, *diminue substantiellement l'épargne globale du pays*. Cela, parce que les pensions sont payées chaque année à partir d'impôts et de cotisations prélevés de force sur les contribuables à chaque exercice. De sorte qu'il devient très difficile d'épargner, non seulement parce que la pression fiscale sous forme d'impôts et de cotisations à la Sécurité sociale est presque insupportable, mais aussi parce que le public en général croit (ou du moins, croyait jusqu'à présent) que les générations futures financeront la Sécurité sociale, comme nous le faisons nous

qui travaillons actuellement[1]. Il est très difficile de minimiser l'effet pernicieux qu'a exercé, sur l'évolution de l'économie, cette influence négative de la Sécurité sociale sur l'épargne. Ainsi, le taux d'épargne en Espagne a baissé, en pourcentage du produit intérieur brut, de près de 27 pour cent en 1975 à 19 pour cent en 1992[2]. L'on peut considérer que cette chute de l'épargne a joué un grand rôle dans la naissance et l'aggravation de la crise économique espagnole ; celle-ci s'est déclarée essentiellement à cause de l'apparition de nombreux projets d'investissement qui ont cessé d'être rentables faute de l'offre nécessaire, à des taux d'intérêt favorables, de ressources financières réelles épargnées. Si l'épargne du pays avait été nettement plus élevée ces dix dernières années, une bonne partie des projets d'investissement qui ont dû être abandonnés ou restructurés aurait pu être exploitée de manière rentable, grâce à l'abondance de ressources financières que toute augmentation de l'épargne réelle entraîne et qui permet de financer le commerce et l'industrie à des taux d'intérêt plus bas[3].

2. De même, il est important d'un point de vue technico-économique, de préciser ceci : indépendamment de la forme juridique du système, il est faux de croire que les contributions entrepreneuriales de Sécurité sociale sont payées par les entreprises. En effet, même si la régulation juridique semble indiquer le contraire, *d'un point de vue économique ces contributions sont finalement payées par les travailleurs*, car elles font partie du *coût total du travail* de l'entrepreneur ; et cela reviendrait au même pour lui de les payer directement à ses travailleurs plutôt qu'au système étatique de Sécurité sociale. Ce point de vue capital a été développé par Ludwig von Mises en 1922 lorsqu'il affirma que « *les contributions*

---

[1] Ce principe théorique a été empiriquement illustré avec le cas historique du système américain de Sécurité sociale de 1971, par Martin Feldstein dans « Social Security, Induced Retirement and Aggregate Capital Accumulation », *Journal of Political Economy*, 82 (sept-oct. 1974). En outre, quelques études de simulation indiquent que les systèmes de Sécurité sociale de l'échelle observée dans les années 1980 dans de nombreux pays développés peuvent réduire de 20 à 30% le stock de capital à long terme de ces économies (voir, par exemple, Laurence J. Kotlikoff, 1979, « Social Security and Equilibrium Capital Intensity », *Quarterly Journal of Econpomics*, 93 (2), mai, pp. 183-207, ainsi que A. J. Auerbach et L. J. Kotlikoff, 1987, *Dynamic Fiscal Policy*, Cambridge University Press, Cambridge). Gary Becker, au contraire doute que la Sécurité sociale réduise le taux d'épargne privée (« The Family, Altruism and Public Policy », réunion de la Société Mont Pèlerin, St. Vincent, Italie septembre 1986, p. 9). Nous présentons, à la note 12, une critique de la rationalisation néoclassique des systèmes de Sécurité sociale que propose Becker.

[2] Voir Huerta de Soto, J., « Experiencias Internacionales sobre la Crisis de la Seguridad Social », *Boletín de Estudios Económicos*, vol. XI, Bilbao, août 1985, pp. 327-378, avec mention de mes travaux sur ce thème, publiés aux États-Unis (« Employee benefits in a nascent democracy », *Digest* de la IFEB, vol. 18, n° 8, septembre 1981, pp. 11-13, Angleterre (« The Current Employee Benefit Situation in Spain », *Benefits International*, vol. II, n° 11, mai 1982, pp. 14-17) et Portugal (« Securança aasocial Espanhola », *Egide*, II, n° 8, octobre 1982, pp. 12-15).

[3] J'ai tenté, ailleurs, d'intégrer les effets de l'épargne provenant des plans de pension dans la théorie autrichienne des cycles économiques, telle que l'ont développée L. von Mises et F. A. Hayek. Voir mon article « Interés, ciclos económicos y planes de pensiones », Congreso Internacional sobre Fondos de Pensiones, Madrid 1984, pp. 458-468, ainsi que mon travail « La teoría austríaca del ciclo económico », *Moneda y Crédito*, n° 152, Madrid, mars 1980 (chap. XIII de ce livre).

*aux assurances se font toujours au détriment des salaires, qu'elles soient faites par les entrepreneurs ou par les travailleurs. Ce que l'entrepreneur doit payer à titre d'assurances pèse sur la productivité marginale du travail et tend ainsi à diminuer la rémunération du travail* »[4].

3. En outre, et dans une perspective plus *technique* ou *actuarielle*, la charge que suppose la Sécurité sociale pour les générations actives croît en spirale, comme une boule de neige. C'est là le résultat inévitable du vieillissement progressif de la population qui fait que le nombre de personnes retraitées augmente par rapport à la population active ayant un emploi. L'on peut considérer actuellement, en Espagne, qu'il y a un pensionné pour deux personnes qui travaillent ; et l'on estime qu'au début du siècle prochain, si le système actuel de Sécurité sociale est maintenu, chaque travailleur actif aura à sa charge un passif[5]. Qui plus est, l'inflation conduit constamment à la revalorisation des pensions en cours de paiement.

La charge que représentent les pensions pour ceux qui travaillent commence à devenir insupportable pour le pays en général et pour le contribuable en

---

[4] « *Denn die Versicherungsbeiträgegehen immer zu Lasten des Lohnes, gleichviel, ob sie von den Unternehmen oder von der Arbeitern eirgehoben werden. Auch das, was der Unternehmer für die Versicherung aufwenden muss, belastet die Grenzproduktivität der Arbeit und schmälert damit den Arbeitslohn* ». Voir Ludwig von Mises, *Die Gemeinwirtschaft: Untersuchungen über den Sozialismus*, Gustav Fisher, Iéna 1922 et 1932, Philosophia Verlag, Munich 1981, p. 442. On peut consulter une traduction anglaise, faite par J. Kahane, à la p. 430 de l'excellente édition anglaise *Socialism: An Economic and Sociological Analysis*, Liberty Classics, Indianapolis 1981. Presque 30 ans après, Mises développa la même idée de façon beaucoup plus détaillée ; il le fit non seulement en termes plus généraux, l'appliquant à toute « *conquête sociale* » (*Human Action*, 3° édition, Henry Regnery, 1966, p. 617), mais aussi en analysant concrètement la question de savoir qui supporte le coût de la Sécurité sociale. Voir Ludwig von Mises, « Economic Aspects of the Pension Problem », chap. VII de *Planning for Freedom and Twelve othe Essays and Addresses*, Libertarian Press, South Holland, Illinois, 1° éd., 1952, 3° éd. Commemorative, 1974, pp. 83-86. Il faut enfin citer une illustration empirique intéressante de cet important argument, réalisée par John A. Prittain avec les données historiques de plusieurs pays dans « The Incidence of Social Security Payroll Taxes », *American Economic Review*, mars 1971.

[5] Cette tendance est semblable à celle d'autres pays développés, malgré certaines différences. En France, par exemple, il y avait en 1974 quatre cotisants par pensionné et, seulement 10 ans plus tard, en 1984, il n'y en avait plus que 3, 4. Actuellement, ce ratio connaît une baisse accélérée. Aux États-Unis, il y avait 17 travailleurs par pensionné en 1950 ; en 1970, trois personnes seulement cotisaient pour chaque pensionné et l'on estime qu'au début du siècle prochain le ratio ne sera plus que de deux personnes actives pour chaque pensionné. On estime qu'en 2040 les deux cinquièmes de la population totale des États-Unis auront plus de 64 ans. Voir Laurence J. Kotlikoff, 1987, « Social Security », *The New Palgrave : A Dictionary of Economics*, éd. John Eatwell, Murray Milgate et Peter Newman, Macmillan, vol. IV, p. 415. Cette tendance se manifeste aussi dans les pays moins développés en fonction de leur croissance économique et culturelle, leur niveau de vie, l'amélioration de la santé publique et la baisse de la natalité qui s'en suit. L'augmentation de l'espérance de vie et le vieillissement graduel de la population semblent avoir accompagné, historiquement, les étapes avancées du processus de développement économique. Voir mon étude « Crisis de la Seguridad Social y el papel de los planes de pensiones privados en su reforma », dans *Prospects for Social Insurance and Private employee Benefit Plans*, Actas del 23 Congreso Internacional de Actuarios, vol. II, Helsinki 1988, pp. 477-498.

particulier, qui sont étouffés par une nette récession économique et une pression fiscale croissante. Ainsi, il est de moins en moins sûr que la Sécurité sociale peut payer les pensions qu'elle a prises en charge, et il est possible qu'à un certain moment les générations actives se désintéressent plus ou moins de leurs « *obligations* » envers les retraités, à cause du poids financier qu'elles supposent. C'est pourquoi la nécessité d'une réforme profonde du système actuel de Sécurité sociale semble évidente. Il s'agit d'établir progressivement un nouveau système en vertu duquel les classes passives qui prennent leur retraite peuvent se suffire à elles-mêmes sans avoir à dépendre des générations jeunes qui travaillent.

4. L'argument le plus important de la théorie économique contre le système de Sécurité sociale est peut-être celui qui concerne sa nature *coercitive*. Le système étatique de Sécurité sociale constitue en réalité l'un des cas les plus nets d'agression institutionnelle généralisée et indiscriminée contre les citoyens dans les pays occidentaux[6]. On ne peut pas minimiser les effets pervers de cette coercition qui entrave gravement l'interaction humaine libre et spontanée et le développement créatif de l'action entrepreneuriale pour tous les acteurs impliqués dans le système (entreprises, travailleurs, retraités, orphelins, veufs, handicapés et malades, compagnies d'assurances, institutions financières, hôpitaux, médecins, épargnants et investisseurs)[7]. Cette coercition non

---

[6] Voir mon livre *Socialismo, cálculo económico y función empresarial*, Unión Editorial, Madrid 1992, qui propose cette nouvelle définition du socialisme : « *tout système d'agression institutionnelle contre le libre exercice de l'action humaine ou fonction entrepreneuriale* », et développe également une théorie cohérente sur l'impossibilité théorique du socialisme et de l'interventionnisme, qui s'intéresse aussi à leurs inévitables effets secondaires, que sont l'absence de créativité et de coordination, la corruption et la destruction morale. Une version anglaise du chap. III de ce livre, intitulée « Economic Analysis of Socialism » a été présentée à la Première Conférence européenne sur l'Économie autrichienne, tenue à Maastricht du 9 au 11 avril 1992 (manuscrit en cours de publication). Ma théorie du socialisme est le résultat naturel de la combinaison de l'analyse autrichienne de l'action entrepreneuriale développée principalement d'après le modèle d'Israël M. Kirzner, et de la théorie de la coercition comme principale caractéristique du socialisme, que je dois à Murray N. Rothbard et à Hans H. Hoppe (voir le livre de ce dernier, *A Theory of Socialism and Capitalism*, Kluwer Academic Publishers, Amsterdam 1989, p. 2). Remarquons au passage qu'à l'intérieur de la classification des types d'intervention élaborée par Rothbard, les systèmes de Sécurité sociale constituent un cas typique de coercition *binaire*, dans lequel l'État « impose un *échange* forcé *entre* le sujet individuel et l'État » (M. N. Rothbard, 1970, *Power and Market ; Government and the Economy*, Institute for Humane Studies, Menlo Park, pp. 9 et 135-136).

[7] La Sécurité sociale « *is the target of complaints from all sides. Persons securing payments complain that the sums are inadequate to maintain the standard of life they had been led to expect. Persons paying Social Security taxes complain that they are a heavy burden. Employers complain that the wedge introduced by the taxes between the cost to the employer of adding a worker to his payroll and the net gain to the worker of taking a job creates unemployment. Taxpayers complain that the unfunded obligations of the Social Security system total many trillions of dollars, and that not even the present high taxes will keep it solvent for long. And all complaints are justified* ». Milton y Rose Friedman, *Free to Choose ; A Personal Statement,* Harcourt Brace Jovanovich, New York 1980, p. 102. À la page 106 du même ouvrage, Friedman signale, en partant de l'analyse de Becker que je critique à la note 12, le problème fondamental lorsqu'il affirme que « *the difference between Social Security and earlier arrangements is that Social Security is compulsory and impersonal - earlier arrangements were volontary and personal. Moral responsibility is an*

seulement produit une profonde déviation de la répartition du travail et du capital, qui a une répercussion négative sur l'épargne[8], mais – et c'est le plus important – elle empêche la découverte entrepreneuriale, la production et la transmission créatives de l'information nécessaire si l'on veut apporter des solutions nouvelles et originales aux problèmes innombrables que cause l'institution de la Sécurité sociale étatique. De cette façon, les déséquilibres sociaux s'aggravent continuellement et les plans individuels manquent de coordination[9].

*b) Problèmes éthiques*

Les problèmes techniques, économiques et actuariels commentés au paragraphe précédent ne naissent pas seuls ; ils sont accompagnés de problèmes importants et graves de nature éthico-politique. En particulier, le système de Sécurité sociale est fondé sur un paternalisme dépassé, il est non solidaire, car il suscite des tensions et des conflits entre les générations ; sa rigidité nuit gravement aux possibilités de développement humain et professionnel des personnes du troisième âge, et il repose sur des concepts de « *justice sociale* » et de « *redistribution du revenu* » que les libéraux ne peuvent pas partager. Nous envisagerons séparément chacun de ces problèmes.

1. Le système étatique de Sécurité sociale est fondé sur l'*idée paternaliste* que les personnes sont imprévoyantes par nature, et qu'il faut donc établir un système obligatoire et omni-compréhensif de Sécurité sociale. Cette idée, cependant, est aujourd'hui dépourvue de tout fondement. Car il est difficilement compréhensible que, d'un côté, on trouve les citoyens suffisamment mûrs et sérieux pour voter et élire librement leurs gouvernants, alors que, d'un autre côté, on les considère comme incapables de résoudre par eux-mêmes le problème de leur retraite. Cela signifie que, dans un contexte démocratique comme celui dans lequel nous vivons, les arguments paternalistes en faveur de la Sécurité sociale *impliquent paradoxalement que « la chose publique »*

---

*individual matter, not a social matter. Children helped their parents out of love and duty. They now contribute to the support of someone else's parents out of compulsion and fear. The earlier transfers strengthened the bonds of the family ; the compulsory transfers weaken them* ».

[8] Voir la brillante analyse autrichienne des effets de la Sécurité sociale sur la répartition du capital et du travail réalisée par Roger W. Garrison, 1983, « Misdirection of Labor and Capital under Social Security », *The Cato Journal*, vol. 3, n° 2, automne, pp. 513-529.

[9] Voir le chap. 19 sur « La Previsión Social » du livre de F. A. Hayek *Los fundamentos de la Libertad*, Unión Editorial, 5° éd., 1991, pp. 352-375. Hayek conclut : « *Il est peu douteux que s'agissant de problèmes aussi importants que la prestation de services médicaux à toute la nation, l'organisation unique ne soit pas la méthode la plus efficace pour utiliser l'ensemble du savoir disponible et le soit moins encore pour favoriser un développement et une divulgation rapides des connaissances nouvelles. Comme dans beaucoup d'autres domaines, la complexité même de la tâche requiert une technique de coordination qui ne se fonde pas sur la maîtrise et le contrôle des parties par une autorité directrice, mais obéit à un mécanisme impersonnel* » (p. 360, n. 10) [traduit de la version espagnole]. Voir, dans la même ligne de pensée, l'analyse plus développée et plus profonde d'Israël M. Kirzner, contenue dans son travail « The Perils of Regulation: A Market Process Approach », *Discovery and the Capitalist Process*, Routledge, Londres 1991, pp. 136-145.

*soit réglée selon la volonté d'électeurs que le législateur lui-même est considéré incapable d'organiser leurs propres affaires*[10].

La tâche de l'État pourrait donc se limiter au niveau minimum d'assistance sociale estimé nécessaire pour la minorité de la population qui pour diverses raisons (imprévision, malchance, etc.) arriverait à la vieillesse sans avoir couvert pour son compte ses besoins les plus essentiels. Par contre, il semble absurde, comme c'est le cas aujourd'hui, d'imposer à toute la population, parce qu'une minorité n'aurait pas été capable de préparer à temps sa retraite, de participer obligatoirement à un système étatique qui l'empêche de consacrer une grande partie de ses ressources à la vieillesse de la façon qu'elle estime la plus rentable et convenable. La Sécurité sociale *implique*, donc, *une attaque à la liberté de chaque citoyen* aussi grave que si on établissait un système obligeant *toute* la population à manger dans des casernes, parce qu'une minorité aurait des difficultés à se procurer des aliments. En outre, le manque d'éthique est particulièrement grave si l'on se souvient que la totalité des contributions à la Sécurité sociale est finalement payée par les travailleurs. L'on peut ainsi affirmer qu'ils sont privés d'une part importante de leurs ressources, car ils ne peuvent pas l'employer à assurer leur retraite de la façon la mieux adaptée à leurs circonstances particulières[11].

2. Il faut rappeler que le contrôle d'une économie libre à l'aide de régulations étatiques de caractère coercitif suscite toujours l'apparition de conflits et tensions entre différents groupes de la société, qui remplacent, dans une plus ou moins large mesure, le réseau d'échanges volontaires et pacifiques propre à toute société libre. Cela est particulièrement net dans le cas de la Sécurité sociale. En effet, jusqu'à l'apparition des systèmes étatiques de Sécurité sociale fondés sur la répartition et l'idée que les personnes jeunes qui travaillent doivent financer les pensions des retraités, le problème de la retraite se résolvait de diverses manières, mais sans créer de tensions entre les générations. Ces conflits générationnels sont particulièrement graves aujourd'hui, et il semble très difficile de prendre une décision relative au système de Sécurité sociale sans qu'apparaissent des *tensions et frictions entre la génération qui travaille et celle qui est à la retraite.* Comme le système ne peut pas, pour des raisons techniques, être maintenu, on rejette implicitement la responsabilité du problème sur les pensionnés, qu'il est de plus en plus difficile de soutenir financièrement[12].

---

[10] Cette idée fut exposée pour la première fois par Ludwig von Mises en 1949, *Human Action*, 1° éd., Yale University Press, p. 613. F. A. Hayek la reprend intégralement lorsqu'il affirme, onze ans plus tard, que le système de Sécurité sociale produit « *la paradoja de que la misma mayoría cuya presumible inhabilidad para escoger por sí misma de manera correcta constituye el pretexto para administrarle una gran parte de sus ingresos es invocada desde el punto de vista de su capacidad colectiva para determinar la forma en que han de gastarse las rentas individuales* » (*Los fundamentos de la Libertad*, cit. p. 358).

[11] Ludwig von Mises conclut que « Social Security does not enjoin upon the employers the obligation to expend more in buying Labor. It imposes upon the wage earners a restriction concerning the spending of their income. *It curtails the worker's freedom to arrange his household according to his own decisions* » (les italiques sont de moi), *Human Action*, 3° éd. revisée, Henry Regnery, Chicago 1966, p. 617.

[12] Je suis en désaccord avec la rationalisation néoclassique que fait Gary Becker du système étatique de Sécurité sociale. Selon lui, « children would be *happy* (!) to enter into a social compact with their parents whereby the children support their parents when old at current levels in return for a commitment to the current level of public support

La situation ressemble beaucoup à ce qui se produit quand le marché cesse d'être libre et, à cause de toutes sortes de restrictions institutionnelles et syndicales, le chômage apparaît. Naissent alors les conflits et tensions entre les différents groupes sociaux, parce que les postes de ceux qui travaillent se voient menacés par les jeunes et les personnes qui ne veulent pas prendre leur retraite ; et il s'exerce une pression constante pour que l'âge d'accès au travail soit retardé et celui de la retraite avancé, au grave préjudice des groupes sociaux affectés (jeunes et personnes d'un certain âge).

*L'on peut donc conclure que la Sécurité sociale est un instrument de déstabilisation dans les sociétés modernes ; elle met en danger leur progrès harmonieux et pacifique et crée de graves tensions et conflits difficilement résolubles.*

---

for children » (*A Treatise on the Family*, Harvard University Press, Cambridge 1991, p. 373). L'analyse de Becker contient, à mon avis, une erreur méthodologique, déjà soulignée par les théoriciens de l'École autrichienne d'économie dans l'analyse critique qu'ils font de l'École néoclassique-walrasienne à propos du débat sur l'impossibilité du calcul économique en régime socialiste. L'on doit, en particulier, critiquer l'excessive myopie de l'analyse de l'équilibre statique et le concept de « *rationalité* » utilisé par Becker, de même que l'optique purement maximisatrice de type robbinsien qu'adoptent les agents dans la célèbre analyse de la famille que fait Becker. Ce point de vue méthodologique typique de l'École de Chicago a été brillamment critiqué, il y a quelque temps, par Israël M. Kirzner dans son travail « Self-Interest and the New Bashing of Economics » (*Critical Review*, vol. 4, n° 1-2, hiver-printemps 1990, pp. 38-39, inclus dans son livre *The Meaning of Market Process*, Routledge, Londres 1992, p. 207-208). L'analyse de Becker semble être une simple rationalisation *ad hoc* des phénomènes agrégatifs, reposant sur l'idée que « *people get what they want* ». Une théorie dynamique du processus social mis en marche par la créativité entrepreneuriale et les efforts coordinateurs des personnes réelles, avec tout un univers de sentiments, de croyances, d'objectifs et d'appréciations, est totalement absente de l'analyse beckérienne. C'est pourquoi, suivant la tradition scientiste typique de l'École de Chicago, l'agression institutionnalisée sur laquelle se fonde la Sécurité sociale n'est jamais mentionnée par Becker et ne semble nullement le préoccuper. Il estime, de surcroît, avoir contribué à « *understand the widespread government interventions into family arrangements* » (*ibidem*, p. 379), ainsi qu'à la façon dont « *public expenditures on the elderly, together with public expenditures on children's education and other human capital, can fill the void left by breakdown in the social norms* » (*ibidem, p. 370).* Becker semble confondre la distinction hayékienne cruciale entre le droit de la famille au sens matériel, issu d'une évolution – selon la célèbre théorie de Carl Menger sur la formation des institutions –, avec la législation des décrets étatiques visant à établir les systèmes publics de Sécurité sociale. Le premier est le produit non prétendu et spontané de l'interaction sociale, alors que la seconde est une manifestation caractéristique de l'agression institutionnalisée et délibérée (c.-à-d. socialisme) sur un secteur spécifique du corps social, accompagnée de tous les effets typiques d'impossibilité théorique d'atteindre certains objectifs, d'absence de coordination et d'essais créatifs de solutions nouvelles, et de corruption morale systématique. C'est pourquoi nous devons affirmer que la réalité semble vraiment être à l'opposé de ce que Becker soutient : la Sécurité sociale, loin de « *filling the void left by the breakdown of social norms* », a été l'une des causes principales de la corruption et destruction des valeurs morales et des normes sociales. L'expansion de la Sécurité sociale, ou du socialisme dans ses différentes branches et manifestations est liée bien plus intimement à l'erreur scientifique du constructivisme et à la pression politique historique de certains groupes privilégiés qu'à la disparition spontanée des valeurs traditionnelles de la famille (voir le dernier paragraphe de la note 5).

3. La situation des personnes mises à la retraite de façon rigide et inflexible, suivant les dispositions qui régulent la Sécurité sociale, est particulièrement préoccupante. L'un des aspects les plus négatifs du système étatique de Sécurité sociale est son caractère rigide et uniforme pour toute la population. L'on ne comprend pas pourquoi chaque entreprise, institution ou particulier ne peut pas planifier librement le passage de la vie active à la retraite, de la façon considérée la mieux adaptée aux circonstances et la moins préjudiciable aux parties impliquées. Dans une société libre, on verrait apparaître *spontanément* les systèmes de retraite les plus variés qui permettraient à chacun de *choisir* la meilleure façon de passer à la retraite ; des institutions naîtraient, comme celles de la retraite progressive ou du travail à temps partiel des retraités, qui réduiraient les graves traumatismes psychologiques et physiques dont souffrent, avec le système de la Sécurité sociale, les personnes de notre société qui prennent leur retraite. Comme l'a écrit Hayek à juste titre, « *il est particulièrement instructif de constater que les deux principaux secteurs que l'État aspire à monopoliser – les assurances vieillesse et maladies – font, alors que le contrôle étatique n'est pas encore total, des progrès rapides et spontanés. Nous découvrons une variété d'expériences qui fourniront peut-être de nouvelles solutions à des besoins quotidiens, des solutions qu'aucune activité de planification n'aurait pu entrevoir* »[13].

4. Nous devons enfin critiquer l'idée que la Sécurité sociale sert au moins l'idéal de « justice sociale », puisqu'elle redistribue le revenu en faveur des groupes sociaux les moins favorisés. Il faut tout d'abord signaler que, d'un point de vue économique, *l'effet des politiques de redistribution du revenu est très préjudiciable précisément aux groupes sociaux les moins favorisés.* Car il est impossible, dans une société libre, de distinguer les processus de production et de distribution du revenu. Dans une économie de marché, on produit en fonction des profits espérés, de sorte qu'il est impossible de modifier les résultats avec des politiques de redistribution du revenu sans affecter gravement le processus productif lui-même. Autrement dit, les politiques de redistribution du revenu sapent sérieusement l'énergie des agents productifs du pays et y appauvrissent donc tout le monde, surtout les classes les moins favorisées. D'autre part, il n'y a rien de progressiste dans des politiques de redistribution du revenu qui cherchent uniquement à empêcher les gens aux revenus les plus modestes d'accéder aux niveaux les plus élevés de l'échelle sociale.

Comme l'a démontré Hayek, l'idée de « *justice sociale* » est particulièrement dangereuse et doit être critiquée par tout libéral. D'abord, le concept de justice sociale est dépourvu de sens et essentiellement incompatible avec les principes qui doivent régir une société libre. Nous venons de le dire, une économie libre favorise un développement économique harmonieux et dynamique, mais entraîne une distribution inégale et toujours changeante du revenu. Toute tentative visant à égaliser les résultats du processus de la liberté ne pourrait avoir lieu qu'une seule fois, car cela mettrait fin au processus lui-même et liquiderait les fondements de la société libre que nous défendons. L'idéal de justice sociale implique, en outre, d'accorder à l'État des pouvoirs d'une telle ampleur, sur la vie des citoyens, qu'ils sont absolument incompatibles avec l'idéal libéral. Il ne doit y avoir, dans une société libre, d'autre justice que celle émanant de lois à caractère général qui s'appliquent de façon abstraite à tous les

---

[13] Hayek, F. A., *Los fundamentos de la libertad*, cit., chap. 19, pp. 360-361.

citoyens et empêchent de savoir *a priori* quel sera le résultat spécifique et concret de l'interaction entre ceux-ci. La seule égalité que doivent défendre les libéraux est l'*égalité devant la loi*, telle que nous venons de la définir, et nullement une égalité de résultats, radicalement incompatible avec la liberté, et reposant[14] sur un concept de « *justice sociale* » bâtard et faux.

*c) La contradiction inhérente à la Sécurité sociale*[15]

Le système étatique de la Sécurité sociale est soumis, depuis ses origines à une contradiction insoluble, cause de tous ses problèmes : il prétend exercer à la fois des fonctions qui sont radicalement incompatibles entre elles : « *assurance* » et « *assistance sociale* ».

La Sécurité sociale fonctionne comme « *assurance* » lorsqu'elle paye des prestations en fonction de formules qui fixent des pensions plus importantes pour ceux qui ont payé des contributions plus élevées pendant plus longtemps. De plus, ces prestations sont payées aux bénéficiaires indépendamment du fait qu'elles leur soient nécessaires ou pas. Ces caractéristiques (prestations en fonction des contributions et paiement de celles-ci indépendamment des besoins) sont communes à la Sécurité sociale et aux assurances privées, qui se fondent, en ce sens, sur les mêmes principes.

Mais la Sécurité sociale prétend également obtenir ou exercer une fonction d'« *assistance sociale* ». Cette fonction s'exerce lorsque des prestations sont payées à des groupes jugés plus défavorisés, indépendamment (ou en tenant moins compte) du montant des contributions et de la période pendant laquelle ont eu lieu les paiements. L'on prétend, en outre, dans le cadre de cette fonction « *sociale* », effectuer un processus de redistribution du revenu que l'on estime juste et qui – nous l'avons vu – ne peut pas être approuvé dans une optique libérale.

Les deux objectifs décrits ici sont souvent appelés par les spécialistes objectif de l'« *équité individuelle* » (assurance) et objectif de l' « *équité sociale* ».

Cependant, ces deux fonctions sont strictement et fondamentalement incompatibles, et le fait de vouloir les réaliser dans le cadre de l'institution de la Sécurité sociale fait que d'un point de vue individuel la Sécurité sociale est une « *assurance* » largement déficiente, et d'un point de vue social, un instrument d'« *assistance sociale* » très défectueux et injuste. Car il est impossible d'accomplir à la fois des objectifs propres à l'« *assurance privée* », laquelle accorde des prestations en fonction des contributions effectuées et indépendamment des besoins individuels du bénéficiaire, et des objectifs de justice sociale et de distribution du revenu, qui impliquent de fournir des prestations aux personnes dans le besoin, qu'elles aient ou non effectué des contributions.

D'un côté, le désir de poursuivre l'objectif de justice sociale ou d'assistance sociale dans le cadre de la Sécurité sociale affecte nettement le principe d' « *équité individuelle* » (assurance), puisque – nous l'avons vu – le financement de la Sécurité sociale par répartition nuit sérieusement à l'épargne et à

---

[14] Hayek, F.A., 1988, *El espejismo de la justicia social*, vol. II de *Derecho, legislación y libertad*, Unión Editorial, 2° éd., Madrid [3° éd., 1994].

[15] Cela est presque le titre du livre fondamental de Peter J. Ferrara que j'ai amplement utilisé dans ce paragraphe. Voir Ferrara, P.J., 1980, *Social Security ; The Inherent Contradiction*, Cato Institute, San Francisco.

l'économie du pays et crée une situation qui rend impossible l'accomplissement des obligations contractées. Étant donné le poids croissant de la charge financière que supposent les passifs, il arrive un moment où la Sécurité sociale doit réduire les prestations et où les pensions qu'attendaient les bénéficiaires en fonction des contributions qu'ils avaient effectuées dans le passé ne sont pas perçues. En outre, le contribuable individuel cesse de percevoir la rentabilité financière qu'il obtiendrait, s'il s'agissait d'un véritable système d'assurance privée, des ressources épargnées pour assurer sa retraite[16].

Ce déséquilibre entre la contribution et ce que l'on obtient du système fait que celui-ci présente inévitablement un caractère coercitif et obligatoire pour tous les citoyens. Car on ne pourrait pas espérer qu'un système comme celui de la Sécurité sociale fonctionne si l'on s'y incorporait de façon volontaire : les contribuables qui recevraient un montant de prestations supérieur à leurs contributions s'y maintiendraient, alors que ceux dont les contributions seraient supérieures aux prestations reçues en sortiraient, de sorte que son équilibre financier ne pourrait pas se maintenir.

De plus, le fait que le système étatique de la Sécurité sociale doive être coercitif par nature implique, pour beaucoup, que le seul organe adéquat pour le gérer soit l'Administration de l'État (centrale ou régionale). Cela soumet le système à des influences politiques qui le rendent *essentiellement instable* : les politiques sont tentés d'utiliser le programme pour parvenir à leurs propres fins, au détriment, bien souvent, des participants au système et de l'économie générale du pays. Les cas d'achat de voix à court terme grâce à des modifications, réformes et augmentations démagogiques des prestations de la Sécurité sociale sont à l'ordre du jour dans beaucoup de démocraties occidentales et, entre autres, l'espagnole. Il faut signaler que cette tendance affecte aussi bien les partis au pouvoir que ceux de l'opposition[17]. On assiste ainsi à une situation curieuse en Espagne, où certaines voix de l'opposition, au lieu de reprocher à la réforme engagée par l'Administration sa timidité et l'insuffisance du processus de libéralisation du système, prétendent maintenir le concept de Sécurité sociale tel que nous l'avons connu jusqu'ici et cacher les graves problèmes techniques et éthiques qui l'affectent inévitablement.

D'un autre côté, la Sécurité sociale ne remplit pas ses objectifs d'« *équité sociale* », puisque le paiement des prestations se fait indépendamment des besoins des bénéficiaires. Ainsi, dans de nombreux cas, des personnes jeunes qui, avec un niveau de revenu très bas, luttent pour faire vivre leur famille sont obligées de dévier une partie importante de ce qu'ils gagnent pour financer les

---

[16] Ce principe théorique est illustré par Peter J. Ferrara et John R. Lott, Jr. dans « Rates of Return Promised by Social Security to Today's Young Workers », *Social Security ; Prospects for Reform*, éd. Peter J. Ferrara, Cato Institute, Washington 1985, pp. 13-32.

[17] D'après Hayek, « il est facile de comprendre que l'abandon total du caractère actuariel du système, avec la reconnaissance du droit à un revenu 'adéquat' en faveur de ceux qui atteignent un âge donné (et de tous ceux qui sont dans le besoin ou les handicapés), revenu déterminé couramment par la majorité (dont les bénéficiaires sont une partie substantielle), *transforme l'organisation totale en arme politique qui joue en faveur des démagogues en quête de voix* » (*Los fundamentos de la libertad*, op.cit., p. 365).

pensions de personnes âgées qui ont moins besoin de revenus ou reçoivent des pensions très substantielles de divers côtés[18].

*Ainsi, il est clair que les éléments d'« assurance » qui existent dans le système de la Sécurité sociale échouent systématiquement et rendent inefficace le programme d'« assistance sociale » qu'elle prétend appliquer, et vice versa.*

On ne peut pas comprendre la problématique de la Sécurité sociale ni entreprendre de la réformer sérieusement tant qu'on n'aura pas compris la contradiction essentielle existant entre les objectifs que l'on prétend lui faire atteindre. *Et on ne peut concevoir aucune réforme sérieuse de la Sécurité sociale si elle ne repose pas sur le principe fondamental de séparation des deux objectifs, lesquels devront être poursuivis par des institutions différentes.*

L'objectif d'« *équité sociale* » doit être poursuivi au début[19] à l'aide d'un système étatique d'assistance sociale, financé par le budget de l'État (c'est-à-dire selon le « *système de répartition* »), qui fournisse des prestations aux bénéficiaires en fonction de leurs besoins et garantisse à tout citoyen *nécessiteux* l'obtention d'une pension minimum.

Au contraire, la provision de pensions au-dessus du niveau minimum nécessaire, en fonction des désirs et de la capacité économique de chaque citoyen, du nombre d'années où il aura payé ses contributions et du montant respectif de celles-ci, doit se faire à partir d'un système d'*assurances- vie et plans de pension privés individuels et collectifs* et, donc, sur la base des principes et techniques propres au secteur privé des assurances.

C'est là la seule façon d'accomplir sans contradictions ni problèmes économiques graves deux objectifs considérés comme hautement nécessaires dans notre société. Toute réforme partielle du système étatique de la Sécurité sociale ne doit jamais perdre de vue qu'à la base de tous les problèmes se trouve la contradiction que nous avons commentée ici et que la voie correcte de la réforme consiste donc à identifier cette contradiction, à la réduire graduellement et la surmonter.

---

[18] Comme l'ont démontré Milton et Rose Friedman « *In addition to the transfer from young to old, Social Security also involves a transfer from the less well-off to the better-off. True, the benefit schedule is biased in favor of persons with lower wages, but this effect is much more than offset by another. Children from poor families tend to start work – and start paying employment taxes – at a relatively early age ; children from higher income families at a much later age. At the other end of the life cycle, persons with lower incomes on the average have a shorter life span than persons with higher incomes. The net result is that the poor tend to pay taxes for more years and receive benefits for fewer years than the rich-all in the name of helping the poor* », *Free to Choose,* op. cit., pp. 106-107.

[19] Je dis « *au début* » parce que le gouvernement est très peu efficace dans le domaine d'aide aux nécessiteux, et ne peut rivaliser ni techniquement ni économiquement dans cette tâche avec une armée d'entrepreneurs qui consacrent leurs efforts et leur ingéniosité à découvrir les nécessités actuelles des pauvres, trouvant et essayant constamment de nouvelles façons de les satisfaire dans n'importe quelle circonstance spécifique de temps et de lieu. Dans le domaine particulier de la solidarité humaine, la libre interaction et action entrepreneuriale humaine, c'est-à-dire la charité privée, est beaucoup plus efficace et éthique que la coercition systématique du gouvernement (c'est-à-dire le socialisme).

## 2. Le modèle idéal de Sécurité sociale d'un point de vue libéral

Les problèmes techniques et éthiques commentés au paragraphe précédent seraient évités si les ressources financières destinées au paiement des pensions de retraite, veuvage, orphelinat et invalidité procédaient de trois sources distinctes : premièrement, un niveau d'*assistance sociale* minimum, fourni par l'État de façon subsidiaire et uniquement pour ceux qui, pour une raison quelconque, n'auraient pas pu apporter ce minimum par eux-mêmes. Deuxièmement, et surtout, les pensions provenant des *assurances-vie et plans de pension privés* de nature individuelle et collective ; et, troisièmement, l'*épargne individuelle* que chacun aurait réussi à réaliser au cours de sa vie.

*Les plans de pension privés* sont des systèmes privés qui naissent au niveau de l'entreprise, des groupes d'entreprise, des organisations professionnelles, etc., et en vertu desquels se créent, durant la vie active des travailleurs, un *fonds financier* capable de faire face au paiement des pensions viagères de retraite une fois que ces travailleurs ont pris leur retraite. De même, le fonds permet le paiement des prestations prévues dans le plan en cas de décès ou d'invalidité (pensions de veuvage, orphelinat et invalidité).

Ce système, si simple à décrire, qui est né spontanément[20] et s'est beaucoup développé dans la plupart des pays industrialisés d'Occident, aide à résoudre simultanément deux problèmes graves : d'une part, il permet d'augmenter sensiblement l'épargne globale du pays, et favorise ainsi la sortie de la crise et le développement économique ; il résout, d'autre part, les autres problèmes techniques et éthiques de la Sécurité sociale évoqués plus haut, qui sont essentiellement liés au fait qu'une génération se charge de l'autre en application du système de répartition.

L'effet favorable sur l'épargne se produit parce que les cotisations que versent actuellement les entrepreneurs et les travailleurs à la Sécurité sociale, destinées immédiatement aux retraités sous forme de pensions, iraient à des fonds de pension qui augmenteraient énormément les ressources financières disponibles pour l'économie nationale. Cela stimulerait l'investissement, ferait prospérer des entreprises et des projets économiques qui ne sont pas viables aujourd'hui faute des ressources financières nécessaires. Le système de plans de pension privés permettrait à moyen terme : 1) de *financer les pensions de retraite sans créer de tensions* ni de problèmes financiers et loin de nuire à l'épargne globale du pays, de la favoriser ; 2) de *réduire le coût du travail*, en diminuant le taux de

---

[20] « *Il est paradoxal que l'État prétende justifier la planification centralisée dans une sphère où l'on remarque, plus que dans n'importe quelle autre, que les institutions nouvelles n'ont pas été le fruit d'un plan préétabli, mais le résultat d'un processus progressif et évolutif. Notre concept moderne de prévention des risques par l'assurance n'est pas la création de quelqu'un qui, consciemment et après avoir été confronté à la nécessité, aurait imaginé une solution rationnelle. Nous sommes tellement familiarisés avec la mécanique des assurances qu'il paraît naturel de penser que tout homme intelligent, après une petite réflexion, découvrirait bientôt ses principes. Le développement historique des assurances montre combien il est faux de prétendre que leur progrès ultérieur doive se réaliser exclusivement par le canal étatique. On a dit à juste titre que 'personne n'a organisé les assurances maritimes sous la forme qui plus tard fut celle des assurances sociales' et que la technique actuarielle actuelle est due à 'de multiples apports de personnes, certaines anonymes et d'autres connues, qui peu à peu ont élaboré un système d'une telle perfection qu'il est très supérieur aux créations les plus perspicaces de n'importe quel esprit individuel* » (Hayek, *Los fundamentos de la libertad*, op. cit. p. 360) [traduit de la version espagnole].

chômage du pays, puisque, grâce au système actuariel de capitalisation, on pourrait, en versant à la Sécurité sociale des contributions plus réduites que celles payées aujourd'hui, garantir le même niveau de pensions ; cet effet est très facile à comprendre, car on n'obtient actuellement aucune rentabilité des cotisations payées à la Sécurité sociale, alors que dans le système de plans de pension privés, la rentabilité financière des cotisations qui constituent les fonds est, au contraire, très importante et réduit sensiblement le coût final total des prestations ; 3) d'*augmenter le salaire réel des travailleurs* en raison de l'élan économique que connaîtrait le pays et serait dû à une plus grande affluence de fonds financiers vers l'investissement productif à des taux d'intérêt plus bas[21].

De plus, le système de plans de pension privés résoudrait le problème lié au fait qu'une génération doit prendre l'autre en charge, et mettrait fin aux tensions et aux conflits sociaux que provoque le système actuel de Sécurité sociale et que nous avons évoqués plus haut.

La création de fonds de pension durant leur vie active permettrait aux travailleurs, une fois à la retraite, de *ne pas dépendre des générations plus jeunes*, mais de fonds qu'ils auraient eux-mêmes créés pendant leur période d'activité. Il s'agit simplement d'appliquer au niveau public le principe élémentaire d'audit des coûts, en vertu duquel les coûts doivent être reconnus au moment où ils se produisent et pas après. Autrement dit, le coût des pensions des retraités doit être répercuté sur les produits réalisés lorsqu'ils travaillaient (système de pensions privées) et non pas sur les biens et services produits ultérieurement par d'autres personnes n'ayant rien à voir avec ces retraités (système de la Sécurité sociale fondé sur la répartition). Chaque génération se prenant en charge elle-même, on évite les conflits intergénérationnels qui sont irrésolubles et ont été créés artificiellement par la Sécurité sociale actuelle.

Enfin, les plans de pension privés offrent une riche variété de solutions concernant la conception de formules pour déterminer les pensions, l'âge, les systèmes de retraite, etc. Les plans de pension privés constituent un mécanisme qui permet de satisfaire les besoins de *flexibilité* ressentis dans chaque entreprise et de les rendre compatibles avec un traitement beaucoup plus flexible et *humain* du problème de la retraite du point de vue du travailleur.

Comment le marché résoudrait-il le problème de l'organisation des plans de pension ? En principe, il est absurde de théoriser *a priori* sur la façon dont le marché résoudrait le problème concernant la demande de n'importe quel bien ou service en général et de plans de pension privés en particulier[22]. Cependant,

---

[21] « *A man who is forced to provide of his own account for his old age must save a part of his income or take out an insurance policy. A nation cannot prosper if its members are not fully aware of the fact that what alone can improve their condition is more and better production. And this can only be brought about by increased saving and capital accumulation* ». Ludwig von Mises, « Economic Aspects of the Pension Problem », *Planning for Freedom*, op. cit., pp. 92-93.

[22] Naturellement, nous ne pouvons pas posséder aujourd'hui le savoir que les entrepreneurs créeront dans le futur pour résoudre tous les problèmes et défis concernant la privatisation proposée de la Sécurité sociale. Cependant, nous avons une chance particulière dans ce domaine, car nous pouvons utiliser des indications importantes, simplement en observant l'évolution passée des assurances-vie et des plans privés de pensions. Comme l'a affirmé Kirzner de façon très précise : « *The circumstance that precludes our viewing the future of capitalism as a determinate one is the very circumstance in which, with entrepreneurship at work, we are no longer confined by any scarcity framework. It is therefore the very absence of this element of determinacy and predictability that, paradoxically, permits*

en observant l'expérience d'autres pays, et le développement naissant du secteur dans le nôtre, nous pouvons distinguer deux grands groupes d'instruments de financement de plans de pension privés, selon qu'on a recours ou pas à une compagnie d'assurance-vie. Dans le premier système, la police d'assurance ou contrat de plan de pension inclut le règlement du plan selon les conditions particulières qui règlent en détail les prestations et différents points du plan de pension. On peut également utiliser un fonds de pension, doté ou non de personnalité juridique, géré par un agent professionnel et avec intervention d'une entité financière bancaire pour la réalisation et le dépôt des investissements. Ces fonds de pension non assurés sont généralement utilisés pour des collectifs suffisamment grands, chez lesquels la stabilité technique prévisible est plus grande et, donc, l'assurance n'est pas aussi importante.

Les avantages principaux des instruments de financement offerts par les compagnies d'assurance-vie sont de nature technique et de nature administrative. Du point de vue technique, il ne faut pas oublier que les compagnies d'assurance-vie résolvent parfaitement depuis deux siècles un problème identique à celui qui se pose aujourd'hui avec les plans de pension privés, c'est-à-dire la garantie de capitaux ou de pensions en cas de survie ou de décès. L'institution de l'assurance-vie a rempli parfaitement son rôle dans des circonstances économiques et historiques qui étaient souvent si adverses que d'autres institutions financières n'ont pu résister qu'avec l'aide financière du gouvernement. Cela a été possible grâce à un ensemble de *principes* actuariels, financiers et contractuels qui se sont développés et consolidés durant de nombreuses générations et continuent d'évoluer spontanément[23]. Du point de vue administratif, les compagnies d'assurance-vie utilisent habituellement des procédés uniformes et informatiques pour un nombre important de polices ; ceux-ci et les services actuariels et financiers qui leur sont propres permettent des économies d'échelle très significatives dans la gestion des plans de pension.

---

*us to feel confidence in the long run vitality and progress of the economy under capitalism* ». Israël M. Kirzner, 1985, *Discovery and the Capitalism Process*, The University of Chicago Press, Chicago, p. 168.

[23] Naturellement, l'institution traditionnelle des assurances-vie peut elle aussi se corrompre, en particulier quand ses principes sont plus ou moins abandonnés sous prétexte d'une « *dérèglementation financière* » ou d'un mélange avec d'étranges institutions bancaires. Un cas historique de cette corruption dans l'industrie de l'assurance-vie est celui où s'illustra John Maynard Keynes à l'époque où il était président de la National Mutual Life Assurance Society de Londres. Il favorisa, sous sa présidence, non seulement des investissements *ad hoc* à revenu variable au lieu des titres traditionnels d'investissement à revenu fixe, mais aussi des principes comptables non orthodoxes pour la valeur de marché et même la distribution de dividendes aux souscripteurs de polices sur des profits non réalisés. Toutes ces agressions typiquement keynésiennes contre les principes traditionnels des assurances-vie faillirent provoquer l'insolvabilité de sa compagnie à l'arrivée de la Grande Dépression. L'influence négative de Keynes sur le secteur des assurances-vie en Angleterre peut s'apprécier aujourd'hui encore et, dans une certaine mesure, il a affecté aussi le marché américain. Le retour aux principes traditionnels fondamentaux dans l'institution des assurances-vie est une condition indispensable pour toute réforme sérieuse fondée sur la privatisation du système étatique de Sécurité sociale. Voir Nicholas Davenport, 1975, « Keynes in the City », dans *Essays on John Maynard Keynes*, éd. Milo Keynes, Cambridge University Press, pp. 224-225.

Enfin, ces compagnies offrent une grande variété de contrats de plans de pension privés qui satisfont les besoins du marché (contrats de rente différée, administration de dépôt, etc.).

Cependant, l'on peut concevoir des nombreux cas particuliers dans lesquels un fonds séparé de l'entreprise et non assuré sera considéré comme le plus adéquat. Il s'agit, surtout, du cas des entreprises de grande taille, dont les fonds respectifs seraient comparables même aux compagnies d'assurance-vie les plus fortes. Il faut, néanmoins, rappeler que, même si le fonds n'a pas été établi avec une compagnie d'assurance-vie, il faut agir à tout moment comme s'il s'agissait d'une compagnie d'assurance-vie. C'est-à-dire en utilisant les critères actuariels, de solvabilité et de conservatisme financier propres à ce type d'institutions.

## 3. Stratégie pour la réforme de la Sécurité sociale

Il est nécessaire de commencer par quelques considérations sur la problématique que soulève la stratégie politique libérale pour aboutir à des réformes et résultats adéquats, non seulement dans le domaine de la Sécurité sociale, mais aussi dans tous ceux de l'idéologie libérale.

### *a) Quelques principes stratégiques fondamentaux*

Le danger le plus grand de toute stratégie libérale est de tomber dans un *pragmatisme politique au jour le jour*, laissant de côté les objectifs ultimes que l'on prétend atteindre sous prétexte que leur obtention à court terme est politiquement impossible. Cette stratégie est très dangereuse ; elle a, dans le passé, affecté de façon très négative l'idéologie libérale. Le pragmatisme a systématiquement provoqué, dans le but d'obtenir ou de conserver le pouvoir politique, l'accord et l'adoption de décisions politiques souvent essentiellement incohérentes avec ce qu'auraient dû être les objectifs ultimes du point de vue libéral. La discussion exclusive de ce qui était politiquement réalisable à très court terme, oubliant totalement les objectifs ultimes, a, en outre, empêché l'étude nécessaire et la divulgation de ces objectifs. Tout cela a provoqué une perte ininterrompue de contenu de l'idéologie libérale, laquelle a souvent été estompée et dissoute par d'autres programmes, intérêts et idéologies.

La stratégie correcte pour la réforme libérale doit donc reposer sur un principe de nature *duale*. Elle consiste, d'une part, à étudier constamment et à *éduquer* le public dans le cadre des objectifs ultimes que l'on prétend atteindre à moyen et long terme et de l'autre, à réaliser à court terme une politique d'approche vers ces objectifs, qui est toujours *cohérente* avec eux. Seule cette stratégie peut rendre possible à moyen et long terme ce qui semble aujourd'hui difficile à atteindre[24].

Revenant maintenant à notre sujet, la Sécurité sociale, nous proposons dans les deux paragraphes suivants un processus de réforme qui tient compte de la stratégie décrite.

---

[24] Voir le livre classique de Hutt, W.H., *Politically Impossible… ?*, Institute of Economic Affairs, Londres 1971. [Une version espagnole de ce livre a été publiée chez Unión Editorial sous le titre *El economista y la politica*, Madrid 1974].

*b) Étapes de la réforme de la Sécurité sociale*

Le tableau qui suit contient les quatre étapes fondamentales de la réforme de la Sécurité sociale, lesquelles évoluent de façon naturelle de droite à gauche : devenant graduellement plus « *progressistes* » selon le point de vue de l'optique libérale.

La *première étape* se caractérise par l'existence d'une Sécurité sociale étatique classique qui rappelle Bismarck.

La *deuxième étape* se caractérise surtout par la réduction des prestations garanties par le système étatique de Sécurité sociale et, de cette façon, par l'apparition d'un certain champ ouvert au développement de plans de pension privés. On peut considérer également qu'il apparaît, dans cette deuxième étape, une dissociation concernant le financement du système de Sécurité sociale ; ainsi, l'on commence à parler d'une pension minimum pour tous les citoyens, financée par le budget général de l'État et à laquelle se superpose la pension garantie par le système étatique de Sécurité sociale. *Le passage de la première à la seconde étape est celui qui paraît être timidement amorcé par certains gouvernements socialistes européens actuellement au pouvoir (Espagne, Italie, etc.).*

Dans la *troisième étape*, bien que l'appartenance obligatoire au système public de prévoyance sociale subsiste, celui-ci comprend deux degrés. Le premier est constitué, comme dans l'étape 2, par une pension minimale garantie par l'État et financée par son budget. Cependant, le deuxième, quoiqu'obligatoire, peut être géré par l'intermédiaire d'assurances-vie et de plans de pension privés, tandis qu'il existe une Sécurité sociale de gestion publique, mais n'ayant qu'un caractère subsidiaire (cas de l'Angleterre jusqu'à présent), ou qu'il n'en existe pas du tout (cas de la Suisse).

La *quatrième étape* répond à l'objectif final vers lequel nous devons tendre et qui cherche – comme nous l'avons expliqué – à réduire le rôle de l'État à l'établissement d'un système d'assistance qui accorde de manière subsidiaire des prestations minimales pour des besoins démontrés[25]. Le reste de la prévoyance se concrétiserait dans la sphère privée, par l'intermédiaire d'assurances-vie et de plans de pension *privés* individuels et collectifs.

[25] L'on peut même considérer une *cinquième* étape dans laquelle même l'aide aux pauvres vraiment nécessiteux pourrait être privatisée et laissée aux mains de la charité privée. Pour les raisons exposées à la note 19, ce système entièrement privé serait beaucoup plus éthique et efficace que l'intervention du gouvernement, même s'il ne jouait qu'un rôle limité et purement subsidiaire.

Tableau : Étapes de la réforme de la Sécurité sociale

| *4° Etape* | *3° Etape* | *2° Etape* | *1° Etape* |
|---|---|---|---|
| 1. Assistance sociale (pour besoins démontrés et financés par le Budget général de l'État) | 1. Pension minimale de l'État (Budget général) | Niveaux : 1. Pension minimale de l'État (Budget général) | Sécurité sociale étatique classique Niveau unique (90%-100% salaire) |
| 2. Assurances-vie et Plans de Pensions Privés (collectifs et volontaires) | 2. Plans de pension privés (obligatoire jusqu'à 50%-60% salaire, volontaire au-delà) | 2. Pension contributive S. S. (60%-70% salaire) | |
| 3. Épargne individuelle | 3. Épargne individuelle | 3. Plans de pension privés (collectifs et volontaires) | |
| | | 4. Épargne individuelle | |
| Situation relative de divers pays : | SUISSE ANGLETERRE | FRANCE | ESPAGNE ITALIE |

Systèmes *plus* progressistes (du point de vue de la liberté individuelle) — Systèmes *moins* progressistes

Le schéma qui précède montre que la réforme de la Sécurité sociale doit présenter, d'un point de vue libéral, les caractéristiques suivantes :

1) Elle doit supposer, en toute hypothèse, un déplacement vers la gauche sur le tableau, c'est-à-dire vers la quatrième étape.

2) On ne doit prendre en aucun cas de décisions politiques qui supposeraient de s'éloigner totalement ou partiellement de cette direction (critère de cohérence avec l'objectif final).

Le modèle de réforme à court terme de la Sécurité sociale doit être nettement plus audacieux que celui que projettent actuellement de nombreux gouvernements. Autrement dit, *nous devons établir une stratégie à court terme de réforme de la Sécurité sociale qui permette de passer directement de l'étape un à l'étape trois.* Nous exposerons maintenant les caractères fondamentaux de cette réforme.

*c) Lignes fondamentales du projet politique libéral à court terme pour la réforme de la Sécurité sociale*

La réforme proposée consiste à passer de l'étape actuelle, étape un, à la troisième, et à remettre à plus tard, lorsque la réforme sera consolidée, l'étude d'une nécessaire seconde partie (passage de la troisième à la quatrième étape)[26].

[26] C'est la réforme la plus urgente dans beaucoup de pays d'Europe continentale et d'Amérique du Sud. Pour les pays qui, comme la Suisse, les États-Unis, le Chili, etc., sont plus avancés dans les réformes nécessaires, l'on peut considérer le saut définitif aux étapes 4 et 5.

La réforme libérale de la Sécurité sociale devrait suivre les grandes lignes que voici :

1) Réglementer et adopter fiscalement les plans de pension privés, en favorisant leur développement et *en y incluant tous les employés jeunes qui commencent leur vie professionnelle.* Cela permet de transformer le groupe actuel des retraités et des personnes en activité en un groupe à supprimer, et de mettre ainsi un frein à l'aggravation des problèmes actuels.

2) Établir un premier niveau minimal de pension (environ 50 pour cent du salaire minimum), dont le paiement doit provenir du budget général de l'État. Le deuxième niveau peut, pour le moment, rester obligatoire, jusqu'à un certain taux (non supérieur à 50 pour cent du salaire final). Cependant, *la gestion de ce deuxième niveau doit se faire par l'intermédiaire d'assurances-vie et de plans de pension privés*, et seules les entreprises qui n'établiraient pas volontairement leur propre fonds payeront leurs contributions dans le cadre du système étatique de Sécurité sociale dont elles continueront à faire partie. Naturellement, les assurances-vie et plans de pension privés pourront garantir des pensions au-delà du minimum obligatoire de ce second niveau (50 pour cent du salaire final).

3) Permettre qu'*une partie des contributions payées actuellement à la Sécurité sociale aille aux plans de pension privés.* D'après l'expérience d'autres pays (Angleterre et Chili), les entreprises *choisissant* la gestion privée du second niveau verront se réduire leurs contributions à la Sécurité sociale, mais continueront de lui verser des cotisations réduites pour aider à financer les pensions en cours de paiement jusqu'à leur extinction.

4) La Sécurité sociale et l'État doivent *continuer à se charger du paiement des pensions* aux retraités, pensions qui doivent être financées par les impôts et les contributions qui continuent d'être payées à la Sécurité sociale.

5) Permettre aux personnes qui travaillent de décider si elles demeurent fidèles à l'ancien système de Sécurité sociale ou passent à un système nouveau de plans de pension privés. Il faudrait alors établir, pour les employés qui décideraient, au milieu de leur carrière professionnelle, de passer au nouveau système de plans de pension privés, un *bon équivalent à la valeur actuarielle* des cotisations effectuées dans le cadre du système étatique de Sécurité sociale.

6) Le groupe actuel des retraités serait constitué par un collectif de personnes qui disparaîtrait au cours d'une génération. Cela implique que le *coût financier du passage au nouveau système diminuerait* tout au long des années futures et libérerait un montant croissant de contributions à la Sécurité sociale qui pourrait être consacré à l'augmentation de la dotation aux assurances-vie et plans de pension privés, à diminuer la charge globale pour les entreprises et les travailleurs du maintien des deux systèmes (le nouveau de plans de pension privés et l'ancien à supprimer concernant ceux déjà partis à la retraite), ou à toute autre combinaison de ces deux objectifs.

7) Il est prévu, en principe, dans le plan proposé, que les entreprises qui ne choisissent pas le système de l'assurance-vie ou du plan de pension privé pour gérer la question de la pension de leurs employés continuent d'appartenir au régime de la Sécurité sociale et de payer les contributions correspondantes. Il semble, toutefois, opportun d'encourager la création de plans de pension privés

(par leur traitement fiscal[27], etc.) de telle façon que le système étatique de Sécurité sociale devienne véritablement un *système à supprimer* dans les prochaines années, parce que de moins en moins utilisé par les entreprises (cas de la Grande-Bretagne).

8) Il faudra enfin décider si le passage au nouveau système de plans de pension privés sera le résultat d'une *décision au niveau de l'entreprise* (comme c'est le cas en Angleterre, où les entreprises qui décident d'établir un plan de pension privé doivent l'appliquer à tous les employés, qu'ils soient près de la retraite ou non), ou au niveau *individuel* (comme c'est le cas au Chili, qui se montre en ce sens beaucoup plus progressiste) ; les deux systèmes ont leurs avantages et leurs inconvénients et exigent une analyse technique et politique détaillée qui dépasse de loin le cadre de cette étude[28].

---

[27] Je partage pleinement l'affirmation suivante de Roger Garrison : « *Politically viable reforms may involve distortions of their own, such as the distortions associated with the tax-exempt status of retirement savings. These distortions, though lamentable, may be an unavoidable feature of any successful strategy designed to hasten the end of the coercive and inefficient Social Security program* ». Voir son « Misdirection of Labor and Capital under Social Security », *Cato Journal*, vol. 3, n° 2, automne 1983, p. 529.

[28] Nous résumons ci-après les caractéristiques des deux modèles de réforme de la Sécurité sociale qui vont dans la bonne direction et peuvent servir de guide pour la future réforme de la Sécurité sociale dans de nombreux pays européens et hispano-américains.

La caractéristique la plus importante de la réforme de la Sécurité sociale britannique réside dans le fait qu'elle permet de contracter de façon privée, en dehors d'elle, une grande partie des prestations. L'histoire de la lutte politique en faveur des contrats privés de prestations sociales commence en 1960. Le Parti conservateur fut initialement favorable au système de privatisation et le Parti travailliste s'y opposa. Chaque fois qu'un parti prit le pouvoir, il établit son propre programme de réforme de la Sécurité sociale et modifia le système établi par l'autre parti durant la législature précédente. Il en fut ainsi jusqu'à ce que soit établie, en 1978 en Grande-Bretagne la privatisation des prestations de la Sécurité sociale la plus large qu'on ait connue jusqu'à aujourd'hui ; elle fut le résultat d'un accord entre les Partis conservateur et travailliste.

La Grande-Bretagne possède essentiellement deux types de prestations de Sécurité sociale. Un premier niveau, obligatoire, paie une pension minimum, perçue par tous les travailleurs lors de leur retraite, indépendamment de leurs revenus et du montant des contributions qu'ils ont payées. Le deuxième niveau, lui, est calculé en fonction des revenus. La caractéristique la plus importante du système anglais est qu'il permet aux entreprises de contracter le deuxième niveau de pensions hors du système étatique de la Sécurité sociale, à travers un instrument privé de financement de plans de pension. Pour que cette possibilité soit réelle, le plan de pension privé de l'entreprise doit fournir des prestations au moins aussi avantageuses que celles que les travailleurs auraient perçues s'ils étaient restés affiliés au régime étatique de la Sécurité sociale.

Dans le système britannique, chaque travailleur qui a contracté, dans le cadre de son entreprise et par l'intermédiaire d'un système privé, le deuxième niveau de la Sécurité sociale a obtenu une réduction annuelle de 227 livres de contributions ; il a renoncé, en échange, au droit d'obtenir une pension annuelle du système étatique de la Sécurité sociale de 40,53 livres (toutes ces données sont calculées en fonction du salaire moyen d'avril de 1978). En avril 1983, le nouveau système avait 5 ans d'existence et on a considéré qu'il avait rempli ses objectifs de façon satisfaisante. *En 5 ans, plus de 45% des travailleurs britanniques ont contracté le second niveau de la Sécurité sociale à travers des plans de pension privés.* Et, ce qui est plus important, l'État britannique a réduit de *moitié la valeur actuelle des obligations futures que représentaient les pensions correspondant au deuxième niveau de la*

*Sécurité sociale et qui étaient déjà fermes.* On peut estimer, au total, que la diminution de la valeur actuelle des obligations futures de toutes les prestations de la Sécurité sociale britannique a été de 30% grâce à l'adoption du système de contrat privé, et cela au bout seulement de *cinq ans.* Ces résultats sont très encourageants, car ils montrent la fausseté de nombreux discours qui se croyaient assez autorisés pour affirmer l'impossibilité d'établir un système fondé sur la capitalisation en raison de son coût élevé, si ce n'est au cours de plusieurs générations (voir par exemple Michael T. Boskin « Alternative Social Security Reform Proposals », rapport préparé pour la National Commission of Social Security Reform, 20 août 1982).

Signalons qu'à l'origine la possibilité de contracter hors de la Sécurité sociale les prestations de celle-ci n'était pas une option individuelle ; elle n'était accordée qu'aux entrepreneurs. Autrement dit, ce sont les entrepreneurs qui peuvent contracter à travers un plan de pension privé le deuxième niveau de prestations de la Sécurité sociale. Premièrement, ce contrat est souvent le résultat de la négociation collective entre entrepreneurs et travailleurs. Deuxièmement, les entrepreneurs ne peuvent pas engager une partie de leurs travailleurs avec des plans de pension privés, et laisser l'autre partie dans le système étatique de la Sécurité sociale. S'ils prennent la décision d'établir un plan de pension privé, ils doivent le faire pour l'ensemble de leurs travailleurs, y compris ceux qui, étant plus près de la retraite, seraient moins avantagés par le changement et qui reviennent très chers dans un régime de plan de pension privé.

Il faut signaler en troisième lieu que la réduction de contributions qu'implique le fait de contracter le deuxième niveau de prestations en dehors de la Sécurité sociale est identique pour tous les travailleurs, indépendamment de leur âge et de leurs revenus.

Les différences principales entre le système chilien et le Britannique sont les suivantes :

Premièrement, à la différence de ce qui se passe en Grande-Bretagne, la décision de contracter des prestations sociales est prise au niveau individuel par chaque travailleur et non pas au niveau de l'entreprise suivant la volonté de l'entrepreneur. *En ce sens, le système chilien est socialement beaucoup plus en avance que le système britannique.*

Deuxièmement, la réduction de contributions à la Sécurité sociale pour les travailleurs qui décident de contracter les prestations en dehors d'elles est de 10 points. Autrement dit, les travailleurs qui restent dans le système paieront une contribution totale de 27% du salaire ; ceux qui décident de contracter les prestations hors du système étatique de Sécurité sociale paieront une contribution de 17%. En sorte que les 10% de différence sont en théorie ce qui sert à constituer les fonds des plans de pension privés une autre caractéristique différentielle du système chilien est que l'Administration a émis des bons qui recueillent la valeur des contributions réalisées jusqu'à la date de la réforme de la Sécurité sociale. De sorte que ces bons donneront lieu, à la date de la retraite, à des pensions qui viendront augmenter celles obtenues du système privé. La réforme de la Sécurité sociale chilienne a eu un très grand succès, car plus de 50% des travailleurs chiliens ont décidé, en un an seulement, de contracter leurs assurances sociales à travers des systèmes privés.

Il faut noter que, dans les modèles chilien et britannique, les contributions des travailleurs qui décident par l'intermédiaire de leurs entreprises ou par eux-mêmes de contracter le deuxième niveau de prestations de la Sécurité sociale à travers des systèmes privés sont sensiblement réduites. Cependant, malgré la réduction, des contributions très élevées au système étatique de la Sécurité sociale sont maintenues. Ces contributions sont nécessaires pour que le système continue d'assumer le paiement des pensions correspondant aux travailleurs proches de la retraite et qui ne choisissent pas le système privé de Sécurité sociale. Le fait que la réduction de contributions soit sensiblement inférieure à ce qu'elle devrait être actuariellement montre que le *public en général, autant au Chili qu'en Grande-Bretagne, a accepté de payer un coût total de contributions plus élevé, contre la possibilité de contracter une partie importante des prestations sociales à travers des systèmes privés.* Autrement dit, les gens sont disposés à payer pour « *sortir* » du système

*d) Autres aspects stratégiques*

Il est évident qu'on ne pourra pas réaliser de réforme profonde de la Sécurité sociale, comme celle que nous proposons et que requièrent l'économie et la société espagnoles, *tant qu'on ne mobilisera pas une série de forces sociales et politiques dans ce but.* C'est un processus qu'il faut concevoir correctement[29]. Les points essentiels de la stratégie spécifique pour réformer la Sécurité sociale doivent donc être les suivants :

*1) Avoir un schéma clair et simple du but à poursuivre et des raisons qui le conseillent.* Il s'agit d'avoir une idée claire de ce que doit être le système idéal de prévoyance publique et privée. Ce schéma doit se fonder sur les études actuarielles, statistiques et économiques nécessaires, mais doit finalement prendre forme à partir de principes dont nous avons parlé et parmi lesquels nous retiendrons ceux-ci :

- Les problèmes de la Sécurité sociale viennent de ce que l'on prétend l'utiliser pour atteindre des objectifs *contradictoires* d'équité individuelle et d'équité sociale.
- Le système actuel de Sécurité sociale n'est pas le plus indiqué pour atteindre les objectifs d'équité sociale qu'il prétend. Ces objectifs doivent être poursuivis au moyen d'un système développé d'assistance sociale.
- La meilleure façon d'atteindre les objectifs d'équité individuelle est d'utiliser les institutions privées existantes dans le marché et fondées sur les techniques de l'assurance-vie, la mutualité et la prévoyance privée individuelle et collective.
- Le système d'assurance sociale doit avoir un caractère subsidiaire et être financé par le budget général de l'État.
- Le système de prévoyance individuelle doit être financé par les participants (indépendamment du fait que les contributions correspondantes soient payées par les entreprises ou par les travailleurs).

---

étatique de la Sécurité sociale ; et ce fait est très positif, car il permet de stimuler le financement du processus transitoire de réforme de la Sécurité sociale, et surtout de continuer à financer les pensions en cours de paiement de tous ceux pour qui la réforme nécessaire est arrivée trop tard.

[29] Voir James Buchanan, « Dismantling the Welfare State », chap. 16 de *Liberty, Market and State ; Political Economy in the 1980's*, Harvester Press, Grande Bretagne, 1986, pp. 178-185. Je partage l'idée de Buchanan que tout programme viable de réforme de la Sécurité sociale doit commencer par convaincre le public que le changement des structures actuelles profitera à tous (ou au moins que personne n'y perdra), mais je pense que le mécanisme du *contrat* privé ou « *décrochage* » que je propose est plus simple que la proposition qu'il fait de « *payer* » individuellement la valeur actuelle de toutes les obligations contractées, en finançant ces paiements par l'émission de dette publique supplémentaire (*ibidem*, p. 182). De plus, le mécanisme que je propose paraît être celui qui montre le mieux les préférences sociales concernant la réforme de la Sécurité sociale, et en particulier si le public en général désire payer volontairement des contributions plus élevées contre la possibilité de contracter une part importante des prestations sociales à travers des systèmes privés, comme en Angleterre et au Chili, où la plupart des gens ont prouvé qu'ils désiraient « *sortir du système public* ».

- La réforme doit être entreprise au plus tôt : toute démarche allant dans la direction de n'importe lequel de ces principes est positive.
- Il faut éviter de transiger sur ces principes pour obtenir d'autres avantages à court terme concernant la négociation politique ou collective.

*2) Il faut tranquilliser les retraités actuels.* C'est une condition *sine qua non* pour la réussite de toute réforme profonde. Tranquilliser les retraités actuels est indispensable, car il s'agit d'un collectif d'une telle importance qu'il peut faire avorter toute réforme démocratique du système étatique de la Sécurité sociale[30].

*3) Il faut éduquer le public.* Il faut entreprendre une campagne pour expliquer au public comment fonctionne réellement le système de la Sécurité sociale. Les gens ignorent que les cotisations ou contributions qu'on lui paye servent, au cours de chaque exercice, à payer des pensions aux retraités et que la perception des pensions dans le futur dépendra donc exclusivement, si on ne réforme pas la Sécurité sociale, des circonstances politiques du moment et du comportement solidaire des générations les plus jeunes.

Il faut montrer avec des chiffres, au public en activité, les prestations qu'il pourrait constituer avec le coût annuel de la Sécurité sociale, si les contributions correspondantes passaient à un système privé fondé sur la capitalisation[31]. Il faut enfin expliquer que l'on peut, après un long processus d'adaptation, faire passer la partie requise des prestations actuelles de la Sécurité sociale au secteur privé, tout en maintenant les droits acquis de ceux qui sont déjà à la retraite[32].

---

[30] « Political economists fulfil their proper role when they can show politicians that there do exist ways to close down the excesses of the welfare sate *without* involving default on the contracts that this State has obliged itself to. This approach to reform not only meets ordinary precepts of fairness; it also facilitates the political leader's task of organizing the consensus necessary to allow any institutional changes to be made at all ». James M. Buchanan, « Dismantling the Welfare State », chap. 16 de *Liberty, Market and State,* op. cit., p. 184.

[31] Voyons un exemple qui repose sur des données réelles concernant l'Espagne.

Supposons les chiffres de cotisation de l'entreprise et du travailleur spécialisé sans diplôme supérieur (groupe 4) et touchant un salaire annuel brut de 3,8 millions de pesetas. La cotisation de l'entreprise à la Sécurité sociale est de 1 280 600 pesetas et celle du travailleur de 250 000 (au total, 1 531 400 pesetas).

Ajoutons à ces données de départ que ce travailleur de 20 ans va travailler jusqu'à 65 ans (45 ans de plus). Le placement à 4,75% d'intérêt annuel cumulatif de ses cotisations (les siennes et celles de l'entreprise), en supposant que les cotisations augmentent chaque année de 3,2%, de façon que l'on puisse faire la somme de ses cotisations durant les années qui lui restent de vie active et les plaçant au même taux d'intérêt composé de 4,75% d'intérêt réel jusqu'au moment de sa retraite, *ferait que le capital ainsi formé s'élèverait à 406,76 millions de pesetas du même pouvoir d'achat que les actuelles…*, chiffre auquel on aboutit grâce à l'intérêt composé qui est celui à appliquer, car on suppose qu'il n'y a à faire aucune déviation de ressources pour des prestations dont on aurait besoin. Il est clair que si de tels chiffres étaient connus des travailleurs, la pression en faveur d'une privatisation de la Sécurité sociale serait très grande de leur part (cet exemple est une adaptation de celui que propose le livre de Joaquín Trigo Portela et Carmen Vázquez Arango, *La economía irregular*, publié à Barcelone en 1983 par le Servicio Central de la Generalitat de Cataluña, pp. 181-190.).

[32] Voir l'intéressant article de Stuart Butler et Peter Germanis, 1983, « Achieving Social Security Reform : A 'Leninist' Strategy' », *The Cato Journal*, vol. 3, n° 2, automne, pp. 547-556.

Il faut que le public en général connaisse la vérité de la situation et ce qui est en jeu, et il faut lui expliquer les avantages et les inconvénients des systèmes possibles : dans ce cas seulement, il sera disposé à faire le sacrifice que suppose la prise en charge de ceux qui sont déjà à la retraite en même temps que le passage des contributions au système privé[33].

4) Il s'agit de construire une *coalition d'intérêts* suffisamment large et puissante pour qu'elle stimule la réforme de la Sécurité sociale. Les groupes les plus significatifs pouvant faire partie de cette coalition sont les suivants : d'abord, le monde de l'entreprise, qui serait le premier bénéficiaire de la réforme de la Sécurité sociale à cause du grand accroissement de l'épargne et de l'augmentation de l'offre de ressources financières. Cela provoquerait l'apparition d'un système de plans de pension privés et en même temps, faciliterait et rendrait beaucoup moins cher le financement des projets entrepreneuriaux.

*Il faut souligner que c'est là le principal intérêt des entrepreneurs et non la réduction apparente de coûts qu'entraînerait une réduction de contributions.* Réduction de contributions qui, d'autre part, paraît impossible à court terme puisque celles-ci devront, en tout cas, augmenter pour permettre de financer les prestations actuelles et d'entreprendre la constitution des fonds de pension correspondants. La seule chose qui soit prévue est, donc, un transfert du niveau actuel de contributions, en totalité ou partiellement, des systèmes publics vers les systèmes privés. En ce sens, le fait d'aider à identifier les véritables intérêts de l'entrepreneur en matière de Sécurité sociale est essentiel, car la mentalité actuelle de nombreux entrepreneurs n'est pas très encourageante.

Dans le monde de l'entreprise, les institutions financières, banques, compagnies d'assurance-vie, caisses d'épargne, etc., apparaissent comme les principaux intéressés par le développement des plans de pension privés. Il ne s'agit pas simplement du fait que l'élargissement de nouveaux marchés leur convienne, car ce sont les institutions auxquelles il revient, par nature, d'être à la hauteur des circonstances à un moment aussi important que celui qui s'approche.

Enfin, le groupe nettement le plus intéressé par la réforme est celui que constitue la grande masse des travailleurs actifs les plus jeunes ou éloignés de la retraite, car ce sont ceux qui vont, sans aucun doute, supporter, souvent de façon injuste, le poids de plus en plus écrasant du financement de la Sécurité sociale, si celle-ci n'est pas réformée.

5) *Il est nécessaire*, finalement, *d'affaiblir l'opposition.* La meilleure façon d'affaiblir ceux qui s'opposent à la réforme du système actuel de la Sécurité sociale est d'avancer sur le chemin correct de la privatisation de ce secteur et de montrer au public les inévitables conséquences négatives du système actuel et les avantages de celui qui est proposé. Toute réforme de la Sécurité sociale dans la direction correcte, si modeste soit-elle, montre les grands avantages que présentent les plans de pension privés dans les pays où ils ont atteint un développement appréciable et créent des intérêts sociaux qui favorisent leur maintien et leur expansion et auxquels il est très difficile de résister. En outre,

[33] Je recommande vivement, à propos de ce qui est dit dans ce paragraphe, le livre édité par Peter J. Ferrara, *Social Security ; Prospects for Reform*, Cato Institute, Washington 1985.

l'éducation du public peut provoquer des demandes sociales qui ébranlent le système actuel et affaiblissent sa résistance.

Il faut, en tout cas, ne pas interrompre l'action même aux périodes où la législature est sous le contrôle de partis interventionnistes. Car même les gouvernements socialistes sont obligés d'adopter des mesures impopulaires de réforme qui, bien que timides, vont dans la bonne direction. De plus, c'est précisément pendant les périodes d'opposition qu'il est nécessaire d'établir des stratégies de résistance et de dégager des concepts et objectifs qui puissent être par la suite se concrétiser.

## 4. Le problème de l'assistance sanitaire

L'on dit souvent que de fortes raisons conseillent l'existence d'une assurance maladie obligatoire qui garantit un niveau sanitaire élevé, évite la propagation des maladies contagieuses et fait diminuer la possibilité pour une personne de devenir une charge publique en raison de son état de santé. Or, le fait qu'il doive exister une assurance maladie obligatoire *n'implique nullement qu'elle soit fournie en régime de monopole par l'État.* Il existe, au contraire, de puissantes raisons pour condamner le monopole étatique en matière d'assurance maladie et des arguments de poids qui s'opposent à l'existence d'une assistance sanitaire totale et gratuite.

L'argumentation en faveur du service médical gratuit présente normalement deux erreurs graves et fondamentales. Premièrement, elle part de l'hypothèse que la nécessité de l'assistance médicale doit être établie de façon objective et qu'elle peut et doit être satisfaite en dehors de toute considération économique ; et deuxièmement, elle admet que cette couverture est possible du point de vue financier, parce qu'un service médical complet se traduit normalement par un rétablissement de l'efficacité dans le travail – ou capacité productive – des travailleurs bénéficiaires, de sorte que l'on croit ainsi fermement que le système « *s'autofinance* ».

Il faut, cependant, souligner qu'aucun barème objectif n'existe pour juger de l'attention et de l'effort que requiert chaque cas particulier[34]. Les progrès de la médecine montrent de façon de plus en plus nette que le chiffre souhaitable des dépenses visant à améliorer le plus possible la santé *ne connaît pas de limites.*

Sachons, en outre, que tout ce qui peut garantir la santé et la vie ne jouit pas, dans l'opinion individuelle courante, d'une *priorité absolue* par rapport à d'autres besoins. Nous acceptons constamment des risques et décidons si telle mesure de prévoyance est ou non rentable, jugeant s'il vaut mieux couvrir tel risque ou pourvoir à d'autres besoins. *Même l'homme le plus riche ne satisfait normalement pas à toutes les exigences signalées par la médecine, car d'autres occupations absorbent son temps, ses énergies et ses ressources.*

---

[34] Cette fois encore, le premier économiste qui affirma ce fait fut Ludwig von Mises, pour qui « *there is no clearly defined frontier between health and illness. Being ill is not a phenomenon independent of conscious will and of psychic forces working in the subconscious* ». Et il conclut que « *by weakening or completely destroying the will to work, social insurance creates illness and inability to work. In short, it is an institution which tends to encourage disease and to intensify considerably the physical and psychic results of accidents and illnesses* » (Ludwig von Mises, *Socialism, An Economic and Sociological Analysis,* op. cit., pp. 431-432).

Quelqu'un doit donc décider, dans chaque cas particulier, si l'effort additionnel que représenterait un déploiement complémentaire de ressources pour la santé vaut la peine. La question essentielle est, donc, de savoir si c'est le sujet concerné qui doit décider s'il peut ou non recevoir, grâce à un sacrifice supplémentaire, des soins plus importants ou si une telle décision doit être prise en son nom par l'État[35].

La solution idéale en matière d'assistance sanitaire, d'un point de vue libéral, est donc très semblable à celle que nous avons défendue pour les prestations économiques de la Sécurité sociale. L'objectif idéal serait que chacun établisse pour son compte le régime d'assistance sanitaire qu'il juge le plus indiqué, en comparant les coûts économiques de chaque option de couverture et en décidant chaque fois en fonction de ses circonstances et appréciations personnelles. Le rôle de l'État devrait, comme toujours, se réduire au maintien d'un niveau d'assistance sanitaire publique à caractère social pour les personnes qui, par manque de ressources, ne pourraient pas se procurer le niveau élémentaire et minimum d'assistance qui aurait été fixé *a priori*[36].

L'expérience des autres pays indique que le marché peut procurer, grâce à des compagnies d'assurance maladie, des mutuelles privées et des hôpitaux particuliers, une médecine libre et privée de grande qualité.

Face au schéma idéal d'assistance sanitaire décrit, l'on peut considérer comme un projet de réforme pratique et possible à réaliser objectivement à court terme celui qui permet que la *gestion* de l'assistance sanitaire passe essentiellement à des mains privées. *Le monopole étatique de l'assistance sanitaire n'est pas la meilleure garantie d'efficacité, de flexibilité et de rapidité.* Le prix à payer à long terme sera certainement très lourd sur le plan de l'efficacité, des coûts et de la qualité des prestations. Il est nécessaire, au contraire, de stimuler l'apparition d'organisations non monopolistiques et privées dont la concurrence garantit l'efficacité, et l'efficacité de chaque système doit pouvoir être vérifiée par comparaison avec les autres.

Les systèmes monopolistiques d'assistance sanitaire représentent toujours une menace pour la liberté : ils supposent un pouvoir exclusif de prestation de services et de décision sur la santé individuelle et impliquent toujours de graves contraintes qu'imposent aux individus ceux qui les dirigent. Il est évident qu'on ne peut pas, d'un point de vue démocratique, méconnaître la capacité de choix des individus et les soumettre à la tutelle rigide de l'État en matière de santé,

---

[35] « *In a field that is undergoing as rapid change as medicine is today, it can, at most, be the bad average standard of service that can be provided equally for all. Where systems of state medicine operate, we generally find that those who could be promptly restored to full activity have to wait for long periods because all the hospital facilities are taken up by people who will never again contribute to the needs of the rest* » (F. A. Hayek, *The Constitution of Liberty*, op. cit., pp. 299-300).

[36] Il serait facile de développer, pour la privatisation du système d'assurance maladie, un système de bons ou, mieux, un système mixte de bons et de contrats privés, sans nuire à personne et en réduisant sérieusement les coûts excessifs et les inefficiences actuels. Sur ce sujet, amplement traité, nous mentionnerons : Goodman, J. C. et Musgrave, G. L., *Patient Power ; Solving America's Health Care Crisis*, Cato Institue, Washington 1992 ; *Health Care in America ; The Political Economy of Hospitals and Health Insurance*, éd. par H. E. Frech III, Pacific Research Institute for Public Policy, San Francisco 1988; Bast, J. L., Rue, R. C. et Wesburg, S. A., *Why We Spend Too Much on Health Care*, The Heartland Institute, Chicago 1992, et pour la situation au Royaume-Uni, toutes les publications de l'Institute of Economic Affairs concernant le sujet.

sans porter gravement atteinte aux fondements du système démocratique. On ne peut pas non plus ignorer que le système de monopole étatique en ce domaine n'est pas le plus indiqué pour favoriser le progrès rapide de la médecine et le développement de la technique et de la recherche, laquelle ne doit ses succès, comme chacun sait, qu'aux initiatives privées.

La politique libérale doit, en somme, s'opposer à la socialisation de la médecine et préconiser la gestion des niveaux d'assistance sanitaire considérés fondamentaux par l'intermédiaire d'institutions privées concourant entre elles sur le marché.

# CHAPITRE XII

# THÉORIE DE LA BANQUE CENTRALE ET DE LA BANQUE LIBRE*

## INTRODUCTION

La théorie de la monnaie, du crédit bancaire et des marchés financiers constitue, au seuil du XXI siècle, le défi théorique le plus important de la science économique. Il n'est nullement hasardeux d'affirmer qu'une fois couvert le « *gap théorique* » que représentait l'analyse du socialisme, le domaine monétaire se présente comme étant probablement le plus mal connu et, pourtant, le plus important[1]. Comme l'a montré Friedrich A. Hayek[2], les erreurs méthodologiques, l'ignorance théorique et, par suite, la contrainte systématique d'origine gouvernementale y sont omniprésentes. Car les relations sociales dans lesquelles intervient la monnaie sont, sans aucun doute, les plus abstraites et difficiles à comprendre, de sorte que la connaissance sociale engendrée et impliquée par elle est la plus vaste, complexe et insondable. Et la coercition systématique exercée par les gouvernements et banques centrales en la matière est ainsi, de très loin, la plus nuisible. De plus, ce retard intellectuel de la théorie monétaire et bancaire n'a cessé d'avoir de graves effets sur l'évolution de l'économie mondiale. Ainsi, l'on est aujourd'hui retombé, malgré tous les sacrifices faits pour assainir les économies occidentales après la crise des années 70, dans les mêmes erreurs de désordre financier, lesquelles ont inévitablement causé l'apparition d'une nouvelle et considérable récession économique mondiale.

En outre, le fait que l'origine des excès monétaires et financiers de la deuxième partie des années 80 soit liée aux politiques appliquées par les administrations soi-disant libérales des États-Unis et du Royaume-Uni accentue encore l'importance qu'il y a à faire avancer la théorie. Il s'agit d'éviter que, même dans le camp libéral, des leaders politiques tels que Reagan et Thatcher

---

*Je dédie cet article à James Buchanan, pour le remercier de m'avoir défendu et appuyé publiquement alors que j'exposai les idées principales qu'il contient, à l'occasion de la réunion régionale de la Société Mont Pèlerin tenue à Rio de Janeiro du 5 au 8 septembre 1993. Une version française de cet article a été publiée sous le titre « La Théorie de la Banque Centrale et de la Banque Libre », dans le *Journal des Économistes et des Études Humaines*, Paris et Aix-en-Provence, vol. V, n° 2, juin 1994.

[1] Voir Huerta de Soto, J., 1992, *Socialismo, cálculo económico y función empresarial*, Unión Editorial, Madrid, pp. 35-36.

[2] « *Le monde de la monnaie et du crédit (avec le langage et la morale) est l'un des ordres spontanés qui résistent le plus à l'analyse. À tel point que les différences qui séparent les spécialistes sont grandes aujourd'hui encore… Les processus sélectifs ont été entravés dans ce domaine beaucoup plus que dans n'importe quel autre : la sélection évolutive a été totalement éliminée par le monopole des gouvernements qui empêche toute expérience concurrentielle… La façon dont le gouvernement a traité la monnaie au cours de l'histoire a été un exemple incessant de fraude et de déception. Les gouvernements se sont montrés beaucoup plus immoraux que n'importe quelle institution privée ayant pu offrir de la monnaie concurrentielle* » (Hayek, F. A., 1990, *La fatal arrogancia : Los errores del socialismo*, Unión Editorial, Madrid, p. 167 et 169) [traduit de la version espagnole].

ne commettent dans le futur les mêmes erreurs, et de faire en sorte qu'ils puissent ainsi identifier nettement le système monétaire et bancaire vraiment compatible avec une société libre. Il faut, en somme, développer tout un programme de recherche visant à concevoir ce que doit être le système monétaire d'une société non contrôlée (système dont de nombreux libéraux n'ont pas une idée claire)[3].

Dans le but de proposer une nouvelle approche pour l'analyse des problèmes de théorie monétaire et bancaire et de renouveler le débat intellectuel à leur sujet, nous reconsidérerons ici, d'un nouveau point de vue, quelques aspects de la polémique doctrinale opposant partisans de la banque libre et défenseurs de la banque centrale, de même que les raisons pour lesquelles on peut considérer que l'institution de la banque centrale n'est pas un résultat spontané et évolutif issu du marché. Nous exposerons pour conclure quel devrait être, à notre avis, le système monétaire et bancaire dans une société libre. Nous souhaitons également que nos commentaires apportent quelque lumière sur de nombreux problèmes actuels de politique économique, en particulier sur celui de l'évolution future du système monétaire européen.

---

[3] Dans ce contexte de reconstruction théorique de l'analyse économique de la banque et de la monnaie que nous défendons, la publication en espagnol du livre classique de Vera C. Smith sur *Los fundamentos de la Banca central y de la libertad bancaria* (Aosta/Unión Editorial, Madrid, 1993) a été particulièrement opportune et importante. Nous devons la traduction et la publication de cette édition espagnole à l'effort et à l'enthousiasme de José Antonio Aguirre, l'un des meilleurs spécialistes espagnols des questions monétaires. La traduction est faite à partir de la seconde édition anglaise parue en 1990 (Vera C. Smith, *The Rationale of Central Banking and the Free Banking Alternative*, publiée avec une préface de Leland B : Yeager, dans une magnifique édition de Liberty Press, Indianapolis 1990). La première édition (T. S. King & Son Ltd., Westminster, Angleterre, 1936) était épuisée depuis plusieurs années. Il s'agit d'une thèse de doctorat, dirigée par Hayek, de celle qui serait plus tard Vera Lutz. Hayek, en effet, écrivait depuis quelque temps un livre sur la banque et la monnaie lorsqu'après avoir prononcé le fameux cycle de conférences à la London School of Economics d'où sortit son livre *Prices and Production* (Routledge, Londres 1931), il dut interrompre ses recherches à la suite de sa nomination comme professeur de cette prestigieuse institution. Il avait achevé quatre chapitres de son livre, consacrés respectivement à l'expérience écossaise de la banque libre, à la situation de la monnaie en France au XIX siècle, au rôle de la monnaie en Angleterre et à la controverse opposant les écoles « *monétaire* » (*currency school*) et « *bancaire* » (*banking school*), lorsqu'il décida de donner le travail déjà fait et les notes pour un cinquième chapitre à l'une de ses étudiantes les plus brillantes, mademoiselle Vera Smith, qui les développa et en fit, en tant que thèse de doctorat, le livre cité. Le manuscrit des chapitres et notes d'Hayek a heureusement été récupéré récemment par Alfred Bosch et Reinhold, Veit ; il a été traduit en anglais par Grete Heinz et publié ; il forme les chapitres 9, 10, 11 et 12 du volume III des *Obras Completas de F. A. Hayek*. Voir F. A. Hayek, *The Trend of Economic Thinking : Essays on Political Economists and Economic History*, W. W. Bartley III et Stephen Kresge (éd.), *The Collected Works of F. A. Hayek*, vol. III, Routledge, Londres 1991, pp. 127-244.

## 1. Le débat entre théoriciens de la banque libre et de la banque centrale

En ce qui concerne l'analyse du débat doctrinal entre les partisans de la banque centrale et ceux de la banque libre[4], il faut tout d'abord signaler que cette polémique ne coïncide pas entièrement, malgré ce qu'on a cru parfois, avec celle qui opposa, au XIX siècle, les théoriciens de l'« *École bancaire* » (*banking school*) à ceux de l'« *École monétaire* » (*currency school*). En effet, de nombreux défenseurs de la liberté bancaire se sont appuyés sur les arguments inflationnistes déficients et trompeurs de l'« *École bancaire* », et la plupart des théoriciens de l'« *École monétaire* » ont prétendu atteindre leurs objectifs de solvabilité financière et de stabilité économique avec la création d'une banque centrale qui mettrait un frein aux abus, mais dès l'origine, des théoriciens sérieux de l'« *École monétaire* » ont toujours considéré impossible et utopique de croire que la banque centrale n'allait pas aggraver les problèmes ; ils étaient conscients que la meilleure façon de limiter la création de moyens fiduciaires et d'obtenir la stabilité monétaire était de mettre en place un système de banque libre soumis, comme le reste des agents économiques, aux principes traditionnels du droit civil et commercial. Paradoxalement, la plupart des défenseurs des postulats de l' « *École bancaire* » finirent par accepter de bon gré l'établissement d'une banque centrale : celle-ci garantissait et perpétuait, comme prêteur en dernier recours, les privilèges expansionnistes d'une banque privée qui prétendait, avec une insistance croissante, échapper à ses engagements et se consacrer au « *métier* » lucratif consistant à créer de la monnaie fiduciaire au moyen de l'expansion de crédit, sans avoir à trop se soucier des problèmes de liquidité grâce au soutien que supposait l'établissement d'une banque centrale.

Il est important de souligner que la plupart des théoriciens de l'« *École monétaire* » (*currency school*) ont été incapables, alors que leurs apports théoriques étaient souvent justes, de voir que les vices qu'ils avaient attribués à juste titre à la liberté pour les banques d'émettre de la monnaie fiduciaire sous forme de

---

[4] Ce débat est recueilli dans le livre de Vera C. Smith cité à la note précédente. La contribution espagnole à ce débat fut assez pauvre au XIX siècle. Il faut, en tout cas, signaler le livre du premier traducteur espagnol d'Adam Smith, José Alonso Ortiz, *Ensayo económico sobre el sistema de la moneda-papel y sobre el crédito público*, imprimé à Madrid en 1796 (cité sous le n° 312 dans la Biblioteca de Economistas españoles de Manuel Colmeiro). Alonso Ortiz ne comprend pas, bien qu'il prétende suivre la doctrine d'Adam Smith en matière monétaire, que la dépréciation des bons royaux était due à une émission excessive de ceux-ci et non à des circonstances étrangères. Voir aussi le travail de F. Fernández Marugán et Pedro Schwartz, « El ensayo de José Alonso Ortiz : Monetarismo smithiano en la España de los Vales Reales », dans *Dinero y Crédito (siglos XVI al XIX)*, A. Otazu (éd.), éditions Moneda y Crédito, Madrid 1978, pp. 391-435. Sur l'évolution de la doctrine favorable à la banque centrale et son influence sur le processus de formation de la Banque Centrale espagnole, consulter Luis Coronel de Palma, *La evolución de un banco central*, Real Academia de Jurisprudencia y Legislación, Madrid 1976, et la bibliographie qui y est citée; de même que les travaux de Rafael Anes « El Banco de España (1874-1914) : un banco nacional », et de Pedro Tedde de Lorca « La banca privada española durante la Restauración (1874-1914) », inclus dans le vol. I de *La banca española en la Restauración*, Servicio de Estudios del Banco de España, Madrid 1974. Malgré les précieuses références doctrinales fournies par les travaux précédents, une histoire définitive de la pensée économique espagnole sur la polémique banque centrale-banque libre reste à faire.

billets, se reproduisaient de façon identique, quoique de manière sournoise et donc plus dangereuse, dans le cas du « *trafic* » de crédits accordés à partir des dépôts à vue des banques. Ces théoriciens ont également eu le tort de proposer l'établissement d'une législation qui ne supprimerait que la liberté d'émission de billets sans couverture, et la constitution d'une banque centrale pour défendre les principes monétaires les plus sérieux. Seul Ludwig von Mises sut, comme Cernuschi, Hübner et Michaelis, se rendre compte que la recommandation des théoriciens de l'« *École monétaire* » en faveur de la banque centrale était erronée. La seule façon de faire triompher les principes monétaires sérieux de l'école consistait en un système de banque libre soumis sans privilèges au droit privé. Cet échec de nombreux théoriciens de l'« *École monétaire* » fut fatal : c'est à cause de lui que la Loi de Peel de 1844 oublia, malgré ses bonnes intentions, d'éliminer, comme elle le fit pour les billets de banque, la création de crédit fiduciaire ; il favorisa, d'autre part, la création d'un système de banque centrale qui plus tard, et surtout à cause de l'influence négative des théoriciens de l' « *École bancaire* » comme Marshall et Keynes, fut utilisé avec l'appui des théories erronées de ces économistes célèbres pour justifier et encourager des politiques de désordre monétaire et d'excès financiers bien pires que celles auxquelles on voulait initialement remédier[5].

## 2. L'évolution du système bancaire et la banque centrale

La banque centrale n'est pas un produit naturel du développement du système bancaire[6]. Elle apparaît, au contraire, imposée de l'extérieur par l'action gouvernementale et il s'en suit, après une série d'accidents historiques, tout un système monétaire et financier très différent de celui qui serait apparu spontanément si on avait maintenu un système de banque libre soumis sans privilèges au droit privé et ne subissant, par l'intermédiaire de la banque centrale, ni le contrôle ni la pression du gouvernement[7].

---

[5] Je partage pleinement l'opinion de Pedro Schwartz qui fait entrer Marshall et Keynes dans la catégorie des théoriciens de l'« *École bancaire* », mais défenseurs du système de banque centrale (précisément pour garantir un maximum de « *flexibilité* » à l'expansion de l'offre monétaire). Voir son article « El monopolio del banco central en la historia del pensamiento económico: un siglo de miopía en Inglaterra », publié dans *Homenaje a Lucas Beltrán*, éditions Moneda y Crédito, Madrid 1982, pp. 685-729, et en particulier la p. 729.

[6] Voir en particulier le chapitre 12 du libre cité de Vera C. Smith sur *Los fundamentos de la Banca central y la libertad bancaria.*

[7] Comme le dit Israel Kirzner (*Discovery and the Capitalist Process*, The University of Chicago Press, Chicago 1985, p. 168), il est impossible de connaître le savoir et les institutions que les entrepreneurs de la banque auraient librement créés s'ils avaient été soumis au principe du coefficient de réserve de 100% et n'avaient subi aucune contrainte étatique. Malgré cela, l'on peut imaginer avec F. A. Hayek (*Denationalization of Money : The Argument Refined*, 2º éd., augmentée, Institute of Economic Affairs, Londres 1978, p. 119-120) un système généralisé de fonds d'investissement où seraient investis les « *dépôts* » actuels, dotés d'une grande liquidité, mais sans que la perception de leur valeur nominale soit garantie (elle serait soumise à l'évolution de la valeur de marché des participations correspondantes) ; un réseau d'organismes fournissant des services de paiement, comptabilité, etc., en régime de libre concurrence et payés pour leurs

Car le système de banque centrale n'est que le résultat logique et inévitable de l'introduction progressive et subreptice par les banquiers privés, avec la complicité historique des gouvernements, du système bancaire à réserve fractionnaire. Il est essentiel, dans ce domaine, de ne pas tomber dans le piège intellectuel qui séduit la plupart des théoriciens adeptes du système de banque libre[8]. Ceux-ci, mis à part l'honorable exception de Mises et de quelques autres, ne comprennent pas que la seule façon de parvenir à un véritable système de banque libre est de rétablir le principe juridique selon lequel on doit maintenir en réserve la totalité des quantités reçues sous forme de dépôts à vue.

Il s'agit, en définitive, d'appliquer au domaine bancaire et monétaire cette idée séminale d'Hayek d'après laquelle, chaque fois que l'on viole une règle traditionnelle de conduite, qu'il s'agisse de contrainte institutionnelle du gouvernement ou de concession par celui-ci de privilèges spéciaux à certaines personnes ou organismes, des conséquences nocives et non désirées vont toujours s'en suivre, tôt ou tard, au grave préjudice du processus social spontané de coopération. La règle traditionnelle de conduite violée dans le cas du négoce bancaire est le principe du droit selon lequel, dans le contrat de dépôt de monnaie fongible, l'obligation traditionnelle de *garde*, élément essentiel dans tout dépôt non fongible, se matérialise dans l'exigence du maintien, à tout moment, de la totalité de monnaie fongible reçue en dépôt. Ainsi, tout acte de disposition de cette monnaie, et en particulier son utilisation pour accorder des crédits, suppose une violation de ce principe et, en somme, un acte illégitime d'appropriation indue[9]. Au cours de l'histoire, les banquiers ont rapidement été

---

services ; et, séparément, et *sans relation aucune avec le crédit*, une série d'institutions privées consacrées à l'extraction, la conception ou l'offre des différentes monnaies privées (percevant elles aussi un petit pourcentage pour leurs services). Hayek conclut : « *I expect that it will soon be discovered that the business of creating money does not go along well with the control of large investment portfolios or even control of large parts of industry* » (pp. 119-120).

[8] Hayek lui-même ne s'est prononcé qu'en 1937 sur la proposition faite par Mises en 1912 (voir note 15) d'éliminer la concession fiduciaire de crédits, c'est-à-dire d'établir un coefficient de caisse de 100% pour les dépôts à vue reçus par les banques. C'est dans son remarquable *Monetary Nationalism and International Stability*, publié en 1937 (Augustus M. Kelley, New York, réédition de 1971) qu'Hayek se montra théoriquement favorable au coefficient de réserves de 100% pour les dépôts à vue (voir p. 81-84). Avant Mises, l'auteur le plus prestigieux qui défendit ce coefficient fut David Hume dans son essai « On Money » (1752), où il affirmait que « *no bank could be more advantageous, than such a one as locked up all the money it received, and never augmented the circulating coin, as is usual, by returning part of its treasure into commerce* » (David Hume, 1985, *Essays: Moral, Political and Literary*, Liberty Classics, Indianapolis, pp. 284-285).

[9] Sur les considérations d'ordre juridique concernant le principe traditionnel du droit énoncé, voir non seulement tout le Titre III du Livre 16 du Digeste, et en particulier les paragraphes 7 et 8 consacrés à la faillite des banquiers (*El Digesto de Justiniano*, Tome I, édition espagnole des éditions Aranzadi, Pamplona 1968, pp. 606-617 et en particulier la p. 612), mais aussi les observations judicieuses de P. Copp-Zuccari, contenues dans son ouvrage *Il Deposito Irregolare* (Modène, 1901) et citées par Joaquín Garrigues dans son livre *Contratos bancarios*, 2° éd., Madrid 1975, p. 365, qui recueille l'opinion selon laquelle *la garde, dans les dépôts irréguliers, consiste précisément dans l'obligation de tenir toujours à la disposition du déposant une quantité égale à celle reçue*, de sorte que ce « *tenir toujours à disposition une quantité et qualité de choses déterminées égales à celles reçues* », même si elles sont renouvelées ou substituées, équivaut, pour les choses fongibles comme la monnaie, à ce qu'est pour les non fongibles l'existence permanente de la chose *in individuo*. Rappelons

tentés de violer la règle traditionnelle de conduite que l'on a évoquée, et d'utiliser à leur profit l'argent de leurs déposants[10]. Cela se passa, dans un premier temps, de façon timide et cachée, car les banquiers étaient encore conscients de commettre une mauvaise action[11] ; c'est plus tard seulement que la violation du principe traditionnel du droit se produit de façon manifeste et légale, lorsqu'ils obtiennent du gouvernement le *privilège* d'utiliser à leur profit

---

incidemment que le principe général du droit qui exige un coefficient de réserve de 100% a été maintenu, même au cours de ce siècle-ci, par la jurisprudence française. Ainsi, un jugement du Tribunal de Paris du 12 juin 1927 condamna un banquier pour appropriation indue parce qu'il avait utilisé, selon la pratique bancaire habituelle, les fonds reçus en dépôt de son client. Une autre sentence de ce même tribunal du 4 janvier 1934 se prononce dans le même sens de même que – ce qui est plus curieux – la sentence du Juzgado de Primera Instancia qui s'occupa de la faillite du Banco de Barcelona, d'après laquelle la faculté de délivrer des chèques, qui appartient au déposant, implique pour le dépositaire l'obligation d'avoir *toujours* des fonds à disposition du titulaire du compte courant, ce qui empêche d'admettre que les fonds déposés sur un compte courant en espèces puissent être considérés par la banque comme lui appartenant en exclusivité (Garrigues, J., *Contratos bancarios*, op. cit., p. 367-368). Nous devons ajouter que l'« *appropriation indue* » a lieu lorsque se commet l'acte indu (disposition sous forme de prêt de la quantité déposée) et non pas lorsqu'il est découvert longtemps après (en général par le déposant au guichet d'une banque qui ne peut pas lui restituer son dépôt). Enfin, on ne peut pas invoquer l'argument rebattu d'après lequel « *la loi des grands nombres* » permet à la banque de pratiquer en toute sécurité la réserve fractionnaire, car la probabilité de retrait atypique des dépôts n'est pas, en raison de sa propre nature, assurable : comme l'explique parfaitement la théorie autrichienne du cycle économique (voir note 13), le système de la réserve fractionnaire engendre, de manière *endogène* et récurrente, des récessions économiques et donc, la nécessité de liquider des projets d'investissement, de restituer des prêts et de retirer des dépôts de façon massive. Tout théoricien des assurances sait ceci : les conséquences d'un évènement qui ne serait pas totalement indépendant de l'existence de l'assurance elle-même ne sont pas, pour des raisons liées au *risque moral*, techniquement assurables. Sur la distinction essentielle, que fait Mises, entre la probabilité de classe (objective), qui est assurable, et la probabilité d'évènement unique influencé et déterminé par l'action humaine (non assurable), consulter J. Huerta de Soto, *Socialismo, cálculo económico y función empresarial*, Unión Editorial, Madrid 1992, pp. 46-48.

[10] La tentation était grande, et même irrésistible, étant donné sa rentabilité. Rappelons que le système bancaire à réserves fractionnaires consiste à créer des prêts à partir du néant, en exigeant du prestataire leur dévolution en monnaie véritable (et en plus avec intérêts !).

[11] C'est ce qui se passait, par exemple, pour la Banque d'Amsterdam qui, pour les raisons évoquées et d'après Sir James Steuart, développait ses activités dans *le plus grand secret* (Sir James Steuart, *An Inquiry into the Principles of Political Oeconomy : Being an Essay on the Science of Domestic Policy in Free Nations*, A. Millar et T. Cadell in the Strand, Londres 1767, vol. II, p. 301). Il faut souligner que tout le prestige de la Banque d'Amsterdam reposait sur le fait qu'elle maintenait, croyait-on, un coefficient de caisse de 100% ; principe dont, seulement 15 ans auparavant, David Hume pensait qu'il était encore respecté (voir son essai « On Money », op. cit. p. 284). Adam Smith, de son côté, dit en 1776 que la Banque d'Amsterdam *continuait de dire* qu'elle maintenait un coefficient de caisse de 100% : « The Bank of Amsterdam professes to lend out no part of what is deposited with it, but for every gilder for which it gives credit in its books, to keep in its repositories the value of a gilder either in money or bullion » ( *The Wealth of Nations*, W. Strahan et T. Cadell in the Strand, Londres 1776, vol. II, livre IV, chap. III, p. 72).

l'argent de leurs déposants (en général sous forme de crédits souvent accordés, dans un premier temps, au gouvernement lui-même). C'est ainsi que naissent la relation de complicité et l'alliance d'intérêts entre gouvernements et banques ; celle-ci est devenue traditionnelle et explique parfaitement les relations intimes de « *compréhension* » et de « *coopération* » qui existent entre ces deux types d'institutions et sont visibles aujourd'hui, avec quelques différences, dans tous les pays occidentaux à presque tous les niveaux. Car les banquiers ont vite compris que la violation de ce principe traditionnel du droit permettait une activité financière qui était pour eux très lucrative, mais exigeait en toute hypothèse l'existence d'un prêteur en dernier recours, ou banque centrale, qui fournit la liquidité nécessaire dans les situations difficiles, dont on savait par expérience qu'elles se produisaient de façon récurrente[12].

## 3. Le système bancaire de réserves fractionnaires, la banque centrale et la théorie des cycles économiques

Les conséquences sociales néfastes de ce *privilège* accordé aux banquiers (mais à aucun autre individu ou organisme) n'ont cependant pas été parfaitement comprises jusqu'à ce que Mises et Hayek développent ce qu'on a convenu d'appeler la Théorie autrichienne du cycle économique[13]. En résumé, les théoriciens de l'École autrichienne ont montré que s'obstiner à poursuivre l'objectif théoriquement impossible (d'un point de vue juridico-contractuel et technico-économique) consistant à offrir un contrat qui combine simultanément les meilleures caractéristiques des fonds d'investissement (en particulier la possibilité d'obtenir un intérêt des dépôts effectués) avec le contrat traditionnel de dépôt (qui, par définition, doit permettre à tout moment son

---

[12] Il est curieux de remarquer que les banquiers utilisaient toute leur influence et leur pouvoir social (énorme, étant donné la masse de personnes qui en recevaient des prêts ou étaient leurs actionnaires) pour entraver et décourager le retrait des dépôts par les déposants, dans le vain espoir d'éviter les crises. Ainsi, le sénateur Condy Raguet conclut que la pression était presque insupportable et que « *an independent man, who was neither a stockholder or debtor, who would have ventured to compel the banks to do justice, would have been persecuted as an enemy of society...* » (Lettre de Raguet à Ricardo du 18 avril 1821, publiée dans David Ricardo, *Minor Papers on the Currency Question 1809-1823*, Jacob Hollander, éd., The John Hopkins University Press, Baltimore 1932, pp. 199-201).

[13] L'on peut consulter un bref exposé de la théorie autrichienne du cycle économique et la bibliographie la plus significative la concernant dans J. Huerta de Soto « La teoría austríaca del ciclo económico », d'abord publié dans *Moneda y Crédito*, n° 152, Madrid, mars 1980, et réédité dans le volume I de mes *Lecturas de Economía Política*, Unión Editorial, Madrid 1986, pp. 241-256 [chap. XIII de ce livre]. Il est regrettable qu'un auteur aussi intelligent que Pedro Schwartz soit encore déconcerté par les effets que produit sur l'économie le caractère « *élastique* » de la monnaie et qu'il s'obstine à ignorer que nous disposons d'une théorie, la théorie autrichienne des cycles économiques, qui non seulement *intègre* à la perfection les aspects « *micro* » et « *macro* » de l'économie, mais explique en outre comment l'extension du crédit, lié au système bancaire de réserve fractionnaire, engendre inéluctablement une mauvaise allocation des ressources au niveau microéconomique, qui finit forcément par une récession macroéconomique (voir l'article de Pedro Schwartz « Macro y Micro » dans *Cinco Días*, Madrid, lundi 12 avril 1993, p. 3).

retrait à sa valeur nominale), entraînerait tôt ou tard, mais inexorablement, des ajustements spontanés ; d'abord sous forme d'expansions incontrôlées de l'offre monétaire, d'inflation, de mauvaise allocation généralisée des ressources productives au niveau microéconomique et, finalement, de récession, de liquidation des erreurs introduites par l'expansion de crédit dans la structure productive et de chômage passif.

Il faut bien voir que le privilège qui permet à la banque d'exercer son activité avec un coefficient de réserve fractionnaire implique, de la part des autorités gouvernementales, un attentat évident contre la définition et la défense correctes des droits de propriété des déposants. Cela engendre inévitablement, comme dans tous les cas de mauvaise définition des droits de propriété, un effet typique de « *tragédie des biens communs* », en vertu duquel les banques sont particulièrement enclines à essayer de devancer leurs concurrents et d'étendre avant et plus qu'eux leur base de crédit. C'est pourquoi le système bancaire fondé sur la réserve fractionnaire tend toujours vers une expansion plus ou moins contrôlée, même s'il est surveillé par une banque centrale qui, contrairement à ce qui s'est passé jusqu'ici, se soucie sérieusement de la contrôler et de la limiter[14].

## CONCLUSION : LE SYSTÈME MONÉTAIRE ET BANCAIRE DANS UNE SOCIÉTÉ LIBRE

En résumé, le principal défaut de la plupart des théoriciens-défenseurs de la banque libre est de ne pas voir que l'exigence d'un coefficient de réserve de 100 pour cent[15] doit être théoriquement consubstantielle à leur proposition et, en

[14] Voir à ce sujet les considérations judicieuses d'Anna J. Schwartz, publiées dans son article « The Theory of Free Banking », présenté à la réunion régionale de la Société Mont Pèlerin tenue à Rio de Janeiro du 5 au 8 septembre 1993, et en particulier la page 5, où elle conclut que de nombreux théoriciens modernes du système de banque libre ne comprennent pas que le mécanisme de liquidation interbancaire qu'ils proposent ne freine pas l'expansion de crédit si toutes les banques décident, dans une plus ou moins large mesure, d'étendre leur crédit simultanément. Ce phénomène, déjà décrit par Ludwig von Mises dans son brillant exposé du système de banque libre (voir *La acción humana : Tratado de Economía*, pp. 648-688), fut celui qui m'a conduit à chercher dans le processus typique de « *ragédie des communaux* » son explication, par ailleurs évidente, car tout le processus expansif est issu, nous l'avons vu, d'un *privilège* qui va à l'encontre du droit de propriété, et chaque banque internalise tous les profits de l'expansion de son crédit en faisant retomber les coûts correspondants, de façon diluée, sur tout le système. Un mécanisme de compensation interbancaire peut limiter dans un système de banque libre à réserves fractionnaires des initiatives individuelles et isolées d'expansion, mais il est inopérant si toutes se laissent envahir par l'« *optimisme* » au moment d'accorder des crédits.

[15] L'idée d'établir un système bancaire à coefficient de réserves de 100% était déjà contenue dans la première édition de *La teoría del dinero y del crédito,* publiée par Mises en 1912, et où cet auteur concluait : « *il est évident que la seule façon d'écarter toute influence humaine sur le système de crédit est de supprimer l'émission ultérieure de moyens fiduciaires. La conception fondamentale de la Loi de Peel doit subsister plus complète qu'elle ne le fut en son temps en Angleterre et inclure l'émission de crédit dans la liste de ses interdictions légales* ». (Voir la première édition espagnole de *La teoría del dinero y del crédito,* publiée à Madrid par Aguilar en 1936, p. 458). Plus tard, Mises revient sur le sujet de façon plus explicite dans l'appendice sur

particulier, de ne pas comprendre que tous les défauts attribués au système de banque libre par les défenseurs de la banque centrale disparaissent si les principes traditionnels du droit lui sont appliqués. Comme le dit Mises, il s'agit de soumettre les banques aux principes traditionnels du droit civil et

---

la *Reconstrucción monetaria* qu'il inclut dans la réédition anglaise de 1952 de *The Theory of Money and Credit* (Liberty Press, Indianapolis 1980, p. 481) ; il y dit expressément que « *the main thing is that the government should no longer be in a position to increase the quantity of money in circulation and the amount of checkbook money not fully – that is, 100 percent – covered by deposits paid in by the public* ». Incompréhensiblement, cette allusion au coefficient de réserve de 100% n'est pas traduite dans la seconde et déplorable traduction espagnole publiée à Barcelone par les Ediciones Zeuz en 1961, p. 487. Par la suite, Hayek évoque cette proposition, nous l'avons vu, dans son remarquable *Monetary Nationalism and International Stability* (1937), réédition de Augustus M. Kelley, New York 1971, pp. 81-84, et plus récemment dans son *Denationalization of Money : The Argument Refined*, The Institute of Economic Affairs, Londres 1978, et en particulier aux pp. 119-120 (il existe une traduction espagnole de Carmen Liaño intitulée *La desnacionalización del dinero*, Unión Editoriaal, Madrid 1983) ; il y apparaît qu'Hayek propose, comme Mises, la liberté de choix de monnaie et de système bancaire comme moyen de parvenir à un système bancaire à coefficient de caisse de 100%. Mais l'auteur qui, de nos jours, a défendu le plus brillamment l'élimination du système bancaire tel que nous le connaissons est, sans aucun doute, mon ami Murray N. Rothbard, en particulier dans son livre *The Case for a One Hundred Percent Gold Dollar*, The Ludwig von Mises Institute, Auburn University, 2° éd., 1991 ; dans son ouvrage *The Mystery of Banking*, éditions Richardson & Snyder, New York 1983 ; et dans ses articles « The Myth of Free Banking in Scotland », dans *Review of Austrian Economics*, n° 2, 1988, pp. 229-245, et « Aurophobia : or, Free Banking on What Standard ? » dans *Review of Austrian Economics*, n° 6, vol. 1, 1992, pp. 99-108. Maurice Allais a lui aussi défendu récemment le principe du coefficient de réserve de 100%, mais comme un moyen permettant de faciliter la politique monétaire des gouvernements, en empêchant son amplification élastique et déformante à travers le système bancaire de réserve fractionnaire. Voir son ouvrage *L'impôt sur le capital et la réforme monétaire*, Hermann Éditeurs, Paris, édition de 1985, pp. 155-257, et son récent article sur « Les conditions monétaires d'une économie de marchés », *Revue d'économie politique*, 103 (3), mai-juin 1993, pp. 319-367. Maurice Allais ne fait que suivre, en ce sens, la tradition de l'École de Chicago favorable au coefficient de caisse de 100% pour rendre plus effective et prévisible la politique monétaire des gouvernements et qui commença par un pamphlet anonyme de 26 pages sur « Banking and Currency Reform » que firent circuler en 1933 Henry C. Simons, Aaron Director, Frank H. Knight, Henry Schultz, Paul H. Douglas, A. G. Hart et d'autres ; elle fut ensuite développée par Henry C. Simons (« Rules *versus* Authorities in Monetary Policy », *Journal of Political Economy*, XLIV, n° 1, février 1936, p. 1-30), Albert G. Hart (« The Chicago Plan' of Banking Reform », *Review of Economic Studies*, n° 2, 1935, pp. 104-116), et Irving Fisher (*100% Money*, Adelphi Company, New York 1936), et atteint son apogée avec la publication en 1959 du livre de Milton Friedman *Un programa de estabilidad monetaria y reforma bancaria*, Ediciones Deusto, Bilbao 1962, en particulier aux pp. 104-115. Il est vrai que la politique monétaire est plus prévisible avec un coefficient de caisse de 100%, mais il est naïf de croire, comme le font les théoriciens de l'École de Chicago, que le gouvernement pourra et voudra développer une politique monétaire stable. Cette ingénuité est parallèle et semblable à celle dont font preuve les théoriciens modernes de la banque libre à réserves fractionnaires lorsqu'ils croient que les mécanismes spontanés de compensation pourraient freiner une expansion simultanée et concertée d'une majorité de banques. *La seule solution correcte pour parvenir à une société libre de privilèges et de cycles économiques est, donc, celle d'une banque libre, mais soumise au droit, c'est-à-dire avec un coefficient de réserves de 100%.*

commercial, selon lesquels chaque individu et chaque entreprise doit remplir ses obligations en respectant strictement ce qu'établit chaque contrat[16].

Cette erreur est très répandue et concerne en particulier la vaste et intéressante littérature qui s'est développée à partir du grand intérêt qu'a soulevé la publication du livre d'Hayek sur *la desnacionalización del dinero* et l'importante crise économique et financière de la fin des années 70. Le principal commentaire que m'inspire de cette littérature est que, sauf exception, elle tombe souvent, en défendant le système de banque libre, dans les velléités théoriques propres à l'ancienne « *École bancaire* » dont les principes erronés ont été dénoncés depuis longtemps. En outre, ces ouvrages, parmi lesquels se distinguent, entre autres, ceux de White, Selgin et Dowd[17], oublient que la seule façon de supprimer la banque centrale et ses abus est d'éliminer le privilège de la réserve fractionnaire dont jouissent actuellement les banques privées.

Car, si l'on veut défendre pour le siècle prochain un système financier et monétaire vraiment stable, qui immunise le plus possible nos économies contre les crises et récessions, il faudra instituer : 1) la liberté totale de choix de la monnaie ; 2) le système de liberté bancaire ; et 3) – ce qui est le plus important – la soumission de tous les agents impliqués dans le système de liberté bancaire aux normes et principes traditionnels du droit, et en particulier au principe selon lequel personne, y compris les banquiers, ne doit jouir du privilège permettant de prêter ce qui a été déposé à vue (c'est-à-dire, un système bancaire à coefficient de réserves de 100 pour cent)[18].

---

[16] Mises, L. von, 1984, *La acción humana: Tratado de Economía*, 4° éd., Unión Editorial, Madrid, p. 670. Il s'agit, d'après Mises, de remplacer l'actuelle et confuse législation bancaire de type administratif par quelques articles simples et clairs à inclure dans les codes pénal et de commerce.

[17] Par exemple, les libres de Lawrence H. White *Free Banking in Britain : Theory, Experience and Debate, 1800-1845* (Cambridge University Press, 1984) et *Competition and Currency: Essays on Free Banking and Money* (New York University Press, New York 1989); ceux de George A. Selgin *The Theory of Free Banking: Money Supply under Competitive Note Issue* (Rowman & Littlefield, Totowa, New Jersey, 1988), et *The Experience of Free Banking* (éd. avec K. Dowd, routledge, Londres 1992) ; et ceux de Kevin Dowd *The State and the Monetary System* (St. Martin's Press, New York 1989), et *Laissez Faire Banking* (Routledge, Londres 1993). Il faut également consulter l'impressionnante et exhaustive bibliographie sur la banque libre proposée par José Antonio Aguirre dans l'Annexe bibliographique à l'édition espagnole du livre précité de Vera C. Smith sur *Los fundamentos de la Banca central y la libertad bancaria.*

[18] Les théoriciens modernes de la banque libre considèrent à tort, en particulier à cause de leur manque de formation juridique, que le coefficient de réserve de 100% constituerait une intromission de type *administratif* dans la liberté individuelle. Ils ne voient pas que, loin de supposer une contrainte gouvernementale systématique de type administratif, ce précepte n'est que la simple application d'un principe traditionnel du *droit de propriété.* Autrement dit, ils ne comprennent pas qu'à une banque libre non soumise au droit (pratiquant la réserve fractionnaire) est applicable cette célèbre phrase d'un américain, recueillie par Tooke : « *Banque libre égale escroquerie libre* » (citée par Mises, *La acción humana*, op. cit., p. 666). Et qu'il faut défendre la banque libre non pas comme un moyen d'exploiter les possibilités lucratives de l'expansion de crédit, mais comme un moyen *indirect* pour approcher du modèle idéal de banque libre à coefficient de réserves de 100% que l'on doit aussi viser *directement* avec tous les moyens juridiques disponibles à chaque époque. Ce n'est que dans ce sens d'approche indirecte de l'idéal qu'il faut entendre cette position, reprise par Mises (*La acción humana*,op. cit., p. 666), de

Quoique les prescriptions précédentes de politique économique puissent paraître *utopiques* et très éloignées des problèmes pratiques qui nous assaillent, surtout en ce qui concerne la conception et la gestion d'un système monétaire européen, elles peuvent au moins indiquer à tout moment l'orientation correcte que doit suivre sa réforme ainsi que les dangers à éviter. Ainsi, il faut fuir aussi bien un système de monnaies nationales monopolistes rivalisant entre elles dans un contexte chaotique de taux de change flexibles que la création d'une banque centrale européenne qui empêche la concurrence entre monnaies dans un espace économique ample, n'affronte pas les défis de la réforme bancaire, ne garantisse pas une stabilité monétaire au moins aussi grande que celle de la monnaie nationale la plus stable à chaque moment historique et suppose, en somme, un obstacle définitif à la réalisation de réformes ultérieures allant dans la bonne direction. Le modèle le plus viable et le plus adapté à court et moyen terme consiste peut-être à introduire en Europe une liberté totale de choix des monnaies publiques et privées à l'intérieur et à l'extérieur de la Communauté ; en reliant les monnaies nationales, encore utilisées pour des raisons historiques, à un système de taux de change fixe qui aligne le comportement de la politique monétaire de chaque pays sur celui du pays qui, à chaque moment historique, pratique la stable et plus solvable. Cela donnerait au moins à n'importe quel État-nation de la CEE le pouvoir, dans le futur, d'avancer dans les trois directions indiquées[19] pour une réforme monétaire et bancaire ; son leadership monétaire forcerait ainsi les autres membres de la communauté à demeurer sur la bonne voie (c'est ce qui semble avoir été l'essence du projet défendu par Margaret Thatcher et le groupe dit, à tort, des « *eurosceptique*s » qui la suivent et dont je fais partie, pour le futur monétaire de la CEE).

Il est évident qu'une étude définitive sur la théorie monétaire et bancaire, dans le contexte de la controverse historique qui oppose les partisans de la banque libre à ceux de la banque centrale, reste encore à faire[20]. C'est pourquoi je crains que le monde ne continue de subir, de façon récurrente, des récessions économiques néfastes, tant que les banques centrales maintiendront le monopole d'émission de monnaie et que le privilège accordé par les gouvernements aux banquiers ne sera pas aboli. Et j'ose affirmer, comme je le faisais au début de cet article, qu'après la chute théorique et réelle du socialisme, le principal défi théorique qui se présente aux économistes professionnels aussi bien qu'aux amants de la liberté pour le siècle prochain consistera à lutter de toutes leurs forces contre l'institution de la banque centrale et contre le

---

Cernuschi, qui disait déjà en 1866 : « *J'aspire à ce que quiconque puisse émettre des billets, précisément pour que personne ne veuille plus les accepter* ».

[19] Les problèmes pratiques que poserait le *passage* de l'actuel système monétaire et bancaire à un système où la création de monnaie et l'activité bancaire seraient totalement séparées de l'État ont été analysés et résolus théoriquement, entre autres, par Murray N. Rothbard dans son ouvrage *The Mystery of Banking*, Richardson & Snyder, New York, 1983, pp. 249-269.

[20] Je réalise en ce moment un projet de recherche, intitulé *Dinero, crédito bancario y ciclos económicos*, qui se propose d'analyser, actualiser et synthétiser toute la littérature concernant ces questions, pour aboutir aux conclusions de politique économique nécessaires pour le développement futur d'un système financier stable et libre de crises économiques.

maintien du privilège dont jouissent actuellement ceux qui exercent l'activité bancaire privée telle qu'on l'entend aujourd'hui.

# CHAPITRE XIII

# THÉORIE DE LA BANQUE LIBRE AVEC RÉSERVÉS FRACTIONNAIRES : UNE NOTE CRITIQUE*

## INTRODUCTION

Nous avons assisté, ces quinze dernières années, à une certaine renaissance des vieilles doctrines économiques de l'École bancaire, due à l'initiative d'un groupe de théoriciens qui défendent que le système de banque libre fondé sur la réserve fractionnaire, non seulement entraînerait moins de distorsions et de crises économiques que le système de banque centrale, mais tendrait même à les éliminer totalement. Comme ces théoriciens fondent leurs raisonnements sur différentes variantes, plus ou moins sophistiquées, des anciens arguments de l'École bancaire, nous les grouperons sous le nom d'École néo-bancaire ou si l'on préfère, de « *moderne école partisante de la banque libre avec réserves fractionnaires* ». Cette école est formée d'une curieuse alliance de théoriciens[1], parmi lesquels on retrouve des membres de l'École autrichienne qui ont oublié les enseignements de Mises et d'Hayek en matière monétaire et de théorie du capital et des cycles ;

---

*Il s'agit de la version française de l'article « A Critical Note on Fractional-Reserve Free Banking », publié dans *The Quaterly Journal of Austrian Economics*, vol. I, n° 4, hiver 1998, pp. 25-49. Cet article a été écrit à la suite de la polémique doctrinale développée aux États-Unis après la publication de mon travail « A Critical Analisis of Central Banks and Fractional-Reserve Free Banking from the Austrian Perspective », paru dans *The Review of Austrian Economics*, vol. 8, n° 2, 1995, pp. 25-38. À ce travail qui critiquait les économistes modernes partisans de la banque libre avec réserves fractionnaires ont répondu George A. Selgin et Lawrence H. White dans leur étude « In defence of Fiduciary Media-or, We are *Not* Devo (Lutionists), We are Misesians ! », publiée aussi dans *The Review of Austrian Economics*, vol. 9, n° 2, 1996, p. 83-107. Avant que je n'aie le temps de répondre aux critiques que formulent Selgin et White contre mon analyse, les professeurs Hans-Hermann Hoppe, Jörg Guido Hülsmann et Walter Block prirent ma défense dans leur article « Against Fiduciary Media », paru également dans *The Review of Austrian Economics*, vol. 10, n° 2, 1997, pp. 125-163. Enfin, j'ai publié cette « Note critique » pour récapituler les principaux points du débat et, surtout, démontrer que, même dans les conditions les plus favorables pour Selgin et White, la banque libre avec réserves fractionnaires pourrait engendrer des cycles économiques. Jusqu'à présent (2002), ni Selgin ni White n'ont répondu à mes arguments.

[1] Comme le signale David Laidler, le récent intérêt pour la banque libre et le développement de l'École néo-bancaire sont liés à la publication du livre d'Hayek sur *La desnacionalización del dinero* (Hayek, F. A., 1978, *Denationalization of Money : The Argument Refined*, Institute of Economic Affairs, Londres ; il existe une traduction espagnole de Carmen Liaño publiée par Unión Editorial, Madrid 1983, incluse actuellement dans *Ensayos de teoría monetaria*, vol. II, *Obras Completas de F. A. Hayek*, vol. VI, Unión Editorial, 2001). Benjamin Klein fit, avant Hayek, une proposition semblable dans son article « The Competitive Supply of Money », publié dans le *Journal of Money, Credit and Banking*, n° 6, novembre 1974, pp. 423-453. L'allusion que fait Laidler à ces deux auteurs se trouve dans son bref, mais intéressant article sur des questions de théorie bancaire « Free Banking Theory », *The New Palgrave : A Dictionary of Money and Finance*, Macmillan Press, Londres et New York 1992, vol. II, pp. 196-197.

c'est le cas de White[2], de Selgin[3], et plus récemment, d'Horwitz[4] ; on y trouve aussi des membres de l'École anglaise subjectiviste, comme Dowd[5] ; et finalement des théoriciens provenant du camp monétariste, comme Glasner[6], Yeager[7] et Timberlake[8]. Quant à Milton Friedman[9], même si on ne peut pas

---

[2] Lawrence H. White, *Free banking in Britain: Theory, Experience and Debate, 1800-1845*, Cambridge University Press, Londres et New York 1984; *Competition and Currency: Essays on Free Banking and Money*, New York University Press, New York 1989; et les articles écrits en collaboration avec George A. Segin « How would the invisible hand handle money? », *Journal of Economic Literature*, vol. XXXII, n° 4, décembre 1994, p. 1718-1749 ; et plus récemment « In defense of Fiduciary Media-or, We are Not Delo(lutionists), we are Misesians ! », *The Review of Austrian Economics*, vol. 9, n° 2, 1996, p. 83-107. José Antonio de Aguirre a fait un résumé en espagnol des travaux de White; il se trouve aux pp. 247-251 de l'« Anexo » à l'édition espagnole du livre de Vera C. Smith *Fundamentos de la banca central y la libertad bancaria*, op. cit. Aguirre a également réuni la « *bibliografía complementaria* », exhaustive et très étendue, concernant la banque centrale et la banque libre qu'il a incorporée à l'édition espagnole et que nous considérons reproduite ici. Enfin, White a réuni les travaux les plus importants pour l'École néo-bancaire dans trois volumes sur *Free Banking : Volume I, 19th Century Thought ; volume II, History ; and Volume III, Modern Theory and Policy*, Edward Elgar, Aldershot, Angleterre, 1993.

[3] George A. Selgin, « The Stability and Efficiency of Money Supply under Free Banking », publié dans le *Journal of Institutional and Theoretical Economics*, n° 143, 1987, pp. 435-456, réédité dans *Free Banking: Volume III, Moders Theory and Policy*, Lawrence H. White (éd.), Edward elgar, Aldershot, Angleterre 1993, p. 45-66; *The Theory of Free Banking: Money Supply under Competitive Note Issue*, Rowman & Littlefield, Totowa, New Jersey, 1988; les articles écrits en collaboration avec White, cités à la note précédente ; et « Free Banking and Monetary Control », *The Economic Journal*, vol. 104, n° 427, novembre 1994, p. 1449-1459.

[4] Stephen Horwitz, « Keynes' Special Theory », *Critical Review: A Journal of Books and Ideas*, été-automne 1989, vol. III, n° 3-4, pp. 411-434; « Misreading the Myth: Rothbard on the Theory and History of Free Banking » , publié comme chap. XVI de *The Market Process. Essays in Contemporary Austrian Economics*, Peter J. Boettke et David L. Prychitko, Edward Elgar, Aldershot, Angleterre, 1994, p. 166-176; et son livre *Monetary Evolution, Free Banking and economic Order*, Westview Press, Oxford 1992.

[5] Kevin Dowd, *The State and the Monetary System*, Saint Martin's Press, New York 1989 ; *The Experience of Free Banking*, Routledge, Londres 1992; et *Laissez-Faire Banking*, Routledge, Londres et New York 1993.

[6] David Glasner, *Free Banking and Monetary Reform*, Cambridge University Press, Cambridge 1989; « The Real-Bills Doctrine in the light of the Law of Reflux », *History of Political Economy*, vol. 24, n° 4, hiver 1992, pp. 867-894.

[7] Yeager, L. B., Greenfield, R., 1983, « A Laissez-Faire Approach to Monetary Stability », *Journal of Money, Credit and Banking*, n° XV (3), août, pp. 302-315, réédité comme chap. XI du vol. II de *Free Banking*, Lawrence H. White 8éd.), op. cit., pp. 180-195.; et Yeager L. B. et Greenfield, R., 1986, « Competitive Payments Systems: Comment », *American Economic Review*, n° 76(4), septembre, pp. 848-849.

[8] Timberlake, R., 1984, « The Central Banking Role of Clearinghouse Associations », *Journal of Money, Credit and Banking*, n° 16, février, pp. 1-15; « Private Production of Scrip-Money in the Isolated Community », *Journal of Money, Credit and Banking*, n° 4, octobre 1987, (19), pp. 437-447; « The Government's Licence to Create Money », *The Cato Journal: An Interdisciplinary Journal of Public Policy Analysis*, vol. IX, n° 2, automne 1989, pp. 302-321.

[9] Friedman M., Schwartz, A. J., 1986, « Has Government any Role in Money? », *Journal of Monetary Economics*, n° 17, pp. 37-72, réédité comme chap. XXVI du livre *The Essence of*

considérer qu'il appartienne à cette école, il est progressivement allé vers elle, surtout après avoir constaté qu'il ne pouvait pas convaincre les banques centrales de mettre en pratique sa fameuse proposition de règle monétaire.

Les théoriciens modernes de l'école de banque libre avec réserves fractionnaires ont développé une analyse économique d'un « *équilibre monétaire* » qui, utilisant des éléments typiques de l'analyse de l'École monétariste et de l'École keynésienne[10], prétend démontrer qu'une banque libre avec réserves fractionnaires se limiterait à adapter la création de moyens fiduciaires (billets et dépôts) à la demande du public. Ainsi, l'on soutient que la banque libre avec réserves fractionnaires non seulement maintiendrait l'« *équilibre monétaire* » mieux que d'autres systèmes, mais qu'elle serait en outre l'institution la mieux capable d'adapter l'offre de monnaie à sa demande.

L'argument, en résumé, consiste d'abord à considérer, dans l'hypothèse où les réserves métalliques du système bancaire demeurant constantes, ce qui se passe si la demande de moyens fiduciaires augmente. On raisonne alors ainsi : le rythme de leur échange contre les réserves des banques diminuerait, de sorte que ces réserves grossiraient et les banques, désireuses d'obtenir de plus gros profits et constatant cet accroissement de leurs réserves, étendraient le crédit et l'émission de billets ; cela produirait une augmentation de l'émission de moyens fiduciaires qui tendrait à s'adapter à l'augmentation *préalable* de leur demande. Dans le cas d'une diminution de la demande de moyens fiduciaires, c'est l'inverse qui se produit : les agents économiques retireront de plus grosses quantités de réserves pour se défaire d'eux ; de cette façon, les banques verront leur solvabilité en danger et seront forcées de resserrer le crédit et de restreindre l'émission de billets. Ainsi, la diminution de l'offre de moyens fiduciaires fera suite à la diminution *préalable* de leur demande[11].

Cette analyse concernant l'« *équilibre monétaire* » rappelle la loi du reflux de Fullarton et, surtout, les vieux arguments de l'École bancaire sur les « *besoins du commerce* », d'après lesquels la création de moyens fiduciaires par la banque privée ne serait pas nuisible si elle répondait à un accroissement des « *besoins* » des commerçants. Tous ces arguments sont repris et formulés dans la « *nouvelle* » théorie de l'« *équilibre monétaire* », selon laquelle la création de moyens fiduciaires sous forme de billets et de dépôts par la banque privée n'engendrerait pas de cycles économiques *si elle répondait à un accroissement de la demande de ces instruments de la part du public.* Quoique cette version réformée de la doctrine des « *besoins du commerce* » se retrouve en germe dans le livre de Lawrence H. White sur la banque libre en Écosse[12], ce n'est pourtant pas lui qui l'a élaborée, mais l'un de ses étudiants les plus distingués, George A. Selgin.

---

*Friedman*, Kurt R. Leube (éd.), Hoover Insittution Press, Stantford University, Californie, 1986, pp. 499-525.

[10] Ainsi, Selgin dit que « *despite… important differences between Keynesian analysis and the view of other monetary-equilibrium theorists, many Keynesians might accept the prescription for monetary equilibrium* » qu'il propose dans son livre. Voir Selgin, G. A., *The Theory of Free Banking: Money supply under Competitive Note Issue*, op. cit., pp. 56 et 59.

[11] L'on peut consulter le détail de l'analyse dans George A. Selgin, *The Theory of Free Banking : Money Supply under Competitive Note Issue*, op. cit, chap. IV, V et VI, en particulier les pp. 34 et 64-69.

[12] Stephen Horwitz soutient que White « *explicitly rejects the realbills doctrine and endorses a different vision of the 'needs of trade' idea. For him the 'needs of trade' means the demand to hold bank*

Nous examinerons maintenant en détail l'analyse de Selgin portant sur l'« *équilibre monétaire* », et ferons l'analyse critique de la version révisée des vieilles doctrines inflationnistes de l'École bancaire qu'elle suppose.

## 1. L'erreur consistant à focaliser l'analyse sur la demande de moyens fiduciaires, considérés comme une variable exogène

Selgin considère la demande de monnaie sous forme de moyens fiduciaires comme une variable exogène, qui augmente ou diminue au gré des agents économiques, de sorte que la mission principale du système de banque libre consiste à adapter l'émission de dépôts et de billets de banque aux augmentations et diminutions de leur demande[13]. Cependant, *cette demande n'est pas quelque chose d'exogène par rapport au système, mais elle est déterminée, de manière endogène, par celui-ci.*

Ce n'est pas par hasard que les théoriciens de l'École de la banque libre avec réserves fractionnaires commencent leur analyse en centrant leur attention sur de mystérieuses variations de la demande de moyens fiduciaires dont ils n'expliquent ni l'origine ni l'étiologie[14]. C'est comme s'ils avaient compris que,

---

*notes. On this interpretation, the doctrine states that the supply of bank notes should vary in accordance with the demand to hold notes. As I shall argue, this is just as acceptable as the view that the supply of shoes should vary to meet the demand for them* ». Stephen Horwitz, « Misreading the Myth: Rothbard on the Theory and History of Free Banking », op. cit., p. 169. Le passage où White semble défendre la nouvelle version de la doctrine de la vieille École bancaire sur les « *nécessités du commerce* » se trouve aux pp. 123-124 de son livre précité *Free Banking in Britain*. À l'encontre de la thèse d'Horwitz, Amasa Walker nous dit que pour les moyens fiduciaires « *the supply does not satisfy the demand : it excites it. Like an unnatural stimulus taken into human system, it creates an increasing desire for more ; and the more it is gratified, the more, the more insatiable are its cranings* » (Amasa Walker, 1869, *The Science of wealyh: A Manual of Political Economy*, Little, Brow & Co., Boston, 5° éd., p. 156).

13 « Free banking thus Works against short-run monetary disequilibrium and its business cycle consequences ». George A. Selgin et Lawrence H. White, « In Defense of Fiduciary Media, or, We are *Not* Devo (lutionists), We are Misesians! », op. cit., pp. 101-102.

14 Joseph T. Salerno signale que les augmentations de la demande de monnaie ne posent, d'après Mises, aucun problème de coordination, à condition que la banque n'essaie pas d'y répondre en créant de nouveaux crédits. Ainsi, même s'il y avait un accroissement de l'épargne (c'est-à-dire une diminution de la consommation) se matérialisant intégralement par une augmentation des soldes de trésorerie (thésaurisation) et non par le prêt direct sous forme de dépense en biens d'investissement, il se produirait une épargne effective des biens et services de la communauté et un processus d'allongement de la structure productive, laquelle deviendrait plus intensive en capital. Dans ce cas, l'accroissement des soldes de trésorerie entraînerait simplement une augmentation du pouvoir acquisitif de la monnaie et, donc, une diminution des prix nominaux des biens de consommation et des services des divers facteurs de production qui, cependant, connaîtraient les disparités propres à une étape dans laquelle l'épargne augmente et la structure productive devient plus intensive en capital. Voir Joseph T. Salerno, « Mises and Hayek De-homogenized », dans *The Review of Austrian Economics*, vol. VI, n° 2, 1993, pp. 113-146, en particulier les p. 144 et s. ; de même Ludwig von Mises, *Human Action*, op. cit., pp. 520-521. Dans le même article, Salerno reproche à White de soutenir que Mises

du côté de l'offre monétaire, l'analyse autrichienne avait démontré que l'expansion de crédit produit d'importantes distorsions dans l'économie, ce qui paraît justifier, en toute hypothèse, un système monétaire rigide[15] empêchant les expansions et contractions monétaires propres à tout système bancaire de réserves fractionnaires.

Du côté de l'offre, il semble donc que les arguments théoriques appuient l'établissement d'un système monétaire relativement plus inélastique comme peut l'être l'étalon-or pur avec un coefficient de réserves de 100 pour cent[16]. C'est pourquoi, si les défenseurs de l'École néo-bancaire désirent justifier un système bancaire de réserves fractionnaires qui puisse produire d'importantes augmentations ou diminutions de l'offre de monnaie sous forme de moyens fiduciaires, il doivent se tourner du côté de la demande, dans l'espoir d'arriver à démontrer que ces modifications de l'offre de moyens fiduciaires, lorsqu'elles se produisent (et elles se produisent forcément dans un système fractionnaire), répondent à des variations *préalables* de la demande qu'elles parviennent à satisfaire en rétablissant un hypothétique « *équilibre monétaire* » préexistant.

Les accroissements de l'offre monétaire sous forme d'expansion de crédit déforment la structure productive et provoquent un boom économique, puis une phase récessive durant lesquels se produisent d'importantes variations de la demande de monnaie et de moyens fiduciaires. L'évolution des évènements ne commence donc pas, comme le présuppose l'École moderne de la liberté bancaire, par des mouvements autonomes et issus de la demande de moyens fiduciaires, mais par la manipulation de leur offre que tout système bancaire de réserves fractionnaires engendre, dans une plus moins large mesure, sous forme d'expansion de crédit.

Il est vrai que dans le cas d'un grand nombre de banques libres non soutenues par une banque centrale l'expansion de crédit s'arrêtera bien plus tôt que dans le contexte d'une banque centrale qui orchestre l'expansion généralisée et soutient en outre avec sa liquidité les banques qui se trouvent en danger. C'est là l'argument en faveur de la banque libre initialement développé par Parnell et repris ensuite comme pis-aller par Mises[17]. Cependant, affirmer

---

était le prototype des théoriciens modernes de l'École de la banque libre et de ne pas voir que Mises avait toujours critiqué les postulats essentiels de l'École Bancaire, et qu'il avait défendu la banque libre comme moyen d'atteindre l'objectif final consistant en un système bancaire à coefficient de caisse de 100%. Voir les p. 137 et s. de cet article.

[15] Il convient de rappeler que l'objectif d'Hayek dans *Prices and Production* était « *to demonstrate that the cry for an 'elastic' currency which expands or contracts with every fluctuation of 'demand' is based on a serious error of reasoning* ». Voir la p. xiii de la « Préface » d'Hayek à la première édition de *Prices and Production*, Routledge, Londres 1931.

[16] Mark Skousen indique qu'un système d'étalon-or pur avec un coefficient de caisse de 100% serait plus élastique que le système proposé par Hayek à la note précédente et n'aurait pas le défaut de répondre aux « *besoins du commerce* » : la diminution des prix stimulerait la production d'or et entraînerait une expansion modérée de l'offre monétaire qui n'aurait pas d'effets cycliques. Skousen conclut que « *based on historical evidence, the money supply (the stock of gold) under a pure gold standard would expand annually between 1 to 5 percent. And most importantly, there would be virtually no chance of a monetary deflation under 100 percent gold backing of the currency* » (Mark Skousen, *The Structure of Production*, op. cit., p. 359).

[17] Selgin reconnaît que « *Mises' support for free banking is based in part on his agreement with Cernuschi, who (along with Modeste) believed that freedom of note issue would automatically lead to*

qu'une banque complètement libre atteindra *plus tôt* sa limite d'expansion de crédit, et affirmer que l'expansion de crédit engendrée par un système de banque libre à réserves fractionnaires ne déformera en aucun cas la structure productive, parce qu'elle tendra toujours à rétablir un « *équilibre monétaire* » présupposé, sont deux choses très différentes. Mises expliqua très clairement que *toute* expansion de crédit déformait le système productif, repoussant ainsi l'essence de la théorie moderne de l'équilibre monétaire. Il affirme, en effet, que « the notion of 'normal' credit expansion is absurd ! *Issuance* of additional fiduciary media, no matter what its quantity may be, always sets in motion those changes in the price structure the description of which is the task of the theory of the trade cycle »[18].

Le principal défaut de l'analyse de l'« *équilibre monétaire* » de Selgin consiste à ne pas reconnaître que l'*offre de moyens fiduciaires engendre, dans une large mesure, leur propre demande.* Autrement dit, la théorie moderne de la banque libre partage l'erreur essentielle de l'ancienne École bancaire, laquelle consiste, comme Mises l'a si bien montré, à ne pas comprendre que la demande de crédit par le public est une grandeur qui dépend, précisément, de la tendance de la banque à prêter. Ainsi, les banques qui ne se soucient pas spécialement de leur solvabilité future sont à même d'étendre le crédit et d'introduire dans le marché de nouveaux moyens fiduciaires ; il leur suffit de réduire l'intérêt qu'elles demandent pour la monnaie nouvelle qu'elles créent et d'augmenter les facilités contractuelles et autres, normalement exigées pour la concession de crédits[19].

---

*100 percent reserve banking;* et aussi que Mises « *believed that free banking will somehow lead to the suppression of fractionally-based inside monies* ». Voir George A. Selgin, *The Theory of Free Banking: Money Supply under Competitive Note Issue*, op. cit., p. 62 et 164. Lawrence H. White essaya de donner une interprétation différente de la position de Mises et de le présenter comme le prototype du défenseur moderne d'une banque libre à réserves fractionnaires. Voir Lawrence H. White, « Mises on Free Banking and Fractional Reserves », dans *A Man of Principle: Essays in Honor of Hans F. Sennholz*, John W. Robbins et Mark Spangler (éd.), Grove City College Press, Grove City, Pennsylvanie 1992, pp. 517-533. Salerno, qui est du même avis que Selgin a répondu à White que « *to the extent that Mises advocated the freedom of banks to issue fiduciary media, he did so only because his analysis led him to the conclusion that this policy would result in a money supply strictly regulated according to the Currency Principle. Mises' desideratum was to completely eliminate the destructive influences of fiduciary media on monetary calculation and the dynamic market process* » (Joseph T. Salerno, « Mises and Hayek De-Homogeneized », *The Review of Austrian Economics*, op. cit., p. 137 et s. et p. 146).

[18] Ludwig von Mises, *Human Action*, op. cit., p. 142 (les italiques sont de moi). L'on peut traduire ainsi la citation : « *Le concept d'expansion 'normale' est absurde! L'émission de moyens fiduciaires supplémentaires, quelle que soit leur quantité, entraîne toujours des changements dans la structure des prix dont la description incombe à la théorie du cycle* ». Mises ajoute en outre que « *Free banking… would not hinder a slow credit expansion* » (*Human Action*, op. cit., p. 443). Je crois que Mises offre une vision trop optimiste de la banque libre à réserves fractionnaires, en particulier si on compare cette affirmation avec ce qu'il écrivit plusieurs années auparavant dans sa *Teoría del dinero y del crédito* (1924) : « *It is clear that banking freedom per se cannot be said to make a return to gross inflationary policy impossible* » (Mises, L. von, 1924, *Theorie des Geldesund der Umlaufsmittel*, Verlag von Duncker & Humblot, Munich et Leipzig, p. 408).

[19] « *The Banking School failed entirely in dealing with these problems. It was confused by a spurious idea according to which the requirements of business rigidly limit the maximum amount of convertible banknotes that the bank can issue. They did not see that the demand of the public for credit is a*

Or, il ne s'agit pas seulement du fait qu'à l'encontre de ce que supposent Selgin et les théoriciens de son école, les banques désintéressées pour une raison quelconque de leur solvabilité puissent engager une expansion de crédit dans un régime de banque libre *indépendamment du fait qu'une variation préalable de la demande de moyens fiduciaires ait eu lieu ou pas*. Il se trouve en plus que, durant une période initiale, l'accroissement de monnaie que provoque cette expansion de crédit *tend à accroître la demande même de moyens fiduciaires.*

En effet, tous les agents économiques qui n'auront pas conscience qu'un processus expansif de nature inflationniste s'est déclenché, qui va finalement provoquer une diminution relative du pouvoir acquisitif de la monnaie puis une récession, verront que les prix de certains biens et services commencent à monter relativement plus vite ; et espérant vainement que ces prix se réduisent et reviennent à leur niveau « *normal* », ils décideront très probablement d'accroître leur demande de moyens fiduciaires. Citons Mises à nouveau : « *Cette première étape du processus inflationniste peut durer de nombreuses années. Tant qu'il dure, les prix de beaucoup de biens et services ne s'ajustent pas encore à la nouvelle relation monétaire. Il y a encore dans le pays des gens qui ne voient pas qu'ils sont confrontés à une véritable révolution des prix qui finira par une augmentation considérable de ceux-ci, quoique le montant de cette augmentation ne soit pas le même pour tous les biens ou services. Ces personnes croient encore que les prix baisseront un jour ou l'autre. En attendant ce jour, ils réduisent leurs achats et accroissent en même temps leurs soldes de trésorerie* »[20].

Non seulement les banques d'un système de banque libre à réserves fractionnaires peuvent engager *unilatéralement* une expansion de crédit, mais encore cet accroissement de l'offre de moyens fiduciaires (que l'on peut toujours introduire dans le marché en réduisant opportunément le taux d'intérêt) tend, pendant assez longtemps, à provoquer un accroissement de leur demande ; celui-ci durera tant que le public, optimiste, ne concevra pas de soupçons à l'égard de la situation de « *prospérité* » économique et ne prévoira pas une hausse généralisée des prix que suivront une crise et une profonde récession économique.

L'on peut donc formuler la conclusion suivante : si, comme nous le soutenons, l'origine des variations monétaires se situe du côté de l'offre, si celle-ci peut être manipulée par les banques du système de banque libre et si les émissions correspondantes de moyens fiduciaires engendrent à court et moyen terme leur propre demande, la thèse de Selgin, d'après laquelle c'est l'offre de moyens fiduciaires qui s'adapte simplement à leur demande, s'écroule d'elle-

---

*magnitude dependent on the banks' readiness to lend, and that bank which do not bother about their own solvency are in a position to expand circulation credit by lowering the rate of interest below the market rate* ». Mises, L. von, *Human Action*, op. cit., pp. 439-440. Rappelons aussi que le processus est alimenté de façon expansive dans la mesure où les prêts accordés sont restitués par les débiteurs à partir des crédits nouvellement créés.

[20] Mises, L. von, *Human Action*, op. cit., pp. 427-428. « This first stage of the inflationary process may last for many years. While it lasts, the prices of many goods and services are not yet adjusted to the altered money relation. There are still people in the country who have not yet become aware of the fact that they are confronted with a price revolution which will finally result in a considerable rise of all prices, although the extent of this rise will not be the same in the various commodities and services. These people still believe that prices one day will drop. Waiting for this day, they restrict their purchases and concomitantly *increase their cash holdings* ».

même. De fait, c'est la demande de moyens fiduciaires qui, au moins pendant assez longtemps, s'adapte à l'accroissement de l'offre que les banques engendrent sous forme de crédits[21].

## 2. Possibilités existantes pour qu'une banque libre à réserves fractionnaires engage unilatéralement des expansions de crédit

Il existe diverses possibilités pour qu'un système de banque libre à réserves fractionnaires engage des expansions de crédit ne correspondant pas à un accroissement préalable de la demande de moyens fiduciaires.

Il faut tout d'abord constater que l'analyse de l'équilibre monétaire des théoriciens modernes de la banque libre partage dans une large mesure les limitations de l'analyse traditionnelle néoclassique qui se limite, en matière aussi bien macro que microéconomique, à analyser l'*état final* des processus sociaux (équilibre monétaire) qui est supposé être atteint par suite du comportement rationnel et maximisateur des agents économiques (banquiers privés).

L'analyse économique de l'École autrichienne, au contraire, est axée sur les processus dynamiques de type entrepreneurial plus que sur l'équilibre. Chaque acte entrepreneurial coordonne et établit une *tendance* à l'équilibre qui, cependant, n'est jamais atteint, car, au cours du processus, les circonstances se modifient et les entrepreneurs découvrent une nouvelle information. Ce point de vue dynamique ne peut donc pas accepter un modèle statique qui, comme celui de l'équilibre monétaire, présuppose l'existence d'ajustements immédiats et parfaits entre la demande et l'offre de moyens fiduciaires.

Dans la vie réelle, chaque banquier interprète subjectivement, avec sa perspicacité personnelle et sa créativité entrepreneuriale, l'information qui lui parvient de l'extérieur, aussi bien lorsqu'il juge, avec optimisme ou non, la tournure des évènements que lorsqu'il s'agit du niveau de réserves qu'il considère comme « *raisonnable* » pour préserver sa solvabilité. Ainsi chacun, dans un contexte d'incertitude, décide quotidiennement quel volume de moyens fiduciaires émettre. Il est clair que, dans le processus entrepreneurial décrit, les banquiers commettront de nombreuses erreurs. Elles se concrétiseront dans l'émission unilatérale de moyens fiduciaires qui déformeront la structure productive. Il est vrai que le processus lui-même tendra à découvrir et éliminer les erreurs commises, mais seulement au bout d'un certain temps, et la structure productive réelle subira des dommages inévitables.

---

[21] Il est curieux de constater que les théoriciens modernes de l'École de la banque libre sont obsédés, comme l'étaient les keynésiens et les monétaristes, par de variations subites et unilatérales de la demande de monnaie. Ils ne voient pas que ces variations se produisent de manière endogène au cours d'un cycle économique amorcé préalablement, à la suite de variations de l'offre de monnaie nouvelle créée par le système bancaire sous forme de crédits. Hormis ces cas, seuls des circonstances exceptionnelles telles que les guerres et les désastres naturels peuvent produire une augmentation subite de la demande de monnaie. Les variations de type saisonnier sont comparativement moins importantes et un système de banque libre à coefficient de caisse de 100% pourrait y faire face avec des mouvements saisonniers de l'or et de légères modifications des prix.

Si l'on ajoute à cela que l'offre de moyens fiduciaires tend – comme nous l'avons vu – à engendrer leur propre demande, l'on comprend la grande difficulté qu'il y a, dans un système de banque libre à réserves fractionnaires (comme dans tout autre marché), à atteindre l'« *équilibre monétaire* » tant désiré. Car, dans le meilleur des cas, les banquiers privés essaieront, en adoptant une démarche « *essai-erreur* », d'adapter leur offre de moyens fiduciaires à une demande qu'ils ignorent et qui, en plus, tend à varier en raison même de l'émission de moyens fiduciaires.

L'on peut donc débattre sur le point de savoir si le processus entrepreneurial de coordination permet ou non aux banquiers d'atteindre l'« *équilibre monétaire* » tant souhaité, mais on ne peut pas nier que d'innombrables erreurs entrepreneuriales seront commises, au cours de ce processus, sous forme d'émission indue de moyens fiduciaires ; celle-ci tendra inévitablement à affecter la structure productive et à engendrer des crises et des récessions économiques, ainsi que nous l'explique la théorie autrichienne du cycle économique[22].

L'on peut dire, en second lieu, la même chose à propos des possibilités existantes pour qu'un groupe plus ou moins important de banquiers orchestrent simultanément une expansion de moyens fiduciaires, ou décident de s'entendre ou de fusionner pour partager et mieux « *gérer* » leurs réserves, de façon à augmenter leur capacité à étendre le crédit et à accroître leurs profits[23].

À moins que les théoriciens de la banque libre à réserves fractionnaires ne veuillent interdire cette sorte de stratégies entrepreneuriales (ce dont nous doutons), il est évident que celles-ci permettront des expansions de crédit génératrices de crises économiques. Il est vrai que, d'après Selgin, les expansions spontanées faites de concert tendront à se corriger, car, selon lui, l'augmentation totale de compensations interbancaires qu'entraînent de telles expansions accroîtra la *variance* dans la compensation entre débits et crédits[24].

Cependant, même en oubliant que, pour Selgin, le volume total de réserves métalliques du système bancaire est constant et que de nombreux auteurs doutent de l'efficacité du mécanisme qu'il expose[25], même en admettant que Selgin ait raison, il convient de rappeler que l'ajustement ne sera jamais ni parfait ni immédiat ; ainsi, les expansions concertées et les fusions pourront entraîner d'importantes augmentations de l'offre de moyens fiduciaires qui déclencheront les processus générateurs du cycle économique.

Enfin, le système de banque libre à réserves fractionnaires engendre des augmentations de l'émission de moyens fiduciaires qui *ne* correspondent *pas* à des accroissements préalables de leur demande, lorsqu'il y a augmentation du stock global de monnaie métallique (or) utilisé par les banques comme « *réserve de précaution* ». Si l'on se rappelle que le stock mondial d'or s'est accru à un taux

---

22 Voir Hülsmann, J. G., 1996, « Free Banking and Free Bankers », *The Review of Austrian Economics*, vol. 9, n° 1, en particulier pp. 40-41.

23 Voir Laidler, D., « Free Banking Theory », *The New Palgrave Dictionary of Money and Finance*, op. cit., vol. II, p. 197.

24 George A. Selgin, *The Theory of Free Banking Money Supply under Competitive Note Issue*, op. cit., p. 82.

25 Voir, par exemple, Anna J. Schwartz, 1993, « The Theory of Free Banking », manuscrit présenté lors de la Réunion régionale de la Mont Pèlerin Society, p. 3.

annuel d'entre 1 et 5 pour cent[26], à cause de l'augmentation de la production mondiale d'or, il est évident que les banquiers privés pourront, pour cette seule raison, émettre des moyens fiduciaires à un rythme d'entre 1 et 5 pour cent par an, indépendamment de la demande de ceux-ci (et, donc, avec des effets expansifs d'abord, récessifs ensuite)[27].

L'on peut donc conclure qu'il pourra se produire, dans tout système de banque libre à réserves fractionnaires, d'importants processus inflationnistes[28] et de graves récessions économiques[29].

## 3. La théorie de l'« *équilibre monétaire* » dans un système de banque libre est fondée sur une analyse exclusivement macroéconomique

Il est à remarquer que l'analyse des théoriciens modernes de la banque libre ignore les effets de nature *microéconomique* qui dérivent des augmentations et diminutions de l'offre et de la demande de moyens fiduciaires engendrées par le système bancaire. Autrement dit, même si l'origine de tous les maux est liée, comme ils le supposent, à des variations inattendues de la demande de moyens fiduciaires de la part des agents économiques, il est évident que l'offre de moyens fiduciaires soi-disant engendrée par le système bancaire pour satisfaire les variations dans la demande de ceux-ci ne parvient ni instantanément ni précisément aux agents qui ont modifié leur idée sur la possession de nouveaux moyens fiduciaires. Une telle offre pénètre plutôt dans le marché par des points très concrets et d'une façon très particulière : sous la forme de crédits accordés grâce à la réduction du taux d'intérêt et reçus d'abord par certains entrepreneurs

---

[26] Skousen, M., *The Structure of Production*, op. cit., chap. 8, pp. 269 et 359.

[27] Il ne faut pas non plus exclure la possibilité d'expansions de crédit même plus importantes en cas de chocs de l'offre d'or, quoique Selgin tende à minimiser leur importance. Selgin, G. A., *The Theory of Free Banking : Money Supply under Competitive Note Issue*, op. cit, pp. 129-133.

[28] Rappelons que, pour Mises, « It is clear that banking freedom *per se* cannot be said to make a return to gross inflationary policy impossible », en particulier si l'idéologie inflationniste prévaut chez les agents économiques : « *Many authors believe that the instigation of the banks' behaviour comes from outside, that certain events induce them to pump more fiduciary media into circulation and that they would behave differently if these circumstances fail to appear. I was also inclined to this view in the first edition of my book on monetary theory. I could not understand why the banks didn't learn from experience. I thought they would certainly persist in a policy of caution and restraint, if they were not led by outside circumstances to abandon it. Only later did I become convinced that it was useless to look for an outside stimulus for the change in the conduct of the banks… We can readily understand that the banks issuing fiduciary media, in order to improve their chances for profit, may be ready to expand the volume of credit granted and the number of notes issued. What calls for special explanation is why attempts are made again and again to improve general economic conditions by the expansion of circulation credit in spite of the spectacular failure of such efforts in the past. The answer must run as follows: according to the prevailing ideology of businessman and economist-politician, the reduction of the interest rate is considered an essential goal of economic policy. Moreover, the expansion of circulation credit is assumed to be appropriate means to achieve this goal* » Mises, L. von, 1978, *On the Manipulation of Money and Credit*, Percy L. Greaves, Jr. (éd.), Free Market Books, New York, pp. 135-136.

[29] « *Crises have reappeared every few years since banks began to play an important role in the economic life of people* » (op. cit., p. 134).

et investisseurs ; ceux-ci tendent ainsi à engager de nouveaux projets d'investissement plus intensifs en capital qui déforment la structure productive.

Il n'est donc pas étonnant que les théoriciens modernes de l'école de la banque libre ignorent la théorie autrichienne du cycle économique, car celle-ci ne cadre pas avec leur analyse sur l'émission de moyens fiduciaires dans un système de banque libre à réserves fractionnaires. C'est pourquoi ils se réfugient dans une analyse exclusivement *macroéconomique* (monétariste ou keynésienne selon les cas) ; celle-ci utilise tout au plus des instruments comme l'équation d'échange ou le « *niveau général des prix* », lesquels tendent précisément à cacher les phénomènes microéconomiques véritablement intéressants qui se produisent dans une économie lors d'une expansion de crédit et de l'augmentation de la quantité des moyens fiduciaires (variation des prix relatifs et incoordination intertemporelle dans le comportement des agents économiques).

Dans les processus normaux de marché, l'offre de biens et services de consommation tend à varier en fonction de leur demande ; et, de surcroît, la nouvelle production de ce genre de biens aboutit précisément entre les mains des consommateurs qui se sont mis à les apprécier davantage. Mais, en ce qui concerne les moyens fiduciaires nouvellement créés, la situation est radicalement différente : l'accroissement de l'offre de moyens fiduciaires n'arrive jamais immédiatement et *directement* dans la poche des agents économiques qui se sont mis à en demander davantage ; elle n'y parvient qu'au bout d'un processus long et sinueux et après être passée entre les mains de beaucoup d'autres agents économiques et avoir alors déformé toute la structure productive.

Lorsque les banquiers créent de nouveaux moyens fiduciaires, ils ne les donnent pas directement aux agents économiques qui peuvent éventuellement vouloir demander plus de moyens fiduciaires. Ils accordent, au contraire, des crédits à des entrepreneurs qui reçoivent la monnaie nouvelle et la dépensent entièrement en investissements sans tenir compte de la proportion selon laquelle les détenteurs ultimes de moyens fiduciaires souhaiteront consommer, épargner ou investir. Et il est parfaitement possible que les nouveaux moyens fiduciaires, soi-disant émis pour satisfaire l'accroissement de leur demande, soient partiellement utilisés pour acheter des biens de consommation, entraînant ainsi une hausse de leur prix relatif. Rappelons que pour Hayek « *dans la mesure où une partie, au moins, du revenu additionnel ainsi créé est dépensée en biens de consommation (c'est-à-dire à moins qu'elle ne soit entièrement épargnée), les prix des biens de consommation doivent monter en permanence par rapport à ceux des divers types de facteurs de production. Et cela affecte obligatoirement les prix relatifs des différents types d'intrants ainsi que les méthodes de production qui paraissent rentables* »[30]. Hayek précisait encore sa position en concluant que « *ce qu'il faut pour rendre notre analyse applicable c'est que, lorsque le revenu augmente du fait de l'investissement, la part du revenu additionnel dépensée en biens de consommation pendant chaque période soit supérieure à la proportion selon laquelle le nouvel investissement accroît la production de biens de consommation durant la*

---

[30] Hayek, F. A., *The Pure Theory of Capital*, op. cit., p. 378. « *So long as any part of the additional income thus created is spent on consumer's goods (i.e. unless all of it is saved), the prices of consumer's goods must rise permanently in relation to those of various kinds of input. And this, as will by now be evident, cannot be lastingly without effect on the relative prices of the various kinds of input and on the methods of production that will appear profitable* ».

*même période. Et il n'y a pas de raison d'espérer que plus d'une petite part du revenu nouveau créé par l'expansion de crédit (et, en tout cas, beaucoup moins que le revenu qui a été investi de nouveau) sera épargnée, car cela impliquerait que pratiquement tout le revenu provenant de l'investissement nouveau tendrait à être épargné* »[31].

Afin d'illustrer notre argument, nous supposerons une augmentation de la demande de moyens fiduciaires sans modification, de la part des agents économiques, de la proportion entre consommation et investissement[32]. Si ces conditions sont réunies, les agents économiques seront forcés de réduire leur demande monétaire de biens de consommation, de vendre des obligations et autres actifs financiers et, surtout, de réduire le volume de réinvestissement dans les différentes étapes du processus productif jusqu'à ce qu'ils puissent accumuler la plus grande quantité de dépôts bancaires qu'ils souhaitent maintenir. Donc, en supposant que le taux social de préférence temporelle n'a pas changé, et en utilisant les diagrammes triangulaires classiques d'Hayek pour représenter la structure productive réelle de la société, l'on constate ceci : dans le Graphique 1, l'accroissement de la demande de moyens fiduciaires entraîne un déplacement de l'hypoténuse du triangle vers la gauche. Cela indique une diminution de la demande monétaire tant des biens de consommation que des biens d'investissement, car la proportion entre les deux catégories (ou préférence temporelle) n'a pas varié.

---

[31] Hayek, F.A., *The Pure Theory of Capital*, op. cit., p. 394. « *All that is required to make our analysis applicable is that, when incomes are increased by investment, the share of the additional income spent on consumer's goods during every period of time should be larger than the proportion by which the new investment adds to the output of consumer's goods during the same period of time. And there is of course no reason to expect that more than a fraction of the new income [created by credit expansion], and certainly not as much as has been newly invested, will be saved, because this would mean that practically all the income earned from the new investment would have to be saved* ». Il semble que ce soit le cas extrême d'augmentation de l'épargne qui se matérialise en totalité par des soldes de moyens fiduciaires plus importants et que Selgin et White utilisent pour illustrer leur théorie. Voir Selgin A., White, L. H., « In Defense of Fiduciary Media-or, We are *Not* Devo (lutionists), We are Misesians! », op. cit., pp. 104-105.

[32] Cette hypothèse est parfaitement possible, comme l'admettent Selgin et White lorsqu'ils affirment que « *an increase in savings is neither necessary nor sufficient to warrant an increase in fiduciary media* » (op. cit., p. 104).

Graphique 1

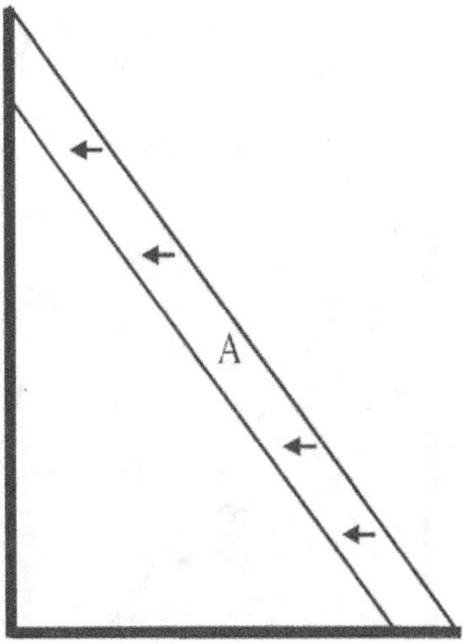


Graphique 2

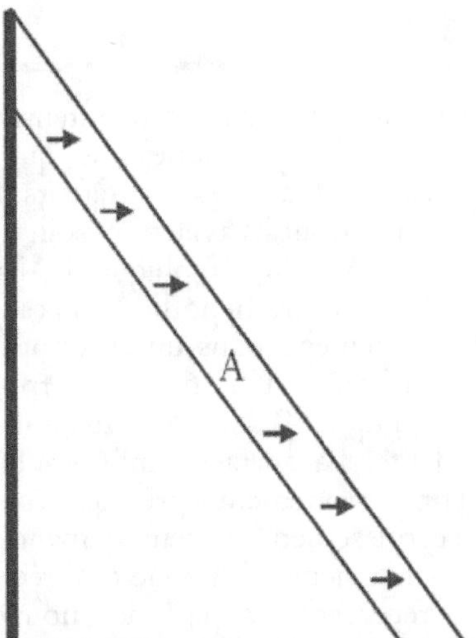


Dans ce graphique, la surface « A » représente la demande nouvelle (ou « *thésaurisation* ») de moyens fiduciaires que désirent les agents économiques.

La conclusion essentielle de la théorie de l'équilibre monétaire dans un système de banque libre à réserves fractionnaires est que les banques répondront à cet accroissement de la demande de moyens fiduciaires en en émettant un volume identique à celui de la nouvelle demande (représentée par la surface « A ») ; ainsi, la structure productive, telle qu'elle apparaît sur le Graphique 2, resterait intacte. Il faut néanmoins rappeler que le nouveau volume de moyens fiduciaires créé par les banques ne passe pas directement à ses utilisateurs finaux (agents économiques qui ont accru leur demande de moyens fiduciaires pour le volume représenté par la surface « A » du Graphique 1). Il est délivré comme collatéral des crédits accordés aux entrepreneurs, qui les dépensent en biens d'investissement, et cela donne initialement une structure plus intensive en capital, que nous représentons sur le Graphique 3.

Graphique 3

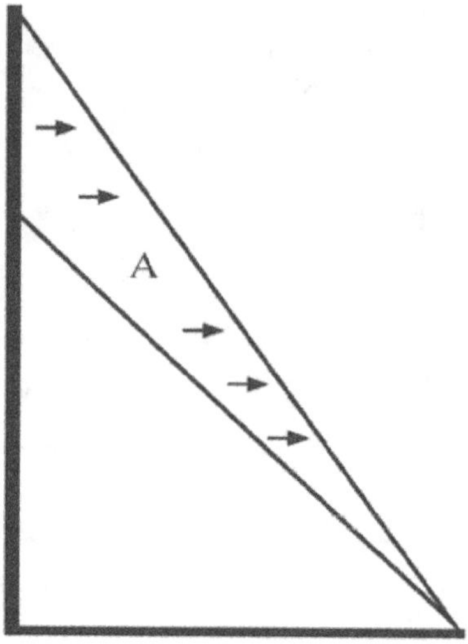


Cependant, cette structure productive plus intensive en capital ne peut pas se maintenir indéfiniment. En effet, une fois que les moyens fiduciaires nouvellement créés parviennent à leurs utilisateurs finaux (qui avaient déjà accumulé la monnaie bancaire dont ils avaient besoin dès le début, comme nous le voyons avec la surface « A » du Graphique 1), ils vont les dépenser – la préférence temporelle, d'après notre hypothèse, n'ayant pas varié – en biens de consommation et d'investissement, dans une proportion identique à celle que reflètent les Graphiques 1 et 2. Or, si nous superposons le Graphique 3 au Graphique 2 (voir Graphique 4), la déformation subie par la structure productive devient évidente. La surface ombrée « B » représente les projets d'investissements entrepris erronément après que tous les moyens fiduciaires émis pour satisfaire l'accroissement de leur demande ont été accordés sous forme de crédits à l'investissement[33]. La zone ombrée « C » (dont la surface est égale à celle de « B ») représente la part des nouveaux moyens fiduciaires dépensée par leurs détenteurs ultimes en biens de consommation les plus proches de l'étape finale de consommation ; la structure productive conserve les mêmes proportions que celles du Graphique 1, mais seulement après qu'ont été réalisés les réajustements réels, inévitables et douloureux, des erreurs d'investissement représentées par la surface « B ». La théorie autrichienne du cycle économique explique que le système de banque libre se montre – nous

[33] Selgin et White reconnaissent implicitement ce point, lorsqu'ils affirment que « *benefits accrue to bank borrowers who enjoy a more ample supply of intermediated credit, and to everyone who works with the economy's consequently larger stock of capital equipment* ». Selgin, G. A., White, L. H., « In Defense of Fiduciary Media-or, We are *Not* Devo (lutionists), We are Misesians! », op. cit., p. 94.

venons de le voir – incapable d'éviter ces erreurs. Nous devons donc conclure, contre ce que suggèrent Selgin et White[34], que même si l'expansion de moyens fiduciaires satisfaisait totalement un accroissement préalable de leur demande, les effets cycliques typiques prévus par la théorie du crédit circulant se produiraient.

Graphique 4

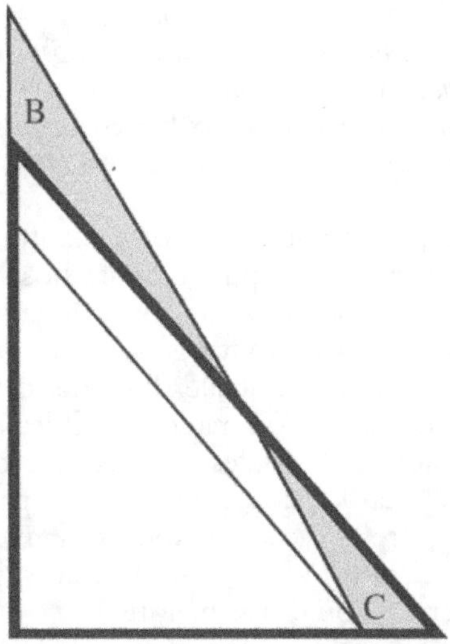


## 4. La confusion entre le concept d'épargne et de demande de monnaie

La tentative faite pour récupérer au moins l'essence de la vieille doctrine des « besoins du commerce » et justifier l'idée qu'un système de banque libre à réserves fractionnaires n'entraînerait pas de cycles économiques a conduit Selgin à soutenir une thèse semblable à celle exposée par Keynes dans son étude des dépôts bancaires. Rappelons, en effet, que, d'après Keynes, quiconque conserve un solde de monnaie additionnelle venant d'un crédit est considéré comme « *épargner* » : « *de plus, les épargnes qui découlent de cette décision sont tout aussi authentiques que n'importe quelles autres épargnes. Personne ne peut être obligé à maintenir la monnaie additionnelle correspondant à un crédit bancaire de nouvelle création, à moins qu'il ne préfère délibérément augmenter ses soldes de monnaie plutôt que de les matérialiser sous toute autre forme de richesse* »[35].

---

[34] « We deny that an increase in fiduciary media *matched by an increased demand to hold fiduciary media* is disequilibrating or sets in motion the Austrian Business cycle ». George A. Selgin et Lawrence H. White, « In Defense of Fiduciary Media-or, We are *Not* Devo (lutionists), We are Misesians! », op. cit., pp. 102-103.

[35] Keynes, J. M., *The General Theory of Employment, Interest and Money,* op. cit., p. 83. « *Moreover, the savings which result from this decision are just as genuine as any other savings. No one can be compelled to own the additional money corresponding to the new bank-credit, unless he deliberately prefers to hold more money rather than some other form of wealth* ». Cette thèse découle

Or, Selgin défend une position parallèle à celle de Keynes et considère que la demande du public visant à maintenir des soldes de trésorerie sous forme de billets de banque et de comptes de dépôts reflète en même temps son désir d'offrir des prêts à court terme pour le même montant par l'intermédiaire du système bancaire. Il affirme, en effet, que « *maintenir la monnaie émise par les banques revient à épargner volontairement... Chaque fois qu'une banque étend les moyens fiduciaires par la concession de nouveaux prêts et la réalisation d'investissements, ce sont les détenteurs de ces moyens qui, en fin de compte, fournissent un crédit, et ce qu'ils prêtent ce sont les ressources réelles qu'ils pourraient avoir acquises si, au lieu de maintenir les soldes correspondants de moyens fiduciaires, ils les avaient dépensés. Quand l'expansion ou la contraction des dépôts bancaires suit les variations de la demande de moyens fiduciaires, la quantité de capital réel fournie aux emprunteurs par les banques est égale à la quantité offerte volontairement aux banques par le public. Dans ces conditions, les banques sont de simples intermédiaires de fonds prêtables* »[36].

Cependant, il peut parfaitement y avoir à la fois une augmentation des soldes de moyens fiduciaires que le public désire posséder et une augmentation de la demande de biens et services de consommation, si celui-ci décide de réduire ses investissements. Car tout agent économique peut employer ses soldes de monnaie de n'importe laquelle des trois manières suivantes : il peut soit les dépenser en biens de consommation ; soit les dépenser en investissant ; soit les maintenir sous forme de soldes de trésorerie ou de moyens fiduciaires. Il n'a pas d'autres choix. La décision concernant la proportion selon laquelle il répartira ses dépenses entre la consommation et l'investissement est différente et indépendante des décisions qui se prendront au sujet des soldes de moyens fiduciaires et de trésorerie qu'on désire maintenir.

De sorte qu'on ne peut pas conclure, comme le fait Selgin, que tout solde de monnaie équivaut à une « *épargne* », car il est parfaitement possible d'augmenter le solde de moyens fiduciaires grâce à une diminution des dépenses d'investissement (par exemple en vendant des titres en bourse) qui permet d'augmenter la dépense monétaire finale en biens et services de consommation. Dans ce cas, il y aurait une diminution de l'épargne du sujet, qui verrait en même temps augmenter ses soldes de moyens fiduciaires. C'est pourquoi il est incorrect de qualifier d'épargne toute augmentation des moyens fiduciaires.

Dire, comme Selgin, que « *chaque détenteur de dépôts à vue émis par une banque libre fournit à cette banque un prêt pour la valeur de ces dépôts* »[37] revient à dire que toute création de monnaie, sous forme de dépôts ou de billets, par une banque

---

de l'identité tautologique entre épargne et investissement sous-jacente dans toute l'œuvre de Keynes et qui, d'après Benjamin Anderson, équivaut à identifier inflation et épargne.

[36] George A. Selgin, *The Theory of free Banking*, op. cit., pp. 54-55. « *To hold inside money is to engage in voluntary saving... Whenever a bank expands its liabilities in the process of making new loans and investments, it is the holders of the liabilities who are the ultimate lenders of credit, and what they lend are the real resources they could acquire if, instead of holding money, they spent it. When the expansion or contraction of bank liabilities proceeds in such a way as to be at all times in agreement with changing demands for inside money, the quantity of real capital funds supplied to borrowers by the banks is equal to the quantity voluntarily offered to the banks by the public. Under these conditions, banks are simply intermediaries of loanable funds* ».

[37] George A. Selgin, « The Stability and Efficiency of Money Supply under Free Banking », op. cit., p. 440. « *Every holder of demand liabilities issued by a free bank grants that bank a loan for the value of his holdings* ».

dans un système de banque libre à réserves fractionnaires suppose, en définitive, la concession *a posteriori* d'un prêt à la banque pour un montant identique. Néanmoins, la banque crée des crédits à partir du néant et procure une capacité acquisitive aux entrepreneurs qui les reçoivent, mais ne tient nullement compte des désirs véritables des autres agents concernant la consommation et l'investissement, alors que ceux-ci vont devenir les détenteurs ultimes des moyens fiduciaires qu'elle crée. Ainsi, il est très possible que, si les préférences sociales en matière de consommation et d'investissement n'ont pas changé, les nouveaux moyens fiduciaires créés par la banque servent à accroître la dépense en biens de consommation, faisant ainsi monter les prix relatifs de cette catégorie de biens.

Les théoriciens de la banque libre à réserves fractionnaires considèrent généralement que tout billet ou dépôt émis par une banque est un « *actif financier* » qui permet un crédit. Cette idée présente, du point de vue juridique, de graves inconvénients. Du point de vue économique, l'erreur consiste à croire que la monnaie est un « *actif financier* » représentant l'épargne volontaire d'un agent économique qui « *prête* » des biens présents en échange de l'obtention de biens futurs[38].

Cependant, *la monnaie est en elle-même un bien présent*[39] et la possession de soldes de trésorerie (ou de dépôts) ne donne pas d'indication sur la proportion selon laquelle l'agent économique désire consommer et investir ; des augmentations et diminutions de leurs soldes de monnaie étant parfaitement compatibles avec diverses combinaisons d'augmentations et de diminutions simultanées de la proportion selon laquelle on décide de consommer ou d'investir. Il est concevable, en effet, que l'augmentation des soldes de moyens fiduciaires ait lieu en même temps qu'un accroissement de la consommation de biens et services ; il suffit pour cela que l'agent économique désinvestisse une part des ressources qu'il avait épargnées et investies dans le passé. Car l'offre et la

---

[38] Comment peut-on concevoir qu'un billet de banque ou un dépôt, qui sont de la monnaie, soient à la fois un « *actif financier* » représentatif pour le détenteur de la fourniture, aujourd'hui, de monnaie à un tiers en échange d'une quantité de monnaie dans le futur ? Croire que billets et dépôts sont des « *actifs financiers* » met en évidence la duplication de moyens de paiement que le système bancaire à réserves fractionnaires crée à partir du néant : d'un côté la monnaie qui se prête et profite à un tiers et, de l'autre, l'actif financier ou titre qui est l'instrument de l'opération et qui est *aussi* de la monnaie. Autrement dit, les actifs financiers sont des titres ou certificats représentant que quelqu'un a renoncé à de la monnaie présente en la donnant à un autre en échange d'une quantité (supérieure) de monnaie future. Et, si on considère que l'actif financier est aussi de la monnaie (pour son détenteur), une évidente duplication inflationniste de moyens de paiement apparaît sans qu'il soit nécessaire que personne ne l'ait préalablement épargnée.

[39] La monnaie est un bien présent, parfaitement liquide. Face au système bancaire dans son ensemble, les moyens fiduciaires ne sont pas un « *actif financier* », car ils *ne se retirent jamais* : ils circulent indéfiniment en passant de main en main, parce que c'est de la monnaie (ou plutôt des substituts monétaires parfaits). Un actif financier, au contraire, représente la fourniture de biens présents (généralement sous forme de monnaie) en échange de biens futurs (normalement aussi des unités monétaires) à une date déterminée et sa création répond à une augmentation de l'épargne réelle de l'agent économique. Voir O'Driscoll, G.P., 1986, « Money : Menger's Evolutionary Theory », *History of Political Economy*, n° 18, 4, pp. 601-616.

demande de monnaie déterminent, comme le signale Hans-Hermann Hoppe, son prix ou pouvoir acquisitif, alors que l'offre et la demande de « *biens présents* » en échange de « *biens futurs* » détermine le taux d'intérêt ou taux social de préférence temporelle et le volume global d'épargne et d'investissement[40].

L'épargne exige toujours une libération de biens réels qui ne se consomment pas (c'est-à-dire un sacrifice) et ne naît pas de la simple augmentation d'unités monétaires sous prétexte que, tant qu'elles ne sont pas dépensées en biens de consommation, elles « *sont épargnées* ». Selgin défend cette position lorsqu'il reproche à Machlup[41] de considérer que la concession expansive de crédits procure une capacité acquisitive qui n'a été préalablement sacrifiée (c'est-à-dire épargnée) par personne. Naturellement, pour que le crédit ne déforme pas la structure productive, il doit provenir d'une épargne *préalable*, qui fournit à l'investisseur des biens présents véritablement épargnés. Si ce sacrifice de la consommation n'a pas eu lieu et que l'investissement est financé par un crédit de nouvelle création (*created credit*), la structure productive, nous le savons, sera inexorablement déformée, même si les moyens fiduciaires nouvellement créés satisfont à une augmentation préalable de leur demande.

C'est pourquoi Selgin est contraint de redéfinir les concepts d'épargne et de création de crédit. L'épargne, pour lui, se produit *ipso facto* à partir du moment où le nouveau moyen fiduciaire est créé, et dans la mesure où son détenteur initial, qui pourrait le dépenser en biens de consommation, ne le dépense pas. Et l'expansion de crédit n'engendre pas de cycles si elle tend à satisfaire à une augmentation préalable de la demande de moyens fiduciaires. Nous nous trouvons, en somme, face à des arguments semblables à ceux qu'expose Keynes dans sa *Théorie générale*, et qui ont été réfutés depuis longtemps.

---

[40] « First off, it is plainly false to say that the holding of money, i.e. the act of not spending it, is equivalent to saving. In fact, saving is not-consuming, and the demand for money has nothing to do with saving *or* not saving. The demand for money is the unwillingness to buy or rent non-money goods, and these include consumer goods (present goods) *and* capital goods (future goods). Not-spending money is to purchase *neither* consumer goods *nor* investment goods. Contrary to Selgin, then, matters are as follows: individuals may employ their monetary assets in one of three ways. They can spend them on consumer goods; they can spend them on investment; or they keep them in the form of cash. There are no other alternatives… Unless time preference is assumed to have changed at the same time, *real* consumption and *real* investment will remain the same as before: the additional money demand is satisfied by reducing nominal consumption *and* investment spending in accordance with the same preexisting consumption/investment proportion, driving the money prices of both consumer as well as producer goods down and leaving real consumption and investment at precisely their old levels ». Hoppe, H.-H., 1994, « How is Fiat Money Possible?-or The Devolution of Money and Credit », dans *The Review of Austrian Economics*, vol. 7, n°2, pp. 72-73.

[41]Le reproche, à notre avis injustifié, que fait Segin à Machlup se trouve à la note n° 20 de la p. 184 de son livre précité *The Theory of Free Banking*. Dans l'exemple de nos diagrammes, tout le volume de crédit représenté par la surface « A » du Graphique 2 serait, pour Selgin, du « *crédit transféré* » (*transfer credit*) parce que c'est du « *credit granted by banks in recognition of people's desire to abstain from spending by holding balances of inside money* » (*ibidem*, p. 60), tandis que pour Machlup (et pour moi aussi) la surface « B », au moins, du Graphique 4 représenterait du « *crédit créé* » (*created credit* ou expansion de crédit), car les agents économiques ne restreignent pas leur volume de consommation représenté par la surface « C ».

D'autre part, la création de moyens fiduciaires suppose un accroissement de l'offre monétaire qui tend à diminuer la capacité acquisitive de la monnaie, et à « *exproprier* » ainsi la valeur des unités monétaires des citoyens d'une façon diffuse et presque imperceptible. Affirmer qu'une telle expropriation est une « *épargne* » (volontaire ?) que réalisent les agents économiques qui la subissent relève du sarcasme. Il n'est pas étonnant que ces doctrines aient été défendues par des auteurs comme Keynes, Tobin, Pointdexter et, en général, par tous ceux qui ont justifié les tendances inflationnistes, l'expansion de crédit et l'« *euthanasie des rentiers* », au nom de politiques économiques belligérantes visant à assurer un niveau « *adéquat* » de « *demande agrégée* ». Ce qui surprend, c'est que des auteurs comme Selgin et Horwitz qui, en tant que membres de l'École autrichienne, devraient mieux connaître les dangers encourus aient dû avoir recours à ce type de raisonnements pour justifier leur système de « *banque libre à réserves fractionnaires* »[42].

## 5. Le danger des illustrations historiques des systèmes de banque libre

La bibliographie des théoriciens de l'École néo-bancaire témoigne d'un grand effort de recherches historiques orientées à défendre l'idée que le système de banque libre immuniserait les économies, grâce au mécanisme de l'« *équilibre monétaire* », contre le risque de cycles d'essor et dépression. Cependant, les études empiriques réalisées jusqu'ici, au lieu de chercher à savoir si le système de banque libre évitait l'expansion du crédit, le boom artificiel et la récession économique, se sont limitées à examiner si les *crises et paniques bancaires* avaient été plus ou moins fréquentes et graves que dans un système avec banque centrale (ce qui est évidemment très différent)[43].

---

[42] Segin présentant un avantage supplémentaire du système qu'il propose, explique que les agents économiques qui maintiennent leurs soldes de trésorerie sous la forme de moyens fiduciaires créés par la banque libre peuvent obtenir de ceux-ci une rentabilité financière et une série de services bancaires (de paiement, comptabilité, caisse, etc.) « *libre de coûts* ». Cependant, il ne parle pas du coût que, sous la forme de booms artificiels, mauvaise allocation des ressources et crises économiques, engendre la banque libre à réserves fractionnaires. Il ne parle pas non plus de ce qui représente pour nous le coût le plus important. Car les effets négatifs de la violation des principes du droit par le système de banque libre créent une tendance irrésistible à l'installation d'une banque centrale, prêteuse en dernier recours, qui soutienne les banquiers et crée la liquidité nécessaire pour garantir aux citoyens la récupération de leurs dépôts à tout moment. Quant au « *avantage* » consistant à obtenir des intérêts des dépôts et de n'avoir pas à payer pour les coûts dérivés des services de caisse et comptabilité que fournissent les banques, on ne peut pas savoir si les intérêts nets que percevraient les agents économiques des prêts réellement épargnés, réalisés dans un système de banque avec un coefficient de réserves de 100%, minorés du coût des services correspondants de dépôt, caisse, comptabilité, etc., seraient égaux, supérieurs ou inférieurs aux intérêts réels qu'ils perçoivent actuellement dans leurs comptes courants à vue (exempts de l'effet de la diminution du pouvoir acquisitif de la monnaie que le système bancaire actuel engendre de façon chronique).

[43] On a étudié jusqu'ici en profondeur une soixantaine de cas historiques concrets de systèmes de banque libre. La conclusion générale est que « *bank failure rates were lower in systems free of restrictions on capital, branching and diversification (p. ex. Scotland ans Canada) than*

Ainsi, Selgin compare, dans une étude récente, l'apparition de paniques bancaires dans divers systèmes historiques de banque libre et dans d'autres systèmes où les banques étaient contrôlées par une banque centrale ; il conclut que, dans ce deuxième cas, le nombre et la gravité des crises bancaires furent plus importants[44]. Et la thèse principale du livre de l'École néo-bancaire sur la liberté bancaire en Écosse vise à défendre que le système bancaire écossais, relativement plus « *libre* » que l'anglais, fût plus « *stable* » et soumis à moins de perturbations financières[45].

Cependant, comme l'a souligné Murray N. Rothbard, le fait que le système écossais de banque libre ait connu moins de faillites que le système anglais ne signifie pas nécessairement qu'il fût meilleur[46]. De fait, les faillites bancaires ont disparu presque complètement dans les systèmes actuels de banque centrale, et cela n'indique pas qu'ils soient meilleurs qu'un système de banque libre soumise au droit, tout au contraire.

Car l'existence de faillites bancaires, loin d'indiquer un mauvais fonctionnement du système, est, sans aucun doute, une manifestation du renversement spontané et salutaire qui se produit dans le marché face à l'agression que suppose l'exercice privilégié de l'activité bancaire avec un coefficient de réserve fractionnaire. De sorte que là où il y a un système de banque libre à réserves fractionnaires ne subissant régulièrement ni faillites ni suspensions de paiement, il est inévitable de soupçonner qu'*il existe des obstacles institutionnels qui protègent les banques contre les conséquences normales de l'exercice de leur activité avec réserve fractionnaire, et qui sont capables de jouer un rôle semblable à celui que joue actuellement la banque centrale en tant que prêteur en dernier ressort.*

Ainsi, dans le cas de l'Écosse, les banques avaient tellement favorisé l'utilisation de leurs billets dans les transactions économiques que presque personne ne demandait leur paiement en or, et ceux qui occasionnellement demandaient de l'argent liquide au guichet de leurs banques faisaient l'objet d'une réprobation générale et de toutes sortes de pressions de la part des banquiers qui qualifiaient leur comportement de « *déloyal* » et menaçaient de leur rendre difficile l'obtention de crédits futurs.

---

*in systems restricted in these respects (England and the United States)* », ce qui est sans importance du point de vue de la thèse de cet article, car ces études ne précisent pas s'il y a eu des cycles d'expansion et de récession économique. Voir *The experience of Free Banking*, Kevin Dowd (éd.), op. cit., pp. 39-46. Et Kurt Schuler et Lawrence H. White, « Free Banking History », *The New Palgrave Dictionary of Money and Finance,* Peter Newman, Murray Milgate et John Eatwell (éd.), Macmillan, Londres 1992, vol. 2, pp. 198-200 (la citation littérale que nous avons reproduite se trouve à la page 108 de ce dernier article).

[44] Selgin, G.A., 1993, « Are Banking Crises a Free Market Phenomenon? », manuscrit présenté à la Réunion régionale de la Mont Pèlerin Society, Rio de Janeiro, 5-8 septembre, pp. 26-27.

[45] Lawrence H. White, *Free Banking in Britain: Theory, Experience and Debate, 1800-1845*, op. cit.

[46] Rothbard, M. N., 1988, « The Myth of Free Banking in Scotland », *The Review of Austrian Economics*, vol. II, Lexington Books, pp. 229-245, en particulier la p. 232.

De plus, comme l'a démontré le professeur Sidney G. Checkland[47], le système écossais de banque libre à réserves fractionnaires n'a cessé de connaître des étapes récurrentes et successives d'expansion et de contraction de crédit, qui provoquèrent les cycles économiques d'essor et de récession de 1770, 1772, 1778, 1793, 1797, 1802-1803, 1809-1810, 1810-1811, 1818-1819, 1825-1826, 1836-1837, 1839 et 1845-1847. Autrement dit, bien que l'Écosse ait connu moins de paniques bancaires que l'Angleterre, les cycles successifs d'essor et de dépression y furent aussi graves, et elle n'a pas échappé, malgré son système tant célébré de banque libre, à l'expansion de crédit, aux booms artificiels et aux étapes subséquentes de grave récession économique[48].

Un autre cas historique illustre l'incapacité du système de banque libre à réserves fractionnaires à éviter les expansions artificielles et les récessions économiques : c'est celui du système financier chilien au XIX siècle. Durant la première moitié de ce siècle, en effet, le Chili n'avait pas de banque centrale et jouissait d'un système bancaire avec un coefficient de caisse de 100 pour cent. Durant plusieurs décennies, ses citoyens se sont farouchement opposés aux tentatives d'introduction d'un système bancaire de réserves fractionnaires et ont bénéficié, pendant ces années-là, d'une grande stabilité économique et financière.

Les choses commencèrent à se gâter, lorsqu'en 1853 le gouvernement chilien engagea Jean-Gustave Courcelle-Seneuil (1813-1892), l'un des plus célèbres théoriciens français de la banque libre à réserves fractionnaires, comme professeur d'économie politique à l'Université de Santiago du Chili. L'influence de Courcelle-Seneuil fut si grande au Chili, pendant les dix ans où il y enseigna, qu'une loi de 1860 permit l'établissement de la banque libre à réserves fractionnaires sans banque centrale.

À partir de ce moment, la traditionnelle stabilité financière du système chilien disparut et les étapes d'expansion artificielle, fondée sur la concession de nouveaux crédits, de débâcle bancaire et de crise économique se succédèrent, la convertibilité du papier-monnaie fut suspendue à plusieurs reprises (1865, 1867 et 1879), et commença une période d'inflation et de graves désajustements économiques, financiers et sociaux qui font partie de la mémoire collective des Chiliens et expliquent qu'ils identifient à tort, aujourd'hui encore, les troubles financiers avec le libéralisme doctrinaire de Courcelle-Seneuil[49].

---

47 Sidney G. Checkland, 1975, *Scottish Banking: À History, 1695-1973*, Collins, Glasgow. White reconnaît dans son livre que ce travail de Checkland sur l'histoire du système bancaire écossais est définitif.

48 Bien qu'il reste encore beaucoup de travail à faire, les études historiques sur les systèmes de banque libre à réserves fractionnaires, avec très peu (ou pas du tout) de restrictions légales et sans banques centrales, semblent confirmer l'idée qu'ils étaient capables de déclencher d'importantes expansions de crédit et de provoquer des récessions économiques. C'est ce qui se produisit, comme nous le savons grâce à Carlo M. Cipolla, sur les places financières de l'Italie des XIV et XVI siècles, comme dans les cas de l'Écosse et du Chili que nous commentons dans le texte. Voir Carlo M. Cipolla, 1994, *El gobierno de la moneda : ensayos de la historia monetaria*, traduction de Juan Marco, Édit. Crítica, Barcelone.

49 Albert O. Hirschman nous dit, dans son article « Courcelle-Seneuil, Jean-Gustav » (*The New Palgrave : A Dictionary of Economics*, op. cit., vol. I, pp. 706-707), que les Chiliens en sont même venus à démoniser Courcelle-Seneuil, le considérant coupable de tous les maux économiques et financiers dont le Chili a souffert au XIX siècle. Rothbard, pour

D'autre part, si diverses études historiques semblent indiquer que les systèmes de banque libre ont connu moins de paniques et de crises bancaires que les systèmes avec banque centrale, cela ne veut pas dire que les premiers n'ont jamais su ce qu'étaient les crises ou les paniques bancaires. Selgin mentionne au moins trois cas de systèmes de banque libre qui connurent de graves crises bancaires : l'Écosse en 1797, le Canada en 1837 et l'Australie en 1893 ;[50] et si, comme le dit Rothbard, il y eut, dans les autres cas, des restrictions institutionnelles qui agirent plus ou moins comme la banque centrale, il est possible qu'en l'absence de celles-ci le nombre de crises bancaires eût été beaucoup plus élevé[51].

De toute façon, l'élimination totale des crises bancaires ne peut pas être considérée comme le critère définitif pour juger du meilleur système. S'il en était ainsi, même les théoriciens les plus célèbres de la banque libre à réserves fractionnaires seraient obligés de reconnaître que le meilleur système bancaire est celui qui exige un coefficient de réserve de 100 pour cent, car c'est, par définition, le seul qui empêche dans tous les cas l'existence de crises et paniques bancaires[52].

En somme, l'expérience historique ne semble pas appuyer la thèse des théoriciens modernes de la banque libre à réserves fractionnaire. Même dans les systèmes de banque libre les moins contrôlés, des cycles d'essor et de dépression se sont reproduits, issus de l'expansion de crédit des banques, et accompagnés de paniques et de faillites bancaires. Cette réalité a conduit des auteurs de l'École néo-bancaire comme Stephen Horwitz à insister sur le fait que l'évidence historique contraire, même si elle a une certaine importance, ne peut pas servir à réfuter la théorie sur les effets bénéfiques de la banque libre à

---

sa part, considère que cette démonisation est injuste et qu'elle est due au fait que le mauvais fonctionnement du système de banque libre introduit par Courcelle-Seneuil au Chili discrédita aussi les autres initiatives positives de libéralisation qu'il prit dans d'autres domaines (mines, etc.). Voir Murray N. Rothbard, « The Other Side of the Coin : FreeBanking in Chile », *Austrian Economics Newsletter*, hiver 1989, pp. 1-4. Selgin répondit à l'article de Rothbard sur la banque libre au Chili dans son travail « Short-Change in Chile : The Truth about the Free Banking Episode », *Austrian Economics Newsletter*, printemps-hiver 1990, p. 5 et s. Selgin reconnaît que la période 1866-1874 de banque libre au Chili fut une « *era of remarkable growth and progress* » durant laquelle « *Chile's railroad and telegraph systems were developed, the port of Valparaiso was enlarged and improved, and fiscal reserves increased by one-quarter* ». Naturellement, tous ces phénomènes, selon la théorie de l'École autrichienne, sont plutôt un symptôme indiquant que durant ces années se produisait une expansion de crédit aiguë qui finalement devait se convertir en récession (ce qui arriva). Selgin, cependant, attribue les crises bancaires subséquentes (et non les récessions) au maintien par le gouvernement chilien d'une parité artificielle entre l'or et l'argent qui, lorsque la valeur de l'or augmenta, stimula la sortie massive de réserves d'or à l'étranger (voir Selgin, op. cit., p. 5 et 6).

[50] Selgin, G. A., « Are Banking Crises a Free-Market Phenomenon? », op. cit., Tableau 1(b), p. 27.

[51] La thèse de Rothbard paraît être confirmée par Raymond Bogaert, lorsqu'il indique qu'à propos des 163 banques créées à Venise depuis la fin du Moyen-Age, il existe des preuves documentaires qui montrent qu'au moins 93 d'entre elles firent faillite. Bogaert, R., 1968, *Banques et banquiers dans les cités grecques*, A. W. Sijthoff, Leyden, Hollande, note 513 p. 392.

[52] Ainsi, Selgin reconnaît qu'« A 100 percent reserve banking crisis is an impossibility ». Voir Selgin, G., « Are Banking Crises a Free Market Phenomenon? », op. cit., p. 2.

réserves fractionnaires, laquelle doit être effectuée au moyen de procédés strictement théoriques[53].

## 6. L'ignorance des arguments de type juridique

Les théoriciens de l'école de la banque à réserves fractionnaires tendent à écarter de leur analyse les considérations juridiques ; ils ne tiennent pas compte du fait que l'analyse de la problématique bancaire est essentiellement multidisciplinaire et qu'il existe une connexion intime, théorique et pratique, entre les aspects juridiques et économiques de tous les processus sociaux.

Ainsi, les théoriciens de la banque libre ignorent, premièrement, que l'exercice de l'activité bancaire avec un coefficient de réserve fractionnaire implique une impossibilité logique du point de vue juridique. En effet, chaque fois qu'une banque accorde des crédits sur l'argent qu'il a reçu en dépôt à vue, il se crée une *double disponibilité* portant sur la même quantité de monnaie : l'une pour le déposant originaire et l'autre pour le prestataire qui reçoit le prêt. Il est clair que deux individus ne peuvent pas jouir simultanément de la disponibilité d'une même chose, et qu'accorder une seconde disponibilité sur une même chose à quelqu'un d'autre constitue un comportement frauduleux[54]. L'appropriation indue et la fraude sont évidentes et sont commises au moins dans les étapes initiales de formation du système bancaire moderne.

Deuxièmement, une fois que les banquiers eurent obtenu des gouvernements le privilège de pratiquer la réserve fractionnaire, leur condition criminelle disparut du point de vue du droit positif, et, dans la mesure où les citoyens se meuvent dans un système ainsi défendu par la loi, nous devons exclure l'existence de fraude pénale. Mais ce privilège ne parvient nullement à doter d'une nature juridique adéquate le contrat de dépôt bancaire de monnaie. Celui-ci apparaît, au contraire, la plupart du temps, comme un contrat nul : du point de vue de sa *cause*, les uns, déposants, effectuent la transaction en considérant qu'il s'agit d'un dépôt ; tandis que les autres, banquiers dépositaires, le reçoivent comme si c'était un prêt. Et l'on sait bien que, d'après la technique juridique, lorsque chacune des parties intervenant dans un échange croient qu'elles réalisent un contrat différent, celui-ci est frappé de nullité.

---

[53] Dans le domaine méthodologique, nous partageons pleinement cette position de Stephen Horwitz (voir son « Misreading the Myth : Rothbard on the Theory and History of Free Bankin », op. cit., p. 167). Seulement il est curieux qu'une école liée à l'analyse des résultats soi-disant bénéfiques du système de banque libre en Écosse ait dû finalement renoncer à s'appuyer sur le résultat des études historiques concernant le système de banque libre. Stephen Horwitz, commentant la révision du cas historique de la banque libre que nous devons à Rothbard, conclut que « If Rothbard is correct about them, we should look more sceptically at Scotland as an example. But noting the existence of government interference cannot by itself defeat the theoretical argument. The Scottish banks were neither perfectly free nor a conclusive test case. The theory of free banking still stands, and its opponents need to tackle it on *both* the historical and the theoretical level to refute it » (p. 168). C'est là précisément ce que nous avons tenté dans cet article.

[54] Hoppe, H.-H., 1994, « How is Fiat Money Possible? » or, « The Devolution of Money and Credit », *The Review of Austrian Economics*, vol. VII, n° 2, p. 67.

Troisièmement, même si les deux parties, déposants et banquiers, pensaient que l'opération réalisée est un prêt, cela ne résoudrait pas le problème de la nature juridique du contrat de dépôt bancaire de monnaie. Car il est théoriquement impossible, d'un point de vue économique, que les banques puissent faire face, en toutes circonstances, à la restitution des dépôts reçus, pour un montant supérieur à celui des réserves qu'elles conservent. Cette impossibilité, de surcroît, est aggravée dans la mesure où la pratique de la réserve fractionnaire tend à engendrer des crises et récessions économiques qui, de façon récurrente, mettent en danger la solvabilité des banques. Pour en revenir au point de vue de la technique juridique, les contrats *impossibles* à mettre en pratique sont nuls eux aussi. Seul un coefficient de caisse de 100 pour cent, qui garantisse le remboursement à tout moment de tous les dépôts reçus, ou l'existence et l'appui d'une banque centrale, qui procure toute la liquidité nécessaire dans les moments d'embarras, pourraient rendre *possibles* et donc viables ces contrats de « *prêt* » avec pacte de remboursement au pair à tout moment.

L'on peut arguer, quatrièmement, que l'impossibilité d'accomplir les contrats de dépôt bancaire de monnaie ne se produit qu'à intervalles de plusieurs années et dans des circonstances extrêmes, mais le problème de la nature juridique de celui-ci n'en est pas pour autant résolu, car la pratique bancaire de la réserve fractionnaire est contraire à l'ordre public et se réalise au préjudice de tiers. La banque à réserves fractionnaires, en effet, en étendant des crédits ne reposant pas sur de l'épargne réelle, déforme la structure productive : les entrepreneurs qui reçoivent les prêts, trompés par des conditions de crédit plus faciles, engagent des investissements qui, finalement, ne seront pas rentables. Quand arrivera l'inévitable crise économique, leurs projets d'investissement devront être interrompus et liquidés ; le coût économique, social et personnel en sera très élevé et supporté non seulement par les entrepreneurs responsables de ces erreurs, mais aussi par les autres agents économiques involucrés dans le processus de production (travailleurs, fournisseurs, etc.).

L'on ne peut donc pas admettre, comme le prétendent White, Selgin et d'autres, que les banquiers et leurs clients doivent, dans une société libre, avoir la liberté d'établir les accords contractuels qu'ils considèrent comme opportuns[55]. Car les accords mutuellement satisfaisants entre deux parties sont dépourvus de légitimité lorsqu'ils se sont passés en fraude de la loi ou au préjudice de tiers et vont, donc, contre l'ordre public. C'est ce qui se passe pour les dépôts bancaires de monnaie faits avec un coefficient de réserve fractionnaire et à l'occasion desquels les deux parties sont pleinement conscientes de la véritable nature juridique et des implications de l'accord passé.

Hans-Hermann Hoppe[56] a expliqué que ce type de contrats nuisait à des tiers au moins de trois façons différentes : *premièrement*, il est nuisible dans la mesure où l'expansion de crédit augmente l'offre monétaire et diminue donc le pouvoir acquisitif des unités monétaires des autres détenteurs de soldes de

---

[55] Voir, par exemple White, L. H., 1989, *Competition and Currency*, New York University Press, New York, pp. 55-56, et George Selgin, « Short-Change in Chile: The Truth about the Free-Banking Episode », *Austrian Economics Newsletter*, hiver-printemps 1990, p. 5.

[56] Hoppe, H.-H., « How is Fiat Money Possible?-or, The Devolution of Money and Credit », op. cit., pp. 70-71.

monnaie, qui voient la capacité acquisitive de leurs unités monétaires diminuer par rapport à ce qu'elle aurait été en l'absence d'expansion de crédit ; *deuxièmement*, les déposants en général sont lésés, car, par suite de l'expansion de crédit, ils ont moins de chances, en l'absence de banque centrale, de récupérer intactes les unités monétaires déposées initialement ; et s'il existe une banque centrale, ils sont lésés dans la mesure où, bien qu'ayant la garantie de recevoir toujours le remboursement de leurs dépôts, ils n'est pas sûr que ce remboursement se fasse avec des unités monétaires dont le pouvoir acquisitif n'ait pas diminué ; *troisièmement*, il faut considérer comme lésés les autres prestataires et agents économiques qui constatent, à cause de la création et injection du crédit fiduciaire dans le système économique, que tout le système de crédit est en danger et la structure économique déformée, tandis qu'augmente pour eux le risque d'entreprendre des projets erronés, et d'échouer dans leur réalisation, ce qui entraînerait d'innombrables souffrances humaines durant l'étape de récession économique que provoque l'expansion de crédit.[57]

Dans le système de banque libre, la capacité acquisitive de la monnaie diminuant par rapport à ce qu'elle serait en l'absence d'expansion de crédit dans un contexte de réserve fractionnaire, les participants (déposants et, surtout, banquiers) agissent au préjudice de tiers. Car toute manipulation concernant la monnaie, qui est le moyen d'échange utilisé de manière générale par la société, implique, en raison de la définition même de la monnaie, des effets négatifs pour un ensemble de tiers présents dans tout le système économique. C'est pourquoi, le caractère volontaire des accords particuliers entre déposants, banquiers et prestataires importe peu, si, à cause de la pratique de la réserve fractionnaire, ils affectent la monnaie et lèsent également le public en général (tiers distincts des contractants initiaux), frappant ainsi de nullité le contrat qui va contre l'ordre public[58]. Économiquement, les effets de l'expansion de crédit sont qualitativement identiques à ceux du crime de falsification de monnaie et de billets de banque prévu dans les articles 386-389 du nouveau Code pénal espagnol[59]. Les deux supposent la création de monnaie, la redistribution du

---

57 Le caractère multidisciplinaire de l'analyse critique du système bancaire de réserve fractionnaire et, donc, l'importance qu'y présentent les considérations juridiques, tout comme les économiques, non seulement constitue le point central de notre exposé, mais a été souligné par Walter Block dans son article « Fractional Reserve Banking : An Interdiscilplinary Perspective », publié comme chap. III du livre *Man, Economy and Liberty : Essays in Honour of Murray N. Rothbard*, Walter Block et Llewellyn H. Rockwell (éd.), The Ludwig von Mises Institute, Auburn University, Alabama, 1988, pp. 24-32. Walter Block signale qu'il est très curieux qu'aucun théoricien de l'École moderne de la banque libre n'ait fait une analyse critique de type systématique contre la proposition d'établir un système bancaire à coefficient de caisse de 100%. En effet, hormis quelques commentaires épars d'Horwitz, les théoriciens de l'École néo-bancaire n'ont pas encore essayé de démontrer pourquoi un système de banque avec un coefficient de réserve de 100% ne garantirait pas un « *équilibre monétaire* » libre de cycles économiques. Voir Stephen Horwitz, « Keynes' Special Theory », *Critical Review*, vol. III, n° 3-4, été-automne 1989, note n° 18, pp. 431-432.

58 En ce sens, notre position est plus rigoureuse encore que celle exposée par Alberto Benegas Lynch dans son livre *Poder y Razón razonable*, Librería El Ateneo Editorial, Buenos Aires et Barcelone 1992, pp. 313-314.

59 « *Sera passible des peines de 8 ou 12 ans et d'une amende du décuple de la valeur apparente de la monnaie : 1° celui qui fabriquerait de la fausse monnaie* », art. 386 du nouveau Code pénal. Il

revenu en faveur de quelques-uns au préjudice du reste du public et la déformation de la structure productive. Cependant, d'un point de vue quantitatif, l'expansion de crédit est seule à pouvoir étendre l'offre monétaire à un rythme et avec un volume suffisants pour alimenter un boom artificiel et provoquer une récession. Comparée à l'expansion de crédit de la banque à réserves fractionnaires et à la manipulation monétaire des gouvernements et banques centrales, l'activité criminelle du faussaire est un jeu d'enfants dont les conséquences sont presque inappréciables.

Toutes ces considérations juridiques ont fait impression sur White, Selgin et d'autres théoriciens modernes de la banque libre qui ont proposé, comme dernière ligne de défense devant garantir la stabilité de leur système, que les banques « *libres* » établissent une clause « *de sauvegarde* » dans leurs billets et dépôts, informant leurs clients que la banque peut décider, à tout moment, de suspendre ou de différer dans le temps le remboursement des dépôts ou le paiement en monnaie métallique des billets correspondants[60].

Il est clair que l'introduction de cette clause reviendrait à priver les instruments correspondants d'une nature monétaire dont l'essence consiste précisément à disposer d'une liquidité parfaite, c'est-à-dire immédiate, complète et jamais conditionnée. Ils seraient ainsi convertis en une forme curieuse de contrat aléatoire ou loterie, dans lesquels la récupération des dépôts correspondants dépendrait des circonstances particulières de chaque moment.

On ne peut rien objecter au fait que certaines parties décident volontairement de réaliser un contrat aléatoire aussi atypique que celui que l'on

---

faut signaler que dans l'expansion de crédit, comme dans la falsification de monnaie, le préjudice social demeure très dilué, de sorte qu'il serait très difficile, sinon impossible, d'abandonner la poursuite de ce délit à la démonstration, sur demande des parties, du dommage subi. C'est pourquoi la caractérisation du délit se fonde sur l'action réalisée (falsification de billets) et non sur l'identification spécifique du dommage personnel qu'elle cause.

[60] Ces « *clauses d'option* » furent en vigueur dans les banques écossaises de 1730 à 1765 : celles-ci se réservaient le droit de suspendre temporairement le paiement en métallique des billets qu'elles avaient émis. Ainsi, Selgin nous dit, à propos des paniques bancaires, que : « *Banks in a free banking system might however avoid such a fate by issuing liabilities contractually subject to a 'restriction' of base money payments. By restricting payments banks can insulate the money stock and other nominal magnitudes from panic-related effects* ». George A. Selgin, « Free Banking and Monetary Control », *The Economic Journal*, novembre 1994, p. 1455. Le fait que Selgin envisage d'avoir recours à ces clauses pour éviter les paniques bancaires est aussi significatif du point de vue de la « *solvabilité* » de sa propre théorie qu'il est surprenant du point de vue juridique de prétendre fonder un système sur l'expropriation, même partielle et temporaire, du droit de propriété des déposants et détenteurs de billets, que l'on prétend convertir en temps de crise en prêteurs forcés, au lieu qu'ils restent de véritables déposants détenteurs d'unités monétaires ou, plutôt, de substituts monétaires parfaits. Il faut, enfin, rappeler qu'Adam Smith lui-même nous indique que « *the directors of some of those [Scottish] banks sometimes took advantage of this optional clause, and sometimes threatened those who demanded gold and silver in exchange for a considerable number of their notes, that they would take advantage of it, unless such demanders would content themselves with a part of what they demanded* ». Voir Adam Smith, *An Inquiry into the Nature and Causes of the Wealth of Nations*, op. cit., Livre II, chap. II, pp. 394-395. Sur les « clauses d'option », consulter Part J. Shah, 1997, « The Option Clause in Free Banking Theory and History: A Reappraisal », manuscrit présenté lors de la 2° Austrian Scholars Conference, Auburn University, 4-5 avril.

vient d'évoquer. Mais, dans la mesure où, malgré l'existence de cette clause et de sa parfaite connaissance par les participants (banquiers et leurs clients), ceux-ci et les autres agents économiques considéreront, du point de vue subjectif, les instruments mentionnés comme des substituts monétaires parfaits, les clauses citées ne serviront plus qu'à éliminer la suspension de paiements ou faillite immédiate des banques au cas de paniques bancaires.

Cependant, on n'évitera pas la reproduction de tous les processus d'expansion, crise et récession typiques du système de banque à réserves fractionnaires (peu importe les « *clauses d'option* » incluses dans les contrats, si ces instruments sont considérés comme des substituts monétaires parfaits par le public en général), au grave préjudice de tiers et à l'encontre de l'ordre public. Les clauses d'option peuvent, donc, tout au plus protéger les banques, mais pas la société ni le système économique contre les étapes successives d'expansion de crédit, essor et dépression. De sorte que la dernière ligne de défense de White et Selgin ne peut rien contre le fait que la pratique de la réserve fractionnaire suppose un préjudice grave et systématique à des tiers, qui va à l'encontre de l'ordre public[61].

## CONCLUSION

L'optique traditionnelle de la polémique entre les partisans de la banque centrale et ceux de la banque libre à réserves fractionnaire est essentiellement erronée. Premièrement, elle ignore que le système de banque libre à réserves fractionnaires favorise de façon presque incontournable l'apparition, le développement et la consolidation de la banque centrale. L'expansion de crédit

---

[61] Il est curieux d'observer que plusieurs théoriciens de l'École néo-bancaire, comme White, Selgin et d'autres ne voient pas que le système de banque à réserves fractionnaires est illégitime du point de vue des principes généraux du droit et, au lieu de proposer l'abolition de la liberté bancaire avec réserves fractionnaires, ils proposent qu'elle soit complètement privatisée et la banque centrale supprimée. Il est vrai que cette mesure tendrait à limiter les abus pratiquement illimités que les autorités ont commis en matière financière, mais cela n'empêche pas la possibilité que des abus soient commis (à moindre échelle) dans le domaine privé. Cette situation est semblable à celle qui se produirait si l'on permettait aux gouvernements la pratique systématique de l'assassinat, du vol ou de tout autre crime. Le préjudice social que cela engendrerait serait terrible étant donné le pouvoir énorme et le caractère monopoliste de l'État. Et la privatisation de ces activités criminelles (en éliminant leur pratique systématique de la part des gouvernements) tendrait, sans aucun doute, à « *améliorer sensiblement* » la situation, car le grand pouvoir criminel de l'État disparaîtrait et les agents économiques privés pourraient développer spontanément des procédés de prévention et de défense face aux crimes. Cependant, la privatisation de l'activité criminelle n'est pas une solution définitive au problème que pose celle-ci ; on ne parviendra à une solution complète qu'en poursuivant avec tous les moyens possibles la commission de crimes, même commis par des agents privés. L'on peut donc conclure avec Rothbard qu'un système économique idéal de marché libre, « *fractional-reserve bankers must be treated not as mere entrepreneurs who made unfortunate business decisions but as counterfeiters and embezzlers who should be cracked down on by the full majesty of the law. Forced repayment to all the victims plus substantial jail terms should serve as a deterrent as well as a meet punishment for this criminal activity* » (Rothbard, M. N., 1995, « The Present State of Austrian Economics », *Journal des Économistes et des Études Humaines*, vol. IV, n° 1, mars, pp. 80-81).

qui naît de la banque à réserves fractionnaire engendre des processus de renversement sous forme de crises financières et de récessions économiques qui conduisent inévitablement les citoyens à exiger l'intervention publique et la régulation étatique de cette activité.

Deuxièmement, les banques impliquées dans le système découvrent vite qu'elles réduisent le risque d'insolvabilité si elles s'accordent entre elles, fusionnent et même demandent la constitution d'un prêteur en dernier recours qui leur fournisse la liquidité nécessaire aux moments difficiles et institutionnalise et dirige officiellement la croissance de l'expansion de crédit.

L'on peut, donc, conclure que la pratique bancaire de la réserve fractionnaire a été historiquement la cause principale de l'apparition et du développement de la banque centrale, en sorte que la discussion théorique et pratique ne doit pas être envisagée sur les bases traditionnelles, mais entre deux systèmes radicalement différents, à savoir : soit un système de banque libre soumise aux principes traditionnels du droit (coefficient de caisse de 100 pour cent), dans lequel on poursuit comme illégales et contraires à l'ordre public toutes les opérations réalisées, convenues volontairement ou pas, établissant un coefficient de réserve fractionnaire ; ou bien un système qui permet la pratique bancaire de la réserve fractionnaire et dont sortira, inévitablement, une banque centrale prêtant en dernier recours et contrôlant tout le système financier.

Ce sont là les deux seules possibilités théoriquement et pratiquement viables[62].

[62] Je crois que Leland Yeager avait fini par accepter, au moins tacitement, cette même thèse sur la non-viabilité de la banque libre à réserves fractionnaires lorsqu'il proposa récemment l'abolition de tous les coefficients de caisse et l'interdiction (par la force ?) de l'utilisation de toute monnaie (marchandise ou d'autre type) apparue en marge du système bancaire (*inside or base money*». Voir Yeager, L., 2001, « The Perils of Base Money », *The Review of Austrian Economics*, 14:4, pp. 251-266.

# CHAPITRE XIV

# UNE INTERPRÉTATION LIBÉRALE DE LA CRISE ÉCONOMIQUE

*Qu'est-ce qu'une dépression économique ?*

Une dépression économique n'est rien d'autre que l'étape de réajustement d'une structure productive qui a été déformée par suite de l'inflation. Cette définition, précise, quoique brève, utilise deux concepts essentiels : celui de structure productive et celui d'inflation, que nous allons essayer d'expliquer afin de comprendre quels liens ont eu leurs relations mutuelles avec l'apparition, au cours de l'histoire, des différentes crises économiques.

*La structure productive*

Qu'est-ce qu'une structure productive ? C'est un concept que je désire particulièrement éclaircir, parce que les spécialistes de la science économique ne l'utilisent pas souvent et qu'il est très important pour comprendre n'importe quel processus économique. Une structure productive est l'ensemble d'étapes en lesquelles le processus de la production se trouve divisé. L'on peut imaginer la production d'un bien quelconque, par exemple une automobile ; on s'aperçoit tout de suite que, depuis l'extraction du minéral de fer des mines, son traitement dans les hauts-fourneaux, etc. jusqu'au montage et à la distribution du véhicule dans le marché, il existe différentes étapes. Ces étapes constituent la structure du processus de production de l'automobile.

Dans les économies modernes, les différentes entreprises se sont spécialisées dans une étape concrète de la production. Il y a des industries spécialisées dans la production de biens très éloignés de la consommation, ce sont les industries de biens d'investissement ; d'autres, au contraire, se sont spécialisées dans la production de biens très proches de la consommation, ce sont les industries de biens de consommation. Nous allons tout de suite les situer dans la réalité économique de chaque jour : on trouve, dans la catégorie des industries de biens d'investissement, les hauts-fourneaux, les chantiers navals, les entreprises de construction ; dans la catégorie des industries de biens de consommation, la vente au détail, le commerce, la distribution de véhicules.

C'est une idée, certes, facile à saisir, mais que les économistes n'ont pas développée autant qu'ils l'auraient dû. Et elle a une importance capitale parce que le processus productif a eu tendance à s'allonger, au cours de l'histoire, à comprendre un plus grand nombre d'étapes et, ainsi, à être plus productif. Autrement dit, les processus d'investissement s'allongent et deviennent plus productifs. C'est une idée essentielle. Nous la comprenons bien si nous comparons, par exemple, un tracteur et une charrue romaine : le tracteur est évidemment beaucoup plus productif que la charrue romaine ; mais, il est évident aussi que le processus de production d'un tracteur est beaucoup plus long et complexe et exige beaucoup plus de capital que celui de la production d'une charrue romaine.

Faisons un pas de plus. Les entrepreneurs ont toujours à l'esprit des processus de production plus longs et ils n'attendent que de disposer du capital nécessaire pour les entreprendre. Cela est clair au niveau individuel, mais il se passe aussi la même chose à un niveau plus global. Si nous comparons, par exemple, l'économie de l'Inde et une économie développée comme celle des États-Unis, nous voyons immédiatement que si l'Inde est un pays sous-développé, par rapport à l'Amérique du Nord, ce n'est pas dû à un manque de connaissances technologiques ; les techniciens indiens savent parfaitement comment construire un haut-fourneau et même fabriquer un ordinateur ; mais l'économie indienne ne dispose pas du capital nécessaire pour mener à bien ces processus d'investissement si sophistiqués, alors que les Nord-américains en disposent.

Nous savons donc ce qu'est une structure productive (les différentes étapes en lesquelles se divise la production). Nous savons qu'il existe une tendance à l'allongement des processus d'investissement ; celle-ci est évidente parce que les processus d'investissement plus longs tendent à être plus productifs. Nous savons que cet allongement est toujours limité par la quantité de capital disponible et que, dans la mesure où l'on épargnera du capital, les processus productifs pourront s'allonger. Enfin, nous avons vu que des entreprises se spécialisaient dans certaines étapes du processus de production.

Après l'examen de ce premier concept, utilisé dans la définition de la dépression économique, nous nous pencherons sur le second concept essentiel : celui de l'inflation.

*L'inflation*

Qu'est-ce que l'inflation ? Ce *n*'est certes *pas* une augmentation des prix. C'est un accroissement de la quantité de monnaie qui circule dans le système économique ; ce qui se passe, c'est que cet accroissement de monnaie produit habituellement, mais pas toujours, une hausse des prix. Le public et malheureusement aussi les économistes, ces derniers temps, tendent à confondre la cause avec l'effet et à appeler « *inflation* » ce qui n'est qu'une conséquence de la croissance monétaire (en sorte que les gens ne savent plus exactement situer l'origine de la hausse des prix).

Il ne faut donc jamais oublier – cela est essentiel pour suivre le fil de notre argumentation – que nous considérons l'inflation comme une augmentation de la quantité de monnaie, qui provoque, généralement, une hausse du niveau des prix.

*Impact de l'inflation sur la structure productive*

Comment se produit cette augmentation de la quantité de monnaie en circulation ? Généralement, la monnaie nouvelle arrive dans le système à la suite d'une politique interventionniste d'« *expansion de crédit* » pratiquée par le gouvernement. Les gouvernements décident, à certains moments, qu'il faut injecter plus de monnaie dans le système ; ils la font fabriquer et l'introduisent à l'aide de deux mécanismes : la réduction des taux d'intérêt et les directives recommandant au système bancaire du pays d'accorder de plus grandes facilités de crédit. Autrement dit, ils entreprennent une politique d'expansion de crédit, placent la monnaie nouvelle en abaissant son prix. Ils entreprennent une politique d'argent bon marché.

Cette augmentation de la quantité de monnaie n'est nullement neutre ; elle déforme totalement la structure productive. Et, ici, nous mettons en relation les deux concepts. Nous avons expliqué ce qu'était l'inflation et nous disons maintenant que cette inflation affecte sérieusement la structure productive.

De quelle façon ? Le taux d'intérêt et les facilités de crédit sont tous deux des indicateurs essentiels pour les entrepreneurs : taux d'intérêt et facilités de crédit leur indiquent s'ils doivent se lancer ou pas dans un projet d'investissement. Les entrepreneurs, nous l'avons dit, ont toujours à l'esprit de nouveaux projets d'investissement ; le fait de les entreprendre ou non dépend du résultat de la comparaison mentale qu'ils font entre la rentabilité attendue du nouvel investissement et les coûts financiers de celui-ci. S'ils espèrent obtenir un profit, ils se décident à investir ; sinon, ils ne le font pas. Ce taux d'intérêt et ces plus ou moins grandes difficultés de crédit sont justement les éléments essentiels pris en compte pour effectuer la comparaison.

Or, si cet indicateur du taux d'intérêt et des facilités de crédit est violemment faussé, les décisions que prennent les entrepreneurs concernant les nouveaux projets d'investissement le seront elles aussi.

L'expansion de crédit en effet, en affectant le taux d'intérêt et les facilités de crédit du pays, fait que les entrepreneurs se trompent massivement : elle fait apparaître comme rentables des projets d'investissement qui en réalité ne le sont pas, et incite à entreprendre des processus de production plus longs, comme si l'épargne de la société s'était accrue, alors qu'il n'en est pas ainsi.

Idées essentielles que nous allons illustrer par un exemple concret.

Imaginons une entreprise hypothétique. Nous l'appellerons Papeterie Miro du Nord de l'Espagne. Le président fondateur et directeur de l'entreprise, monsieur Miro, comme bon chef d'entreprise, pense toujours à de nouveaux projets d'investissement. Supposons que le taux d'intérêt du marché se situe autour de 8 pour cent. S'il attend des nouveaux processus d'investissement une rentabilité de 7 pour cent, il est clair qu'il ne va pas se lancer dans cette entreprise. Mais si le gouvernement décide de réduire le taux d'intérêt de 8 à 4 pour cent, et recommande même aux banquiers d'être plus flexibles dans la concession de crédits, parce que la banque centrale va les soutenir, alors M. Miro, comparant les 7 pour cent qu'il espère gagner avec les 4 pour cent que vont lui coûter les fonds, se dit : « *Oui, j'ai une marge appréciable. Je vais me lancer. J'ai une nette occasion de profit* ». Il se sent optimiste, décide d'entreprendre le nouvel investissement, engage de nouveaux travailleurs, achète des biens d'équipement...

*Le boom économique inflationniste*

Ce qui arrive à notre personnage hypothétique arrive aussi à des milliers d'autres entrepreneurs, et spécialement à ceux des industries de biens d'investissement, qui sont les plus sensibles à ces variations concernant le crédit. Alors, cet optimisme se répand dans toute l'économie, fait naître une étape d'activité exubérante (de boom économique, peut-on dire) qui, néanmoins, ne repose sur aucune base réelle, parce qu'elle n'est pas liée à une augmentation de l'épargne de la société, capable de financer des projets d'investissement plus longs, mais à l'apparition d'une monnaie inflationniste créée artificiellement par le gouvernement et les banques et placée entre les mains des entrepreneurs grâce à une politique d'argent bon marché.

*La réaction du marché*

Nous avons donc un boom économique artificiel. Si nous avons suivi le raisonnement fait jusqu'ici, nous allons tout de suite penser : à un certain moment, il va apparaître que ce boom ne repose sur aucune base et il va s'effondrer. C'est, en effet, ce qui arrive ; parce que bientôt la dure réalité se manifeste ; des réactions se produisent dans toute l'économie de marché qui neutralisent et renversent totalement les causes qui ont produit ce boom apparent.

Quelle est la réaction d'une économie de marché face à cet interventionnisme monétaire de l'État qui donne lieu à une expansion de crédit et à la déformation de toute la structure productive ? Il y en a trois. Nous allons les énumérer, puis les commenter.

On assiste, dans un premier moment, à une augmentation des prix des facteurs de production. Puis, à celle des prix des biens de consommation qui montent de façon démesurée. Et, troisièmement, à une hausse énorme des taux d'intérêt.

*Première réaction*

Le premier effet est celui d'une hausse du prix des facteurs de production. Pourquoi ? C'est très simple. De l'argent nouveau est parvenu entre les mains des entrepreneurs. Ceux-ci se sont décidés à investir, mais, comme l'épargne de la société n'a pas augmenté, comme il n'y pas eu libération de ressources dans la société, les entrepreneurs ne pourront entamer les nouveaux processus d'investissement que s'ils sont disposés, avec leur nouvel argent, à payer plus cher les facteurs productifs pour les attirer dans leurs industries. C'est comme si les entrepreneurs se trouvaient dans une vente aux enchères, avec plus d'argent, et surenchérissaient plus allègrement, faisant monter ainsi le prix des facteurs productifs rares pour attirer les travailleurs, la main-d'œuvre et les biens d'équipement. Conséquence : le prix des facteurs de production monte. Et cela commence à inquiéter un peu les entrepreneurs qui se sont décidés à investir, parce qu'ils avaient prévu des coûts pour les facteurs productifs qui maintenant se montrent très insuffisants ; le coût réel est nettement plus élevé, de sorte que la marge de profit est en train de diminuer. Ils commencent à s'inquiéter, mais pas assez pour arrêter les processus d'investissement qu'ils viennent d'entreprendre.

*Seconde réaction*

Le deuxième effet, qui se produit plus tard, est une augmentation démesurée (beaucoup plus importante que celle des facteurs de production) du prix des biens de consommation. Pourquoi ? Pour deux raisons. D'abord, parce que la demande de biens de consommation augmente beaucoup et aussi parce que l'offre immédiate de ces mêmes biens diminue.

L'argent nouveau qui est entré dans le système et s'est retrouvé entre les mains des entrepreneurs passe, dans un deuxième temps, dans les mains des consommateurs, parce que les entrepreneurs doivent engager de la main-d'œuvre, louer des terrains ou acheter des biens d'équipements et cet argent nouveau qui a été injecté dans le système aboutit, finalement, entre les mains des travailleurs, des capitalistes et des propriétaires terriens, qui sont eux aussi des consommateurs. Et avec cet argent, les consommateurs demandent des biens de consommation. L'argent nouveau suppose donc habituellement une augmentation, pour un montant semblable, de la demande monétaire de biens de consommation.

Mais ce n'est pas tout, car l'offre de biens de consommations, nous l'avons dit, diminue. Cela est dû au fait que les entrepreneurs ont attiré des ressources productives dans les industries de biens d'investissement aux dépens des industries de biens de consommation ; et l'on comprend facilement que, si des facteurs de production ont été retirés des entreprises les plus proches de la consommation, l'offre immédiate de biens de consommation s'en ressente forcément. Il y a donc une augmentation de la demande monétaire et une diminution de l'offre, qui impliquent une hausse énorme des prix des biens de consommation.

*Troisième réaction*

Le troisième effet dans le temps consiste en une augmentation importante des taux d'intérêt, parce qu'une fois que la monnaie nouvelle est entrée dans le système par une réduction du taux d'intérêt (pour placer quelque chose dans le marché, il suffit de réduire son prix jusqu'au niveau nécessaire), le taux d'intérêt retrouve son niveau antérieur. Une fois que la monnaie nouvelle a été placée, le taux d'intérêt repasse de 4 à 8 pour cent dans notre exemple, et même dépasse le niveau antérieur, parce qu'à cause de l'inflation, les prêteurs ajoutent au taux d'intérêt de marché une composante nouvelle, précisément pour se défendre de l'augmentation attendue du niveau des prix. Et c'est ce qui donne le coup de grâce aux entrepreneurs, parce avec des coûts financiers aussi importants que ceux que représente ce taux d'intérêt élevé, les processus d'investissement entrepris ne sont plus d'une rentabilité médiocre, ils sont ruineux. Ils leur font perdre de l'argent.

*L'apparition de la crise*

On se trouve alors dans une situation où les entrepreneurs qui se sont décidés à investir comprennent que les coûts sont très élevés, qu'ils vont perdre alors que leurs confrères des industries de biens de consommation obtiennent d'énormes profits (c'est dans les industries de biens de consommation que les prix montent le plus). Et cela leur indique qu'ils se sont trompés dans leur investissement : ils auraient dû investir dans les industries de consommation ou, ce qui revient au même, ce fut une erreur de faire passer les ressources productives de la consommation dans les industries de biens d'investissement. Il faut effectuer un réajustement de la structure productive ; il faut liquider les projets d'investissement non rentables qui viennent d'être entrepris ; il faut effectuer un transport massif de main-d'œuvre des industries d'investissement vers les industries de consommation.

La dépression économique est là. Elle est arrivée parce qu'on a manqué de ressources pour compléter des processus d'investissement excessivement ambitieux. Dépression qui se manifeste parce qu'il y a eu excès d'investissement dans les industries de biens d'investissement et défaut d'investissement dans les industries de biens de consommation.

J'ai parlé d'excès et de défaut. J'utilise ces mots parce qu'ils illustrent bien l'idée centrale ; mais ils ne sont pas précis, parce qu'il ne peut y avoir dans une économie ni excès ni défaut d'investissement. *A posteriori*, l'épargne et l'investissement sont toujours identiques, de sorte que l'investissement ne peut être ni excessif ni insuffisant par rapport à l'épargne. Ce qui est possible c'est que l'épargne de la société soit investie bien ou mal. Or, la dépression économique n'est pas une crise d'excès d'investissement, mais une crise de mauvais investissement, *malinvestment* selon la terminologie anglo-saxonne. La situation est semblable à celle d'un Robinson Crusoé qui, dans son île, déciderait, par exemple, après avoir épargné un panier de mûres, d'entreprendre un processus d'investissement aussi ambitieux que la construction d'un tour. Il est évident que, très optimiste et euphorique, dans une étape de boom économique, il commencerait à creuser avec ses mains les fondations et qu'après avoir enlevé un quart de mètre de terre il aurait épuisé ses ressources (il aurait mangé toutes les mûres) ; il se rendrait compte alors qu'il était absurde, avec les ressources dont il disposait, d'entreprendre un projet aussi grand, et il devrait à nouveau cueillir des mûres pour vivre. L'on peut imaginer un exemple moins extrême : celui d'un constructeur qui, ayant mal calculé les ressources dont il disposait, aurait entrepris la construction d'une très grande maison et épuisé tous ses matériaux avec la seule construction des fondations. S'il avait été plus prudent, il aurait construit une maison plus petite, qu'il aurait terminée. Mais il a commencé une maison énorme et épuisé ses ressources pour des fondations qui ne lui servent à rien et doit abandonner.

C'est ce qui passe, au niveau social, lorsque l'expansion de crédit déforme la structure productive.

Voilà les idées essentielles sur la nature et les causes de la dépression économique. Nous exposerons maintenant des considérations complémentaires qui serviront à éclaircir l'idée centrale.

### *La croissance fondée sur l'épargne n'engendre pas de dépression*

Je désire, tout d'abord, expliquer pourquoi il n'y a pas de dépression lorsque les processus d'investissement s'allongent à la suite d'une augmentation de l'épargne réelle de la société et non pas à cause de la création de monnaie inflationniste par le gouvernement et la banque : pourquoi, si la société décide soudain d'épargner davantage, si des ressources financières sont ainsi libérées et vont aux entrepreneurs, et si ceux-ci décident, à leur tour, d'allonger leurs processus d'investissement, aucun des trois mécanismes cités plus haut, qui renversent les effets de toute expansion de crédit, ne se produit.

D'abord, le prix des facteurs de production n'augmente pas, parce que l'accroissement de l'épargne accompagné d'une diminution de la consommation libère des facteurs de production des industries de biens de consommation, que l'on peut facilement faire passer à celles de biens d'investissement sans besoin d'augmenter leur prix.

Le prix des biens de consommation n'augmente pas parce que, même si les travailleurs nouvellement engagés par les entreprises de biens d'investissement demandent, avec ce qu'il gagnent, des biens de consommation, la société, dans son ensemble, a décidé de moins consommer et il reste, donc, un stock accumulé de biens de consommation, dont le prix ne monte pas.

Et les taux d'intérêt n'augmentent pas ; bien au contraire, ils baissent. En raison de l'accroissement de l'épargne, qui est une décision sociale (ou, plutôt, une décision individuelle à effets sociaux), le taux d'intérêt diminue : le public est disposé à céder ses fonds contre une rémunération moindre, et cela pendant une période plus ou moins longue. L'épargne de la société ayant augmenté, les entrepreneurs peuvent alors entreprendre tranquillement de nouveaux projets d'investissement, parce qu'ils seront capables de les achever ; et l'ensemble de la société sera plus riche parce que ces processus d'investissement plus longs sont plus productifs. Nous bénéficierons donc tous, dans le futur, de biens et services d'une meilleure qualité et en plus grande quantité.

*Il est possible de retarder la crise en créant plus d'inflation*

Un autre point important : jusqu'à quel point peut-on retarder la crise en accordant de nouveaux crédits au moyen de politiques successives d'expansion de crédit ? Je dois dire ici que l'on peut effectivement retarder l'arrivée de la dépression grâce à concession de nouveaux crédits, mais il faut faire deux précisions importantes :

1. Les expansions de crédit successives doivent être progressivement croissantes, c'est-à-dire se faire à un taux progressivement accéléré ; parce que, dans le cas contraire, les agents économiques le prévoient et tous les effets qui déclenchent la dépression se produisent inévitablement. C'est une question que nous approfondirons plus tard.
2. L'arrivée de la dépression est, en toute hypothèse, inévitable. Parce que de deux choses l'une : soit on poursuit indéfiniment les politiques d'expansion de crédit, ce qui conduit à une inflation telle qu'on finit, à un moment donné, par abandonner le système monétaire et à le remplacer par un autre (ce qui arriva lors de l'hyperinflation allemande des années 20, lorsque les échanges ne se faisaient plus en marks, mais en timbres et en cigarettes), soit, ce qui est beaucoup plus normal, le gouvernement est obligé, sous la pression populaire, de fermer le robinet de la monnaie en interrompant les expansions de crédit, ce qui déclenche tous les mécanismes décrits et amène la dépression.

Plus la dépression arrive tard, plus on injecte de monnaie dans le système pour éviter qu'elle n'arrive, plus elle sera grave, plus le réajustement nécessaire de la structure productive sera difficile et plus les tensions sociales qui se produiront, seront grandes.

*Dilapidation du capital et capacité oisive*

Troisièmement, qu'en est-il de ces biens d'investissement que l'entrepreneur produit par erreur et de ces processus d'investissement, qui ne peuvent jamais s'achever ? Que deviennent-ils ?

Les uns (comme les fondations de notre constructeur) restent là, inutilisés ; d'autres sont utilisés de la façon la plus économique possible, mais sans correspondre au but dans lequel on les avait produits. Imaginons, par exemple, que, pour agrandir une usine importante, on construise un local industriel qui s'avère ensuite non rentable : le projet est abandonné et l'édifice reste là. Il se peut que le plus rentable soit de l'utiliser comme écurie ; il est évident que ce bien d'investissement est sous-utilisé et que, si les entrepreneurs avaient prévu qu'il finirait en écurie, ils n'auraient pas employé autant de ressources rares à sa production.

Il est clair que les biens d'équipement ou bien se perdent ou bien sont sous-utilisés. Bref, le capital restreint de la société est dilapidé et, si la société perd une partie de son capital, elle est plus pauvre. On a moins de biens d'équipement ; il s'en suit une diminution de la productivité du travail. Et si la productivité des travailleurs diminue parce qu'ils disposent de moins de capital (parce que leurs entrepreneurs se sont trompés et ont investi là où il ne fallait pas, quoique leurrés par la politique interventionniste du gouvernement, ultime responsable), le salaire réel des travailleurs doit baisser. C'est là une autre conséquence essentielle des dépressions économiques. Nous verrons plus loin que, si, pour des raisons institutionnelles, les salaires réels ne peuvent pas baisser, il y aura, dans un pays comme l'Espagne, deux ou trois millions de chômeurs.

Je voudrais évoquer ici l'intervention de quelques économistes qui, observant la sous-utilisation ou inutilisation de ces biens d'investissement dans la structure productive, ont construit une théorie de la « *capacité oisive* » ou des « *ressources productives oisives* » et ont conclu que si ces biens étaient oisifs, il convenait d'augmenter la consommation, pour qu'ils soient utilisés, ce qui permettrait de sortir de la dépression.

Rien n'est plus faux que cette interprétation de la réalité. La capacité oisive n'existe pas ; ce qui existe c'est le mauvais investissement de l'épargne restreinte de la société en biens d'investissement. Il se passe ceci : la consommation de la société est si grande que les ressources suffisantes pour achever les processus d'investissement entamés ou pour financer le capital circulant nécessaire pour mettre en fonctionnement les actifs fixes construits ne se libèrent pas.

Il ne s'agit donc pas d'une crise de défaut de consommation, comme le disaient jusqu'ici la plupart de mes collègues, mais au contraire d'excès de consommation ou, si l'on préfère, de défaut d'épargne. Si nous épargnions davantage, nous pourrions achever les processus d'investissement que nous avons entrepris et même financer le capital circulant nécessaire pour les mettre en marche.

### *Dépression et chômage*

Quel rapport y a-t-il entre la dépression et le chômage ? Je dois dire que le chômage est dû au fait que les salaires sont trop élevés. C'est la seule cause du chômage. Lorsque les salaires sont, pour une raison quelconque, supérieurs à ceux du marché, le chômage apparaît.

Si les marchés étaient flexibles et les salaires pouvaient toujours monter ou baisser suivant le désir des consommateurs, les salaires baisseraient lors d'une dépression (parce que la productivité diminue en raison de la dilapidation du capital), mais il n'y aurait pas de chômage. Or, à cause des syndicats et de leurs alliés gouvernementaux (responsables des lois sur le salaire minimum, etc.), les salaires réels ne peuvent pas baisser et un chômage massif apparaît : tous les travailleurs qui coûtent à l'entrepreneur plus qu'ils ne produisent sont licenciés ou ne sont pas engagés.

Cela étant, si la cause immédiate du chômage est toujours le niveau trop élevé des salaires, la cause *médiate* en est l'inflation, l'expansion de crédit, l'interventionnisme de l'État. L'inflation, en effet, provoque une situation qui engendre le chômage ; c'est l'inflation qui déforme la structure productive ; elle rend, à un certain moment, le réajustement obligatoire et fait apparaître le chômage, si les marchés ne sont pas flexibles.

Je crois que ces notes auront établi clairement la relation entre chômage et dépression.

*La « stagflation »*

Comment expliquer une situation comme celle d'aujourd'hui, où les taux élevés d'inflation sont accompagnés d'un volume de chômage très important ? Car, il y a encore quelques années, de nombreux économistes considéraient qu'une situation comme celle que nous connaissons actuellement était impossible du point de vue théorique.

Nous allons l'expliquer facilement. J'ai dit plus haut que l'on pouvait retarder le réajustement à l'aide de nouvelles politiques d'expansion de crédit ; mais elles doivent, pour faire de l'effet, être progressivement accélérées, si grandes l'une après l'autre que les entrepreneurs ne puissent même pas les prévoir. Parce que si les entrepreneurs prévoient que les prix des facteurs de production et des biens de consommation vont augmenter, ils se précipitent pour les acheter avant la hausse, et font ainsi monter leur prix aujourd'hui même. Et alors, que se passe-t-il ? Comme il y a expansion de crédit, mais pas assez accélérée pour nous prendre tous au dépourvu, les trois effets décrits plus haut se déclenchent : hausse du prix des facteurs de production, forte montée du prix des biens de consommation et hausse des taux d'intérêt.

Le réajustement se produit donc dans une situation de grande inflation, mais où les nouvelles doses de monnaie n'ont aucun effet expansif appréciable.

*La crise énergétique*

Quel rapport existe-t-il entre crise économique et crise énergétique ? La crise énergétique a été très profitable aux gouvernants des pays du monde occidental, parce qu'elle a permis d'accuser facilement un tiers de tous les maux dont nous souffrons aujourd'hui. Mais le prix du pétrole est monté à cause d'une inflation préexistante, et il n'est pas la cause de l'expansion de crédit ni de l'inflation, mais une conséquence de celle-ci.

Les arabes ne sont pas sots. Ils se sont rendu compte qu'on les payait avec des dollars dont la valeur baissait chaque année et ils ont décidé, à un moment donné, que cela devait changer. Ainsi, la crise énergétique – la hausse du prix du pétrole – est la conséquence et non la cause de l'inflation. Une fois que la crise énergétique s'est produite, à la crise économique, telle que nous l'avons décrite, s'ajoute un facteur d'aggravation.

L'on peut donc conclure que la crise du pétrole est venue aggraver un problème préexistant, qui aurait existé de toute façon.

*L'entrepreneur et la théorie du cycle*

Dans quelle mesure est-il important, pour les entrepreneurs, de savoir comment se produisent les dépressions économiques ? Je suppose qu'il y en a ici plus d'un et je voudrais les convaincre que ces idées leur seront utiles tant pour comprendre ce qu'ils ont expérimenté dans le passé que pour mieux organiser leur conduite future.

Qu'est-ce qu'un entrepreneur ? C'est une personne dont la profession consiste à gagner de l'argent, consiste à être vigilant, à voir des occasions de gain et à les mettre à profit. En ce sens, nous sommes tous des entrepreneurs et qui s'attaque à l'entrepreneur, s'attaque à l'homme.

Ces idées peuvent être très utiles à l'entrepreneur, lorsque se produit un boom économique qu'il soupçonne provoqué par une politique interventionniste du gouvernement dans le domaine monétaire et du crédit ; elles l'inviteront à la prudence lorsqu'il décidera d'entreprendre de nouveaux projets d'investissement, elles l'inciteront à ne pas s'endetter excessivement et, ce qui est très important, à pratiquer une politique très saine en matière de capital circulant.

Et je dis qu'il faut être très courageux, durant la phase qui précède le boom, pour se retenir et ne pas se lancer dans de nouveaux projets d'investissement alors que les concurrents le font. Mais, plus tard, lors du réajustement, de la dépression, on verra qui a adopté une politique raisonnable et qui a eu la sottise de ne pas le faire.

Et ce n'est pas tout ; à un niveau plus concret, il est possible, même si cela semble paradoxal, de gagner, durant les périodes de dépression économique, d'énormes quantités d'argent, de construire de grandes fortunes. Beaucoup des fortunes mondiales actuelles sont nées de la dépression économique de 1929 et beaucoup des fortunes mondiales des dix ou vingt prochaines années seront nées de la dépression des années 1970. Car on produit, durant l'étape de dépression, des biens d'investissement qui ne servent pas et demeurent donc inutilisés ou mal utilisés, et dont le prix de marché est très bas. Les entrepreneurs qui disposent de liquidité au moment de la crise (les moins nombreux) pourront acheter des biens d'investissement à un prix dérisoire et, s'ils sont assez avisés pour acheter concrètement les biens d'investissement qui, lorsque l'économie repartira, acquerront une valeur de marché élevée, ils pourront gagner d'énormes fortunes. Donc, celui qui a de l'argent, qu'il attend que la terre baisse ; celui qui achète, qu'il décide intelligemment quel autre équipement il peut acheter ; et dans quelques années, si Dieu le veut, lorsque nous serons sortis de la crise, le prix des biens d'investissement aujourd'hui soldés se sera multiplié plusieurs fois.

*Crise et récupération*

Je désire souligner que la dépression économique est une phase de réajustement. On constate que la structure productive a été déformée et que le réajustement est amorcé : liquidation de projets d'investissement, faillite de certaines entreprises, suspensions de paiements, transfert de main d'œuvre aux entreprises de biens de consommation. Bref, la dépression est la phase de récupération ; autrement dit, nous sommes en pleine convalescence (et c'est, en ce sens, un motif de satisfaction ou, du moins, d'optimisme).

On ne peut pas guérir une dépression économique une fois qu'elle est survenue : les dépressions économiques ne sont pas guérissables ; on peut seulement les prévenir. On peut les prévenir en évitant les expansions de crédit qui provoquent les crises. Mais une fois que l'expansion de crédit a eu lieu, la crise est inévitable. Une fois que quelqu'un s'est enivré, il aura inévitablement la gueule de bois. L'on peut, cependant, faire en sorte que la dépression, la phase de réajustement ait lieu de la façon la moins pénible et la plus rapide possible ; pour cela, les marchés doivent impérativement être plus flexibles.

Il est clair qu'une économie comme la Nord-Américaine se rétablit beaucoup plus vite qu'une économie comme l'Espagnole. Car, aux États-Unis, les marchés sont beaucoup plus libres, les prix beaucoup plus flexibles à la hausse et à la baisse qu'en Espagne, pays qui connaît d'énormes rigidités institutionnelles.

La dépression économique ne peut pas se guérir, on peut seulement la prévenir. Une fois qu'elle est là, la seule chose à faire est de rendre le marché le plus libre possible.

*L'interventionnisme étatique, seul responsable de la crise*

La dépression économique n'est pas une crise produite par l'économie de marché. Il faut bien le comprendre. La crise n'est pas une crise de marché, c'est une crise de l'interventionnisme étatique ; c'est l'interventionnisme étatique qui a produit le système bancaire actuel et l'expansion de crédit, lui qui a trompé les entrepreneurs, lui qui a déformé la structure productive, lui qui l'a séparée du désir réel des consommateurs, parce que dans une économie de marché libre la structure productive s'adapte toujours au schéma que les consommateurs définissent librement ; il n'est pas possible qu'elle se sépare radicalement de ce que veulent les consommateurs. Par conséquent, il n'y a aucune raison pour qu'une économie libre de marchés connaisse des dépressions économiques.

*Dépression et socialisme*

Je parlerai maintenant d'une question qui me tient à cœur : il s'agit de l'absence tellement vantée de dépressions économiques dans les pays socialistes. Car les ennemis de l'économie de marché allèguent que l'un des avantages des économies socialistes est qu'elles ne connaissent pas les cycles dépressifs qui affectent les économies occidentales.

La réponse à cette critique est assez facile. L'on peut affirmer, en principe, que là où il n'y a pas de vie commerciale, celle-ci ne peut aller ni bien ni mal. La dépression économique apparaît parce qu'à cause d'un agent étranger, un tiers, l'Administration, la structure productive s'éloigne de celle que les consommateurs, librement, désirent. Dans une économie socialiste, la structure productive est imposée d'en haut, sans tenir nullement compte des désirs des consommateurs. Il est donc absurde de parler d'un possible réajustement de la structure productive allant dans la direction de celle que les consommateurs établiraient librement dans le marché. C'est absurde parce que l'objectif des dictateurs économiques est d'imposer aux consommateurs une structure productive prédéterminée et non pas de les laisser fixer eux-mêmes celle qu'ils désirent.

Alors, affirmer qu'il n'y a pas de dépression dans une économie socialiste revient à dire que l'avantage d'être mort est qu'on ne peut pas avoir de maladie ; c'est un « *avantage* », mais dérisoire. J'irais même plus loin, et je dirais que les économies socialistes se trouvent dans une phase de dépression économique chronique. Parce que si nous entendons que la dépression économique implique une structure productive non conforme au désir des consommateurs, c'est là un fait permanent dans les économies socialistes ; ce qui nous permet de conclure que les économies socialistes sont en crise permanente. Et c'est une chose que l'on peut facilement constater; il suffit de traverser n'importe quel pays se trouvant derrière le rideau de fer.

### *Epilogue*

Voilà ce que je voulais dire à propos des dépressions économiques ; il me reste à ajouter que, si la situation économique que nous vivons, qui affecte des centaines de milliers d'entreprises et des millions de familles, est tragique, la profonde ignorance de la situation que nous vivons et de ses causes, de la part de nos autorités politiques et économiques, est presque plus terrible. Si nous rentrons aujourd'hui chez nous avec les idées un peu plus nettes, et essayons chacun de les faire connaître, et, surtout, d'éviter que le gouvernement engage de nouvelles politiques d'argent bon marché, nous pourrons alors être pleinement satisfaits.

# CHAPITRE XV

# QUELQUES RÉFLEXIONS COMPLÉMENTAIRES SUR LA CRISE ÉCONOMIQUE ET LA THÉORIE DU CYCLE

## INTRODUCTION

Trois ans ont passé depuis le début de la crise financière mondiale et de la récession économique qui l'a suivie ; ils ont donné à l'École autrichienne l'occasion de populariser sa théorie du cycle économique et l'approche de son analyse dynamique de la réalité sociale. Personnellement, je n'aurais jamais pu imaginer au début de 1998, lors de la publication de la première édition de mon livre *Dinero, crédito bancario y ciclos económicos*, que douze ans plus tard, grâce à une crise financière et à une récession économique inégalées depuis la Grand dépression de 1929 et qu'aucun autre paradigme de notre science n'a pu prédire et expliquer convenablement que mon livre serait traduit en quatorze langues et publié (jusqu'ici) dans neuf pays, en plusieurs éditions (deux aux États-Unis, quatre en Espagne. J'ai en outre été invité, ces dernières années, et j'ai participé à de multiples rencontres, séminaires et conférences pour présenter mon livre et débattre de son contenu et de ses thèses les plus importantes. À ces occasions, quelques questions récurrentes ont été posées. La plupart, quoiqu'étudiées en détail dans mon livre, requièrent peut-être aujourd'hui un traitement supplémentaire à la fois synthétique et récapitulatif. Nous retiendrons, dans ces « *réflexions* », les questions suivantes :

### 1. La relation existant entre l'expansion de crédit et le dommage environnemental

Les théoriciens de l'« *écologie de marché* » (Anderson et Leal, 1993) ont démontré que la meilleure façon de protéger l'environnement était d'étendre la créativité entrepreneuriale et les principes du marché libre à toutes les ressources naturelles, ce qui exige leur privatisation totale ainsi qu'une définition et une défense efficaces des droits de propriété correspondants. L'absence de ceux-ci rend impossible le calcul économique, empêche l'allocation adéquate des ressources aux usages les plus recherchés, et encourage toutes sortes de comportements irresponsables ainsi que la consommation et la destruction indues de nombreuses ressources naturelles.

Cependant, les théoriciens de l'« *écologie de marché* » ont laissé de côté une autre cause importante du mauvais usage des ressources naturelles : l'expansion de crédit qu'orchestrent les banques centrales et qu'elles injectent cycliquement dans le processus économique à travers le système de banque privée à réserves fractionnaires. En effet, l'expansion artificielle de moyens fiduciaires engendre une phase de bulle spéculative et d'euphorie financière (« *exubérance irrationnelle* ») qui finit par affecter l'économie réelle et la raidit indûment en faisant apparaître comme rentables de multiples projets qui, en réalité, ne le sont pas (Huerta de Soto, 2009). Tout cela stresse inutilement tout l'environnement naturel : on coupe des arbres qui ne devraient pas l'être, on pollue l'atmosphère, les rivières, on perce des montagnes, on fabrique du ciment et on extrait des minéraux, du gaz et du pétrole, etc. pour essayer de terminer des projets trop ambitieux qu'en réalité les consommateurs ne sont pas disposés à demander, etc. Le marché, finalement, imposera les critères des consommateurs et de multiples biens d'investissement resteront oisifs ; cela prouvera qu'ils ont été produits à tort (c'est-à-dire que leur distribution géographique est temporelle et erronée), parce que les entrepreneurs se sont laissés tromper par les facilités de crédit et les faibles taux d'intérêt décrétés par les autorités monétaires. Il s'en suit pour l'environnement naturel un dommage totalement inutile, car il n'a supposé aucune amélioration du niveau de vie des consommateurs. Ceux-ci, au contraire, se sont appauvris à cause du mauvais investissement de l'épargne réelle restreinte de la société dans des projets non viables, trop ambitieux (par exemple, un million d'habitations en Espagne qui ne trouvent pas d'acheteur). L'expansion de crédit entrave donc le développement économique soutenable et détériore inutilement l'environnement naturel.

La conclusion de cette analyse sommaire est évidente : les amants de la nature devraient défendre un système monétaire libre, sans banque centrale et dans lequel les banquiers privés opèreraient avec un coefficient de caisse de 100 pour cent pour les dépôts à vue et équivalents, utilisant comme base monétaire un étalon-or pur. C'est la seule façon d'éradiquer les étapes récurrentes d'essor artificiel, de crise financière et de récession économique qui font tant de mal à l'économie, au genre humain et au processus de coopération sociale.

## 2. L'expansion de crédit est-elle réellement nécessaire pour promouvoir la croissance économique ?

Un argument populaire (défendu par plusieurs économistes prestigieux, comme Schumpeter) soutient que l'expansion de crédit et les faibles taux d'intérêt facilitent l'introduction d'innovations technologiques et entrepreneuriales qui favorisent le développement économique. L'argument est inconsistant. Dans une économie de marché, il est aussi important de procurer un financement à un projet entrepreneurial solvable et viable, que de le refuser aux projets extravagants et non viables : beaucoup d'« *entrepreneurs* » se comportent comme des chevaux emballés et il est nécessaire de restreindre leurs possibilités de dilapider les ressources rares de la société. Le problème est que seul le marché est capable de distinguer ces projets les uns des autres. Cela se passe au cours d'un processus social dans lequel la pièce essentielle est précisément l'indicateur du montant réel des ressources épargnées et du taux social de préférence temporelle ; il aide à séparer les projets qui doivent se financer de ceux pour lesquels ce n'en est pas encore le moment et qui doivent donc rester en attente. Il est vrai que toute expansion artificielle du crédit et des moyens fiduciaires qui l'appuient produit une redistribution du revenu en faveur de ceux qui reçoivent les premiers les disponibilités monétaires nouvelles ; et cela ne permet pas de théoriser sur les effets nets que produira le processus sur l'épargne réelle de la société (cela dépendra de la façon dont on comparera la préférence temporelle de ceux qui gagnent avec celle de ceux qui perdent). Mais il y a des indices plus que suffisants pour penser que l'inflation décourage l'épargne réelle, même si ce n'est que parce qu'elle engendre un effet d'illusion de richesse qui incite à la dépense en biens de consommation et à la consommation de capital. De plus, il devient évident à la longue qu'on ne peut investir que ce qui a été préalablement épargné. Mais ce qui a été préalablement épargné peut être bien ou mal investi. L'expansion de crédit favorise le gaspillage et le mauvais investissement des facteurs de production rares dans des projets insoutenables et non rentables. Cela veut dire que le modèle de développement économique fondé sur l'expansion artificielle du crédit détruit de façon cyclique un grand nombre de biens d'investissement, ce qui appauvrit sérieusement la société (par comparaison avec le niveau que l'on pourrait atteindre à long terme avec une croissance soutenable, non forcée par l'expansion de crédit et plus conforme aux désirs véritables des consommateurs quant à leurs préférences temporelles).

Et qu'on ne dise pas que l'inflation fiduciaire sert au moins à employer les ressources oisives, car on peut obtenir le même résultat sans investir mal et sans gaspiller : en flexibilisant les marchés correspondants du travail et des facteurs de production. L'expansion de crédit engendre, à la longue, des emplois insoutenables, des investissements erronés et, donc, une croissance économique moindre.

### 3. Est-il vrai que les banques ont causé la crise pour avoir assumé des risques disproportionnés par rapport à leur capital ?

Attribuer la crise au comportement des banques revient à confondre les symptômes avec les causes. Les banquiers, en effet, se sont limités, durant l'étape d'euphorie spéculative, à répondre aux stimulants (taux d'intérêt réels nuls ou négatifs et expansion artificielle du crédit) créés par les banques centrales. Maintenant, ces institutions, dans une belle démonstration d'hypocrisie, s'arrachent les cheveux, attribuent à d'autres les conséquences de leurs propres politiques erronées et s'efforcent d'apparaître somme les « *sauveurs de la patrie* » à qui nous devons de n'être pas tombés dans une dépression encore plus profonde. Et il n'est pas besoin de rappeler que, précisément durant l'étape de boom, l'inflation des prix des actifs financiers fut si élevée qu'elle permit aux banquiers d'exhiber dans leurs bilans d'importants capitaux propres qui permettaient, du moins en apparence, une forte prise de risques sans problèmes particuliers. Tout cela dans un contexte de taux d'intérêt réels nuls ou même négatifs et d'extraordinaire abondance de liquidité, délibérément encouragée par les banques centrales. Personne, dans ces conditions, ne devrait s'étonner du financement marginal et croissant de projets d'investissement d'une rentabilité de plus en plus réduite et douteuse et de plus en plus risqués.

### 4. Le problème de la banque consiste-t-il alors à ne pas avoir su coordonner correctement les délais des opérations actives – prêts – et passives – dépôts reçus – ?

Non, le problème c'est qu'elles ont opéré avec des réserves fractionnaires ; c'est-à-dire qu'elles n'ont pas maintenu un coefficient de caisse de 100 pour cent pour les dépôts à vue et équivalents. En d'autres termes, le coefficient de caisse de 100 pour cent pour les dépôts à vue évite l'expansion de crédit et les problèmes de liquidité pour la banque, car il ne permet d'investir que ce qui a été préalablement épargné ; et, si les investisseurs calculent mal le délai de mûrissement de leurs projets viables, ils peuvent demander d'autres prêts (garantis par une épargne réelle préalable) pour rembourser ceux qui arrivent à échéance. L'expansion de crédit issue de la pratique bancaire de la réserve fractionnaire engendre un mauvais investissement généralisé des ressources, que beaucoup confondent erronément avec une mauvaise coordination de délais, alors que le problème est beaucoup plus profond : investissements insoutenables par manque d'épargne réelle. Le problème économique fondamental n'est pas dû à une erreur de coordination de délais, mais à l'absence d'un coefficient de caisse de 100 pour cent, c'est-à-dire à la pratique bancaire de la réserve fractionnaire.

## 5. Une banque isolée peut-elle « *échapper au désastre* » en cas d'expansion de crédit généralisée ?

Une banque individuelle peut s'imaginer qu'elle sortira indemne d'un processus d'expansion de crédit si (a) elle se croit capable de prêter marginalement aux projets les plus rentables et sûrs (ceux qui sont le moins touchés à l'arrivée de la crise) ; et (b) elle croit que, lorsqu'elle entreprendra son expansion de crédit matérialisée par ces projets, les autres banques suivront la même politique expansive au moins au même rythme, de sorte qu'elle ne sera pas seule et ne perdra pas de réserves.

Dans la pratique, ce qui est indiqué au (b) se produit généralement (expansion de crédit généralisée orchestrée, de surcroît, par la banque centrale) ; mais il est très difficile que (a) se produise et ce n'est qu'une simple illusion : les nouveaux moyens fiduciaires (dépôts créés) ne peuvent être prêtés qu'à des taux d'intérêt relativement bas et ne peuvent être placés, sous forme de prêts, que dans des projets de plus en plus longs (qui arrivent à maturité de plus en plus tard) et « *risqués* » (incertains), projets qui ne sont apparemment rentables qu'à des taux réduits, mais qui cessent immédiatement d'être viables, faute d'épargne réelle suffisante, dès que les taux s'élèvent.

De plus, si une banque s'obstine à ne pas s'impliquer dans le processus d'expansion de crédit, elle perd une partie du marché et court le risque de devenir une sorte de fossile exotique, en sorte que l'effet corrupteur de la banque à réserves fractionnaires sur tout le système bancaire est évident (cet argument a déjà été exposé par Longfield au XIX siècle). D'autre part, la pratique bancaire a toujours confirmé ce phénomène (par exemple, plusieurs présidents de banques espagnoles m'ont dit qu'ils savaient, durant la période de boom, qu'une grande partie des prêts immobiliers accordés étaient difficilement viables à long terme et très risqués, mais qu'ils avaient été « *forcés* » de participer à de multiples prêts syndiqués et opérations douteuses à cause de la pression des analystes, des agents du marché et de la nécessité d'accroître ou, du moins, de conserver leur part de marché).

## 6. L'épargne en tant que « *flux* » face aux soldes de trésorerie sous forme de dépôts en tant que « *fonds* » ou « *stock* »

La monnaie n'est ni un bien de consommation (sauf pour l'avare « *oncle Picsou* ») ni un facteur de production. C'est une troisième sorte de bien : un moyen d'échange communément accepté. De plus, la monnaie ne remplit sa fonction de moyen d'échange que comme bien présent. Cependant, elle peut être prêtée, auquel cas elle devient un actif financier pour le prêteur à qui elle ne sert plus comme moyen d'échange.

Il est donc absurde de dire que la monnaie en dépôt qui fait partie des soldes de trésorerie de l'acteur a été « *épargnée* ». Le dépôt est un solde de trésorerie et, donc, un grand stock ou un fonds. Le flux de revenu non consommé donne lieu au flux d'épargne qui est investi dans des actifs financiers ou directement dans des biens d'investissement, sauf si quelqu'un décide d'accroître indéfiniment ses soldes de trésorerie (augmentation de la demande de monnaie). Les soldes de trésorerie peuvent, en outre, être accrus non seulement en réduisant le flux de consommation, mais aussi en réduisant le flux d'investissement (ou les deux).

Le problème est qu'avec un flux d'épargne stable et déterminé, si quelqu'un décide de placer ses soldes de trésorerie sous forme de dépôts à vue dans une banque à réserves fractionnaires, le flux de prêts et d'investissement augmente sans que le flux d'épargne réelle ait augmenté, ce qui déclenche, précisément, le cycle économique.

Seule la banque libre observant un coefficient de caisse de 100 pour cent empêche l'anomalie précédente, car elle rend impossible pour les banques l'annotation

Prêts dépôts
---------x----------

sur laquelle elles fondent actuellement leur activité principale, car tout dépôt serait, conformément aux principes généraux du droit, garanti en caisse par le solde de trésorerie correspondant

Caisse dépôts
----------x----------

## 7. Est-ce vrai, comme le dit Leland Yeager, qu'il est impossible de distinguer les dépôts à vue des prêts à très court terme ?

Les principes et la théorie étant clairs (les dépôts à vue et équivalents doivent être garantis à tout moment par un coefficient de caisse de 100 pour cent), le marché trouve les solutions les plus opératives et pratiques dans chaque cas.

Dans un système bancaire idéal, avec un coefficient de caisse de 100 pour cent, les prêts à court terme (1 à 3 mois) se distingueraient facilement des dépôts à vue, les agents impliqués entreprenant les opérations habituelles d'adéquation de flux qui sont si efficacement pratiquées dans le marché libre sur la base de principes de prudence éprouvés et presque invétérés.

Les « *faux* » prêts qui cachent des dépôts seraient facilement identifiables, surtout parce qu'à la limite du très court terme (d'une semaine à un mois) la demande de prêts véritables est très réduite (si l'adéquation de flux est bien faite et sauf circonstances exceptionnelles).

En somme, l'important est de savoir si un acteur considère subjectivement qu'un dépôt « *à terme* » ou un (faux) « *prêt* » fait ou non partie de ses soldes de trésorerie à disponibilité immédiate. Si oui, il s'agit de véritables dépôts « *à vue* » qui exigent un coefficient de caisse de 100 pour cent.

## 8. Quels sont les scénarios possibles lorsque se déclenche une crise comme celle d'aujourd'hui ?

Il y en a fondamentalement quatre :

1° la reprise de la bulle à cause de doses massives d'expansion nouvelle (c'est presque le pire des scénarios, car on ne peut retarder la dépression qu'en la rendant beaucoup plus grave : c'est ce qui s'est passé en 2001-2002, lorsque la phase expansive se prolongea durant six autres années, mais au prix d'une crise financière et d'une récession économique inconnues depuis 1929).

2° L'extrême opposé : la chute successive de toutes les banques à réserves fractionnaires et la disparition du système financier (tragédie évitée « *in extremis* » avec le sauvetage – bail out – de la banque dans le monde entier).

3° La « *japonisation* » de l'économie : l'intervention gouvernementale (en matière fiscale et de crédit) est si intense qu'elle bloque les processus spontanés du marché qui tendent à corriger les erreurs d'investissement commis durant l'étape de la bulle, de sorte que l'économie se maintient indéfiniment en situation de récession.

4° le plus probable : le marché qui est dynamiquement très efficace finit « *tant bien que mal* » par corriger les erreurs d'investissement : les entreprises et les économies domestiques assainissent leurs bilans par la réduction de coûts (principalement du travail) et le remboursement de prêts. Les entreprises qui subsistent sont « *assainies* » et l'épargne croissante permet de financer de nouveaux projets d'investissement qui sont, eux, soutenables à long terme. L'augmentation du chômage atteint son point culminant lorsque l'assainissement est achevé ; il est primordial, dans cette situation, de libéraliser au maximum le marché du travail (embauche, salaires, licenciements et négociation collective) pour réintroduire les chômeurs dans le circuit productif assaini et les employer dans des projets viables. L'austérité budgétaire doit être de rigueur dans le secteur public ; il faut éviter d'augmenter les impôts, réduire la bureaucratie et les interventions administratives dans l'économie.

**9. Quelles mesures pourraient être prises actuellement qui aillent dans la bonne direction et s'approchent, même timidement, du système financier idéal d'une véritable économie de marché libre ?**

Le tableau suivant permet de répondre à cette question :

| *Modèle monétaire idéal* | *Mesures (très) timides dans la bonne direction* |
|---|---|
| Étalon-or pur (croissance du stock mondial d'or ≤ 2% par an) | Respect rigoureux d'une croissance de l'offre monétaire non supérieure à 2% par an. Taux de change fixes. Euro |
| Coefficient de caisse de 100% (crises bancaires impossibles) Abolition de la banque centrale | La banque centrale se limite à fournir de la liquidité aux banques en difficulté pour éviter les crises bancaires. |
| Les dépôts ne sont pas prêtés et bonne adéquation des flux d'épargne-investissement. | |
| On sépare l'activité consistant à procurer de la liquidité et l'intermédiation financière. | Séparation radicale de la banque commerciale et de la banque d'investissement (Glass-Steagall Act de 1933). |

Pour beaucoup de domaines du marché contrôlé qui sont à réformer (privatisation de rues, immigration libérale, etc.), c'est une grave erreur de penser qu'il faut éliminer toute régulation tant que la réforme idéale ne sera pas réalisée. Bien au contraire : tant que la réforme n'est pas faite, il faut maintenir une régulation minimale qui simule, dans la mesure du possible, les résultats qu'aurait le système idéal : dans le domaine monétaire, étalon-or pur avec coefficient de caisse de 100 pour cent et sans banque centrale. Cependant, il faut insister sur ceci : au lieu d'essayer maladroitement de copier ce que ferait le marché, à l'aide de rafistolages et de palliatifs douteux, le mieux – et incontournable – est, sans aucun doute, de réaliser la réforme définitive et radicale qu'exige le modèle monétaire idéal.

## CONCLUSION : L'EMBARRAS DES THÉORICIENS ET DES CITOYENS

La société est déconcertée par la crise. Elle n'éprouve pratiquement pas d'affinités pour les politiques. L'ignorance et l'embarras de ceux-ci sont également impressionnants. Mais ce qui est plus grave encore, c'est la carence théorique dont font preuve la plupart des théoriciens eux-mêmes, qui n'arrivent pas à comprendre ce qui se passe. Pourquoi ça s'est passé et ce qui peut se passer? Le discrédit de l'économie néoclassique (hypothèse d'efficience des marchés, théorie des anticipations rationnelles, foi en l'« *autorégulation* », principe de rationalité des agents, etc.) est total et il est interprété à tort comme un échec du marché qui justifie plus d'intervention étatique (les keynésiens attribuent la crise à la subite « *panique* » financière et au défaut de demande agrégée que l'État doit compléter). Ni les uns ni les ne réussissent à comprendre le marché, de sorte que leurs analyses et leurs recommandations sont erronées. Le vide théorique en plein XXI siècle est énorme. Heureusement, la théorie autrichienne du cycle, en général, et mon livre, *Dinero, crédito bancario y ciclos económicos*, en particulier, permettent de combler ce vide et de mettre fin à cet embarras.

## RÉFÉRENCES BIBLIOGRAPHIQUES


ANDERSON, T. L., D. R., 1993, *Ecología de Mercado,* Unión Editorial, Madrid.

HUERTA DE SOTO, J., 2009, *Dinero, crédito bancario y ciclos económicos*, (4° édition), Unión Editorial Madrid.

# CHAPITRE XV

## POUR UNE EUROPE LIBRE

Bien que les circonstances politiques de l'Espagne aient éclipsé en grande partie la question des prochaines élections au Parlement européen, il ne faut pas oublier que celles-ci nous donnent une magnifique occasion de repenser l'idée de l'Europe dans laquelle nous sommes.

Cette réflexion est, en outre, tout à fait pertinente, car le prestige libéral qui inspira, à l'origine, l'idée de l'Europe a été écarté par une coalition d'intérêts interventionnistes (d'origine socialiste nationaliste et, parfois, conservatrice) dans le but de construire au niveau européen étatique, bureaucratique et protectionniste, une superstructure très peu démocratique et encore moins libérale.

En effet, au lieu d'utiliser le processus européiste pour renforcer la liberté individuelle, principale valeur culturelle que les citoyens européens ont traditionnellement partagée, le processus d'Union européenne a servi de prétexte aux hommes d'État pour accroître la régulation étatique et l'intervention politique qui ne cessent de priver les citoyens d'une part de plus en plus étendue de leurs droits. C'est pourquoi il est si important de ne pas laisser passer l'occasion actuelle de redéfinir et de limiter les pouvoirs des États membres et d'empêcher l'apparition d'un nouveau Léviathan qui englobe et surpasse en interventionnisme les États actuellement existants. Il s'agit, en somme, de construire une Europe qui garantit les droits et la liberté de choix de tous ses citoyens, aussi bien – vers le bas – face aux États-nations actuels, que – vers le haut – face au nouveau super-État européen que les politiciens de toute sorte et la foule des naïfs qui les suivent prétendent créer.

Par ailleurs, il est nécessaire de construire une Europe pour tous les Européens et pas seulement pour les citoyens des États membres actuels, qui soit constamment ouverte et accessible aux pays et nations d'Europe et ne laisse pas les superstructures politiques européennes de chaque moment de se perpétuer au pouvoir. Il faut, en somme, préserver et renforcer les valeurs européennes traditionnelles fondamentales dans un contexte de liberté culturelle et institutionnelle. Ces valeurs sont le respect de la liberté et de la dignité personnelle, le droit à la propriété privée, l'économie de marché et la liberté d'entreprise et de commerce, tout cela dans le contexte d'un État de droit qui permet que la merveilleuse variété de peuples et de cultures promeuve le développement de tous ses éléments.

Les quatre libertés fondamentales qui ont inspiré le Traité de Rome doivent, donc, rester le fil conducteur de tout le processus et s'étendre à tous les citoyens et les pays d'Europe. Ces libertés essentielles sont : la libre circulation des biens, la liberté de prestation de services, le libre mouvement des capitaux financiers et la complète liberté d'émigration et d'immigration. Quatre droits inaliénables de l'être humain qui sont la seule condition nécessaire et suffisante pour atteindre une véritable union harmonieuse, pacifique et enrichissante entre tous les peuples et cités d'Europe. Il n'est donc pas nécessaire, comme le croient les interventionnistes, de reproduire au niveau de l'Europe entière les structures politiques étatiques, en uniformisant et en harmonisant toutes les lois et en créant artificiellement un super-État fédéral, aussi dangereux pour la liberté individuelle que politiquement impossible à la longue et essentiellement étranger à la tradition diverse et plurale de l'Europe.

Il faut, pour ces mêmes raisons, s'opposer à une régulation uniforme de caractère social pour toute l'Europe, qui nuirait beaucoup aux travailleurs les plus défavorisés et aux nations relativement moins développées. Au contraire, la liberté du commerce et de l'émigration garantit à la longue le plus grand développement économique possible et une tendance irréversible à l'égalisation des revenus des travailleurs de toute l'Europe, de façon spontanée et sans contraintes ni violences imposées artificiellement depuis Bruxelles.

Il faut également reconsidérer la fonction de la Banque centrale européenne, et remplacer la priorité de cet objectif par la liberté de choix de monnaies de l'intérieur et de l'extérieur de l'Europe dans un contexte qui admette, tout au plus, un système de parités fixes entre les monnaies que l'on aurait librement décidé de lier à la devise nationale offrant, dans chaque circonstance historique, le plus de garanties d'indépendance et de stabilité. Il faudra, en outre, fuir l'harmonisation fiscale et les impôts européens, encourager la responsabilité fiscale de chaque État-nation et faire en sorte que la liberté de circulation des personnes et des biens entre eux les force continuellement à réduire leur pression fiscale et à contrôler la quantité et la qualité de leurs dépenses publiques. Enfin, il faut se mettre en garde contre la régulation environnementale européenne, car, dans ce domaine comme dans les autres, les solutions décentralisées fondées sur le marché et les droits de propriété sont beaucoup plus efficaces ; l'on doit, en tout cas, les essayer et leur donner le bénéfice du doute avant de les confier à des organismes bureaucratiques de Bruxelles que personne ne contrôle et qui ne disposent pas de l'information nécessaire pour agir correctement et de manière indépendante.

Toute la réglementation européenne qui a réduit le champ des libertés essentielles de l'Europe doit être abandonnée, et aucun secteur, aucune industrie ou entreprise ne doit bénéficier d'un traitement de faveur ou de protection.

Il faut, en particulier, établir un programme pour démonter toute la Politique agricole commune qui pénalise le pouvoir d'achat des citoyens européens et en privilégie quelques-uns sans résoudre les problèmes fondamentaux du secteur agricole, mais en nuisant aux pays relativement plus pauvres.

Face à l'Europe des nomenclatures bureaucratiques, des castes politiques interventionnistes des secteurs privilégiés, des monopoles et groupes d'intérêt, et des subventions et clientèles politiques, il faut opposer l'Europe de la libre concurrence égale pour tous, soumise au droit sans privilèges, et fondée sur un secteur privé sain et décentralisé, ne dépendant pas pour tout du pouvoir politique et pouvant assumer la gestion des services publics qui, assurés aujourd'hui par les États-nations, présentent un coût si élevé et une si mauvaise qualité.

Le véritable déficit démocratique européen ne se résoudra pas en réorganisant d'artificielles superstructures politiques européennes qui copient et se superposent aux existantes au niveau de chaque État-nation, mais en approfondissant la définition et la défense correcte des droits individuels de chaque citoyen européen, face aux abus et aux atteintes dont ils font l'objet de la part d'innombrables organismes publics. Il n'y a donc pas besoin de structures politiques supplémentaires, mais, en tout cas, d'une organisation juridictionnelle européenne plus efficiente qui veille à ce que les États respectent les libertés essentielles favorables au processus europeïste et qui défend les droits individuels du citoyen européen.

# CHAPITRE XVII

# ÉPARGNE ET PRÉVISION DANS L'ASSURANCE-VIE

Les opérations d'assurance-vie constituent un instrument d'épargne et de prévision d'une efficacité reconnue au niveau individuel et collectif. Les unités économiques familiales ressentent le besoin d'être couvertes contre les risques de décès et d'invalidité menaçant les chefs de famille qui apportent leurs ressources économiques. Il existe aussi un autre risque latent important ; il concerne la provision des ressources nécessaires pour subsister en cas de survie, après qu'on a abandonné la vie active pour prendre sa retraite. Les assurances-vie permettent, dans leurs différentes combinaisons, grâce à un contrat unique, solidement fondé sur le droit et la science actuarielle, de satisfaire de façon globale et efficace tout cet ensemble de risques, et il présente des caractéristiques qui le rendent spécialement intéressant pour la grande majorité des familles de la société moderne.

Il existe bien la possibilité d'ouvrir des comptes courants et d'épargne dans des institutions bancaires et de crédit ; or, même s'ils représentent des quantités très importantes, des billions mêmes de pesetas appartenant le plus souvent aux classes moyennes ou populaires, ils ne perçoivent que des rémunérations très faibles ou négligeables, de sorte que l'assurance-vie est beaucoup plus intéressante. Elle permet, en premier lieu, d'acheter à crédit un capital dont la rentabilité nettement supérieure comprend deux composantes : d'une part, un taux d'intérêt technique absolument garanti à long terme, déjà supérieur en lui-même à celui de la plupart des comptes d'épargne ; et il faut ajouter à cette composante la rentabilité additionnelle que supposent les pourcentages élevés de participation aux bénéfices techniques et financiers que les compagnies d'assurance-vie accordent généralement à leurs assurés. En outre, l'assurance-vie permet, dès le départ, et en cas de décès ou d'invalidité, c'est-à-dire quand la famille en a le plus besoin, de disposer d'un capital important que la plupart des familles n'auraient pu autrement réunir qu'au bout de longues années. L'on comprend ainsi que l'assurance-vie soit une forme très perfectionnée d'épargne et, sans aucun doute, l'instrument par antonomase le plus adapté pour encourager l'épargne volontaire à long terme.

Face aux fonds d'investissement mobilier qui, dans le passé, ont voulu se substituer à l'assurance-vie, celle-ci présente comme caractéristique principale la *sécurité* représentée par le fait que le risque financier de perte de capital ou de dévalorisations boursières est intégralement supporté par la compagnie d'assurances et non par le petit investisseur. De nombreux assureurs-vie ne peuvent s'empêcher de sourire devant le sarcasme de ces conseils publicitaires souvent lancés autrefois par des secteurs concurrents de l'assureur et qui proclamaient l'opportunité de contracter, en toute hypothèse, des assurances-vie de risque pur et de placer la différence dans d'autres investissements. L'expérience des dernières décennies a, cependant, montré que le conseil d'« *acheter des assurances de risque et d'investir la différence* » a souvent supposé pour les familles l'« achat de polices de risque et la *perte* de la différence », car elles assumaient indûment le risque des dévalorisations boursières et des pertes de capital qui se sont beaucoup accentuées à cause des crises économiques successives.

Les dépôts à terme dans des institutions bancaires et de crédit présentent l'inconvénient suivant : pour obtenir des rentabilités significatives, il faut disposer de quantités relativement élevées pour des investisseurs modestes. L'on peut obtenir des rentabilités élevées de façon beaucoup plus commode grâce à cette constitution de capitaux « *à crédit* » que supposent les assurances-vie. De plus, les compagnies d'assurance-vie montrent sur le marché qu'elles ont des coûts de transformation souvent nettement plus réduits que les bancaires, et qu'elles peuvent concourir avantageusement avec les banques et caisses d'épargne en matière de taux de rentabilité financière. Car le secteur de l'assurance-vie ne dépend pas, comme le secteur bancaire, de nombreux bureaux remplis de personnel, qui créent d'abord puis se disputent le passif du pays à un coût très élevé. L'existence d'un excès chronique de capacité dans le secteur bancaire est évidente ; il est évident aussi que celui-ci doit subir un processus de restructuration juridique et opérative, qui ne concerne nullement le secteur de l'assurance-vie en Espagne.

L'assurance-vie moderne, en tant que formule perfectionnée d'épargne, est, en somme, l'un des systèmes les plus efficaces et utilisés dans le monde pour mobiliser les ressources financières du petit investisseur, étant donné les caractéristiques de sécurité, de couverture de risques, de rentabilité et de liquidité, qui sont propres à ce type de contrats et dont la combinaison est très difficile à trouver dans les instruments offerts dans le marché par d'autres intermédiaires financiers.

Du point de vue macroéconomique, il faut tenir compte du fait que les réserves ou provisions mathématiques dérivées des opérations d'assurance-vie supposent un investissement à très long terme, dont la moyenne est souvent supérieure à vingt ans. L'assurance-vie possède ainsi une capacité de financement de l'économie nationale très importante et de grande valeur à cause de son effet anti-inflationniste. Il convient d'ajouter ici deux observations. Il faut, en premier lieu, souligner que le montant des réserves mathématiques totales des assurances-vie ne doit pas être comparé au montant des passifs des banques et caisses d'épargne, car ils sont de nature très différente. Les unes (les réserves ou provisions mathématiques des assurances-vie) répondent à une discipline d'épargne réelle, effective et volontaire de la part de la société ; les autres (les dépôts et comptes bancaires) répondent le plus souvent à une expansion artificielle du crédit réalisée par la banque sans que personne ait préalablement accru de façon réelle et volontaire son épargne. Bien que personne ne doute que l'assurance-vie doive encore faire des progrès en Espagne, la comparaison serait beaucoup plus exacte si l'on prenait pour référence le montant des titres « *vifs* » à revenu fixe (existant dans le pays) publics et privés, ayant un délai d'amortissement supérieur à dix ans.

La deuxième observation importante est d'ordre fiscal. La plupart des pays ont reconnu l'effet économique bienfaisant de l'assurance-vie et l'ont doté, pour cette raison, d'un régime fiscal très favorable. En Espagne, sa situation fiscale a empiré sensiblement ces dernières années, et l'on comprend encore mal, au niveau officiel, ce que supposent les opérations d'assurance-vie.

Il faut, enfin, souligner que l'assurance-vie ne peut pas être comprise sans la figure de l'agent spécialisé dans sa gestion. Il est prouvé, au niveau international, que beaucoup des principes consacrés du marketing commercial et industriel ne sont pas applicables au secteur de l'assurance-vie. Malgré les efforts réalisés pour inventer des campagnes de plus en plus imaginatives, la publicité des compagnies d'assurance-vie a toujours une valeur plus institutionnelle qu'autre chose. Et de nombreuses techniques modernes, comme celles des ventes directes par courrier, cartes de crédit, etc. ont obtenu des résultats très discutables et ont dû retoucher le produit traditionnel pour le rapprocher de ce qu'offrent d'autres intermédiaires financiers. La figure de l'agent spécialisé dans la gestion d'assurances-vie est donc irremplaçable et le futur de cette assurance en Espagne dépend essentiellement du fait que les compagnies d'assurances-vie sachent vendre la profession d'agent spécialisé aux jeunes Espagnols, en développant des organisations de gestion de ventes qui pénètrent de plus en plus efficacement dans le marché.

# CHAPITRE XVIII

# UNE NOTE SUR LA CRISE DU SOCIALISME

Rien n'est plus pratique qu'une bonne théorie. C'est pourquoi je me propose d'expliquer théoriquement ce qu'est le socialisme et pour quoi il constitue une erreur intellectuelle, une impossibilité scientifique. Je montrerai comment le socialisme réel s'est effondré et pourquoi le socialisme qui subsiste, dans les pays occidentaux, sous forme d'interventionnisme économique est le principal responsable des tensions et conflits que nous subissons. Nous vivons, malgré la chute du mur de Berlin, dans un monde essentiellement socialiste et nous continuons de supporter les effets qui, théoriquement, sont propres à l'intervention de l'État dans la vie sociale.

Avant de définir le socialisme, il faut d'abord comprendre le concept de «*fonction entrepreneuriale*». Les théoriciens de l'économie définissent la fonction entrepreneuriale comme une capacité innée de l'être humain. Nous ne parlons pas de l'entrepreneur classique qui dirige une affaire. Mais de cette capacité innée, propre à tout être humain, à découvrir, créer, voir les occasions de gain qui naissent autour de lui et à agir en conséquence pour les mettre à profit. De fait, le mot entrepreneur évoque étymologiquement l'inventeur, celui qui voit quelque chose et s'en empare. C'est l'ampoule qui s'allume.

La fonction entrepreneuriale est la première capacité de l'homme. Elle est ce qui nous distingue le plus des animaux, cette capacité de créer et de découvrir des choses. Dans ce sens général, l'être humain est, plus qu'*homo sapiens*, *homo-entrepreneur*. Qui donc est l'entrepreneur ? Eh bien, la mère Teresa de Calcutta, par exemple. Je ne parle pas seulement d'Henry Ford ou de Bill Gates, grands entrepreneurs dans le domaine économique et commercial. Un entrepreneur, c'est toute personne possédant une vision créative, révolutionnaire. La mission de mère Teresa était d'aider les plus déshérités et elle cherchait les moyens d'y parvenir de façon créative et en réunissant de bonnes volontés. C'est pourquoi elle est un exemple paradigmatique d'entrepreneur. Nous entendons, donc, par fonction entrepreneuriale la caractéristique la plus intime de notre nature humaine, qui explique l'apparition de la société comme un réseau très complexe d'interactions. Relations d'échange que nous établissons parce que nous comprenons qu'elles nous sont profitables. Et elles sont toutes stimulées par notre esprit d'entreprise.

Tout acte entrepreneurial produit une série de trois étapes. La première consiste à créer de l'information : lorsqu'un entrepreneur découvre ou crée une idée nouvelle, il engendre dans son esprit une information qui n'existait pas auparavant. Et cette information se transmet par tel ou tel conduit, en vagues successives, donnant lieu ainsi à la deuxième étape. Je découvre ici une ressource mal utilisée et là un besoin urgent de cette même ressource. J'achète bon marché et je revends cher. Je transmets l'information. Enfin, des agents économiques, agissant sans coordination, apprennent, découvrent qu'ils doivent conserver une ressource parce que quelqu'un en a besoin. Voilà les trois étapes qui forment une série : création d'information, transmission d'informations et, le plus important, effet de coordination ou ajustement. Du matin au soir, nous disciplinons notre comportement en fonction de besoins d'autrui, de personnes que nous ne connaissons même pas, et nous le faisons spontanément parce que nous comprenons que cela sert notre propre intérêt entrepreneurial. Il est important de commencer par cette remarque, car nous allons voir, au contraire, ce qu'est le socialisme.

Le socialisme doit être défini comme « *tout système d'agression institutionnelle et systématique contre le libre exercice de la fonction entrepreneuriale* ». Il consiste à imposer des ordres à l'aide de tous les moyens coercitifs dont dispose l'État. Il pourra présenter certains objectifs comme bons, mais devra les imposer en entrant de force dans ce processus de coopération sociale dont les entrepreneurs sont les acteurs principaux. Il utilise donc pour agir des pratiques coercitives ; c'est là sa première caractéristique. Cela est très important, car les socialistes cherchent toujours à cacher ce côté coercitif qui est l'essence la plus caractéristique de leur système. La coercition consiste à utiliser la violence pour obliger quelqu'un à faire quelque chose. D'un côté, il y a la coercition du criminel qui agresse dans la rue ; de l'autre, la coercition de l'État qui est celle qui caractérise le socialisme. Parce que, s'il s'agit d'une coercition systématique, le marché a des mécanismes lui permettant, dans la mesure du possible, de définir le droit de propriété et de se défendre contre la criminalité. Mais si la coercition est systématique et émane institutionnellement d'un État qui possède tous les moyens du pouvoir, la possibilité de nous en défendre ou de les éviter est très réduite. C'est alors que le socialisme montre sa réalité essentielle dans toute sa dureté.

Je ne définis pas le socialisme en fonction de l'existence d'une propriété publique ou privée des moyens de production. Cela est un archaïsme. L'essence du socialisme, c'est la coercition institutionnelle émanant de l'État et au moyen de laquelle on prétend qu'un organe directeur se charge de coordonner la société. La responsabilité passe des personnes ordinaires, protagonistes de leur fonction entrepreneuriale, qui tâchent de chercher des objectifs et de créer ce qui convient le mieux pour les atteindre, à un organe directeur qui prétend imposer « *d'en haut* » et de force sa vision particulière du monde ou ses objectifs particuliers. Peu importe, dans cette définition, que l'organe directeur ait été ou non élu démocratiquement. Le théorème de l'impossibilité du socialisme demeure intact, que l'origine de l'organe directeur, qui veut imposer de force la coordination de la société, soit ou non démocratique.

Le socialisme étant ainsi défini, nous expliquerons pourquoi il constitue une erreur intellectuelle. Car il est impossible qu'aucun organe directeur chargé d'exercer la coercition pour coordonner la société n'obtienne l'information nécessaire pour doter ses ordres d'un contenu coordinateur. C'est là le problème du socialisme, son grand paradoxe. Il a besoin d'information, de connaissance, de données pour que son impact coercitif – l'organisation de la société – réussisse. Mais il ne peut jamais obtenir cette information. Les théoriciens de l'École autrichienne d'économie, Mises et Hayek, ont formulé quatre arguments fondamentaux au cours de la polémique qui les opposa, au XX siècle, aux théoriciens de l'économie néoclassique ; ceux-ci ne sont jamais arrivés à comprendre le problème que posait le socialisme. Et pourquoi ne l'ont-ils jamais compris ? Pour la raison suivante : ils croyaient que l'économie fonctionnait telle qu'elle est expliquée dans les manuels d'économie de première année. Mais ce qu'expliquent ces manuels à propos du fonctionnement de l'économie de marché est radicalement faux. Ces livres partent, pour expliquer le marché, d'une optique mathématique et d'ajustement parfait : le marché serait une espèce d'ordinateur qui ajusterait automatiquement et parfaitement les désirs des consommateurs et l'action des producteurs, dont le modèle idéal serait celui de la concurrence parfaite, décrit par le système d'équations simultanées de Walras.

Étant moi-même étudiant, le professeur commença le premier cours d'économie auquel j'assistai par cette phrase surprenante : « *Supposons que toute l'information est donnée* ». Puis il se mit à couvrir le tableau de fonctions, de courbes et de formules. Voilà la prémisse qu'utilisent les néoclassiques : toute l'information est donnée et elle ne change pas. Mais cette prémisse est radicalement irréelle. Elle va à l'encontre de la caractéristique la plus typique du marché : l'information n'est jamais donnée.

La connaissance des données naît continuellement ; elle est la conséquence de l'activité créative des entrepreneurs : nouveaux objectifs, nouveaux moyens. L'on ne peut donc pas construire, à partir de cette prémisse, une théorie économique qui n'est pas erronée. Les économistes néoclassiques ont cru que le socialisme était possible parce qu'ils ont supposé que tous les éléments nécessaires pour élaborer le système d'équations et trouver la solution étaient « *donnés* ». Ils n'ont pas su apprécier ce qui se passait dans le monde qu'ils devaient étudier scientifiquement, voir ce qui se passait réellement.

Seule l'École autrichienne a suivi un paradigme différent. Elle n'a jamais supposé que l'information était donnée ; elle a considéré que le processus économique était stimulé par des entrepreneurs qui échangent et découvrent continuellement de l'information nouvelle. Elle seule a su voir que le socialisme constituait une erreur intellectuelle. Elle a développé son argument en employant quatre affirmations, dont deux peuvent être considérées « *statiques* » et les deux autres dynamiques.

Premièrement, dit-elle, il est impossible, pour des raisons de volume, que l'organe directeur obtienne l'information qui lui est nécessaire pour donner un contenu coordinateur à ses ordres. Le volume de l'information que nous utilisons est immense, et ce que sept milliards d'hommes ont dans la tête est impossible à gérer. Il est possible que les néoclassiques comprennent cet argument ; cependant, c'est le plus faible, le moins important. Car nous pouvons aujourd'hui, grâce à la capacité informatique dont nous disposons, traiter d'énormes volumes d'information.

Le deuxième argument est beaucoup plus profond et concluant. L'information maniée dans le marché n'est pas objective ; elle n'est pas comme l'information imprimée dans l'annuaire du téléphone. L'information entrepreneuriale est d'une nature radicalement différente ; c'est une information subjective, pas objective ; elle est tacite, c'est-à-dire que nous avons la connaissance d'une chose, un *Know How*, mais nous ne connaissons pas le détail de ce en quoi elle consiste, le *Know That*. C'est, si l'on veut, l'information de celui qui monte à bicyclette. C'est comme si quelqu'un voulait apprendre à monter à bicyclette en étudiant la formule de physique mathématique qui exprime l'équilibre maintenu par le cycliste en pédalant. La connaissance nécessaire pour monter à bicyclette ne s'acquiert pas ainsi, mais au cours d'un apprentissage, habituellement accompagné d'accidents, qui permet d'acquérir le sens de l'équilibre sur une bicyclette et de comprendre qu'il faut, en prenant les tournants, se pencher pour ne pas tomber. Indurain, c'est certain, ignore les lois qui lui ont permis de gagner le Tour de France, mais il sait comment on monte à bicyclette. On ne peut ni concrétiser l'information tacite d'une manière formelle et objective ni la transférer nulle part, et moins encore à un organe directeur. La seule information pouvant être transmise à un organe directeur, pour qu'il l'assimile et donne un contenu coordinateur à ses ordres, doit être une information univoque ne se prêtant à aucun malentendu. Mais la plupart d'information dont dépendent la réussite de notre vie ne sont pas . Par exemple, l'information contenue dans l'annuaire du téléphone ; elle est subjective et tacite.

Mais ces arguments – le volume énorme de l'information et son caractère tacite – ne sont pas suffisants. Deux autres arguments, dynamiques, impliquent de façon encore plus convaincante l'impossibilité du socialisme.

Nous sommes dotés, en tant qu'êtres humains, d'une capacité créative innée. Nous découvrons sans cesse des choses « *nouvelles* », des objectifs « *nouveaux* », des moyens « *nouveaux* ». L'on transmettra difficilement à un organe directeur l'information ou le savoir non encore créés par les entrepreneurs. L'organe directeur s'obstine à construire un « *nirvana social* » à l'aide du Journal officiel et de la contrainte. Mais pour ce faire, il doit savoir ce qui se passera demain. Et cela va dépendre d'une information entrepreneuriale qui, aujourd'hui, n'est pas encore créée et ne peut pas être transmise pour que nos gouvernants nous coordonnent correctement demain. Voilà le paradoxe du socialisme, le troisième argument.

Mais ce n'est pas tout. Il existe un quatrième argument, qui est définitif. La nature même du socialisme – fondé sur la contrainte exercée sur le corps social – bloque, entrave ou empêche, là où précisément il agit et dans la mesure où il agit, la création entrepreneuriale d'information, qui est justement ce dont a besoin le gouvernant pour doter ses ordres d'un contenu coordinateur.

Cela est la démonstration scientifique de l'impossibilité du socialisme, qui ne peut pas obtenir l'information nécessaire pour donner un contenu coordinateur à ses mandats. Et c'est une analyse purement objective et scientifique. Il ne faut pas croire que le problème du socialisme réside dans le fait que « *ceux d'en haut sont mauvais* ». La meilleure personne au monde, ayant les meilleures intentions et les meilleures connaissances, ne pourrait pas organiser une société selon le schéma coercitif socialiste ; elle la convertirait en un enfer, car il est impossible, *étant donné la nature de l'être* humain, d'atteindre l'objectif ou idéal socialiste.

Toutes ces caractéristiques du socialisme ont des conséquences que nous pouvons identifier dans notre réalité quotidienne. La première est son caractère attrayant. Notre nature intime nous incite à succomber au socialisme parce que son idéal nous tente, parce que l'homme se rebelle contre sa nature. Vivre dans un monde dont le futur est incertain nous inquiète, et la possibilité de contrôler ce futur, d'éradiquer l'incertitude nous séduit. Hayek dit, dans *La fatal arrogancia*, que le socialisme est en réalité la manifestation sociale, politique et économique du péché originel de l'homme, qui est l'orgueil. L'homme veut être Dieu, c'est-à-dire omniscient. C'est pourquoi il faudra toujours, à chaque génération, nous méfier du socialisme, assumer que notre nature est créative et entrepreneuriale. Le socialisme n'est pas une simple question de sigles ou de partis politiques dans des contextes historiques donnés. Il s'infiltrera toujours d'une façon ou d'une autre dans des communautés, des familles, des quartiers, des partis politiques de droite et libéraux… Nous devons nous opposer à cette tentation de l'étatisme parce que c'est le danger le plus typique des hommes, notre plus grande tentation : nous croire Dieu. Le socialiste se considère comme capable de surmonter ce problème de l'ignorance radicale qui discrédite son système social dans son essence. C'est pourquoi le socialisme est toujours la conséquence d'un péché d'orgueil intellectuel. Derrière tout socialiste se cache un orgueilleux, un intellectuel suffisant. On peut le constater dans tous les domaines.

Le socialisme présente, en outre, des caractéristiques que l'on peut qualifier de « *périphériques* » : manque de coordination et désordre social. L'acte entrepreneurial pur coordonne, mais le socialisme le violente et produit un effet d'incoordination. L'entrepreneur découvre une occasion de gain. Il achète bon marché et vend cher. Il transmet de l'information et coordonne. Deux personnes qui agissaient initialement contre leurs propres intérêts agissent maintenant, sans s'en apercevoir, de façon coordonnée. En s'opposant à cela par la force, le socialisme produit un dérèglement plus ou moins accentué. Et le pire, c'est que, devant ce dérèglement causé par eux, les socialistes n'aboutissent nullement aux conclusions raisonnables que nous avons exposées, mais exigent, au contraire, plus de socialisme, plus de contrainte institutionnelle. Et l'on en vient à une étape où, loin de se résoudre, les problèmes s'aggravent indéfiniment, le poids de l'État grandissant encore. L'idéal socialiste exige d'étendre les tentacules de l'État dans tous les interstices sociaux et engendre un processus qui conduit au totalitarisme.

Une autre caractéristique du socialisme est son manque de rigueur. On fait des essais, on change de critère, on constate l'aggravèrent des problèmes et on change de politique en pratiquant la coercition erronément. Pourquoi ? Parce que les effets des mesures d'intervention ressemblent peu à ceux que l'on recherchait. Le salaire minimum, par exemple, prétend améliorer le niveau de vie. Résultat ? Davantage de chômage et davantage de pauvreté. Les plus atteints ? Les groupes sociaux qui accèdent pour la première fois au marché du travail, c'est-à-dire les jeunes, les femmes, les minorités ethniques et les immigrants. Autre exemple : on dessine une politique agricole communautaire et l'Union européenne est inondée de produits à la faveur de subventions ou prix politiques. Le consommateur paye des prix plus élevés et les pays pauvres sont lésés parce que les marchés internationaux se remplissent de produits excédentaires de l'UE à des prix qu'ils ne peuvent pas concurrencer.

Le socialisme agit, de surcroît, comme une espèce de drogue inhibitrice. Elle engendre de mauvais investissements, parce qu'elle fait les signaux qui indiquent où il faut investir pour satisfaire les désirs des consommateurs. Elle aggrave les problèmes de rareté et favorise une légèreté systématique des gouvernements, parce qu'il n'est pas possible de connaître l'information nécessaire pour agir avec sérieux, il n'est pas possible de connaître les coûts. Le gouvernant ne peut agir que de manière volontariste, en inscrivant ainsi au Journal Official sa pure et simple volonté ; cela, comme le dit Hayek, ne s'appelle pas « *LOI* » (ainsi, en majuscules), mais « *législation* », normes, qui sont souvent inutiles et excessives, quoiqu'elles veuillent se prévaloir de données « *objectives* ». Lénine disait que toute l'économie devait être organisée comme le service des postes et que le service le plus important d'un système socialiste est l'Institut National de Statistique. « *Statistique* » dérive étymologiquement du mot « *État* ». C'est donc un terme dont il faut se méfier si l'on veut éviter le socialisme, un concept suspect. Jésus naquit à Bethléem parce que l'empereur avait ordonné une statistique concernent les impôts. La première chose que doit faire tout grand libéral est de demander la suppression de l'Institut National de

Statistique. Comme on ne peut pas éviter que l'État fasse du mal, du moins bandons-lui les yeux pour qu'il le fasse de façon plus aléatoire lorsque, forcément, il se trompe.

Un autre effet très net du socialisme est celui qu'il produit sur l'environnement. Il est terrible. La seule manière de s'en défendre est de définir correctement les droits de propriété. Personne ne frappe chez quelqu'un pour lui jeter un seau d'eau à la figure. Cela ne se fait que dans les « *espaces communs* ». Comme le dit un proverbe espagnol, « *ce qui est commun n'est à personne* ». La tragédie des biens communs, qu'il s'agisse d'eaux sales, de bancs de poissons qui disparaissent ou de l'extinction du rhinocéros, est toujours le résultat d'une limitation étatique du droit de propriété qu'exige une économie de marché. Parce que, là où le maquis est privatisé, il y a du gibier, mais il n'y en a pas dans les bois publics. Et là où on a privatisé les éléphants, ils survivent. Et les taureaux de combat subsistent parce que les entrepreneurs de la Fête nationale s'en sont occupés. On ne peut conserver l'environnement que grâce à une économie de marché, dans le cadre du système capitaliste et de droits de propriété convenablement protégés. Là où ces principes disparaissent, l'environnement se dégrade. Les rivières anglaises sont privées. Toutes sont propres et l'on peut y pêcher. Divers clubs de pêche, chers, moyens ou bon marché, s'en chargent. Essayez de pêcher dans les rivières espagnoles…

Et la corruption. Le socialisme corrompt. Ceux qui ont connu les économies socialistes cachées derrière le Mur de Berlin se sont rendu compte du grand mensonge que supposait ce monde-là. Ne nous endormons pas sur nos lauriers en croyant que nous avons passé ce cap, que ce grand mensonge n'existe pas ici. Il continue d'exister, quoiqu'à un degré différent. Pourquoi le socialisme corrompt-il ? Pour diverses raisons. D'abord, les personnes soumises à la contrainte dans le schéma socialiste comprennent vite qu'il est beaucoup plus efficace, pour atteindre leurs objectifs, de consacrer leurs efforts et leur intelligence à influencer les gouvernants plutôt qu'à essayer de découvrir des occasions de gain et de servir les autres. Ainsi naissent les groupes d'intérêts, qui essaient de conditionner les décisions de l'organe directeur. L'organe directeur socialiste attire comme un aimant toutes sortes d'influences perverses et corruptrices. Et il enclenche un processus de lutte pour le pouvoir. Lorsque le système socialiste est prépondérant, le problème de la personne qui est au pouvoir est vital, de son appartenance « *aux miens* » ou pas. Une société socialiste est toujours très politisée. Ce n'est pas comme en Suisse, par exemple, où les gens ne connaissent sûrement pas le nom du ministre de la Défense ni même celui du président du gouvernement. Et, en plus, cela leur est égal, parce que l'identité de celui qui est au pouvoir n'est pas vitale.

Les êtres humains devraient consacrer le plus gros de leur effort à réussir leurs vies sans ce genre d'interventions. Ce processus de lutte pour le pouvoir, d'interventionnisme, modifie peu à peu le comportement moral de l'homme. Les hommes font preuve d'un comportement de plus en plus amoral, moins soumis aux principes. Ce comportement est de plus en plus agressif. Il s'agit d'obtenir le pouvoir pour imposer des choses aux autres. Et cela influe par mimétisme sur le comportement humain ; nous disciplinons moins notre comportement, nous laissons de côté le code des normes morales. La morale est le pilote automatique de la liberté. Voilà donc une autre influence corruptrice du socialisme.

Par ailleurs, plus le socialisme est présent, plus l'économie souterraine – ou marché noir – se développe. Mais, comme on le disait dans les pays de l'Est, dans un milieu socialiste, « *l'économie souterraine n'est pas le problème, elle est la solution* ». À Moscou, par exemple, il n'y avait pas d'essence, mais tout le monde savait que l'on en vendait au marché noir dans un certain tunnel. Grâce à cela, les gens pouvaient conduire.

Mais, évidemment, un gouvernement socialiste ne peut pas se résigner à accepter toutes ces critiques, en sorte qu'il a recours à la propagande politique. Tout problème – on dit – est détecté à temps par l'État, qui y remédie immédiatement. La propagande politique est systématiquement présente dans tous les domaines pour tenter de neutraliser les critiques et créer une culture de l'État qui étourdit et désoriente la société ; les gens en arrivent à croire que l'État prendra en charge n'importe quel problème qui peut se présenter. Et cette façon de penser, strictement socialiste, se transmet de génération en génération.

La propagande conduit à la mégalomanie. Les organisations bureaucratiques, les fonctionnaires, les politiques, etc. ne sont pas dépendants d'un compte de pertes et profits. Une mauvaise gestion ne suppose pas, dans leur cas, l'expulsion du marché. Le gouvernant et le fonctionnaire ne sont responsables que devant un budget et un règlement. Il n'y a pas là de méchanceté personnelle. Du moins, pas nécessairement. Ils sont comme n'importe qui d'entre nous, mais, dans le milieu institutionnel auquel ils appartiennent, leurs actions sont perverses. Leur activité dans l'État les conduit à demander davantage de fonctionnaires, un budget plus important, et à affirmer que leur travail est vital. Existe-t-il un seul fonctionnaire, politique ou bureaucrate qui, après une analyse profonde, en soit venu à conclure que l'organisme pour lequel il travaillait était inutile, qu'il avait un coût supérieur au profit qu'il procurait à la société, et proposait au responsable gouvernemental et au ministre d'éliminer le poste budgétaire correspondant et de le fermer ? Jamais. Au contraire, dans tous les contextes et avec tous les gouvernements, le rôle que l'on joue dans l'État est toujours « *vital* ». Le socialisme est mégalomane et imprègne l'ensemble de la société de ce caractère. La culture, par exemple, est transformée en politique culturelle et ainsi définie par un représentant très distingué de l'Union européenne, s'adressant à un collègue de parti alors qu'il était chargé du Ministère de la Culture : « *Beaucoup d'argent public, beaucoup de fêtes pour les jeunes et de prix pour les copains* ».

Le socialisme conduit également à avilir les concepts de loi et de justice. Le droit, dans sa conception classique, n'est qu'un ensemble de normes ou lois matérielles et abstraites qui s'appliquent à tout le monde en général et de la même façon. Et la justice sert à juger si les comportements individuels se sont conformés ou pas à ces normes objectives et abstraites. Il s'agit de normes aveugles. C'est pourquoi la Justice est traditionnellement représentée avec un bandeau sur les yeux. Il est dit, dans le Lévitique, « *tu jugeras ton prochain avec justice, et ne te laisseras influencer ni par les dons des riches ni par les larmes du pauvre* ». À partir du moment où les principes généraux du droit sont violés, même sous prétexte d'une « *bonne cause* » (parce que nous sommes pris de pitié dans le cas d'une expulsion pour défaut de paiement, ou parce qu'un petit vol dans un grand magasin est insignifiant pour l'entreprise concernée) la justice subit un préjudice terrible. Les juges qui agissent de la sorte et n'appliquent pas la loi tombent dans cette erreur fatale qu'est l'orgueil intellectuel, consistant à se croire des dieux. Ils substituent à la loi leur impression sur les circonstances particulières du cas et ouvrent la porte à ceux qui ne demandent pas au juge de rendre la justice, mais d'avoir pitié. La demande devient comme un billet de loterie, qui peut être gagnant si l'on a de la chance au tribunal et un effet de boule de neige se déclenche surchargeant les juges qui émettent des sentences de plus en plus imparfaites et alimentent le procès avec leur arbitraire. La sécurité juridique disparaît et la justice se corrompt.

La solution, naturellement, ne consiste pas à doter le système judiciaire de moyens supplémentaires, mais c'est justement ce qui sera demandé.

Finalement, l'aspect le plus pervers de la corruption du socialisme est cet effet mimétique dans le domaine de l'action individuelle. Pour les gens de bonne foi, il est très séduisant : s'il y a des problèmes, l'État interviendra et imposera la solution. Qui peut refuser d'atteindre un objectif aussi bon et louable ? Le problème, c'est l'ignorance sous-jacente à cet argument. L'État ne peut pas connaître ce qu'il devrait connaître pour agir ainsi ; il n'est pas Dieu, même si certains le croient. Cette croyance perturbe le processus entrepreneurial et aggrave les problèmes. Au lieu d'agir de façon automatique suivant des principes dogmatiques soumis au droit, il agit arbitrairement, et c'est ce qui démoralise et corrompt le plus la société. La lutte antiterroriste illégale qui fut menée en Espagne durant le mandat du Partido Socialista Obrero Español (PSOE) en est un exemple parfait. Ce fut une terrible erreur. Les principes n'empêchent pas d'obtenir les résultats recherchés, mais sont la seule voie qui puisse nous y conduire. Comme le dit un proverbe anglo-saxon, « *la meilleure politique pragmatique est d'agir en respectant les principes* », c'est-à-dire d'être honnête, toujours. Et c'est précisément ce que le socialisme ne fait pas, parce que, comme il se croit Dieu, la décision optimale, dans son schéma de rationalisation de fins et moyens, est de violer les principes moraux.

Le socialisme n'est pas qu'une erreur intellectuelle ; c'est aussi une force radicalement antisociale, parce qu'il consiste essentiellement à violenter la liberté entrepreneuriale des hommes, entendue dans son sens créatif et coordinateur. Et, comme c'est là ce qui distingue l'homme, le socialisme est un système social antinaturel, contraire à ce qu'est l'être humain et à ce qu'il aspire à être.

Jean-Paul II se demandait, dans l'encyclique « *Centesimus Annus* », quel était le système social le plus conforme à la nature humaine et écrivait : « *Si l'on entend par 'capitalisme' un système économique qui reconnaît le rôle fondamental et positif de l'entreprise, du marché, de la propriété privée et de la responsabilité corrélative vis-à-vis des moyens de production, de la libre créativité humaine dans le secteur de l'économie, la réponse est certainement positive* ». Il ajoutait, cependant, tout de suite après : « *Mais..* ». Pourquoi ? Parce que Jean-Paul II passa sa vie à avertir des effets d'un capitalisme sauvage, étranger aux principes moraux, éthiques et légaux. Ce qui est condamnable c'est l'égoïsme, l'immoralité, etc., parce que, du point de vue du système social, le capitalisme est, au pire, neutre. Car, dans un schéma d'échanges volontaires, la moralité de même que la distinction entre le bien et le mal sont encouragées, face à la corruption qui est propre au socialisme.

Enfin, qu'est devenu le socialisme ? A-t-il échoué ? A-t-il disparu, fondu comme un morceau de sucre dans un verre d'eau ? Oui et non : c'est ce qui est arrivé au socialisme réel, mais nos sociétés sont encore fortement imprégnées de socialisme. Les différences entre les partis de gauche et de droite sont des différences de degré, quoique l'Espagne ait fait quelques progrès, entre 1996 et

2004, en matière de liberté. Premièrement, avec la disparition de l'esclavage en plein XX siècle : le service militaire est devenu volontaire, et cela est très important –et je me permets de rappeler que le PSOE s'y opposait –. Deuxièmement, on a connu une réduction timide des impôts puis l'application du principe de l'équilibre budgétaire et quelques libéralisations et privatisations. Il n'y avait pas de quoi crier victoire, mais il faut tenir compte que l'immense majorité des 11 ou 12 millions de votants du parti qui était au pouvoir étaient socialistes, dans le sens que nous donnons ici à ce terme. On ne pouvait pas faire beaucoup plus.

Maintenant, c'est à nous, les intellectuels, les *second-hand dealers of ideas*, les professeurs d'université de nous mettre à la tâche... Nous avons la responsabilité de faire changer les mentalités, surtout celle des jeunes, qui sont capables d'aller partout défendre leurs idées avec sincérité. Le socialisme est aujourd'hui encore prédominant : 40 à 50 pour cent du Produit intérieur brut des pays du monde occidental moderne est géré par l'Administration publique. Depuis que le gouvernement espagnol est retombé aux mains des socialistes, le vent semble souffler à nouveau dans cette direction. Nous finirons, ainsi, complètement égarés et très loin du seul chemin qui puisse mener notre société au progrès. Notre seul salut, comme toujours, réside dans le pouvoir des idées et dans l'honnêteté intellectuelle de la jeunesse.

# CHAPITRE XIX

# L'ÉCHEC DE L'ÉTAT « *SOCIAL* »[1]

L'échec politique, économique et social du socialisme dans les pays de l'Europe de l'Est affecte profondément les théoriciens occidentaux qui s'obstinent encore à défendre et à justifier le « *socialisme interventionniste* » qui constitue l'essence la plus intime et caractéristique de l'État dit social. Ainsi, récemment, Gregorio Peces-Barba a publié un article à la troisième page de l'ABC qui nous montre, avant tout, la situation pathétique dans laquelle se trouvent certains intellectuels d'Occident qui, comme Peces-Barba, veulent encore croire que l'État interventionniste est capable d'améliorer l'ordre social.

Et, cependant, l'analyse théorique la plus rigoureuse a démontré qu'aussi bien le « *socialisme réel* » des économies de type soviétique que le socialisme interventionniste qui s'est répandu dans les pays occidentaux sont fondés sur la même erreur intellectuelle et sont, donc, à la longue, condamnés à l'échec. Comme l'a montré de façon si brillante et concise le Prix Nobel F. A. Hayek dans son dernier livre intitulé *L'arrogance fatale*, cette erreur intellectuelle consiste simplement dans l'impossibilité pour les responsables et fonctionnaires de l'État social d'obtenir l'énorme volume d'information et de connaissances que créent et utilisent constamment de façon dispersée les millions de personnes qui subissent les ordres qu'il crée sous forme de lois ou pas et de façon plus ou moins « *démocratique* ». De sorte que l'interventionniste se trouve toujours dans une situation d'« *ignorance indéracinable* » face à la société civile.

C'est pourquoi il lui est impossible d'améliorer les processus de coordination et de développement de la société en étendant et en approfondissant systématiquement cette « *contrainte institutionnelle* » qui, en vif contraste avec l'image « *idyllique* » que l'on veut nous présenter, constitue la caractéristique et la manifestation typiques d'un État que l'on qualifie de « *social* » pour le rendre un tant soit peu attrayant et désorienter les citoyens qui ont à supporter quotidiennement le contenu et le sens véritables de celui-ci.

Les conséquences de cette erreur intellectuelle sur laquelle repose l'idéal socialiste se manifestent à quatre niveaux: l'économico-social et culturel, le juridique, l'éthique et le politique, lesquels doivent être analysés séparément, quoiqu'ils soient en intime relation.

1. Dans la sphère « *économico-sociale et culturelle* », l'obsession réglementaire et fiscale de l'État entrave et, souvent, empêche la création de nouvelles initiatives et de nouveaux projets, entrepreneuriaux ou pas, qui constituent la sève la plus créative et vivifiante permettant le développement de l'organisme social. De sorte que l'État social non seulement est incapable d'obtenir l'information dont il a besoin pour organiser la société de manière contraignante et délibérée, mais agit en outre comme un pesant fardeau « *inhibitif* » de la création d'idées, de projets et d'entreprises de la part des citoyens qui forment la société civile.

---

[1] Publié dans *ABC*, le 8 avril 1991, p. 102.

On comprend alors ce fait souvent constaté, à savoir que l'État social entrave le développement économique et engendre toujours une pénurie d'idées et de ressources, précisément dans les parcelles de la vie sociale où il prétend intervenir de façon plus intense.

De plus, les citoyens, par un réflexe naturel et compréhensible de « *défense* », essaient inévitablement de dévier ou d'éviter les effets les plus nuisibles ou rigoureux des ordres contraignants de l'État, ce qui favorise la création d'une « *économie submergée ou irrégulière* » ; conséquence typique de l'État social, elle agit positivement comme une véritable « *soupape de sûreté* » face à la coercition systématique et institutionnelle qui le caractérise.

2. Dans le domaine « *juridique* », le développement de l'État social pervertit et vide de son contenu le concept traditionnel de droit, corrompt le fonctionnement de la justice, discrédite socialement la Loi et incite à la violer. Dans l'État social, en effet, le Droit traditionnel, entendu comme ensemble de normes générales et abstraites applicable à tous de la même façon, est remplacé par un enchevêtrement confus de règlements, ordres et instructions administratifs contradictoires qui canalisent de façon de plus en plus stricte le comportement concret de chaque citoyen. Il n'est donc pas étonnant que les gens perdent l'habitude de s'adapter à des normes générales et s'accoutument, au contraire, à ce que tout soit spécifiquement marqué et résolu par l'État.

En même temps, et paradoxalement, le fait d'éluder l'ordre contraignant étant souvent une exigence de survie, le respect social de la loi formelle disparaît complètement et sa violation est généralement considérée comme une manifestation louable de l'ingéniosité humaine, qui doit être recherchée et encouragée, plutôt que comme la violation d'un système de normes pouvant nuire gravement à la société. Cette perversion du concept de loi est inévitablement accompagnée d'une corruption parallèle du concept et de l'application de la justice.

Car, dans l'État social, le concept traditionnel de justice est remplacé par un concept bâtard de justice « *sociale* » d'après lequel, au lieu de juger des comportements individuels applicables à tous de la même façon dans un cadre général de normes, on conçoit la « *justice* » comme l'appréciation plus ou moins émotionnelle, primaire ou passionnelle, du résultat des processus sociaux, indépendamment de ce qu'a pu être le comportement des participants du point de vue des normes du droit traditionnel.

Ce phénomène, uni à la grande imperfection et à la pagaille des ordres et règlements produits de l'activité législative de l'État social, fait qu'avec un peu de chance et de savoir-faire n'importe quelle prétention, ou presque, peut arriver à impressionner favorablement un juge.

Il se crée ainsi une insécurité juridique qui, à son tour, incite fortement à intenter des procès et cela diminue encore la qualité des décisions judiciaires. C'est un processus que, malheureusement, nous connaissons bien en Espagne, et qui menace de faire disparaître la justice traditionnelle, ou même les juges et magistrats qui, devant une telle confusion et une telle surcharge de travail, risquent de devenir de simples bureaucrates au service du pouvoir politique, chargés davantage de contrôler l'impossible observation de la masse des ordres contraignants que d'exécuter la mission sainte, désintéressée et souvent mal comprise qui consiste à appliquer à tous et de la même façon la loi entendue dans son sens traditionnel.

3. Les conséquences de l'État social dans le domaine de l'« *éthique* » sont elles aussi particulièrement graves. En effet, l'imposition par la force, de la part de l'État social, de certains principes apparemment « *éthiques* » non seulement étouffe et fait disparaître les habitudes et pratiques individuelles de charité privée, mais amollit la morale individuelle à tous les niveaux et la fait même disparaître ; celle-ci est remplacée par un reflet de ce mysticisme organisationnel typique, propre à l'État, qui influe aussi sur le comportement individuel des citoyens.

L'on fait ainsi prévaloir, au niveau individuel, le volontarisme typiquement socialiste visant à l'obtention des objectifs qui sont fixés et prétendent obtenir plus de profit des caprices personnels décidés *ad hoc* et alimentés par les propres désirs et instincts que de la libre interaction humaine soumise à des normes et principes généraux de caractère moral et légal. Cet abandon des principes traditionnels de la morale et de l'éthique individuelle (auquel ont beaucoup contribué des auteurs tels que Rousseau, qui méritent les louanges de Peces-Barba dans son article et qualifient inconsidérément les principes de l'éthique individuelle de « *traditions sociales répressives et inhibitrices* ») mène à l'élimination des règles de conduite qui ont permis l'évolution et le développement de la civilisation, et fait retomber l'homme, privé de guides et de références sociales de comportement aussi important, dans ses passions les plus primitives.

4. Abordons, enfin, brièvement la dimension « *politique* » du problème que pose tout État social. D'un côté, les citoyens qui subissent la coercition systématique de l'État découvrent vite qu'il leur est plus facile d'atteindre leurs objectifs s'ils consacrent leur temps, leurs efforts et leur intelligence à essayer de faire pression sur l'État pour en obtenir des avantages particuliers plutôt qu'à réaliser des activités économiques véritablement productives. D'un autre côté, la vie sociale se politise donc à l'extrême et le processus spontané et harmonieux propre à la société civile, fait place à un processus de lutte constante pour le pouvoir, dans lequel le conflit et les désaccords entre les différents groupes sociaux deviennent la note dominante de la vie en société.

Dans ce contexte, les politiques convertissent l'objectif de se maintenir au pouvoir en leur préoccupation principale ; ils lui subordonnent tout et consacrent le plus clair de leur temps à créer des situations leur permettant d'accroître, d'étendre et de justifier ce pouvoir. Ainsi s'explique l'abus continuel de la propagande politique qui cherche à donner une version idyllique des effets de l'intervention gouvernementale ; tout cela en compagnie des groupes d'intérêt qui sont favorisés dans chaque cas, et des organisations bureaucratiques, qui tendent toujours à se multiplier et à créer le besoin artificiel de leur existence, en exagérant les résultats « *avantageux* » de leur intervention et en cachant systématiquement ses effets pervers. Ces interventions créent toutes sortes de désajustements et de conflits sociaux que les politiques attribuent au « *manque de collaboration et à l'égoïsme de la société* ». Les conflits et désajustements sont utilisés, à leur tour, comme prétexte pour justifier des interventions postérieures encore plus profondes et nocives, et ainsi de suite, au cours d'un processus d'extension « *totalitaire* » du pouvoir politique qui prétend tout envahir.

L'échec de l'État social repose, donc, sur l'ignorance totale de l'intellectuel socialiste, qui croit possible et opportun d'avoir recours à la violence étatique pour améliorer la société ; échec mis en évidence par l'analyse théorique d'économistes et sociologues, tels que Mises, Hayek et Buchanan – également

Prix Nobel –, qui ont su expliquer théoriquement quelque chose que l'expérience pratique de nombreuses nations montrait depuis longtemps. Le mal que fait l'État social à la collectivité est si grave et si profond, et les mécanismes de son extension sont si sinueux et corrupteurs, qu'il est devenu, sans aucun doute, le véritable et le plus dangereux « *opium du peuple* » de notre siècle. C'est pourquoi l'obligation morale première de tout intellectuel amant de la société doit consister à démasquer ce système et à aider de son mieux ses concitoyens à engager, en Occident aussi, une « *perestroïka* » historique qui mette fin, de manière progressive ou révolutionnaire, aux grandes doses de ce socialisme interventionniste qui se s'est développé dans beaucoup des pays dits d'économie de marché.

# CHAPITRE XX

# SOCIALISME, CORRUPTION MORALE ET ÉCONOMIE DE MARCHÉ

## INTRODUCTION

Rien ne nuit, sans doute, autant au prestige des comportements éthiques au niveau social que l'arrogance de la raison, de la science et de la technique. Cette arrogance s'est manifestée au cours de ce siècle par le triomphe d'une conception « *scientiste* » qui a prétendu, de façon maladroite et mécaniciste, appliquer au domaine des interactions sociales une méthodologie conçue initialement pour les sciences naturelles et le monde la physique. Ainsi, il faudrait systématiquement appliquer aux sciences sociales un critère étroit de « *rationalité* » en vertu duquel aussi bien l'action humaine individuelle que la politique en général seraient déterminées par des calculs et évaluations de coûts et profits à l'aide d'un critère de maximisation qui permettrait d'« *optimiser* » l'obtention des objectifs poursuivis à partir de moyens donnés.

Il paraissait évident, dans cette optique, que les considérations relatives aux principes éthiques en tant que guides du comportement humain perdaient de leur importance. Il semblait, en effet, que l'on avait trouvé un guide universel du comportement humain qui pouvait être utilisé à ses différents niveaux (individuel et social) en appliquant un simple critère de maximisation des *conséquences* bénéfiques dérivant de chaque action, sans adapter aucun comportement à des normes éthiques préétablies. La science aurait ainsi réussi à remiser et rendre obsolètes les considérations sur les principes éthiques et la justice.

### 1. L'échec du conséquentialisme

Cependant, cet idéal *conséquentialiste* qui s'est répandu dans presque tous les domaines dans les temps modernes et qui consiste à croire qu'il est possible d'agir en prenant des décisions maximisatrices des conséquences positives prévues à partir des moyens donnés et de coûts supposés connus eux aussi, a ostensiblement échoué[1].

D'une part, l'évolution de la science sociale a démontré qu'il était théoriquement impossible d'obtenir l'information nécessaire concernant les profits et les coûts dérivés de chaque action humaine. Ce théorème de l'économie moderne repose sur la capacité créative innée de l'être humain qui,

[1] Jean-Paul II dit littéralement, dans la critique du conséquentialisme incluse dans son encyclique *Veritatis splendor*, que « *chacun connaît la difficulté – ou mieux l'impossibilité – d'apprécier toutes les conséquences et tous les effets bons ou mauvais – dits pré-moraux – de ses propres actes : faire un calcul rationnel exhaustif n'est pas possible. Comment faire alors pour établir des proportions qui dépendent d'une évaluation dont les critères restent obscurs ? De quelle manière pourrait se justifier une obligation absolue sur des calculs aussi discutables ?* »

en tant qu'entrepreneur, découvre constamment de nouveaux objectifs et de nouveaux moyens ; cela génère un flux d'information nouvelle qui empêche de prédire quelles seront les conséquences spécifiques futures des différentes actions humaines et/ou décisions politiques qui seront prises à chaque moment[2]. D'autre part, l'échec du socialisme réel et la crise de l'État-providence, ces systèmes représentant les expériences d'ingénierie sociale les plus ambitieuses réalisées par l'homme au cours de l'histoire, ont été un véritable coup de massue pour la doctrine conséquentialiste. En effet, les énormes ressources consacrées, pendant près de soixante-dix ans, à essayer d'évaluer en termes de coûts et de profits les différentes options politiques, imposées par la force pour atteindre de façon « *optimale* » les objectifs poursuivis, se sont révélées incapables de répondre aux espoirs déposés en elles et ont engendré de graves conflits sociaux, de graves échecs économiques et surtout une très grande souffrance.

Même si nous ne sommes pas tout à fait conscients, faute de perspective historique, des conséquences majeures que la crise de l'interventionnisme et la chute du socialisme auront sur l'évolution de la science et de la pensée humaine, l'on peut, cependant, commencer à en apprécier quelques effets d'une grande importance. Citons, par exemple, la réapparition de l'éthique et de l'analyse de la justice comme objets de recherche d'une importance exceptionnelle dans le domaine des études sociales.

Car l'échec théorique et historique du conséquentialisme scientifique a redonné un rôle de premier plan aux normes de comportement fondées sur des principes éthiques de type dogmatique ; leur rôle très important, en tant que « *pilotes automatiques* » irremplaçables de la liberté et du comportement humains, commence à nouveau à être pleinement estimé, non seulement au niveau scientifique, mais aussi et surtout au niveau populaire.

## 2. L'importance du fondement éthique de la liberté

L'un des apports les plus importants de la théorie sociale de cette fin de siècle a peut-être été de montrer que l'analyse conséquentialiste de coûts et profits ne suffisait pas à justifier l'économie de marché. Il ne s'agit pas seulement du fait qu'une bonne partie de la science économique développée jusqu'ici reposait sur l'erreur intellectuelle qui présuppose un cadre statique d'objectifs et de moyens donnés. Le point de vue beaucoup plus réaliste et fructueux de l'analyse fondée sur la capacité créative de l'homme et sur l'étude théorique des processus dynamiques de coordination sociale qui résultent de la fonction entrepreneuriale, développée par l'École autrichienne d'économie,

[2] Ce théorème a été découvert par les théoriciens de l'École autrichienne d'économie (Mises et Hayek) puis a été formulé et perfectionné au cours du long débat sur l'impossibilité du socialisme qui a eu lieu au XX siècle et a montré la grave crise du paradigme néoclassique-walrasien et de la conception statique de l'économie dominante jusqu'ici dans les universités ; conception qui présuppose que les objectifs et les moyens sont connus et donnés et que le problème économique est un simple problème technique de maximisation. Voir Jesús Huerta de Soto, *Socialismo, cálculo económico y función empresarial*, unión Editorial, Madrid 1992 (2° éd., 2001), en particulier les chap. II et III.

n'est pas non plus suffisant pour établir *à lui seul* et de manière catégorique l'ordre spontané de coopération propre au marché et qui naît d'un système de liberté d'entreprise exercé dans le cadre d'un État de droit.

Car, même si nous abandonnons le critère scientiste et statique d'efficience parétienne et le remplaçons par un autre plus dynamique fondé sur la coordination, les considérations d'« *efficience* » ne suffiront jamais, à elles seules, pour convaincre tous ceux qui font passer les considérations de justice avant celles relatives aux différentes idées d'« *efficience* ».

Par ailleurs, la reconnaissance des effets d'incoordination sociale (inefficience) que produit à la longue toute tentative systématique de pression, de la part de l'État, sur les processus spontanés d'interaction humaine ne garantit pas non plus l'adhésion automatique de tous ceux dont la *préférence temporelle est si intense que, malgré les effets négatifs de l'intervention à moyen et long terme, ils préfèrent les profits qu'ils en tirent à court terme.*

C'est ce qui se passe généralement avec les groupes privilégiés d'intérêt, qui ont obtenu des prébendes et des subventions des pouvoirs publics et qui, s'y étant habitués. Ils sont spécialement réticents à l'idée de renoncer aux avantages dont ils jouissent, même s'ils reconnaissent nuire à long terme à l'ensemble du corps social, y compris eux-mêmes[3].

C'est pourquoi il faut un fondement éthique à la théorie de la liberté ; nous le considérons comme indispensable pour les raisons suivantes : a) à cause de l'échec monumental de l'« *ingénierie sociale* » et, en particulier, du conséquentialisme qui dérive du paradigme néoclassique-walrasien dominant jusqu'ici en science économique ; b) parce que l'analyse théorique des processus de marché fondée sur la capacité entrepreneuriale de l'homme développée par Mises et Hayek, quoique beaucoup plus puissante que l'analyse du paradigme néoclassique, n'est cependant pas suffisante pour justifier, à elle seule, l'économie de marché ; c) parce qu'étant donné l'ignorance indéracinable des êtres humains, due à leur capacité de création constante d'information nouvelle, ceux-ci ont besoin d'un cadre de principes de comportement de type moral qui leur indique de manière automatique quelles règles de comportement il doivent suivre ou pas ; et d) parce que, d'un point de vue stratégique, ce sont fondamentalement les considérations de type moral qui meuvent le comportement réformiste des hommes, souvent disposés à faire des sacrifices importants pour atteindre ce qu'ils estiment moralement bon et juste ; comportement beaucoup plus difficile à assurer sur la base de froids calculs de coûts et profits, qui possèdent, en outre, une potentialité scientifique plus que douteuse.

## 3. La possibilité d'élaborer une théorie de l'éthique sociale

Un bon nombre de scientifiques et de spécialistes considèrent encore qu'il n'est pas possible de concevoir une théorie objective de la justice et des principes moraux. Le développement de cette opinion répandue est lié en grande partie à l'évolution même de la science sociale. Obsédée jusqu'à présent

[3] Ce sont là les principaux arguments exposés par Rothbard contre les raisonnements excessivement « *utilitaristes* » développés par son maître Ludwig von Mises. Voir Murray N. Rothbard, 1995, *La ética de la libertad*, Unión Editorial, Madrid, pp. 275-293.

par le critère de la maximisation, elle a considéré non seulement que les objectifs et les moyens de chaque acteur étaient subjectifs, mais en outre que les principes moraux de comportement dépendent eux aussi de l'autonomie subjective de chaque décideur. Car, si l'on peut décider *ad hoc* dans chaque circonstance à partir d'une simple analyse coûts-bénéfices, on n'a besoin d'aucune morale, c'est-à-dire d'aucun schéma préalable de règles de conduite. Ainsi, la morale s'estompe complètement et l'on peut facilement penser qu'elle concerne uniquement le domaine particulier de l'autonomie subjective de chaque individu.

Nous considérons, à l'encontre de cette opinion qui a prévalu jusqu'ici, que si les évaluations, les utilités et les coûts sont certes subjectifs, comme le prouve la science économique, cela ne signifie nullement qu'il n'existe pas de principes moraux objectivement valables[4].

Et même, nous estimons que non seulement il convie, mais il est parfaitement possible de développer toute une théorie scientifique sur les principes moraux devant guider le comportement humain et l'interaction sociale qui permettent le modèle spontané de coopération sociale indispensable au développement de la civilisation.

Et, de fait, trois études très importantes concernant ce sujet sont apparues ces dernières années. Premièrement, le fondement jusnaturaliste développé par Rothbard dans son ouvrage déjà classique *Etica de la libertad*[5] ; deuxièmement, la déduction axiomatique de l'essence intrinsèquement morale de la propriété privée et l'économie de marché que l'on doit à Hans-Hermann Hoppe[6] ; et, enfin, la brillante contribution d'Israël M. Kirzner qui a su repenser le concept de justice distributive dans le capitalisme et démontrer que tout être humain a le droit de s'approprier les résultats de sa propre créativité entrepreneuriale[7].

Il est important de souligner que tous ces apports sont dus à l'École autrichienne d'économie, ce qui montre les importantes interrelations existant entre le domaine d'une théorie économique correctement élaborée et l'éthique sociale[8].

---

[4] « L'économie nous indique correctement non pas que les *principes moraux* sont subjectifs, mais que ce qui est véritablement objectif ce sont les utilités et les coûts » Murray N. Rothbard, *La ética de la liberté*, op. cit., pp. 277-278.

[5] Murray N. Rothbard, 1982, *La ética de la libertad*, en particulier pp. 25-222.

[6] Hans-Hermann Hoppe part de l'axiome habermassien selon lequel l'argumentation entre les différents êtres humains exige l'acceptation implicite de l'individualité et du droit de propriété sur le moi, notre être et notre pensée ; il déduit logiquement, à partir de cet axiome, tout un fondement éthique du droit de propriété et du capitalisme. Voir ses livres *A Theory of Socialism and Capitalism*, Kluwer Academic Publishers, Pays-Bas, 1989 (en particulier son chap. 7, pp. 127-144) ; et *The Economics and Ethics of Private Property*, KluwerAcademic Publishers, Pays-Bas, 1993, chap. 8-10 (pp. 173-208).

[7] Israel M. Kirzner, 1989, *Discovery, Capitalism and Distributive Justice*, Basil Blackwell, Londres, traduit en espagnol par Federico Basáñez et publié avec un « estudio Preliminar » de Jesús Huerta de Soto, 1995, sous le titre *Creatividad, capitalismo y justicia distributiva*, Unión Editorial, Madrid.

[8] À part ces deux niveaux (celui de la théorie économique et celui de l'éthique sociale), il en existerait un troisième de type historico-évolutif développé par Hayek, comme j'ai essayé de le montrer dans mon travail « Historia, ciencia económica et éthique sociale », chap. 7 de mon livre *Estudios de Economía Política*, Unión Editorial, Madrid 1994, pp. 105-109. Je m'efforce de démontrer dans cet article que chacun des trois niveaux a son

Car la science économique, même libre de jugements de valeur, peut non seulement aider à adopter une position de type éthique, mais également, comme l'ont démontré Rothbard, Hoppe et Kirzner, rendre plus facile et sûr le raisonnement logico-déductif en matière d'éthique sociale, en évitant les nombreux dangers et erreurs qui dérivent de l'analyse statique d'une théorie économique mal conçue (néoclassique) et fondée sur des hypothèses irréelles de pleine information et un concept très étroit de « *rationalité* »[9].

En outre, et selon cette conception, les considérations sur l'« *efficience* » et la justice, loin de supposer, comme le croient les néoclassiques, un compromis qui permettrait diverses combinaisons selon des proportions différentes, apparaîtraient comme les deux faces d'une même monnaie. De notre point de vue, en effet, seule la justice procure l'efficience ; et, réciproquement, l'efficient ne peut jamais se fonder sur l'injustice, de sorte que les deux considérations, celles relatives aux principes moraux et celles concernant l'efficience économique, loin d'être indépendantes, se renforcent et se soutiennent mutuellement[10], comme nous allons le voir plus bas.

## 4. L'opposition inexistante entre les critères d'efficience et de justice

L'idée que l'efficience et l'éthique sont deux dimensions permettant des combinaisons selon des proportions différentes est une autre des conséquences négatives qui découlent naturellement du paradigme scientiste dominant jusqu'ici dans les études sociales. Si, en effet, en présupposant que l'information nécessaire est donnée dans un contexte statique, l'on croit possible de décider à partir d'une analyse coûts-bénéfices, non seulement il est inutile que les acteurs

---

propre domaine d'application et enrichit les deux autres, les complète et compense leurs possibles erreurs.

[9] On ne considère pas, cependant, que la théorie économique puisse, à elle seule, arriver à déterminer les énoncés moraux, en sorte que la critique adressée récemment par Roland Kley à Kirzner est injustifiée. Roland Kley, *Hayek's Social and Political Thought*, Clarendon Press, Oxford 1994, note n° 9 en pied de p. 228.

[10] Par conséquent, le compromis existerait tout au plus entre le binôme constitué par le juste et l'efficient, et celui dérivé d'une situation inefficiente et injuste, c'est-à-dire dans laquelle le libre exercice de la fonction entrepreneuriale est systématiquement entravé et la force de l'État empêche la complète appropriation individuelle des résultats de la créativité humaine. Par ailleurs, il faut souligner que l'inefficience liée à la coercition systématique et immorale exercée par l'État sur l'économie est différente et beaucoup plus grave de ce que croient les économistes néoclassiques avec leur analyse maladroite élaborée dans le cadre du paradigme statique de l'« *économie du bien-être* ». Ils estiment, en effet, que les mesures de coercition institutionnelle (par exemple, de redistribution forcée du revenu) entraînent, tout au plus, des effets de distorsion qui éloignent le système économique des points Pareto-efficients de la courbe de possibilités maximales de production de l'économie, sans se rendre compte que le mal causé par ces mesures est beaucoup plus profond, car, *d'un point de vue dynamique*, elles empêchent les entrepreneurs de coordonner et de découvrir de nouvelles occasions de gain en déplaçant vers la droite, de façon continue, la courbe de possibilités de production de la société. L'on peut citer, chez nous, comme exemple standard de cette myope vision statique des économistes néoclassiques celui d'Emilio Albi, Carlos Contreras, José Manuel González-Páramo et Ignacio Zubiri dans leur *Teoría de la Hacienda Pública*, Ariel Economía, Barcelone 1994, p. 354.

individuels ne se soumettent à aucun schéma préalable de règles de comportement moral qui les guide dans leur action (distinct d'une simple « *maximisation* » *ad hoc* de son « *utilité* »), mais on peut aussi arriver facilement à la conclusion (incluse, par exemple, dans le « *second théorème fondamental de l'économie du bien-être* ») que tout schéma d'équité imposé par la force de l'État peut être compatible avec les critères statiques d'efficience parétienne.

Cependant, considérer le processus social comme une réalité dynamique constituée par l'interaction d'innombrables êtres humains, dotés chacun d'une capacité créative innée et constante, empêche de savoir en détail quels seront les coûts et bénéfices dérivés de cette action, ce qui oblige l'homme à utiliser comme pilote automatique de comportement une série de guides ou principes moraux d'action. Ces principes moraux tendent, en outre, à permettre l'interaction coordonnée des différents êtres humains et, donc, à créer un processus de coordination que nous avons qualifié de « dynamiquement efficient ».

Si l'on conçoit le marché comme un processus dynamique, l'efficience entendue comme coordination naît du comportement des êtres humains obéissant à des normes morales spécifiques et, réciproquement, l'exercice de l'action humaine soumise aux principes éthiques donne lieu à une « *efficience dynamique* » entendue comme tendance coordinatrice dans les processus d'interaction sociale. C'est pourquoi l'on peut conclure que, *d'un point de vue dynamique, l'efficience n'est pas compatible avec différents schémas d'équité ou justice, mais naît exclusivement de l'un d'eux.*

C'est pourquoi la polémique entre les dimensions d'efficience et de justice est fausse et erronée. La justice ne peut pas être inefficiente, ni l'efficiente injuste, car dans la perspective de l'analyse dynamique, justice et efficience ne sont rien d'autre que les deux faces de la même monnaie, ce qui confirme, d'autre part, l'ordre intégré et cohérent existant dans l'univers social. La prétendue opposition entre les deux dimensions vient de la conception erronée de l'efficience statique développée par le paradigme néoclassique de l'« *économie du bien-être* », ainsi que de la fausse idée d'équité ou de « *justice sociale* », d'après laquelle les résultats du processus social peuvent se juger indépendamment du comportement individuel qu'ont pu avoir ceux qui y auraient participé.

## 5. La critique du concept de justice sociale

Les développements théoriques de l'économie du bien-être à partir du critère statique d'efficience parétienne sont nés avec le vain espoir d'éviter d'entrer explicitement dans le domaine de l'éthique, et ils ont fini par empêcher d'apprécier les graves problèmes de justice et d'inefficience dynamique qui apparaissent lorsque le processus de marché est institutionnellement entravé. Au contraire, considérer l'économie comme un processus résultant d'une action humaine libre, soumise à des principes déterminés de caractère moral, non seulement permet de redéfinir convenablement l'efficience d'un point de vue dynamique, mais donne aussi des éclaircissements sur le critère de justice qui doit prévaloir dans les relations sociales.

Ce critère est fondé sur les principes traditionnels de la morale, qui permettent d'apprécier comme justes ou injustes les comportements individuels d'après des normes générales et abstraites de caractère juridique. Ces normes constituent le droit matériel et règlent fondamentalement le droit de propriété qui permet l'appropriation par les êtres humains de tout ce qui vient de leur créativité entrepreneuriale propre et innée.

Le respect de la vie, de la possession pacifiquement acquise, l'exécution des promesses et des contrats, la responsabilité individuelle, etc., sont tous des comportements réglés qui sont apparus progressivement au cours du temps et qui établissent un cadre à l'intérieur duquel la capacité créative des hommes peut s'épanouir librement, coordonner les désajustements sociaux et faire progresser la civilisation.

De leur côté, ces principes sont, même s'ils ont une origine évolutive (Hayek), une manifestation essentielle de la nature humaine et, selon Rothbard, peuvent et doivent être soumis à un examen rationnel et rigoureux concernant les points suivants : cohérence, exégèse et épuration de vices logiques.

De ce point de vue, il apparaît clairement que les critères de justice qui ne coïncident pas avec le critère indiqué sont essentiellement immoraux. Est spécialement critiquable le concept de « justice sociale », qui prétend considérer comme justes ou injustes les *résultats* spécifiques du processus social à certains moments historiques. *Indépendamment du fait que le comportement des auteurs se soit adapté ou non aux normes juridiques et morales de caractère abstrait et général.*

La « *justice sociale* » n'a de sens que dans un monde statique fantasmagorique où les biens et services sont donnés et le seul problème qui puisse se poser sera celui de leur distribution. Cependant, dans le monde réel, où les processus de production et de distribution ont lieu simultanément à cause de l'élan entrepreneurial et de sa capacité créative, le concept de « *justice sociale* » n'a aucun sens analytique et peut être considéré comme essentiellement immoral de trois points de vue :

a) Du point de vue évolutif, dans la mesure où les prescriptions dérivant de l'idée de « *justice sociale* » vont à l'encontre des principes traditionnels du droit de propriété qui ont été formés par le droit coutumier et ont rendu possible la civilisation moderne.

b) Du point de vue théorique, car il est impossible d'organiser la société sur la base du principe de « *justice sociale* », car la contrainte systématique, qui – nous le verrons plus loin – exige d'imposer un objectif de redistribution du revenu, empêche le libre exercice de la fonction entrepreneuriale et, donc, la créativité et la coordination qui permettent le développement de la civilisation.

c) Du point de vue éthique, dans la mesure où l'on viole le principe moral selon lequel tout être humain a un *droit naturel* aux résultats de sa propre activité entrepreneuriale. Il faut espérer qu'avec la prise de conscience générale des graves erreurs et de l'immoralité essentielle liées au concept erroné de « *justice sociale* », la coercition institutionnelle exercée par l'État – qui la considère justifiée – disparaîtra petit à petit, comme ont disparu par le passé des institutions aussi odieuses que l'assassinat des nouveau-nés ou l'esclavage[11].

[11] La critique la plus classique du concept de justice sociale est due à Friedrich A. Hayek, 1988, *El espejismo de la justicia social*, vol. II de *Derecho, legislación e libertad*, 2° éd., Unión Editorial, Madrid.

## 6. Le droit à la propriété privée comme principe éthique essentiel dans une économie de marché

La plupart des prises de position sur la justice distributive défendues majoritairement jusqu'à maintenant et qui ont constitué le « *fondement éthique* » d'importants mouvements politiques et sociaux (de nature « *socialiste* » ou « *social-démocrate* ») sont issues d'une conception statique erronée de l'économie. En effet, le paradigme de la théorie économique qui a prévalu jusqu'ici considérait que l'information était quelque chose d'objectif et de donné (de façon certaine ou probabiliste), de sorte que l'on considérait possible de réaliser l'analyse coûts-bénéfices à partir de cette information. Ainsi, il paraissait logique que les considérations de maximisation de l'utilité soient totalement indépendantes des aspects moraux et que les deux choses puissent se combiner suivant diverses proportions. De plus, la conception statique conduisait inévitablement à présupposer que, dans un certain sens, les ressources étaient données et connues, en sorte que le problème économique de leur distribution était considéré distinct et indépendant de celui de leur production. Si, en effet, les ressources[12] sont données, la façon dont devront se distribuer entre les hommes les moyens de production et le résultat des différents processus productifs acquiert une importance de premier ordre.

Toute cette approche a été démolie par la nouvelle conception dynamique des processus de marché et par la nouvelle théorie économique de la fonction entrepreneuriale. Celle-ci a montré que tout être humain possédait une capacité créative innée qui lui permettait d'apprécier et découvrir les occasions de gain apparaissant dans son milieu, et d'agir de façon à en tirer profit. L'action entrepreneuriale consiste, donc, dans la capacité typiquement humaine de création et de découverte constante de nouveaux objectifs et de nouveaux moyens. Selon cette conception, les ressources ne sont pas données, mais les objectifs et les moyens sont continuellement inventés et conçus *ex novo* par les entrepreneurs, toujours désireux d'atteindre de nouveaux objectifs auxquels ils *découvrent* une valeur plus grande. Et si les objectifs, les moyens et les ressources ne sont pas donnés, mais créés à partir du néant grâce à l'action entrepreneuriale de l'homme, il est clair que l'approche éthique fondamentale cesse de consister dans le problème de la distribution équitable de « *ce qui existe* », pour s'interroger sur la façon la plus conforme à la nature humaine d'encourager la *créativité.*

C'est pourquoi, dans le domaine de l'éthique sociale, on aboutit à la conclusion que le fait de concevoir l'être humain en tant qu'acteur créatif oblige à accepter, tel un axiome, le principe éthique selon lequel « *tout homme possède un droit naturel aux fruits de sa propre créativité entrepreneuriale* ». Non seulement parce que, dans le cas contraire, ces fruits ne serviraient pas de stimulant pouvant éveiller la perspicacité entrepreneuriale et créative, mais aussi parce qu'il s'agit d'un principe universel pouvant s'appliquer à tous les êtres humains dans toutes les circonstances concevables.

Ce principe éthique que nous venons d'énoncer et qui est à la base du fondement éthique de toute économie de marché possède également d'autres avantages caractéristiques importants. Premièrement, le grand attrait intuitif

---

[12] Huerta de Soto, J., *Socialismo, cálculo económico y función empresarial*, op. cit., pp. 41-155.

qu'il présente pour tous : il semble évident que si quelqu'un crée quelque chose à partir de rien, il a le droit de se l'approprier, car il ne fait de tort à personne (avant sa création, la chose n'existait pas, de sorte que sa création ne fait de tort à personne et profite, au moins, à l'acteur créatif, à supposer qu'elle ne profite pas aussi à d'autres).

Deuxièmement, il s'agit d'un principe éthique à validité universelle (Rothbard) en relation étroite avec le principe de droit romain concernant l'appropriation originelle des ressources qui n'appartiennent à personne (*occupatio rei nullius*), et qui permet en outre de résoudre le problème paradoxal que pose la « *clause de Locke* », d'après laquelle la limite de l'appropriation originelle des ressources consiste à en laisser un « *nombre* » suffisant pour d'autres êtres humains.

Le principe fondé sur la créativité que l'on vient d'énoncer rend inutile l'existence de la « *clause de Locke* », puisque tout résultat de la créativité humaine n'existait pas avant d'être découvert ou créé de manière entrepreneuriale, de sorte que son appropriation ne peut faire de tort à personne. Car la conception de Locke n'a de sens que dans un contexte statique qui présuppose que les ressources existent déjà (sont « *données* ») et sont fixes, et qu'il faut les distribuer entre un certain nombre de personnes[13].

L'économie étant considérée comme un processus dynamique de type entrepreneurial, le principe éthique qui doit régler les interactions sociales repose sur l'idée que la société la plus juste sera celle qui favorise de la façon la plus énergique la créativité entrepreneuriale de tous ceux qui la composent. Et il est alors indispensable que chacun soit sûr *a priori* qu'il pourra s'approprier les résultats de sa créativité entrepreneuriale (qui avant d'être découverts ou créés

---

[13] Notre analyse montre également les erreurs d'autres théories sur la justice, et en particulier celle de John Rawls, fondées sur le paradigme néoclassique de pleine information qui présuppose un contexte statique de ressources préexistantes. Le problème principal de la théorie de Rawls consiste non seulement dans les jugements de valeur émis dans son analyse et qui n'ont pas à être universellement admis, mais surtout dans les erreurs de fondement analytique de son système. Celles-ci viennent non seulement de la fiction reposant sur l'analyse du contrat social et sur le « *voile d'ignorance* », mais aussi sur l'hypothèse de pleine information et de contexte statique pour les biens sociaux (donnés et connus), ce qui le conduit à justifier la coercition pour garantir non seulement les libertés essentielles, mais aussi le principe du *maximin* en vertu duquel la situation des moins favorisés doit être maximisée en garantissant l'égalité de chances pour tous. Ce principe n'a pas de sens analytique dans un contexte dynamique où les entrepreneurs sont capables de créer sans cesse de nouveaux biens et services, car la coercition institutionnelle interrompt le processus entrepreneurial et, même quand il semble statiquement que l'égalité de chances est garantie, cet objectif nuit, d'un point de vue dynamique, à la société et, en particulier, aux moins favorisés. Ignacio Zubiri a réalisé, du point de vue néoclassique, une analyse critique de la position de Rawl, dans son article « Justicia distributiva : enfoques nuevos a un problema antiguo » (*Hacienda Pública Española*, n° 91, 1984, pp. 279-301. Zubiri conclut que le pouvoir analytique de Rawls « *se fonde sur la capacité de croire de celui qui le lit* ». Personnellement, j'ajouterais que l'analyse de Rawls est viciée du point de vue analytique parce qu'elle présuppose le contexte statique du modèle néoclassique fondé sur la maximisation et néglige la conception d'efficience dynamique entrepreneuriale développée par Kirzner.

n'existaient pas dans le corps social) et qu'ils ne lui seront retirés par personne ni totalement ni partiellement, et moins encore par l'Administration de l'État.

Enfin, l'analyse proposée rend évident le caractère immoral de l'interventionnisme, entendu comme tout système d'agression institutionnelle institué par l'État contre le libre exercice de l'action humaine ou fonction entrepreneuriale dans n'importe quel domaine social. La contrainte exercée contre l'acteur empêche, en effet, celui-ci de développer ce qui est le plus naturel chez lui, à savoir sa capacité innée à créer et concevoir de nouveaux objectifs et de nouveaux moyens et à agir pour les obtenir. Dans la mesure où la coercition étatique empêche l'action humaine de type entrepreneurial, sa capacité créative en sera diminuée d'autant et l'information ou connaissance nécessaire pour coordonner la société ne sera pas découverte et n'apparaîtra pas.

C'est précisément pour cela que le socialisme est une erreur intellectuelle, car il empêche les êtres humains de créer l'information dont l'organe directeur a besoin pour coordonner la société par ses ordres contraignants. De plus, notre analyse montre que le système socialiste et interventionniste est immoral, car il consiste à empêcher, par la force, les hommes de s'approprier les résultats de leur propre créativité entrepreneuriale. De cette façon, le socialisme non seulement se montre comme quelque chose de théoriquement erroné et économiquement impossible (*inefficient*), mais en même temps comme un système essentiellement *immoral*, car il contrarie la nature intime de l'être humain et empêche celui-ci de se réaliser et de s'approprier librement les résultats de sa propre créativité entrepreneuriale.

Cet élan de la créativité entrepreneuriale se manifeste aussi dans le domaine de l'aide au prochain, et de la recherche et détection préalables et systématiques de situations de besoin. De sorte que la coercition ou l'intervention de l'État, à travers les mécanismes propres à l'État-providence, neutralise et, dans une large mesure, empêche l'exercice de la recherche entrepreneuriale des besoins urgents d'aide aux prochains (et aux « *plus éloignés* ») qui sont en difficulté, étouffant ainsi les désirs de solidarité et de collaboration volontaire si importants chez la plupart des gens[14].

La conception dynamique du marché comme ordre spontané issu de l'interaction humaine permet une prise de position plus facile dans le domaine éthique et renforce l'idée que les marchés mus par la fonction entrepreneuriale non seulement sont les plus efficients du point de vue dynamique, mais sont aussi les seuls justes. Il n'y a donc pas de raison pour qu'un acteur qui respecte les principes traditionnels du droit de propriété ait des scrupules lorsqu'il s'approprie ce qui provient de sa capacité créative.

En comprenant la façon dont fonctionne, du point de vue dynamique, le processus entrepreneurial de marché, l'on voit que le principe essentiel de justice et d'éthique sociale doit favoriser la créativité et, donc, l'appropriation

---

[14] « *En intervenant directement et en privant la société de ses responsabilités, l'État de l'assistance provoque la déperdition des forces humaines, l'hypertrophie des appareils publics, animés par une logique bureaucratique plus que par le souci d'être au service les usagers, et un accroissement énorme des dépenses. Il semble, effectivement, que les besoins sont mieux connus par ceux qui en sont plus proches ou savent s'en rapprocher et que ceux-ci soient plus à même d'y répondre* » (Juan Pablo II, 1991, *Centesimus Annus :* en el centenario de la *Rerum Novarum*, PPC, Madrid, chap. IV, parag. 49, p. 92).

des résultats de l'activité entrepreneuriale de l'être humain. Ce principe est, naturellement, tout à fait compatible avec le fait d'utiliser cette créativité et cet esprit d'entreprise pour chercher, découvrir et pallier, de manière volontaire, les situations de besoin urgent dans lesquelles peuvent se trouver les êtres humains.

## 7. La doctrine sociale de l'Église catholique et l'École autrichienne d'économie

L'un des aspects les plus significatifs des dernières formulations de la doctrine sociale de l'Église catholique en faveur de l'économie de marché est peut-être la grande influence qu'ont exercées sur elle les conceptions de l'École autrichienne d'économie, et en particulier celles d'Hayek et de Kirzner ; le premier étant un catholique agnostique non pratiquant, et le second un juif pratiquant, profondément religieux. Le penseur catholique Michael Novak, en effet, surprit le monde lorsqu'il publia la longue conversation que le pape Jean-Paul II avait maintenue avec Hayek avant sa mort[15]. Et, plus tard, Novak signale, dans son livre remarquable *The Catholic Ethic and the Spirit of Capitalism*[16], le parallélisme existant entre la conception de l'action humaine créative développée par le Pape dans sa thèse de doctorat, intitulée *Personne et acte*[17], et la conception de la fonction entrepreneuriale que l'on doit à Kirzner[18].

Cette conception a été affinée par Jean-Paul II dans son encyclique *Centesimus Annus*, qui dit expressément que le facteur décisif dans la société est la capacité entrepreneuriale ou l'action humaine créative ; selon ses propres mots, c'est « l'homme lui-même, c'est-à-dire sa capacité de *connaissance* », dans ses deux variantes – connaissance scientifique et connaissance pratique –, qu'il définit comme celle nécessaire pour « *saisir et satisfaire les besoins des autres* ». Ces connaissances, d'après Jean-Paul II, permettent à l'homme d'« *exprimer sa créativité et de développer ses capacités* », ainsi que d'entrer dans ce « *réseau de connaissances et d'intercommunications* » qui constitue le marché et la société. Ainsi pour le pape, devient toujours plus évident et déterminant « le rôle du travail humain (je dirais, plutôt, de l'action humaine) maîtrisé et *créatif* et, comme part essentielle de ce travail, celui de la capacité d'initiative et d'entreprise »[19].

---

[15] « During the last months of his life, Hayek had the opportunity for a long conversation with Pope John Paul II. There are signs of Hayek's influence in certain portions of the Pope's encyclical Centesimus Annus. In sections 31 and 32 in particular *Centesimus annus* employs unmistakably Hayekian insights » Michael Novak, « Two Moral Ideas for Business » (The Hayek Memorial Lecture, 22 June 1992, London, England), *Economic Affairs*, septembre-octobre 1993, p. 7.

[16] Novak, M., 1993, *The Catholic Ethic and the Spirit of Capitalism*, The Free Press, Macmillan International, New York.

[17] Wojtyla, K., 1982, *Persona y acción*, BAC, Madrid, en particulier les pp. 31, 151, 173 et 202, et Novak, M. 1993, *The Catholic Ethic and the Spirit of Capitalism*, op.cit., p. 117.

[18] « *Israel Kirzner defines enterprise as an act of discovery, an act of discerning either a new product or service to be supplied for the utility of others, or a new way of providing the same. The Pope sees creativity at work in such acts of discovery and discernment. Like religious freedom, economic initiative also flows from the 'creative subjectivity' of the human person. This line of thought led the Pope to discern the role of enterprise in economic activity* » (Novak, M., op. cit., p. 128).

[19] Juan Pablo II, *Centesimus annus*, op. cit., chap. IV, nº 31, 32 & 33, pp. 66-67.

Cette encyclique montre, sans aucun doute, que la conception de la science économique s'est nettement modernisée chez son auteur et a fait un saut qualitatif important du point de vue scientifique ; elle abandonne , en grande partie, l'ancienne doctrine sociale de l'Église catholique et devance même de larges secteurs de la science économique encore ancrés dans le mécanicisme du paradigme néoclassique-walrasien, qui n'ont pas su faire place dans leurs « *modèles* » au caractère éminemment créatif et dynamique de la fonction entrepreneuriale. Pour la première fois dans l'histoire, et grâce à l'influence positive de l'École autrichienne d'économie, la doctrine sociale de l'Église catholique est allée au-delà du paradigme dominant en science économique, qui a ignoré jusqu'ici l'être humain créatif et reste attaché à une conception statique du marché et de la société.

## 8. L'échec de l'État social

L'échec économique, social et politique du socialisme réel dans les pays d'Europe de l'Est coïncide avec une plus grande reconnaissance de la crise de l'État-providence ou « *État social* » qui s'est développée dans de nombreux pays occidentaux. Cette crise est, par ailleurs, une simple illustration empirique de ce que l'analyse théorique la plus rigoureuse montrait depuis déjà longtemps.

Car l'interventionnisme étatique, qui est à la base de l'État social dans les pays occidentaux, et le socialisme réel propre aux économies de type soviétique partagent la même erreur intellectuelle et se trouvent donc, à la longue, également condamnés à l'échec. Cette erreur intellectuelle consiste essentiellement, comme l'a montré si brillamment le prix Nobel d'économie F. A. Hayek[20], dans le fait qu'il est impossible pour les responsables politiques et les fonctionnaires de l'État social d'obtenir, malgré leurs « *bonnes* » intentions, le volume d'information et de connaissances que créent et utilisent constamment, de façon éparpillée, les millions de citoyens qui doivent obéir à leurs ordres, qu'il s'agisse de lois ou non, qu'ils soient élaborés ou non de façon plus ou moins « *démocratique* ».

L'interventionniste tend toujours à être dans une situation d'« *ignorance indéracinable* » face à la société. C'est pourquoi on ne peut pas améliorer les processus de coordination et de développement de la société en utilisant systématiquement cette « *coercition institutionnelle* » qui, en fort contraste avec l'image idyllique que l'on veut nous présenter, constitue la caractéristique et la manifestation les plus typiques de l'État « *social* ».

Cet État utilise des objectifs apparemment louables d'un point de vue social pour justifier l'utilisation systématique de la contrainte, c'est-à-dire l'interventionnisme étatique en matière économique et sociale. Contraste violent avec l'État de droit, qui s'occupe uniquement de fixer un cadre juridique et laisse les citoyens agir librement, recherchant leurs objectifs et les moyens nécessaires pour les atteindre.

Même s'il ne s'agit pas ici de reproduire l'analyse théorique qui explique l'impossibilité de l'interventionnisme en matière économique et sociale, nous

---

[20] Hayek, FA, 1990, *La fatal arrogancia: los errores del socialismo*, Unión Editorial, Madrid, (2° éd., 1997).

pouvons conclure que, du point de vue du processus social, l'interventionnisme étatique en matière économique, caractéristique de l'État « social », est une erreur intellectuelle, car on ne peut pas concevoir que le gouvernement ou l'organe directeur chargé d'intervenir au moyen d'ordres puisse obtenir l'information nécessaire pour coordonner la société.

Et cela, pour les motifs suivants: *premièrement*, pour des raisons de volume (il est impossible que l'organe d'intervention assimile consciemment l'énorme volume d'information pratique qui se trouve disséminée dans l'esprit des individus) ; *deuxièmement*, à cause du caractère essentiellement intransmissible au gouvernement ou à l'organe central d'intervention des connaissances dont il a besoin (en raison, surtout, de leur nature tacite et inexprimable) ; *troisièmement*, parce qu'on ne peut pas transmettre une information que les acteurs n'ont pas encore découverte ou créée, et qui est le résultat du processus de libre exercice de la fonction entrepreneuriale ; et *quatrièmement*, parce que l'exercice de la contrainte qui caractérise toujours l'interventionnisme étatique empêche la réalisation du processus social de découverte et de création de l'information nécessaire pour coordonner la société[21].

Les conséquences de cette erreur intellectuelle sur laquelle repose l'idéal propre à l'État-providence ou « *social* » se manifestent en quatre dimensions : économico-sociale et culturelle, juridique, éthique et politique, qui, même si elles sont intimement liées, doivent être analysées séparément.

## 9. Problèmes économiques et sociaux que pose l'État-providence

L'obsession réglementaire et fiscale de l'État « *social* » entrave et, souvent, empêche la création de nouveaux processus et initiatives entrepreneuriaux qui sont, dans tous les domaines de la vie en société, ce qu'il y a de plus créatif et vivifiant et ce qui assure le développement de l'organisme social et le progrès de la civilisation. L'État « *social* » s'est montré incapable d'obtenir l'information nécessaire pour organiser de façon contraignante et délibérée une société libre de conflits. Et, en outre, il agit comme un « *inhibiteur* » de la création d'idées, de projets et d'entreprises nouveaux de la part de la société civile.

Ainsi, il est évident, comme on l'a si souvent constaté que plus l'État est interventionniste, plus il entrave le développement économique et tend à engendrer systématiquement une pénurie d'idées et de ressources, plus accentuée précisément dans les domaines de la vie sociale où il prétend intervenir le plus intensément.

Cela explique que les gens considèrent souvent inévitable, dans une réaction de « *défense* » naturelle et compréhensible, d'éviter ou de dévier les effets les plus nuisibles ou rigoureux des ordres contraignants de l'État. Ainsi apparaît une économie « *submergée ou irrégulière* » qui, si elle a un caractère superflu, est, cependant l'une des conséquences les plus typiques de l'État « *social* » et agit souvent de manière positive, comme une véritable « *soupape d'échappement* », face à la coercition institutionnelle systématique qui caractérise l'interventionnisme[22].

---

[21] Voir Jesús Huerta de Soto, *Socialismo, cálculo económico y función empresarial*, op. cit., p. 96 et s.

[22] De fait, dans les sociétés de l'est de l'Europe, circulait ce dire : « *dans les pays socialistes, la corruption n'est pas le problème, mais la solution aux problèmes économiques* ». Il n'est donc pas

L'interventionnisme de l'État social engendre encore bien d'autres effets pervers. Il tend, en particulier, à engendrer une incoordination et un désajustement généralisé dans les divers secteurs sociaux ; cela est dû au fait que les comportements sociaux désajustés ne peuvent être ni découverts ni coordonnés par le libre exercice de la fonction entrepreneuriale. Des entreprises qui ont un besoin urgent de travailleurs, lesquels demeurent, néanmoins, inoccupés et vivant des indemnités de chômage, des désajustements intertemporels dans la structure productive, dus à des investissements erronés encouragés par l'interventionnisme fiscal et monétaire, etc., voilà des conséquences typiques de l'interventionnisme de l'État social en matière économique.

Paradoxalement, l'incoordination économique et le désordre que provoque l'interventionnisme de l'État servent souvent de prétexte pour justifier des doses d'intervention ultérieure, ce qui entraîne un aggravement progressif des problèmes. Ainsi, le degré d'extension horizontale et d'approfondissement de l'intervention étatique a tendance à augmenter ; cela explique l'apparition de forces qui conduisent au totalitarisme, celui-ci étant entendu comme tout régime tendant à « *exercer une forte intervention dans tous les aspects de la vie* » (*Diccionario* de la Real Academia Española).

Cette augmentation constante de l'intervention est, en outre, accompagnée d'*embardées* continuelles ou changements subits de politique, qui se matérialisent par une modification radicale du contenu des ordres, de leurs domaines d'application ou des deux choses ; et tout cela dans le vain espoir que l'« *expérimentation* » systématique de nouveaux types et degrés d'interventionnisme permette de résoudre les problèmes insolubles qui se posent.

Car beaucoup de politiques et d'intellectuels naïfs croient que plus la société est complexe, plus une intervention exogène et coercitive de l'État est nécessaire[23]. Aujourd'hui, en pleine révolution technologique, l'évidence de la réalité logico-théorique contraire est indéniable : plus la population et la richesse de la société, la variété de leurs nuances et le développement de la civilisation augmentent, plus il est difficile de réguler les processus sociaux et plus l'échec de l'interventionnisme propre à l'État social est évident.

Enfin, les organes bureaucratiques de l'État, inexorablement séparés du processus social par un voile d'ignorance indéracinable, qui permet seulement de distinguer les aspects les plus grossiers et visibles, essaient toujours d'atteindre des objectifs de façon extensive et volontariste. *Volontariste* dans la mesure où l'on prétend atteindre les objectifs grâce à la seule volonté concrétisée dans les ordres. *Extensive* dans la mesure où la réalisation de ces objectifs est évaluée simplement à partir des paramètres les plus facilement définissables, exprimables et transmissibles, c'est-à-dire ceux de type purement statistique ou quantitatif et qui ignorent, ou n'intègrent pas suffisamment,

---

étonnant que, dans notre propre pays, la corruption ait grandi parallèlement à l'augmentation du poids de l'État dans l'économie (qui est passé de 25% du PIB dans l'Espagne pré-démocratique à presque 50% dans l'Espagne actuelle).

[23] Cette idée est d'origine fasciste ; elle fut initialement énoncée par Benito Mussolini, pour qui « *plus les formes de la civilisation se complexifient, plus il faut restreindre la liberté de l'individu* » (Cité par F. A. Hayek dans *Camino de servidumbre*, Alianza Editorial, Madrid 1976, p. 72).

toutes les nuances qualitatives et subjectives qui constituent précisément le contenu précieux et caractéristique de l'information pratique disséminée dans l'esprit des individus qui forment la société civile.

L'effet combiné des erreurs systématiques dues à la déficience de la définition et/ou de la défense des droits de propriété privés sur les ressources naturelles, uni au caractère extensif et volontariste de la poursuite d'objectifs politiques par les gouvernements, a des conséquences tragiques pour l'*environnement naturel*. En règle générale, l'environnement se détériore davantage dans les espaces géographiques où l'interventionnisme étatique se fait le plus sentir (là où les droits de la propriété privée sont le plus mal définis et défendus et où le libre exercice de la fonction entrepreneuriale soumise à la loi civile ordinaire est le plus restreint) ; et cette détérioration sera, comme on l'a vu dans divers pays de l'est de l'Europe, d'autant plus importante que l'intervention coercitive propre au socialisme sera plus intense[24].

L'État « *social* » implique toujours une agression à la créativité humaine et, donc, au développement de la société et au progrès de la civilisation. Car son action, matérialisée par des mesures interventionnistes, crée une série de barrières à l'interaction humaine qui entravent la coopération et le développement social. Ainsi, l'une des caractéristiques de l'État social est qu'il *ralentit l'innovation,* c'est-à-dire l'introduction des améliorations technologiques, économiques, sociales et culturelles, en sorte que l'État-providence tend toujours à être en retard sur ses concurrents en matière de développement et d'application pratique de nouvelles technologies.

Et tout cela, même si les interventionnistes prétendent forcer, de façon extensive et volontariste, par l'intermédiaire d'ordres, d'organismes publics et de dotations budgétaires, le développement technologique de la société ; ils créent pour cela des instituts et des « *conseils* » ronflants, consacrés à la recherche scientifique et à la planification du développement de nouvelles technologies, de courants culturels et de comportements sociaux.

Cependant, la création même de ces organismes bureaucratiques, financés de force avec l'argent des contribuables pour essayer d'encourager l'innovation et la modernisation de la société, prouve clairement que le progrès scientifique, technique et culturel tend à se bloquer. Car *il est impossible de planifier l'évolution future d'une connaissance non encore créée, qui n'apparaît que dans un contexte de liberté entrepreneuriale et dans le cadre d'un État de droit qui ne peut être simulé à l'aide d'ordres coercitifs.*

Ces considérations sont pleinement applicables à tout autre domaine où la société se développe et évolue spontanément et constamment, en particulier les secteurs de type culturel, artistique, linguistique et, en général, tous ceux qui sont le résultat de l'évolution et du développement des habitudes et coutumes locales. La *culture* n'est que le résultat spontané d'un processus social dans lequel interagissent de multiples acteurs qui apportent chacun leur expérience, leur originalité et leur capacité de vision. Si ce processus est systématiquement entravé par le pouvoir, il se sclérose et se corrompt, ou peut même s'arrêter tout à fait (l'organe étatique prétendra se présenter au public comme le « *champion* » de l'élan culturel, en utilisant la propagande politique et en créant toutes sortes de commissions, d'organismes, de ministères et de conseils

---

[24] Voir Anderson, T. L., Leal, D. R., 1993, *Ecología de Mercado*, Unión Editorial, Madrid.

chargés d'« *encourager* », à l'aide d'ordres coercitifs et de subventions financées par les impôts, le « *développement de la culture* »).

## 10. La corruption des concepts traditionnels de loi et de justice

En second lieu, et dans le domaine « *juridique* », le développement de l'État « *social* » tend à corrompre et à vider de son contenu le concept traditionnel de droit, pervertissant ainsi le fonctionnement de la justice et discréditant socialement les habitudes d'obéissance à la loi. Dans l'État « *social* », en effet, le Droit traditionnel, ensemble de normes de caractère général et abstrait applicables à tous de la même façon, tend à être remplacé par un dédale de règlements et d'ordres contradictoires, de nature administrative qui spécifie et étouffe de plus en plus le comportement de chaque individu. On réglemente les horaires commerciaux, la façon de produire et de distribuer de multiples produits, leur quantité et leur qualité, on fixe les rémunérations des facteurs de production, etc., etc. Il n'est donc pas étonnant que les gens perdent l'habitude de s'adapter à des normes générales et s'accoutument, au contraire, à ce que tout soit spécifiquement indiqué et résolu par l'État, qui apparaît comme l'organe paternaliste et protecteur par excellence devant tout prévoir et tout réguler.

En même temps, et paradoxalement, comme l'omission de l'ordre coercitif est souvent une exigence de survie, le respect social envers la loi formelle disparaît totalement et le public en général considère sa non-exécution comme une manifestation louable de l'intelligence humaine, qu'il faut encourager, plutôt que comme la violation d'un système de normes qui peut nuire gravement à la société.

L'on saisit ainsi les graves effets de la corruption du concept traditionnel de loi et sa substitution par des ordres administratifs : ils tendent à miner l'État de droit et à corrompre l'application et le prestige social de la loi traditionnelle.

Cette corruption du concept de loi est inévitablement accompagnée d'une corruption parallèle du concept et de l'application de la justice. Car, dans l'État social, le concept traditionnel de justice qui consiste dans l'adéquation des comportements individuels aux normes générales de droit matériel est progressivement remplacé par un concept bâtard de « *justice sociale* », d'après lequel, au lieu de juger les comportements individuels dans un cadre général de normes applicables à tous de la même façon, *on conçoit la justice comme l'appréciation plus ou moins émotionnelle, primaire ou passionnelle, du résultat spécifique des processus sociaux. Tout cela indépendamment de ce qu'a pu être le comportement des participants du point de vue des normes du droit traditionnel.*

Ce phénomène, uni à la grande imperfection et à la pagaille des ordres et règlement produits de l'activité législative de l'État « *social* », fait qu'avec un peu de chance et de savoir-faire, n'importe quelle prétention, ou presque, peut arriver à impressionner favorablement un juge. Surtout si celui-ci considère que sa mission essentielle consiste plutôt à émettre des jugements dont les résultats paraissent justes de son propre point de vue qu'à appliquer aveuglément des normes générales à des circonstances concrètes. Il se crée ainsi une insécurité juridique qui incite fortement à intenter de plus en plus de procès.

Tout cela influe négativement sur la qualité des décisions judiciaires. C'est là un processus que, malheureusement, nous connaissons bien en Espagne et qui menace de faire disparaître la justice traditionnelle ou même les juges et magistrats qui, devant une telle confusion et une telle surcharge de travail, risquent de devenir de simples bureaucrates au service du pouvoir politique, chargés davantage de contrôler l'impossible observation de la masse des ordres coercitifs que d'exercer la mission sainte, désintéressée et souvent mal comprise qui consiste à appliquer à tous et de la même façon la loi entendue dans son sens traditionnel[25].

## 11. L'éthique et l'État « *social* »

Les conséquences de l'État « *social* » dans le domaine de l'éthique sont particulièrement graves. En effet, l'imposition par la force, de la part de l'État « *social* », de certains principes apparemment « *éthiques* » non seulement étouffe et fait disparaître les habitudes et pratiques individuelles de charité privée, mais amollit la morale individuelle à tous les niveaux et la fait même disparaître ; celle-ci est remplacée par un reflet de ce mysticisme organisationnel typique, propre à l'État, qui influe aussi inévitablement sur le comportement individuel des citoyens.

L'on fait ainsi prévaloir, au niveau individuel, le volontarisme typiquement étatiste visant à l'obtention des objectifs qui sont fixés et prétendent obtenir plus de profit des caprices personnels décidés *ad hoc* et alimentés par les propres désirs et instincts que de la libre interaction humaine soumise à des normes et principes généraux de caractère moral et légal. L'on considère, suivant le schéma scientiste sur lequel se fonde en grande partie la politique moderne, que les décisions prises au niveau individuel doivent viser la « *maximisation* » des coûts et des bénéfices, sans que les comportements individuels aient à se soumettre à des règles générales ou morales.

Cet abandon des principes traditionnels de la morale et de l'éthique individuelle (auquel ont beaucoup contribué des auteurs tels que Rousseau, qui qualifient inconsidérément les principes de l'éthique individuelle de « *traditions sociales répressives et inhibitrices* ») mène à l'élimination des règles de conduite qui ont permis l'évolution et le développement de la civilisation, et fait retomber l'homme, privé de guides et de références sociales de comportement aussi importants, dans ses passions les plus primitives.

La corruption morale est, donc, le résultat de cette « *déification* » de la raison humaine, qui est à la base de l'interventionnisme étatique et a été illustrée par des auteurs qui, comme Lord Keynes, ont toujours justifié les politiques économiques menées selon les besoins du moment et sans obéir à aucun

---

[25] Paradoxalement, les responsables politiques et les fonctionnaires sont souvent les premiers à violer les normes et les ordres interventionnistes qu'ils ont eux-mêmes créés. C'est comme si leurs mesures interventionnistes étaient pensées pour l'ensemble des citoyens, mais pas pour eux, car ils considèrent pouvoir à juste titre se dispenser de les appliquer si les « *circonstances* » paraissent le conseiller. L'accord systématique de rémunérations sur des fonds réservés, et fiscalement opaques, en faveur de multiples fonctionnaires de divers ministères est l'un des cas les plus flagrants de cette conduite perverse observée en Espagne et qui contraste singulièrement avec la rigueur dont fait preuve l'Administration lorsqu'elle prétend appliquer ses ordres interventionnistes, notamment en matière fiscale, au reste de la société.

principe général de comportement. Principes qui, tels ceux du budget équilibré ou de la politique monétaire stable, étaient traditionnellement considérés comme une limite que l'État ne devait jamais franchir.

Car Keynes avoue lui- même ceci : « *je repoussais complètement la morale établie et toutes sortes de conventions dérivées du savoir traditionnel. Nous étions donc, au sens le plus strict de l'expression, contre la morale. Nous ne reconnaissions l'existence d'aucune obligation morale ni d'aucune sanction intime susceptible de nous servir de guide. Nous revendiquions devant le ciel le droit d'être seuls juges de notre propre cause. En ce qui me concerne, il est trop tard pour adopter une autre attitude. Je suis et resterai contraire aux approches morales* »[26].

Il n'est donc pas étonnant qu'une telle vision de la vie et de la morale, louée et suivie par de multiples générations de « *scientifiques* » et de politiques, nous ait menés au niveau actuel de corruption sociale, économique et politique qui affecte l'ensemble du corps social.

Car ceux qui sont contrôlés ou administrés par l'État « *social* » finissent toujours par découvrir qu'il est plus rentable pour eux de consacrer leur temps, leur effort et leur intelligence à essayer d'influer sur les mécanismes politiques de prise de décisions plutôt que de chercher à découvrir et à coordonner les désajustements sociaux en servant leurs concitoyens dans le cadre du marché et en mettant à profit les occasions de gain créées par eux.

De sorte qu'une énorme quantité d'effort et d'intelligence sera consacrée à inventer de nouvelles façons d'influer sur les organes politiques, dans l'espoir, réel ou imaginaire, d'obtenir des avantages et des privilèges particuliers sous forme de subventions, paiements, etc.

L'État interventionniste tend donc à empêcher chaque membre de la société d'apprendre à discipliner son comportement en fonction des autres et incite les individus, isolés ou en groupes, à essayer de contrôler le pouvoir politique ou, du moins, d'influer sur lui, afin d'utiliser ses ordres pour imposer aux autres, par la force, des avantages et des privilèges particuliers. Le processus social spontané de coordination, propre à la société civile dans un État de droit, est corrompu et remplacé par un *processus de lutte pour le pouvoir politique*, dans lequel le conflit et la violence systématiques entre les individus et les groupes sociaux, pour changer, orienter ou obtenir le pouvoir politique, devient la note dominante de la vie en société.

L'interventionnisme étatique fait donc perdre aux individus l'habitude d'un comportement moral, du respect de principes et de normes d'action déterminées et répétitives, et modifie progressivement leur personnalité et leur façon d'agir qui devient de plus en plus amorale et *agressive*[27].

## 12. L'effet de corruption qu'exerce l'État social sur la politique

Abordons, enfin, brièvement la dimension « *politique* » du problème que pose tout État social.

---

26 Voir Keynes, J. M., 1949, *Two Memoirs. Dr. Melchior: A Defeated Enemy and My early Beliefs,* Rupert Hart-Davies, Londres, pp. 97-98.

27 Le triomphe de la « *culture de la fortune rapide* » et l'extension de la violence et des conflits sociaux sont des manifestations typiques de l'effet corrupteur de l'interventionnisme étatique sur le corps social.

Les politiques convertissent l'objectif de se maintenir au pouvoir en leur préoccupation principale ; ils lui subordonnent tout et consacrent le plus clair de leur temps à créer des situations qui leur permettent d'accroître, d'étendre et de justifier ce pouvoir. Ainsi s'explique l'abus continuel, de la part du pouvoir, d'une propagande politique qui cherche à donner une version idyllique des effets de l'intervention gouvernementale. Le contrôle de la télévision et des moyens de communication devient vital pour les groupes qui détiennent le pouvoir politique et tentent, également, d'avoir l'appui des groupes d'intérêt privilégiés qui seront favorisés dans chaque cas.

Les organisations bureaucratiques tendent aussi à se multiplier et à créer le besoin artificiel de leur existence, en exagérant les résultats « *avantageux* » de leur intervention et en cachant systématiquement ses effets pervers. Ces interventions créent toutes sortes de désajustements et de conflits sociaux que les politiques attribuent au « *manque de collaboration et à l'égoïsme de la société* ». Les conflits et désajustements servent, à leur tour, de prétextes pour justifier des interventions postérieures encore plus profondes et nocives, et ainsi de suite, au cours d'un processus d'extension « *totalitaire* » du pouvoir politique qui prétend tout envahir.

Nous le voyons, le mal que cause l'État interventionniste à la vie en société est grave et profond et les mécanismes de son extension sinueux et corrupteurs. De sorte que l'État social est incontestablement devenu le véritable et le plus dangereux « *opium du peuple* » de notre siècle. Car non seulement l'origine des maux qu'il engendre reste ignorée de la plupart des gens, mais l'intervention qui lui est propre entretient tout un réseau d'intérêts créés qui rend très difficile l'entreprise et la réalisation des réformes nécessaires pour réintroduire les processus sociaux fondés sur le libre exercice de la fonction entrepreneuriale dans le cadre d'un véritable État de droit.

C'est pourquoi nous estimons que l'obligation et la responsabilité premières de tout intellectuel amant de la civilisation doit consister à démasquer ce système et à aider ses concitoyens à entreprendre une réforme historique qui mette fin, de manière progressive ou révolutionnaire, aux grandes doses de ce socialisme interventionniste qui se s'est développé dans beaucoup des pays dits d'économie de marché.

## CHAPITRE XXI

## L'ÉCONOMISTE LIBÉRAL ET LA POLITIQUE*

### INTRODUCTION

La théorie de la liberté a fait de nets progrès durant la seconde moitié de ce siècle. L'on peut affirmer aujourd'hui que le triomphe des prescriptions libérales a été absolu, tout au moins dans le domaine de la *théorie* économique. On a constaté non seulement que le socialisme réel était, comme l'avaient démontré Mises, Hayek et les autres membres de l'École autrichienne d'économie,[1] théoriquement impossible, mais également que les analyses les plus sérieuses prouvaient que la politique économique interventionniste des économies « *mixtes* » était, elle aussi, vouée à l'échec. D'autre part, d'innombrables travaux démontrent la crise de l'« *État-providence* ». L'on peut donc conclure qu'aujourd'hui, au seuil du siècle prochain, le débat théorique a été gagné par les défenseurs de l'économie de marché.

Cependant, pour ce qui est de l'application pratique des prescriptions libérales, il reste encore un long chemin à parcourir. Même si la chute historique du socialisme réel dans les pays d'Europe de l'Est a prouvé l'impossibilité du communisme et si l'on entreprend certaines réformes libéralisatrices dans les autres pays interventionnistes (dits, à tort, « *d'économie de marché* »), les difficultés à vaincre sont encore nombreuses. En effet, c'est comme si la fin vers laquelle il faut tendre était bien comprise du point de vue théorique, mais la mise en pratique des réformes nécessaires était très difficile à réaliser. En particulier, même si la théorie a démontré que les réformes libérales étaient opportunes et les seules conformes à la morale, on fait valoir, cependant, que « *leur impossibilité politique est souvent évidente* ».

Le présent article se propose de répondre à l'objection concernant la prétendue impossibilité politique de faire progresser l'idéologie libérale. Il faut, pour cela, chercher quelles sont la stratégie et la tactique les plus adaptées pour encourager et réaliser les réformes libérales, et quelles doivent être les relations entre le théoricien de l'économie libérale et les professionnels de la politique qui souhaitent avancer dans la bonne direction.

Nous examinerons d'abord les raisons habituellement alléguées pour justifier la prétendue impossibilité politique de faire progresser l'idéologie libérale et passerons en revue divers exemples historiques récents qui réfutent nettement le pessimisme dans ce domaine. Nous présenterons ensuite la stratégie que nous estimons la plus adéquate pour vaincre cette impossibilité sur

---

*Initialement publié dans *Manuel Fraga : Homenaje Académico*, Fundación Canovas del Castillo, Madrid 1997, vol. II, pp. 763-768. Une partie de ce travail a été publiée en italien sous le titre « Dalla Teoría alla Prassi » dans la revue *Ideazione*, Rome, mai 1999, pp. 159-170.

[1] Voir mon ouvrage *Socialisme, calcul économique y fonction entrepreneuriale*, L'Harmattan, Paris 2014.

les plans théorique, éthique et historique. Nous proposerons une liste d'activités à développer afin d'orienter l'opinion publique vers la bonne direction, et insisterons sur le rôle important de la classe politique en général, et des politiques libérales en particulier pour disposer la société en faveur d'un projet de réforme réellement libéral. Le travail s'achèvera par une classification, en quatre catégories, des politiques professionnels au regard de leur engagement vis-à-vis de la théorie et de la pratique libérales ; elle sera accompagnée d'une analyse des circonstances les plus importantes qui influent sur leur comportement, ainsi que d'une liste de recommandations pratiques destinées à tout libéral qui décide de se consacrer à la politique.

## 1. Motifs habituellement invoqués pour juger les réformes libérales politiquement impossibles

Diverses raisons servent à soutenir que de nombreuses réformes libérales ne sont pas politiquement possibles et justifier ainsi le maintien du *statu quo*. On allègue, par exemple, que les raisonnements théoriques qui appuient les politiques libérales sont, en général, très abstraits et difficiles à expliquer à la société. On dit aussi que les gens sont très réticents aux changements, surtout quand ceux-ci sont fondés sur des théories abstraites et sur l'obtention à moyen et long terme de résultats dont, même si l'on comprend qu'ils seront favorables, on considère néanmoins qu'ils exigent d'abord des « *sacrifices importants* ». En sorte que les politiques présentent et défendent souvent les réformes souhaitables de façon timide et sans conviction : l'on croit que les arguments libéraux se prêtent à une critique facile, en particulier de la part de l'opposition socialiste qui, généralement dépourvue de scrupules, n'hésite pas à utiliser les raisonnements les plus démagogiques.

Ces arguments, et d'autres, couramment maniés par les politiques qui envisagent d'entreprendre des réformes libérales, semblent trouver aussi l'appui de la théorie, avec les apports de l'« *École du choix public* ». Diverses analyses, en effet, de *Public Choice School*, principalement représentée par le prix Nobel d'économie James M. Buchanan, tentent d'expliquer, sur le plan théorique, les difficultés qu'il y a à entreprendre et réaliser les réformes adéquates. L'on parle, ainsi, entre autres choses, de l'« *effet de l'ignorance rationnelle* », selon lequel la faible probabilité pour le votant individuel d'influer sur le résultat final des élections, dans le système démocratique actuel, incite les gens à se dispenser, consciemment ou inconsciemment, d'étudier les multiples questions objet de débat politique[2].

Face à cette inhibition généralisée de la société se dressent les « *groupes de pression* » qui, repérant un fort intérêt dans un domaine concret, se mobilisent pour faire pression et influer sur les pouvoirs publics, obtenant des privilèges aux dépens d'une « *majorité silencieuse* » que personne ne se soucie de défendre.

[2] Autrement dit, le système démocratique engendre, selon la terminologie néoclassique, un problème gigantesque et insoluble de « *bien public* » ou *free rider* (usager gratuit), car chaque votant internalise intégralement le coût élevé d'un vote informé et réfléchi, alors que les bénéfices de son action se diluent presque totalement dans le reste de la société, de sorte qu'il est quasiment impossible pour chaque votant individuel de profiter des bénéfices résultant de son vote informé et réfléchi.

On a théorisé également sur l'effet de « *myopie gouvernementale* », due au désir prioritaire des gouvernants d'arriver au pouvoir et de s'y maintenir à tout prix, ce qui explique que l'horizon temporel de leurs décisions soit très proche (celui des élections prochaines) ; ils sacrifient ainsi presque inévitablement le bien-être à long terme de la communauté en échange d'« *avantages politiques* » à court terme.

Enfin, on a démontré que les organismes bureaucratiques tendent toujours au surdéveloppement de même qu'à justifier leur existence et leur croissance, car ils ne dépendent pas d'un compte de pertes et profits et ne sont pas obligés de faire valider quotidiennement leurs services par le marché comme n'importe quelle entreprise privée. Leur existence, en effet, est garantie par le Budget général de l'État, à condition qu'ils obtiennent l'appui politique suffisant (généralement favorisé par un groupe d'intérêt)[3].

Nous ne parlerons pas de la potentialité scientifique de l'analyse théorique proposée par l'École du choix public, mais il est évident qu'elle court le risque grave d'encourager le *nihilisme* chez ceux qui prétendent promouvoir à court terme des réformes pratiques allant dans la bonne direction. La théorie de *Public Choice*, en effet, semble expliquer et confirmer l'existence, en politique, d'un « *cercle vicieux* » très difficile à rompre : on constate que le politique se borne pratiquement à recueillir un état d'opinion préalable considéré, d'autre part, très difficile à mobiliser à court terme dans la direction adéquate à cause des effets combinés de l'« *ignorance rationnelle* » et de l'activité des groupes privilégiés d'intérêt (auxquels il faudrait ajouter l'« *effet de myopie gouvernementale* » et la tendance au surdéveloppement presque illimité des organismes bureaucratiques). Si l'on ajoute à ce cercle vicieux, que la théorie semble expliquer, les multiples expériences frustrantes vécues par les politiques qui ont tenté des réformes libérales, on comprend qu'il soit très facile de céder au scepticisme ou au découragement si, toutefois, on arrive à croire que le mur du « *politiquement infaisable* » est infranchissable ou presque.

## 2. Exemples historiques qui réfutent le pessimisme

Et, cependant, de nombreux exemples historiques prouvent que l'on peut promouvoir des réformes radicales, même dans des circonstances adverses. Nous bornant aux cas les plus connus d'après la Seconde Guerre mondiale,[4] nous citerons la réforme libéralisatrice de Ludwig Erhard en Allemagne Fédérale qui défiait frontalement les « *recommandations* » interventionnistes des conseillers économiques (Galbraith, etc.) que lui avaient envoyés les puissances

[3] J'offre ailleurs un résumé détaillé des arguments principaux développés par l'École du choix public dans ce domaine ; voir Jesús Huerta de Soto « Derechos de propiedad y gestión privada de los recursos de la naturaleza », dans *Estudios de economía política*, Unión Editorial, Madrid 1994, chap. XXI, pp. 229-249.

[4] L'on pourrait énumérer beaucoup d'autres réformes libéralisatrices antérieures et même remonter à celle que tenta Turgot au XVIII siècle. Mais nous croyons ici que les exemples cités dans le texte sont suffisants. Lucas Beltrán a réalisé une bonne analyse rétrospective des divers essais de réforme libérale tentés au cours de l'histoire et des difficultés qu'ont rencontrées leurs auteurs, dans son travail « Liberalizar no es fácil », *Ensayos de economía política*, Unión editorial, Madrid 1996, chap. IV, pp. 74-84.

occidentales victorieuses. Les décrets libéralisateurs d'Erhard furent promulgués d'un coup et par surprise en 1948, et ils provoquèrent le spectaculaire *Wirtschaftswunder* ou « *miracle économique allemand* »[5].

Trente ans plus tard, la « *révolution conservatrice* » engagée aux États-Unis par Ronald Reagan durant ses deux mandats présidentiels (1980-1988) eut un grand impact. Reagan lança une importante réforme fiscale qui réduisit le taux marginal de l'impôt sur le revenu à 28 pour cent et fit disparaître, en grande partie, la régulation administrative de l'économie et la lourdeur l'Administration Fédérale, ce qui favorisa un essor économique important qui se matérialisa par la création de plus de 12 millions d'emplois[6].

Comme exemple plus proche de nous, on citera celui de la révolution libérale réalisée par Margaret Thatcher au Royaume-Uni et qui favorisa pendant près de 12 ans le programme de privatisations d'entreprises publiques le plus ambitieux qu'on ait jamais connu. Thatcher vendit, en outre des millions de logements municipaux à leurs locataires et convertit ainsi de larges couches de la société en propriétaires ; elle mena également une réforme fiscale profonde qui réduisit le taux marginal de l'impôt sur le revenu à 40 pour cent ; elle mit fin aux abus des syndicats et, en général, dérégula l'économie. Elle lança un programme de régénération morale qui stimula fortement l'économie de son pays, très affecté par de longues périodes de politiques interventionnistes appliquées après la Seconde Guerre mondiale non seulement par les gouvernements travaillistes, mais aussi, et spécialement, par différents gouvernements conservateurs qui avaient adopté la stratégie erronée du « *pragmatisme* »[7].

Il faut enfin citer, en raison de son importance historique, la chute du socialisme réel dans les pays d'Europe de l'Est qui, à la suite de révolutions généralement non sanglantes, s'est produite à partir de 1989 au grand étonnement du monde occidental et à la surprise des principaux intellectuels et dirigeants politiques. Les réformes libérales menées en Amérique latine, en particulier au Chili, en Argentine, au Mexique, en Bolivie, au Pérou et en Équateur, lancées par des politiques « *populistes* » qui ont su, malgré tout, prendre des mesures bien orientées, auront à la longue une importance comparable, même si leur impact initial a été moindre[8].

---

[5] Sur la réforme d'Erhard, consulter Ludwig Erhard, *Bienestar para todos*, Unión Editorial, Madrid 1989 ; ainsi que la récente compilation de ses travaux incluse dans Ludwig Erhard, *Deutsche Wirtschaftspolitik : Der Weg der Sozialen Marktwirtschaft*, publié par Econ Verlag, Düsseldorf et Vienne 1992 ; et aussi le travail de Samuel Brittan et Peter Lilley, « La política de rentas en la Alemania nazi y el milagro de Erhard », dans *Lecturas de economía política*, Jesús Huerta de Soto (éd.), Unión Editorial, Madrid 1987, vol. II, pp. 237-247.

[6] Sur les réformes de Reagan et leur fondement philosophique, consulter, en espagnol, « Discurso de Ronald Reagan en la Fundación March », dans *Lecturas de economía política*, op. cit., vol.II, pp. 229-235.

[7] Sur le sens et l'impact de la révolution thatchériste, consulter, surtout, Margaret Thatcher, *Los años de Downing Street*, Editorial El País-Aguilar, Madrid 1993, et son livre plus récent *El camino hacia el poder*, Editorial El País-Aguilar, Madrid 1995.

[8] Tel est le cas, par exemple, de Carlos Menem en Argentine. Les mesures libéralisatrices du Chili ont très bien réussi et ont servi de modèle aux autres pays d'Amérique latine, quoiqu'elles aient commencé sous la dictature du général Pinochet. Les Chiliens, cependant, ont été suffisamment judicieux, une fois la démocratie rétablie,

Il est donc clair que, face à la tentation nihiliste, ces exemples historiques et d'autres illustrent parfaitement la façon dont on peut vaincre, même dans des circonstances adverses, l'obstacle du « *politiquement impossible* » qui se manifeste chaque fois que l'on veut entreprendre et réussir des réformes libérales. Nous examinerons maintenant quelles sont les stratégies et les mesures à adopter pour rendre politiquement faisable ce qui aujourd'hui paraît très difficile ou même impossible à réaliser.

## 3. Les trois niveaux d'action qu'exigent les réformes : théorique, historique et éthique

J'ai développé ailleurs l'idée qu'il existait trois niveaux d'approche différents de la réalité politique, économique et sociale : un niveau théorique, un niveau historique, un niveau éthique[9]. Selon cette conception, l'analyse et l'interprétation des phénomènes sociaux peuvent et doivent se faire de ces trois points de vue.

Ainsi, on comprend facilement que toute la politique erronée est toujours le résultat d'un enchaînement de facteurs qui correspondent à chacun des trois niveaux. Derrière chaque politique nocive, en effet, se cachent souvent, sur le plan strictement *théorique*, de graves erreurs et sophismes scientifiques. Car de fausses théories sont constamment utilisées pour justifier les politiques interventionnistes les plus nuisibles. Ces théories naissent parfois de façon fortuite et indépendante et les politiques sont adoptées ensuite, à cause des erreurs théoriques et méthodologiques commises. D'autres fois, au contraire, des théories erronées sont bâties *ad hoc* pour justifier certaines politiques, décidées préalablement[10].

Au niveau historique, c'est-à-dire de la réalité pratique quotidienne, l'une des causes principales des politiques erronées est l'intervention de groupes de pression ou groupes privilégiés d'intérêt qui en tirent profit. De sorte qu'il faut toujours ajouter aux erreurs de fondement théorique l'existence de certaines personnes et de groupes sociaux qui vont être particulièrement favorisés par l'adoption de la mesure politique nocive.

Il faut enfin constater, au niveau éthique, que les politiques nocives résultant des erreurs théoriques et de l'appui malintentionné de certains groupes de pression privilégiés sont pratiquement inévitables lorsque le corps social connaît une crise des principes moraux, c'est-à-dire des normes fondamentales de comportement qui doivent toujours le structurer. Autrement dit, la dernière ligne de défense d'une société où se manifestent des erreurs théoriques et

---

pour conserver et même renforcer les réformes libéralisatrices initialement lancées par Pinochet.

[9] Huerta de Soto, J., « Historia, ciencia económica y ética social », *Estudios de economía política*, op. cit., chap. VII, p. 105 et s.

[10] Tel est le cas, par exemple, de la théorie marxiste de l'exploitation, élaborée par Karl Marx pour justifier sa prédisposition révolutionnaire ; et plus récemment, de la *Théorie générale* de Keynes, qui dut sa grande popularité au fait qu'elle semblait donner une respectabilité scientifique à l'interventionnisme fiscal, monétaire et en matière de crédit que pratiquaient depuis toujours les gouvernements, à l'encontre de la théorie économique correcte.

apparaissent des groupes d'intérêt privilégiés réside dans le maintien dogmatique, par ses leaders, d'une série de règles morales de comportement. Si ce dernier frein moral disparaît, la société sera perdue et victime des politiques les plus démagogiques, interventionnistes et nocives qui trouveront toujours une justification théorique erronée et l'appui de quelque groupe d'intérêt privilégié.

Les considérations précédentes vont nous permettre d'entreprendre, en parallèle et par opposition, une analyse de la *stratégie* nécessaire pour que ce qui nous paraît aujourd'hui impossible à réaliser soit politiquement faisable dans le futur ; c'est-à-dire pour éliminer les politiques interventionnistes et les remplacer progressivement par d'autres, plus conformes à l'idéologie libérale. Nous allons ainsi proposer une série de mesures et d'actions concrètes qu'il est nécessaire d'entreprendre à chacun des trois niveaux mentionnés (théorique, historique et éthique) pour rompre la barrière du politiquement impossible dans le domaine des réformes libérales.

## 4. Actions au niveau théorique

Le rôle du théoricien pur est essentiel en matière de lutte pour la liberté. Il consiste fondamentalement dans la recherche résolue, et sans concessions, de la vérité scientifique. Il est, à long terme, l'élément le plus important pour parvenir à rompre le cercle vicieux du politiquement impossible. Il est indéniable que les idées meuvent le monde et que leur influence finit toujours par atteindre et marquer le corps social.

Et c'est justement dans le domaine de la théorie libérale que l'on a fait le plus de progrès. L'on peut affirmer aujourd'hui que la victoire remportée sur les théories qui justifiaient le socialisme ou l'interventionnisme a été triomphale. Il suffit de rappeler, par exemple, que l'analyse de l'École autrichienne d'économie (Mises et Hayek) concernant l'impossibilité du socialisme, a été, après des décennies de polémique opposant théoriciens autrichiens et socialistes, totalement confirmée non seulement par la chute du socialisme réel en Europe de l'Est, mais aussi par la crise apparemment insoluble qui frappe l'État interventionniste ou État « *providence* » dans tout le monde occidental[11].

---

[11] Il est émouvant de lire que les anciens théoriciens socialistes les plus éminents, comme Robert L. Heilbroner, reconnaissent l'échec du socialisme et le triomphe des théories de l'École autrichienne, en concluant « *Mises was right… socialis has been the great tragedy of this century* ». Robert L. Heilbroner, « Analysis and Vision in the History of Modern Economic Thought », *Journal of Economic Literature*, vol. 28, septembre 1990, pp. 1097 et 1010-1011; et ses articles publiés dans *The New Yorker* « The Triumph of Capitalism », 23 janvier 1989, et « Reflections after Communism », 10 septembre 1990, pp. 91-100. On trouvera une analyse détaillée de la polémique sur l'impossibilité théorique du socialisme dans mon livre précité *Socialismo, cálculo económico y función empresarial.* J'y défends aussi que la chute du mur de Berlin et du socialisme réel ait un fort impact sur la façon de concevoir l'économie ; conception propre au paradigme scientiste néoclassique dominant aujourd'hui, dont les modèles et développements théoriques ont été souvent utilisés pour justifier des politiques économiques interventionnistes et soutenir que le socialisme pouvait fonctionner en tant que système ; en ce sens et plus récemment J. E. Stiglitz, 1994, *Whither Socialism ?,* The MIT Press, Cambridge, Massachussets, p. xi-xii.

Au niveau théorique, le principe d'action sans doute le plus important consiste à poursuivre la recherche de la vérité scientifique, sans faire aucune concession en échange d'avantages ou d'influence politique à court terme : comme l'a affirmé Hayek, « *le travail du politique et celui du véritable spécialiste de la société sont incompatibles. Je crois, en effet, que pour réussir en tant que politique, devenir un leader politique, il est presque essentiel de ne pas avoir d'idées originales sur les questions sociales, de n'exprimer que le sentiment de la majorité... Je pense que l'économiste devrait s'abstenir de se lier à un parti, ou même de se consacrer à une bonne cause. Non seulement cela obscurcit son intelligence, mais l'influence ainsi obtenue est sûrement achetée aux dépens de l'indépendance intellectuelle. Un souci excessif pour la réalisation d'une chose, ou pour le maintien de son influence personnelle sur un groupe particulier, l'empêchera sûrement d'exprimer beaucoup de choses impopulaires qu'il devrait dire, et conduit à tolérer les 'positions dominantes' qui doivent être acceptées, et même à approuver des positions qui ne résisteraient pas à un examen impartial* »[12].

Hayek, en somme, nous met en garde contre l'erreur à laquelle ont souvent succombé, chez les libéraux, la plupart des membres de l'École de Chicago, qui présentent comme conclusions scientifiques ce qui souvent n'étaient que de simples « *solutions de compromis* ». Ce fut le cas, par exemple, pour de multiples prescriptions de cette école, comme celle de la règle de croissance monétaire, les taux de change flexibles, l'« *impôt négatif sur le revenu* », le bon scolaire et d'autres, qui ont été amplement débattues au niveau scientifique et populaire. Elle a présenté et défendu ces positions, sans expliquer quels étaient les objectifs théoriques finals et préciser qu'il s'agissait seulement d'arriver à un compromis politiquement acceptable. Cela a nui à son prestige théorique et libéral. L'École de Chicago a ainsi perdu progressivement la direction de la défense des principes libéraux, en faveur de l'École autrichienne, qui défend une théorie de la liberté beaucoup plus pure et se montre beaucoup moins intéressée par la recherche de solutions politiques à court terme.

Pour éviter ce risque et d'autres, la stratégie la mieux adaptée, dans le domaine de la théorie, est celle que William H. Hutt appelle *stratégie duale* et qui consiste essentiellement en ceci[13] :

D'une part, il faudra poursuivre l'étude des principes essentiels de la théorie libérale et de leurs conséquences, et définir, en dehors de tout compromis, les objectifs finals que l'on prétend atteindre à long terme ainsi que leurs implications théoriques essentielles.

D'autre part, et à plus court terme, on peut et il faut concevoir une politique d'approche progressive de ces objectifs qui doit être *cohérente* avec eux. Il faudra donc éviter les « *solutions de compromis* » qui vont dans la direction opposée à celle des objectifs fixés, qui dissimulent ou présentent de façon équivoque à la société les objectifs finals et leurs implications (cette dernière erreur est souvent commise par l'École de Chicago). Seule cette stratégie peut permettre d'atteindre à moyen et long terme ce qui semble aujourd'hui très difficile.

Les points essentiels de la *stratégie duale* que doit développer tout théoricien de la liberté sont, donc, les suivants :

---

12 Hayek, F. A., 1995, *La tendencia del pensamiento económico: ensayos sobre economistas e historia económica*, vol. III de *Obras completas de F.A. Hayek*, Unión Editorial, Madrid, pp. 41-43.

13 Hutt, W. H., 1971, *Politically Impossible...?*, The Institute of Economic Affairs, Londres; il existe une traduction espagnole intitulée *El economista y la política; ensayos sobre la « imposibilidad política » del análisis económico*, Unión Editorial, Madrid 1975.

a) Étudier avec constance les principes théoriques et les conséquences ultimes qui en découlent, sans faire aucune concession aux exigences politiques à court terme.

b) Réaliser, sans cesser l'activité antérieure, un travail d'éducation de la société pour l'informer des principes théoriques essentiels et de leurs implications.

c) Concevoir théoriquement, sans perdre de vue les objectifs ultimes et leurs implications ni abandonner le travail d'information, d'*autres processus de transition* qui, sans violer en aucun cas les principes théoriques, vont dans la bonne direction[14].

d) Si l'on est obligé d'accepter un compromis politique à court terme, il devra ne pas violer les principes essentiels (ne pas obliger à s'en éloigner). Il faudra en outre expliquer à la société qu'il s'agit d'une concession ou d'un compromis à court terme exigé par les circonstances politiques, et non pas d'une prescription théorique découlant logiquement et inévitablement de l'idéologie libérale.

Seule une activité théorique qui respecte strictement ces prescriptions peut éviter le risque le plus dangereux de toute stratégie libérale : tomber dans le *pragmatisme politique du quotidien* et oublier, devant les préoccupations et les difficultés qui assaillent celui qui doit prendre des décisions politiques à court terme, les objectifs ultimes qu'il faudrait atteindre, sous prétexte qu'ils sont politiquement impossibles à réaliser.

Le *pragmatisme* est le vice le plus dangereux dans lequel puisse tomber un libéral. Il a eu autrefois des effets dévastateurs sur notre idéologie : on adopta systématiquement, pour obtenir ou conserver le pouvoir, des décisions politiques qui allaient souvent à l'encontre des objectifs ultimes à poursuivre d'un point de vue libéral.

D'autre part, le fait que les scientifiques se soient exclusivement intéressés à ce qui était politiquement faisable à très court terme, laissant de côté les objectifs ultimes, a souvent empêché la réalisation d'une étude détaillée des principes théoriques et leur nécessaire divulgation. Ainsi, l'idéologie libérale perdait son contenu ; elle s'est souvent estompée pour se retrouver diluée dans d'autres programmes, intérêts et idéologies.

Aujourd'hui, les circonstances sont, heureusement, différentes et les théoriciens libéraux sont repassés à l'offensive. Ils étudient les principes théoriques les plus purs et divulguent au niveau populaire leur contenu et leurs implications. Cela explique la réapparition importante et le nouvel élan que l'économie de marché et le libéralisme en général connaissent dans le monde entier. D'autre part, l'adoption de cette stratégie par les membres de l'École autrichienne d'économie explique que celle-ci se présente, malgré son caractère

---

[14] Il s'agit, en somme, de suivre les recommandations du prix Nobel d'économie James M. Buchanan concernant la nécessité de chercher d'autres manières de démonter l'« *État-providence* » : « *political economists fulfil their proper role when they can show politicians that there do exist ways to close down the excesses of the welfare state without involving default on the contracts that this state has obliged itself to. This approach to reform not only meets ordinary precepts of fairness; it also facilitates the political leaders' task of organising the consensus necessary to allow any institutional changes to be made at all* » (Buchanan, J.B., 1986, « Dismantling the Welfare State », chap. XVI de *Liberty, Market and State*, Harvester Press, Grande-Bretagne, p. 184).

élitiste et relativement minoritaire, comme le leader du libéralisme économique dans le monde, enlevant ainsi aux membres de l'École de Chicago, aujourd'hui discréditée, l'initiative du mouvement théorique libéral. Car ce sont actuellement les théoriciens de l'École autrichienne qui fixent et imposent l'ordre du jour du mouvement libéral, même à court terme. Cela est dû à leur conviction profonde des principes qu'ils défendent et de leurs implications, et qui fait généralement défaut à leurs « *compagnons de route* », souvent embarrassés, de l'École de Chicago[15].

## 5. Actions au niveau éthique

Le domaine de l'éthique a été, jusqu'à présent, étranger aux stratégies de défense et d'impulsion du libéralisme en général et de l'économie de marché en particulier. La cause de cet oubli lamentable est liée à la prédominance de l'étroite conception « *scientiste* » qui a voulu développer la science économique suivant la méthodologie propre à la physique et aux autres sciences naturelles.

Ainsi, les modèles néoclassiques, jusqu'ici prédominants, se fondent sur un concept réductionniste de la rationalité humaine qui présuppose un contexte fermé d'objectifs et de moyens, c'est-à-dire de pleine information (certaine ou probabiliste), et dans lequel les êtres humains se limitent à prendre des décisions *ad hoc* en matière de maximisation[16].

Dans cette optique, les êtres humains n'ont besoin d'adapter leur comportement à aucune règle de type moral, car la décision la plus adéquate pour chaque cas dépendra d'un simple critère d'optimisation (paré, en plus, du prestige scientifique dont jouit aujourd'hui le formalisme mathématique) des objectifs connus que l'on prétend atteindre par des moyens considérés, eux aussi, connus et à la portée du décideur.

Cette conception scientiste de l'économie est celle qu'ont développée à satiété des auteurs comme Friedman, Becker o Stigler, issus de l'École de Chicago et qui adoptent, en politique, une certaine position libérale. Cependant, la défense du marché de la part de ces auteurs et d'autres est exclusivement fondée sur des raisons d'étroite efficience utilitariste, de sorte qu'ils finissent toujours, et peut-être à leur insu, par fournir des armes et des arguments théoriques à ceux qui, au contraire, défendent l'intervention étatique et même le socialisme.

Si l'on suppose, en effet, que l'information est donnée et que l'on peut agir en fonction d'un simple critère de maximisation, on finira forcément par faire

---

[15] J'ai essayé d'appliquer rigoureusement les principes de cette *stratégie duale,* que je recommande, dans le domaine concret de l'analyse de la crise et de la réforme de la sécurité sociale, dans mon travail « The Crisis and Reform of Social Security : An Economic Analysis from the Austrian Perspective », *Journal des Économistes et des Études Humaines*, vol. V, n° 1, Paris et Aix-en-Provence, mars 1994, pp. 127-155. On trouvera une version espagnole de ce travail, intitulée « Teoría de la crisis y reforma de la Seguridad Social », dans mon livre précité *Estudios de economía política*, Unión Editorial, 1994, chap. XXII, pp. 250-284.

[16] Voir mon analyse critique de l'idéal *conséquentialiste* sous-jacent à l'économie néoclassique, dans l'« *Estudio preliminar* » pour le livre d'Israel M. Kirzner *Creatividad, capitalismo y justicia distributiva*, Unión Editorial, Madrid 1995, pp. 17-41.

un petit pas théorique supplémentaire : on supposera que cette information et ce critère opérationnel peuvent être utilisés, de façon même plus efficace, par le gouvernement ou l'organe étatique de planification, pour opérer, à l'aide d'ordres contraignants, une coordination « *adéquate* » de la société en général ou de n'importe lequel de ses secteurs en particulier[17]. Face à cette conception réductionniste de l'économie, l'École autrichienne a démontré qu'il était impossible que l'être humain acteur, tout comme le scientifique ou les membres de n'importe quel gouvernement ou organe de planification, puissent obtenir l'information que les modèles néoclassiques supposent donnée. La raison de cette impossibilité réside dans la *capacité créative* de l'homme et dans son esprit d'entreprise qui découvre constamment de nouveaux objectifs, de nouveaux moyens et de nouvelles occasions de gain. Le concept réductionniste et statique de « *rationalité* » qu'utilisent les néoclassiques et qui élimine radicalement la capacité créative de l'être humain est, donc, inacceptable[18] [19].

D'autre part, le critère étroit de maximisation ne pouvant orienter à lui seul l'action humaine, celle-ci se développe inévitablement dans le cadre de comportements réglés de type juridique et moral qui naissent progressivement comme expression de la nature humaine dans les processus multiples d'interaction sociale se déroulant au cours de l'histoire.

Ces institutions de type moral et légal ne peuvent pas être une création délibérée des êtres humains, car elles contiennent un volume d'information si élevé et variable qu'il dépasse de loin la capacité de prévision, d'analyse et de compréhension de l'esprit de chaque individu. Et cependant, ces institutions juridiques, morales, économiques et linguistiques sont précisément les plus importantes pour le développement de la vie en société et, donc, de la civilisation.

Tous ces enseignements que les théoriciens de l'École autrichienne ont épurés, en particulier à l'occasion du débat qu'ils ont entretenu sur l'impossibilité du socialisme, montrent que le marché et la liberté économique doivent être défendus, non seulement pour de strictes raisons d'« *efficience dynamique* » (c.-à-d. parce qu'ils favorisent une plus grande créativité et une meilleure coordination des comportements humains), mais aussi et surtout,

[17] Les théoriciens de l'École de Chicago sont donc victimes de ce que l'on pourrait appeler « le paradoxe de l'« *ingénieur social' libéral* » ; ils partagent l'arrogance scientiste des ingénieurs sociaux néoclassiques et prétendent, à leur tour, justifier, dans cette perspective et avec ces outils d'analyse, de soi-disant politiques « *libérales* », souvent incompatibles avec les principes essentiels de la liberté. Ils finissent ainsi par encourager, inconsciemment, la contrainte institutionnelle propre à l'interventionnisme.

[18] Voir mon étude préliminaire à la 5° édition espagnole de Ludwig von Mises, *La acción humana : tratado de economía*, Unión Editorial, Madrid 1995, p. xxi-lxxi (6° éd., 2001).

[19] Il faut donc abandonner le concept statique, fantasmagorique, d'efficience parétienne et le remplacer par un concept « *dynamique* » fondé sur la capacité créative et la fonction entrepreneuriale. Selon le critère dynamique que nous proposons, l'important est, plus que d'éviter le gaspillage et de situer le système sur un point de la « *courbe de possibilités maximales de production* » (critère parétien), de stimuler la créativité entrepreneuriale et de déplacer constamment cette courbe vers la droite (critère d'efficience dynamique). Naturellement, lorsque nous parlons de la « *courbe de possibilités maximales de production* » c'est au sens figuré, pour que nos lecteurs de la tradition néoclassique nous comprennent, mais sans oublier que cette courbe *n'existe pas*, car ses points ne sont pas donnés (ils varient constamment) et ne peuvent jamais être connus.

parce que le système économique capitaliste est socialement le seul qui soit éthique et moral[20].

Si l'éthique est entrée en crise durant ce siècle-ci, c'est à cause de l'arrogance de la raison propre au scientisme exagéré et qui suppose que chaque homme peut et doit décider *ad hoc*, selon ses impulsions subjectives et à partir de critères de maximisation, sans se soumettre à des comportements de type moral préalablement réglés.

C'est pourquoi la démonstration théorique de l'impossibilité d'agir de la sorte, due à Mises et à Hayek, a redonné un rôle prépondérant, dans le domaine de la coopération sociale, aux principes éthiques de la morale traditionnelle sur lesquels est fondée l'économie de marché et qui avaient été oubliés par les politiques, les scientifiques et une bonne partie de la société. Il faut signaler, parmi ces principes, le droit à la propriété et à la possession pacifiquement acquise des résultats de la créativité entrepreneuriale ; la responsabilité individuelle, entendue comme la prise en charge par chaque acteur des coûts dérivés de son action ; le fait de considérer que la « *solidarité* » forcée est immorale, car elle perd la composante éthique indispensable qu'elle doit toujours avoir et que seule lui donne la liberté ; et, en somme, le fait que la contrainte étatique appliquée pour atteindre des objectifs spécifiques dans le domaine social est immorale, car elle va contre la nature de l'être humain et les principes de respect de la liberté de l'action humaine individuelle et d'égalité devant la loi sur lesquels se fonde un véritable État de droit.

La défense du caractère éthique et moral de l'économie de marché et du libéralisme est indispensable pour assurer le succès politique des réformes libérales ; et il faut mettre fin au monopole de l'argumentation « *morale* » dont ont bénéficié jusqu'ici les politiques interventionnistes (de gauche et de droite) à cause de l'inhibition éthique issue du rationalisme étroitement utilitariste de l'École néoclassique.

Car un des apports les plus récents et importants de la théorie de la liberté, réalisés pendant ce siècle-ci, a justement été de montrer que l'analyse purement conséquentialiste de coûts et bénéfices qu'avait développée la science économique d'un point de vue de stricte efficience utilitariste *ne suffisait pas* à justifier, à elle seule, l'économie de marché.

En sorte que le développement du fondement éthique de la théorie de la liberté est indispensable pour les raisons suivantes :

a) À cause de l'échec magistral de l'« *ingénierie sociale* » et, en particulier, du conséquentialisme lié au paradigme néoclassique-walrasien prédominant jusqu'ici en science économique.

b) Parce que l'analyse théorique des processus de marché développée par l'École autrichienne à partir de la théorie de la fonction entrepreneuriale et du

---

20 C'est l'avis de Jean-Paul II qui, se demandant si le capitalisme mène au progrès économique et social, répond sans équivoque ceci : « Si sous le nom de 'capitalisme' on désigne un système économique qui reconnaît le rôle fondamental et positif de l'entreprise, du marché, de la propriété privée et de la responsabilité qu'elle implique dans les moyens de production, de la libre créativité humaine dans le secteur économique, *la réponse est sûrement positive*, même s'il est peut-être plus approprié de parler d'économie d'entreprise', ou d'économie de marché', ou simplement d'économie libre' ». Voir Jean-Paul II, 1991, *Centesimus Annus*, PPC, Madrid, chap. IV, n° 42, p. 8 (les italiques sont de moi).

concept d'« *efficience dynamique* » ne suffit pas non plus, à elle seule, à justifier l'économie de marché face, en particulier, aux groupes d'intérêt privilégiés : ceux-ci sont toujours favorisés, à court terme, par l'intervention coercitive de l'État et leur préférence temporelle en faveur des subventions, privilèges et avantages *présents* l'emporte sur la valeur subjective qu'ils donnent aux conséquences négatives que l'interventionnisme, dont ils profitent aujourd'hui, pourra avoir dans le futur.

c) Surtout parce que, du point de vue stratégique, ce sont essentiellement les considérations de type moral qui orientent le comportement réformiste des hommes, souvent disposés à faire d'importants sacrifices pour obtenir ce qu'ils jugent moralement bon et juste, tandis que ce comportement est beaucoup plus difficile à assurer à partir d'étroits critères d'efficience, lesquels consistent en de froids calculs de coûts et de profits, dont la virtualité et le fondement scientifique sont, d'autre part, plus que douteux.

Il faut, donc, conclure qu'aucune réforme libérale ne réussira si ses inspirateurs ne démontrent pas sérieusement et énergiquement à leurs concitoyens non seulement que l'économie de marché est plus efficiente, mais surtout qu'elle est le seul système économique conforme à la morale. Et, en même temps, que l'interventionnisme de l'État et l'action des groupes d'intérêt qui l'appuient sont essentiellement immoraux.

## 6. Actions au niveau historique

Le troisième et dernier niveau auquel il faut agir pour briser le cercle vicieux du politiquement impossible est celui de la réalité pratique quotidienne ; nous l'appellerons le « *niveau historique* ». Il est clair que le résultat des décisions politiques dépend de l'opinion publique du moment, de la façon dont elle influe sur les processus politiques et de la façon dont ceux-ci se laissent, à leur tour, influencer par elle[21]. En outre, l'opinion publique est issue d'une série d'idéologies, de croyances et de principes, souvent faux et contradictoires, mais qui s'infiltrent lentement dans le tissu social grâce à une foule d'*intermédiaires idéologiques*, qu'Hayek appelle *second-hand dealers of ideas*, c'est-à-dire revendeurs d'idées d'autrui. On trouve parmi eux ceux que l'on désigne généralement comme les « *intellectuels* » : les romanciers[22], les historiens, les scénaristes de films

---

21 « La suprématie politique de l'opinion publique… détermine le cours de l'histoire… L'homme exceptionnel échoue s'il prétend agir dans l'ordre social sans avoir su conquérir préalablement l'opinion publique. Le progrès de l'humanité dépend, d'un côté, des découvertes sociales et économiques que réalisent les individus les mieux dotés intellectuellement et de l'autre, de *l'habileté de ces personnes ou d'autres à rendre ces idéologies attrayantes pour le plus grand nombre* » (les italiques sont de moi ; traduit de la version espagnole) Ludwig von Mises, *La acción humana : tratado de economía*, op. cit, p. 1.021.

22 On ne peut pas, par exemple, minimiser l'effet pernicieux que produisirent les romans de Dickens en généralisant l'idée erronée selon laquelle la Révolution industrielle avait nui considérablement aux classes populaires, alors que l'on a démontré tout le contraire. Malheureusement, pour chaque romancier qui, comme Ayn Rand, interprète la réalité en fonction d'une théorie et d'une morale adéquates, il y en a beaucoup d'autres qui, comme Dickens, adoptent une attitude partiale et contraire aux principes essentiels du système économique capitaliste, causent à la longue un mal

et les journalistes, ces divulgateurs professionnels d'idées d'autrui qui se chargent de communiquer et d'interpréter journellement les actualités.

Ainsi, la responsabilité principale et la plus urgente, à ce niveau de la réalité quotidienne, consiste à modifier l'opinion publique, en la fondant sur une théorie et une morale adéquates qui soient conformes aux principes libéraux. Cela exige un grand effort et beaucoup de *constance* : il s'agit surtout, et en premier lieu, d'éduquer ces « *intellectuels* » et divulgateurs d'idées d'autrui en les gagnant à la cause scientifique et éthique de la liberté, laquelle est parfaitement définie aux niveaux théorique et éthique dont nous venons de parler. De cette façon, l'idéal libéral pourra germer dans le corps social, grâce au travail d'une « *armée* » de divulgateurs et d'intellectuels qui appliqueront à la réalité concrète les principes déjà consacrés de la théorie pure de la liberté.

Quelles sortes d'activités concrètes peuvent et doivent être réalisées dans ce domaine ? L'on peut, à titre d'exemple et sans prétendre à l'exhaustivité, classer ainsi les activités qu'il faut favoriser et développer sans relâche :

a) Activités d'enseignement et de formation. Il s'agit d'organiser des séminaires d'information en milieu universitaire et, en général, des rencontres, congrès, conférences ou journées au cours desquels les intellectuels et divulgateurs peuvent apprendre de première main les principes et arguments essentiels sur lesquels repose l'économie de marché. Ces réunions servent, en outre, à échanger des expériences et à proposer de nouvelles façons de mettre en oeuvre, face à la société, l'application pratique des principes libéraux.

b) Activités de diffusion et de publication de livres, travaux et études concernant l'idéal libéral. De nombreuses entreprises et institutions (organisations entrepreneuriales, chambres de commerce, fondations, etc.) contribuent, elles aussi, à promouvoir des études et travaux de recherche visant à appliquer l'idéologie libérale aux problèmes sociaux les plus pressants.

c) Activités liées aux moyens de communication. Il s'agit de favoriser l'apparition de revues qui se spécialisent dans l'étude et l'application de l'idéologie libérale ; d'obtenir que des publications périodiques prestigieuses adoptent une ligne éditoriale impliquée dans le débat en faveur de l'économie de marché ; d'entretenir de bonnes relations avec les professionnels de l'information et, en particulier, avec ceux qui sympathisent avec l'idéologie libérale ; et, enfin, réussir à influer sur les moyens de communication de masse qui, comme la radio ou la télévision, ont aujourd'hui un grand impact populaire[23].

---

social incalculable à la civilisation et deviennent les responsables directs (quoique « *diffus* ») des violences et conflits sociaux les plus graves. Voir F. A. Hayek (éd.), *El capitalismo y los historiadores*, Unión Editorial, Madrid 1974 (2ª éd., 1997). Sur Ayn Rand, auteur, entre autres, des romans *El manantial* et *La rebelión del Atlas*, et son influence sur le mouvement libéral américain, consulter C. M. Sciabarra, *Ayn Rand : The Russian Radical*, The Pennsylvania State University Press, Pennsylvania 1995.

[23] Pour les publications périodiques, il faut souligner, même s'il reste un long chemin à parcourir, le rôle important que jouent actuellement en Espagne la *Nueva Revista*, *Veintiuno*, et surtout le groupe éditorial Negocios (qui comprend le journal *Gaceta de los Negocios*, l'hebdomadaire *Dinero* et la chaîne de radio *Intereconomía)* ; les circonstances particulières de la télévision espagnole n'ont pas encore permis d'introduire dans ce média si décisif une ligne éditoriale adéquate en faveur de la liberté d'entreprise. Dans le domaine des moyens de communication, l'établissement de systèmes de suivi des articles, informations, nouvelles et commentaires pouvant nuire à l'idéal libéral et

d) Création d'instituts et de *think tanks* (groupes de réflexion) de tendance libérale. Il s'agit de reproduire le schéma dont le succès s'est avéré et qui consiste à créer, promouvoir et développer des instituts et des fondations libéraux consacrés à l'analyse des problèmes sociaux du point de vue libéral, et à la concession de bourses et de subventions pour l'étude, le développement et la mise en oeuvre des mesures politiques concrètes de réforme libérale. On a ainsi créé récemment en Espagne l'Instituto para la defensa de Libre Comercio (IDELCO), la Fundación para el Analisis y los Estudios Sociales (FAES), la Fundación Concordia, la Fundación Cánovas del Castillo et d'autres qui, à l'instar de l'*Institute of Economic Affairs* anglais, commencent à exercer une forte influence sur la classe politique et l'opinion publique en général[24].

e) Il est, enfin, indispensable de *coordonner* toutes ces activités sur le plan *international.* Par exemple, l'échange d'expériences entre les instituts des divers pays et l'aide mutuelle que se prêtent, au niveau international, les théoriciens et divulgateurs de l'idéologie libérale se sont avérés très profitables. La Société Mont Pèlerin, créée par Hayek après la Seconde Guerre mondiale et qui comprend aujourd'hui plus de quatre cents intellectuels libéraux, dont sept Prix Nobel, a joué ici un rôle prépondérant dans le domaine universitaire[25]. Le rôle qu'a joué l'Atlas Research Foundation, en promouvant la création d'instituts en Amérique latine, en Asie et en Europe de l'Est, a beaucoup servi à l'extension du libéralisme dans des milieux qui n'appartenaient jusque-là qu'au marxisme et au socialisme international. Il faut finalement mettre l'accent sur le travail d'organisation de séminaires universitaires et de publications, réalisé au niveau international par le Liberty Fund, l'Institute for Humane Studies, le Cato Institute, le Ludwig von Mises Institute et beaucoup d'autres.

---

provenant de médias est particulièrement important ; dans chaque cas, les professionnels, théoriciens ou penseurs libéraux considérés les plus indiqués sont chargés des répliques correspondantes (sous forme d'articles, de travaux et de commentaires) qui mettent en relief les erreurs contenues dans les informations publiées, et l'on veille spécialement à ce que les travaux soient publiés dans les circonstances les plus adéquates de temps et de lieu.

[24] La création de ce genre d'instituts remonte à une initiative de l'entrepreneur anglais Anthony Fisher qui, désirant après la Seconde Guerre mondiale passer à l'action pour la défense de la liberté, prit contact avec Hayek et lui demanda de l'orienter. Hayek lui déconseilla d'entrer en politique et le convainquit que la rentabilité à moyen terme de son effort se multiplierait de manière exponentielle s'il était capable de créer un institut d'études et d'opinion consacré à l'analyse et à la popularisation des idées libérales et qui serait le creuset d'efforts des académiciens, intellectuels et politiques. C'est ainsi que fut créé le 9 novembre 1955, sous la direction de Ralph Harris et d'Arthur Seldon, l'*Institute of Economic Affairs*, dont le modèle a été reproduit dans des centaines d'instituts du monde entier durant les dernières décennies, grâce à l'effort de l'*Atlas Research Foundation,* initialement promue, elle aussi, par Anthony Fisher. On trouve une analyse détaillée de l'histoire et de l'importance de ce genre d'instituts et de fondations pendant la révolution libérale des dernières décennies dans le livre de Richard Cockett *Thinking the Unthinkable : Think-Tanks in the Economic-Counter-Revolution, 1931-1983*, Harper Collins Publishers, Londres 1994.

[25] Sur la Société Mont Pèlerin, consulter R. M. Hartwell, 1995, *A History of the Mont Pèlerin Society*, Liberty Fund, Indianapolis ; et, en espagnol, mes allusions à sa fondation, son contenu et son évolution, dans mon article : « Los paladinos de la libertad económica », dans *Lecturas de economía política*, Unión Editorial, Madrid 1987, vol. III, pp. 204-207.

Naturellement, la réalisation de ce genre d'activités doit obéir au principe de la spécialisation et de la division du travail. Une même personne ou institution ne peut ni ne doit disperser ses efforts. Il faut, au contraire que les différentes activités s'effectuent de façon spécialisée et professionnelle, mais sans oublier qu'une coordination et une articulation adéquates de fonctions favorisent le résultat positif de chaque initiative. Ainsi, peu à peu, l'action continue et combinée dans tous les domaines finit par prouver au public les erreurs de l'interventionnisme, sa profonde immoralité et l'égoïsme des groupes privilégiés d'intérêt qui profitent à court terme des mécanismes du pouvoir politique ; elle leur montre également que cela permet l'usure irréversible de l'*establishment* et des idéologies interventionnistes, et la généralisation d'un état d'opinion favorable à l'économie de marché et du libéralisme qui quoique lentement, finit par se consolider et devient incontournable du point de vue social et politique[26].

## 7. Le rôle du politique dans la réforme libérale

L'on dit qu'un bon politique est celui qui s'entend le mieux avec les électeurs ; c'est pourquoi l'on affirme aussi que les politiques se limitent en général à *recueillir* un état d'opinion préexistant. Dans cette optique, les politiques ne sont qu'un révélateur de la société dont ils sont issus. Cette idée a beaucoup de vrai[27]. Par exemple, Goldwater et Reagan exposèrent, lors de leurs campagnes respectives pour la présidence des États-Unis, une idéologie libérale très semblable ; cependant, l'un, Goldwater, perdit les élections parce qu'en 1964 la société américaine était imbue des mythes de l'État-providence, alors que Reagan obtint deux fois de suite la majorité absolue à partir de 1980, fondamentalement parce que le centre de gravité de l'opinion publique aux États-Unis avait massivement basculé du côté des principes éthiques et théoriques propres au système capitaliste[28]. C'est pourquoi, et dans la mesure

---

[26] Il est vrai qu'en Espagne, il y a encore de gros progrès à faire dans le sens de l'économie de marché. Cependant, en comparant la situation actuelle à celle d'il y a 20 ou 30 ans, on est impressionné par le changement qui s'est opéré dans l'opinion publique en faveur de la libéralisation dans de nombreux domaines. Aujourd'hui, peu de gens nient les effets bénéfiques de l'extension de la concurrence en matière de transport aérien ; de la possibilité, par exemple, que le lait maternisé se vende dans tous les établissements ; ou les avantages de l'apparition de concurrents de la transméditerranéenne pour les communications par voie maritime avec les îles de notre territoire national ; et ce ne sont là que quelques exemples de libéralisation ayant peu à peu triomphé en Espagne.

[27] « *Les théories les plus fécondes perdent leur virtualité si l'opinion publique ne les appuie pas. Elles sont totalement inopérantes si la majorité les rejette. Il est impossible, à long terme, de gouverner, quel que soit le système politique, en désaccord avec l'opinion publique. La philosophie majoritaire ne finit toujours pas prévaloir. Un gouvernement impopulaire et durable est impossible. Sur ce point, il n'y a pas de différence entre démocratie et despotisme* » (Ludwig von Mises, *La acción humana : tratado de economía*, op. cit., pp. 1.020-1.021).

[28] La « *révolution conservatrice* » entreprise par Reagan s'est amplifiée jusqu'à aujourd'hui où, pour la première fois depuis longtemps, le parti républicain domine les deux chambres du législatif américain, et le Président Clinton a été obligé de libéraliser sensiblement le contenu de son discours politique.

où il est vrai que les politiques se limitent à recueillir un état de l'opinion, il est particulièrement important d'agir sur les intellectuels et divulgateurs d'idées d'autrui, suivant les indications données au paragraphe précédent et qui sont les seules à garantir un changement correctement orienté de l'opinion publique que suivent les politiques.

Cependant, l'idée que le politique recueille simplement un état de l'opinion ne reflète pas *toute* la réalité. Nous sommes plutôt enclins à penser que les politiques disposent souvent, malgré les restrictions évidentes que leur imposent le milieu et l'opinion publique, d'une ample *marge de manœuvre*, non seulement pour favoriser les réformes adéquates, mais aussi pour mobiliser l'opinion publique dans cette direction. Ainsi, nous estimons très juste cette définition classique de l'activité politique que donne Cánovas del Castillo : « *la politique est l'art de réaliser, à chaque moment de l'histoire, la partie de l'idéal que les circonstances rendent possible* »[29]. Notons que cette définition parle de la poursuite d'un maximum de l'idéal ; ce qui pourrait et devrait laisser entendre que toute activité politique suppose une attitude de belligérance libérale. Les cas de Reagan et de Thatcher, promouvant la révolution libéro-conservatrice des années quatre-vingts au Royaume-Uni et aux États-Unis, et celui du président Menem qui, après avoir gagné ses premières élections grâce à un discours populiste, a réalisé une transformation libérale profonde des structures politiques, sociales et économiques de son pays, sont caractéristiques et montrent tout ce que peuvent faire des politiques charismatiques qui, par conviction ou poussés par les circonstances, se décident à promouvoir la réforme libérale dans leurs pays.

C'est pourquoi il est très important de situer à l'intérieur de la classe politique le plus grand nombre possible de « *politiques professionnels* » et engagés, de formation libérale. Il s'agit qu'ils connaissent les principes sur lesquels se fondent les réformes de même que les conséquences, implications et arguments principaux en leur faveur, afin d'être capables d'exposer l'idéal libéral d'une manière accessible et attrayante pour la grande majorité de la société. Savoir exprimer les principes au niveau populaire, convaincre et enthousiasmer les masses en faveur du projet libéral, a une valeur incalculable. De ce point de vue, il est très utile de classer les professionnels de la politique en quatre grands groupes, comme suit :

*Premièrement :* Les politiques professionnels exclusivement et nettement *pragmatiques*. Ce sont ceux qui ne connaissent ni les principes libéraux ni leurs applications. Ils ne connaissent pas non plus l'idéal libéral qui, d'ailleurs, ne les intéresse pas, car ils ne cherchent qu'à obtenir et conserver le pouvoir, ce à quoi leurs habilités personnelles suffisent. Malheureusement, ces politiques, ignorants et pragmatiques, sont les plus nombreux parmi les professionnels de la classe politique, laquelle se compose majoritairement de juristes, professeurs, intellectuels ou journalistes dont l'expérience et l'habileté politique résident exclusivement dans leur capacité à divulguer des idées dépourvues de fondement[30].

---

[29] Citado por Lucas Beltrán dans son article « Seis nombres para una visión de Cataluña », *La Vanguardia Española*, Barcelona, 2 septembre 1976, p. 15.

[30] Sur l'origine et le rôle du politique professionnel comme divulgateur d'idées empruntées, consulter le travail classique de Max Weber *El político y el científico*, publié avec une introduction de Raymond Aaron par Alianza Editorial, Madrid 1981.

*Deuxièmement* : Les politiques pragmatiques qui, cependant, *connaissent un peu* les principes et implications essentiels de la théorie libérale. Ces politiques possèdent une intuition et une connaissance du fonctionnement correct des processus d'interaction sociale, qu'ils ont acquises soit par formation, soit par expérience après avoir passé plusieurs années au pouvoir. Cette meilleure connaissance les rend au moins conscients du mal qu'ils font lorsqu'ils appuient des mesures d'intervention sur le corps social. Mais, étant donné la faiblesse de leur conviction et le pragmatisme de leur caractère, il serait illusoire de penser qu'ils peuvent éprouver aucun sentiment de culpabilité à l'égard des effets nocifs résultant des mesures interventionnistes qu'ils appuient au niveau politique.

*Troisièmement :* Les politiques ayant une solide formation libérale et qui essaient, timidement au moins, d'orienter leur action politique dans la *bonne direction.* C'est un groupe de professionnels de la politique qui, imbus de l'idéologie libérale, font leur possible pour réduire le mal que leur activité engendre naturellement, même s'ils sont, dans la plupart des cas, déconcertés par les graves difficultés et restrictions du quotidien et peuvent peu faire, en pratique, pour favoriser efficacement les réformes libérales[31].

*Quatrièmement :* Les politiques qui connaissent la théorie libérale et sont capables d'orienter la politique dans le sens des objectifs recherchés. Leurs caractéristiques principales sont les suivantes : 1) leur capacité à *définir* l'idéologie libérale d'une façon optimiste et attrayante pour les électeurs ; 2) leur capacité à *convaincre* la société des de la nécessité des réformes ; 3) leur capacité à *intéresser* l'électorat à leur projet. Ce quatrième groupe se compose d'une poignée de *politiques exceptionnels.* Bienheureuses sont les nations qui connaissent, à un moment donné, une « *politique authentique* » douée de ces vertus. Tel fut le cas, à un certain moment de leur activité politique, d'Erhard, de Reagan, de Thatcher et de Vaclav Klaus, parmi ceux qui ont réussi à promouvoir, développer et parfaire d'importantes réformes de type libéral ; et de Vargas Llosa Antonio Martino, parmi ceux qui s'y essayèrent sans pouvoir, pour différentes raisons, y parvenir. Tous représentent un noble exemple à suivre et à imiter pour tout politique professionnel désirant mettre en pratique ses convictions libérales[32].

Il est évident que les activités mentionnées aux paragraphes précédents doivent chercher en priorité à former un ensemble de politiques aussi nombreux et compétent que possible, de façon à ce que l'on puisse les classer dans le troisième et le quatrième groupe. Pour réussir cet objectif ambitieux, il

---

31 Il faut aussi inclure dans ce groupe les politiques qui croient, à tort ou à raison, que les circonstances politiques ne permettent pas d'aller plus loin et restent « *confinés* » en attendant un changement de circonstances qui leur permette de se transformer en politiques du « *quatrième groupe* », capables de promouvoir des réformes radicales. Que cette justification corresponde à la réalité ou ne soit qu'une simple illusion auto-justificative dépendra de chaque cas concret.

32 Il serait très utile, suivant l'exemple anglais, qu'un comité d'observateurs libéraux, qui publierait ses résultats régulièrement, situe les politiques de chaque moment dans l'un de ces quatre groupes ; cela servirait à démasquer ceux qui auraient une attitude plus contradictoire et/ou nocive et stimulerait une saine concurrence entre les politiques libéraux désireux d'améliorer leur classification, de se former et de perfectionner leur comportement professionnel.

faut utiliser une combinaison d'activités aussi variée que possible ; celles des instituts libéraux mentionnés plus haut sont particulièrement importantes, surtout pour harmoniser les principes de la théorie et de l'éthique libérales avec leur application pratique sous forme de mesures politiques concrètes, orientées correctement vers les objectifs ultimes, et qui soient bien définis du point de vue politique et attrayants pour une grande majorité de la société. Les réformes doivent, en outre, être conçues de façon à contenir des éléments les rendant irréversibles *de facto*, afin de favoriser des groupes importants et de nombreux de citoyens qui, en tant que bénéficiaires, sont définitivement acquis à la cause libérale[33]. Il est donc capital d'introduire de façon créatrice tous les éléments possibles pour rendre politiquement irréversibles les réformes libérales.

## 8. Quand les politiques doivent-ils mentir ?[34]

Les considérations précédentes ne doivent pas nous leurrer : les restrictions qui affectent les politiques sont nombreuses et leur marge de manœuvre souvent réduite. Et les difficultés du quotidien sont si nombreuses en politique que l'on accepte généralement que l'une des caractéristiques typiques des politiques est leur habileté à mentir et à tromper l'électorat. Est-ce inévitable ? Quelles sont les limites qu'un politique libéral ne doit, à notre point de vue, jamais transgresser ?

La connaissance, par le politique libéral, des limites et des restrictions auxquelles il est soumis ne doit jamais lui faire oublier que la *stratégie duale* exposée plus haut doit impérativement être suivie. Il ne devra donc jamais négliger le guide de référence (que sont les objectifs ultimes et leurs implications théoriques et éthiques essentielles) et l'on pourra, tout au plus, tolérer qu'il adapte son comportement aux difficultés et écueils de chaque moment. L'on pourra ainsi l'excuser de *passer sous silence*, dans certains cas, quelques réformes qu'il pense réaliser quand les circonstances le lui permettront et même de ne pas mentionner certaines conséquences et implications de ses décisions politiques. Sont également admissibles certains comportements volontairement *ambigus*, surtout en période d'élections, afin de ne pas susciter la discussion de questions qui, par leur complexité, peuvent rendre épineuse leur explication détaillée ou se prêtent inutilement à des attaques démagogiques de la part de l'opposition. On peut, enfin, accepter que le politique libéral « *sache doser la vérité* » opportunément et qu'il utilise même une « *saine démagogie* » ; il peut en être ainsi lorsque sont défendues des mesures toujours populaires, mais de grand contenu libéral comme, par exemple, celles concernant la diminution

---

[33] Un exemple caractéristique de réformes libérales irréversibles : celui la privatisation des logements anglais municipaux, qui ont été vendus par le gouvernement Thatcher à leurs locataires (étant, pour la plupart, des millions de modestes travailleurs) ; ceux-ci sont ainsi devenus de petits propriétaires qu'aucun parti, même de gauche, n'osera exproprier.

[34] C'était là le titre suggestif d'un article de Pedro Schwartz publié dans *Cinco Días* le lundi 27 novembre 1995, p. 4.

indiscriminée des impôts, ou la réduction ou élimination du service militaire obligatoire[35].

Mais, du point de vue libéral, on ne peut jamais admettre aucun des comportements suivants : a) mentir délibérément sur un aspect concret de l'activité politique et dire exactement le contraire de ce que l'on pense faire[36] ; b) accepter des modifications du programme qui estompent complètement l'idéologie libérale ; et c) ce qui est plus grave, prendre des mesures qui vont à l'encontre de ce que l'on dit poursuivre à long terme et même qui trahissent les principes éthiques ou théoriques essentiels de l'idéologie libérale[37].

L'on peut et l'on doit même accepter, sans jamais transgresser les limites précédentes, une stratégie de type « *léniniste* »[38], visant à obtenir tous les appuis nécessaires pour mettre en œuvre les réformes libérales et qui exigeront, en fonction des circonstances concrètes, de chercher des alliés dans tels ou tels groupes et institutions sociaux[39].

Les réformes libérales doivent, en outre et comme nous l'avons vu, se consolider et se réaliser de façon à être *irréversibles*. Notre stratégie libérale doit, en somme, toujours viser à gagner des appuis et à affaiblir l'opposition interventionniste. En outre, en ce qui concerne la conception et la promotion des réformes libérales, il vaut mieux pécher par excès que par défaut. Rien n'est plus lamentable que le cas fréquent du politique qui arrive au pouvoir avec un programme libéral et un grand appui social et qui, par manque de persévérance

---

35 Il faut, en tout cas, éviter de laisser le monopole de la démagogie aux partis interventionnistes. Même si le recours à la démagogie est certes plus difficile pour un libéral, cela ne veut pas dire qu'il n'y ait pas d'importantes prescriptions libérales dont le contenu démagogique peut parfois être convenablement exploité.

36 Tout le monde sait que cette tactique du mensonge délibéré a souvent été utilisée par le Partido Socialista Obrero Español durant les législatures précédentes.

37 L'on peut citer, comme exemple de ce qu'il ne faut pas faire, les subventions en faveur des femmes au foyer et des jeunes mariés créées par certains politiques soi-disant libéraux dès leur arrivée au pouvoir dans une Communauté autonome espagnole ; ou l'appui explicite aux restrictions et interventions des horaires commerciaux, la loi des loyers urbains ou la législation du travail, vers lesquels s'est malheureusement orienté, dans le passé, le parti politique relativement le plus libéral d'Espagne.

38 C'est par exemple ce que S. Butler et P. Germanis appellent la stratégie qu'ils proposent pour les réformes libérales, dans leur article « Achieving Social Security Reform : A 'Leninist' Strategy », *The Cato Journal*, vol. 3, n° 2, automne 1983, pp. 547-556. Sur la stratégie la plus appropriée pour assurer le triomphe de la liberté, lire le travail suggestif de Rothbard, M.N., 1995, « La estrategia de la libertad », chap. XXIX de *La ética de la libertad*, Unión Editorial, Madrid, pp. 345-367.

39 Par exemple, pour la réforme de la Sécurité sociale, le groupe le plus important auquel il faut s'adresser est celui des travailleurs relativement plus jeunes, qui sont les plus touchés par le maintien du système de répartition sur lequel se fonde actuellement le système public de Sécurité sociale, aujourd'hui en crise dans tous les pays occidentaux. Sur la libéralisation des horaires commerciaux, il est clair que les entreprises distributrices des grandes surfaces et les ménagères et organisations de consommateurs sont les groupes les plus intéressés à la promotion et au maintien des réformes libérales ; et il faudra ainsi chercher, dans chaque cas, d'où peuvent venir les appuis les plus importants.

ou de conviction et par timidité, demeure très loin des espoirs créés se discrédite totalement lui-même ainsi que l'idéal qu'il disait défendre[40].

En tout cas, le résultat politique concret dépend, à chaque moment historique, de nombreuses circonstances concrètes sur lesquelles il est impossible de théoriser. L'on pourrait, toutefois, énoncer une série de « *lois de tendance* » pouvant faciliter l'action du politique et l'aider à comprendre et à gérer la relation existant entre le monde de l'opinion publique et le domaine de l'action politique concrète dans lequel il évolue. L'on peut ainsi affirmer que, toutes circonstances égales, plus l'opinion politique sera éduquée, plus le message du politique libéral pourra être radical. Et, à l'inverse, moins l'opinion publique sera formée, plus il lui sera difficile de comprendre et de partager le contenu libéral du message politique. Une autre loi de tendance dit que plus la situation sociale de départ sera traumatique, plus le message pourra être radical ; en effet, c'est dans les situations d'authentique crise sociale que la société est le plus disposée à assumer des sacrifices et des politiques de choc[41]. Autre loi : toutes circonstances égales, plus il y aura de politiques professionnels appartenant aux groupes « *trois* » et « *quatre* » (politiques libéraux les mieux formés, les plus convaincus et les mieux capables de définir un message attrayant), plus la politique libérale qu'ils préconisent pourra être radicale. Et, à l'inverse, les politiques les moins bien préparés, ceux des groupes « *un* » et « *deux* », ne pourront pas, à cause de leurs propres contradictions et de leurs carences théoriques et éthiques, définir et défendre correctement un message libéral dont ils ne partagent ni ne connaissent le contenu. Enfin, et pendant les périodes électorales, plus on sera sûr de gagner les élections pour des raisons accessoires, moins il sera nécessaire de radicaliser le message libéral. Et, à l'inverse, c'est dans les circonstances où le triomphe électoral est le moins assuré que l'on peut et l'on doit lancer un message plus radical face au *statu quo* interventionniste.

## CONCLUSION

Nous ferons, pour terminer, une recommandation valable pour tout politique libéral chez qui l'objectif ultime de l'élaboration, la promotion et la

[40] « Lorsque le politique aura réfléchi à la réforme qu'il prépare; quand il sera convaincu de son opportunité et de ses avantages, alors qu'il la met sur pied et la fait prospérer de toutes ses forces. La persévérance doit être une des premières qualités du politique. Qu'il n'abandonne jamais l'œuvre qu'il a entreprise s'il est sûr de sa pertinence et de son utilité. Qu'il travaille pour elle avec assiduité ; lui consacre tout son temps et toute son énergie. Si ses efforts ne sont pas loués, sa bonne volonté finira par être reconnue et tous les regards se tourneront vers lui en quête de ses initiatives ». Ruiz (Azorín), J. M., 1919, *El político (con un epílogo futurista), Obras completas*, tome VIII, Rafael Caro Raggio (éd.), Madrid, pp. 194-195.

[41] C'est l'un des aspects qui a le plus influé sur l'acceptation populaire du Plan de Libéralisation mené par Erhard en Allemagne Fédérale en 1948 et qui, contre tous les pronostics des assesseurs des puissances occupantes, donna lieu au « *miracle économique allemand* ». Erhard fait une description de ce Plan dans son livre *Bienestar para todos*, op. cit.

réalisation d'une réforme généralisée de libéralisation visant l'économie et la société l'emporte sur son désir d'obtenir le pouvoir et de s'y maintenir.

Il convient, tout d'abord, de répéter qu'il vaut mieux, en tout cas, qu'il pèche par excès que par défaut : il doit radicaliser le message au point de mettre à l'épreuve aussi bien les membres de son parti que ses concitoyens. Ce sera la seule façon de vérifier s'il réunit ou non les qualités d'un politique du « *quatrième groupe* », c'est-à-dire s'il est capable de convaincre et de mobiliser l'électorat en faveur d'une politique de réformes libérales correctement définie. Au pire, sa prise de position relativement plus radicale l'empêchera de prospérer au sein de son parti, et il sera marginalisé par ses responsables et superviseurs les plus « *pragmatiques* ». Or, c'est précisément l'acceptation ou non de son message et de sa personne à l'intérieur de sa propre formation politique qui lui indiquera, de façon indubitable et définitive, s'il doit poursuivre son activité politique : s'il n'est pas accepté, il vaut mieux qu'il laisse d'autres professionnels de la politique moins engagés (des groupes trois et deux) prendre la première ligne ; il évitera ainsi de s'user en efforts inutiles, qui seront probablement beaucoup plus fructueux à long terme appliqués à d'autres activités (non politiques) d'étude et de divulgation touchant au libéralisme[42].

De cette façon, il ne gaspillera ni son temps ni ses forces en activités qui, étant donné les restrictions du milieu, rendent très difficile la poursuite d'un idéal et qui, en tout cas, peuvent être menées par d'autres professionnels moins engagés. Il convient, d'autre part, qu'il y a toujours quelqu'un « *en réserve* » au cas où les circonstances changeraient et où il serait appelé à de plus grandes responsabilités politiques, dans un contexte où il peut développer son programme libéral sans d'inutiles entraves partisanes[43].

Il existe donc une relation évidente entre ce que le contexte politique permet de faire et la convenance de l'implication personnelle d'un politique aux fortes convictions libérales. Plus les restrictions seront grandes, plus il lui sera difficile de manœuvrer dans ce contexte ; d'autres collègues moins engagés (des groupes deux et trois) pourront plus facilement développer leur activité. Si, au contraire, il est possible de promouvoir un programme plus radical, son intervention et son implication personnelle seront plus difficilement remplaçables, puisqu'il n'est pas prévisible que d'autres collègues moins formés et moins engagés sachent et puissent profiter correctement de l'occasion historique qui se présente pour mener à bien des réformes profondément libérales. Naturellement, ce sont la perspicacité et l'intelligence politique de chaque

---

[42]On peut également admettre, surtout dans le cas de politiques professionnels qui ne peuvent ou ne veulent pas se consacrer à une autre activité, qu'ils décident, comme nous l'avons expliqué à la note 31, de se convertir en politiques du « *troisième groupe* », beaucoup plus « *pragmatique* » et, donc, moins « *radical* » et « *incommodant* », en attendant un changement de circonstances et la possibilité de promouvoir des réformes plus radicales. Le principal danger de cette tactique et qu'elle finisse par se convertir en un prétexte justifiant l'immobilisme. Notre façon de juger le comportement de chaque politique concret en la matière dépendra de chaque circonstance historique.

[43] À ces époques de contrôle exercé par les politiques les plus « *tièdes* » (groupes un, deux et trois), il convient, cependant, de ne pas se détacher complètement du parti, afin d'exercer le rôle nécessaire de conscience critique libérale et de signaler constamment les contradictions et les erreurs de ceux qui sont au pouvoir.

politique libéral qui permettront de déterminer dans laquelle de ces circonstances l'on se trouve.

En tout cas, le principal danger de la stratégie recommandée consiste en ce que le politique du « *groupe quatre* » soit finalement accepté par son parti et, après avoir présenté et défendu son programme, échoue aux élections ou perde le pouvoir. Or, même dans des circonstances aussi adverses, dont l'histoire offre de nombreux exemples, ce résultat négatif ne doit pas être considéré comme un échec au sens strict. Ce qui serait un véritable échec, du point de vue libéral, serait d'avoir trahi les principes ou d'avoir péché par défaut et promouvrait de timides politiques libéralisatrices alors que les circonstances permettaient d'aller beaucoup plus loin[44]. Hormis ces cas, la non-réussite aux élections dans une circonstance historique déterminée ne doit être considérée que comme une déroute tactique au cours de cette bataille longue et difficile pour gagner le futur à la liberté.

[44] Cela semble être le cas du tandem Chirac-Juppé après le triomphe de la droite libérale aux dernières élections législatives françaises.

# CHAPITRE XXII

## PRINCIPES FONDAMENTAUX DU LIBÉRALISME

Le libéralisme est un courant de pensée (philosophique et économique) et d'action politique qui propose de limiter au maximum le pouvoir de coercition exercé par l'État sur les individus et la société civile. Ainsi, font partie de l'idéologie libérale la défense de l'économie de marché (appelée aussi « *système capitaliste* » ou de « *libre entreprise* »), la liberté du commerce (libre-échange) et, en général, la libre circulation des personnes, des capitaux et des biens ; le maintien d'un système monétaire rigide qui empêche une manipulation inflationniste de la part des gouvernants ; l'établissement d'un État de droit, dans lequel tous les hommes – même ceux qui font partie du gouvernement – sont soumis au même cadre minimum de lois entendues dans leur sens « *matériel* » (normes juridiques, fondamentalement de droit civil et pénal, abstraites et applicables de manière égale et générale à tous) ; la limitation du pouvoir du gouvernement au minimum nécessaire pour définir et défendre correctement le droit à la vie et à la propriété privée, à la possession pacifiquement acquise, et à l'exécution des promesses et des contrats ; la limitation et le contrôle de la dépense publique, le principe de l'équilibre budgétaire et le maintien d'un niveau d'imposition réduit; l'établissement d'un système strict de séparation des pouvoirs politiques (législatif, exécutif et judiciaire) qui préserve de toute trace de tyrannie ; le principe d'autodétermination, en vertu duquel tout groupe social doit pouvoir choisir librement l'organisation politique qu'il désire former ou l'État auquel il désire ou non être rattaché ; l'utilisation de procédés démocratiques pour élire les gouvernants, sans que la démocratie ne soit jamais utilisée comme prétexte pour justifier la violation de l'État de droit ni l'oppression des minorités ; et l'établissement, en somme, d'un ordre mondial fondé sur la paix et le libre commerce volontaire entre toutes les nations de la terre.

Ces principes fondamentaux sont les piliers de la civilisation occidentale et leurs formation, expression, développement et perfectionnement constituent l'une des réussites les plus importantes de l'histoire de la pensée humaine. Bien que l'on ait traditionnellement attribué l'origine de la doctrine libérale à la pensée de l'École écossaise du XVIII siècle, ou à l'idéologie de la Révolution française, on peut faire remonter cette origine jusqu'à la tradition la plus classique de la pensée philosophique grecque et de la science juridique romaine. Ainsi, Thucydide (*Guerre du Péloponnèse*) nous apprend que Périclès constatait ceci : à Athènes, « *la liberté est la règle dans notre gouvernement et, dans la vie quotidienne, loin de jeter un regard soupçonneux sur les autres, nous ne nous irritons pas si notre semblable fait ce qu'il désire* » ; l'*Oraison funèbre* prononcée par Périclès offrant l'une des plus belles descriptions du principe libéral de l'égalité de tous devant la loi.

Plus tard, Rome découvre que le droit est fondamentalement coutumier et que les institutions juridiques (comme les linguistiques et les économiques) sont le fruit d'un long processus évolutif et contiennent un immense volume d'information et de connaissances qui dépasse de loin la capacité mentale de n'importe quel gouvernant, si bon et si savant soit-il. Nous savons ainsi, grâce à Cicéron (*De re publica*, II, 1-2) que pour Caton « *la supériorité du gouvernement [de Rome] sur celui des autres nations vient de ce que celles-ci n'ont reçu pour la plupart leurs institutions et leurs lois que d'un seul législateur ; la Crète, de Minos; Lacédémone, de Lycurgue… tandis que notre république n'a point été constituée par un seul esprit, mais par le concours d'un grand nombre; ni fondée durant la vie d'un seul homme, mais au cours de plusieurs siècles et générations. Il n'a jamais existé au monde, disait-il, un génie assez vaste pour que rien ne lui échappe ; et même tous les esprits réunis en un seul ne sauraient tout prévoir à la fois, embrassant tout sans les leçons de l'expérience et du temps* ».

Le noyau de cette idée essentielle, qui constituera le cœur de l'argument de Ludwig von Mises sur l'impossibilité théorique de la planification socialiste, subsiste et se renforce au Moyen-Âge grâce à l'humanisme chrétien et à la philosophie thomiste du droit naturel, lequel est conçu comme un corps éthique préalable et supérieur au pouvoir de chacun des gouvernements de la terre. Pierre de Jean Olivi, saint Bernardin de Sienne et saint Antonin de Florence, entre autres, théorisent sur le rôle essentiel que l'esprit d'entreprise et la capacité créative de l'être humain exercent en tant que moteurs de l'économie de marché et de la civilisation. Et la tradition de cette ligne de pensée est recueillie et perfectionnée par ces grands théoriciens que furent les scolastiques du Siècle d'Or espagnol ; à tel point que l'un des plus grands penseurs libéraux du XX siècle, l'autrichien Friedrich A. Hayek, prix Nobel d'économie en 1974, a affirmé : « *les principes théoriques de l'économie de marché et les éléments fondamentaux du libéralisme économique n'ont pas été conçus, comme on le croyait, par les calvinistes et les protestants écossais, mais par les jésuites et les membres de l'École de Salamanque durant le Siècle d'Or espagnol* ». Ainsi, Diego de Covarrubias y Leyva, évêque de Ségovie et ministre de Philippe II, exposait déjà de façon impeccable en 1554 la théorie subjective de la valeur, à laquelle est liée toute économie de marché libre ; il affirmait que « *la valeur d'une chose ne dépend pas de sa nature objective, mais de l'estimation subjective des hommes, même si cette estimation est insensée* » ; et il ajoutait, pour illustrer sa thèse, qu'« *aux Indes, le blé a plus de valeur qu'en Espagne parce que les hommes l'y estiment davantage, bien que la nature du blé soit la même aux deux endroits* ».

Un autre ecclésiastique de renom, Luis Saravia de la Calle, se fondant sur la conception subjectiviste de Covarrubias, découvre la véritable relation qui existe entre prix et coûts dans le marché : ce sont les coûts qui tendent à suivre les prix, et non l'inverse ; il anticipait de la sorte la réfutation des erreurs de la théorie objective de la valeur de Karl Marx et de ses successeurs socialistes. On peut lire, ainsi, dans son *Instrucción de mercaderes* (Medina del Campo 1544) : « *Ceux qui calculent le juste prix de la chose d'après le travail, les coûts et les risques de celui qui fabrique la marchandise ou en fait le commerce se trompent beaucoup ; parce que le juste prix dépend de l'abondance ou du défaut de marchandises, de marchands et d'argent, et non pas des coûts, du travail et des risques* ».

Un autre mérite important des scolastiques espagnols a été d'introduire le concept dynamique de concurrence, entendue comme le processus entrepreneurial de rivalité qui fait fonctionner le marché et stimule le développement de la société. Cette idée les a conduits à conclure que les « *prix du modèle d'équilibre* », que les théoriciens socialistes prétendent utiliser pour justifier l'interventionnisme et la planification du marché, ne pourraient jamais être connus. Raymond de Roover (*Scholastics Economics*, 1955) attribue à Luis de Molina le concept dynamique de concurrence, entendue comme le « *processus de rivalité entre acheteurs qui tend à élever le prix* », et qui n'a rien à voir avec le modèle statique de « concurrence parfaite » que les « *théoriciens du socialisme de marché* » croient naïvement pouvoir être simulée dans un régime sans propriété privée.

C'est, cependant, Jerónimo Castillo de Bobadilla qui expose le mieux cette conception dynamique de la libre concurrence entre entrepreneurs dans son livre *Política para corregidores*, publié à Salamanque en 1585, où il indique que l'essence la plus positive de la concurrence consiste à essayer d'« *émuler* » le concurrent. Bobadilla énonce, en outre, la loi économique suivante, fondement de la défense du marché pour tout libéral : « *l'abondance, la rivalité et la concurrence entre vendeurs feront baisser les prix des produits* ».

Et, quant à l'impossibilité pour les gouvernants de parvenir à connaître les prix d'équilibre et autres données nécessaires pour intervenir dans le marché, il faut citer les apports remarquables des jésuites espagnols Juan de Lugo et Juan de Salas. Le premier, Juan de Lugo, se demandant quel peut être le prix d'équilibre, conclut déjà en 1643 qu'il dépend de tant de circonstances spécifiques que Dieu seul peut le connaître (« *pretium iustum mathematicum licet soli Deo notum* »). Et Juan de Salas affirme, en 1617, à propos des possibilités qu'a un gouvernant de connaître l'information spécifique qui est créée, découverte et utilisée dans la société civile, que « *quas exacte comprehendere et ponderare Dei est non hominum* » : Dieu seul, et pas l'homme, peut arriver à comprendre et à évaluer exactement l'information et la connaissance qu'utilise un marché libre avec toutes ses circonstances particulières de temps et de lieu.

Aussi bien Juan de Lugo que Juan de Salas devancent, donc, de plus de trois siècles les apports scientifiques des penseurs libéraux les plus importants (Mises et Hayek). En outre, il ne faut pas non plus oublier le grand fondateur du droit international, Francisco de Vitoria, ainsi que Francisco Suárez et son école de théoriciens du droit naturel, qui reprirent d'une manière si brillante et cohérente l'idée thomiste de la supériorité morale du droit naturel face au pouvoir de l'état, et l'appliquèrent avec succès à de nombreux cas particuliers qui, comme celui de la critique morale de l'esclavage des Indiens de l'Amérique nouvellement découverte, exigeaient une prise de position intellectuelle nette et rapide.

Mais le plus libéral des scolastiques espagnols a été, sans aucun doute, le jésuite Juan de Mariana (1536-1624) ; il a poussé jusqu'à ses ultimes conséquences la doctrine de la supériorité du droit naturel face au pouvoir étatique. Doctrine qu'ont reprise aujourd'hui des philosophes libéraux de l'envergure de Murray N. Rothbard et Robert Nozick. Le développement de la doctrine sur la légitimité du tyrannicide que Mariana expose dans son livre *De rege et regis institutione*, publié en 1599, est particulièrement important. Mariana qualifie de tyrans des figures historiques comme Alexandre le Grand ou Jules César, et considère comme justifié l'assassinat par n'importe quel citoyen de celui qui tyrannise la société civile ; il considère, entre autres, comme actes de tyrannie le fait d'établir des impôts sans le consentement du peuple, ou d'empêcher la réunion d'un parlement librement élu. Il donne encore d'autres exemples typiques de comportement tyrannique : la construction d'ouvrages publics pharaoniques qui, comme les pyramides d'Égypte, sont financés par l'esclavage et l'exploitation des sujets, ou la création de polices secrètes qui empêchent les citoyens de se plaindre et de s'exprimer librement. Un autre ouvrage essentiel de Mariana fut publié en 1609 ; il s'intitule *De monetae mutatione* ; il a été traduit plus tard en castillan sous le titre *Tratado y discurso sobre la moneda de vellón que al presente se labra en Castilla y de algunos desódenes y abusos.* Dans ce travail remarquable, Mariana considère comme un tyran tout gouvernant qui dévaluerait le contenu métallique de la monnaie et imposerait aux citoyens, sans leur consentement, l'odieux impôt inflationniste ou la création de privilèges et de monopoles fiscaux. Mariana critique également l'établissement de prix maximaux pour « *lutter contre l'inflation* », et propose la réduction de la dépense publique comme principale mesure de politique économique pour équilibrer le budget.

Enfin, Juan de Mariana publia en 1625 un autre livre intitulé *Discurso sobre las enfermedades de la Compañía.* Il approfondit l'idée libérale selon laquelle il est impossible au gouvernement d'organiser la société civile sur la base d'ordres coercitifs, et cela par manque d'information. Il dit, à propos du gouvernement : c'est une grande sottise que l'aveugle veuille guider celui qui voit ; et il ajoute que le gouvernant « *ne connaît ni les personnes ni les faits, du moins dans le détail des circonstances qui les caractérisent et dont dépend la réussite. On tombe forcément dans des erreurs multiples et graves, et les gens sont contrariés et méprisent un gouvernement aussi aveugle* » ; il conclut que « *le pouvoir uni au commandement est une folie* », et que quand « *les lois sont trop nombreuses, comme on ne peut pas toutes les observer ni même les connaître, aucune n'est plus respectée* ». Cette tradition s'infiltre dans les milieux intellectuels de tout le continent européen et influe sur de célèbres penseurs libéraux français comme Bélesbat (1692), le marquis d'Argenson (1751) et, surtout, Jacques Turgot qui avait, bien avant Adam Smith, et suivant la ligne des scolastiques espagnols, parfaitement exprimé le caractère dispersé du savoir que contiennent les institutions sociales, entendues comme des ordres spontanés. Ainsi, Turgot écrit, dans son *Éloge de Gournay*, qu' « *il est inutile de prouver que chaque particulier est le seul juge compétent de l'emploi le plus avantageux de sa terre et de ses bras. Il a seul les connaissances particulières sans lesquelles l'homme le plus éclairé ne raisonnerait qu'à l'aveuglette. Il s'instruit par des essais réitérés, par ses succès, par ses pertes, et acquiert un tact dont la finesse, aiguisée par le sentiment du besoin, dépasse de bien loin toute le savoir théorique que peut acquérir un spéculateur indifférent* ». Et Turgot conclut, à l'instar de Mariana, qu' « *il est absolument impossible de diriger par des règles constantes et par une inspection continuelle une multitude d'opérations que leur immensité seule empêcherait de connaître et qui de plus dépendent continuellement d'une foule de circonstances toujours changeantes, qu'on ne peut ni maîtriser ni même prévoir* ».

Malheureusement, toute cette tradition libérale de la pensée espagnole a été effacée de la théorie et de la pratique, comme l'indique Francisco Martinez Marina (*Teoría de las Cortes o Grandes Juntas Nacionales de los Reinos de León y Castilla*) par la Maison d'Autriche et par les Bourbons, qui ont provoqué une « *réunion monstrueuse de tous les pouvoirs en une seule personne, l'abandon et l'abolition des Cortes et des siècles d'esclavage sous le despotisme le plus horrible* ». C'est ainsi qu'achève de se consolider en Espagne un cadre politique et social intolérant et interventionniste, étranger aux authentiques traditions libérales et de représentativité des vieux royaumes de l'Espagne. L'ancienne tolérance et l'ancien *modus vivendi* existant entre les trois religions juive, musulmane et chrétienne de l'époque d'Alphonse X le Sage sont remplacés par l'intolérance religieuse des Rois Catholiques et de leurs successeurs, qu'Américo Castro (*La realidad histórica de España*) et d'autres ont interprétée comme une déviation mimétique de la culture et de la société espagnoles qui finit paradoxalement par refléter et incorporer à leur essence la plus intime les caractéristiques les plus négatives de leurs « *ennemis* » séculaires : l'intégrisme religieux musulman qui justifie la Guerre sainte contre l'infidèle, et l'obsession de la pureté de sang, propre au peuple juif.

En revanche, l'initiative et l'esprit d'entreprise proverbiaux des commerçants et artisans hébreux et morisques, qui constituèrent jusqu'à leur expulsion le noyau économique du pays, ne sont pas assimilés. On en vint, en Espagne, à mépriser la fonction entrepreneuriale, la considérant indigne de chrétiens anciens ; et le succès économique a mérité une considération sociale négative pratiquement jusqu'à nos jours ; il subit la critique d'une jalousie destructive, au lieu d'être jugé comme un exemple sain et nécessaire du progrès de la civilisation, qu'il convient d'imiter et d'encourager.

Si l'on ajoute à tout cela la « *Légende noire* » qui, propagée par le monde protestant et anglo-saxon, visa à discréditer tout ce qui venait d'Espagne, on comprendra la solitude et le vide idéologique des Espagnols illustrés du XVIII siècle, comme Campomanes et Jovellanos, et des pères de la patrie réunis aux Cortes de Cadix qui devaient rédiger la première Constitution de 1812 et furent les premiers au monde à s'appeler « *libéraux* », terme qu'ils introduisirent eux-mêmes.

La situation dans le reste du monde intellectuel européen n'évolua pas beaucoup mieux qu'en Espagne. Le triomphe de la réforme protestante discrédita le rôle de l'Église catholique limité et contrepoids du pouvoir séculier des gouvernements, qui s'en trouva ainsi renforcé. En outre, la pensée protestante et la réception imparfaite dans le monde anglo-saxon de la tradition libérale jusnaturaliste, par l'intermédiaire des « *scolastiques protestants* » Grotius et Pufendorf, expliquent l'involution importante qu'a supposée la pensée d'Adam Smith par rapport à la conception libérale antérieure.

En effet, comme l'indique Murray N. Rothbard (*Economic Thought before Adam Smith*, 1995) Adam Smith abandonna les apports précédents fondés sur la théorie subjective de la valeur, la fonction entrepreneuriale et le souci d'expliquer les prix qui apparaissent dans le marché réel ; il les remplaça tous par la théorie objective de la valeur-travail, sur laquelle Marx devait construire, comme conclusion naturelle, toute la théorie socialiste de l'exploitation. Adam Smith s'appliqua, en outre, à expliquer en priorité le « *prix naturel* » d'équilibre à long terme, modèle d'équilibre dans lequel la fonction entrepreneuriale brille par son absence et l'information nécessaire est supposée disponible, en sorte qu'il sera utilisé ensuite par les théoriciens néoclassiques de l'équilibre pour critiquer les « *erreurs de marché* » et justifier le socialisme et l'intervention de l'État dans l'économie et la société civile. Par ailleurs, Adam Smith imprégna la science économique de calvinisme en soutenant, par exemple, l'interdiction de l'usure et en établissant la distinction entre occupations « *productives* » et « *improductives* ». Il rompit, enfin, avec le *laissez-faire* radical de ces prédécesseurs jusnaturalistes du continent (espagnols, français et italiens) et introduisit dans l'histoire de la pensée un « *libéralisme* » tiède aussi rempli d'exceptions et de nuances que de nombreux « *sociaux-démocrates* » d'aujourd'hui pourraient même accepter.

L'influence négative de la pensée de l'École classique anglo-saxonne sur le libéralisme s'accentue avec les successeurs d'Adam Smith et, en particulier, avec Jeremy Bentham, qui inocule le bacille de l'utilitarisme le plus étroit dans la philosophie libérale, et facilite ainsi le développement de toute une analyse pseudo-scientifique de coûts et profits (que l'on croit connus), et l'apparition d'un ensemble d'ingénieurs sociaux qui prétendent modeler la société à leur guise en utilisant le pouvoir coercitif de l'État.

Stuart Mill confirme, en Angleterre, cette tendance en abandonnant le *laissez-faire* et en faisant de nombreuses concessions au socialisme ; en France, le triomphe du rationalisme constructiviste d'origine cartésienne explique l'influence interventionniste de l'École polytechnique et du socialisme scientiste de Saint-Simon et de Comte (voir Hayek, *The Counter-Revolution of Science*) que les libéraux français de la tradition de Jean-Baptiste Say, groupés autour de Frédéric Bastiat et de Gustave de Molinari, arrivent péniblement à contenir.

Cette intoxication interventionniste qui a affecté le contenu doctrinal du libéralisme du XIX siècle, a beaucoup nui à l'évolution politique du libéralisme contemporain : l'un après l'autre, les différents partis politiques libéraux sont victimes du « *pragmatisme* », et adoptent, pour conserver le pouvoir à court terme, des politiques de compromis qui trahissent leurs principes essentiels, déconcertent l'électorat et facilitent le triomphe politique du socialisme.

Ainsi, le parti libéral anglais finit par disparaître en Angleterre, absorbé par le parti travailliste, et il se passe à peu près la même chose dans le reste de l'Europe. La confusion est si grande dans le domaine politique et doctrinal que les interventionnistes les plus illustres, tels que John Maynard Keynes, finissent par s'approprier le terme « *libéralisme* » qui, du moins en Angleterre, aux États-Unis et, en général, dans le monde anglo-saxon, sert alors à désigner la social-démocratie interventionniste promotrice de l'État-providence ; les véritables libéraux sont alors contraints de chercher un autre terme définitoire (« *classical liberals* », « *conservatifs libertariens ou, simplement, « libertarians* » »).

Dans ce contexte de confusion doctrinale et politique, il n'est pas étonnant que l'Espagne n'ait jamais connu de véritable révolution libérale. Malgré l'apparition au XIX siècle d'une tradition unique du libéralisme le plus pur, représentée par des noms aussi illustres que ceux de Laureano Figuerola y Ballester, Alvaro Flórez Estrada, Luis Maria Pastor, entre autres, son développement doctrinal est très influencé par le libéralisme tiède de l'École anglo-saxonne (la traduction espagnole de José Alonso Ortiz de *La Riqueza de las Naciones* avait été publiée à Santander en 1794), ou par le rationalisme jacobin de la Révolution française.

Sur le plan politique, le libéralisme espagnol est d'abord confronté aux puissantes forces absolutistes, puis au pragmatisme corrosif des « *modérés* », tout cela dans un climat incessant de guerre civile.

De sorte que le triomphe de la *Gloriosa Revolución Liberal* de 1868 est éphémère, et lors de la Restauration canoviste de 1875, la taxe protectionniste triomphe et les principes libéraux essentiels sont trahis, par exemple en ce qui concerne l'autodétermination du peuple cubain, ce qui suppose pour la nation une énorme souffrance humaine.

Au début du XX siècle, la perte de contenu doctrinal qui affecte le Parti libéral démocratique devient de plus en plus évidente et culmine avec le « *réformisme social* » de José Canalejas ; sa politique multiplie les mesures interventionnistes et socialisantes, il rétablit le service militaire obligatoire et poursuit la politique immorale et néfaste de l'implication militaire progressive de l'Espagne au Maroc. Il n'est pas étonnant, dans ce contexte de vacuité doctrinale, que les quelques Espagnols qui acceptent encore de se nommer « *libéraux* » croient que le libéralisme consiste moins en un ensemble de principes dogmatiques en faveur de la liberté qu'en un simple « *état d'esprit* » caractérisé par la tolérance et l'ouverture à toutes les tendances.

Ainsi, pour Gregorio Marañon (voir le prologue de ses *Ensayos liberales*), « *être libéral consiste précisément en ceci : premièrement, être disposé à s'entendre avec celui qui pense autrement ; et, deuxièmement, ne jamais admettre que la fin justifie les moyens, mais admettre, au contraire, que ce sont les moyens qui justifient la fin. Le libéralisme est, ainsi, un mode de conduite et, donc, beaucoup plus qu'une politique* ». Point de vue partagé, dans une large mesure, par d'autres grands libéraux espagnols de la première moitié du XX siècle, comme José Ortega y Gasset ou Salvador de Madariaga. Ce qui explique, en grande partie, pourquoi, pendant la Dictature du général Primo de Rivera, puis sous la République et plus tard à l'époque franquiste, les libéraux n'ont jamais dominé la scène politique, que se sont plutôt partagée les deux pôles extrêmes de l'interventionnisme (soit le socialisme ouvrier soit le fascisme ou socialisme conservateur ou de droite), ou les politiques rationalistes jacobins comme Manuel Azaña.

Même si le XX siècle a malheureusement été celui de l'Étatisme et des totalitarismes de tout signe qui ont engendré les pires souffrances, l'on a observé durant ses vingt-cinq dernières années une renaissance sensible de l'idéologie libérale pour différentes raisons. En premier lieu, la théorie libérale a été reprise en main par quelques penseurs appartenant, pour la plupart, à l'École autrichienne fondée à Vienne lorsque Carl Menger reprit en 1871 la tradition libérale subjectiviste des scolastiques espagnols.

Il convient spécialement de citer, parmi ces théoriciens, Ludwig von Mises et Friedrich A. Hayek. Ils furent les premiers à prédire l'avènement de la Grande Dépression de 1929, conséquence de l'interventionnisme monétaire et fiscal pratiqué par les gouvernements durant les « *heureuses* » années vingt, à découvrir le théorème de l'impossibilité scientifique du socialisme liée au défaut d'information, et à expliquer l'échec des prescriptions keynésiennes que la grave récession inflationniste des années soixante rendit évident.

Premièrement, ces théoriciens ont créé, les premiers, un corps complet et perfectionné de doctrine libérale à l'élaboration duquel ont également participé des penseurs d'autres écoles moins engagées comme celle de Chicago (Knight, Stigler, Friedman et Becker), l'« *ordo-libéralisme* » de l' « *économie sociale de marché* » allemande (Röpke, Eucken, Erhard), ou l'« *École des choix publics* » (Buchanan, Tullock et les autres théoriciens des « *défaillances de l'État* »).

Il convient, deuxièmement, de rappeler triomphe de la révolution conservatrice libérale menée par Ronald Reagan et Margaret Thatcher aux États-Unis et en Angleterre dans les années quatre-vingt. De 1980 à 1988, Reagan réalisa une importante réforme fiscale qui réduisit le taux marginal de l'impôt sur le revenu à 28 pour cent et démantela, en grande partie, la régulation administrative de l'économie ; cela favorisa un important essor économique qui permit dans son pays la création de plus de 12 millions d'emplois. Et, plus près de nous, Margaret Thatcher lança le programme de privatisations d'entreprises publiques le plus ambitieux que l'on ait connu jusque-là, réduisit à 40 pour cent le taux marginal de l'impôt sur le revenu, mit fin aux abus des syndicats et créa un programme de régénération morale qui stimula fortement l'économie anglaise, entravée pendant des décennies par l'interventionnisme des travaillistes et des conservateurs les plus « *pragmatiques* » (comme Edward Heath et d'autres).

Troisièmement, l'évènement historique le plus important a peut-être été la chute du mur de Berlin et l'effondrement du socialisme en Russie et dans les pays de l'Est de l'Europe, qui s'efforcent aujourd'hui de construire leurs économies de marché dans un État de droit.

Tous ces faits ont conduit à la conviction que le libéralisme et l'économie de marché libre constituaient le système politique et économique le plus efficient, le plus moral et le mieux compatible avec la nature de l'être humain.

Par exemple, Jean-Paul II, se demandant si le capitalisme était la voie indiquée pour le progrès économique et social, a répondu ceci (voir *Centesimus Annus*, chap. IV, n° 42) : « *Si sous le nom de 'capitalisme' on désigne un système économique qui reconnaît le rôle fondamental et positif de l'entreprise, du marché, de la propriété privée et de la responsabilité qu'elle implique dans les moyens de production, la réponse est sûrement positive, même s'il est peut-être plus approprié de parler d'économie d'entreprise', ou d'économie de marché', ou simplement d'économie libre'* ».

La pensée espagnole n'a pas resté étrangère à cette résurrection mondiale du libéralisme. Des penseurs comme Lucas Beltrán ou Luis de Olariaga ont su maintenir vive la flamme du libéralisme durant les longues années de l'autoritarisme franquiste ; on a assisté également à un important effort d'étude et de popularisation de l'idéologie libérale de la part des professeurs, des intellectuels et des entrepreneurs groupés autour de la société libérale Mont Pèlerin, fondée par Hayek en 1947, et du projet d'*Union éditorial* qui, durant les dernières vingt-cinq dernières années, a infatigablement traduit, publié et distribué en Espagne les principaux ouvrages à contenu libéral écrits par des auteurs étrangers et nationaux.

Étant donné ce que fut la trajectoire du socialisme au cours du XX siècle, il n'est pas hasardeux de penser que le libéralisme se présente comme l'idéologie politique et économique la plus apte à triompher dans le futur. Et, même si la libéralisation suscite encore quelques doutes ou désaccords dans certains domaines (tels la privatisation de la monnaie, le démantèlement des méga-gouvernements centraux à travers la décentralisation régionale et le nationalisme libéral, et le besoin de défendre l'idéologie libérale pour des raisons plus éthiques que de simple efficacité), le libéralisme apparaît comme la doctrine la plus féconde et la plus humaniste. Si l'Espagne est capable de se convertir à cet humanisme libéral et de le mettre en pratique de façon cohérente, elle redeviendra sans aucun doute une société dynamique et ouverte, et l'on pourra alors parler d'un « *Nouveau Siècle d'Or espagnol* ».

# CHAPITRE XXIII

# DÉMANTÈLEMENT DE L'ÉTAT ET DÉMOCRATIE DIRECTE

## INTRODUCTION

Je désire manifester, en termes généraux, mon sentiment de sympathie à l'égard du souhait, exprimé par le professeur Bruno Frey, d'étendre le plus possible la démocratie directe via référendums, suivant le modèle politique suisse. Néanmoins, un théoricien libéral qui lirait soigneusement les travaux du professeur Frey pourrait facilement en conclure que la démocratie est une fin en elle-même et qu'il est, donc, important de l'améliorer à travers la participation directe des citoyens.

Même s'il est vrai que le système suisse présente des avantages intéressants, expliqués et analysés en détail par le professeur Frey, par rapport aux systèmes plus courants de démocratie indirecte, notre objectif futur, en tant que libéraux, doit viser la promotion du libéralisme et du marché libre, plus que le renforcement de la démocratie en elle-même. Autrement dit, si la démocratie directe a quelque mérite, c'est précisément parce qu'elle permet une approximation (même imparfaite) à notre idéal, orienté vers un marché libre et un gouvernement strictement limité.

### 1. L'action des politiques contre les électeurs

Il est vrai que la plupart des politiques aiment peu les référendums. L'on pourrait citer, comme exemple paradigmatique, celui de l'élite des politiques espagnols qui adoptèrent d'un commun accord le texte de la Constitution espagnole de 1978, actuellement en vigueur. L'article 92 de cette Constitution, paragraphe c), n'autorise, en effet, que les référendums consultatifs, qui ne lient donc pas le gouvernement. De sorte que cette constitution est probablement (avec la suédoise) l'une des plus restrictives actuellement en vigueur en Europe pour ce qui est des conditions et des effets des référendums.

Ainsi, l'analyse perspicace réalisée par le professeur Frey montre qu'il est presque impossible de rompre, en Espagne, le monopole qu'exercent les politiques professionnels sur l'activité politique. Même de la façon dont il a parfois été rompu comme ce fut le cas, par exemple, lorsque les Suisses refusèrent de s'unir à l'Espace économique européen par le référendum du 6 décembre 1992, et cela malgré la campagne unanime de tous les politiques de ce pays.

Par ailleurs, l'absence, en Espagne, d'une démocratie directe fondée sur des référendums fournit gratuitement aux assassins staliniens qui appartiennent à la bande terroriste de l'État et se qualifient eux-mêmes de « *séparatistes* », des prétextes continuels pour se présenter comme les victimes d'une répression séculaire et conserver un appui sociologique important (que l'on pourrait estimer à un 10% de la population basque).

Si, en effet, un référendum sur la séparation du Pays basque espagnol pouvait être organisé avec toutes les garanties démocratiques (ce qui est difficilement imaginable aujourd'hui étant donné la pression terroriste existante) il est sûr que : premièrement, la majorité des Basques (environ 2 millions de personnes) repousserait au dernier moment la séparation, comme cela s'est produit lors des différents référendums réalisés au Canada pour décider de la séparation du Québec ; et, deuxièmement, quel que soit le résultat final, la réalisation d'un tel référendum pourrait constituer un élément important dans le cadre de la résolution définitive des problèmes politiques qui affectent actuellement le Pays basque.

De sorte que je suis également d'accord, sur ce point, avec le professeur Bruno Frey lorsqu'il conclut dans son travail (section IV, numéro 4) que la démocratie directe peut servir à résoudre les problèmes qu'engendrent les mouvements séparatistes avec « *moins de conflits et d'effusions de sang qu'il ne s'en produit pas normalement dans les démocraties où les référendums ne revêtent que la forme de plébiscites* ».

Il faut, cependant, reconnaître que le contenu concret des décisions prises est, pour un libéral, plus important que le procédé employé pour les prendre. De fait, aucun libéral n'aimerait, par exemple, un Pays basque indépendant qui finirait par se convertir en une sorte de mini-état albanais socialiste séparé du reste de l'Espagne et de l'Union européenne, l'une et l'autre étant relativement beaucoup plus libérales.

Ce principe fondamental nous oblige à chercher des procédés politiques qui limitent de façon beaucoup plus effective le pouvoir coercitif des gouvernements et de stimuler le développement d'un marché vraiment libre. La démocratie directe peut être l'un de ces procédés pourvu qu'elle se combine avec le droit de tout groupe social à l'autodétermination et à la sécession par rapport à l'organisation politique à laquelle il a traditionnellement appartenu.

## 2. La condition nécessaire pour la démocratie directe : le droit de sécession

Le professeur Bruno Frey consacre la partie la plus courte de son article (la section trois, intitulée « *Référendum et Fédéralisme* ») à l'aspect que nous considérons comme étant de loin le plus important, à savoir les connexions existant entre la démocratie directe et la décentralisation dans la prise de décisions politiques. Car, pour la démocratie directe, « *ce qui est petit est à la fois beau et efficient* »[1] et le professeur Frey explique clairement que l'information nécessaire à la prise de décisions politiques adéquates peut être obtenue de façon beaucoup plus simple et efficiente dans des unités politiques plus petites.

Ce n'est d'ailleurs pas par hasard que la tradition des référendums est beaucoup plus importante dans la Suisse cantonale, avec un peu plus de 7 millions d'habitants, que dans les États-nations traditionnellement très centralisés, comme l'était encore récemment l'Espagne ou l'est encore la France, qui comptent 40 et 60 millions d'habitants respectivement.

[1] Hoppe, H.-H., 1996, « Small is beautiful and efficient: the case for secession », *Telos*, n° 197, p. 107.

Il convient, à ce propos, de rappeler l'importante loi économique que voici : toutes circonstances égales, plus l'État auquel est associé une communauté politique est petit, plus il lui sera difficile d'imposer des politiques nuisibles de type interventionniste et protectionniste et plus il sera obligé d'accepter, même contre son gré, la liberté de commerce et le libéralisme. Car, plus un État est petit, plus grands sont les coûts et les souffrances que supportent ses habitants si sont établies des régulations et des barrières qui entravent le libre accès aux marchés internationaux et la liberté complète du commerce et des investissements.

Bruno Frey signale en outre (à l'instar de théoriciens tels que Tiebout, Buchanan et d'autres) ceci : la probabilité que les différents citoyens « *votent avec leurs pieds* » en émigrant des unités politiques les plus petites étant plus forte, cela « *tend à miner les monopoles régionaux dont jouissent actuellement les politiques de chaque État* ». L'on peut ainsi conclure que, dans un contexte politique de respect des principes libéraux d'autodétermination, de liberté du commerce, et de liberté des flux migratoires (ces derniers étant soumis en tout cas à l'accord volontaire et aux normes générales de droit commun), une abondance de petits États aidera beaucoup à favoriser non seulement la liberté, mais aussi la prospérité et le développement culturel[2].

Du point de vue strictement libéral, il est essentiel de combiner les opérations politiques liées à la démocratie directe avec l'existence, à tout moment, d'un droit effectif à la sécession pour toute minorité se sentant exploitée ou lésée par suite d'un référendum. De sorte que l'on en arrive à une conclusion plus radicale encore que celle à laquelle aboutit le professeur Frey : plutôt que de considérer le fédéralisme comme une condition préalable à la démocratie directe, comme semble conclure Frey à la section trois de son article, l'idéal libéral exigerait que la démocratie (même la démocratie « *directe* ») soit, en toute hypothèse, limitée par l'utilisation effective du droit à la sécession ; ce droit signifie que tout groupe ou association de personnes doit être libre de décider à tout moment s'il désire être inclus ou pas dans un État – ou organisation politique –, ou s'il préfère en créer un nouveau, ou s'associer à un autre préexistant.

## 3. Le démantèlement de l'État à l'aide de la démocratie directe et du droit de sécession

L'explosion de la révolution technologique dans le contexte actuel d'économie globale crée sans cesse de nouvelles possibilités, jusqu'ici inimaginables, permettant l'approfondissement de la démocratie directe et du droit de sécession. En effet, dans un monde organisé au moyen d'élections effectuées *on line* par Internet, et dans lequel la personnalité des électeurs serait garantie par des codes cryptographiques individuels, presque toutes les questions pourraient être soumises à référendum grâce à des systèmes de démocratie directe à coûts très réduits.

[2] Voir, dans ce sens, mes travaux « Teoría del nacionalismo liberal », *Estudios de Economía Política*, op. Cit., 1994; et « Teoría liberal de la emigración », chap. II.4, p. 179 du présent volume.

Car les États-nations traditionnels apparaissent de plus en plus comme un anachronisme évident. En effet, un processus politique fondé sur une combinaison effective de démocratie directe et de droit de sécession permettrait de créer au cours du XXI siècle « *un monde qui pourrait consister en des dizaines de milliers de pays, de régions et de cantons différents et en des centaines de milliers de villes libres et indépendantes telles qu'apparaissent aujourd'hui Monaco, l'Andorre, San Marino, le Liechtenstein, Hong Kong et Singapour ; les occasions de migration entre ces pays pour des motifs économiques et sociaux en seraient énormément accrues* » ; ce monde pourrait être l'un de multiples gouvernements libéraux organisés économiquement sur la base du marché libre et d'une devise marchandise internationale de type privé, comme l'or. Tout cela ferait naître un monde qui jouirait d'une croissance économique sans précédent et d'une prospérité inconnue jusqu'ici (Hoppe, op. cit., p. 101).

Dans ce monde nouveau qu'imaginent aujourd'hui de nombreux libéraux pour le siècle qui vient de commencer, il ne serait même pas nécessaire de voter dans chaque cas « *avec ses pieds* » pour garantir sa liberté (évitant ainsi, par exemple, les îles de tyrannie et d'oppression qui pourraient apparaître) si prévalait finalement un système de Juridictions de type fonctionnel superposées et concurrentielles qui, fondées sur la démocratie directe et les référendums, pourraient se développer de façon plus ou moins spontanée. Ces juridictions, qui se superposeraient et auraient un caractère quasi gouvernemental, quoique n'étant limitées à aucune zone géographique particulière pour des raisons historiques et n'exerçant de monopole sur aucune étendue territoriale, pourraient concourir les unes avec les autres ; elles ont été imaginées et expliquées dans un brillant article du professeur Bruno Frey présenté à la Réunion régionale de la Société Mont Pèlerin, tenue à Barcelone en septembre 1997[3].

## 4. L'anarcho-capitalisme comme idéal asymptotique de la démocratie directe

Il n'est pas question ici d'expliquer en détail le système de Juridictions fonctionnelles superposées et concurrentielles exposé par le professeur Bruno Frey. La critique principale que je lui dirige (de même qu'au système d'États minimaux et de cités libres conçu par Hoppe) est que toutes ces juridictions auraient toujours un caractère gouvernemental, et pourraient ainsi continuer à faire pression sur leurs citoyens grâce au système fiscal, aux régulations interventionnistes, etc.

De sorte que notre question principale est la suivante : pourquoi ne pas améliorer encore la démocratie directe en faisant que ce type de juridictions soient entièrement volontaires ? Car, si l'on y parvenait, l'on aurait atteint la plus parfaite « *démocratie directe imaginable* », c'est-à-dire une situation déjà décrite par Frank Albert Fetter en 1913, lorsqu'il définit le marché comme une sorte de

---

[3] Frey, B., 1997, « Europe after Maastrich: a new proposal », travail présenté le 8 septembre à la Réunion régionale de la Société Mont Pèlerin tenue à Barcelone. Et, de même, son article « A Utopia ? Government without Territorial Monopoly », *The Independent Review*, v. VI, n° 1, été 2001, pp. 99-112.

démocratie dans laquelle chaque penny donnait droit à un vote ;[4] système étudié également par William Hutt, membre distingué de la société Mont Pèlerin, lorsqu'il utilisa pour la première fois l'expression « *souveraineté du consommateur* »[5].

Il est vrai que ces expressions et comparaisons ne sont pas entièrement parfaites parce qu'au lieu de comparer le marché avec l'« *idéal démocratique* », il faudrait, en tout cas, faire la comparaison en sens inverse : autrement dit, il serait beaucoup plus correct d'affirmer que la démocratie directe est un système qui attribue aux citoyens, dans le domaine politique, la même suprématie que celle que l'économie de marché leur attribue dans les autres secteurs économiques et sociaux[6].

S'il en est ainsi, on n'atteindra la forme la plus parfaite de démocratie directe qu'une fois que le marché libre sera étendu à tous les secteurs dont les gouvernements se sont actuellement réservés le monopole, grâce à une multitude d'agences privées de type volontaire concourant et se superposant entre elles pour prêter leurs services de défense et de sécurité[7]. L'on aura ainsi trouvé la manière d'éliminer la nécessité de l'existence des politiques ainsi que le monopole qu'ils exercent au détriment des simples citoyens. Et l'on connaîtra de cette façon le système le plus parfait de « *démocratie* » concevable pour le XXI siècle : celui que constitue le processus social fondé sur la propriété privée et le marché libre (anarcho-capitalisme).

---

[4] Fetter, F. A., 1913, *The principles of Economics*, New York, pp. 394 et 410.

[5] Hutt, W., 1940, « The concept of consumers' sovereignty », *Economic Journal*, mars, p. 66-77; et Rothbard, M.N., 1970, *Man, Economy and State*, Nash Publishing, Los Angeles, pp. 561-566.

[6] Mises, L. von, *La acción humana: tratado de economía*, op. cit., p. 330.

[7] Rothbard, M.N., 1973, *For a New Liberty*, Macmillan, New York, et Friedman, D., 1989, *The machinery of freedom*, Open Court, Illinois.

# CHAPITRE XXIV

# LIBÉRALISME *VERSUS* ANARCHO-CAPITALISME

## INTRODUCTION

La pensée libérale théorique et politique se trouve, en cette première décennie du XXI siècle, à un moment crucial et d'une importance majeure. Bien que la chute du mur de Berlin et du socialisme réel à partir de 1989 ait semblé annoncer « *la fin de l'histoire* » (selon l'expression heureuse et emphatique de Francis Fukuyama), il n'en est pas moins vrai que, dans de nombreux domaines, règne aujourd'hui l'étatisme qu'accompagne la démoralisation des amants de la liberté. Il est urgent et, donc, nécessaire à procéder à un « *aggiornamiento* » du libéralisme, c'est-à-dire à une profonde révision et mise à jour de l'idéologie libérale à la lumière des derniers progrès de la science économique et de l'expérience accumulée durant les derniers évènements historiques. Le point de départ fondamental de cette décision consiste à reconnaître que le libéralisme classique n'a pas réussi à limiter le pouvoir de l'État et qu'aujourd'hui la science économique est capable d'expliquer pourquoi cet échec était inévitable. De son côté, la théorie dynamique des processus de coopération sociale promus par l'action entrepreneuriale qui crée l'ordre spontané du marché se généralise et se convertit en une analyse du système anarcho-capitaliste de coopération sociale, lequel apparaît comme le seul système vraiment viable et compatible avec la nature de l'être humain.

Cet article offre une analyse détaillée de ces questions ainsi que de considérations complémentaires de type pratique et de stratégie scientifique et politique. Cette analyse sert aussi à éclaircir certains malentendus et erreurs d'interprétation qui apparaissent fréquemment.

### 1. L'erreur fatale du libéralisme classique

L'erreur fatale des libéraux classiques consiste à ne pas avoir compris que le programme de l'idéologie libérale était théoriquement impossible, car il contient en lui-même le germe de sa propre destruction, précisément dans la mesure où il considère comme nécessaire et accepte l'existence d'un État (même minimal) entendu comme agence monopoliste de la contrainte institutionnelle.

Par conséquent, la grande erreur des libéraux est une erreur d'approche : ils pensent que le libéralisme est un programme d'action politique et de doctrine économique qui a pour objet de limiter le pouvoir de l'État, tout en acceptant et même en considérant nécessaire son existence. Cependant, aujourd'hui (durant la première décennie du XXI siècle), la science économique a démontré : a) que l'État n'était pas nécessaire ; b) que l'étatisme (même minime) était théoriquement impossible ; et c) qu'étant donné la nature de l'être humain, il était impossible, une fois que l'État existe, de limiter son pouvoir. Nous ferons le commentaire de chacun de ces aspects.

## 2. L'État, entité inutile

Du point de vue scientifique, seul le paradigme erroné de l'équilibre peut faire croire qu'il existe une catégorie de « *biens publics* » pour lesquels, les conditions d'offre conjointe et de non-rivalité dans la consommation se vérifiant, l'existence d'une agence monopoliste de coercition institutionnelle (État) qui obligerait tout le monde à les financer serait d'emblée justifiée.

Cependant, la conception dynamique de l'ordre spontané engendré par la fonction entrepreneuriale qu'a développée l'École autrichienne d'économie a démoli cette théorie justificative de l'État : chaque fois que se manifeste une situation (apparente ou réelle) de « *bien public* », c.-à-d. d'offre conjointe et de non-rivalité dans la consommation, on voit apparaître les stimulants nécessaires pour que l'élan de la créativité entrepreneuriale la surmonte grâce aux innovations technologiques et juridiques et aux découvertes entrepreneuriales qui permettent la solution de tout problème qui pourrait se présenter (pourvu que la ressource ne soit pas déclarée « *publique* » et que soient autorisés le libre exercice de la fonction entrepreneuriale ainsi que l'appropriation privée des résultats de chaque acte de créativité entrepreneuriale). Par exemple, le système de phares maritimes a longtemps été soumis au Royaume-Uni à un régime de propriété et de financement privés. Des procédés privés (associations de navigateurs, prix portuaires, contrôle social spontané, etc.) ayant réussi à résoudre le « *problème* » de ce que les manuels d'économies « *étatistes* » considèrent le cas le plus typique de « *bien public* ». De même, le Far-West nord-américain connut, par exemple, le problème de la défense du droit de propriété des têtes de bétail dans d'immenses étendues et on y introduisit, progressivement, diverses innovations entrepreneuriales (« *marquage* » des bêtes, surveillance permanente par des « *cow-boys* » armés à cheval et enfin, découverte et introduction du fil de fer barbelé qui permit, pour la première fois, la séparation effective de grandes étendues à un prix très accessible) qui résolurent les problèmes au fur et à mesure qu'ils se présentaient. Tout ce courant créatif d'innovations entrepreneuriales aurait été complètement bloqué si les ressources avaient été déclarées « *publiques* », exclues de la propriété privée et gérées bureaucratiquement par une agence étatique. (Et ainsi, aujourd'hui, la plupart des rues et des routes sont fermées à l'introduction d'innombrables innovations entrepreneuriales – comme la perception d'un prix par véhicule et par heure, la gestion privée de la sécurité, de la pollution acoustique, etc. – même si la plupart ne posent plus aucun problème d'ordre technologique, car ces biens ont été déclarés « *publics* », ce qui empêche leur privatisation et une gestion entrepreneuriale créative).

En outre, l'opinion publique estime que l'État est nécessaire, parce qu'elle confond son existence (inutile) avec le caractère indispensable de nombreux services et ressources qu'il offre (mal, et presque toujours en prétextant leur caractère public) en exclusivité. L'on observe qu'aujourd'hui les routes, les hôpitaux, les écoles, l'ordre public, etc. sont des services fournis dans une large (sinon exclusive) mesure par l'État et, comme ils sont très nécessaires, l'on conclut, sans approfondir davantage l'analyse, que l'État est lui aussi indispensable. On ne se rend pas compte que l'ordre spontané du marché, la créativité entrepreneuriale et la propriété privée permettent de produire ces mêmes ressources, mais d'une qualité bien supérieure, à meilleur marché, et d'une façon beaucoup plus efficiente et mieux adaptée aux besoins changeants et variés de chaque personne. L'on commet aussi l'erreur de croire que l'État est également nécessaire pour protéger les faibles, les pauvres, les laissés-pour-compte (que ce soient de «*petits*» actionnaires, des consommateurs communs, des travailleurs, etc.) sans comprendre que les mesures de protection ont pour conséquence systématique, comme le démontre la théorie économique, de nuire chaque fois précisément à ceux que l'on prétend protéger. Ainsi s'évanouit aussi l'une des justifications les plus grossières et rebattues de l'existence de l'État.

Rothbard disait que l'ensemble des biens et services que fournit actuellement l'État se divisent en deux sous-ensembles : celui de ceux à éliminer et celui de ceux qu'il faut privatiser. Il est clair que les biens cités au paragraphe précédent appartiennent au second groupe et que la disparition de l'État, loin de signifier la disparition de routes, d'hôpitaux, d'écoles, de l'ordre public, etc., impliquerait que ces services soient plus nombreux, de meilleure qualité et d'un coût moins élevé (toujours par comparaison avec le coût réel que les citoyens payent actuellement par intermédiaire des impôts). Il faut ajouter aussi que les cas historiques de chaos institutionnel et de désordre public que l'on peut signaler (par exemple, souvent durant la Guerre civile espagnole et les années précédentes ou bien, aujourd'hui, dans de vastes zones de la Colombie ou en Irak) sont liés à l'absence de fourniture ces biens, à cause des États eux-mêmes qui *ne font même pas*, avec un minimum d'efficience, ce qu'ils devraient théoriquement faire aux dires de leurs partisans et *ne laissent pas agir* le secteur privé et entrepreneurial, car l'État préfère le désordre (qui, en plus, semble légitimer plus intensément sa présence coercitive) à son démantèlement et à sa privatisation à tous les niveaux.

Il est très important de comprendre que la définition, l'acquisition, la transmission, l'échange et la défense des droits de propriété, qui structurent et promeuvent le processus social, n'ont pas besoin d'une agence monopoliste de la violence (État). Non seulement ils n'en ont pas besoin, mais l'État a l'habitude de mépriser nombre de titres légitimes de propriété, en les défendant très mal et en corrompant le comportement individuel (moral et juridique) qui consiste à respecter les droits de propriété privée d'autrui.

Le système juridique est la concrétisation évolutive des principes généraux du droit (en particulier de propriété) compatibles avec la nature de l'homme. Le droit n'est donc pas ce que l'État décide (démocratiquement ou non), mais il est là, présent dans la nature de l'homme, bien qu'il soit progressivement découvert et consolidé par la jurisprudence et, surtout, par la doctrine (nous considérons, en ce sens, que le système juridique de tradition romaine et continentale, en raison de son caractère plus abstrait et doctrinal, est très supérieur au système anglais de la *common law*, qui naît d'un soutien disproportionné de l'État aux décisions ou sentences judiciaires qui, par le biais du « *binding case* », introduisent dans le système légal toutes sortes de dysfonctionnements provenant des circonstances et intérêts particuliers qui prédominent dans chaque procès). Le droit est évolutif et coutumier ; il est, donc, antérieur à l'État et indépendant de lui et il n'a besoin, pour être défini et découvert, d'aucune agence monopoliste de coercition.

Et non seulement l'État n'est pas nécessaire pour définir le droit. Mais il ne l'est pas non plus pour le revendiquer et le défendre : cela est particulièrement évident à l'époque actuelle, où – paradoxalement – l'utilisation d'entreprises privées de sécurité par de nombreux organismes gouvernementaux est à l'ordre du jour.

Nous ne pouvons pas exposer ici en détail la façon dont l'initiative privée fournirait ce que l'on considère aujourd'hui des « *biens publics* » (quoique le fait de ne pas connaître a priori la manière dont le marché résoudrait une infinité de problèmes concrets constitue l'objection naïve et facile qu'avancent ceux qui préfèrent le statu quo, sous prétexte que « *mieux vaut un mal connu qu'un bonheur incertain* »)[1]. De fait, on ne peut pas connaître aujourd'hui les solutions entrepreneuriales qu'une foule d'entrepreneurs donneraient aux problèmes posés – si on les laissait faire –. Mais même les plus sceptiques sont obligés de reconnaître ceci : « *l'on sait aujourd'hui* » que le marché stimulé par la création entrepreneuriale fonctionne ; et qu'il fonctionne précisément dans la mesure où l'État ne fait pas pression sur son processus social. Et que les difficultés et conflits se présentent précisément là où l'on empêche le libre développement de l'ordre spontané du marché. C'est pourquoi les théoriciens de la liberté (et indépendamment des efforts réalisés, depuis Gustav de Molinari jusqu'à nos jours, pour imaginer comment fonctionnerait le réseau anarcho-capitaliste d'agences privées de sécurité et de défense parraineuses de systèmes juridiques de remplacement plus ou moins marginaux) ne doivent jamais oublier ceci : ce qui nous empêche de savoir exactement ce que serait un futur sans État (le caractère créatif de la fonction entrepreneuriale) est ce qui nous donne l'assurance que tout problème tendra à être surmonté, tout l'effort et la créativité des personnes impliquées étant consacrés à sa résolution (Kirzner 1985, p. 168). Or la science économique nous enseigne non seulement que le marché fonctionne, mais aussi que l'étatisme est théoriquement impossible.

## 3. Pourquoi l'étatisme est théoriquement impossible

La théorie économique de l'École autrichienne qui défend l'impossibilité du socialisme se généralise (Huerta de Soto 1992, pp. 151-153) : elle affirme l'impossibilité de l'étatisme, c'est-à-dire de la volonté d'organisation de toute parcelle de la vie en société par la contrainte issue de l'intervention, de la régulation et du contrôle émanant de l'organe qui monopolise l'agression institutionnelle (l'État). Et il est impossible que l'État atteigne ses objectifs de coordination dans tous les domaines du processus de coopération sociale où il prétend intervenir, y compris celui de la monnaie et de la banque (Huerta de Soto, 1998), celui de la découverte du droit, de l'administration de la justice et du maintien de l'ordre public (prévention, répression et sanction des actes criminels), pour les quatre raisons suivantes :

[1] Voir, entre autres, l'article d'Albert Esplugas inclus dans *Procesos de Mercado, Revista Europea de Economía* Política, vol. IV, n° 2, automne 2007, pp. 205-253 et la bibliographie qui y est citée (Esplugas, 2007).

a) À cause de l'énorme volume d'information dont il aurait besoin et qui se trouve disséminé dans les cerveaux des millions de personnes qui participent chaque jour au processus social.

b) À cause du caractère essentiellement tacite et inexprimable (et, donc, non transmissible de façon sûre) de l'information dont aurait besoin l'organe d'intervention pour coordonner ses ordres.

c) Parce que l'information utilisée au niveau social n'est pas « *donnée* », mais varie continuellement du fait de la créativité humaine. Ainsi, il est évidemment impossible de transmettre aujourd'hui une information qui ne sera créée que demain et qui est précisément celle dont a besoin l'organe d'intervention étatique pour pouvoir atteindre demain ses objectifs ; et

d) surtout parce que le caractère coercitif des ordres de l'État, dans la mesure où ils sont exécutés et réussissent à influer sur le corps social, bloque l'activité entrepreneuriale de création de cette information qui est précisément celle que l'organisation étatique d'intervention attend comme « *le Messie* » pour donner à ses propres ordres un contenu qui va dans le sens de la coordination (et non de la contradiction).

Non seulement l'étatisme est théoriquement impossible, mais il engendre une série d'effets périphériques de distorsion, extrêmement nocifs : il favorise l'irresponsabilité (l'État, ne connaissant pas le coût réel de son intervention, agit de manière irresponsable) ; il cause la destruction de l'environnement lorsque celui-ci est déclaré bien public et qu'on empêche sa privatisation ; il corrompt les concepts traditionnels de Loi et de justice « *sociale* » (Hayek, 2006, pp. 25-357) ; il entraîne ainsi la corruption du comportement individuel qui devient de plus en plus agressif et respecte de moins en moins la morale et le droit.

Cette analyse nous permet de conclure également que, si certaines sociétés prospèrent aujourd'hui, ce n'est pas grâce à l'État, mais justement, *malgré lui* (Braun, 1999), car beaucoup de gens conservent encore l'inertie du comportement réglé soumis à des lois – entendues dans un sens matériel –, il subsiste des parcelles de plus grande liberté relative et l'État est habituellement incapable d'imposer ses ordres forcément maladroits et aveugles. D'autre part, même le moindre accroissement de la liberté entraîne de sensibles élans de prospérité, ce qui montre à quel point la civilisation pourrait progresser si elle pouvait se débarrasser du handicap que représente l'étatisme.

Enfin, nous avons commenté l'erreur de ceux qui identifient l'État avec la fourniture des biens (« *publics* ») qu'il procure aujourd'hui (chèrement et mal), et concluent à tort que la disparition de l'État impliquerait forcément la disparition de ses précieux services. ; et cela, dans un contexte d'endoctrinement politique continuel à tous les niveaux (en particulier, par l'intermédiaire du système éducatif dont aucun État ne veut, bien sûr, abandonner le contrôle), d'imposition totalitaire des critères « *politiquement corrects* », et de la rationalisation auto-complaisante du statu quo de la part d'une majorité qui refuse de voir l'évidence : à savoir que l'État n'est qu'une entéléchie constituée par une minorité pour vivre aux dépens des autres, qu'elle commence par exploiter, puis corrompt et achète ensuite avec les ressources d'autrui (impôts) et des « *faveurs* » politiques de toutes sortes.

## 4. L'impossibilité de limiter le pouvoir de l'État : son caractère « létal » en combinaison avec la nature de l'être humain

Une fois que l'État existe, il est impossible de limiter l'expansion de son pouvoir. Il est vrai, comme l'indique Hoppe, que certaines formes politiques (comme la monarchie absolue, où, toutes circonstances égales, le Roi-propriétaire sera plus prudent à long terme pour « *ne pas tuer la poule aux œufs d'or* ») accroîtront moins leur pouvoir et seront moins interventionnistes que d'autres (comme la démocratie, qui n'encourage personne à se soucier de ce qui se passera au-delà des prochaines élections).

Il est vrai aussi qu'on a parfois eu l'impression que la marée interventionniste avait été, dans une certaine mesure, contenue. Mais l'analyse historique est incontestable : l'État n'a pas cessé de croître (Hoppe, 2004). Car le mélange de l'État, en tant qu'institution monopoliste de la violence, et de la nature humaine est « *explosif* ». L'État favorise et attire comme un aimant irrésistible les passions, les vices et les facettes les plus perverses de la nature de l'homme qui essaie, d'un côté, d'échapper à ses ordres et, de l'autre, de tirer le plus grand parti possible du pouvoir monopoliste de l'État. De plus, et spécialement dans les démocraties, l'effet combiné de l'action des groupes privilégiés d'intérêt, des phénomènes de myopie gouvernementale et d'« *achat de voix* », de la mégalomanie des politiques et de l'irresponsabilité et aveuglement des bureaucraties crée un cocktail dangereusement instable et explosif, continuellement secoué par des crises sociales, économiques et politiques que les politiques et « *leaders* » sociaux utilisent, toujours et paradoxalement, pour justifier d'ultérieures doses d'intervention qui, au lieu de résoudre les problèmes, les créent et les aggravent encore.

L'État est devenu l'« *idole* » adorée à laquelle tout le monde a recours. L'étatolatrie est, sans aucun doute, la maladie sociale la plus grave et la plus dangereuse de notre époque. On nous apprend à croire que tous les problèmes peuvent et doivent être détectés à temps et résolus par l'État. Notre destin dépend de l'État et les politiques qui le contrôlent doivent nous garantir tout ce qu'exige notre bien-être. L'homme reste immature et se rebelle contre sa propre nature créative (qui rend son futur inévitablement incertain). Il exige une boule de cristal qui lui assure non seulement la connaissance de ce qui va se passer, mais aussi que tous les problèmes à venir seront résolus. Cette « *infantilisation* » des masses est délibérément favorisée par les politiques et leaders sociaux qui justifient ainsi leur existence et assurent leur popularité, leur situation de supériorité et leur capacité de contrôle. De plus, une foule d'intellectuels, de professeurs et ingénieurs sociaux s'associent à cette ivresse arrogante du pouvoir.

Ni les églises ni les institutions religieuses les plus respectables n'ont su diagnostiquer que l'étatolatrie était aujourd'hui le principal fléau qui menace l'être humain libre, moral et responsable ; que l'État était une fausse idole, d'un pouvoir immense, que tout le monde adore et qui n'admet pas que les hommes échappent à son contrôle et aient des allégeances morales ou religieuses, étrangères à celles que lui-même peut dominer. Il a même réussi ce qui, a priori, paraissait impossible : il a dissimulé à la société, de façon sinueuse et systématique, le fait qu'il était la véritable cause des conflits et maux sociaux, en créant partout des « *têtes de Turc* » (« *capitalisme* », appât du gain, propriété privée) rendues responsables des problèmes et contre qui sont dirigés le mécontentement populaire ainsi que les condamnations les plus sévères et catégoriques des leaders moraux et religieux, dont presque aucun n'a vu la supercherie et n'a osé dénoncer que l'étatolatrie était la menace principale de ce siècle contre la religion, la morale et, donc, la civilisation humaine[2].

De même que la chute du mur de Berlin en 1989 a été la meilleure illustration historique du théorème de l'impossibilité du socialisme, l'échec majuscule des théoriciens et politiques libéraux voulant limiter le pouvoir de l'État illustre parfaitement le théorème de l'impossibilité de l'étatisme et, en particulier, le fait que l'État libéral soit, en lui-même, contradictoire (parce qu'il incarne un État coercitif même s'il est « *limité* ») et théoriquement impossible (car, une fois l'existence de l'État acceptée, il est impossible de limiter l'accroissement de son pouvoir). En somme, que l'« *État de droit* » constitue un idéal impossible et une contradiction aussi flagrante dans les termes que ne le seraient des expressions telles que « *la neige chaude, une prostituée vierge, un squelette obèse, ou un carré circulaire* » (Jasay, 1990, p. 35), ou semblables à celle dans laquelle tombent « *les ingénieurs sociaux* » et les économistes néoclassiques lorsqu'ils parlent d'un « *marché parfait* » ou du « *modèle de concurrence parfaite* » (Huerta de Soto, 2007, pp. 347-348).

## 5. L'anarcho-capitalisme, seul système possible de coopération sociale véritablement compatible avec la nature de l'être humain

L'étatisme est contraire à la nature de l'homme, car il consiste dans l'exercice systématique et monopoliste d'une coercition qui bloque, dans tous les domaines où il opère (y compris ceux de la définition du droit et du maintien de l'ordre public), la créativité et la coordination entrepreneuriale qui sont précisément les manifestations les plus caractéristiques et essentielles de la nature humaine. L'étatisme favorise, en outre – comme nous l'avons vu – l'irresponsabilité et la corruption morale, car il incite à l'utilisation privilégiée des ressorts du pouvoir politique, dans un contexte d'ignorance inévitable qui empêche de connaître les coûts qu'engendre chaque action de l'État. Ces effets de l'étatisme se manifestent chaque fois qu'il existe un État, alors même qu'on essaie par tous les moyens de limiter son pouvoir, objectif impossible à atteindre et qui fait du libéralisme classique une utopie scientifiquement irréalisable.

---

[2] La principale exception récente à cela est peut-être celle que l'on trouve dans la brillante biographie de *Jésus de Nazareth* publiée par Benoît XVI. Le fait que l'État et le pouvoir politique soient l'incarnation institutionnelle de l'Antéchrist doit être évident pour celui qui, possédant un minimum de connaissances historiques, lit les considérations du Pape sur la tentation la plus grave que peut nous suggérer le Malin : « Le tentateur n'est pas assez maladroit pour nous proposer directement d'adorer le diable. Il nous propose seulement d'opter pour le rationnel, de préférer un monde planifié et organisé, où Dieu peut occuper une place, mais dans la sphère privée, et sans interférer dans nos desseins essentiels. Soloviev attribue un livre à l'Antéchrist, *Le chemin vers la paix et le bien-être du monde*, qui devient, en quelque sorte, la nouvelle Bible dont le contenu essentiel est l'adoration du bien-être et la planification rationnelle » (Ratzinger, 2007, pp. 66-67). Dans le même sens, mais beaucoup plus catégorique, il faut citer Redford (2006), inclus aux pp. 263-264 de *Procesos de Mercado*, cit., vol. IV, n° 2.

Il faut, donc, absolument dépasser le « *libéralisme utopique* » de nos prédécesseurs les libéraux classiques qui, d'un côté, ont eu la naïveté de croire que le pouvoir de l'État pourrait être limité et, de l'autre, ont manqué de cohérence en n'assumant pas jusqu'au bout les implications de leur propre idéal. Ainsi, il est primordial, en ce début du XXI siècle, d'assumer le dépassement du libéralisme classique (utopique et naïf) du XIX siècle, et de le reformuler d'une manière véritablement scientifique et moderne en l'appelant capitalisme libertaire, anarchisme de propriété privée ou, simplement, anarcho-capitalisme. Car il est absurde que les libéraux continuent de dire, en plein XXI siècle, les mêmes choses qu'il y a cent cinquante ans et que, malgré la chute du mur de Berlin il y a presque vingt ans, les États n'aient cessé de croître et de réduire les libertés individuelles.

L'anarcho-capitalisme est la représentation la plus pure de l'ordre spontané du marché, dans lequel tous les services, y compris ceux de définition du droit, de justice et d'ordre public, sont obtenus grâce à un processus exclusivement volontaire de coopération sociale qui devient ainsi le sujet central de recherche de la science économique moderne. Dans ce système, aucune parcelle n'est fermée à la créativité humaine et à la coordination entrepreneuriale. L'efficience et la justice dans la solution des problèmes qui peuvent se présenter, y est favorisée, les conflits, les inefficiences et désajustements qu'entraîne toute agence monopoliste de la violence (État) en raison de sa simple existence sont radicalement éliminés. Le système proposé supprime, en outre, les encouragements à la corruption que crée l'État ; il favorise, au contraire, les comportements les plus moraux et sérieux et empêche l'apparition de toute agence monopoliste (État) qui légitime l'utilisation systématique de la violence et l'exploitation de la part de certains groupes sociaux (ceux qui contrôlent le mieux les ressorts du pouvoir étatique) d'autres groupes (ceux qui sont obligés d'obéir).

L'anarcho-capitalisme est le seul système qui reconnaisse pleinement la libre nature créative de l'homme et sa capacité à assumer des comportements réglés de plus en plus conformes à la morale dans un contexte où, par définition, personne ne peut s'arroger le droit d'exercer le monopole d'aucune coercition systématique. En somme, dans l'anarcho-capitalisme tous les projets d'entreprise peuvent être tentés s'ils obtiennent un appui volontaire suffisant ; ainsi, toutes les possibilités créatives de solution que l'on peut imaginer dans un cadre dynamique et toujours changeant de coopération volontaire sont multiples.

La disparition progressive des États suivie de leur remplacement par un réseau dynamique d'agences privées, parraineuses de différents systèmes juridiques et prêteuses de toutes sortes de services de sécurité, de prévention et de défense, constitue l'essentiel de l'agenda politique et scientifique du XXI siècle ainsi que le changement social le plus important qui devra s'y produire.

## CONCLUSION : IMPLICATIONS RÉVOLUTIONNAIRES DU NOUVEAU PARADIGME

La révolution menée contre l'« *Ancien Régime* » aux XVIII et XIX siècles par les vieux libéraux classiques trouve aujourd'hui son prolongement naturel dans la révolution anarcho-capitaliste du XXI siècle. Nous avons heureusement découvert la raison de l'échec du libéralisme utopique et compris que ce problème devait être résolu par le libéralisme scientifique ; et nous savons que les vieux révolutionnaires se sont trompés et ont péché par excès de naïveté en poursuivant un idéal impossible à atteindre qui, de surcroît, ouvrit la voie, au cours du XX siècle, aux plus fortes tyrannies étatiques que l'histoire ait jamais connues.

Le message de l'anarcho-capitalisme est nettement révolutionnaire. Révolutionnaire quant à son objectif : le démantèlement de l'État et sa substitution par un processus concurrentiel de marché constitué par un réseau d'agences, d'associations et d'organisations privées. Révolutionnaire quant à ses moyens, en particulier dans les domaines scientifiques, économico-social et politiques.

a) Révolution scientifique :

En particulier dans le domaine de la science économique, qui se transforme en théorie générale de l'ordre spontané du marché étendu à tous les secteurs sociaux. Laquelle inclut, en plus, en sens opposé, l'analyse des effets de désorganisation sociale engendrés par l'étatisme dans tous les secteurs où il intervient (y compris ceux du droit, de la justice et de l'ordre public. De même, l'étude des différentes possibilités de démantèlement de l'État, des processus de transition et des formes et effets de la privatisation intégrale de tous les services considérés aujourd'hui comme «*publics*» constitue un champ de recherche prioritaire pour notre discipline.

b) Révolution économique et sociale :

Les immenses découvertes et progrès humains qui pourraient être faits dans un contexte entrepreneurial qui ne connaîtrait pas l'étatisme sont inimaginables. Même aujourd'hui, et malgré un harcèlement gouvernemental continuel, se développe, dans un monde de plus en plus globalisé, une civilisation inconnue, présentant un degré de complexité que le pouvoir de l'étatisme ne peut ni comprendre ni contrôler et qui aura une expansion illimitée lorsque l'on parviendra à se débarrasser de celui-ci. Car la force de la créativité humaine est telle qu'elle finit par affleurer même par les plus petits interstices que laissent les gouvernements. Et, dès que les hommes auront pris conscience de la nature essentiellement perverse de l'État qui les brime et des immenses possibilités journellement frustrées par le blocage de leur créativité entrepreneuriale, un cri général viendra réclamer la réforme, le démantèlement de l'État et le progrès vers un avenir qui nous est en grande partie inconnu, mais qui permettra à la civilisation d'atteindre un niveau aujourd'hui inimaginable.

c) Révolution politique :

Parce que la lutte politique quotidienne acquiert, une importance subsidiaire par rapport à ce qui est indiqué aux paragraphes a) et b). Il est vrai qu'il faudra toujours appuyer les options les moins interventionnistes en accord avec l'effort des libéraux classiques favorables à la limitation démocratique de l'État. Mais l'anarcho-capitaliste n'en reste pas là, car il sait et il doit aller beaucoup plus loin. Il sait que l'objectif final est le démantèlement total de l'État et cela stimule toute son imagination et son action politique quotidienne. Les progrès dans la bonne direction sont, sans aucun doute, bienvenus, mais il ne faut jamais tomber dans un pragmatisme qui trahit l'objectif ultime visant la fin de l'État et qui, pour des raisons pédagogiques et d'influence populaire, doit toujours être poursuivi de façon systématique et transparente[3] (Huerta de Soto, 1997).

Ainsi, par exemple, l'on trouvera à l'ordre du jour de l'agenda politique anarcho-capitaliste le projet de réduire de plus en plus les États et le pouvoir qu'ils détiennent ; de bloquer la dictature exercée par les majorités sur les minorités et de permettre aux hommes de « *voter avec leurs pieds plutôt que dans les urnes* », grâce à la décentralisation régionale et municipale pratiquée à tous les niveaux, au nationalisme libéral, à la réintroduction des cités-mini-états, et à la sécession (Huerta de Soto, 1994 et 2002) ; de leur donner, en somme, la possibilité de s'associer, à un niveau global et au-delà des frontières, pour atteindre les objectifs les plus variés en marge et hors des États (organisations religieuses, clubs privés, réseaux d'Internet, etc.) (Frey, 2001).

Il faut rappeler, en outre, que les révolutions politiques ne sont pas forcément sanglantes. Cela est particulièrement vrai lorsqu'elles découlent du processus nécessaire d'éducation et de maturation sociale, ainsi que de la clameur populaire et du désir général de mettre un terme à la supercherie, au mensonge et à la coercition qui empêchent l'être humain de se réaliser. Par exemple, la chute du Mur de Berlin et la Révolution tchèque qui mit fin au socialisme dans l'Est de l'Europe ont eu lieu sans provoquer pratiquement d'effusions de sang. Et, en attendant d'aboutir à cet important résultat, il faut utiliser tous les moyens pacifiques[4] et légaux[5] que permettent les systèmes politiques actuels.

Il s'ouvre, ainsi, un avenir passionnant ; il montrera de multiples voies nouvelles qui, en accord avec les principes essentiels, nous permettront de progresser dans la quête de l'idéal anarcho-capitaliste. Avenir qui, bien que paraissant encore lointain aujourd'hui, peut être témoin à tout moment de pas de géant qui surprendront même les plus optimistes. Qui fut capable de prédire, seulement cinq auparavant, que le Mur de Berlin s'effondrerait en 1989 et avec lui, tout le communisme de l'est de l'Europe ? L'histoire est entrée dans un processus accéléré de changement qui, bien qu'il ne doive jamais s'arrêter, ouvrira un chapitre absolument neuf lorsque le genre humain, pour la première

---

[3] L'article « Libertarians Rising » publié dans la section d'Essais de la revue prestigieuse *Time*, 29 octobre 2007, p. 112 (Kinsley, 2007) est une preuve de l'importance croissante qu'acquiert le capitalisme libertaire dans l'agenda politique actuel.

[4] Il ne faut jamais oublier les prescriptions des scolastiques du Siècle d'Or espagnol concernant les strictes conditions requises pour qu'un acte de violence puisse être considéré comme « *juste* » : 1° toutes les voies et procédés pacifiques doivent avoir été épuisés ; 2° ce doit être un acte défensif (face à des actes de violence concrets) et jamais agressif ; 3° il doit être proportionnel du point de vue des moyens utilisés (l'idéal de l'indépendance, par exemple, ne vaut jamais la vie ou la liberté d'aucun être humain) ; 4° il faut, en tout cas, éviter qu'il y ait des victimes innocentes ; 5° il faut qu'il ait des chances de réussir (dans le cas contraire, ce serait un suicide injustifiable). Sages principes auxquels j'ajouterais la participation et le financement exclusivement volontaires. Tout acte de violence qui enfreint l'un de ces principes se trouve automatiquement délégitimé et devient le pire ennemi de l'objectif que l'on prétend poursuivre. Il faut, enfin, faire mention de la théorie du tyrannicide du Père Juan de Mariana (Mariana, 1599).

[5] Comme l'indiquait Rothbard, on ne peut pas conseiller d'aller contre la « *légalité* » en vigueur (fondamentalement de prescriptions administratives), car cela, dans l'immense majorité des cas, ne compense pas les coûts.

fois dans l'histoire moderne, parviendra à se débarrasser définitivement de l'État et à n'en faire qu'une obscure relique historique de sinistre mémoire.

*Appendice graphique et bref commentaire sur la tradition anarchiste espagnole*

Le graphique 1 représente les différents systèmes politiques et l'évolution naturelle des uns vers les autres, ces systèmes étant classés en fonction de leur caractère plus ou moins étatiste et plus ou moins respectueux de la propriété privée.

Graphique 1 : Évolution des systèmes politiques en Espagne

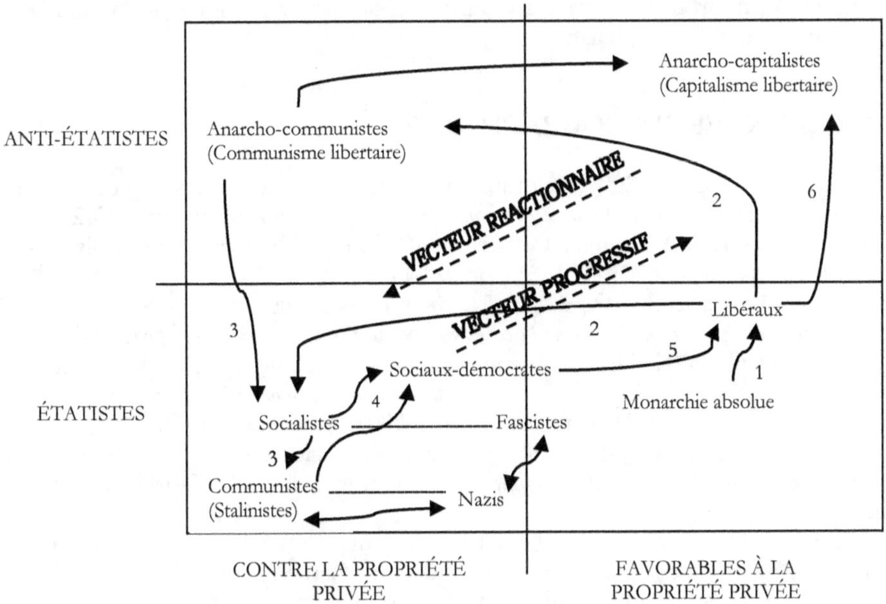


L'on constate que le mouvement révolutionnaire initial (utopique et erroné) des libéraux classiques contre l'Ancien Régime tombe dans le pragmatisme en acceptant l'État et ouvre ainsi la porte aux totalitarismes socialistes (communisme et fascisme-nazisme). La chute du socialisme réel amène la social-démocratie, qui est partout prépondérante aujourd'hui (pensée unique).

La deuxième étape, toujours en suspens, de la révolution libérale ratée (à cause de l'erreur et de la naïveté des libéraux classiques) consiste justement dans l'évolution vers l'anarcho-capitalisme.

L'une des conséquences de l'échec de la révolution libérale a été l'apparition du communisme libertaire, unanimement injurié et pourchassé par les autres systèmes politiques (en particulier par ceux de « *gauche* ») précisément à cause de son caractère antiétatiste. Le communisme libertaire est, lui aussi, utopique, car n'acceptant pas la propriété privée, il en est réduit à utiliser contre elle la violence systématique (c.-à-d. « *étatique* »); il tombe ainsi dans une contradiction logique irrésoluble et bloque le processus social entrepreneurial qui promeut le seul ordre anarchiste scientifiquement concevable : celui constitué par le marché capitaliste libertaire.

La tradition anarchiste en Espagne remonte loin. Malgré ses grands crimes (en tout cas quantitativement et qualitativement inférieurs à ceux des communistes et socialistes) et les contradictions où elle tomba, elle a constitué, surtout durant la Guerre civile espagnole, une expérience (vouée à l'échec) accompagnée d'un fort soutien social et qui a aujourd'hui sa grande chance, comme ce fut le cas pour la vieille révolution libérale, si elle surmonte ses erreurs (caractère utopique de l'anarchisme qui nie la propriété privée) et assume l'ordre de marché comme étant le chemin unique et définitif vers la suppression de l'État. Si les anarchistes espagnols du XXI siècle sont capables d'accepter cet enseignement de la théorie et de l'histoire, très probablement L'Espagne surprendra à nouveau le monde (cette fois, de façon générale et définitive) en promouvant l'avant-garde théorique et pratique de la nouvelle révolution anarcho-capitaliste.

## RÉFÉRENCES BIBLIOGRAPHIQUES

ESPLUGAS, A., 2007, « Libertad sin Estado : Es factible el anarcocapitalismo ? », *Procesos de Mercado*, vol. IV, n° 2, automne, pp. 205-253.

FREY, B., 2001, « A Utopia ? Government without Territorial Monopoly », *The Independent Review*, vol. VI, n° 1, été, pp. 99-112.

HAYEK, F. A., 2006, *Derecho, legislación y libertad: una nueva formulación de los principios liberales de la justicia y de la economía política*, Unión Editorial, Madrid.

HOPPE, H-H., 2004, *Monarquía, democracia y orden natural*, Ed. Gondo, Madrid.

HUERTA DE SOTO, J., 1992, *Socialismo, cálculo económico y función empresarial*, Unión Editorial Madrid, (deuxième édition 2001, troisième édition 2005).

HUERTA DE SOTO, J., 1994, « Teoría del nacionalismo liberal », dans J. Huerta de Soto, *Estudios de economía política*, Unión Editorial, Madrid, (deuxième édition 2004).

HUERTA DE SOTO, J., 1997, « El economista liberal y la política », dans *Manuel Fraga: Homenaje Académico*, Fundación Cánovas del Castillo, vol. II, Madrid, pp. 763-788. Reproduit dans Huerta de Soto, J., 2002, *Nuevos estudios de economía política*, Unión Editorial, Madrid, pp. 163-192 (deuxième édition 2007).

HUERTA DE SOTO, J., 1998, *Dinero, crédito bancario y ciclos económicos*, Unión Editorial, Madrid, (deuxième édition 2002, troisième édition 2006). Edition anglaise publiée sous le titre *Money, Bank Credit and Economic Cycles*, trad. Melinda Stroup, The Ludwig von Mises Institute, Auburn, A1., U.S.A. (2006).

HUERTA DE SOTO, J., 2002, « El desmantelamiento del estado y la democracia directa », chap. 10 de *Nuevos estudios de economía política*, Unión Editorial, Madrid, pp. 239-245 (deuxième édition 2007).

HUERTA DE SOTO, J., 2007, « The Essence of the Austrian School », conférence prononcée au Bundes- ministerium für Wissenschaft und Forchung, Vienne, 26 mars 2007, publiée dans *Procesos de Mercado: Revista Europea de Economía Política*, vol. IV, n° 1, printemps, pp. 343-350.

JASAY, A. DE, 1990, *Market Socialism: A Scrutiny. This Square Circle*, Londres, Occasional Paper 84, Institute of Economic Affairs (IEA).

KINSLEY, M., 2007, « Libertarians Rising: The Party that reels these voters will dominate the future of American Politics », *Time*, 29 octobre, p. 112.

KIRZNER, I., 1985, *Discovery and the Capitalist Process*, University of Chicago Press, Chicago et Londres.

MARIANA, P. J. de, 1599, *De rege et regis institutione*, Pedro Rodríguez, Tolède.
RATZINGER, J., 2007, *Jesús de Nazaret*, La esfera de los libros, Madrid.
REDFORD, J., 2006, *Jesus is an Anarchist. A Free-Market, Libertarian Anarchist, That is - Otherwise what is called an Anarcho-Capitalist*, http://anti-state.com (1° version, 19 décembre 2001). Reproduit dans *Procesos de Mercado*, vol. IV, n°2, automne 2007, pp. 263-324.
RODRIGUEZ BRAUN, C., 1999, *A pesar del gobierno: 100 críticas al intervencionismo con nombres y apellidos*, Unión Editorial, Madrid.

# CHAPITRE XXV

# LA PENSÉE ÉCONOMIQUE DANS LA GRÈCE ANTIQUE

## INTRODUCTION

La Grèce classique est le berceau de l'épopée intellectuelle qui est à la base de la civilisation occidentale. Malheureusement, les penseurs grecs n'ont pas réussi à comprendre les principes essentiels de l'ordre spontané du marché et du processus dynamique de coopération sociale au milieu desquels ils vivaient. L'on doit, bien sûr, reconnaître les grands apports réalisés par les Grecs dans les domaines de l'épistémologie, la logique, l'éthique et même de la conception du droit naturel ; cependant, ils ont été incapables de comprendre qu'il fallait aussi développer une discipline, la science économique, qui serait consacrée à l'étude des processus spontanés de coopération sociale qui constituent le marché. Pire encore, l'apparition des premiers intellectuels est accompagnée de la symbiose et de la complicité traditionnelles entre penseurs et gouvernants. Dès le début, la plupart des intellectuels embrassent le parti de l'étatisme, sous-estiment systématiquement et même critiquent et dénigrent la florissante société commerciale et artisanale qui les entoure. Peut-être était-ce trop demander que les Grecs aient compris aussi, à l'aube même du savoir scientifique et philosophique, les rudiments d'une discipline qui, comme l'économie politique, est la plus jeune de toutes les sciences et a pour mission l'étude de réalités aussi abstraites et difficiles à comprendre que l'ordre spontané du marché. Mais il est frappant de constater que les Grecs, tout comme les intellectuels d'aujourd'hui, n'ont pas pu échapper à l'arrogance scientiste, se croyant en droit d'imposer à leurs concitoyens leurs points de vue personnels et proposant, à cette fin, l'utilisation de la contrainte systématique de la part du gouvernement. L'histoire se répète sans cesse et nous avons, en ce sens, bien peu progressé.

### 1. Le contexte historico-politique

Le parallélisme se retrouve, non seulement sur le plan des sympathies étatistes des penseurs, mais aussi dans le contexte de la rivalité existant entre deux conceptions radicalement opposées du gouvernement et de la liberté individuelle. Au cours du XX siècle, en effet, le monde et la société en général ont été divisés : d'un côté, la conception libérale fondée sur la limitation du gouvernement, le respect de la société civile et la liberté et responsabilité individuelles (conception représentée, au moins de façon relative, par la société nord-américaine) ; de l'autre, le socialisme dominant qui prétend avoir recours à l'État pour imposer de force à la société civile les utopies les plus variées (représenté durant une grande partie du XX siècle par l'ancienne Union soviétique). La Grèce classique a connu, elle aussi, deux pôles également opposés. D'un côté, la cité d'Athènes relativement plus libérale et démocratique, capable d'abriter une vie commerciale et artisanale florissante, dans un système spontané de coopération sociale fondé sur le respect et l'égalité devant la loi. Face à Athènes, Sparte, profondément militariste et où la liberté individuelle est pratiquement inexistante, car elle considère que toutes les ressources doivent être subordonnées à l'État. Il est frappant que les plus éminents philosophes et penseurs athéniens aient invariablement critiqué, fustigé et sous-estimé l'ordre commercial de leur époque grâce auquel ils vivaient, saisissant, par contre, toutes les occasions de vanter le totalitarisme étatiste de Sparte. C'est comme si les intellectuels d'alors, se croyant plus sages, ne supportaient pas, tout comme ceux d'aujourd'hui, de ne pas pouvoir récolter, sur le plan économique, les fruits de ce qu'ils considéraient leur propre valeur, et de ne pas résister à la tentation d'imposer à leurs concitoyens leurs points de vue personnels sur ce qui était bien ou mal, proposant, à cette fin, l'utilisation du pouvoir coercitif de l'État.

La reconnaissance de cette réalité ne doit pas nous tromper et nous faire croire que les *polis* relativement plus libres n'étaient pas, elles aussi, souvent victimes de l'étatisme. Par exemple, de nombreux politiques n'hésitèrent pas à justifier les politiques entreprises impérialistes par Athènes et même, comme le fit Périclès au V siècle av. J-C., à détourner des fonds du Trésor public pour entreprendre des ouvrages pharaoniques (comme le Parthénon, construit avec des fonds qui avaient été thésaurisés à grand-peine par différentes *polis* et étaient destinés à d'autres fins, de caractère défensif), et à essayer de convaincre leurs concitoyens que l'important était de se soumettre à la volonté de l'État : ceux-ci devaient se demander ce qu'ils pouvaient faire pour l'État d'Athènes au lieu de se demander ce qu'ils pourraient en obtenir (rengaine étatiste que, vingt-cinq siècles plus tard, le président Kennedy devait répéter et rendre célèbre). D'autre part, les *polis* relativement plus libres ne cessèrent jamais d'être soumises à un cycle politique qui, paradoxalement et curieusement, affecte aujourd'hui encore nos sociétés. En effet, après des périodes de plus grande liberté civile fondée sur le respect des lois au sens matériel, les cités entraient invariablement en crise, victimes de la démagogie et de l'agitation menée par quelques-uns et visant à exploiter certains groupes sociaux en faveur d'autres soi-disant plus nombreux et moins privilégiés ; tout cela provoquait de fortes tensions sociales, économiques et politiques qui pouvaient se terminer par de graves désordres et conflits civils ; ceux-ci servaient à justifier l'accroissement du pouvoir de l'État incarné, dans chaque cas, par des leaders populistes sans scrupules qui se faisaient toujours reconnaître comme les « *sauveurs de la patrie* ».

## 2. Quelques essais rudimentaires d'analyse économique

Il est très difficile de connaître avec précision ce que pensaient les premiers philosophes grecs, car les documents qui nous sont parvenus sont rares et très fragmentaires. Il y eut, cependant, quelques débuts prometteurs qui, s'ils s'étaient poursuivis, auraient pu permettre la naissance d'une théorie de l'ordre spontané du marché.

Hésiode, par exemple, indiquait déjà dans ses poèmes, au VIII siècle av. J-C., que la rareté est une constante dans toutes les actions humaines et qu'elle détermine la nécessité d'allouer les ressources disponibles de manière efficiente. Il fait même allusion à la concurrence par émulation, qu'il appelle « *bon conflit* » et considère comme une force vitale de type entrepreneurial qui permet souvent de surmonter les grands problèmes posés par la pénurie de ressources. Il estime, en outre, que la concurrence n'est possible que si sont respectées la loi et la justice, qui introduisent l'ordre et l'harmonie au sein d'une société. En ce sens, Hésiode – et, dans une certaine mesure, Démocrite – est beaucoup plus proche de la conception correcte de l'ordre spontané du marché que ne le seront plus tard Socrate, Platon et même Aristote.

Après Hésiode viennent les philosophes-sophistes qui, malgré la mauvaise réputation qu'ils ont eue jusqu'ici, ont été beaucoup plus libéraux que les grands philosophes postérieurs. Les sophistes, en effet, sympathisèrent avec le commerce, l'esprit de lucre et la mentalité entrepreneuriale, se méfiant du pouvoir centralisé et général des gouvernements des cités-États. Même s'ils tombèrent parfois dans un relativisme semblable à celui des postmodernistes du monde actuel, ils dépassèrent de loin, sur la question de la liberté de l'individu face au gouvernement, les penseurs socratiques postérieurs. Enfin, on est frappé de remarquer que l'arrogance scientiste favorable à l'étatisme, qui a caractérisé la plupart des intellectuels jusqu'à ce jour, a pris soin de discréditer systématiquement les sophistes – politiquement « *incorrects* » – en les qualifiant de penseurs peu cohérents et trompeurs.

D'autres penseurs plus modernes, comme Protagoras à l'époque de Périclès, ont théorisé sur la nécessité de la coopération sociale et insisté sur le fait que « *l'homme est la mesure de toutes choses* », ce qui, porté à ses ultimes conséquences sur le plan philosophique, pourrait avoir provoqué l'apparition naturelle du subjectivisme et de l'individualisme méthodologique, points de départ incontournables de toute analyse économique des processus sociaux. De même, Thucydide, le maître des historiens, paraît concevoir mieux que beaucoup de ses contemporains le caractère spontané et évolutif de l'ordre social et a très bien su souligner, dans son résumé de l'oraison funèbre de Périclès, le caractère relativement plus libéral de la société athénienne. Il faut, enfin, citer Démosthène, le champion de la liberté de l'Hellade face au despotisme du tyran Philippe. Ce n'est pas un hasard s'il a compris l'essence coutumière et évolutive du droit et été capable, en ce sens, de dépasser la dichotomie réductionniste établie par les Grecs entre le monde physique et le monde soi-disant artificiel des lois ou conventions : car, en général, les Grecs n'ont pas su voir qu'il fallait inclure aussi dans le cosmos naturel l'ordre spontané du marché et les relations sociales qu'étudie l'économie. Pour eux, tout ce qui concernait la société n'était qu'un produit toujours artificiel et délibéré de ses organisateurs (souvent des dictateurs-philosophes du genre de Platon).

Le point de vue subjectiviste, qui devra orienter la science économique moderne, se retrouve, par exemple, dans la définition de la richesse que donne Xénophon dans son *Économique*, lorsqu'il définit la propriété comme « *ce qui est utile à la vie de chacun* ». L'on peut même considérer que Xénophon est le premier à introduire le concept d'efficience dynamique, laquelle consiste à accroître un patrimoine en agissant en commerçant et en entrepreneur (il introduit aussi le concept statique d'efficience visant à éviter le gaspillage, ce qui s'obtiendrait, d'après lui, par le maintien d'une organisation parfaite du patrimoine familial).

Malgré ces débuts prometteurs et les apports importants réalisés dans d'autres domaines de la pensée philosophique et scientifique (et peut-être à cause de cela), les philosophes grecs en général succombèrent à l'arrogance fatale caractéristique de l'intellectuel scientiste. Elle les aveugla et les empêcha de comprendre le marché et l'ordre social évolutif. Elle les fit tomber dans les bras de l'étatisme et rendit « *politiquement correct* » le mépris de l'activité commerciale qu'affichaient leurs contemporains, de même que la critique impitoyable dispensée aux penseurs (sophistes ou non) relativement plus libéraux.

### 3. Les cas particulièrement dangereux de Socrate, de Platon et même d'Aristote

Le point commun, le plus important pour nous, unissant les trois plus grands philosophes de la Grèce antique consiste dans le fait qu'ils ont été incapables de comprendre la nature du processus commercial florissant qui se développait entre les différentes cités ou *polis* grecques (celles de la Grèce elle-même, d'Asie Mineure et du reste de la Méditerranée). Ils s'appuyèrent, pour parler d'économie, sur leur instinct plus que sur l'observation et la raison. Ils méprisèrent le métier des artisans et des commerçants, sous-estimant l'importance de leur travail quotidien et discipliné. Ainsi, ces philosophes sont à l'origine de l'opposition classique des intellectuels à tout ce qui peut supposer commerce, industrie et profit entrepreneurial. Cette « *mentalité anticapitaliste* » (Mises) devait être une constante chez les penseurs « *illustrés* » de toute l'histoire intellectuelle du genre humain depuis lors.

Une illustration paradigmatique de cette opposition intellectuelle à tout ce qui signifie profit entrepreneurial, industrie ou marché nous est fournie par Socrate. De Socrate, il faut souligner le ton arrogant et la fausse modestie dont il fait preuve dans son plaidoyer apologétique prononcé devant le jury qui le jugeait et que nous a transmis Platon. Sa mauvaise influence sur les jeunes de la cité d'Athènes n'est pas douteuse ; il les captait en ridiculisant le projet de vie de leurs parents, qui se consacraient avec sacrifice à un effort journalier et honnête dans le milieu du commerce, de l'artisanat et du marché. Mais, pour Socrate, l'idéal de vie devait se placer dans la recherche de la « *vertu* », c'est-à-dire du mépris des richesses matérielles et, en particulier, du profit entrepreneurial. Il profitait de toutes les occasions pour se vanter de sa pauvreté et exalter les prétendues vertus de l'État totalitaire de Sparte, qui représentait alors les idéaux opposés à ceux d'Athènes. Il soulève même, dans son plaidoyer, l'indignation du jury lorsqu'il proclame que ses services à l'État d'Athènes étaient si nombreux qu'au lieu d'une sentence il devrait recevoir une pension viagère payée par tous (sous forme d'aliments financés par la cité sa vie durant !). Et, ce qui est plus grave, la étatolatrie de Socrate est si obsessive qu'elle le mène à confondre le droit positif issu de la cité-État avec le droit naturel. Il faut, d'après lui, obéir à toutes les lois positives émanant de l'État, même si elles sont « *contre nature* », prescription qui établit les bases philosophiques du positivisme légal sur lequel reposent toutes les tyrannies qui sont apparues dans l'histoire à partir de ce moment. En somme, du point de vue de la théorie scientifique des processus de marché, l'influence de Socrate est assurément déplorable. Il inaugure et favorise la tradition intellectuelle anticapitaliste. Il fait preuve d'une incompréhension absolue de l'ordre spontané du marché auquel était précisément due la prospérité athénienne qui permit à Socrate et aux autres philosophes de son école de se payer le luxe de ne pas travailler et de se consacrer à la réflexion. En paiement de cette relative liberté et de cette prospérité, Athènes ne reçut de Socrate que mépris et incompréhension. Il faut, enfin, évoquer l'auto-immolation plus qu'intéressée de ce philosophe : il reconnaît lui-même qu'à son âge et avec ses infirmités, il n'aurait pas pu faire grand-chose, durant le peu de temps qui lui restait à vivre, s'il avait accepté l'exil que ses juges et bourreaux lui offraient sur un plateau d'argent. C'est pourquoi il décide de passer à la postérité en se rendant victime d'une prétendue injustice, alors qu'en réalité sa mort fut un suicide, aussi intéressé qu'opportun, calculé par un esprit arrogant et privilégié qui prétendit, en outre, légitimer de la sorte le culte de l'étatisme oppresseur en discréditant l'individualisme libéral.

Avec un maître comme Socrate, il n'est pas surprenant que Platon s'enfonce encore davantage dans les mêmes erreurs. Il construit le fondement philosophique très dangereux de l'étatisme le plus antihumain, qui devait inspirer directement ou indirectement tous les tyrans qui ont opprimé l'humanité. Platon symbolise l'exemple du péché intellectuel le plus grave dans lequel peut tomber un scientifique : celui de l'« *arrogance fatale* » (Hayek) qui consiste à se croire plus sage que ses semblables et, donc, à s'estimer en droit de leur imposer de force ses propres points de vue. Sont caractéristiques de Platon ses attaques contre la propriété privée ; son éloge de la propriété communautaire ; son mépris de l'institution de la famille traditionnelle ; son concept vicié de la justice ; sa théorie étatiste et nominaliste de la monnaie ; et, en définitive, sa défense enthousiaste des idéaux de l'État totalitaire de Sparte. Ce sont là les caractéristiques typiques de l'intellectuel qui se croit supérieur aux autres et plus savant que quiconque, mais ignore les principes les plus élémentaires de l'ordre spontané du marché qui rend la civilisation possible. Platon exalte, en outre, l'intérêt de l'État face à celui des particuliers et tente même de mettre en application ses idéaux utopiques de tyrannie étatique. Fort heureusement, ses tentatives et celles de ses disciples échouèrent aussi bien à Syracuse que dans le reste de la Grèce. Il ne pouvait d'ailleurs pas en être autrement. Enfin, même dans le domaine de l'épistémologie, les apports de Platon se sont à la longue révélés fatals. Ainsi, son prétendu essentialisme ouvre la porte à l'historicisme positiviste le plus grossier, lorsqu'il prétend, en matière sociale, extraire les essences conceptuelles de l'étude de l'histoire, jetant ainsi les bases de la philosophie historico-positiviste qui a fait tant de mal et a même entravé le développement de la science sociale jusqu'à nos jours. En somme, Platon légitime l'idéal intellectuel du scientifique arrogant qui prétend se convertir en un « *ingénieur social* » pour façonner la société à sa guise. Optique qui s'accentue encore avec l'école de Pythagore ; ce mathématicien considérait que la vertu résidait dans l'« *égalité* » et dans l'« *équilibre* », réalités qu'il observait dans ses formules et principes mathématiques, et qu'il croyait devoir s'appliquer aussi au corps social.

Bien qu'Aristote ne tombe pas dans les extrêmes du socialisme de Platon, il est lui aussi incapable de comprendre, d'un point de vue scientifique, l'ordre spontané du marché. Philosophe au service du pire dictateur de son époque (Philippe de Macédoine, qui mit fin au réseau subtil des cités-États indépendantes formant l'Hellade antique), il fut le précepteur et maître d'un despote aussi tyrannique et fou qu'Alexandre le Grand. Il n'est pas surprenant qu'Aristote n'ait pas pu échapper, lui aussi, au péché d'arrogance intellectuelle qui caractérisa Socrate et, surtout, Platon : lui aussi fut un nostalgique de l'étatisme de Sparte et de tout ce que représentait le totalitarisme de cette cité-État. Il est vrai qu'il ne tomba pas dans les extrêmes de Platon, qu'il défendit la propriété privée et qu'il eut même l'intuition de la théorie subjective de la valeur dans sa distinction entre la « *valeur d'usage* » et la « *valeur d'échange* » ou prix des choses. Mais il condamna l'usure et ne comprit jamais l'importance déterminante qu'a l'intérêt comme prix de marché permettant la coordination entre le comportement des consommateurs, épargnants et investisseurs. Sa théorie de la justice est extrêmement confuse : elle fait la distinction entre deux dimensions, la « *distributive* » et la « *commutative* », qui n'ont pas grand-chose ou même rien à voir avec l'adéquation du comportement humain à des principes généraux du droit et de la morale et qui, fondées sur de prétendues équivalences, ont semé la confusion, pratiquement jusqu'à nos jours, sur un sujet aussi important. D'autre part, sa conviction qu'une *polis* de plus de cent mille habitants ne serait jamais viable, à cause de l'impossibilité pour son gouvernement de l'organiser, est une illustration presque parfaite du fait qu'il ne comprit jamais l'ordre évolutif et spontané du marché. Car Aristote ne conçoit la *polis* que comme une entité autosuffisante et organisée d'en haut (*autarkeia)* et non pas comme une concrétisation historique du processus spontané de coopération sociale mené par les êtres humains dotés d'une capacité entrepreneuriale innée. Enfin, Aristote, suivant la tradition socratique, méprise le travail et le profit entrepreneurial qui, de façon anonyme et décentralisée, avaient permis d'atteindre le niveau élevé de civilisation grâce auquel lui-même et les autres philosophes purent survivre.

Aristote ne sut pas non plus expliquer les raisons de l'échange et conclut erronément que, lorsqu'il a lieu, c'est parce qu'il existe des proportions égales entre des choses commensurables (erreur qui serait plus tard utilisée par Marx pour servir de fondement à la fausse théorie de la valeur-travail et à son corollaire, la théorie marxiste de l'exploitation). Aristote se méfia de la richesse (*ploutos*) et critiqua expressément le profit entrepreneurial (ainsi dans sa *Politique,* numéro 7), manifestant dédain et mépris à l'égard des commerçants (*Politique,* numéros 3 et 4). Il condamna aussi l'intérêt (*tokos*), considérant que c'était là une création injustifiée de monnaie à partir de la monnaie. De plus, son incapacité à comprendre l'apparition spontanée des institutions le conduisit à affirmer que la monnaie avait été une invention délibérée de l'homme (et non qu'elle fut réellement, le résultat d'un processus évolutif) et il ne comprit pas non plus pourquoi la demande de monnaie n'était jamais illimitée. Toutes ces erreurs d'Aristote contrastent, étant donné surtout son talent intellectuel, avec ses grands apports dans d'autres domaines scientifiques, en particulier celui de l'épistémologie.

En effet, quoique Aristote partage les erreurs de Socrate et de Platon, ne considérant ni le droit coutumier, ni le marché, ni les autres institutions sociales comme des ordres spontanés, et bien qu'il soit également incapable de distinguer la société civile de l'État (distinction que deux siècles plus tard les stoïciens romains devaient parfaitement comprendre), il existe un domaine, celui de l'épistémologie, où ses apports sont exceptionnels.

Sa distinction entre puissance et acte servira, des siècles plus tard, à comprendre la concrétisation évolutive de la nature de l'être humain. Sa conception des essences *formelles* et de leur concrétisation *matérielle* servira de base à la distinction épistémologique entre la théorie et l'histoire tout en permettant de les situer correctement. Et, dans un domaine plus proche de l'économie, il faut saluer son approche de la conception subjective de la valeur et, en particulier, sa distinction entre les concepts de valeur d'usage (subjective) et valeur d'échange (prix de marché en unités monétaires) qui constitue, en quelque sorte, le fondement de la connexion entre le monde subjectif intérieur des estimations et le monde objectif extérieur des opérations numériques qui permet le calcul économique. Enfin, face à l'étatisme socialiste de Socrate et, surtout, de Platon, Aristote effectue une défense rationnelle de la propriété privée qui, bien que tiède et incomplète, devait en constituer durant de nombreux siècles, le fondement philosophique le plus connu.

## 4. Brève note sur le taoïsme

Il est intéressant, pour terminer, de rappeler qu'au moment même où se forgeait la pensée grecque classique (VI-IV siècles av. J.-C.), apparaissaient dans la Chine ancienne trois grands courants de pensée : celui des « *légalistes* » (partisans de l'État central), celui des confucéens (tolérants à son égard) et celui des taoïstes, de tendance beaucoup plus libérale et d'un intérêt de premier ordre pour l'histoire de la pensée économique. Ainsi, Chiang Tzu (369-286 av. J.-C.) affirme que « *le bon ordre naît spontanément quand on laisse faire les choses* », et critique l'interventionnisme des gouvernants qu'il qualifie de « *voleurs* ». Tzu fut, en outre, d'après Rothbard, le premier penseur anarchiste. Il écrivit, en effet, que le monde « *simplement n'a besoin d'aucun gouvernement ; de fait il ne devrait être gouverné d'aucune façon* ».

Chuang Tzu suivit et conduisit à ses conclusions les plus logiques le libéralisme individualiste du père du taoïsme, Lao Tzu, qui, à l'époque de Confucius (VI-V siècles av. J.-C.), concluait que le gouvernement opprimait l'individu et était toujours « *pire que le tigre le plus féroce* » ; considérant ainsi que la politique la plus adéquate d'un gouvernement était l'« *inaction* », car elle seule permettait à l'individu de prospérer et d'atteindre le bonheur.

Deux siècles après, l'historien Ssu-ma Ch'ien (145-90 av. J.-C.) théorisa sur la fonction entrepreneuriale caractéristique du marché, qui consistait pour lui à « *avoir une vue perçante pour saisir les occasions qui se présentent* ». Théoricien du laissez-faire, il énonça, en outre, correctement l'impact de l'avilissement de la monnaie par l'État, expliquant qu'il provoquait la diminution de son pouvoir acquisitif (c'est-à-dire la hausse des prix).

Le taoïsme continua de se développer durant des siècles et l'on doit signaler, au début du V° siècle apr. J.-C., la figure de Pao Ching-Yen pour qui l'histoire de l'État est celle de la violence et de l'oppression des faibles. L'État institutionnalise la coercition, il aggrave et intensifie les actes isolés de violence, les généralise à une échelle qui serait inimaginable si l'État n'existait pas.

Pao Ching-Yen conclut que l'idée banale d'après laquelle un État fort est nécessaire pour combattre le désordre est erronée, car elle confond la cause avec l'effet. C'est l'État qui engendre la violence et corrompt le comportement individuel des individus qui lui sont soumis, en favorisant le vol et le banditisme.

En net contraste avec la pensée des philosophes grecs et des intellectuels occidentaux, y compris ceux de notre époque, la pensée taoïste chinoise a toujours défendu la liberté individuelle et le laissez-faire, critiquant la pratique coercitive de la violence systématiquement exercée par les gouvernements.

# CHAPITRE XXVI

# JUAN DE MARIANA ET LES SCOLASTIQUES ESPAGNOLS

L'un des principaux apports du professeur Murray N. Rothbard consiste à avoir signalé que les origines de l'École autrichienne d'économie remontaient aux travaux des scolastiques espagnols du Siècle d'Or (entre la moitié du XVI siècle et la moitié du XVII). Rothbard développe cette thèse pour la première fois en 1974 et, plus récemment, dans le chapitre IV de sa monumentale *Historia del pensamiento económico desde el punto de vista de la Escuela Austriaca*, intitulé « *La escolástica hispana tardía* ».

Il n'a cependant pas été le seul économiste autrichien important à faire remarquer cette origine espagnole de l'École autrichienne. Friedrich Hayek soutint le même point de vue, en particulier à la suite de ses contacts avec Bruno Leoni, le grand académicien italien auteur du livre *La libertad y la ley*. La rencontre entre Leoni et Hayek eut lieu dans les années 1950. Hayek en sortit convaincu que les racines intellectuelles du libéralisme classique étaient d'origine continentale et catholique et devaient, donc, être plutôt recherchées en Europe continentale et méditerranéenne qu'en Écosse.

Qui furent ces intellectuels espagnols précurseurs des théoriciens de l'École autrichienne ? La plupart d'entre eux étaient des scolastiques professeurs de morale et de théologie à l'Université de Salamanque et à l'Université portugaise de Coimbra, souvent dominicains ou jésuites. Ils furent capables de structurer la conception subjectiviste, dynamique et libérale que, deux cent cinquante ans plus tard, Carl Menger et ses disciples de l'École autrichienne devaient développer de façon définitive[1]. De tous ces scolastiques, le plus libéral a peut-être été, surtout à la fin de sa vie, le célèbre père jésuite Juan de Mariana.

Mariana naquit à Talavera de la Reina en 1536. Il était, semble-t-il, le fils illégitime d'un chanoine de la cathédrale. Lorsqu'il eut atteint l'âge de seize ans, il entra dans la Compagnie de Jésus qui avait été créée peu de temps auparavant. À vingt-quatre ans, il fut appelé à Rome pour y enseigner la théologie, puis transféré à l'école que les jésuites avaient ouverte en Sicile avant de partir pour l'Université de Paris. Cependant, il revint en Espagne en 1574 pour des raisons de santé ; il vécut et travailla à Tolède jusqu'à sa mort, survenue en 1623 ; il était alors âgé de quatre-vingt-sept ans.

Bien que Mariana ait écrit de nombreux livres, le premier clairement libéral fut celui intitulé *De rege et regis institutione* (Sur le roi et l'institution royale), publié en 1598 et qui contient sa célèbre défense de la doctrine du tyrannicide. Car, pour Mariana, tout citoyen peut assassiner à bon droit le roi qui se convertirait en tyran, taxant les citoyens sans leur consentement, expropriant injustement

---

[1] Le travail le plus complet et le plus moderne concernant les scolastiques espagnols est peut-être celui d'Alejandro Chafuen, *Economía y ética : raíces cristianas de la economía libre de mercado,* Editorial Rialp, Madrid 1986.

leurs propriétés, ou empêchant la réunion d'un parlement démocratiquement élu[2].

Les doctrines sur le tyrannicide contenues dans le livre de Mariana furent, apparemment, celles que l'on invoqua pour justifier l'assassinat des rois-tyrans français Henri III et Henri IV, en sorte que le livre de Mariana fut brûlé à Paris à la suite d'un décret émis par son parlement le 4 juillet 1610[3]. Bien que les autorités espagnoles n'aient pas été enthousiasmées par le contenu du livre, elles le respectèrent, fondamentalement parce qu'il était écrit en latin et qu'elles estimaient que son contenu ne se divulguerait pas beaucoup.

Cependant, Mariana défendit, par cette analyse, l'idée que le droit naturel est toujours moralement supérieur au pouvoir de chaque État. L'idée qui avait été préalablement et minutieusement élaborée par ce grand fondateur du droit international que fut Francisco de Vitoria (1485-1546), le premier à dénoncer la conquête et en particulier l'asservissement des Indiens de l'Amérique nouvellement découverte, inaugurant ainsi la tradition suivie par les scolastiques espagnols.

Mais, en ce qui nous concerne, l'ouvrage le plus important de Mariana fut sans doute celui qu'il publia en 1605 sous le titre *De monetate mutatione* (Sur l'altération de la monnaie) et qui fut plus tard publié en espagnol sous le titre *Tratado y discurso sobre la moneda de vellón que al presente se labra en Castilla y de algunos desórdenes y abusos*[4].

Dans ce livre, premièrement, Mariana commence par se demander si le roi ou le gouvernant est le propriétaire des biens de ses vassaux et conclut qu'en aucun cas il ne doit en être ainsi. Deuxièmement, il applique sa distinction traditionnelle entre le roi juste et le tyran, et conclut que « *le tyran est celui qui croit qu'il piétine tout et détient tout, car tout lui appartient ; le roi enferme ses désirs dans les limites de la raison et de la justice* »[5].

À partir de là, Mariana, déduit que le roi ne peut pas taxer les citoyens sans leur accord, car les impôts ne sont rien d'autre qu'une appropriation forcée d'une partie de la richesse des vassaux. Pour que cette appropriation soit légitime, les vassaux doivent, donc, manifester leur consentement. De la même

---

[2] Mariana décrit le tyran type comme celui qui « *soustrait la propriété des particuliers et la met à sac, poussé par des vices aussi indignes d'un roi que la luxure, l'avarice, la cruauté et la fraude… les tyrans essaient de léser et de ruiner tout le monde, mais ils dirigent spécialement leurs attaques contre les hommes riches et justes qui vivent dans leur royaume ; ils considèrent le bien plus suspect que le mal et craignent, avant tout, les vertus qui précisément leur font défaut… les tyrans chassent du royaume les meilleurs sous prétexte qu'il faut rabaisser quiconque se distingue des autres… ils épuisent le peuple pour qu'il ne puisse pas se réunir et exige presque journellement de nouveaux tributs, ils favorisent des disputes entre les citoyens et enchaînent les guerres l'une après l'autre. De situations semblables surgirent les pyramides d'Égypte… le tyran ne peut éviter de craindre que ceux qu'il asservit puissent le détrôner… c'est pourquoi il interdit aux citoyens de se réunir et de former des assemblées ou de parler ensemble des affaires du royaume et il leur ôte, à l'aide de de méthodes propres à la police secrète, l'occasion même de parler ou d'écouter librement, les empêchant d'exprimer librement leurs plaintes…* » Murray N. Rothbard, *Historia del pensamiento económico*, vol. I, op. cit, p. 151.

[3] Voir Juan de Mariana, 1978, *Discurso sobre las enfermedades de la Compañía*, Imprenta de Don Gabriel Ramírez, calle de Barrionuevo, Madrid, p. 53.

[4] Voir l'édition de Lucas Beltrán publiée par l'Instituto de Estudios Fiscales (Madrid 1987) sous le titre *Tratado y discurso sobre la moneda de vellón.*

[5] *Ibidem*, p. 33.

manière, le roi ne peut pas non plus créer de monopoles étatiques, puisque ces institutions ne sont qu'une façon d'imposer des charges contributives.

Le roi ne peut pas non plus – et c'est l'un des points les plus importants du livre – obtenir de revenus grâce à la réduction du contenu de métal noble se trouvant dans les pièces qui sont utilisées comme monnaie. Mariana comprend que la réduction du contenu de métal noble des pièces de monnaie et, donc, l'accroissement de leur nombre n'est qu'une forme d'inflation (quoiqu'il n'utilise pas ce terme, inconnu à son époque), laquelle mènera inévitablement à une hausse des prix, parce que « *si la monnaie baisse de cours légal, toutes les marchandises montent irrémédiablement, dans la même proportion que la baisse de la monnaie, et tout se dérègle* »[6].

Mariana décrit également les graves conséquences économiques de la dévaluation et de l'intervention du gouvernement dans le domaine monétaire : « *seul un insensé essaierait de séparer ces valeurs de façon à ce que le prix légal diffère du naturel. Stupide, que dis-je ? Infâme sera le gouvernant qui ordonne qu'une chose évaluée par le public, par exemple, à cinq, se vende dix. Les hommes se guident, dans ces cas-là, sur une estimation commune, fondée sur la considération de la qualité de la chose, et sur son abondance et sa rareté. Il serait vain qu'un prince cherche à saper ces principes du commerce. Mieux vaut ne pas y toucher et ne pas les forcer, car le contraire ne serait que préjudiciable* »[7].

Notons que Mariana souligne le fait que l'origine de la valeur des choses réside dans l'estimation subjective des individus ; il suit ainsi la doctrine traditionnelle des scolastiques sur la théorie subjective de la valeur, initialement énoncée par Diego de Covarrubias y Leyva. Covarrubias naquit en 1512 et mourut en 1577. Fils d'un célèbre architecte, il fut évêque de Ségovie (il est enterré dans sa cathédrale) et ministre de Philippe II. En 1555, il exprimait déjà, mieux que personne ne l'avait encore fait, la théorie subjective de la valeur : « *la valeur d'une chose ne dépend pas de sa valeur subjective, mais de l'estimation subjective des hommes, même si cette estimation est extravagante* » ; et il ajoute, pour illustrer sa thèse, qu'« *aux Indes, le blé est plus estimé qu'en Espagne parce que les hommes l'y estiment davantage, bien que la nature du blé soit la même aux deux endroits* »[8].

La conception subjectiviste de Covarrubias fut complétée par un autre scolastique de la même époque, Luis Saravia de la Calle, qui fut le premier à démontrer que ce sont les prix qui déterminent les coûts et non le contraire. Saravia a aussi le mérite d'avoir écrit son ouvrage principal en espagnol et non en latin ; il est intitulé *Instrucción de mercaderes* et l'on peut y lire que « *ceux qui mesurent le juste prix des choses d'après le travail, les coûts et les dangers de celui qui fait le commerce de la marchandise ou la fabrique se trompent beaucoup ; parce que le juste prix découle de l'abondance ou du défaut de marchandises, de marchands et de monnaies, et non pas des coûts, du travail ou des dangers* »[9].

---

[6] *Ibidem*, p. 46.

[7] Rothbard, M. N., 1955, *Historia del pensamiento económico*, vol. I, op. cit, p. 152.

[8] Diego de Covarrubias y Leyda, 1604, *Omnia Opera*, Haredam Hieronymi Scoti, Venise vol. II, livre 2, p. 131.

[9] Luis Saravia de la Calle, 1949, *Instrucción de mercaderes*, Pérez de Castro, Medina des Campo 1544 ; publié à nouveau dans la *Colección de joyas bibliográficas*, Madrid, p. 53. Tout le contenu du livre de Saravia s'adresse aux marchands, nom donné alors aux entrepreneurs, suivant une tradition catholique et continentale d'analyse de la fonction entrepreneuriale et que l'on peut faire remonter à Saint Bernardin de Sienne (1380-

La conception subjectiviste de la valeur et de l'économie due à Covarrubias permit à d'autres scolastiques espagnols de saisir nettement la véritable nature des prix de marché et de comprendre qu'il était impossible d'atteindre les prix hypothétiques d'un modèle d'équilibre. Ainsi, le cardinal jésuite Juan de Lugo, se demandant quel pourrait être le prix d'équilibre, concluait déjà en 1643 qu'il dépendait de tant de circonstances spécifiques que Dieu seul pouvait le connaître (*pretium iustum mathematicum licet soli Deo notum*)[10].

Un autre jésuite, Juan de Salas, se demandant comment on peut connaître l'information spécifique que les agents économiques utilisent dans le marché, aboutit à une conclusion très hayékienne, selon laquelle une telle information est si complexe que « *quas exacte comprehendere et ponderare Dei est non hominum* », c'est-à-dire que Dieu seul, et non les hommes, peut arriver à comprendre et à apprécier exactement l'information et la connaissance qu'utilise un marché libre avec toutes ses particularités de temps et de lieu[11].

Par ailleurs, les scolastiques espagnols furent les premiers à introduire le concept dynamique de la concurrence (en latin *concurrentia*), entendue comme tout processus de rivalité entrepreneuriale qui fait fonctionner le marché et suscite le développement de la société. Par exemple, Jerónimo Castillo de Bobadilla (1547-1605) énonça la loi économique suivante : « *Les prix des produits baisseront avec l'abondance, l'émulation et la concurrence des vendeurs* »[12].

Cette même idée concernant la conception dynamique de la concurrence est reprise par Luis de Molina[13]. Covarrubias devança, en outre, bon nombre des conclusions de l'analyse sur la théorie monétaire auxquelles devait plus tard aboutir Juan de Mariana ; il s'agit du travail empirique qu'écrivit l'évêque de Ségovie sur l'histoire de la dévaluation du maravédis, monnaie la plus utilisée en Castille à cette époque. Ce travail comporte de nombreuses statistiques concernant l'évolution des prix au siècle précédent ; il fut publié en latin sous le titre *Veterum collatio numismatum* (recueil concernant les monnaies antiques)[14]. Ce livre de Covarrubias fut très vanté en Italie par Davanzati et Galiani ; il fut

---

1444). Voir, en ce sens, Murray N. Rothbard, 1955, *Historia del pensamiento económico,* vol. I, op. cit., p. 113 et s.

[10] Juan de Lugo (1583-1660), *Disputationes de iustitia et iure*, Sumptibus Petri Prost, Lyon 1642, vol. II, D. 26, S. 4, N. 40, p. 312.

[11] Juan de Salas, 1617, *Comentarii in secundam secundae D. Thomae de contractibus*, Sumptibus Horatij Lardon, Lyon, IV, n° 6, p. 9.

[12] Jerónimo Castillo de Bobadilla, 1585, *Política para corregidores*, Salamanque, II, chap. 4, n° 49. Voir aussi les commentaires d'Oreste Popescu concernant les scolastiques espagnols et le concept dynamique de la concurrence qu'ils introduisirent, dans son livre *Estudios en la historia del pensamiento económico latinoamericano*, Plaza y Janés, Buenos Aires 1987, pp. 141-159.

[13] Luis de Molina, 1981, *De iustitia et iure* (Cuenca 1597), II, disposition 348, n° 4, et *La teoría del justo precio*, Francisco Gómez Camacho (éd.), Editorial Nacional, Madrid, p. 169. Raymond de Roover, pour sa part, ignorant le travail de Castillo de Bobadilla, évoque la façon dont « *Molina even introduces the concept of competition by stating that concurrence or rivalry amount buyers will enhance prices* ». Voir son travail « Scholastic economics: survival and lasting influence from the sixteenth century to Adam Smith », *The Quarterly Journal of Economics*, vol. LXIX, n° 2, mai 1955, p. 169.

[14] Ce travail est inclus dans Covarrubias, *Omnia opera*, op. cit., T. I, pp. 669-710.

même cité par le fondateur de l'École autrichienne, Carl Menger, dans ses *Principes d'économie politique*[15].

Notons également que, lorsque Mariana explique les effets de l'inflation, il utilise les éléments fondamentaux de la théorie quantitative de la monnaie, préalablement exposée par un autre scolastique remarquable, Martin de Azpilcueta, le « *Doctor Navarro* », né en Navarre en 1493. Azpilcueta était le cousin de Saint François Xavier ; mort à 94 ans, il est particulièrement célèbre pour avoir expliqué en 1556 la théorie quantitative de la monnaie dans son livre *Comentario resolutorio de cambios*. Ainsi, Azpilcueta, observant les effets que produisit en Espagne l'arrivée massive de métaux précieux en provenance de l'Amérique, conclut que « *dans les pays où la monnaie fait grandement défaut, toutes les autres choses vendables, et même la main d'œuvre et les travaux des hommes, se donnent pour moins d'argent que là où elle abonde ; ainsi l'expérience prouve qu'en France, où il y a moins d'argent qu'en Espagne, le pain, le vin, les étoffes, la main d'œuvre et les travaux valent beaucoup moins cher ; et même en Espagne, quand il y avait moins d'argent, les choses vendables, la main d'œuvre et les travaux des hommes se donnaient pour beaucoup moins qu'après que la découverte des Indes l'a couverte d'or et d'argent. La cause en est que la monnaie vaut plus là où et quand elle fait défaut, que là où et quand elle abonde* »[16].

Pour en revenir à Juan de Mariana, sa contribution la plus importante en matière monétaire consiste peut-être à avoir vu que l'inflation n'était qu'un impôt qui « *taxe ceux qui ont de l'argent avant que les prix ne montent et sont, donc, obligés d'acheter les choses plus cher* ». Mariana explique également que la fixation de prix maximaux ne permet pas d'éviter les effets de l'inflation, car l'expérience a démontré que ce procédé était inefficace et très nocif.

Par ailleurs, comme l'inflation est, en réalité, un impôt, le consentement des citoyens serait, d'après sa théorie de la tyrannie, nécessaire pour dévaluer la monnaie et, même si ce consentement existe, il faut reconnaître que l'inflation est, en réalité, un impôt très nocif qui désorganise totalement la vie économique : « *cet expédient nouveau de la monnaie de billon, qui est illicite et mauvais s'il se prend sans l'accord du royaume, je le tiens, si l'accord existe, pour erroné et, de diverses façons, préjudiciable* »[17].

Comment pourrait-on écarter la nécessité de recourir à la solution commode et expéditive de l'inflation ? Mariana propose d'équilibrer le budget et, surtout, de diminuer les dépenses de la famille royale parce que « *ce qui est modéré et dépensé de façon ordonnée fait meilleur effet et augmente la majesté plus que le superflu dépensé de façon désordonnée* »[18].

Mariana propose ensuite que « *le roi, notre seigneur, réduise ses faveurs* », ou, en d'autres termes, qu'il ne récompense pas de façon aussi généreuse les services réels ou supposés de ses vassaux en leur accordant des pensions viagères ; car « *il n'y a pas de royaume au monde qui a autant de récompenses publiques, de rentes, de pensions, de bénéfices et de charges ; en les distribuant convenablement et de façon ordonnée, l'on éviterait de recourir autant au budget ou à d'autres expédients* »[19].

---

[15] Menger, C., 1997, *Principios de economía política*, 2° éd., Unión Editorial, Madrid, p. 325 (p. 157 de la 1° édition allemande des *Grundsätze* publiés à Vienne en 1871).

[16] Azpilcueta, M., 1965, *Comentario resolutorio de cambios*, Consejo Superior de Investigaciones Científicas, Madrid, pp. 74-75.

[17] Mariana, J. de, 1987, *Tratado y discurso sobre la moneda de vellón*, op. cit., p. 95.

[18] *Ibidem*, p. 89.

[19] *Ibidem*, p. 90.

L'on constate, ainsi, que l'absence de contrôle des dépenses publiques et l'achat de faveurs politiques en échange de subsides financés sur des impôts sont très anciens. Mariana propose aussi que « *le roi évite et refuse des entreprises ou des guerres non nécessaires, dont il ampute les membres atteints de cancer et incurables* »[20].

En somme, Mariana dessine tout un programme de réduction de la dépense publique et de maintien de l'équilibre budgétaire que l'on pourrait considérer aujourd'hui encore comme exemplaire.

Il est évident que si Mariana avait eu conscience des processus économiques qui engendrent l'expansion de crédit créée par le système bancaire et de leurs effets, qui se traduisent par la généralisation de mauvais investissements et la distorsion de la structure des prix relatifs, il aurait considéré comme un vol immoral et nocif non seulement l'activité gouvernementale d'avilissement de la monnaie, mais aussi, et surtout, l'inflation de crédit et fiduciaire, beaucoup plus déformante, que crée le système bancaire.

Cependant, d'autres scolastiques espagnols eurent l'occasion d'analyser en détail les effets de l'expansion du crédit bancaire. Parmi eux, Saravia de la Calle critiqua sévèrement la pratique bancaire de la réserve fractionnaire. Il considérait que la réception d'intérêt par les déposants était incompatible avec la nature essentielle du contrat de dépôt à vue : c'est au déposant de payer le banquier pour les services que celui-ci lui prête en veillant sur son argent. Martin de Azpilcueta aboutit à une conclusion semblable[21].

Luis de Molina, pour sa part, se montra beaucoup plus tolérant vis-à-vis de la réserve fractionnaire et il confondit même la nature de deux contrats radicalement distincts, le prêt et le dépôt, qu'Azpilcueta et Saravia de la Calle avaient préalablement distingués de façon très nette. Mais il est intéressant de souligner ici que Molina fut le premier théoricien à découvrir, dès 1597, et donc bien avant Pennington (qui le fit en 1826), que les dépôts bancaires faisaient partie de l'offre monétaire. Molina proposa même le nom de *chirographis pecuniarium*, ou monnaie scripturale, pour désigner les documents écrits qu'utilisaient les banques et étaient acceptés dans le commerce comme de la monnaie[22].

Les scolastiques espagnols se divisèrent donc en deux écoles naissantes : l'une, que l'on pourrait appeler « *École monétaire* » (*Currency School*) était formée par Saravia de la Calle, Azpilcueta et Thomas de Mercado, qui se méfiaient beaucoup des activités bancaires, pour lesquelles ils exigeaient, en toute hypothèse, un coefficient de réserve de cent pour cent dans le cas des dépôts à vue. L'autre, un embryon d'« *École bancaire* » (*Banking School*), dirigée par les

---

[20] *Ibidem*, 91.

[21] Voir Huerta de Soto, J., 1998, « La teoría bancaria en la Escuela de Salamanca », dans ce volume, p. 391. De même, mon livre *Dinero, crédito bancario y ciclos económicos*, Unión Editorial, Madrid (2° éd., 2002), chap. 1.

[22] Molina, L. de, 1990, *Tratado sobre los cambios* « Introducción » par Francisco Gómez Camacho, Instituto de Estudios Fiscales, Madrid, p. 146. L'apport de James Pennington se trouve dans le travail qu'il publia le 13 février 1826 « On the Private Banking Stablishments of the Metropolis », et qui fut inclus en appendice dans le livre de Thomas Tooke *A letter to Lord Grandville ; On the Effects Ascribed to the Resumption of Cash Payments on the Value of the Currency*, John Murray, Londres 1826.

jésuites Luis de Molina et Juan de Lugo, fut beaucoup plus tolérante vis-à-vis de la réserve fractionnaire[23].

Les deux groupes de scolastiques espagnols furent, en un certain sens, les précurseurs des développements théoriques qui sont apparus trois siècles plus tard en Angleterre à la suite du débat entre la *Currency School* et la *Banking School*.

Murray Rothbard a souligné une autre contribution importante des scolastiques espagnols, en particulier de Martin Azpilcueta, qui consista à récupérer le concept vital de la « *préférence temporelle* », initialement développé par l'un des plus brillants disciples de Saint Thomas d'Aquin, Giles Lessines ; celui-ci écrivait dès 1285 que « *les biens futurs ne sont pas aussi estimés que les biens disponibles immédiatement, et ils ne présentent pas la même utilité pour leurs propriétaires, en sorte que l'on doit considérer, en toute justice, qu'ils ont une valeur inférieure* »[24].

Juan de Mariana écrivit un autre livre important, *Discurso de las enfermedades de la Compañía*, publié après sa mort. Mariana y fait la critique de la hiérarchie militaire et centralisée qui s'était établie dans l'ordre jésuite, et développe l'intuition typiquement autrichienne d'après laquelle il est impossible de donner un contenu coordinateur aux ordres émanant du gouvernant, car celui-ci ne peut pas obtenir l'information nécessaire. Ainsi, Mariana affirme que « *le pouvoir et commandement est insensé… Rome est loin, le Général ne connaît ni les personnes ni les faits, du moins avec toutes leurs circonstances, dont dépend la réussite. On tombe forcément dans de nombreuses et graves erreurs, et les gens en sont contrariés et méprisent un gouvernement aussi aveugle… c'est une grande folie que l'aveugle veuille guider celui qui voit* ». Il conclut que « *les lois sont beaucoup trop nombreuses ; et comme on ne peut pas toutes les observer, ni même les connaître, on n'en respecte plus aucune* »[25].

En somme, aussi bien Mariana que les autres scolastiques espagnols du Siècle d'Or ont su articuler les principes essentiels de ce qui devait plus tard constituer le fondement théorique de l'École autrichienne d'économie, et en particulier les dix suivants : *premièrement*, la théorie subjective de la valeur (Diego de Covarrubias y Leyva) ; *deuxièmement*, la découverte de la relation correcte existant entre les prix et les coûts (Luis Saravia de la Calle) ; *troisièmement*, la nature dynamique du processus de marché et l'impossibilité du modèle d'équilibre (Juan de Lugo et Juan de Salas) ; *quatrièmement*, le concept dynamique de la concurrence, entendue comme un processus de rivalité entre les vendeurs (Castillo de Bobadilla et Luis de Molina) ; *cinquièmement*, la redécouverte du principe de la préférence temporelle (Azpilcueta) ; *sixièmement*, l'influence déformatrice que la croissance inflationniste de la monnaie exerce sur la

---

[23] Cependant, d'après le père Bernard W. Dempsey, si les membres de ce second groupe de scolastiques avaient disposé de la connaissance théorique relative aux effets produits par l'expansion de crédit sur la structure productive et la création de cycles récurrents d'essor et de dépression, la pratique bancaire de la réserve fractionnaire aurait été qualifiée de vaste processus pervers et illégitime d'*usure institutionnelle*, même par Molina, Lesio et Lugo. Voir Dempsey, B. W., 1943, *Interest and Usury*, American Council of Public Affairs, Washington D. C., p. 210.

[24] « *Res futurae per tempora non sunt tantae existimationis, sicut eadem collectae in instanti nec tantam utilitatem inferunt possidentibus, propter quod oportet quod sint minoris existimationis secundum iustitiam* ». Lessines, A., 1285, *De usuris in communi et de usurarum contractibus*, Opusculum LXVI, p. 426 (cité par Bernard W. Dempsey, *Interest and Usury*, op. cit, note 31 de la p. 214).

[25] Mariana, J. de, 1768, *Discurso de las enfermedades de la Compañía*, op. cit. pp. 151-155 et 216.

structure relative des prix (Juan de Mariana, Diego de Covarrubias et Martin de Azpilcueta) ; *septièmement*, les effets économiques négatifs qu'engendre la la pratique bancaire de la réserve fractionnaire (Saravia de la Calle et Martin de Azpilcueta) ; *huitièmement*, le fait essentiel que les dépôts bancaires font partie de l'offre monétaire (Luis de Molina et Juan de Lugo) ; *neuvièmement*, l'impossibilité d'organiser la société au moyen d'ordres contraignants, en raison du défaut de l'information nécessaire pour leur donner un contenu coordinateur (Juan de Mariana) ; *dixièmement*, le principe libéral traditionnel d'après lequel l'interventionnisme injustifié de l'État dans l'économie viole le droit naturel (Juan de Mariana).

Si l'on se souvient qu'au XVI siècle l'empereur Charles Quint, alors roi d'Espagne, convertissait son frère Ferdinand I en roi d'Autriche, on comprendra facilement la grande influence que les intellectuels espagnols ont exercée à partir de ce moment sur le développement ultérieur de l'École autrichienne d'économie. Il faut rappeler qu'« *Autriche* » signifie, étymologiquement, « *partie est de l'Empire* », Empire qui comprenait alors presque toute l'Europe continentale, à la seule exception de la France, qui restait isolée et entourée de forces espagnoles. L'on comprend ainsi l'origine de la grande influence intellectuelle qu'ont eue les scolastiques espagnols sur l'École autrichienne, laquelle n'est pas l'effet d'une simple coïncidence ou d'un caprice de l'histoire ; elle est née des étroites relations historiques, politiques et culturelles qui se sont développées entre l'Espagne et l'Autriche à partir du XVI siècle et qui devait durer plusieurs siècles.

Par ailleurs, l'Italie joua un rôle important dans ces relations culturelles, servant de pont culturel, économique et financier qui permettait le développement de ces relations étroites entre les deux extrêmes de l'Empire en Europe (l'Espagne et Vienne).

Il est donc facile de conclure que l'École autrichienne d'économie fut, au moins à ses débuts, une école véritablement espagnole et le fait de poursuivre et d'approfondir cette tradition doit représenter, en ce sens, un honneur pour les Espagnols qui la cultivent aujourd'hui.

De fait, l'on peut affirmer que le principal mérite de Carl Menger a consisté précisément à redécouvrir et reprendre cette tradition catholique continentale des scolastiques espagnols du Siècle d'Or, qui était pratiquement tombée dans l'oubli au XIX siècle à cause, non seulement de la Légende noir espagnole, mais surtout de l'influence négative qu'ont exercée sur l'évolution de la pensée économique Adam Smith et ses successeurs de l'École classique d'économie[26].

Heureusement, malgré l'impressionnant impérialisme intellectuel de l'École classique anglaise, la tradition continentale ne fut jamais totalement oubliée. Plusieurs économistes, dont Cantillon, Turgot et Say surent conserver la conception subjectiviste en économie. Même en Espagne, la vieille tradition des

[26] « *Adam Smith dropped earlier contributions about subjective value entrepreneurship and emphasis on real-world markets and pricing and replaced it all with a labour theory of value with a dominant focus on the long run 'natural price' equilibrium, a world where entrepreneurship was assumed out of existence. He mixed up Calvinism with economics, as in supporting usury prohibition and distinguishing between productive and unproductive occupations. He lapsed from the laissez-faire of several eighteenth century French and Italian economists, introducing many waffles and qualifications. His work was unsystematic and plagued by contradictions* ». Voir Yeager, L. B., 1996, « Book Review », *The Review of Austrian Economics*, vol. IX, n° 1, p. 183.

scolastiques du Siècle d'Or survécut durant la période de décadence des XVIII et XIX siècles, malgré le complexe d'infériorité si caractéristique de cette époque (et qui perdure encore de nos jours) par rapport au monde intellectuel de langue anglaise.

La preuve en est qu'un autre penseur espagnol et catholique fut capable de résoudre le «*paradoxe de la valeur*» et d'énoncer très clairement la théorie de l'utilité marginale vingt-sept ans avant Carl Menger. Il s'agit de Jaime Balmes, né en Catalogne en 1810 et mort en 1848. Durant sa courte vie, Balmes fut sans aucun doute le philosophe thomiste espagnol le plus important de son époque. Quelques années avant sa mort, le sept septembre 1844, il publia un article intitulé « *Véritable idée de la valeur ou réflexions sur l'origine, la nature et la variété des prix* », dans lequel il sut résoudre le paradoxe de la valeur et énoncer clairement la théorie de l'utilité marginale. Balmes, en effet, se pose la question suivante : « *Comment est-ce qu'une pierre précieuse vaut plus qu'un morceau de pain ?* » Et il répond : « *Ce n'est pas difficile à expliquer ; la valeur d'une chose étant son utilité… si le nombre d'unités de cette chose augmente, le besoin de n'importe laquelle d'entre elles en particulier diminue ; parce que, si l'on peut choisir entre beaucoup, aucune n'est indispensable. Et voilà pourquoi il existe une relation nécessaire entre l'augmentation et la diminution de la valeur d'une chose, et la pénurie et l'abondance de cette chose* »[27]. Ainsi, Jaime Balmes fut capable de fermer le cercle de la tradition occidentale et de permettre à Carl Menger et ses successeurs de l'École autrichienne d'économie de le compléter totalement, quelques années plus tard.

[27] Balmes, J., 1949, « Verdadera idea del valor o reflexiones sobre el origen, naturaleza y variedad de los precios », dans *Obras Completas*, vol. 5, Biblioteca de Autores Cristianos, Madrid pp. 615-624. Balmes décrivit, d'autre part, la personnalité du père Juan de Mariana en ces termes : « *C'est un ensemble bien singulier que nous offre la personnalité de Mariana : théologien consommé, parfait latiniste, grand connaisseur du grec et des langues orientales, écrivain brillant, économiste remarquable, politique clairvoyant ; voilà sa tête ; ajoutez-y une vie irréprochable, une morale sévère, un cœur qui ignore la dissimulation, incapable de flagornerie, qui bat vivement au seul mot de liberté, comme celui des fiers républicains de la Grèce et de Rome ; une voix ferme, intrépide, qui s'élève contre toute sorte d'abus, sans égard pour les grands, sans trembler quand il s'adresse aux rois, et considérez que tout cela est réuni en un seul homme qui vit dans une petite cellule des jésuites de Tolède et vous aurez certainement un ensemble de qualités et de circonstances qui sont très rarement réunies en une même personne* ». Voir son article « Mariana », dans *Obras Completas*, op. cit., vol. 12, pp. 78-79.

# CHAPITRE XXVII

# LA THÉORIE BANCAIRE DE L'ÉCOLE DE SALAMANQUE

## INTRODUCTION

La science économique doit aux théoriciens de l'École de Salamanque, du Siècle d'Or espagnol, des contributions significatives. L'on a, entre autres, étudié de façon assez approfondie ce que leur doivent le développement et l'articulation de la conception subjective de la valeur et, dans le domaine monétaire, la théorie quantitative de la monnaie. Cependant, les membres de l'École de Salamanque ont également analysé une autre série de phénomènes économiques d'une grande importance. Il faut, à ce propos, citer toute une théorie concernant le commerce bancaire, qui avait été peu étudiée jusqu'ici et dont nous voulons expliquer le contenu et l'importance.

L'analyse théorique de l'activité bancaire durant le règne de Charles Quint est un exemple parfait pour différentes raisons. Premièrement, parce que l'affluence massive de métaux précieux en provenance de l'Amérique déplaça, temporairement au moins, le centre de gravité économique des cités commerciales du nord de l'Italie vers l'Espagne, concrètement Séville et les autres foires commerciales espagnoles. Deuxièmement, parce que les besoins constants de trésorerie de Charles Quint, dus à sa politique impériale, le conduisirent à se financer en utilisant le système bancaire naissant de cette époque. Il profita, sans beaucoup de scrupules, de la liquidité que celui-ci lui offrait et renforça au maximum la complicité traditionnelle entre banquiers et gouvernants qui était déjà devenue une règle, quoique de façon moins voyante. De plus, Charles Quint ne put éviter la banqueroute des finances royales, ce qui naturellement eut des conséquences très négatives pour l'économie espagnole, en général, et pour les banquiers qui l'avaient financé, en particulier. Tout cela invita les esprits les plus éveillés de l'époque, les théoriciens de l'École de Salamanque, à réfléchir sur les activités financières et bancaires dont ils furent témoins : nous disposons, ainsi, d'une série d'analyses de grande valeur qu'il est nécessaire d'étudier en détail. Nous allons donc analyser chacun de ces aspects.

### 1. Le développement des banques à Séville

Grâce aux travaux de Ramón Carande (1987), nous connaissons de façon assez détaillée le développement de la banque privée à Séville durant le règne de Charles Quint. Carande explique qu'il a pu réaliser ses recherches parce que l'on avait découvert la liste des banquiers préparée à l'occasion de la saisie de métaux précieux qu'effectua la Casa de Contratación de Séville en 1545. La mauvaise situation des finances engagea Charles Quint à prendre, au mépris des principes généraux du droit les plus élémentaires, l'argent là où il se trouvait : en dépôt dans les caisses des banquiers sévillans. Il est vrai que ces banquiers violaient eux aussi les principes du droit en ce qui touche le contrat de dépôt irrégulier et utilisaient une bonne partie des dépôts reçus pour leurs affaires particulières. Mais il reste que la politique impériale, consistant à saisir directement les stocks de monnaie qui restaient en dépôt, ne faisait qu'encourager et rendre habituels les investissements des banques sous forme de prêts de la plus grande part des dépôts reçus : s'il n'y avait aucune garantie que les pouvoirs respecteraient la part de réserve en espèces conservée dans les banques – et l'expérience montrait qu'en période de difficultés l'Empereur n'hésitait pas à la saisir et à la remplacer par des prêts forcés à la Couronne –, mieux valait consacrer la plupart des dépôts à des prêts au commerce et à l'industrie qui évitaient l'expropriation et offraient une rentabilité bien supérieure.

En tout cas, cette politique de saisie est peut-être la manifestation la plus extrême de la politique traditionnelle des autorités publiques qui consiste à profiter des résultats du commerce bancaire, en expropriant les actifs de ceux qui sont contraints par le droit de garder les dépôts d'autrui et d'en prendre soin.

Il est donc compréhensible que les gouvernants, étant les premiers bénéficiaires de l'activité bancaire, aient fini par la justifier et lui accorder toutes sortes de privilèges pour qu'elle continue à opérer avec un coefficient de réserve fractionnaire, en marge des principes généraux du droit[1].

Carande cite, dans son vaste ouvrage *Carlos V y sus banqueros*, la liste des banquiers les plus importants de Séville à l'époque de Charles Quint et, en particulier, les Espinosa, Domingo de Lizarrasas, Pedro de Morga et d'autres de moindre envergure comme Cristóbal Francisquín, Diego Martinez, Juan Íñiguez et Octavio de Negrón.

Ils finirent tous, inexorablement, par faire faillite, fondamentalement parce qu'ils ne disposaient pas de la liquidité suffisante pour faire face au retrait des dépôts à vue ; ce qui prouve qu'ils opéraient avec un coefficient de réserve fractionnaire, grâce au privilège qu'ils avaient obtenu à cet effet de la municipalité de Séville et de Charles Quint. On ne sait pas quel était le pourcentage de leurs réserves, mais on sait qu'ils investissaient souvent dans leurs affaires particulières, comme l'armement de navires commerçant avec l'Amérique, l'affermage d'impôts, etc., qui représentaient toujours une forte tentation, car, si ces opérations tant risquées réussissaient, ils en tiraient d'énormes profits.

Par ailleurs, les saisies successives de métaux précieux déposés chez les banquiers ne faisaient qu'encourager davantage leur comportement illégitime. Ainsi, les Espinosa firent faillite en 1579, les principaux associés étant mis en prison. La faillite de Domingo de Lizarrasas eut lieu le 11 mars 1553, alors qu'il ne pouvait plus faire face au paiement de plus de six millions et demi de maravédis. Pedro de Morga, qui commença ses opérations en 1553, fit faillite en 1575, à l'époque de la banqueroute du roi Philippe II.

---

[1] D'après Coppa Zuccari, 1901, l'obligation de garde, cause essentielle de tout dépôt, consiste précisément, dans les dépôts irréguliers, dans l'obligation de tenir toujours à la disposition du déposant une quantité égale à celle reçue, de sorte que « *ce fait de toujours tenir à la disposition une quantité et une qualité égales à celles reçues d'une certaine chose* » équivaut, même si elles sont renouvelées ou remplacées continuellement, à exiger, en matière de dépôts (irréguliers) de choses fongibles comme la monnaie, un coefficient de réserve de 100 pour cent (voir Garrigues, 1975, p. 365, Huerta de Soto, 1994a, p. 135 et s., et Huerta de Soto, 2002, chap. 1-3).

Les banquiers moins importants partagèrent le même sort. Il est intéressant de rappeler, à ce propos, la présence à Séville et le commentaire de Thomas Gresham qui avait reçu l'ordre de venir retirer vingt mille ducats en espèces et avait obtenu à cet effet l'autorisation nécessaire de l'Empereur et de la reine Marie. Gresham fut stupéfait de constater une assez grande pénurie de monnaie dans la ville qui, précisément, recevait les trésors des Indes, et il craignait que le retrait de fonds qu'il devait faire n'entraînât, dans toutes les banques de la ville, la suspension des paiements[2].

Il est regrettable que l'analyse de Ramón Carande laisse tant à désirer et que son étude interprétative de la faillite de ces banques ne repose que sur des explications de type anecdotique, comme l'« *avidité* » de métaux, qui mettait constamment en crise la solvabilité des banquiers ; la réalisation par ceux-ci d'opérations personnelles très risquées qui impliquaient sans cesse de graves engagements (armement de navires, commerce outre-mer, opérations d'assurances, spéculations diverses, etc.), et les saisies et besoins de liquidité des finances royales. Il ne mentionne nulle part, comme cause véritable du phénomène, la récession et la crise inévitables que produisit l'étape de boom artificiel due à l'inflation de métaux précieux venus d'Amérique ainsi que l'expansion artificielle du crédit, ne reposant pas sur une épargne réelle suffisante, qui résultait de la pratique bancaire de la réserve fractionnaire.

Heureusement, Carlo M. Cipolla a comblé, en partie du moins, cette lacune théorique de Carande et a réalisé une étude interprétative de la crise bancaire et économique de la seconde moitié du XVI siècle qui, bien qu'elle ne s'occupe que des banques italiennes, est directement applicable au système financier espagnol ; car les circuits et flux commerciaux de l'époque entre les deux nations étaient étroitement apparentés[3]. Cipolla explique que l'offre monétaire (ce que l'on appellerait aujourd'hui M1 ou M2) devait comprendre, déjà à la seconde moitié du XVI siècle, une quantité élevée de « *monnaie bancaire* » ou dépôts créés à partir du néant par les banquiers qui ne gardaient pas en réserve la totalité des espèces déposées sur un compte à vue par leurs clients. Cela engendra un essor économique artificiel qui s'estompa inexorablement à partir de la seconde moitié du XVI siècle, lorsque les déposants commencèrent à éprouver des difficultés économiques croissantes et qu'apparurent les premières faillites des banquiers les plus importants de Florence.

Cette phase d'expansion fut lancée en Italie, selon Cipolla, par les responsables de la Banque Ricci, qui se servirent d'une grande partie de leurs dépôts pour acheter des fonds publics et accorder des crédits. Cette politique d'expansion de crédit dut sûrement entraîner les autres banques privées sur le même chemin, si elles voulaient être concurrentielles et conserver leurs bénéfices et leur part du marché. On assiste dans ces cas-là à une euphorie financière, laquelle donne lieu à une étape de grande expansion artificielle qui commence bientôt à aller en sens contraire.

Ainsi, en 1574, une affiche accuse les banquiers de refuser de rembourser en espèces les dépôts et dénonce le fait qu'ils ne payent qu'« *avec de l'encre* ». Ils ont de plus en plus de difficultés à rembourser les dépôts en argent comptant, et les

---

[2] Il finit, à grand-peine, par réunir deux cent mille ducats et écrivait : « *je crains de causer la faillite de toutes les banques Séville* ». Voir Carande, 1987, vol. I, pp. 299-323, et en particulier les pp. 315-316 qui parlent de la visite de Gresham à Séville.

[3] Voir Cipolla, 1994, pp. 11-142, en particulier les p. 96 et s.

cités vénitiennes commencent à manquer de monnaie. Les artisans ne peuvent ni retirer leurs dépôts ni payer leurs dettes et l'on assiste à une forte contraction du crédit (déflation) et à une profonde crise économique que Cipolla analyse dans son brillant travail.

L'analyse de Cipolla est, donc, beaucoup plus solide, d'un point de vue théorique, que ne l'est celle de Carande. On ne peut, cependant, pas la considérer parfaite, car elle met davantage l'accent sur la crise et l'étape de contraction du crédit que sur la phase antérieure à l'expansion du crédit, où se situe la véritable origine des maux dont la cause la plus intime réside dans la violation, par les banquiers, de l'obligation de conserver intacte la totalité du *tantumdem* ou équivalent des dépôts reçus[4].

## 2. L'École de Salamanque et le commerce bancaire : l'apport initial du dr. Saravia de la Calle

Les phénomènes financiers et bancaires commentés ici n'ont pas cessé d'impressionner les esprits remarquables des théoriciens de l'École de Salamanque qui, d'après les études les plus sérieuses, sont les précurseurs de la conception subjectiviste moderne de la valeur[5].

Le premier travail à citer, par ordre chronologique, et peut-être le plus important pour nous, est l'*Instrucción de Mercaderes* du Docteur Saravia de la Calle, publié à Medina del Campo en 1544 (Saravia de la Calle, 1949). Saravia de la Calle se montre très dur envers les banquiers, qu'il qualifie de « *gloutons affamés, qui avalent tout, détruisent tout, emmêlent tout, volent et salissent tout, comme les harpies de Phinée* ». Il indique que les banquiers « *sortent sur la place et dans la rue avec leur table et leur chaise, leur caisse et leur livre, comme les prostituées au bordel avec leur chaise* » (Saravia de la Calle, 1949, p. 180) ; et ayant obtenu l'autorisation et la caution exigées par les lois du royaume, ils s'appliquent à obtenir des dépôts des clients, à qui ils offrent le service de comptabilité et de caisse, payant par ordre et pour le compte de ceux-ci et leur donnant même un intérêt pour ces dépôts. Saravia manifeste à juste titre que la réception d'un intérêt est incompatible avec la nature du contrat de dépôt et qu'il faudrait, en tout cas, payer le banquier pour la garde de l'argent. Il reprend même durement les clients des banques qui

[4] Cipolla signale que la Banque Ricci ne fut plus capable, à partir des années soixante-dix, de satisfaire les demandes de paiement en espèces et, de fait, suspendit ses paiements, ne payant plus qu'« *avec de l'encre* » ou « *avec des coupons bancaires* ». Les autorités de Florence, ne regardant que les symptômes et prétendant d'une manière typiquement volontariste résoudre cette situation préoccupante par de simples ordonnances, imposèrent aux banquiers l'obligation de payer leurs créanciers en espèces et sans retard, mais sans s'attaquer aux causes essentielles du phénomène (l'appropriation indue des dépôts sous forme de prêts et le non-respect d'un coefficient de caisse de 100 pour cent), en sorte que les ordonnances successives échouèrent lamentablement et la crise s'aggrava progressivement puis éclata dans toute sa violence au milieu des années 1570. Voir Cipolla, 1994, pp. 102-103.

[5] Lucas Beltrán, entre autres, a étudié récemment l'apport des scolastiques espagnols à la théorie économique, 1996, pp. 134-254. Il est intéressant aussi de consulter le travail sur l'École de Salamanque écrit par Grice-Hutchinson (1952), ses livres (1982 et 1995) ; et les travaux de Huerta de Soto (1994b) ; Chafuén (1986) ; et, plus récemment, Rothbard (1995a), vol. I, chap. 4, pp. 97-133.

acceptent de tels marchés avec les banquiers. Il affirme, en ce sens : « *Et, si tu dis, marchand, que tu ne le prêtes pas, mais le déposes, c'est une plus grande moquerie ; qui n'a jamais vu payer le dépositaire ? D'habitude il est payé pour la garde et le travail que lui cause le dépôt ; dans la mesure où tu déposes maintenant ton argent entre les mains de l'usurier en prêt ou dépôt, et que tu as ta part sur le bénéfice que prend l'usurier à celui qui t'a vendu ses vêtements, tu prends part aussi à la faute et même la plus grande part* » (Saravia de la Calle, 1949, p. 181).

Saravia de la Calle distingue, en outre, correctement, au chapitre XII de son livre, deux opérations radicalement distinctes qu'effectuent les banques. D'une part, celles concernant les dépôts à vue, que les clients donnent sans intérêt aucun aux banquiers « *pour qu'ils soient plus en sécurité et pour y avoir plus facilement accès au moment de payer leurs créanciers et pour n'avoir pas à faire de comptes et à surveiller leur argent ; enfin aussi, parce qu'en dédommagement de cette bonne œuvre qu'ils font aux usuriers à qui ils donnent leur argent gracieusement, s'il se trouve qu'ils n'ont pas d'argent chez l'usurier, celui-ci accepte quelques ordres de paiement également sans intérêt* » (Saravia de la Calle, 1949, p. 195).

Les « *dépôts* » à terme, quant à eux, sont très différents de ces contrats ; ce sont de véritables prêts ou mutuums, qui durent un certain temps en échange de la perception d'un intérêt, que Saravia, conformément à la doctrine canonique traditionnelle relative à l'usure, condamne profondément. Il signale, en outre, clairement, que, dans le cas du premier type de contrat de dépôt à vue, les clients doivent payer le banquier « *parce que s'ils placent de l'argent en dépôt, ils doivent payer pour la garde, et non pas recevoir les bénéfices que la justice leur ordonne de donner quand ils déposent de l'argent ou des biens qui doivent être gardés* » (Saravia de la Calle, 1949, p. 196).

Saravia de la Calle critique ensuite les clients qui essaient égoïstement de profiter de l'activité illégitime des banquiers, en leur confiant leur argent en dépôt et en prétendant ensuite toucher des intérêts : « *il y a faute, au moins vénielle, à confier son argent en dépôt à celui dont on sait qu'il ne gardera pas le dépôt, mais dépensera l'argent ; c'est comme celui qui confie la jeune fille au débauché et le bon mets au gourmand* » (Saravia de la Calle, 1949, p. 197).

Et le déposant ne peut pas tranquilliser sa conscience en pensant que le banquier prêtera ou utilisera l'argent des autres, mais pas le sien, car si « *l'on croit qu'il gardera probablement l'argent du dépôt et ne trafiquera pas avec, cela n'est croyable d'aucun usurier ; au contraire, le banquier le prêtera ensuite à usure et trafiquera avec, parce que ceux qui donnent sept et dix pour cent d'intérêt à qui leur donnent de l'argent pour trafiquer, comment ne toucheront-ils pas à ces sommes qu'ils ont reçues en dépôt ? Et même s'il était sûr que tu ne pèches pas (ce qui n'est pas vrai), il est certain que l'usurier pèche en trafiquant avec ton argent et qu'il vole ton prochain avec ton argent* » (op. cit.).

La doctrine de Saravia de la Calle est donc très claire : l'utilisation que font les banquiers, pour leur propre bénéfice, de l'argent déposé à vue, en le prêtant, est illégitime et suppose la commission d'un péché grave ; cette doctrine coïncide avec celle des juristes romains classiques et découle naturellement de l'essence même, de la cause et de la nature juridique du contrat de dépôt irrégulier de monnaie (voir Huerta de Soto, 1994a et 2002).

Saravia de la Calle explique également, de façon très imagée, les profits énormes qu'obtiennent les banquiers en s'appropriant les dépôts qu'ils reçoivent au lieu de se contenter de la rémunération plus réduite que leur procurerait la simple garde des dépôts comme de bons pères de famille : « *Et puisque vous recevez un salaire, il devrait être modéré et vous permettre de gagner votre vie, et non pas consister en ces vols excessifs avec lesquels vous construisez de magnifiques maisons, achetez de riches propriétés, menez grand train, avez abondance de domestiques, faites de grands banquets et vous habillez luxueusement, surtout parce que quand vous vous êtes établis vous étiez pauvres et veniez d'abandonner un métier de pauvres* » (Saravia de la Calle, op. cit., p. 186).

Saravia de la Calle signale aussi la propension des banquiers à faire faillite ; il fait même une analyse théorique sommaire qui montre comment une phase de récession inévitable, où les impayés provoquent la faillite en chaîne des banques, fait suite à la phase expansive résultant de l'expansion artificielle des crédits accordés par ces « *fricoteurs* ». Il ajoute que « comme le marchand ne paye pas l'usurier, il lui fait faire faillite ; celui-ci fait une banqueroute frauduleuse et tout se perd ; ces usuriers sont, comme chacun sait, le principe, l'occasion et la cause de tout cela, *parce que s'ils n'existaient pas, chacun s'arrangerait avec son argent dans la mesure de ses possibilités, et les choses vaudraient leur juste prix et ne seraient pas plus chères qu'au comptant.* Et ce serait une très bonne chose que les princes ne les admettent pas en Espagne – car aucune autre nation ne les admet – et bannissent cette peste de leur cour et de leur royaume » (Saravia de la Calle, op. cit., p. 190 (format italique ajouté par l'auteur).

On sait que les autorités des autres pays ne furent pas plus capables de contrôler les banquiers que ne le furent les Espagnoles, et que la situation était à peu près la même partout ; les gouvernants finirent par accorder des privilèges permettant aux banquiers d'utiliser pour leur propre bénéfice l'argent de leurs déposants et exigèrent, en échange, de pouvoir profiter eux-mêmes d'un système bancaire qui leur procurait un financement beaucoup plus rapide et facile que celui des impôts.

Saravia de la Calle affirme, pour conclure son analyse, que « *le chrétien ne doit en aucune façon donner son argent à ces usuriers, parce que s'il pèche en le leur donnant (ce qui est toujours le cas), il doit s'en abstenir pour ne pas pécher ; et s'il ne pèche pas, il doit encore s'en abstenir pour que l'usurier ne pèche pas* ».

Il ajoute également que le fait de ne pas recourir aux banquiers présente un avantage supplémentaire : les déposants « *ne seront pas dans l'angoisse si l'usurier fait une banqueroute frauduleuse; s'il fait faillite, chose courante que permet Dieu Notre Seigneur, ils ne craindront pas la perte d'un argent mal gagné et de ses propriétaires* » (Saravia de la Calle, op. cit., p. 198).

L'analyse de Saravia de la Calle, ingénieuse et pleine d'humour, est tout à fait correcte et ne contient aucune contradiction ; on pourrait seulement lui reprocher de trop insister, dans sa critique des banquiers, sur le fait qu'ils perçoivent et payent des intérêts malgré l'interdiction canonique de l'usure et pas assez sur l'appropriation indue des dépôts à vue que leur confient leurs clients.

## 3. Martin de Azpilcueta

Un autre auteur, Martin de Azpilcueta, plus connu sous le nom de « *Doctor Navarro* », a, lui aussi, réalisé une analyse correcte du contrat de dépôt irrégulier de monnaie. Il fait expressément allusion, dans son livre *Comentario Resolutorio de Cambios*, publié pour la première fois à Salamanque à la fin de 1556, au « *change pour garde* » qui correspond à l'opération de dépôt à vue de monnaie que font les banques.

Selon Azpilcueta, le change pour garde ou contrat de dépôt irrégulier est parfaitement juste et signifie que le banquier changeur est « *gardien, dépositaire et garant de l'argent donné ou échangé par ceux qui le lui donnent ou envoient contre ce dont ils auraient besoin; et qu'il est obligé de payer les marchands ou les gens que les déposants indiqueraient ; [pour tout cela] ils [les banquiers] peuvent toucher licitement un juste salaire de la république ou des déposants ; parce que cette profession et charge est utile à la république et ne présente aucune iniquité, car il est juste que celui qui travaille touche sa paye. Ce banquier travaille à recevoir, à garder en dépôt l'argent de tant de marchands, à écrire, à rendre et à tenir des comptes, ce qui suppose un gros effort et en même temps des risques d'erreur dans les comptes et autres difficultés. On pourrait faire la même chose sur la base d'un contrat par lequel quelqu'un s'obligerait envers d'autres personnes à recevoir et à garder leur argent en dépôt, à donner, à payer et à tenir des comptes avec les unes et les autres, selon ce qu'elles indiqueraient, etc., parce que c'est un contrat de louage d'ouvrage, contrat réputé juste et saint* » (Azpilcueta, 1965, pp. 57-58).

Martin de Azpilcueta estime donc que le contrat de dépôt irrégulier de monnaie est pleinement légitime, qu'il consiste à charger de la garde et de la surveillance – c'est-à-dire du dépôt – de l'argent un professionnel, le banquier, qui doit veiller sur lui en bon père de famille : il maintiendra constamment cet argent à la disposition du déposant et lui prêtera les services de caisse requis ; cela lui donnera le droit de percevoir le prix correspondant aux services prêtés.

Pour Martin de Azpilcueta, en effet, *ce sont les déposants qui doivent payer le dépositaire ou le banquier et jamais le contraire*, de sorte que les déposants « *payent cette somme comme retenue pour le travail et la surveillance réalisés par le banquier qui reçoit et garde l'argent du déposant* » ; cela signifie que les banquiers doivent faire « *leur travail honnêtement, et se contenter d'un salaire juste qu'ils recevront de ceux qui le leur doivent – ceux dont ils gardent l'argent et tiennent les comptes – et non pas de ceux qui ne le leur doivent pas* »[6].

Afin d'écarter toute confusion, Martin de Azpilcueta condamne expressément, comme Saravia de la Calle, les clients qui ne veulent rien payer pour la garde de leurs dépôts ou qui prétendent même percevoir des intérêts. Ainsi le Doctor Navarro conclut que « *dans ce genre de change, les banquiers ne sont pas les seuls à pécher ; malgré l'obligation de restitution, ceux qui leur donnent leur argent à garder pêchent aussi. Et puis ils ne veulent rien leur payer et disent que ce qu'ils gagnent avec leur argent et reçoivent de ceux qu'ils payeront comptant leur sert de salaire. Et si les banquiers leur réclament quelque chose, ils les quittent et s'adressent à d'autres, et pour qu'ils ne les quittent pas, ils [les banquiers] leur font grâce du salaire qui leur est dû et le font payer à qui ne le doit pas* » (Azpilcueta, 1965, p. 61).

## 4. L'apport de Tomas de Mercado

Tomas de Mercado, de son côté, analyse le commerce bancaire dans sa *Suma de tratos y contratos* (Seville, 1571) ; son optique est voisine de celle des auteurs précédents.

---

[6] Azpilcueta, 1965, pp. 60-61. Étudiant la position du Doctor Navarro, j'ai utilisé l'édition originale espagnole (1556) et la première édition portugaise (1560) ; on y trouve aux pages 75-79 et 77-80, respectivement, en espagnol et en portugais, les citations que nous avons reproduites dans le texte.

Il signale d'abord – selon la doctrine correcte – que les déposants doivent payer les banquiers pour la garde de leurs dépôts et conclut que « *c'est une règle commune et générale pour tous [les banquiers] que de recevoir un salaire des déposants, ou un pourcentage par an ou par millier, car ils leur rendent un service et gardent leur bien* » (Mercado, 1977, vol. II, p. 479, également cité dans Mercado, 1975, p. 401).

Cependant, Tomas de Mercado signale avec ironie que les banquiers de Séville sont si « *généreux* » qu'ils ne font rien payer pour la garde des dépôts : « *ceux de cette ville sont, certes, royaux et chevaleresques, car ils ne demandent ni ne perçoivent aucun salaire* » (Mercado, 1977, vol. II, p. 480). Tomas de Mercado observe que les banquiers de Séville n'ont pas besoin de faire payer quoi que ce soit, car avec la quantité de monnaie provenant des dépôts ils font, pour leur propre compte, des affaires très lucratives.

Il faut souligner que l'analyse de Mercado se borne, à notre avis, à constater un fait, et ne suppose nullement l'acceptation de sa légitimité, comme d'autres auteurs modernes semblent le suggérer (entre autres, Sierra Bravo, 1975, vol. I, pp. 214-237). Tomas de Mercado respecte, au contraire, la plus pure doctrine romaine et l'essence de la nature juridique du contrat de dépôt de monnaie irrégulier ; c'est l'auteur scolastique qui a le mieux expliqué que la transmission de la propriété dans le dépôt irrégulier ne supposait pas de transmission parallèle de disponibilité et que, sur le plan pratique, il n'y avait pas transmission pleine de la propriété.

Il le dit très bien : « *ils doivent comprendre (les banquiers) que la monnaie ne leur appartient pas et il n'est pas juste qu'en s'en servant ils empêchent son propriétaire de s'en servir* ». Il ajoute que les banquiers doivent respecter deux principes fondamentaux ; premièrement, « *ne pas dépouiller la banque au point de ne pas pouvoir faire face aux éventuels ordres de paiement, parce que, s'ils se mettent dans l'impossibilité de les payer en dépensant et en employant l'argent à trafiquer ou à des activités semblables, ils pèchent à coup sûr... Deuxièmement : ne pas s'aventurer dans des affaires dangereuses, parce qu'ils pèchent, même si elles se sont avérées prospères, pour avoir risqué de faillir et d'occasionner un grave préjudice à ceux qui leur avaient fait confiance* » (Mercado, 1977, vol. II, p. 480 et Mercado, 1975, p. 401).

Il est vrai qu'on pourrait penser que Tomas de Mercado semble, avec ces recommandations, résigné à admettre l'utilisation d'un certain coefficient de réserve fractionnaire ; mais il ne faut pas oublier qu'il affirme de façon très catégorique qu'en dernier ressort l'argent des dépôts n'appartient pas aux banquiers, mais aux déposants et qu'aucun banquier ne fait cas de ses deux recommandations : « *mais comme en cas de gain aisé il est très difficile de réprimer l'avarice, aucun d'eux n'écoute ces avertissements ni ne respecte ces conditions* » (Mercado, 1977, p. 480). C'est pourquoi il considère comme très positive l'interdiction faite aux banquiers de faire des affaires pour leur propre compte ; elle fut formulée dans le but de supprimer la tentation de financer ces affaires de façon illimitée avec l'argent de leurs déposants.

Tomas de Mercado mentionne, en outre, à la fin du chapitre IV de la *Suma de Tratos y Contratos*, que les banquiers de Séville sont dépositaires de l'argent et des métaux précieux des marchands de la flotte des Indes et qu'avec d'aussi riches dépôts « *ils font d'importants placements* » et en tirent de gros bénéfices ; il ne condamne pas expressément ce type d'activité, quoique le passage, ici aussi, soit plutôt la description d'un état de choses qu'une analyse de sa légitimité ; cette analyse est faite en détail au chapitre XIV que nous avons déjà mentionné.

Tomas de Mercado conclut également que les banquiers « *se mêlent aussi de faire du change et de faire payer qu'un banquier de cette république est un monde et embrasse plus que l'océan, quoiqu'il étreigne parfois si peu qu'il fait tout échouer* »[7].

## 5. Domingo de Soto, Luis de Molina et Juan de Lugo

Les scolastiques qui voient le moins juste en matière de contrat de dépôt irrégulier de monnaie sont Domingo de Soto et, surtout, Luis de Molina et Juan de Lugo. Ces théoriciens, en effet, se sont laissé influencer par la tradition médiévale des glossateurs, et en particulier par la confusion doctrinale née autour du *depositum confessatum.* Celui-ci n'était qu'un prêt, déguisé sous l'apparence d'un dépôt afin de contourner l'interdiction canonique de l'encaissement d'intérêts ; encaissement qui, cependant, était considéré comme acceptable s'il découlait d'un retard (fictif) du dépositaire (Coppa-Zuccari, 1901, p. 386). De Soto et surtout, Molina considèrent, en effet, que le dépôt irrégulier n'est qu'un prêt qui transmet au banquier non seulement la propriété, mais aussi la pleine disponibilité des dépôts ; on peut donc considérer comme légitime leur utilisation sous forme de prêts, pourvu que ceux-ci soient accordés avec « *prudence* ». On peut estimer que Domingo de Soto fut le premier à défendre cette thèse, quoique très indirectement. On lit, en effet, au livre VI, question XI, de son ouvrage *La Justicia y el Derecho* (1556) qu'il existe chez les banquiers « *la coutume, paraît-il, suivant laquelle, si un marchand a déposé au change de l'argent comptant, le cambiste est responsable pour une quantité plus élevée. J'ai donné au cambiste dix milles ; il répondra pour moi de douze ou peut-être de quinze ; parce que, pour lui, avoir l'argent comptant représente un profit très intéressant. Là non plus il n'y a aucun mal* »[8].

Domingo de Soto semble admettre un autre cas de création typique de crédit : celui du prêt sous forme d'escompte de lettre financé par les dépôts des clients.

Mais le scolastique qui a défendu le plus nettement une doctrine dangereuse à propos du contrat de dépôt irrégulier de monnaie est le jésuite Luis de Molina[9]. Il maintient en effet, dans son *Tratado sobre los Cambios* (Cuenca, 1597), la doctrine médiévale d'après laquelle le dépôt irrégulier cache toujours un contrat de prêt ou mutuum en faveur du banquier ; ce contrat transmettrait non seulement la propriété, mais aussi la totale disponibilité de la chose, de sorte que le banquier peut légitimement l'utiliser en son propre bénéfice sous forme de prêts ou de toute autre façon.

---

[7] C'est la citation de Mercado que recueille Ramón Carande au vol. I de *Carlos V y sus banqueros*, dans l'introduction de son analyse concernant les banquiers de Séville et la crise qui les mena tous à la faillite. Voir Mercado (1977), pp. 381-382 et Mercado (1975), p. 321.

[8] Soto, D. de, 1968, vol. III, p. 591. D'après Sierra Bravo (1975), p. 215, cette phrase de Soto contient implicitement son admission du système bancaire de réserves fractionnaires.

[9] Il est très significatif que plusieurs auteurs, comme Marjorie Grice-HUtchinson, hésitent à situer Luis de Molina parmi les théoriciens de l'École de Salamanque : « L'inclusion de Molina dans l'école me paraît maintenant plus discutable » (traduit de l'espagnol) Marjorie Grice-Hutchinson, (1995), chap. 2 (« El concepto de la Escuela de Salamanca : sus orígenes y desarrollo »), p. 70.

Il s'explique ainsi : « *parce que ces banquiers sont, comme tous les autres, véritablement propriétaires de l'argent déposé dans leurs banques, en quoi ils se distinguent largement des autres dépositaires... de sorte qu'ils le reçoivent comme un prêt à titre précaire et donc, à leurs risques* » ; il affirme, ailleurs et encore plus nettement, qu' « *un tel dépôt est réellement un prêt, comme on l'a déjà dit, et la propriété de l'argent déposé passe au banquier ; ainsi, en cas de perte, il est perdu pour le banquier* » (Molina, 1991, pp. 137-138 et 139-140).

Cette thèse est en contradiction avec la doctrine défendue par Luis de Molina lui-même dans son autre *Tratado sobre los préstamos y la usura*, où il fait remarquer que la *durée* est un élément essentiel de tout contrat de prêt et que, si l'on n'a pas expressément stipulé pendant combien de temps on pouvait disposer d'un prêt ni fixé la date de sa restitution, « *il faudra s'en tenir à ce que le juge estimera* » (Molina, 1989, p. 13).

Molina ignore, en outre, que la nature et l'essence juridiques du contrat de dépôt bancaire n'ont rien à voir avec celles du contrat de prêt ou mutuum ; ainsi, sa doctrine, en prétendant identifier les deux contrats, suppose un retour en arrière, non seulement par rapport aux positions de Saravia de la Calle et de Martin de Azpilcueta, beaucoup plus cohérentes, mais aussi par rapport à la définition romaine de la véritable nature juridique du contrat. Il est donc curieux qu'un esprit aussi clair et profond que celui de Luis de Molina ne se soit pas rendu compte du danger qu'il y avait accepté la violation des principes généraux du droit concernant le dépôt irrégulier et ait affirmé qu'« *il n'arrive jamais que tous les déposants aient besoin de leur argent et ne laissent pas en dépôt beaucoup de milliers de ducats que les banquiers puissent utiliser pour leur profit ou leur perte* » (Molina, 1989, p. 137).

Molina ne se rend pas compte qu'ainsi non seulement le but ou la cause essentielle du contrat – qui est la garde – est violé, mais que c'est la porte ouverte à toute sorte d'opérations illicites et d'abus qui engendrent inexorablement la récession économique et la faillite des banques. Si l'on ne respecte pas le principe traditionnel du droit qui exige le maintien constant du *tantundem* en faveur du déposant, il n'existe aucun moyen sûr d'éviter la faillite des banques. Et il est évident que des suggestions superficielles et vagues comme « *essayer d'agir avec prudence* » ou « *ne pas s'aventurer dans des affaires risquées* » ne suffisent pas pour éviter les effets économiques et sociaux très nuisibles du système bancaire de réserve fractionnaire.

En tout cas, Luis de Molina se soucie, au moins, de signaler qu'« il faut savoir que [les banquiers] pèchent mortellement s'ils compromettent dans leurs affaires personnelles les sommes déposées en si grande quantité qu'ils sont ensuite incapables de restituer, le moment venu, les quantités que réclament les déposants ou qu'ils ordonnent de payer sur l'argent qu'ils ont en dépôt... De même, ils pèchent mortellement s'ils se livrent à des opérations qui risquent de les empêcher de payer les dépôts. Par exemple, s'ils envoient une telle quantité de marchandises outre-mer qu'en cas de naufrage du bateau ou d'arraisonnement par les pirates il ne leur soit plus possible de rendre les dépôts même en vendant tout leur patrimoine. *Et ils pèchent mortellement non seulement quand l'opération finit mal, mais aussi si elle finit bien. Et cela pour s'être risqués à porter préjudice aux déposants et aux cautions qu'eux-mêmes apportèrent pour les dépôts* » (Molina, 1991, p. 138-139) (format italique ajouté par l'auteur).

Cet avertissement de Luis de Molina est remarquable, tout aussi remarquable que le fait qu'il ne se soit pas rendu compte qu'il est, en définitive, en intime contradiction avec le fait qu'il accepte expressément le système bancaire de réserves fractionnaires à condition que les banquiers se comportent «*prudemment*». Car, quelle que soit la prudence des banquiers, la seule façon d'éviter les risques et de garantir que l'argent des clients sera toujours à leur disposition est de maintenir constamment un coefficient de caisse de 100 pour cent[10].

Après Molina, le principal scolastique à maintenir une position analogue est Juan de Lugo (1642, Disp. XXVIII, sec. V, pp. 406-407), jésuite également ; cela permet, à notre avis, de considérer qu'il existe, au sein de l'École de Salamanque, deux courants en matière de banque : l'un « *monétaire* » (proche de la future *Currency School*), doctrinalement solide et correct, auquel appartiennent Saravia de la Calle, Martin de Azpilcueta et Tomas de Mercado ; et l'autre (proche de la future *Banking School*) plus enclin à accepter les velléités de la doctrine inflationniste et le coefficient de réserve fractionnaire ; ce dernier est représenté par Luis de Molina, Juan de Lugo et, en moins grande mesure, par Domingo de Soto. Nous exposons ces deux points de vue dans le paragraphe suivant.

## 6. Les points de vue « *bancaire* » et « *monétaire* » au sein de l'École de Salamanque

Les apports des théoriciens de l'École de Salamanque dans le domaine monétaire sont importants et ont donné lieu à des études détaillées[11].

Le premier traité scolastique sur la monnaie fut celui de Covarrubias, publié en 1550 et intitulé *Veterum Collatio Numismatum.* Le célèbre évêque de Ségovie étudie dans ce travail l'histoire de la dévaluation du maravédis castillan et recueille une grande quantité de statistiques sur l'évolution des prix. Bien que les idées essentielles de la théorie quantitative de la monnaie y soient implicitement contenues, ce traité n'offre pas encore de théorie monétaire explicitement articulée[12]. Il faudra attendre quelques années pour que Martin de Azpilcueta dise, pour la première fois, de façon claire et convaincante, que l'augmentation des prix (ou, si l'on veut, la diminution du pouvoir d'achat de la monnaie) vient de l'accroissement de l'offre monétaire ; accroissement qui se produisait en Castille à cause de l'affluence massive de métaux précieux provenant d'Amérique.

En effet, la relation entre la quantité de monnaie et les prix, impeccablement exprimée par Azpilcueta, pour qui « dans les pays où la monnaie fait grandement défaut, toutes les autres choses vendables, et même la main d'œuvre et les travaux des hommes, coûtent moins cher que là où elle abonde ; ainsi l'expérience prouve qu'en France, où il y a moins d'argent qu'en Espagne, le pain, le vin, les étoffes, la main d'œuvre et les travaux valent beaucoup moins cher ; et même en Espagne, quand il y avait moins d'argent, les choses vendables, la main-d'œuvre et les travaux des hommes coûtaient beaucoup

---

10 Voir, plus loin, p. 401.

11 Voir, entre autres, les références indiquées à la note 6.

12 L'édition que j'ai utilisée est celle des *Omnia Opera* (1604). Ce travail de Covarrubias est souvent cité par Davanzati, et au moins une fois au chap. 2 du célèbre *Della Moneta* de Galiani (1750) et également – ce qui est très significatif – par Menger (1871), p. 257.

moins qu'après que la découverte des Indes l'a couverte d'or et d'argent. *La cause en est que la monnaie vaut plus là où et quand elle fait défaut, que là où et quand elle abonde* » (Azpilcueta, 1965) (format italique ajouté par l'auteur).

Or, en comparaison des études approfondies et détaillées qui se sont intéressées à la théorie monétaire de l'École de Salamanque, l'effort d'analyse et d'appréciation de la position des scolastiques vis-à-vis de l'activité bancaire a été très léger[13]. Cependant, comme nous le constations plus haut, les théoriciens de l'École de Salamanque ont réalisé une analyse très pénétrante des pratiques bancaires et ont été, dans une large mesure, les précurseurs des différentes positions qui sont réapparues deux siècles plus tard en Angleterre à l'occasion de la polémique qui opposait les membres de l'« *École bancaire* » (*Banking School*) à ceux de l'« *École monétaire* » (*Currency School*).

Nous avons exposé, en effet, la critique profonde du système bancaire de réserves fractionnaires due, principalement, au Docteur Saravia de la Calle et qui apparaît dans les derniers chapitres de son *Instrucción de Mercaderes*. Martin de Azpilcueta et Tomas de Mercado développèrent eux aussi une analyse rigoureuse et très exigeante de l'activité bancaire ; même si celle-ci n'atteint pas le niveau de critique de celle de Saravia de la Calle, elle contient un traitement impeccable des exigences qui, conformément à la justice, doivent être respectées dans le contrat de dépôt bancaire de monnaie. Ainsi, et étant donné l'analyse critique rigoureuse de l'activité bancaire qu'ils réalisent, l'on peut considérer que ce premier groupe d'auteurs est à l'origine d'une « *École monétaire* », qui se serait développée au sein de l'École de Salamanque et se caractériserait par le maintien de positions cohérentes et strictes concernant les exigences juridiques du contrat de dépôt bancaire, et par son attitude généralement critique et méfiante vis-à-vis de l'activité bancaire.

Face à ce premier groupe de théoriciens, l'on en distingue un second, appartenant aussi à l'École de Salamanque et présidé par Luis de Molina. Y sont également rattachés Juan de Lugo et, dans une moindre mesure, Lesio et Domingo de Soto. La position de ces auteurs se caractérise par la faiblesse du fondement juridique qu'ils revendiquent pour le contrat de dépôt bancaire de monnaie et par le fait qu'ils admettent la pratique de la réserve fractionnaire, arguant qu'il s'agit davantage d'un contrat de prêt à titre précaire, ou mutuum, que d'un dépôt.

Il n'y a pas lieu ici de reproduire tous les arguments à l'encontre de la position moliniste concernant le contrat de dépôt bancaire ; laquelle, d'autre part, ne fait que reprendre une erreur qui, très influencée par le *depositum confessatum*, a perduré au cours du Moyen-Age grâce aux glossateurs.

Ce qu'il est intéressant de souligner c'est que ce second groupe d'auteurs de l'École de Salamanque s'est montré beaucoup plus « *compréhensif* » vis-à-vis de l'activité bancaire et en arriva même à justifier pleinement son exercice en marge des principes traditionnels du droit. L'on peut donc considérer que ce second groupe serait à l'origine d'une « *École bancaire* » au sein de l'École de Salamanque qui, de même que leurs successeurs lointains de la *Banking School* anglaise et continentale, non seulement justifièrent l'exercice de l'activité bancaire fondée sur le système de réserve fractionnaire, c'est-à-dire violant les

---

[13] Voir, par exemple, les commentaires de Gómez Camacho (1981), pp. 33-34, Sierra Bravo (1975) et l'article de Belda dont nous faisons le commentaire au dernier paragraphe.

principes fondamentaux du droit, mais crurent qu'il avait des effets très positifs sur l'économie.

Bien que le fondement théorique que donne Luis de Molina au contrat bancaire signifie un net recul et soit indéfendable du point de vue des principes traditionnels du droit, il est, cependant, curieux de noter que cet auteur est le premier membre de l'École de la tradition bancaire à se rendre compte que les *chèques et documents qui ordonnent le paiement à vue de certaines quantités sur les dépôts remplissent exactement la même fonction que la monnaie métallique.*

Par conséquent, l'opinion très répandue, d'après laquelle les théoriciens de la *Banking School* anglaise ont été les premiers à démontrer, au XIX siècle, que les dépôts à vue faisaient intégralement partie de l'offre monétaire et exerçaient donc les mêmes effets sur l'économie que les billets de banque, est incorrecte. Luis de Molina, deux siècles auparavant, exposait très clairement cette idée dans la dispute 409 de son *Tratado sobre los Cambios.* Molina, en effet, nous indique que « *l'on donne l'argent aux banquiers de deux façons : l'une, en espèces, en leur remettant les monnaies ; et l'autre, par des lettres de change, ou toutes autres lettres qu'on leur remet et en vertu desquelles celui qui doit payer la lettre passe à devoir à la banque la quantité y indiquée, laquelle sera mise sur le compte de celui qui dépose la lettre à la banque* » (Molina, 1991, p. 146).

Molina parle, en particulier, de documents qu'il nomme, en latin, *chirographis pecuniarum*, et qui sont utilisés comme moyens de paiement dans la plupart des transactions réalisées dans les foires. Ainsi, « *bien que les transactions effectuées en espèces soient nombreuses, la plupart se font au moyen de documents qui reconnaissent soit que la banque est leur débitrice, soit qu'elle accepte de payer, l'argent ne sortant pas de la banque* ».

Il signale aussi que ces chèques ont une valeur libératoire « *à vue* » , indiquant que « *ces paiements sont habituellement dits 'à vue', parce que l'argent doit être payé au moment où la lettre est lue et présentée* » (Molina, 1991, p. 146).

Mais le plus important est que Molina exprima, bien avant Pennington (voir Pennington, 1829 ; Hayek, 1995, p. 232 ; Rothbard, 1995b, vol. II, pp. 231-233) qui le fit en 1826, l'idée essentielle suivante : le volume total des transactions monétaires réalisées dans une foire ne pourrait pas être payé avec la quantité d'espèces qui y change de mains, si l'on n'avait pas recours à l'argent que créent les banques grâce aux annotations de leurs dépôts et les chèques émis sur ces dépôts par les déposants. De sorte que les banques créent, à partir du néant, sous forme de dépôts, une nouvelle quantité d'argent qui est utilisée dans les transactions.

Molina dit expressément, en effet, que sont formalisés « par des documents signés, la plupart des transactions faites auparavant ; *car la monnaie n'est pas assez abondante pour que l'on puisse acheter comptant la quantité énorme de marchandises qui y sont apportées pour la vente, si l'on doit payer en espèces, ni pour que l'on puisse réaliser autant d'opérations* » (Molina, 1991, p. 147).

Enfin, Molina distingue nettement les opérations qui supposent la concession d'un crédit en repoussant temporairement le paiement d'une dette, de celles qui se font en payant comptant par chèque ou en portant le montant au débit d'un compte bancaire ; et il conclut : « *il faut signaler qu'on ne considère pas qu'il y a achat à crédit si le prix est porté au débit du compte bancaire, même si, à ce moment, on ne paye pas en espèces ; car le banquier paiera en espèces le solde débiteur qu'il y aurait, au moins à la fin de la foire* » (Molina, 1991, p. 149).

Juan de Lugo, pour sa part, suit exactement la doctrine moliniste et considère, lui aussi, que le dépôt bancaire de monnaie n'est qu'un mutuum ou prêt à titre précaire qui autorise le banquier, tant que l'argent n'est pas réclamé par les déposants, à l'utiliser pour ses opérations particulières[14].

Molina et Lugo défendent une position si confuse à propos du fondement juridique du contrat de dépôt bancaire qu'ils admettent même que le contrat peut présenter simultanément une nature juridique distincte selon la partie qui le réalise (qu'il puisse être un dépôt pour le déposant et un contrat de prêt pour le banquier dépositaire).

Ils ne voient là, apparemment, aucune absurdité et se contentent, comme on l'a vu, de fixer une seule limite à l'activité des banquiers : ceux-ci doivent agir avec « *prudence* » pour pouvoir disposer toujours, en vertu de la loi des grands nombres, de la liquidité suffisante pour permettre le remboursement des dépôts qui « *normalement* » leur sera réclamé. Ils ne se rendent pas compte que le critère de la prudence qu'ils énoncent n'est pas un critère objectif qui peut orienter l'action du banquier. Il n'équivaut, en tout cas, pas à la capacité de rembourser les dépôts et ces auteurs prennent soin de souligner que les banquiers commettent un « *péché* » mortel lorsqu'ils engagent les fonds de leurs déposants dans des opérations imprudentes et spéculatives, *même si elles finissent bien et s'ils peuvent rendre l'argent à leurs déposants en temps voulu*[15].

De surcroît, le critère de prudence n'est pas non plus une condition suffisante : l'on peut être très prudent et, cependant, peu perspicace ou même avoir de la malchance dans les affaires, de sorte que, le moment venu, on ne dispose pas de la liquidité suffisante et l'on ne puisse pas rembourser les dépôts[16].

En quoi doit, donc, consister le critère de prudence ? Il est clair qu'on ne peut pas donner à cette question de réponse objective qui peut servir à guider l'activité des banquiers. Surtout quand la loi des grands nombres n'est pas applicable à l'activité bancaire fondée sur la pratique de la réserve fractionnaire ; l'expansion de crédit qu'elle engendre produit, en effet, des cycles récurrents d'essor et de dépression qui mettent forcément les banquiers en difficulté. Car l'activité bancaire engendre, comme le démontre la théorie autrichienne du cycle économique (Hayek, 1996 ; Huerta de Soto, 2002, chap. 4-6), les crises de

[14]« *Quare magis videntur pecuniam precario mutuo accipere, reddituri quotiscumque exigetur a deponente. Communiter tamen, pecunia illa interim negotiantur, et lucrantur, sine ad cambium dando, sine aliud negotiationis genus exercendo* ». Citation littérale de Juan de Lugo (1642), sec. 5, n° 60, « De cambiis », p. 406.

[15] Juan de Lugo exprime ainsi ce principe, de façon concise et claire : « *Qui bene advertit, eiusmodi banchearios depositarios peccare graviter, & damno subsequuto, cum obligatione restituendi pro damno, quoties ex pecuniis apud se depositis tantam summam ad suas negotiationes exponunt, ut inhabiles maneant adsoluendum deponentibus, quando suo tempore exigent. Et idem est, si negotiationes tales aggrediantur, ex quibus periculum sit, ne postea ad paupertatem redacti pecunias acceptas reddere non possint, v. g. euentus ex nauigatione periculosa dependeat, in qua nauis hostium, vel naufragij periculo exposita sit, qua iactura sequuta, ne ex proprio quidem patrimonio soluere possint ; sed in creditorum, vel fideiussorum damnum cedere debet* » (Juan de Lugo, 1642, Disp. XXVIII, sec. V, pp. 406-407.

[16] C'est-à-dire, selon la terminologie de Kirzner, 1979, pp. 120-136, que l'on peut commettre des erreurs entrepreneuriales pures (non assurables par la loi des grands nombres) qui produisent de graves pertes, quel que soit le degré de prudence avec lequel on a agi.

liquidité et, donc, l'insolvabilité générale des banques. En tout cas, il est fort possible qu'au moment de la crise la banque ne puisse pas payer, c'est-à-dire qu'elle suspend ses paiements et même si tous ses créanciers ont finalement la chance d'être payés, cela ne se produira, dans le meilleur des cas, qu'au bout d'une longue période de liquidation où le rôle des déposants, qui auront perdu la disponibilité immédiate de leur argent, changera ; ils se transformeront en *prêteurs forcés* qui seront obligés de différer le recouvrement de leurs dépôts jusqu'au moment où s'achèvera la liquidation de la banque.

Les considérations qui précèdent sont celles qui, sans aucun doute, conduisent Tomas de Mercado à signaler que les principes de prudence énoncés par Luis de Molina et Juan de Lugo constituent un objectif qu'aucun banquier ne remplit en pratique. C'est comme si Tomas de Mercado avait eu conscience que de tels principes ne pouvaient pas servir de guide pratique de conduite pour garantir la solvabilité bancaire. Car si de tels principes sont inefficaces pour permettre de garantir en permanence la solvabilité et la liquidité, le système bancaire de réserves fractionnaires ne sera pas capable de remplir ses engagements dans tous les cas imaginables.

## CONCLUSION : LES POSITIONS CONTEMPORAINES DES JÉSUITES BERNARD W. DEMPSEY ET FRANCISCO BELDA

Des économistes jésuites se sont à nouveau penchés, à notre époque, sur la doctrine des scolastiques espagnols concernant l'activité bancaire, l'un du point de vue de l'École bancaire et l'autre du point de vue de l'École monétaire. Le premier est l'espagnol Francisco Belda, auteur d'un intéressant travail intitulé « *Etica de la creación de créditos según la doctrina de Molina, Lesio y Lugo* » (Belda, 1963, pp. 64-89). Pour le père Belda, en effet, il est évident que « *d'après la description de Molina, il y a, dans le cas des banquiers, une véritable création de credits. Grâce à l'intervention des banques, il s'est créé un nouveau pouvoir d'achat qui n'existait pas auparavant. Le même argent est utilisé deux fois simultanément ; la banque l'utilise dans ses affaires et le déposant aussi. Le résultat total est que la quantité de moyens de paiement en circulation est plusieurs fois supérieure à la quantité réelle d'argent comptant qui leur donna naissance et la banque profite de toutes ces opérations* ».

Belda considère également que, d'après Molina, « *il est licite d'utiliser commercialement les dépôts des clients, pourvu que ce soit avec prudence, et sans s'exposer à ne pas pouvoir faire face à ses obligations en temps voulu* » (Belda, 1963, pp. 63 et 69).

À propos de Juan de Lugo, Belda indique qu'il « *fait une description minutieuse des pratiques des changeurs et banquiers. Il y a ici approbation explicite de la création de crédit, quoique pas sous l'aspect formel du crédit créé. Les banques font un usage commercial des dépôts de leurs clients qui, de leur côté, ne sont pas privés de l'usage de leur propre argent. On assiste à une expansion des moyens de paiement produite par les banques par le truchement de crédits, escomptes d'effets de commerce et autres activités économiques réalisées avec l'argent d'autrui. Le résultat final en est une augmentation du pouvoir d'achat dans le marché, très supérieure à la quantité représentée par les dépôts en espèces qui lui ont donné naissance* »[17].

---

[17] Belda, 1963, p. 87. L'allusion à Juan de Lugo correspond à Juan de Lugo (1642), tome 2, dispo. 28, sec. 5, n° 60-62.

Il est évident que Belda signale de façon correcte que les doctrines de Molina et Lugo sont, parmi celles des scolastiques, les plus favorables au commerce bancaire. Nous devons, cependant, critiquer le père Belda dans la mesure où il n'étudie pas les positions des autres membres de l'École de Salamanque, en particulier celles de Tomas de Mercado et surtout, de Martin de Azpilcueta et de Saravia de la Calle, qui effectuent une analyse beaucoup plus rigoureuse et critique de l'activité bancaire. En outre, l'analyse des apports de Molina et de Lugo réalisée par Belda s'appuie sur une conception keynésienne de l'économie qui non seulement ignore tous les effets négatifs exercés sur la structure productive par l'expansion de crédit, mais considère celle-ci très bénéfique dans la mesure où elle augmente la « *demande effective* » et le revenu national. Ainsi, l'analyse de Belda est une étude des apports des membres de l'École de Salamanque, réalisée du point de vue de l'École keynésienne ; elle est extrêmement confuse quant à la justification juridique de l'institution du dépôt bancaire de monnaie et, donc, encline à considérer comme légitime l'activité bancaire fondée sur un coefficient de réserve fractionnaire.

Il existe, cependant, un traité d'économie écrit par un autre jésuite remarquable, le père Bernard W. Dempsey, et intitulé *Interest and Usury*,[18] qui analyse la position des membres de l'École de Salamanque concernant l'activité bancaire. Il s'appuie sur de profondes connaissances en matière de théorie monétaire, du capital et des cycles, très supérieure à celles utilisées par le père Belda[19].

Chose curieuse, Dempsey développe sa thèse, non pas en analysant les positions des théoriciens de l'École da Salamanque les plus contraires à l'activité bancaire (Saravia de la Calle, Martin de Azpilcueta et Tomas de Marcado), mais en se concentrant sur les travaux des représentants les plus proches de l'École bancaire (Luis de Molina, Juan de Lugo et Lesio) ; il fait une étude exégétique des ouvrages de ces auteurs qui le mènent à conclure que, *du point de vue de leurs propres doctrines, l'activité bancaire fondée sur la réserve fractionnaire ne serait pas légitime.*

La conclusion de Dempsey se fonde sur l'application des principes traditionnels défendus par ces auteurs de Salamanque à propos de l'usure à l'institution bancaire et à ses effets économiques ; effets qui, même s'ils étaient complètement inconnus à l'époque où ceux-ci écrivaient, avaient cependant été révélés par Mises et Hayek lorsque Dempsey réalisa son travail. En effet, même si Molina et Lugo manifestent une disposition indéniablement plus favorable à la banque, Dempsey indique expressément[20] que les prêts créés à partir du

---

[18] Dempsey (1943). Il convient de signaler que l'article de Belda est une critique dirigée, du point de vue keynésien, contre les thèses défendues par Dempsey dans ce livre. Je remercie le Prof. James Sadowsky de la Fordham University de m'avoir procuré un exemplaire du livre de Dempsey que je n'avais pas pu trouver en Espagne.

[19] Les grandes connaissances théoriques de Dempsey et sa familiarité avec les doctrines économiques de Ludwig von Mises, Friedrich A. Hayek, Wicksell, Keynes et d'autres sont nettement soulignées dans l'Introduction qu'écrivit Schumpeter pour le livre de Dempsey. D'autre part, Schumpeter, 1994, pp. 34 et 143, fait l'éloge de Dempsey dans sa monumentale *Histoire de l'Analyse économique.*

[20] « *The credit expansion results in the depreciation of whatever circulating medium the bank deals in. Prices rise; the asset appreciates. The bank absolves its debt by paying out on the deposit a currency of lesser value… No single person perhaps would be convinced by a Scholastic author of the sin of usury. But the process has operated usuriously; again we meet systematic or institutional usury… The modern situation to which theorists have applied the concepts of divergence of natural and money interest,*

néant par les banques, grâce à la pratique des réserves fractionnaires, supposent la création d'une capacité acquisitive qui n'exige l'apparition d'aucune épargne volontaire ou sacrifice préalable ; cela cause un grave préjudice à un grand nombre de tierces personnes qui voient la capacité acquisitive de leurs unités monétaires diminuer par suite de l'expansion inflationniste due aux banques.

D'après Dempsey, cette création de capacité acquisitive à partir du néant, qui ne suppose pour les individus la perte préalable d'aucune capacité acquisitive, va contre les principes essentiels du droit tels que les élaborèrent Molina et Lugo eux-mêmes, et serait, en ce sens, condamnable. Dempsey affirme en particulier : « *nous pouvons conclure qu'un scolastique qui analyserait les problèmes monétaires modernes se montrerait clairement favorable à un coefficient de caisse de 100 pour cent pour la banque ou à la fixation d'une limite temporelle à la validité de la monnaie. Une offre monétaire rigide, ou qui ne s'altèrerait qu'en fonction de critères objectifs et prédéterminés, est une condition nécessaire pour un juste prix de la monnaie qui a un sens* »[21].

Dempsey insiste sur le fait que l'expansion de crédit créée par la banque tend à déprécier le pouvoir acquisitif de la monnaie, de sorte que les banques remboursent les dépôts de monnaie en unités monétaires dont la capacité acquisitive est de plus en plus réduite. Ainsi, il conclut à juste titre que le processus économique auquel donne lieu le système bancaire de réserves fractionnaires aurait été qualifié, même par Molina, Lesio et Lugo, de vaste et illégitime processus d'*usure institutionnelle*, si les membres de l'École de Salamanque avaient eu connaissance de son fonctionnement et de ses implications théoriques.

## RÉFÉRENCES BIBLIOGRAPHIQUES

AZPILCUETA, M. DE, 1965, *Comentario Resolutorio de Cambios*, Consejo Superior de Investigaciones Científicas, Madrid. 1ª éd. portugaise, publiée sous le titre *Comentario Resolutorio de Onzenas*, Iom de Barreyra, Coimbra 1560. Éd. princeps espagnole publiée chez Andrea de Portonarijs, Salamanque 1556.

BELDA, F., 1963, « Etica de la creación de créditos según la doctrina de Molina, Lessio y Lugo », *Pensamiento*, Revista trimestral de investigación e información filosófica, publiée par les Facultades de Filosofía de la Compañía de Jesús en España, nº 73, vol. 19, janvier-mars 1963, Madrid pp. 53-89.

BELTRAN, L., 1996, « Sobre los orígenes hispanos de la economía de mercado », *Ensayos de economía política*, Unión Editorial, Madrid, pp. 234-254.

BERENGER, J., 1993, *El Imperio de los Habsburgo 1273-1918*, Editorial Crítica, Barcelone. Initialement publié en français sous le titre *Histoire de l'empire des Habsbourg 1273-1918*, Librairie Arthème Fayard, Paris 1990.

*divergences of saving an investment, divergences of income disposition from tenable patterns by involuntary displacements, all these have a sufficient common ground with late medieval analysis to warrant the expression 'institutional usury' for the movement heretofore described in the above expressions* » (Dempsey, 1943, pp. 225 et 227-228).

[21] Dempsey, 1943, p. 210 : « *We may conclude from this that a Scholastic of the seventeenth century viewing the modern monetary problems would readily favour a 100 percent reserve plan, or a time limit on the validity of money. A fixed money supply , or a supply altered only in accord with objective and calculated criteria, is a necessary condition to a meaningful just price of money* ».

CARANDE, R., 1987, *Carlos V y sus banqueros*, 3 vol., Editorial Crítica, Barcelone et Madrid.
CHAFUEN, A., 1986, *Economía y ética: raíces cristianas de la economía de libre mercado*, Rialp, Madrid.
CIPOLLA, C. M., 1994, « La moneda en Florencia en el siglo XVI », *El gobierno de la moneda: ensayos de historia monetaria*, traduction espagnole de Juan Vivanco , Editorial Crítica, Barcelone, pp. 11-142. Titre original: *Il Governo della Moneta: La Moneta a Firenze nel Cinquecento*, Il Mulino, Bologne 1990.
COPPA-ZUCCARI, P., 1901, *Il deposito irregolare*, Biblioteca dell'« Archivio Giuridico Filippo Serafini », Modène.
COVARRUBIAS, Y., LEYVA, D., 1604, *Omnia Opera*, « Veterum Collatio Numismatum, cum his, quae modo expenduntur, publica, et Regia authoritate perpensa », pp. 669-710. Publié à Salamanque en 1577. Traduction partielle d'Atilano Rico Seco incluse dans les *Textos Jurídico-Políticos*, sélectionnés et rassemblés par Manuel Fraga Iribarne, Instituto de Estudios Políticos, Madrid 1957.
DAVANZATI, B., 1696, *A Discourse upon Coins*, J. D. and J. Churchill, Londres.
DEMPSEY, B. W., 1943, *Interest and Usury*, Introduction de Joseph A. Schumpeter, American Council of Public Affairs, Washington D. C.
DE SOTO, D., 1968, *De Iustitia et Iure*, Instituto de Estudios Políticos, Madrid. Ed. princeps d'Andreas à Portonarijs, Salamanque 1556.
GALIANI, F., 1750, *Della Moneta*, G. Raimondo, Naples.
GARRIGUES, J., 1975, *Contratos bancarios*, 2° éd., Madrid.
GOMEZ CAMACHO, F., 1981, « Introducción » a Luis de Molina, *La teoría del justo precio*, Editorial Nacional, Madrid.
GRICE-HUTCHINSON, M., 1952, *The School of Salamanca: Readings in Spanish Monetary Theory, 1544-1605*, Clarendon Press, Oxford (Travail réalisé sous la direction de F. A. Hayek).
GRICE-HUTCHINSON, M., 1982, *El Pensamiento Económico en España (1177-1740)*, traduction espagnole de Carlos Rochar, revue par Joaquín Sempere, Editorial Crítica, Barcelone.
GRICE-HUTCHINSON, M., 1995, *Ensayos sobre el pensamiento económico en España*, Laurence S. Moss et Christopher K. Ryan (éd.), versión de Carlos Rodríguez Braun et María Blanco González, Alianza Editorial, Madrid.
HAYEK, F. A., 1995, « La disputa entre la Escuela Monetaria y la Escuela Bancaria », *La tendencia del pensamiento económico: Ensayos sobre economistas e historia económica*, W. W. Bartley III et Stephen Kresge (éd.), *Obras completas de F. A. Hayek*, Unión Editorial, Madrid, p. 232.
HAYEK, F. A., 1996, *Precios y producción*, traduction de Carlos Rodríguez Braun et Introduction de José Luis Feito, Unión Editorial, Madrid.
HUERTA DE SOTO, J., 1994a, « La teoría del banco central y de la banca libre », *Estudios de economía política*, Unión Editorial, Madrid, chap. XI, pp. 129-143.
HUERTA DE SOTO, J., 1994b, « Génesis, esencia y evolución de la Escuela Austríaca de Economía », *Estudios de Economía Política*, Unión Editorial, Madrid, chap. I, pp. 17-55.
HUERTA DE SOTO, J., 2002, *Dinero, crédito bancario y ciclos económicos*, 2° éd., Unión Editorial, Madrid (1° éd. de 1998).
KIRZNER, I. M., 1979, « Economics and Error », *Perception, Opportunity and Profit*, The University of Chicago Press, Chicago.

LUGO, J. DE, 1642, R. P. Joannis de Lugo Hispalensis, S. I., *Disputationum de Iustitia et Iure Tomus Secundus*, Lugduni.
MENGER, C., 1871, *Grundsätze der Volkwirtschaftslehre*, éd. Wilhelm Braumüller, Vienne. Traduction espagnole: *Principios de Economía Política*, Unión Editorial, Madrid 1983, 2° éd., 1997.
MERCADO, T. DE, 1977, *Suma de tratos y contratos*, Restituto Sierra Bravo (éd.), Editorial Nacional, Madrid. Ed. princeps espagnole publiée à Séville en 1571 « en casa de Hernando Díaz Impresor de Libros, en la calle de la Sierpe ».
MOLINA, L. DE, 1991, *Tratado sobre los Cambios*, édition et introduction de Francisco Gómez Camacho, Instituto de Estudios Fiscales, Madrid ; la première édition fut publiée à Cuenca en 1597.
MOLINA, L. DE, 1989, *Tratado sobre los Préstamos y la Usura*, édition et introduction de Francisco Gómez Camacho, Instituto de Estudios Fiscales, Madrid.
PENNINGTON, J., 1829, Memorandum daté du 13 février 1826 « On the Private Banking Establishments of the Metropolis », inclus comme appendice dans Thomas Tooke, *A Letter to Lord Grenville on the Effects Ascribed to the Resumption of Cash Payments on the Value of the Currency*, John Murray, Londres.
ROTHBARD, M. N., 1995a, *Economic Thought before Adam Smith: An Austrian Perspective on the History of Economic Thought*, vol. I, Edward Elgar, Angleterre. Traduction espagnole : *Historia del pensamiento económico*, vol. I : *El pensamiento económico hasta Adam Smith*, Unión Editorial, Madrid 1999.
ROTHBARD, M. N., 1995b, *Classical Economics: An Austrian Perspective on the History of Economic Thought*, vol. II, Edward Elgar, Aldershot. Traduction espagnole : *Historia del pensamiento económico*, vol. II : *La economía clásica*, Unión Editorial, Madrid 2000.
SARAVIA DE LA CALLE, L., 1949, *Instrucción de Mercaderes*, Colección de Joyas Bibliográficas, Madrid. Initialement publié par Pedro de Castro, Medina del Campo 1544.
SCHUMPETER, J. A., 1994, *Historia del Análisis Económico*, 3° éd., Editorial Ariel, Barcelone.
SIERRA BRAVO, R., 1975, *El pensamiento social y económico de la escolástica desde sus orígenes al comienzo del catolicismo social*, Consejo Superior de Investigaciones Científicas, Instituto de Sociología « Balmes », Madrid.

# CHAPITRE XXVIII

# ÉTUDE PRÉLIMINAIRE SUR *L'ACTION HUMAINE* DE LUDWIG VON MISES

## INTRODUCTION

La publication de la sixième édition espagnole de l'œuvre fondamentale de Ludwig von Mises, son traité d'économie intitulé *L'action humaine*, est une occasion tout indiquée pour situer l'ouvrage dans le contexte adéquat, expliquer son importance scientifique et montrer au monde universitaire et intellectuel ses considérables mérites comparatifs. Cette nouvelle réédition de l'ouvrage de Mises en ce début du XXI siècle acquiert une signification très profonde, car non seulement l'analyse économique de Mises a été pleinement confirmée par l'effondrement historique du socialisme réel dans les pays de l'Europe de l'Est, mais encore le paradigme néoclassique-walrasien qui, après avoir prédominé jusqu'à nos jours en science économique, connaît aujourd'hui une crise grave et se trouve dans une impasse obscure. De plus, et d'un point de vue strictement pédagogique, il y a déjà quinze ans que nous recommandons *L'action humaine* comme manuel fondamental, d'abord à l'université Complutense puis à l'université Rey Juan Carlos, de Madrid ; plus de trois mille étudiants l'ont utilisée comme instrument d'étude et de travail et ont ainsi créé dans le monde universitaire espagnol un fonds d'expériences pédagogiques et intellectuelles qu'il est indispensable de faire connaître.

Nous allons donc examiner les principaux apports et avantages comparatifs que présente cet ouvrage de Mises par rapport à la plupart des autres manuels d'économie. Puis, après l'exposé d'une brève biographie de l'auteur, nous expliquerons l'évolution des éditions successives de *L'action humaine* dans le monde, ainsi que la façon dont elle stimule le développement de la science économique. Nous terminerons par une série de recommandations pratiques de type pédagogique, destinées aussi bien aux étudiants qu'aux professeurs et qui concernent l'utilisation de ce livre en tant qu'instrument de travail incontournable.

## 1. Principaux mérites comparatifs de *l'action humaine*

### *Les insuffisances caractéristiques des manuels actuels d'économie*

La plupart des manuels d'introduction à l'économie ou des manuels d'économie politique qui inondent aujourd'hui le marché présentent de graves défauts qui n'ont pas été pleinement appréciés, mais dont les conséquences affectent de façon très négative la formation des futurs économistes. En *premier lieu*, presque tous les manuels modernes sont obsédés par la nouveauté. On considère comme le meilleur celui qui est le plus actuel, c'est-à-dire celui qui recueille les dernières modes apparues dans le monde universitaire et se fait l'écho des nouveautés publiées dans les revues d'économie considérées comme les plus prestigieuses. Cette façon d'agir n'est qu'une triste manifestation du vieux mythe du « *meilleurisme scientifique* », d'après lequel tout ce qui est récent englobe et améliore les développements théoriques antérieurs. Si cette conception répond, dans une certaine mesure, à la réalité en ce qui touche les sciences naturelles et leur application pratique sous forme de disciplines techniques liées au génie, elle est néanmoins dépourvue de justification dans le domaine des sciences sociales en général et de l'économie politique en particulier. Notre science, en effet, s'appuie sur des principes et des caractéristiques essentiels de la nature humaine, qui ne peuvent pas être modifiés au gré des modes et des courants scientifiques et/ou techniques et sont, donc, durables et parfois même immuables. C'est pourquoi, la construction de l'édifice théorique que devront utiliser les futurs économistes exige de fonder notre discipline sur des bases solides et d'éviter, surtout au début, toute distraction vers des aspects qui bien qu'à la mode ou attrayants par leur nouveauté, seraient, néanmoins, relativement plus accidentels ou cacheraient ou tendraient à confondre les principes essentiels sur lesquels est construite et repose la science économique[1].

Cette obsession pour la nouveauté explique, en *second lieu*, que de nombreux auteurs de manuels croient bien faire leur travail en élaborant un simple compendium, plus ou moins hétérogène et heureux, des doctrines à la mode, mais sans chercher à approfondir les fondements de celles-ci ni à exposer et expliquer en détail leur cohérence à leurs futurs étudiants et/ou lecteurs. L'on tâche habituellement de dissimuler ces absences de réflexion et de cohérence à l'aide du formalisme mathématique (qui donne toujours, à première vue, au profane l'impression d'un « *haut* » niveau scientifique), et de nombreux graphiques et statistiques. Cette façon de composer un manuel est, malgré les apparences, beaucoup plus facile et moins compromettante que l'élaboration

---

[1] Tous ceux qui croient naïvement que le « *meilleurisme scientifique* » existe en économie tombent dans ce que Murray N. Rothbard a justement appelé la « concepción *whig* de l'histoire de la science ». Selon cette perspective, « *la dernière nouveauté est toujours ce qu'il y a de mieux* » dans n'importe quelle discipline scientifique et donc aussi en économie : on suppose que tout ce qui a été scientifiquement construit à chaque moment est correct ou, au moins, « *mieux* » que ce qui avait été élaboré précédemment. Cela conduit inévitablement à l'autosatisfaction et à l'optimisme injustifié, si dangereux dans le contexte de la quête et du maintien de la vérité scientifique. Car la position du « *meilleurisme scientifique* » n'est qu'une « *ceinture de sécurité* » artificielle élaborée de façon implicite et subreptice par les différents paradigmes pour écarter d'emblée l'hypothèse d'une école de pensée économique qui partirait d'une base erronée, ou celle d'une stagnation dans l'évolution de la science ou même, comme cela est arrivé souvent, d'une régression évidente. En opposition à cette doctrine, Rothbard soutient que « *There can be therefore no presumption whatever in economics that later thought is better than earlier, or even that all well-known economists have contributed their sturdy mite to the developing discipline. For it becomes very likely that, rather than everyone contributing to an ever-progressing edifice, economics can and has proceeded in contentious, even zig-zag fashion, with later systemic fallacy sometimes elbowing aside earlier but sounder paradigms, thereby redirecting economic thought down a total erroneous or even tragic path. The overall path of economics may be up, or it may be down, over any given time period* ». Murray N. Rothbard, *Economic Thought before Adam Smith: An Austrian Perspective on the History of Economic Thought*, Edward Elgar, Aldershot, Angleterre, 1995, vol. I, p. x. L'on peut citer, comme exemples de régression dans l'évolution de la pensée économique, la réapparition de la théorie objective de la valeur à l'initiative de l'École néo-ricardienne, l'analyse économique keynésienne, l'abandon de la dimension temporelle et de la théorie du capital dans la pensée macroéconomique moderne, et les concepts étroits de rationalité, de maximisation et d'équilibre sur lesquels repose l'analyse néoclassique.

d'un véritable volume de principes cohérents d'économie qui oblige les étudiants (et les professeurs) à réfléchir et, surtout, à reconsidérer, à chaque pas, les fondements de l'outillage analytique qu'ils utilisent. Peu nombreux sont ceux qui consacrent une étude rigoureuse aux fondements de l'économie, et ceux qui les mentionnent ne s'y attardent pas sous prétexte qu'il ne faut pas « *embrouiller* » les étudiants avec l'étude des questions « *ardues* » concernant les principes, les fondements et la méthode de notre science.

*Au troisième lieu*, les considérations précédentes expliquent aussi que souvent les auteurs cèdent à la tentation de simplifier indûment la présentation et le contenu de leurs ouvrages, afin de les rendre « *attrayants* » et compréhensibles aux étudiants. Cet objectif explique aussi l'obsession, manifeste dans de nombreux manuels, pour les exemples d'actualité, les tableaux de chiffres et les longues statistiques. La baisse continue du niveau de formation intellectuelle des étudiants qui accèdent à l'université, unis au triomphe de la « culture *light* » qui nous inonde (surtout d'origine américaine), fait que beaucoup de livres d'introduction à l'économie ressemblent davantage à des manuels destinés à divulguer la terminologie et à faciliter l'activité du « *journalisme économique* » qu'à de véritables ouvrages scientifiques d'économie consacrés à exposer les principes et fondements essentiels de notre discipline, et surtout à apprendre à penser avec logique aux étudiants qui prennent contact pour la première fois avec notre science. Que l'un des manuels d'introduction à l'économie les plus récents et prestigieux affirme catégoriquement que « le prix *mesure* la rareté »,[2] ou qu'un autre indique qu'en appliquant la règle de l'égalité prix-coût marginal une économie socialiste peut obtenir et améliorer l'« *optimum* » qu'une économie capitaliste atteint difficilement[3], ne sont que deux exemples qui montrent à quel point l'absence de rigueur et le désir obsessif de *simplification* nuisent à la formation des étudiants et leur créent un *handicap* intellectuel qui mettra des années à se résorber, s'il n'est pas totalement irréversible.

Ce serait une erreur de croire que les défauts précités sont dus uniquement à une mode passagère ou au simple caprice ou manque de discernement des auteurs des manuels. Bien au contraire, et cela est très inquiétant, ces erreurs proviennent dans une large mesure de la diffusion d'une conception scientiste et positiviste étroite de l'économie. En effet, et *au quatrième lieu*, l'image que les manuels donnent de notre science est, le plus souvent, celle d'une discipline qui veut être développée et exposée de la même façon que les sciences naturelles et du génie. Leurs développements présupposent que l'information nécessaire

---

[22] Stiglitz, J. E., 1993, *Economía*, Ariel, Barcelone, p. 105. Comme l'explique Mises, « *l'homme, lorsqu'il agit, ne mesure ni ne chiffre l'utilité. Il la classe, au contraire, en simples degrés d'appréciation. Les prix de marché, loin de refléter une équivalence de valeur, prouvent que les contractants évaluent la marchandise de façon différente* » (p. 827). En économie, la *rareté* ne reflète pas une réalité extérieure objectivement mesurable, c'est un concept *subjectif* d'appréciation *relative* à certains objectifs que l'acteur considère ne pas pouvoir être atteints, comme il le voudrait, dans leur totalité.

[3] Quant à la possibilité d'utiliser la règle « *prix égal à coût marginal* » pour organiser de façon « *optimale* » une économie socialiste, elle est exposée de façon catégorique, par exemple, dans le célèbre manuel de J. C. Gould et C. E. Ferguson, *Microeconomic Theory*, Richard D. Irwin, Illinois, 1980, p. 445. On trouvera dans Jesús Huerta de Soto, *Socialismo, cálculo económico y función empresarial* (Unión Editorial, 2° éd., Madrid 2001, p. 319) la démonstration détaillée des graves erreurs contenues dans cette idée.

concernant les objectifs et les moyens des êtres humains est disponible ou « *donnée* », de façon certaine ou en termes de probabilité, et que ce savoir ou information est *constant* et ne change pas, les problèmes économiques se réduisant à un simple problème technique d'optimisation ou maximisation. Et cela, dans le but implicite de créer une discipline d'« *ingénierie sociale* » qui réduit le contenu de notre science à un ensemble de recettes pratiques d'intervention ; celles-ci, profusément accompagnées de fonctions ou courbes (d'offre et de demande, de coûts, d'indifférence-préférence, de possibilités de production, etc.) produisent chez les étudiants, en l'absence de toute critique, la fausse certitude qu'il existe une technique d'intervention capable d'orienter l'« *analyste* » face à n'importe quel problème économique. Cette approche fait aux étudiants un mal énorme. Ils suivent les premières années d'introduction à l'économie sans apprendre les principes et fondements essentiels et tout en acquérant la fausse impression qu'il existe une réponse sûre pour chaque problème qu'ils pourront rencontrer ; il leur suffira d'effectuer correctement le « *diagnostic* » et d'appliquer de façon automatique la « *recette* » correspondante. Les efforts des étudiants se réduisent à formuler et à trouver d'une manière mécanique la solution aux équations censées recueillir de façon constante et immuable l'information relative, par exemple, à la demande, à l'offre et aux « *élasticités* »[4] des produits correspondants. Ainsi, les divers centres d'enseignement de l'économie obéissant à ce modèle ressemblent plus à de médiocres écoles pour la préparation d'« *ingénieurs* » (sociaux) qu'à ce qu'ils devraient être : de *véritables* centres universitaires consacrés à la recherche et à l'étude des principes et fondements de la science économique[5].

---

[4] Il n'est donc pas étonnant de voir utiliser constamment des concepts qui, comme celui d'« *élasticité* », ne sont qu'une transposition regrettable (due dans ce cas à Alfred Marshall) de réalités étrangères, propres au monde de la physique, en économie. C'est ce qu'ont expliqué récemment des auteurs, tels que Philip Mirowski, qui ont montré que le paradigme néoclassique n'était qu'une mauvaise imitation de la conception (aujourd'hui obsolète) de l'énergie, propre à la physique du XX siècle. Voir Philip Mirowski, *More Heat than Light : Economics as Social Physics, Physics as Nature's Economics*, Cambridge University Press, Cambridge 1991.

[5] Mises décrit ainsi, dans le présent Traité (pp. 1034-1035), le mal que cette conception scientiste de l'économie fait aux étudiants : « *Les étudiants sont perplexes et désorientés. Dans les cours d'économie mathématique, ils ont été saturés de formules et d'équations qui recueillent d'hypothétiques états d'équilibre, où il n'y a plus d'activité humaine. Ils comprennent que ces équations ne servent à rien quand il s'agit d'aborder le monde économique réel. D'autre part, de soi-disant spécialistes leur ont exposé la riche gamme de mesures interventionnistes qu'il faudrait appliquer pour 'améliorer' les choses. Ainsi, d'un côté, l'équilibre qu'ils ont étudié avec tant d'intérêt n'est jamais atteint en pratique et, de l'autre, les salaires et les prix des produits agricoles ne sont jamais assez élevés, au dire des syndicats et des agriculteurs. Une réforme radicale s'impose donc, pensent-ils. Mais, en quoi cette réforme doit-elle réellement consister ? La plupart des étudiants acceptent, sans se soucier d'autre chose, les panacées interventionnistes que préconisent leurs professeurs. Tout s'arrangera, d'après leurs professeurs, quand le gouvernement aura imposé des salaires minimaux justes, procuré à tout le monde de la nourriture suffisante, un logement convenable et, par la même occasion, interdit, par exemple, la vente de margarine ou l'importation de sucre. Ils négligent les contradictions dans lesquelles tombent leurs mentors lorsqu'ils se plaignent un jour de la 'folie de la concurrence' et le lendemain des 'maux du monopole', déplorant à certains moments la chute des prix et à d'autres l'accroissement du coût de la vie. L'étudiant reçoit son titre et tâche de trouver le plus tôt possible un emploi au service de l'administration publique ou de n'importe quel groupe de pression puissant* ».

Les considérations qui précèdent expliquent aussi pourquoi, *en cinquième lieu*, les manuels modernes n'ont, dans le meilleur des cas, qu'une vie éphémère. L'obsession pour les nouveautés et la simplification excessive font, en effet, que les éditions successives, rapidement épuisées et avidement consommées par des promotions entières de jeunes économistes à qui leurs professeurs « *recommandent* » d'acheter les dernières éditions, abandonnent des théories et des expositions, qui constituaient des parties soi-disant très importantes du livre dans des éditions antérieures ; et cela, sans justification ni explication aucune de la part de l'auteur. Par exemple, l'un des manuels les plus populaires a (fort heureusement, à notre avis) éliminé les développements qui concernaient dans les treize premières éditions le « *paradoxe de l'épargne ou de la frugalité* », cette section du livre étant silencieusement éliminée de la quatorzième édition, sans que l'auteur en explique les raisons. En sorte dont nous ne savons pas si l'on a enseigné une erreur aux générations d'étudiants précédentes ou si, au contraire, ce sera la formation des lecteurs de la dernière édition qui souffrira d'une lacune injustifiée[6].

L'illusion de la nouveauté et, donc, le vice de la superficialité ne nuisent pas seulement à la rigueur et à la cohérence des manuels et à la formation des étudiants, mais, *au sixième lieu*, ils favorisent aussi la présentation d'une vision partiale de la science économique, caractérisée par le fait que les différents développements et optiques, n'exposent pas, peut-être dans le but mal compris de ne pas « *embrouiller* » les étudiants, toutes les positions théoriques possibles et n'en font pas une analyse critique adéquate et complète. On occulte ainsi, en leur appliquant la « *loi du silence* », des positions et des développements théoriques rigoureux, mais qui aboutissent à des conclusions différentes de celles qui sont exposées. Cela donne aux jeunes générations d'étudiants la fausse impression qu'il existe entre les auteurs un consensus beaucoup plus important qu'il ne l'est réellement, en supposant qu'on n'applique pas implicitement le critère « *démocratique* » grossier, d'après lequel une « *majorité* » supposée d'adeptes légitime le mépris de positions considérées minoritaires. Les références à d'autres courants ou doctrines se réduisent, dans le meilleur des cas, à de brefs commentaires sur l'histoire de la pensée économique. Ceux-ci apparaissent souvent dans des encadrés, en marge du texte principal, et donnent toujours l'impression que ce qu'il y avait de correct a été inclus dans les explications données, et que le reste a été « *dépassé* » par des développements théoriques ultérieurs, en sorte qu'il est inutile de perdre son temps à examiner des doctrines qui ont passé de mode et sont aujourd'hui sans application. Combien de manuels d'économie mentionnent-ils l'existence d'analyses rigoureuses qui montrent, par exemple, que la loi de l'égalité des utilités marginales pondérées par les prix est dépourvue de sens théorique ? Combien

---

[6] Comparer, par exemple, Paul A. Samuelson et William N. Nordhaus, 1988, *Economía*, 12° éd., McGraw-Hill, Madrid, pp. 205-207, et Paul A. Samuelson et William N. Nordhaus, *Economía*, 14° éd., Madrid 1992. De même, a disparu, sans aucune explication, de la 14° édition du manuel de Samuelson la façon honteuse (du moins au vu des évènements survenus en Europe de l'Est et qui ont confirmé pleinement l'analyse théorique que fait Mises du socialisme) dont Samuelson traite traditionnellement la question, disant que « *the Soviet economy is proof that, contrary to what many sceptics had earlier believed, a socialist command economy can function and even thrive* » (Paul A. Samuelson, 1989, *Economics*, 13° éd., New York, p. 837).

expriment un simple doute à propos de l'utilisation indiscriminée de l'analyse fonctionnelle en économie, ou d'instruments aussi généralisés que, par exemple, les courbes d'indifférence-préférence ?[7] Combien font la critique des postulats axiomatiques de la théorie de la préférence révélée qui repose, plus que sur des critères indiscutables de « *cohérence* » et de « *rationalité* », sur une hypothèse de constance des appréciations subjectives qui ne se vérifie jamais dans la vie réelle ?[8] Combien, en somme, expliquent l'existence, dans notre discipline, de courants importants qui l'ont développée de façon aprioristique et déductive, sans avoir recours aux vieux postulats du positivisme méthodologique ?[9]

---

[7] Le seul exemple d'honnêteté intellectuelle que je connais dans ce domaine est celui du manuel de Bresciani-Turroni, qui fait au moins mention des importants travaux critiques de Hans Mayer concernant la théorie néoclassique fonctionnelle de détermination des prix. Voir C. Bresciani-Turroni, *Curso de Economía Política*, vol. I, Fondo de Cultura Económica, Mexico 1960, p. 123-124 et 136-137. Quant au travail de Hans Mayer, publié initialement sous le titre « Der Erkenntniswert der funktionellen Preistheorien : Kritische und positive Untersuchen zum Preisproblem », dans *Die Wirtschaftstheorie der Gegenwart*, Hans Mayer (éd.), Verlag von Julius Springer, vol. II, Vienne 1932, p. 147-239b, il a par bonheur été traduit et publié récemment en anglais sous le titre « The Cognitive Value of Functional Theories of Price : Critical and Positive Investigations concerning the Price Problem » dans *Classics in Austrian Economics : A Sampling in the History of a Tradition*, Israel M. Kirzner (éd.), William Pickering, Londres 1994, vol. II, p. 55-186.

[8] Comme l'indique Mises dans sa critique de la théorie de la « *préférence révélée* » de Samuelson (pp. 123-124 de son traité), « on a prétendu fixer le concept de *comportement non-rationnel* à l'aide du raisonnement suivant : si l'on préfère *a* à *b* et *b* à *c*, *a* devra logiquement être préféré à *c*. Or, si *c* devenait de fait plus attrayant que *a*, nous nous trouverions face à un comportement qu'il faudrait considérer comme inconsistant et irrationnel. Mais un tel raisonnement oublie que deux actes individuels ne peuvent jamais être synchroniques. Si, à un certain moment, nous préférons *a* à *b*, et à d'autres moments *b* à *c*, pour si court que soit l'intervalle entre les deux appréciations, on ne peut pas construire une échelle uniforme d'appréciation dans laquelle *a* doive forcément précéder *b* et *b* précéder *c*. » Voir aussi Murray N. Rothbard, « Toward a Reconstruction of Utility and Welfare Economics », dans *Austrian Economics*, Stephen Littlechild (éd.), Edward Elgar, Aldershot, Angleterre, 1990, vol. III, p. 228 (traduction espagnole dans *Libertas*, Buenos Aires, n° 4, mai 1987). Voir aussi *infra*, note 39.

[9] La seule exception que je connaisse pour ce qui est de la référence à des positions méthodologiques autres que les positivistes est celle de Richard G. Lipsey qui du moins jusqu'à la 8° édition de son célèbre manuel d'*Introducción a la Economía positiva*, disait ceci à propos de *La acción humana de Mises* et de l'*Ensayo sobre la naturaleza y significación de la ciencia económica* de Robbins : « *Tout spécialiste en économie doit lire ce livre intéressant. Il expose, sur la nature de la théorie économique et sa relation avec les observations empiriques, une conception qui est en contradiction directe avec celle que présente notre livre* ». (Traduit de l'espagnol) Richard G. Lipsey, *Introducción a la economía positiva*, Edit. Vicens-Vives, Barcelone 1973, note 19 en pied de p. 210.

*L'importance des traités sur les principes ou fondements de la science économique*

La seule façon de parer aux lacunes évoquées au paragraphe précédent est de renouer avec la tradition consistant à écrire pour nos étudiants de véritables traités sur les principes ou fondements de la science économique. Il faut élaborer, au lieu de simples manuels se bornant à résumer les dernières tendances et nouveautés scientifiques, de véritables traités qui, étant le fruit d'une profonde réflexion scientifique et d'une large expérience universitaire, intègrent d'une manière cohérente les principes essentiels qui sont les bases et fondements de l'économie.

Cela permet de fournir aux étudiants un outillage analytique d'une valeur incalculable avec lequel ils pourront poursuivre la construction de l'édifice théorique de l'économie et qui leur servira de guide sûr, tout au long de leur vie professionnelle. La vocation à la permanence des traités sur les principes d'économie doit être beaucoup plus grande que celle des manuels publiés aujourd'hui ; ils doivent donc être écrits selon un critère beaucoup plus atemporel et abstrait (c'est-à-dire en évitant l'utilisation d'exemples trop actuels ou quasi journalistiques) et donner une vision intégrale de la science économique, dans laquelle tous ses secteurs sont convenablement corrélés entre eux. L'objectif d'un traité sur des principes ou fondements doit consister, en toute hypothèse, à apprendre aux étudiants à penser en accord avec les éléments essentiels de la discipline. Comme, en outre, l'élaboration et la justification théorique des principes essentiels requièrent un très grand soin et une grande rigueur d'analyse, il faut envisager les différentes optiques en évitant toujours de tomber dans une partialité pernicieuse et en justifiant la position théorique assumée face aux diverses options analysées. C'est pourquoi les vrais traités de principes d'économie, loin d'occulter les différentes options, les expliquent ouvertement au lecteur et les analysent minutieusement avant d'aboutir à la conclusion considérée comme la plus adéquate.

Naturellement, cette optique propre aux traités sur les principes ou fondements de l'économie n'est nullement incompatible avec l'analyse théorique de problèmes plus concrets dont on estime qu'ils peuvent avoir une grande importance pratique. De solides bases théoriques et abstraites sont indispensables non seulement pour comprendre et interpréter convenablement la réalité historique de chaque moment, mais surtout pour orienter correctement l'analyse et les recommandations pratiques considérées les plus opportunes dans chaque cas[10].

De ce point de vue, *L'action humaine* de Ludwig von Mises constitue le traité sur les principes et fondements essentiels de la science économique le plus important qu'on ait écrit au cours des dernières décennies. Il se caractérise notamment par une profonde rigueur analytique, la cohérence constante et la pleine concaténation logique que montrent chacun des trente-neuf chapitres de l'ouvrage, qui envisagent pratiquement tous les problèmes économiques. En somme, Mises construit de façon systématique, dans ce travail, l'édifice de la

---

[10] Par exemple l'analyse théorique que présente Mises aux chapitres XXIX à XXXI de son Traité sur la logique de l'enchaînement d'évènements en matière de protectionnisme, de mesures d'intervention et de contrôle des changes, est particulièrement brillante ; elle est la preuve d'une réflexion, d'une sagesse et d'une expérience pratique notables.

théorie économique, qui forme ainsi un ensemble cohérent et unitaire[11]. Ce Traité, écrit dans un style très clair et fluide, non seulement analyse et juge les courants les plus divers apparus au cours de l'histoire de la pensée économique, mais comme les rares ouvrages qui se convertissent rapidement en une référence classique pour n'importe quel économiste, montre à chaque paragraphe un grand savoir et une grande originalité, constituant un véritable trésor intellectuel d'idées et de suggestions, chacune desquelles, étudiée et analysée plus à fond, se convertit facilement en un sujet de recherche pour une thèse de doctorat ou même pour un nouveau traité ou livre[12].

## 2. L'auteur et son œuvre : principales contributions de mises à la science économique

Il ne s'agit pas, bien entendu, de faire dans cette « *étude préliminaire* » un résumé du contenu de l'œuvre que le lecteur a entre les mains et dont il va bientôt entreprendre l'étude. Il convient, cependant, de la situer correctement dans son contexte intellectuel en expliquant surtout quelle a été l'évolution de la pensée de l'auteur qui s'est finalement concrétisée dans ce Traité.

Les contributions de Mises à la science économique datent des deux premiers tiers du XX siècle. Concrètement, Mises avoue être devenu économiste après avoir lu, à Noël 1903, les *Principes d'économie* de Carl Menger[13].

---

[11] Friedrich A. Hayek, prix Nobel d'économie en 1974, faisait spécifiquement allusion à ces caractéristiques du livre de Mises dans l'un des commentaires qu'il fit à sa première édition parue en allemand ; il aboutissait à la conclusion suivante : « *there appears to be a width of view and an intellectual spaciousness about the whole book which are much more like that of an eighteenth-century philosopher than that of a modern specialist* » (Hayek, F. A., 1941, *The Economic Journal*, numéro d'avril, pp. 124-127). Avec son Traité général d'économie, *L'action humaine*, Mises prétend, entre autres choses, répondre au défi intellectuel lancé par Max Weber et relatif à la nécessité d'élaborer un *corpus* théorique unifié qui permettrait d'interpréter et de faire l'histoire. C'est-à-dire toute une *théorie sociale unifiée* qui permettrait l'interprétation de la réalité historique. Il y a eu chez les néoclassiques quelques tentatives visant à réaliser ce *corpus* de science unifiée comme, par exemple, celle de James Coleman dans son livre *The Foundations of Social Theory* (Harvard University Press, Cambridge 1990) ; mais, comme Coleman se fonde sur le paradigme néoclassique dans sa version de l'École de Chicago, son corpus présente les vertus, mais aussi tous les défauts et insuffisances propres à ce paradigme et qui, à notre avis, ont été correctement évités et dépassés par Mises dans son Traité d'économie.

[12] Par exemple, le professeur Toshio Murata, professeur d'économie à l'Université de Yokohama au Japon, disait récemment : « Mises' *Human Action* is filled with his precious wisdom, written in a very concise style, extending into many spheres. It is a treasury of thoughts and ideas, any one of which may be explored further and developed into a new thesis or a new book ». Toshio Murata, « Fascinated by Mises for Thirty-Five Years » *Shunjo (Shunjo-sha)*, n° 330, juillet 1991, p. 4.

[13] « Around Christmas, 1903, I read Menger's *Grundsätze der Volkwirtschaftslehre* for the first time. It was the reading of this book that made an 'economist' of me ». Ludwig von Mises, *Notes and Recollections*, Libertarian Press, South Holland, Illinois, 1978, p. 33 (éd. espagnole, Unión Editorial, Madrid 2001). Voir Carl Menger, *Grundsätze der Volkwirtscahftslehre,* éditions Wilhelm Braumüller, Vienne 1871. Il existe une traduction espagnole de Marciano Villanueva, publiée par Unión Editorial (Madrid 1997) et intitulée *Principios de economía política.* Sur Menger et son influence dans l'histoire de la

C'est donc à partir de ce moment-là que débute une vie universitaire longue et féconde, consacrée à la recherche et à l'enseignement de l'économie ; elle ne devait prendre fin qu'en 1969 lorsque Mises, professeur d'économie de l'Université de New York, prend sa retraite.

Le livre de Menger, qui devait exercer une si grande influence sur Mises, a fait date dans l'histoire de la pensée économique. C'était la première fois que l'on essayait de construire toute la science économique à partir de l'homme, considéré en tant qu'acteur créatif et protagoniste de tous les processus sociaux. Menger crut indispensable d'abandonner l'« *objectivisme* » stérile de l'École anglo-saxonne classique. Il considérait, suivant une tradition de la pensée continentale très antérieure, qui pourrait même remonter aux scolastiques espagnols des XVI et XVII siècles[14], que l'économiste devait toujours se placer dans la perspective subjective de l'être humain qui agit ; ainsi, cette perspective devrait influer de manière déterminante et incontournable sur l'élaboration de toutes les théories économiques, sur leur contenu scientifique, leurs conclusions et leurs résultats pratiques. L'on comprend donc que Menger considère indispensable d'abandonner l'objectivisme stérile de l'École anglo-saxonne classique, toujours obsédée par l'existence supposée de réalités externes de type objectif (classes sociales, agrégats, facteurs matériels de production, etc.). La conséquence naturelle de la conception « *subjectiviste* »[15] retrouvée grâce à

---

pensée économique en général et sur les apports de Mises en particulier, on peut consulter Jesús Huerta de Soto, 1992, « Génesis, esencia y evolución de la Escuela Austríaca de Economía », chap. 1 d'*Estudios de Economía Política*, Unión Editorial, Madrid, pp. 17-55; et également, du même auteur, *La Escuela Austríaca : mercado y creatividad empresarial*, Editorial Síntesis, Madrid 2000, chap. 3.

[14] Les liens théoriques existant entre l'École autrichienne et les scolastiques espagnols ont été étudiés en détail par les disciples de Mises F. A. Hayek et surtout Murray N. Rothbard. Voir, en particulier, l'article de ce dernier « New Light on the Prehistory of the Austrian School », publié dans *The Foundations of Modern Austrian Economics*, Sheed & Ward, Kansas City 1976, pp. 52-74, et le volume I de son ouvrage posthume *Economic Thought before Adam Smith : An Austrian Perspective on the History of Economic Thought*, précité, pp. 97-177 (pp. 97-205 de la traduction espagnole précitée, publiée par Unión Editorial en 1999). Chose curieuse, cette relation intime entre les membres de l'École de Salamanque et les théoriciens de l'École autrichienne n'est pas mentionnée expressément par Mises dans l'allusion qu'il fait, en passant, aux précurseurs de la théorie subjective de la valeur, à la fin du paragraphe 3 du chapitre XII, p. 265 de son Traité.

[15] F. A. Hayek a affirmé que « *it is probably no exaggeration to say that every important advance in economic theory during the last hundred years was a further step in the consistent application of subjectivism* » (*The Counter-Revolution of Science*, Free Press of Glencoe, New York 1952, p. 31). Il ajoute ceci à propos de Mises (note 24, p. 209-210) : le subjectivisme « has probably been carried out most consistently by Ludwig von Mises and I believe that most peculiarities of his views which at first strike many readers as strange and unacceptable are due to the fact that *in the consistent development of the subjectivist approach he has for a long time moved ahead of his contemporaries.* Probably all the characteristic features of his theories, from his theory of money to what he calls his *apriorism*, his views about mathematical economics in general, and the measurement of economic phenomena in particular, and his criticism of planning all follow directly from his central position » (format italique ajouté par l'auteur). Cette conception subjectiviste est caractéristique de Mises; elle est aussi le principal élément différenciateur de l'École autrichienne face aux autres écoles marginalistes de Walras et Jevons. Voir Jaffé, W. J., 1976, « Menger,

Menger consiste non seulement dans le développement de la théorie subjective de la valeur et de son corollaire la loi de l'utilité marginale, mais aussi dans l'idée du coût comme appréciation subjective des options auxquelles on renonce en agissant (coût d'opportunité).

L'apport fondamental de Menger est poursuivi par son disciple, Eugen von Böhm-Bawerk (1851-1914)[16], qui a été professeur d'économie à Innsbruck puis à Vienne, occupant le poste de ministre des Finances du gouvernement de l'Empire austro-hongrois à trois reprises. Böhm-Bawerk non seulement a contribué à la vulgarisation de la conception subjectiviste due initialement à Menger, mais a étendu considérablement son application, en particulier dans le domaine de la théorie du capital et de l'intérêt. Böhm-Bawerk critiqua toutes les théories antérieures à son travail sur l'apparition de l'intérêt (il fit une analyse critique particulièrement juste de la théorie marxiste de l'exploitation et des théories qui considèrent que l'intérêt trouve son origine dans la productivité marginale du capital) et il élabora une théorie nouvelle sur l'apparition de l'intérêt, fondée sur la réalité subjective de la *préférence temporelle*. L'étudiant le plus remarquable de Böhm-Bawerk fut, sans aucun doute, Ludwig von Mises qui se distingua très tôt comme le plus brillant des participants au séminaire que dirigea Böhm-Bawerk jusqu'avant la Première Guerre mondiale à l'Université de Vienne. Dans ce séminaire, auquel participèrent également des théoriciens de l'envergure de J. A. Schumpeter, Mises proposa d'étendre l'application de la conception subjectiviste traditionnelle de l'économie reprise par Menger au domaine de la monnaie et du crédit. Il publia en 1912, sous le titre *La théorie de la monnaie et du crédit*, la première édition de son premier livre important d'économie[17].

*Ludwig von Mises et la théorie de la monnaie, du crédit et des cycles économiques*

Ce premier apport essentiel de Mises dans le domaine monétaire supposa un grand progrès et fit avancer le subjectivisme de l'École autrichienne en l'appliquant au domaine de la monnaie et en démontrant sa valeur à l'aide de la théorie de l'utilité marginale. Mises fut, en outre, le premier à résoudre le problème apparemment insoluble de raisonnement circulaire, qui concernait l'application de la théorie de l'utilité marginale à la monnaie. Le prix ou le pouvoir acquisitif de la monnaie, en effet, dépend de son offre et de sa demande ; de son côté, la demande de monnaie émane des individus, lesquels

---

Jevons and Walras de-homogeneized », *Economic Enquiry*, n° 14 (4), décembre, pp. 511-524.

[16] L'*opus magnum* de Böhm-Bawerk, *Kapital und kapitalzins* (éditions Wagner, Innsbruck 1884-1902) est, malgré son titre, un véritable traité complet d'économie. Il en existe une traduction anglaise de Hans Senholz, publiée sous le titre *Capital and Interest*, Libertarian Press, South Holland, Illinois, 1959. Il existe une traduction espagnole, de Carlos Silva, du premier volume de *Capital and Interest*, « Historia y crítica de las teorías sobre el interés » (publiée par le Fondo de Cultura Económica, Mexico 1986); de même, une traduction du deuxième volume, *Teoría positiva del capital*, réalisée par José Antonio de Aguirre (éditions Aosta, Madrid, 1998).

[17] Mises, L. von, 1912, *Theorie des Geldes und der Umlaufsmittel*, Duncker & Humblot, Munich et Leipzig (2° éd., 1924). Traduction espagnole publiée sous le titre *La teoría del dinero y del crédito* par Unión Editorial, Madrid 1997.

n'agissent pas en fonction de l'utilité directe que fournit la monnaie, mais, précisément, de son pouvoir acquisitif. Or, Mises résolut ce raisonnement apparemment circulaire avec son *théorème régressif de la monnaie*, qu'il analyse en détail et explique au paragraphe 4 du chapitre XVII de son Traité (pp. 491-500). Selon ce théorème, la demande de monnaie est déterminée non pas par le pouvoir acquisitif d'*aujourd'hui* (ce qui donnerait lieu au raisonnement circulaire), mais par la connaissance que l'acteur acquiert, par son expérience, du pouvoir acquisitif que la monnaie a eu *hier*. De même, le pouvoir acquisitif d'hier a été déterminé par une demande de monnaie qui s'est formée à partir de la connaissance que l'on avait de son pouvoir acquisitif d'avant-hier. Et ainsi de suite, jusqu'à ce que l'on arrive au moment de l'histoire où, pour la première fois, une certaine marchandise (or ou argent) a commencé à être demandée comme moyen d'échange.

Le livre *La théorie de la monnaie et du crédit* est vite devenu l'ouvrage classique en matière monétaire[18] ; il inclut aussi, quoique de façon embryonnaire, le développement d'une théorie remarquable des cycles économiques, qui devait être connue plus tard sous le nom de « *théorie autrichienne du cycle économique* ». Mises se rendit compte, en effet, en appliquant les théories monétaires de la *Currency School* aux théories subjectivistes du capital et de l'intérêt de Böhm-Bawerk, que la création expansive de crédits sans l'appui d'épargne réelle (*moyens fiduciaires*), propre au système bancaire de réserves fractionnaires dirigé par une banque centrale, engendrait une croissance cyclique et incontrôlée de l'offre monétaire. Et que, d'autre part, parce qu'elle consiste à créer *ex nihilo* des crédits à taux d'intérêt artificiellement bas, elle donne lieu à un « *allongement* » fictif et insoutenable des processus productifs, qui tendaient ainsi à devenir trop intensifs en capital. L'amplification de tout processus inflationniste par l'expansion de crédit devra tôt ou tard, de façon spontanée et inexorable, s'inverser. On assistera à une crise ou une récession économique qui montrera les erreurs commises dans l'investissement et fera apparaître un chômage massif et la nécessité de procéder à la liquidation et de réallouer les ressources mal investies. Le développement, par Mises, de la théorie du cycle – étudiée aux chapitres XX et XXI de *L'action humaine* – a donné lieu, pour la première fois, à la fusion des aspects « *micro* » et « *macro* » de la théorie économique[19] et a fourni

[18] Malheureusement, un auteur aussi prestigieux que John Maynard Keynes ne put pas tirer un profit suffisant de l'ouvrage de Mises ; il avoue en effet : « *In German I can only clearly understand what I already know – so that new ideas are apt to be veiled from me by the difficulties of the language* ». John Maynard Keynes, *A Treatise on Money*, Londres 1930, vol. I, p. 199, n. 2. Paul A. Samuelson ne put pas non plus profiter de l'apport misien ; c'est ce que prouvent les commentaires qu'il fait à la théorie monétaire de Mises dans son travail *Foundations of Economic Analysis*, Harvard University Press, Cambridge, Massachussets, 1947, pp. 117-118.

[19] La séparation radicale des aspects « *micro* » et « *macro* » de la science économique est une des insuffisances caractéristiques des manuels modernes d'introduction à l'économie politique, qui, au lieu de traiter les problèmes économiques de façon unitaire – comme le fait Mises –, présentent toujours la science économique sous la forme de deux disciplines (la « *micro* » et la « *macroéconomie* ») sans liens entre elles et qui peuvent donc être étudiées séparément. Comme l'indique Mises, cette séparation vient de l'utilisation de concepts qui, comme celui de *niveau général des prix*, ignorent l'application de la théorie subjective de la valeur à la monnaie et restent ancrés dans l'étape préscientifique de l'économie. Époque où l'on tentait encore d'effectuer l'analyse

un outillage analytique permettant d'expliquer les phénomènes récurrents d'essor et de dépression qui affectent les marchés contrôlés. Il n'est donc pas étonnant que Mises ait été le principal promoteur de la création de l'Institut autrichien de la Conjoncture, dont il confia d'abord la direction à F. A. Hayek (prix Nobel d'économie en 1974), et que cet Institut ait été le seul capable de prédire la Grande Dépression de 1929, résultat inexorable des abus monétaires et de crédit des « *heureuses* » années vingt qui suivirent la Première Guerre mondiale[20]. Il faut, en outre, souligner que Mises et ses disciples ont épuré leur théorie des cycles en même temps que leur analyse sur l'impossibilité du socialisme dont nous parlons au paragraphe suivant et, de fait, la théorie autrichienne des crises n'est qu'une application particulière des effets de désorganisation que la contrainte systématique exercée par les gouvernements dans le domaine fiscal, monétaire, et du crédit a (intra et inter temporellement) sur la structure productive.

*L'analyse misienne de l'impossibilité du socialisme*

La troisième grande contribution de Mises est sa théorie sur l'impossibilité du socialisme. Cette impossibilité est, dans l'optique du subjectivisme autrichien, quelque chose d'évident[21]. Si, en effet, la source de toutes les volitions, appréciations et connaissances se trouve dans la capacité créative de l'être humain acteur, tout système fondé sur l'exercice de la contrainte violente contre la liberté humaine d'action, comme c'est le cas du socialisme et, dans une moindre mesure, de l'interventionnisme, empêchera l'apparition, dans l'esprit

à partir de classes globales ou agrégats de biens, plus qu'à partir d'unités marginales de ceux-ci. Cela explique le développement d'une « *discipline* » fondée sur l'étude des relations mécaniques existant entre agrégats économiques dont le lien avec l'action humaine individuelle est difficile, voire impossible, à comprendre.

[20] Voir Mark Skousen, 1993, « Who Predicted the 1929 Crash? », dans *The Meaning of Ludwig von Mises*, Jeffrey M. Herbener (éd.), Kluwer Academic Publishers, Amsterdam, p. 247-284. Lionel Robbins fait également allusion, dans son Introduction à la première édition de *Prices and Production* de F. A. Hayek (Routledge, Londres 1931, p. xii), à cette prédiction de Mises et d'Hayek sur l'avènement inexorable de la Grande Dépression, qui parut dans un article d'Hayek publié en 1929 dans *Monatserichte Österreichischen Instituts für Konjunkturforschung*.

[21] « Le mythe d'après lequel une gestion économique suivant un ordre rationnel est possible dans une société fondée sur la propriété publique des moyens de production découle de la théorie erronée de la valeur formulée par les économistes classiques, *de même que de l'incapacité persistante de nombreux économistes modernes à saisir le théorème fondamental de la théorie subjective et à comprendre toutes les conséquences qui s'en suivent*... La vérité est que seules les erreurs de ces écoles permettaient aux idées socialistes de prospérer ». (Traduit de l'espagnol) Ludwig von Mises, *La acción humana*, p. 250. Très récemment, Joseph Stiglitz a dit que le paradigme néoclassique, jusqu'ici prédominant, avait été dans une large mesure le responsable du maintien de la croyance erronée selon laquelle le système économique socialiste pourrait fonctionner, et il conclut que « *the standard (neoclassical) models were partly to blame for the disastrous situation in which so many Eastern European countries found themselves. A strong case could be made for the proposition that ideas about economics have led close to half the world's population to untold suffering* ». J.E. Stiglitz, 1994, *Whither Socialism?*, The MIT Press, Cambridge, Massachussets, p. ix-xii. Jesús Huerta de Soto s'était prononcé dans le même sens deux ans auparavant: *Socialismo, cálculo económico y función empresarial*, op. cit., p. 33 et s

des acteurs individuels, de l'information nécessaire pour coordonner la société. Mises s'est rendu compte que le *calcul économique*, c'est-à-dire toute estimation de la valeur du résultat des différentes possibilités d'action qui s'ouvrent à l'acteur, exigeait de disposer d'une information de première main ; il devient impossible dans un système qui, comme le socialiste, est fondé sur la contrainte et empêche, dans une plus ou moins large mesure, l'échange volontaire (avec lequel se concrétisent, se découvrent et se créent les appréciations individuelles) et la libre utilisation de la monnaie en tant que moyen d'échange volontaire communément accepté[22]. Mises conclut donc que, là où il n'y a pas de liberté de marché, de prix monétaires de marché libre et/ou de monnaie, il n'est pas possible de réaliser de calcul économique « *rationnel* », c'est-à-dire de calcul effectué grâce à l'information nécessaire (non arbitraire) à sa réalisation. Les premières idées essentielles de Mises sur le socialisme ont été systématisées et introduites dans son grand traité critique de ce système social, dont la première édition fut publiée en allemand en 1922 sous le titre *Die Gemeinwirtschaft : Untersuchungen über den Sozialismus* ; ce livre a ensuite été traduit en anglais, en français et en espagnol[23]. Le *Socialisme* de Mises est un ouvrage qui a connu une très grande popularité en Europe continentale et dont l'une des conséquences a été la conversion au libéralisme de théoriciens tels que F. A. Hayek, initialement socialiste Fabien, Wilhelm Röpke et Lionel Robbins, qui changèrent d'opinion après l'avoir lu[24]. Cet ouvrage signifia, de surcroît, le début de l'une des quatre

---

[22] Le concept de calcul économique et son analyse, de même que son importance pour l'action et l'interaction humaines constituent l'un des aspects essentiels de la pensée misienne et c'est à son étude qu'est consacrée la Troisième Partie de *L'action humaine* (chap. XI-XIII). Peut-être le mérite de Mises réside-t-il, en définitive, dans le fait d'avoir su établir en termes théoriques la relation existant entre le monde subjectif des appréciations individuelles (ordinal) et le monde externe des estimations de prix de marché fixés en unités monétaires (monde cardinal propre au calcul économique). Le *pont* entre ces deux mondes est possible pourvu qu'il y ait une action d'échange interpersonnel qui, mue par les différentes appréciations subjectives des parties, se matérialise dans un prix monétaire de marché ou relation historique d'échange en unités monétaires ; laquelle a une existence réelle quantitative déterminée et peut être utilisée ensuite par l'entrepreneur comme information précieuse pour évaluer l'évolution future des évènements et prendre des décisions (calcul économique). Il apparaît donc que, si l'on entrave par la force la liberté d'action, les échanges volontaires interpersonnels ne se produiront pas, et le pont ou liaison qu'ils supposent entre le monde subjectif de la création d'information et des appréciations directes (ordinal) et le monde externe des prix (cardinal) sera détruit, et cela empêchera totalement le calcul économique. Voir, en particulier, Rothbard, M. N., 1991, « The End of Socialism and the Calculation Debate Revisited », *The Review of Austrian Economics*, vol. 5, n° 3, pp. 64-65.

[23] Mises, L. von, 1922, *Die Gemeinwirtschaft: Untersuchungen über den Sozialismus*, Gustav Fischer, Iéna. Traduit en espagnol par Luis Montes de Oca et publié sous le titre *Socialismo : análisis económico y sociológico,* 3° éd. Western Books Foundation, New York 1989. Ce travail reprend presque littéralement le premier apport essentiel de Mises sur le socialisme, qui fut inclus dans son article « Die Wirtschaftsrechnung im sozialistischen Gemeinwesen », publié dans *Archiv für Sozialwissenschaft und Sozialpolitik*, n° 47, 1920, pp. 106-121 ; celui-ci fut traduit en anglais par S. Adler sous le titre « Economic Calculation in the Socialist Commonwealth » et inclus dans *Collectivist Economic Planning.* F. A. Hayek (éd.), Augustus M. Kelley, Clifton 1975.

[24] Voir le « Prologue » écrit par Hayek pour la quatrième édition anglaise du *Socialisme* de Mises, publiée en 1981 par Liberty Fund, Indianapolis (*Socialism : An Economic and*

grandes polémiques dans lesquelles ont été impliqués les membres de l'École autrichienne : la polémique sur l'impossibilité du calcul économique socialiste[25].

J'ai eu récemment l'occasion d'étudier et de réévaluer, dans un ouvrage détaillé[26], tous les aspects de cette controverse dont on a fini par reconnaître, même chez les anciens théoriciens socialistes[27], qu'elle avait été gagnée par les membres de l'École autrichienne. Elle figure parmi les polémiques les plus intéressantes et les plus fécondes de l'histoire de la pensée économique[28].

*La théorie de la fonction entrepreneuriale*

L'être humain protagoniste incontournable de tout processus social, voilà l'essence du quatrième apport de Mises au domaine de la science économique.

---

*Sociological Analysis*, p. xix). Mises reconnaît, à son tour, qu'il était, en entrant à l'université, idéologiquement très étatiste ; ce n'est que progressivement que ses études d'économie politique le firent changer d'avis : « *When I entered the university, I, too, was a thorough statist (interventionist). But in contrast to my fellow students I was consciously anti-Marxian. My first doubts about the excellence of interventionism came to me when, in my fifth semester, Professor Philippovich induced me to research housing conditions and when, in the following semester in the Seminar on Criminal Law, Professor Löffler asked me to research the changes in law regarding domestic servants, who at that time were still subject to corporal punishment by their employers. It then dawned on me that all real improvements in the conditions of the working classes were the result of capitalism; and that social laws frequently brought about the very opposite of what the legislation was intended to achieve* ». Ludwig von Mises, *Notes and Recollections*, op. cit., pp. 16 et 19-20.

[25] Les trois autres polémiques sont, par ordre chronologique, la *Methodenstreit*, qui opposa Menger à l'École historiciste allemande au XIX siècle ; vint ensuite la polémique sur le concept de capital et la théorie de l'intérêt qui opposa tout d'abord Böhm-Bawerk à J. B. Clark, puis Mises, Hayek et Machlup à Frank H. Knight et l'École de Chicago ; la troisième fut la célèbre controverse des années trente entre Hayek et Keynes. (Voir F. A. Hayek, *Contra Keynes and Cambridge : Essays, Correspondence*, vol. 9 de *The Collected Works of F. A. Hayek*, Bruce Caldwell (éd.), Routledge, Londres 1995; traduction espagnole d'Unión Editorial, Madrid 1996). L'évolution des évènements historiques (chute du socialisme réel) et de la pensée économique (crise de l'économie keynésienne) prouvent que ce sont les théoriciens autrichiens qui ont eu raison lors de ces quatre controverses doctrinales.

[26] Jesús Huerta de Soto, *Socialismo, cálculo económico y función empresarial*, op. Cit.. Dans le même sens, Donald A. Lavoie, *Rivalry and Central Planning*, Cambridge University Press., Cambridge 1985.

[27] « *Mises was right… Socialism has been the great tragedy of this century* » Robert L. Heilbroner, « Analysis and Vision in the History of Modern Economic Thought », *Journal of Economic Literature*, vol. 28, septembre 1990, pp. 1097 et 1110-1111. De même les économistes Wlodzimierz Brus et Kazimierz Laski concluent qu'Oskar Lange est les théoriciens socialistes « *never succeeded in confronting the Austrian challenge* » (*From Marx to the Market: Socialism in Search of an Economic System*, Clarendon Press, Oxford 1985, p. 60). Dans la cinquième partie de *L'action humaine*, aux chapitres XXV et XXVI, Mises synthétise et réévalue l'impossibilité du calcul socialiste et manifeste sa dernière opinion sur ce sujet.

[28] Le grand mérite de Mises est d'avoir été le premier à aborder le problème de l'impossibilité théorique du socialisme, auquel personne avant lui (de 1848 à 1920) n'avait osé s'atteler, et d'avoir montré que l'idée socialiste n'avait pu se maintenir aussi longtemps que grâce aux erreurs du paradigme néoclassique (voir paragraphe 2 du chap. XXVI) et du rationalisme constructiviste (que Mises qualifie de « *romanticisme rationaliste* » ; voir *L'action humaine*, p. 605 et 817).

Mises, en effet, se rend compte que l'économie, initialement axée autour d'un *idéal-type* historique – comme dit Max Weber –, l'*homo economicus*, se généralise et se convertit, grâce à la conception subjectiviste de Menger, en une théorie générale de l'action et de l'interaction humaines (*praxéologie*, dans la terminologie misienne). Les caractéristiques et les implications essentielles de l'action et de l'interaction humaines constituent le sujet fondamental de recherche du Traité d'économie que le lecteur a entre les mains et qui, précisément pour cette raison, s'intitule *L'action humaine*[29].

Mises considère que toute action a une composante entrepreneuriale et spéculative ; il développe une théorie de la fonction entrepreneuriale, celle-ci étant entendue comme la capacité de l'être humain à créer et à voir les occasions subjectives de gain qui surgissent autour de lui, et à agir de façon à les mettre à profit[30]. Cette théorie misienne de la fonction entrepreneuriale a été très développée ces dernières années par l'un des étudiants les plus brillants de Mises, Israël M. Kirzner (1930), actuellement professeur d'économie à l'Université de New York[31].

Non seulement la capacité entrepreneuriale de l'être humain explique qu'il recherche et crée de l'information nouvelle concernant les objectifs et les moyens[32], mais c'est elle qui permet de comprendre la tendance coordinatrice

---

29 Comme l'indique Tullio Bagiotti, qui a été professeur d'économie à l'Université Bocconi de Milan, « *Il titolo no mancherà di sorprendere un poco. Nessun economista prima di lui l'aveva usato, anche se l'economia spesso forzava i suoi cànoni presentandosi come norma all'azione* ». Tullio Bagiotti, « Presentazione » pour l'édition italienne de *L'Azione Humana : Trattato di economia*, Unione Tipografico-Editrice Torinese, Turin 1959, p. vi.

30 Mises affirme expressément que l'élément essentiel de la fonction entrepreneuriale réside dans sa capacité créative (« *Seul est créateur l'esprit humain qui dirige l'action et la production* », p. 169). De même, il critique durement les erreurs populaires d'après lesquelles le profit découle de la simple prise de risques (alors que le risque n'entraîne qu'un coût supplémentaire du processus productif qui n'a rien à voir avec le profit entrepreneurial, pp. 953-954), ainsi que l'idée, essentiellement fausse, que la fonction entrepreneuriale est un facteur de production appartenant au domaine de la gestion et qui peut être acheté et vendu sur le marché. Pour Mises, au contraire, « *on n'a pas besoin pour triompher dans le monde des affaires d'un diplôme universitaire quelconque. Les écoles et les facultés préparent des subalternes faits pour remplir des fonctions routinières, mais elles ne produisent pas d'entrepreneurs ; on ne peut pas enseigner à être entrepreneur. L'homme se fait entrepreneur en sachant mettre à profit des occasions et en comblant des espaces vides* » (p. 380).

31 Kirzner me disait récemment que toute sa carrière universitaire se devait à un accident historique : il avait choisi, pour obtenir des crédits qui lui manquaient et en se fiant au nombre d'ouvrages publiés par chaque professeur, d'assister au séminaire d'économie que Mises donnait à l'Université de New York de 1949 à 1969. Les ouvrages fondamentaux de Kirzner sont les suivants : *Competition and Entrepreneurship*, The University of Chicago Press, Chicago 1973 (il existe une traduction espagnole publiée par Unión Editorial sous le titre *Competencia y empresarialidad*, Madrid 1998) ; *Perception, Opportunity and Profit*, The University of Chicago Press, Chicago 1979 ; *Discovery and the Capitalist Process*, The University of Chicago Press, Chicago 1985 ; *Discovery, Capitalism and Distributive Justice*, Basil Blackwell, Oxford 1989 (il existe une traduction espagnole de Federico Basáñez publiée sous le titre *Creatividad, capitalismo y justicia distributiva*, Unión Editorial, Madrid 1995) ; et *The Meaning of the Market Process*, Routledge, Londres 1992.

32 Les affirmations emphatiques de Mises indiquant que l'économie est une science qui s'occupe des moyens et non des fins (p. 19) doivent être entendues en ce sens que

qui se manifeste de façon spontanée et continue dans le marché, quand il n'est pas soumis à un contrôle forcé. C'est cette capacité de coordination de la fonction entrepreneuriale qui, précisément, permet l'élaboration d'un *corpus* logique de théorie économique sans tomber – comme on le verra au paragraphe suivant – dans les vices de l'analyse scientiste (mathématique et statistique) qui, fondée sur des postulats de constance, procède et est une mauvaise imitation de celle qui est propre au monde étranger de la physique et des autres sciences de la nature.

*La méthodologie aprioristique-déductive et la critique du positivisme scientiste*

Depuis Menger déjà, les théoriciens autrichiens ont étudié longuement et en profondeur les problèmes méthodologiques et épistémologiques ; c'est en particulier ce que fit Mises, dont l'apport en ce domaine est l'un des plus importants qu'il ait réalisés. En effet, le fait que le scientifique « *observateur* » ne puisse pas obtenir l'information pratique que créent et découvrent constamment, de manière décentralisée, les acteurs-entrepreneurs « *observés* » explique l'impossibilité théorique de toute vérification empirique dans notre discipline. De fait, l'on peut considérer de ce point de vue que les raisons qui déterminent l'impossibilité théorique du socialisme sont les mêmes que celles qui expliquent que l'empirisme, tout comme l'analyse coût-bénéfice ou l'utilitarisme dans son interprétation la plus étroite ne sont pas viables dans notre science. Car, peu importe que ce soit un scientifique ou un gouvernant qui essaie vainement d'obtenir l'information pratique importante pour vérifier des théories ou donner un contenu coordinateur à ses ordres. Si cela était possible, on pourrait utiliser cette information aussi bien pour coordonner la société à l'aide d'ordres contraignants (socialisme et interventionnisme) que pour vérifier empiriquement des théories économiques. Cependant, pour les mêmes raisons, c'est-à-dire à cause, *premièrement*, de l'immense volume d'information dont il s'agit ; *deuxièmement*, de la nature de l'information (éparse, subjective et tacite) ; *troisièmement*, du caractère dynamique du processus

---

l'économie n'analyse jamais le contenu concret ni n'émet de jugements de valeur concernant les fins que recherchent les individus en agissant. Néanmoins, dans l'analyse économique, les objectifs, tout comme les moyens, sont pris en compte, toujours en termes strictement formels, comme un résultat de la création continue d'information liée au processus entrepreneurial d'interactions humaines. En outre, l'économie cherche aussi à savoir quelles normes ou règles de base de comportement sont conformes au processus spontané de coordination humaine mu par la force de la fonction entrepreneuriale et lesquelles, au contraire, l'empêchent ou l'entravent. Ainsi, nous partageons pleinement la position de Murray N. Rothbard (*The Ethics of Liberty*, Humanities Press, Atlantic Highlands, New Jersy, 1982, p. 202 ; traduction espagnole : *La ética de la libertad*, Unión Editorial, Madrid 1995) lorsqu'il reproche à Mises de considérer que les principes éthiques de comportement sont aussi purement subjectifs (voir *infra*, n. 72). Par ailleurs, ce fut une interprétation réductionniste et étroite de la position nette de Mises sur le rôle des objectifs et des moyens dans l'analyse économique qui incita Lionel Robbins à considérer, à tort, que les objectifs étaient « *donnés* » (non pas parce qu'ils ne devaient pas être jugés, mais parce qu'ils étaient connus et constants), de sorte que le comportement économique devait se limiter à une simple optimisation ou maximisation qui vise à extraire le maximum d'objectifs préfixés à partir de moyens également connus (p. 27).

entrepreneurial (on ne peut pas transmettre l'information non encore créée par les entrepreneurs) ; et *quatrièmement*, de l'effet de la contrainte et de l'« *observation* » scientifique (qui dénature, corrompt, gêne ou simplement empêche la création entrepreneuriale d'information), l'idéal socialiste, tout comme l'idéal positiviste ou l'étroitement utilitariste, sont impossibles du point de vue de la théorie économique[33].

Ces mêmes arguments servent aussi à justifier l'impossibilité théorique de la réalisation de prédictions spécifiques (concernant des coordonnées de temps et de lieu déterminées) en économie. Ce qui se passera demain ne pourra jamais être connu scientifiquement aujourd'hui, car cela dépend en grande partie d'une connaissance et d'une information qui n'ont pas encore été créées par les entrepreneurs et qui ne peuvent donc pas encore être connues aujourd'hui. Ainsi, on ne pourra effectuer, en économie, que des « *prédictions de tendance* » générales (qu'Hayek appelle *pattern prédictions*), de nature essentiellement théorique, et relatives, tout au plus, à la prévision qualitative des désajustements et effets de désorganisation sociale que produit la contrainte institutionnelle (socialisme et interventionnisme) qui s'exerce sur le marché.

De plus, l'inexistence de faits objectifs directement observables dans le monde extérieur, qui vient du fait que, selon la conception subjectiviste, les sujets de recherche en économie ne sont que des idées que d'autres ont sur ce qu'ils poursuivent et font[34], jamais directement observables, mais simplement interprétables historiquement, unie au caractère constamment variable et très complexe des processus et évènements sociaux, dans lesquels il n'existe ni « *paramètres* » ni « *constantes* », mais seulement des « *variables* », rend impossible l'objectif traditionnel de l'économétrie, et rend inviable le programme méthodologique positiviste dans toutes ses versions (du vérificationnisme le plus naïf au falsificationnisme poppérien le plus sophistiqué).

Face à l'idéal positiviste, Mises démontre dans *L'action humaine* que toute la science économique peut se construire de façon aprioristique et déductive. Il s'agit d'élaborer tout un ensemble logico-déductif à partir de connaissances auto-évidentes (axiomes tels que le concept subjectif d'action humaine avec ses

---

[33] Jesús Huerta de Soto, 1992, *Socialismo, cálculo económico y función empresarial*, op. cit., p. 150 et 406-407. Comme l'indique Mises, la théorie est antérieure aux faits empiriques, et elle est indispensable pour interpréter la réalité sociale qui constitue l'histoire, dont l'élaboration en tant que discipline exige, en outre, un jugement de pertinence non scientifique (*verstehen* ou compréhension) lequel, n'étant pas objectif, varie d'un historien à un autre (chap. II).

[34] « *La théorie économique ne s'occupe pas de choses ou d'objets matériels ; elle s'intéresse aux hommes, à leurs appréciations et, par suite, aux actions humaines qui en découlent. Les biens, les marchandises, la richesse et toutes les autres notions du comportement ne sont pas des éléments de la nature, mais des éléments de l'esprit et du comportement humain. Quiconque désire entrer dans ce deuxième univers doit oublier le monde extérieur et concentrer son attention sur la signification des actions que réalisent les hommes… La production n'est pas un fait physique, naturel et externe ; c'est, au contraire, un phénomène intellectuel et spirituel* » (pp. 111-112). C'est pourquoi, en économie, les « *restrictions* » ne dépendent pas des facteurs matériels du monde extérieur (par exemple, dans le domaine énergétique, des réserves de pétrole), mais de la connaissance humaine entrepreneuriale (la découverte, par exemple, d'un carburateur qui double l'efficience des moteurs à explosion a le même effet économique qu'une duplication du total de réserves physiques de pétrole).

éléments essentiels) que personne ne puisse contester sans se contredire[35]. Ensemble théorique indispensable pour interpréter correctement cette masse, en apparence incohérente, de phénomènes historiques complexes que constitue le monde social, et pour faire une histoire du passé ou un pronostic de possibilités futures (mission de l'entrepreneur) avec un minimum de cohérence et de garanties de succès. On comprend ainsi la grande importance que Mises assigne, dans son ouvrage, à l'histoire en tant que discipline, à sa relation avec la Théorie et au rôle de l'historien. On comprend aussi qu'il ait défini l'entrepreneur comme celui qui « *si l'on peut dire, regarde le futur avec des yeux d'historien* »[36].

*L'économie comme théorie des processus sociaux dynamiques : critique de l'analyse de l'équilibre (général et partiel) et de la conception de l'économie comme une simple technique maximisatrice*

Enfin, et sixièmement, Mises, dans cet ouvrage, fait faire un grand pas à la théorie des processus dynamiques. Il estime, en effet, absurde la construction mathématique d'une science économique fondée sur le modèle d'équilibre (général ou partiel)[37], où toute l'information importante, par exemple pour

---

[35] Par exemple, on notera la démonstration que fait Mises, d'un point de vue exclusivement logique, de la Loi des Rendements décroissants (paragraphe 2 du chap. VII). Cette démonstration logique s'appuie sur le fait qu'*a contrario,* si cette loi ne se vérifiait pas dans le domaine de l'action humaine, le facteur de production considéré comme fixe aurait une capacité productive illimitée et se convertirait donc en un bien libre. Karl Menger, fils du grand économiste autrichien, a essayé, vainement à notre avis, de réfuter le théorème de Mises sur le caractère strictement praxéologique de la Loi des Rendements décroissants. Voir Karl Menger « Remarks on the Law of Diminishing Returns. A Study in Meta-Economics », chap. 23 de *Selected Papers in Logic and Foundations, Didactics, Economics*, D. Reidel Publishing Co., Dordrecht, Hollande, 1979, pp. 279-302.

[36] Ludwig von Mises, *La acción humana*, p. 70. Bruce Caldwell offre une explication récente, favorable et dépassionnée du paradigme méthodologique de Mises : *Beyond Positivism : Economic Methodology in the Twentieth Century*, 2° édition, Routledge, Londres 1994, pp. 117-138. Sur la méthodologie de Mises en général, et sur les relations entre la théorie et l'histoire en particulier, on peut consulter les 36 références bibliographiques de mon article « Método y crisis en la Ciencia Económica », *Hacienda Pública Española*, n° 74, 1982 (réédité dans Jesús Huerta de Soto, *Estudios de Economía Política*, Unión Editorial, Madrid 1994, pp. 59-83) ; ainsi que les travaux de Mises, *Theory and History*, Yale University Press, Yale 1957 (traduit en espagnol par Rigoberto Juárez Paz et publié sous le titre *Teoría e Historia*, Unión Editorial, Madrid 1975) ; et d'Hayek, « The Facts of the Social Sciences », dans *Individualism and Economic Order*, Henry Regnery, Chicago 1972, et *The Counter-Revolution of Science*, Liberty Press, Indianápolis 1979.

[37] Mises appelle l'équilibre « *économie en rotation uniforme* » (*evenly rotating economy*) et le considère une construction imaginaire n'ayant qu'une valeur pratique dans la mesure où il améliore la compréhension analytique de deux problèmes de notre science : l'apparition des profits entrepreneuriaux dans un environnement dynamique, et la relation qui existe entre le prix des biens et services de consommation et le prix des facteurs de production nécessaires pour les créer (pp. 302-303). Sur ce point concret, j'irais plus loin que Mises, car je crois que l'on peut parfaitement expliquer l'apparition des profits entrepreneuriaux et la tendance à la fixation des prix des facteurs de production d'après la valeur escomptée de leur productivité marginale sans faire

construire les fonctions d'offre et de demande, est considérée comme constante et « *donnée* » (même si c'est à partir de probabilités).

Pour Mises, le problème économique fondamental est bien distinct: il s'agit d'étudier le processus dynamique de coordination sociale au cours duquel les différents individus créent continuellement de l'information nouvelle (qui n'est jamais « *donnée* » ni constante) en cherchant les objectifs et les moyens qu'ils considèrent comme importants dans chaque cas particulier ; ces individus établissent ainsi, sans s'en rendre compte, un processus spontané de coordination. Car, à la différence de ce qui se passe dans le monde de la physique et des sciences naturelles, il n'y a pas en économie de relations fonctionnelles (ni donc de fonctions d'offre, de demande, de coûts ni d'aucun autre genre). Rappelons que, d'après la théorie mathématique des ensembles, une fonction n'est qu'une correspondance ou une application objective entre les éléments de deux ensembles appelés « *ensemble de départ* » et « *ensemble image* ». Or, étant donné la capacité créative innée de l'homme qui crée et découvre sans cesse, chaque fois qu'il agit, de l'information nouvelle concernant les objectifs qu'il poursuit et les moyens qu'il considère à sa portée pour les atteindre, il est évident qu'aucun des trois éléments nécessaires à l'existence d'une relation fonctionnelle n'existe : a) les éléments de l'ensemble de départ ne sont ni donnés ni constants ; b) les éléments de l'ensemble image ne sont ni donnés ni constants ; et c) – et c'est le plus important – *les correspondances entre les éléments des deux ensembles ne sont pas non plus données, mais varient sans cesse en raison de l'action et de la capacité créative de l'homme*[38].

De sorte qu'en économie, l'utilisation de fonctions exige l'introduction dans l'information d'une *présupposition de constance* qui élimine radicalement le protagoniste de tout le processus social : l'être humain doté d'une capacité entrepreneuriale créative innée. Le grand mérite de Mises est d'avoir montré qu'il était parfaitement possible de construire toute la science économique d'une manière logique sans avoir nullement besoin d'utiliser de fonctions ni, donc, d'établir des hypothèses de constance qui vont contre la nature de l'être

---

nullement référence à des modèles d'équilibre (général ou partiel), mais en évoquant seulement le processus dynamique qui tend vers ce que Mises appelle un « *état final de repos* » (qui n'est jamais atteint). Il faut, en tout cas, souligner que, d'après Mises, « *ce qui distingue l'École autrichienne et devra lui donner une renommée immortelle est précisément d'avoir développé une théorie économique de l'action et non de la 'non-action' ou équilibre économique* » (Ludwig von Mises, *Notes and Recollections*, op. cit., p. 136 ; édition espagnole : *Autobiografía de un liberal*, Unión Editorial, Madrid 2001, p. 70). De plus, et d'après Mises, « *la construction imaginaire de l'état final de repos sert à nous faire comprendre l'évolution temporelle des circonstances du marché* », et se distingue en cela du modèle d'équilibre ou « *économie en rotation uniforme* » dans lequel le facteur temps est complètement éliminé (p. 300).

[38] Comme nous l'avons vu à la note 9, les critères axiomatiques de rationalité proposés par Samuelson et d'autres économistes mathématiciens sont également dépourvus de sens, puisque si un acteur préfère A à B et B à C, il peut parfaitement préférer C à A, sans cesser d'être « *rationnel* » ou cohérent, s'il se trouve qu'il a simplement changé d'avis (même si ce n'est que durant le centième de seconde que dure, dans son raisonnement, la position de ce problème).

humain, c'est-à-dire du protagoniste de tout le processus social que l'on prétend justement étudier[39].

Il est donc prouvé que le problème économique fondamental n'est pas de nature technique ou technologique, comme le laissent entendre les économistes-mathématiciens du paradigme néoclassique : ils supposent que les objectifs et les moyens sont « *donnés* » et que le reste de l'information nécessaire est constant, et ils présentent le problème économique comme s'il s'agissait d'un simple problème technique d'optimisation ou maximisation[40]. Autrement

---

[39] L'analyse critique de l'utilisation des mathématiques en économie se trouve au paragraphe 5 du chapitre XVI et constitue l'une des parties les plus importantes de *L'action humaine*. Les apports de Mises sur ce sujet ont été parallèles à ceux de l'économiste autrichien Hans Mayer, successeur de Menger et de Wieser à la chaire d'économie de L'université de Vienne. Pour Mayer, la théorie néoclassique de la détermination fonctionnelle ou mathématique des prix n'a pas de sens, car elle présuppose l'intégration *simultanée*, dans un système d'équations, d'information concernant les prix et les quantités de biens et services produits dans le marché, lesquels sont en réalité des grandeurs hétérogènes qui n'apparaissent jamais en même temps dans la société, mais *séquentiellement*, au cours d'un processus et à la suite d'actions humaines concrètes mises en marche par la force de la fonction entrepreneuriale. L'ouvrage essentiel de Hans Mayer est « Der Erkenntniswert der Funktionellen Preistheorien », dans *Die Wirtschaftstheorie dr Gegenwart*, éd. Springer, vol. 2, Vienne 1932, pp. 147-239b (traduite en anglais sous le titre « The Cognitive Value of Functional Theories of Price » et publiée dans le vol. II de *Classics in Austrian Economics : A Sampling in the History of a Tradition*, Israel M. Kirzner (éd.), William Pickering, Londres 1994, p. 55-186). Les mathématiciens se trouvent face à un défi : celui de concevoir et développer une nouvelle « *mathématique* » qui sera capable d'introduire et permettre l'analyse de la capacité créative de l'être humain et de ses implications, sans avoir recours aux postulats de constance propres au monde de la physique et à partir desquels se sont développés tous les langages mathématiques connus. Néanmoins, le langage scientifique idéal pour introduire cette capacité créative est, à notre avis, celui que les hommes eux-mêmes ont créé spontanément à l'occasion de leur activité entrepreneuriale quotidienne et qui se matérialise dans les différentes langues parlées aujourd'hui dans le monde.

[40] Les problèmes économiques seraient éliminés et remplacés par des problèmes strictement techniques si, comme l'indique Mises (p. 251), il existait une relation de substitution parfaite entre tous les facteurs de production selon des proportions données, ou bien si toutes les ressources productives étaient complètement spécifiques. Hormis ces cas, tous les problèmes sont économiques, dans le sens que nous donnons à cette définition dans le texte principal, à moins que, comme le font les économistes néoclassiques, les fonctions d'offre et de demande et les prix d'équilibre correspondants soient supposés connus ; dans ce cas, bien qu'il n'existe pas de relations de substitution parfaite suivant des proportions fixes entre les facteurs productifs et que ceux-ci ne soient pas complètement spécifiques, les problèmes économiques du monde réel se réduisent là aussi à des problèmes techniques. On trouve un exemple de cette considération réductionniste propre à l'économie néoclassique chez Emilio Albi, José Manuel González-Páramo, Emilio Contreras et Ignacio Zubiri (*Hacienda Pública*, Ariel, Barcelone 1994, pp. 158-160) qui mentionnent la substituabilité parfaite dans des proportions fixes ou le caractère purement spécifique comme les « *seules* » caractéristiques qui réduisent les problèmes économiques à de simples problèmes techniques, oubliant qu'il existe une troisième possibilité (hypothèse de constance et de pleine information pour les fonctions et les prix d'équilibre) qui les concerne sans qu'ils

dit, le problème économique fondamental n'est ni un problème de nature technique ni un problème de maximisation d'une fonction objective « *connue* » et constante, soumise à des restrictions également « *connues* » et constantes. C'est, au contraire, un problème strictement économique : *il apparaît lorsque les objectifs et les moyens sont nombreux, concourent entre eux, lorsque la connaissance que l'on en a n'est ni donnée ni constante, mais se trouve éparpillée dans l'esprit d'innombrables personnes qui la créent sans cesse* ex novo *et lorsque, donc, on ne peut connaître ni toutes les options possibles, ni celles qui se créeront dans le futur, ni l'intensité relative avec laquelle on veut tenter d'atteindre chacune d'elles.* Peut-être l'apport le plus important et fructueux de Mises à la science économique consiste-t-il précisément dans l'éradication définitive de cette façon erronée de concevoir l'économie comme une simple technique de maximisation[41].

*Brève notice biographique de Ludwig von Mises*

Ludwig Edler von Mises naquit le 29 septembre 1881 à Lemberg. Cette ville, qui faisait alors partie de l'Empire austro-hongrois, s'appelle aujourd'hui Lviv et appartient à la nouvelle République indépendante d'Ukraine. Le père de Ludwig fit ses études à l'École polytechnique de Zurich et fut un ingénieur réputé, spécialisé dans la construction de chemins de fer. Ludwig était l'aîné de trois enfants, dont l'un mourut en bas âge et l'autre, Richard, fut un mathématicien et logicien positiviste très connu avec qui Ludwig n'entretint, durant sa vie, que de froides relations personnelles.

---

s'en aperçoivent et qui transforme aussi les problèmes économiques en problèmes strictement techniques.

[41] La conversión de Mark Baug, qui abjurait récemment le modèle d'équilibre général et le paradigme statique néoclassique walrasien, a été très remarquée. Blaug concluait que « *I have come slowly and extremely reluctantly to view that they [l'École autrichienne] are right and that we have all been wrong* ». Voir *Appraising Economic Theories*, Mark Blaug and Neil de Marchi (éd.), Edward Elgar, Londres 1991, p. 508. Et, dans le même sens, son *Economics through the Looking-Glass*, Institute of economic Affairs, Occasional Paper 78, Londres 1988, p. 37. Plus récemment encore, il a de nouveau fait allusion au paradigme néoclassique, dans l'*Economic Journal* (novembre 1993, p. 1571), à propos de son application pour justifier le système socialiste comme quelque chose « *so administratively naive as to be positively laughable. Only those drunk on perfectly competitive static equilibrium theory could have swallowed such nonsense. I was one of those who swallowed it as a student in the 1950s and I can only marvel now at my own dim-wittedness* ». Il va sans dire que l'analyse néoclassique de l'information « *imparfaite* » qui apparaît à la suite de l'article de G. J. Stigler sur « The Economics of Information » (*Journal of Political Economy*), n° 69, juin 1961, pp. 213-225), et considère que sont connues aussi bien les diverses possibilités d'évènements futurs que leur distribution de probabilités ne soit capable de faire entrer dans l'analyse ni la véritable capacité créative de l'homme ni l'ignorance indéracinable qui le caractérise. En effet, on ne connaît même pas, dans les processus d'interaction humaine, les options possibles (la créativité entrepreneuriale crée sans cesse de nouvelles options) et moins encore leur distribution de probabilités. Ainsi, la théorie néoclassique caricature le concept d'information entrepreneuriale existant dans le marché et, quoiqu'elle prétende avoir introduit dans ses modèles le caractère « *imparfait* » de l'information, elle reste en réalité ancrée dans l'hypothèse de la constance et de la pleine information (bien que ce soit sur le plan des probabilités) des options possibles. Voir, par exemple, Israel M. Kirzner, « Economics and Error », chap. 8 de *Perception, Opportunity and Profit*, op. cit, pp. 120-136.

Ludwig von Mises obtint son doctorat en Droit le 20 février 1906 et fut jusqu'en 1914 l'un des participants les plus brillants au séminaire que dirigeait Eugen Von Böhm-Bawerk à l'Université de Vienne. Suivait également ce séminaire J.A. Schumpeter, que Mises a toujours considéré comme un théoricien excessivement confus et léger, désireux d'« *épater* » et qui était tombé dans les rets du scientisme néoclassique.

Mises commence sa carrière d'enseignant en 1906 ; il enseigne d'abord l'économie pendant six ans à la *Wiener Handelsakademie für Mädchen* (École de commerce de Vienne pour jeunes filles), puis, à partir de 1913 et durant vingt ans, comme professeur de l'Université de Vienne. En 1934, il est nommé professeur titulaire de chaire d'économie internationale à l'*Institut Universitaire des Hautes Études internationales* à Genève. Fuyant Hitler, il part pour les États-Unis au début de la Seconde Guerre mondiale ; il y acquiert la nationalité américaine et est nommé professeur de l'Université de New York, poste qu'il devait occuper jusqu'à sa retraite en 1969. De 1920 à 1934, il organisa et dirigea un célèbre séminaire d'économie (*Privatseminar*) dans son bureau officiel de la Chambre de Commerce de Vienne, dont il était secrétaire général et où il dirigeait le département d'économie, ce qui lui permit d'exercer une grande influence sur la politique économique de son pays. Les réunions de ce séminaire se tenaient le vendredi après-midi ; elles accueillaient non seulement les étudiants qui préparaient leur doctorat sous la direction de Mises, mais aussi, et sur invitation, des économistes prestigieux du monde entier. Certains d'entre eux ont assisté régulièrement à ces sessions ; parmi ceux de langue allemande, on citera Friedrich A. Hayek, Fritz Machlup, Gottfried von Haberler, Oskar Morgenstern, Paul N. Rosenstein-Rodan, Félix Kaufman, Alfred Schutz, Richard von Strigl, Karl Menger (le fils mathématicien de Carl Menger, fondateur de l'École autrichienne) et Erich Voegelin. Pour ceux provenant du Royaume-Uni et des États-Unis, Lionel Robbins, Hugh Gaitskell, Ragnar Nurkse et Albert G. Hart, entre autres. Plus tard, aux États-Unis, Mises réorganisa son séminaire à l'Université de New York ; les réunions, qui se tenaient les jeudis après-midi, durèrent de l'automne 1948 jusqu'au printemps 1969. Pour cette seconde étape, on citera, parmi les nombreux participants, ceux qui seraient plus tard les professeurs Murray N. Rothbard et Israel M. Kirzner. Mises fut nommé docteur *honoris causa* de l'Université de New York et, à la demande de F. A. Hayek, de l'Université de Fribourg (Brisgovie, Allemagne). Il reçut en 1962 la Médaille d'Honneur des Sciences et des Arts de la République d'Autriche et fut nommé *Distinguished Fellow* de la American Economic Association en 1969. Mises mourut à New York le 10 octobre 1973, après avoir publié 22 livres et des centaines d'articles et de monographies sur des thèmes économiques[42].

---

[42] L'ouvrage définitif concernant la bibliographie misienne est celui de Bettina Bien Greaves et Robert Mc Gee, publiée sous le titre *Mises : An Annotated Bibliography*, The Foundation for Economic Education, New York 1993, 391 pages (*1982-1993 Update*, FEE, New York 1995, 227 pages). Sur la vie et l'évolution intellectuelle de Mises, on dispose, hormis sa précieuse autobiographie intellectuelle (*Notes and Recollections*, ouvrage précité, publié en espagnol par Unión Editorial en 2001, sous le titre *Autibiografía de un liberal*), des intéressants travaux de Murray N. Rothbard, parmi lesquels on citera son article « Ludwig Edler von Mises », *The New Palgrave : A Dictionary of Economics*, Macmillan, Londres 1987, vol. III, pp. 479-480 ; sa monographie *Ludwig von Mises :*

Mises eut la chance de pouvoir développer une très longue carrière universitaire qui dura près de sept décennies, étant reconnu de son vivant comme un économiste de réputation mondiale. Ainsi, Henry C. Simons le considérait déjà en 1944 comme « *the greatest living teacher of economics* »[43].

De son côté, le Prix Nobel Milton Friedman, économiste positiviste de l'École de Chicago, nullement suspect de sympathie envers les positions théoriques de Mises, le considérait peu de temps après sa mort en 1973 comme « *one of the great economists of all times* »[44]. Un autre prix Nobel d'économie, Maurice Allais, a écrit que Mises était « *un homme d'une intelligence exceptionnelle dont les contributions à la science économique ont été de tout premier ordre* »[45]. Enfin, Lord Robbins, évoquant Mises dans son autobiographie intellectuelle, concluait : « I fail to comprehend how anyone not blinded by political prejudice can read his main contributions and the magisterial general treatise *Human Action*, without experiencing at once a sense of rare quality and an intellectual stimulus of a high order »[46].

### 3. Les éditions successives de *L'action humaine*

Bien que *L'action humaine* ne soit pas un livre populaire, mais un traité d'économie politique complet et approfondi, il connut, dans son genre, un des plus grands succès éditoriaux. Au total et jusqu'au moment de la rédaction de la seconde édition de cette « *Étude préliminaire* », ont été publiées plus de vingt-cinq réimpressions du livre, qui correspondent aux trois éditions successives que l'auteur a corrigées et révisées de son vivant ; on calcule qu'ont été vendus

---

*Scholar, Creator, Hero,* The Ludwig von Mises Institute, Auburn University, Auburn, Alabama, 1988 ; et *The Essential Von Mises*, Oakler R. Bramble, Michigan, 1973 (traduit en espagnol par Joaquín Reig Albiol et publié sous le titre *Lo esencial de Mises*, Unión Editorial, Madrid 1985, réédité dans J. Huerta de Soto, *Lecturas de Economía Política,* vol. III, Unión Editorial, Madrid 1987, pp. 209-236). Sont également très intéressants la biographie écrite par son épouse, Margit von Mises, *My Years with Ludwig von Mises*, Arlington House, New York 1976 ; le Glossaire de *L'action humaine* réalisé par Percy L. Greaves et intitulé *Mises Made Easier : À Glossary for Ludwig von Mises' Human Action*, Free Market Books, New York 1974 ; et la biographie intellectuelle écrite par Israel M. Kirzner, *Ludwig von Mises : The Man and his Economics* ISI Broks, Wilmington, Delaware 2001.

[43] « *Le plus grand professeur d'économie vivant* ». *The Annals of the American Academy of Political and Social Science*, n° 236, novembre 1944, pp. 192-193.

[44] « *L'un des grands économistes de tous les temps* ». *The University of Chicago Magazine*, n° 67, automne 1974, p. 16.

[45] Allais, M., 1989, *L'impôt sur le capital et la réforme monétaire*, Hermann Éditeurs, Paris, p. 307. Ces louanges d'Allais ont une valeur spéciale, car elles viennent d'un économiste mathématicien, très éloigné de la méthodologie misienne, quoiqu'il faille signaler qu'Allais reconnut, dès le début, l'importance de la théorie misienne sur l'impossibilité du calcul économiste socialiste et la nécessité de développer une théorie dynamique des processus sociaux en déséquilibre. Par exemple, Allais, M., 1994, *Traité d'économie Pure*, 3° édition, Clément Juglar, Paris, pp. 549-551 et 653-657 (qui contiennent plus de cinq citations littérales de Mises).

[46] « Je ne comprends pas que quiconque, non aveuglé par des préjugés politiques, lise ses principales contributions et son magistral traité général *L'action humaine* puisse ne pas ressentir immédiatement sa rare qualité et un stimulus intellectuel de haut niveau ». Lord Robbins, *Autobiography of an Economist*, Macmillan, Londres 1971, p. 108.

jusqu'à aujourd'hui cent cinquante mille exemplaires de *L'action humaine*[47]. Le livre a été publié en dix langues différentes : anglais, allemand, italien, français, espagnol, portugais, russe, japonais, chinois et coréen. C'est l'un des traités les plus largement cités, en particulier dans les monographies et articles spécialisés dans les questions concernant l'économie en général et, surtout, la méthodologie de la science économique et l'analyse économique du socialisme. Nous donnerons un bref compte rendu des principales éditions de *L'action humaine* publiées jusqu'à présent ainsi que de leur évolution.

*« Nationalökonomie » : un précédent immédiat de « L'action humaine » écrit en allemand*

*Nationalökonomie : Theorie des Handelns und Wirtschaftens*[48] (« *Économie : théorie de l'action et de l'échange* ») est le premier traité systématique d'économie écrit par Mises. On peut le considérer comme le précurseur immédiat de *L'action humaine.* Il fut écrit durant les années heureuses où Mises enseignait à Genève et sortit en mai 1940, raison pour laquelle sa publication, coïncidant avec le début de la Seconde Guerre mondiale, eut peu d'influence dans le milieu universitaire. Mises prétendit, en écrivant cette première version de son Traité, recueillir d'une manière systématique et omni-compréhensive toute la théorie économique du comportement humain en utilisant, pour ce faire, un langage accessible à toute personne cultivée[49].

Aucune traduction anglaise de *Nationalökonomie* n'a encore été publiée, ce qui est regrettable d'un point de vue universitaire, car de nombreux et importants aspects de cet ouvrage ne coïncident pas exactement avec *L'action humaine.* De fait, *Nationalökonomie* est peut-être un ouvrage plus indicatif pour le chercheur, car il contient plus de notes et signale donc de façon plus détaillée les sources qui ont le plus influé sur l'auteur. Il comprend, en outre, des paragraphes entiers très intéressants qui n'ont pas été inclus dans l'édition anglaise de

---

47 Cette estimation a été réalisée de façon conservatrice, en considérant une moyenne de cinq mille exemplaires pour chacune des impressions en langue anglaise et une moyenne de trois mille exemplaires pour chacune de celles publiées dans d'autres langues.

48 Mises, L. von, 1940, *Nationalökonomie: Theorie des Handelns und Wirtschaftens*, Editions Unión, Genève, 756 pages.

49 « *My objective in writing the treatise was to provide a comprehensive theory of economic behaviour which would include not only the economics of a market economy (free-enterprise system) but no less the economics of any other thinkable system of social cooperation, viz., socialism, interventionism, corporativism and so on. Furthermore I deemed it necessary to deal with all those objections which from various points of view have been raised against the validity of economic reasoning and the soundness of the methods hitherto applied by economists of all schools and lines of thought. Only such an exhaustive treatment of all critical objections can satisfy the exacting reader and convince him that economics is a science both conveying knowledge and able to guide conduct. The treatise is purely scientific and certainly not a popular book. However, as it does not use any technical terms but those precisely defined and explained, it can be understood by every educated man* ». Ces mots furent écrits en décembre 1944 par Mises à son éditeur américain, Norman V. Davidson, de la Yale University Press, et ont été recueillis par Margit von Mises, *My Years with Ludwig von Mises*, op. cit., pp. 105-106.

*L'action humaine*, tels ceux qui concernent, par exemple, la critique de la théorie de l'intérêt de Böhm-Bawerk[50].

Il était nécessaire que le traité de Mises soit à nouveau disponible dans le monde de langue allemande ; c'est pourquoi *Nationalökonomie* fut à nouveau publié en 1980, cette fois en Allemagne et sous les auspices de l'*International Carl Menger Library*[51]. Cette deuxième édition a fait l'objet de recensions nombreuses et très favorables, publiées en Autriche et en Allemagne[52].

*Les éditions anglaises de « L'action humaine »*

La première édition anglaise de *L'action humaine* fut publiée sous le titre *Human Action : À Treatise on Economics* par Yale University Press en 1949. C'est, sans aucun doute, le *magnum opus* qui couronne toute la carrière universitaire de Ludwig von Mises. Ce n'est pas – nous l'avons dit – une simple traduction anglaise de *Nationalökonomie* ; Mises, à son arrivée aux États-Unis, passa cinq ans à réviser entièrement et à réécrire pratiquement un nouvel ouvrage. *Human Action* a tout de suite été un important succès éditorial, en sorte que la première édition, publiée simultanément aux États-Unis et en Angleterre[53], connut au cours des dix années suivantes six nouvelles réimpressions.

En 1963, Yale University Press publie également la deuxième édition de *L'action humaine*, révisée et augmentée par Mises lui-même. Les modifications et ajouts les plus importants concernent le traitement du concept de la liberté et du gouvernement que l'on trouve à la section 6 du chapitre XV ; la théorie du monopole développée à la section 6 du chapitre XVI ; et, enfin, l'analyse sur la corruption qui fut intégrée comme section 6 dans le chapitre XXVII. Mises fut très contrarié de la grande quantité d'errata et d'imperfections typographiques de cette édition et, en général, du comportement négligent (sinon dolosif) de son éditeur (Yale University Press)[54]. Il s'entendit donc pour la publication d'une troisième édition qui corrigeait toutes les erreurs de la précédente. Confiée à l'éditeur Henry Regnery et sortie en 1966, elle devait être l'édition définitive de cet ouvrage majeur[55]. Plus tard furent publiées trois réimpressions de la troisième édition anglaise de *L'action humaine* : la première en 1978, la

---

[50] Il s'agit des pp. 439-444 de l'édition allemande de *Nationalökonomie* qui ont été traduites en anglais et publiées par Percy L. Greaves dans son livre *Mises made Easier : À Glossary for Ludwig von Mises' Human Action*, op. cit., pp. 150-157.

[51] Mises, L. von, 1980, *Nationalökonomie: Theorie des Handelns und Wirtschaftens*, 2° éd., The International Carl Menger Library, Philosophia Verlag, Munich.

[52] Voir, entre autres, celles publiées par E. Tuchtfeldt dans le *Neue Zürcher Zeitung* (n. 207), le 8 septembre 1981 ; dans le *Unsere Wirtschaft* (Düsseldorf, août 1981) ; celle de Wilhelm Seuss dans le *Frankfurter Allgemeine Zeitung* (9 décembre 1980) ; et celle de Karl Graber, *Die Presse*, Vienne (23 novembre 1981).

[53] Mises, L. von, 1949, *Human Action: À Treatise on Economics*, publié par Yale University Press, New Haven, 889 pages plus la table des matières. L'édition britannique parut également en 1949 sous le même titre et en même format et fut publiée par William Hodge à Londres.

[54] Mrgit von Mises raconte les nombreux tracas que les erreurs de cette deuxième édition de *L'action humaine* causèrent à Mises. Voir *My Years with Ludwig von Mises*, op. cit., chap. 8.

[55] Ludwig von Mises, *Human Action: À Treatise on Economics*, 3° éd. revue, Henry Regnery, Chicago 1966, 907 pages et la table des matières.

seconde en édition de luxe en 1985, et la troisième en livre de poche en 1990. Il faut également souligner qu'en 1990 l'on commença aussi à commercialiser une version de *L'action humaine*, enregistrée en anglais dans trente cassettes et lue par le speaker Bernard Mayes[56].

Enfin, deux éditions nouvelles et importantes de *L'action humaine* ont été publiées récemment en anglais ; la première, par les soins Bettina Bien Greaves en 1996, comme quatrième édition revue de l'ouvrage[57]. La seconde est la magnifique *Scholar's Edition*, préparée en 1998 à partir de l'édition originale de 1949 par les professeurs Jeffrey H. Herbener, Hans-Hermann Hoppe et Joseph T. Salerno[58].

*Traductions d'« Human Action » en langue non espagnole*

Le succès éditorial d'*Human Action* entraîna rapidement la publication de traductions de l'ouvrage en différentes langues. Laissant à part les éditions successives de la traduction espagnole dont nous parlerons au paragraphe suivant, nous ferons ici une brève allusion, suivant leur ordre chronologique, à chacune des traductions publiées jusqu'à ce jour.

La première version de *L'action humaine*, hors des États-Unis et de l'Angleterre, est publiée en 1959 en Italie sous le titre *L'Azione Umana : Trattato di economia.* Cette édition fut traduite et éditée en italien grâce à Tullio Bagiotti, professeur d'économie politique à l'Université Bocconi de Milan, qui rédigea en outre une « *Presentazione* » qui incluait une brève notice biographique sur Mises et faisait allusion à ses différents ouvrages[59].

En 1976 paraît la première traduction chinoise de *L'action humaine*, réalisée par le professeur Tao-Ping Hsia publiée en deux volumes et traduite à partir de la troisième édition anglaise de 1966. Cette traduction, révisée par le professeur Hui-Lin Wu, a été rééditée à Taïwan, en deux volumes également, en 1991[60].

La traduction française *L'action humaine : Traité d'économie* est publiée en 1985. Cette traduction est faite à partir de la troisième édition anglaise de 1966 par

---

56 Ludwig von Mises, 1990, *Human Action, an abridged audiotape versión*, Classics on Tape, Ashland, Oregon, lue par Bernard Mayes.

57 Ludwig von Mises, 1996, *Human Action: A Treatise on Economics*, Fourth Revised Edition, préface de Bettina Bien Greaves, The Foundation for Economic Education, Irvington-on-Hudson, New York (édition accessible sur *internet* au site *web* du Ludwig von Mises Institute).

58 Ludwig von Mises, 1998, *Human Action: A Treatise on Economics, The Scholar's Edition*, introduction de Jeffrey H. Herbener, Hans-Hermann Hoppe et Joseph T. Salerno. Ludwig von Mises Institute, Auburn, Alabama.

59 Ludwig von Mises, *L'Azione Umana: Trattato di economía*, traduction et présentation de Tullio Bagiotti, Unione Tipografico-Editrice Torinese, dans la collection Sociologi ed Economisti, Turin, 1959, 861 pages. En 1988, fut publié un livre hommage à la mémoire de Tullio Bagiotti, qui comprend une contribution de l'espagnol Lucas Beltrán intitulée « Liberalizar no es fácil », *Studi in memoria de Tullio Bagiotti*, Padoue 1988, p. 153-163.

60 Traduction chinoise de *La acción humana* par Tao-Ping Hsia, revisée par Hui-Lin Wu, Yuan Publlishing, Taipeh, Taïwan, 1991, n° 1 et 2 de la série « Libros Famosos sobre el Liberalismo », deux volumes : le premier comprend les pages 1 à 506 et le second les pages 507 à 1074.

Raoul Audouin ; elle a été publiée dans la prestigieuse collection « *Libre Échange* » – des Presses Universitaires de France – que dirige Florin Aftalion[61].

On a également publié à partir de l'édition anglaise, dans les années 1987-1988, une traduction coréenne de *L'action humaine* en deux volumes, préfacée par le professeur Toshio Murata[62].

On publie en 1990 au Brésil la traduction portugaise de la troisième édition de *L'action humaine*, sous le titre *Ação humana : um tratado de economia.* La traduction est de Donald Stewart, Jr. ; elle est publiée par l'Institut Libéral de Rio de Janeiro[63]. On notera l'excellence de la traduction de Stewart, quoique l'édition soit, à la différence des autres, d'une lecture moins facile car elle déplace les notes de bas de page en fin de chapitre.

En 1991, est publiée la traduction japonaise de la troisième édition anglaise de *L'action humaine* sous le titre *Ningen-Kõi-Gaku.* Cette version japonaise a été minutieusement réalisée – ce qui dura plusieurs années – par le professeur Toshio Murata, professeur d'économie de l'Université de Yokohama et ancien étudiant de Ludwig von Mises à New York[64]. Murata, qui apprit l'espagnol avec un père jésuite, fut affecté au Haut État-Major de la 13° Armée japonaise qui occupa Shanghai durant la Seconde Guerre mondiale. Il y fut un témoin d'exception de l'impossibilité d'organiser par la contrainte l'économie de marché qui florissait alors dans cet endroit de la Chine, ainsi que de la grave hyperinflation que provoqua la politique monétaire des occupants. Ces problèmes le mirent en contact avec les théories économiques de Mises, dont il n'a cessé d'encourager au Japon, tout au long de sa carrière universitaire, l'étude et la popularisation.

Enfin, à Noël 2000 est publiée à Moscou la première traduction russe de *L'action humaine*, grâce à A. B. Kuriaev (Édit. Económica, Moscou 2000).

*Les six éditions espagnoles de « L'action humaine »*

L'histoire des éditions espagnoles de *L'action humaine* ne peut être comprise sans qu'on fasse allusion à leur traducteur, Joaquín Reig Albiol. Joaquín Reig passa son doctorat en Droit le 15 février 1958 avec une thèse intitulée précisément « *Los modernos problemas sociales a la luz del ideario económico de Ludwig von Mises* » (les problèmes sociaux modernes à la lumière de l'idéologie économique de Ludwig von Mises). Cette thèse, dirigée par le professeur d'économie politique de la Faculté de Droit de l'Université Complutense de

---

61 Ludwig von Mises, *L'action humaine: Traité d'économie*, traduction de Raoul Audouin, Presses Universitaires de France, Paris, janvier 1985, 942 pages. Raoul Audouin a également traduit en français les principaux ouvrages d'Hayek, ente autres *La présomption fatale : les erreurs du socialisme*, PUF, Paris 1988, et *La constitution de la liberté*, Litec, Paris 1994.

62 *La acción humana*, traduction en coréen publiée à Séoul par Kyung Mun Sa Publishing Co., vol. I, 1987, (chap. 1-19, 519 p.) et vol. II, 1988, (chap. 20-39, 459 p. ), tous deux préfacés par Toshio Murata.

63 Ludwig von Mises, *Ação humana: um tratado de economía*, traduction portugaise de Donald Stewart, Jr., Instituto Liberal, Rio de Janeiro 1990, 872 pages et table des matières.

64 Ludwig von Mises, *Ningen-Kõi-Gaku*, Shunjü Sha, Tokyo 1991, 995 pages et table des matières.

Madrid Jesús Prado Arrarte, fut la première monographie écrite en espagnol sur la première édition anglaise de *L'action humaine* parue aux États-Unis quelques années auparavant[65].

Deux ans après paraît la première version espagnole, traduite par Joaquín Reig Albiol, de la première édition anglaise de 1949 de *L'action humaine*, publiée en deux volumes par la Fundación Ignacio Villalonga[66]. Reig y inclut en outre une vaste étude préliminaire qui présente l'ouvrage de Mises aux lecteurs de langue espagnole ; on la trouve aux pages 26 à 62 du volume I.

Huit ans plus tard paraît la seconde édition espagnole, publiée par Editorial Sopec en un seul volume ; c'est la première traduction espagnole de la troisième édition anglaise de 1966. Cette nouvelle édition espagnole comprend, comme la première, une présentation s'adressant aux lecteurs de langue espagnole et écrite, elle aussi, par Joaquín Reig (pages 17-19) ; celle-ci est beaucoup plus brève et concise que celle de la première édition[67].

À partir des années soixante-dix, Unión Editorial se charge de rééditer en espagnol les différents ouvrages de Mises et publie la troisième édition espagnole de *L'action humaine* en 1980[68]. Cette édition, de très grande qualité, contient, outre une courte présentation du traducteur, une série de notes de bas de page dans lesquelles Joaquín Reig Albiol, suivant le modèle du glossaire préparé et publié en anglais par Percy Greaves en 1978, explique au lecteur les concepts du livre les plus complexes ou difficiles à saisir. L'édition de 1980 est

---

[65] Cette thèse obtint la mention très bien et les éloges du jury que présidait D. Mariano Puigdoller Oliver ; les autres membres étaient les professeurs Nicolas Peréz Serrano, Juan del Rosal Fernández, José Maria Naharro Mora (qui fut le rapporteur) et Gaspar Bayon Chacón. On indiquera, à titre anecdotique, que la censure alors en vigueur indiqua dans un communiqué du 25 avril 1958 de la Direction générale d'Information du Ministère de l'Information et du Tourisme, Inspection des Livres (dossier 842-58), qu'avant la publication de la thèse on « *supprime ce qui était indiqué aux pages 13, 34-36, 42-44, la feuille 56 intégralement, et ce qui était indiqué aux pages 62-65, 72-78, 96-125 et 142-197, en ordonnant la présentation d'épreuves imprimées dans lesquelles seraient recueillies les suppressions ordonnées par l'autorité* ».

[66] Ludwig von Mises *La acción humana (tratado de economía)*, Fundación Ignacio Villalonga, Valence 1960, t. I (602 p.) et t. II (674 p.). Je possède l'exemplaire révisé par l'organisme de censure qui ordonne de supprimer divers paragraphes de la traduction de l'ouvrage de Mises considérés politiquement dangereux pour le régime alors en vigueur en Espagne. La Fondation créée par le financier Ignacio Villalonga, qui avait été dans sa jeunesse député de la *Lliga Regionalista* de Francesc Cambó, réussit la première à publier, dans l'Espagne franquiste, une magnifique collection de livres sur le libéralisme, la démocratie et l'économie de marché, que dirigea Joaquín Reig Albiol dans les années soixante.

[67] Ludwig von Mises, 1968, *La acción humana: tratado de economía*, 2° édition en espagnol, Édit. Sopec, Madrid, traduction de Joaquín Reig Albiol, 1066 pages.

[68] Autres livres importants de Mises traduits en espagnol: *Burocracia*, traduction de Dalmacio Negro Pavón, Unión Editorial, Madrid 1974 ; *Teoría e Historia*, traduction de Rigoberto Juárez Paz, Unión Editorial, Madrid 1975; *Sobre liberalismo y capitalismo*, ouvrage qui inclut *Liberalismo* (3° éd.), *La mentalidad anticapitalista* (2° éd.) et *Seis lecciones sobre el capitalismo* (2° éd.), Unión Editorial, Madrid 1995; *La teoría del dinero y del crédito*, Unión Editorial, Madrid 1997; et *Autobiografía de un liberal*, Unión Editorial, Madrid 2001.

rapidement épuisée ; elle est suivie d'une quatrième édition également publiée par Unión Editorial en 1985[69].

Dix ans après, en 1995, Unión Editorial publie la cinquième édition espagnole de *L'action humaine*, dont la traduction fut soigneusement révisée, corrigée et mise à jour. Joaquín Reig, son traducteur original, étant mort en 1986, ne put participer à l'important travail de révision qui, respectant le plus possible la traduction originale, consista essentiellement dans la modernisation et la simplification de certaines tournures de langage et dans l'introduction des termes qui sont aujourd'hui employés en science économique. On conserva les notes les plus importantes préparées par Reig pour les éditions précédentes, on compléta la bibliographie avec les références bibliographiques correspondantes publiées en espagnol et on inséra la première édition de la présente « *Étude préliminaire* ».

Le lecteur a, finalement, entre les mains la sixième et, jusqu'ici, dernière édition espagnole de *L'action humaine*, entièrement revue et corrigée.

Il faut, pour achever ce paragraphe, souligner que Ludwig von Mises a toujours joui d'une grande réputation dans les pays de langue espagnole. D'abord, non seulement le nombre des éditions espagnoles de *L'action humaine* est, de très loin, le plus élevé en comparaison de n'importe quel autre pays, hormis les États-Unis, mais, en outre, Mises prit soin de réaliser diverses tournées universitaires dans différents pays hispano-américains (Mexique, Pérou et Argentine). Il y exposa ses idées dans leurs universités les plus importantes et créa un grand nombre de disciples et de spécialistes de ses travaux. Il est également intéressant de remarquer que, dans la « *Préface* » de la troisième édition anglaise, la seule personne que Mises remercie de l'aide qu'elle lui apporta pour l'élaboration de son Traité est précisément Le Docteur Joaquín Reig Albiol[70].

---

[69] Ludwig von Mises, *La acción humana: tratado de economía*, Unión Editorial, Madrid 1980, 3° éd., 1302 pages; 4° édition de 1985, 1302 pages.

[70] Comme le signale Margit von Mises dans la biographie qu'elle écrivit de son mari, « *Ludwig's most ardent readers and admirers always have been in the Spanish-speaking countries. Apparently the more subjugated the country is, the deeper the longing for freedom* ». Margit von Mises, *My Years with Ludwig von Mises*, op. cit., p. 109. Les principales tournées universitaires réalisées par Mises dans les pays hispano-américains furent les suivantes : du 30 juillet au 28 août 1949 à l'École d'économie de l'Université de Mexico ; du 31 mars au 16 avril 1950 à l'Université du Pérou sous le patronage de la Banque Centrale péruvienne ; du 19 au 28 septembre 1958 encore à Mexico sous le patronage de l'Institut de Recherches sociales et économiques ; enfin, l'importante visite réalisée du 2 au 15 juillet 1959 à l'Université de Buenos Aires sous le patronage du Centre d'Études sur la Liberté, dont les conférences furent transcrites et publiées en anglais sous le titre *Economic Policy : Thoughts for Today and Tomorrow*, Henry Regnery, Chicago 1979, traduites en espagnol par Joaquín Reig Albiol et publiées sous le titre *Seis lecciones sobre el capitalismo* (voir n. 69). Enfin, il convient de signaler que Joaquín Reig Albiol fut nommé docteur *honoris causa* par l'Université Francisco Marroquín du Guatemala en reconnaissance de son travail de divulgation de l'œuvre de Mises dans les pays de langue espagnole.

## 4. L'élan donne par l'action humaine au développement de la science économique

Le caractère fondamental du Traité d'économie de Mises est indubitable. Nous avons indiqué plus haut que pratiquement chacun de ses paragraphes contenait des idées et des suggestions propres à servir de sujets de thèses de doctorat. Il ne faut donc pas s'étonner de ce que *L'action humaine* ait contribué, depuis sa publication initiale, à d'importants progrès dans le développement de la science économique. Nous évoquerons brièvement les domaines qui ont connu les améliorations les plus intéressantes.

*Mises et la théorie de l'évolution*

Mises accepte pleinement la théorie évolutive de l'apparition des institutions de Carl Menger ; cela n'est pas douteux. Il l'affirme expressément et à plusieurs reprises dans son Traité[71]. *L'action humaine* contient, cependant, une série d'affirmations qui pourraient induire en erreur et être interprétées à tort dans le sens du rationalisme exagéré et étroitement utilitariste que l'École autrichienne a tant critiqué. Par exemple, Mises utilise, à la page 209, un langage excessivement favorable à Bentham et à sa doctrine utilitariste ; et l'on peut lire aux pages 225 et 597 que « *tout ordre social a été pensé et calculé avant d'être mis en pratique* » et que les « *normes n'ont été le fruit ni du hasard, ni d'accidents historiques ni d'aucun milieu géographique, mais le fruit de la raison* ». Même s'il est clair que ces affirmations de Mises ne peuvent pas être comprises hors de leur contexte, il est évident que *L'action humaine* n'a pas pu intégrer pleinement l'impulsion importante qu'a donnée plus tard à la théorie sur l'apparition évolutive des institutions celui qui fut son disciple le plus brillant, F. A. Hayek, prix Nobel d'économie en 1974. Hayek, poursuivant le programme de recherche lancé dans ce domaine par Carl Menger, a montré que les institutions en général, en tant que modèles réglés de comportement, et les lois et le Droit en particulier, loin d'être le résultat d'une conception expresse de la raison humaine, sont apparues de façon évolutive et spontanée au cours d'un très long processus auquel participèrent des générations d'êtres humains. C'est pourquoi nous considérons tout à fait pertinent de combiner l'étude de *L'action humaine* avec la lecture des ouvrages les plus importants qu'a écrits Hayek sur l'analyse théorique des institutions sociales et parmi lesquels se détachent, par exemple, *Droit, législation*

---

[71] Voir les pp. 488-490 et, en particulier, les pp. 323-325, où Mises signale expressément que « *l'économie de marché est le fruit d'un long processus historique* ». Il explique, de surcroît, à la p.41 que le caractère aprioristique des catégories de la pensée est parfaitement compatible avec la théorie de l'évolution et rejoint ainsi la thèse qu'Hayek développe *in extenso* dans son livre *The Sensory Order*, The University of Chicago Press, Chicago 1976. À la lumière de ces passages de *L'action humaine*, peut-être le commentaire critique que fait Hayek au rationalisme utilitariste de Mises, dans le Proloque qu'il écrivit pour la dernière édition anglaise de *Socialismo*, doit-il être considéré comme un peu exagéré. Voir F. A. Hayek, Foreword, *Socialism : An Economic and Sociological Analysis*, Liberty Classics, Indianapolis 1981, p. xxiii-xxiv, et Jesús Huerta de Soto, *Estudios de Economia Política*, Unión Editorial, Madrid 1994, pp. 114-115.

*et liberté* et *La présomption fatale : les erreurs du socialisme*[72], son dernier ouvrage publié avant sa mort en 1992.

*La théorie du Droit naturel*

La position critique adoptée par Mises dans son livre à l'égard de la doctrine du Droit naturel est encore plus nette. D'un côté, il estime que les principes du comportement éthique sont purement subjectifs (pp. 114-115) et, de l'autre, non seulement il défend une optique strictement utilitariste sur la question des principes moraux[73], mais se montre aussi très critique vis-à-vis de la doctrine du Droit naturel (chapitre XXVII, paragraphe 3). Néanmoins, les spécialistes de l'économie ont accordé une importance croissante à l'analyse des principes éthiques en général et du Droit naturel en particulier. Par exemple, l'un des disciples les plus brillants de Mises, Murray N. Rothbard, a adopté une position nettement jusnaturaliste. Il soutient que les principes éthiques ont une valeur objective qui est déterminée par l'essence de la nature humaine, de sorte qu'ils sont les seuls à permettre le processus social de coordination[74]. Dans le même sens, Hans-Hermann Hoppe, adoptant le point de vue de Rothbard et partant de l'axiome habermassien de l'argumentation interpersonnelle, conclut logiquement à la nécessité éthique du droit de propriété et du système capitaliste[75]. Enfin, Kirzner a envisagé un nouveau concept de justice distributive dans le capitalisme, fondé sur le principe d'après lequel tout être humain a un droit naturel à s'approprier les résultats de sa créativité entrepreneuriale[76]. Nous estimons, en tout cas, qu'il est possible et souhaitable de réaliser une synthèse des trois points de vue, le rationnel-utilitariste, plutôt défendu par Mises, l'évolutionniste développé par Hayek et le jusnaturaliste qui défend l'existence d'une théorie objective de l'éthique sociale et que soutiennent Rothbard et Hoppe. Chacun des trois niveaux possède son propre domaine d'application, enrichit et complète les deux autres et compense leurs possibles excès[77].

---

[72] F. A. Hayek, 1979-1994, *Derecho, legislación y libertad*, 3 vol. Unión Editorial, Madrid, et *La fatal arrogancia: los errores del socialismo*, Unión Editorial, Madrid 1990 et 1997.

[73] « *Les principes moraux et les lois politiques ne sont que des moyens utilisés par l'homme en vue de fins déterminées* » (p. 899).

[74] « Economics does currently inform us, not that *moral principles* are subjective, but that utilities and costs are indeed subjective ». Murray N. Rothbard, *The Ethics of Liberty*, Humanities Press, Atlantic Highlands, New Jersey, 1982, p. 202 ; traduction espagnole de Marciano Villanueva: *La ética de la libertad*, Unión Editorial, Madrid 1995.

[75] Voir Hoppe, H.-H., 1989, *A Theory of Socialism and Capitalism*, Kluwer Academic Publishers, Hollande, (en particulier chap. 7, p. 127-144), et *The Economics and Ethics of Private Property*, Kluwer Academic Publishers, Hollande, 1993 (chap. 8-10, p. 173-208).

[76] Voir Kirzner, I. M., 1989, *Discovery, Capitalism and Distributive Justice*, Basil Blackwell, Londres, traduit en espagnol par Federico Basánez et publié sous le titre *Creatividad, capitalismo y justicia distributiva*, Unión Editorial, Madrid 1995.

[77] J'expose ma théorie des trois niveaux (théorique, historico-évolutif et éthique) d'approche de l'étude de la réalité sociale dans « Historia, ciencia económica y ética social », Huerta de Soto, J., 1994, *Estudios de Economía Política*, Unión Editorial, Madrid, chap. VII, pp. 105-110.

*La distinction entre la connaissance pratique et la connaissance scientifique*

L'une des idées fondamentales les plus importantes de *L'action humaine* est peut-être celle qui introduit le concept de connaissance pratique[78] de type entrepreneurial et essentiellement distincte de la connaissance scientifique. Néanmoins, l'analyse détaillée des différences existant entre les deux sortes de connaissances et des implications qui en résultent pour la science économique a été réalisée par divers auteurs qui ont repris et approfondi cette idée fondamentale de Mises. On est ainsi arrivé à intégrer l'idée de Mises concernant le développement du marché à partir de la « *division intellectuelle du travail* » (p. 836), que nous interprétons comme la division de l'information ou connaissance pratique qu'engendre de manière expansive une société ouverte[79].

*La théorie du monopole*

L'un des domaines de l'économie auquel *L'action humaine* a fait faire le plus de progrès est celui de la théorie du monopole. Car, même si Mises est le premier à essayer d'abandonner dans *L'action humaine* le cadre strictement statique qui jusqu'ici a prévalu dans les analyses sur la concurrence et le monopole, on constate, dans certaines de ses considérations, qu'il subit encore trop son influence. Heureusement, deux des étudiants les plus brillants de Mises aux États-Unis, Israël M. Kirzner et Murray N. Rothbard[80], ont considérablement fait avancer la théorie du monopole en centrant leur analyse, plus que sur le nombre d'entreprises « *existantes* » dans chaque « *secteur* » et sur la forme ou « *élasticité* » de leurs prétendues courbes de demande, sur l'étude du processus dynamique de la concurrence, recherchant donc si l'on entrave par la force, dans n'importe quelle parcelle du marché, le libre exercice de la fonction entrepreneuriale. Rothbard a, par ailleurs, mis le doigt sur le problème de la théorie néoclassique du monopole et indiqué que toute son analyse se fondait sur la statique comparative entre le « *prix de monopole* » et le prétendu « *prix de concurrence parfaite* » qui étant un prix d'équilibre jamais atteint dans le marché réel, ne peut ni être connu ni, donc, servir de guide de référence pour décider en pratique si l'on se trouve ou pas en présence d'une « *situation de monopole* ». Il est important de souligner que Mises a eu l'occasion de voir fleurir de son vivant ces études sur la théorie du monopole qui venaient, en quelque sorte, parfaire les siennes. Nous avons la chance de disposer d'un témoignage direct qui nous indique son accord complet avec ces nouveaux développements théoriques[81].

---

[78] Pour Mises, la connaissance pratique est celle qui est liée au fait de « *deviner le futur incertain et elle n'obéit à aucune règle ni à aucun système. Elle ne s'enseigne ni ne s'apprend* » [traduit de la version espagnole] (p. 691) Voir également, Jesús Huerta de Soto, *Socialismo, cálculo económico y función empresarial*, op. cit., pp. 52-85.

[79] Voir Huerta de Soto, J., *Socialismo, cálculo económico y función empresarial*, op. cit., p. 80-82.

[80] Rothbard, M. N., 1986, « Lo ilusorio del precio de monopolio », et Israel M. Kirzner « Competencia y monopolio », dans Jesús Huerta de Soto (éd.), *Lecturas de Economía Política*, Unión Editorial, Madrid, vol. I, pp. 181-211 et 143-178.

[81] En effet, Margit von Mises nous dit, dans la biographie qu'elle écrit de son mari, « In Stresa, during the 1965 Mont Pèlerin meeting, Joaquín Reig once spoke to Ludwig von Mises about monopoly and Rothbard's *Man, Economy and State*, which had been

*Le socialisme et la théorie de l'interventionnisme*

Une autre caractéristique de la pensée misienne est la nette séparation théorique qu'elle fait entre le système économique socialiste et l'interventionniste (par exemple aux pp. 314-315). Mises entend par socialisme tout système d'organisation sociale fondé sur la propriété publique des moyens de production, alors que l'interventionnisme serait un système intermédiaire caractérisé par une intervention coercitive de l'État dans divers secteurs de l'économie, mais qui, d'après Mises, permettrait de conserver, au moins, les rudiments essentiels du calcul économique. Néanmoins, la recherche théorique sur le socialisme a montré, ces dernières années, que les différences entre le régime économique interventionniste et le socialiste étaient bien moindres que ne le croyait Mises. L'un et l'autre se caractérisent par l'intervention coercitive de l'État qui entrave, dans une plus ou moins large mesure, l'exercice de la fonction entrepreneuriale, quoique les deux systèmes présentent d'importantes différences de degré. Cependant, la création entrepreneuriale d'information est rendue difficile aussi dans les parcelles où l'État intervient de façon contraignante ; cela veut dire que l'appréciation des différentes lignes d'action possibles (c'est-à-dire le calcul économique) l'est également, de sorte qu'apparaissent dans le marché d'importants désajustements sociaux. De ce point de vue, l'on tend actuellement à traiter de façon unitaire la contrainte institutionnelle (indépendamment du fait qu'elle prétende être omni-compréhensive, comme c'est le cas pour le socialisme « *réel* », ou s'exercer par secteurs, comme c'est le cas de l'interventionnisme), les effets pervers de désorganisation qu'engendrent l'un et l'autre s'étant avérés être qualitativement les mêmes[82].

*La théorie du crédit et du système bancaire*

Mises se montre, dans *L'action humaine*, favorable à un système de complète liberté bancaire, qu'il considère comme le meilleur procédé possible pour obtenir un système monétaire stable qui préserve les économies de marché des crises économiques. Il ne fait pas expressément allusion dans ce livre à la proposition de rétablir le coefficient de caisse de 100 pour cent pour les dépôts bancaires à vue ; proposition qu'il défendit, cependant, de façon explicite dans

---

published in 1962. Reig directed Ludwig's attention to the fact that Rothbard, one of Ludwig's most able and admiring pupils, did not completely agree with Ludwig's analysis of monopoly. Ludwig replied: 'I would subscribe to every word Rothbard has written in his study.' About this Reig told me: 'That was such a generous statement of Ludwig von Mises to say that one of his own students had exposed one of his own ideas better than he himself had been able to do it, that my admiration for this man jumped sky-high.' » Margit von Mises, *My Years with Ludwig von Mises*, op. cit. p. 158. Mises reconnaît aussi, de manière explicite, à la p. 928 de son Traité, avoir commis une erreur, ce qui prouve sa grande humilité et sa générosité intellectuelle qui font nettement contraste avec l'arrogance des auteurs néoclassiques : à propos de l'étalon de change-or (avec réserve fractionnaire et contrôlée par l'État), Mises regrette de n'avoir pas su se rendre compte dès le début que ce système « *permettait trop facilement aux gouvernants de manipuler l'offre monétaire à leur gré* ».

[82] Voir Huerta de Soto, J., 2001, *Socialismo, cálculo económico y función empresarial*, op. cit., p. 151-152.

ses autres ouvrages[83]. La position défendue par Mises dans *L'action humaine* a conduit plus tard les théoriciens de l'École autrichienne à se diviser en deux grands groupes. Dans le premier groupe se trouvent ceux qui défendent un système de liberté totale pour l'exercice de l'activité bancaire, admettant même un coefficient de réserve fractionnaire ; l'on peut citer, parmi ceux-ci, Lawrence White, George Selgin et Kevin Dowd. Le deuxième groupe, auquel appartiennent Murray N. Rothbard, Joseph T. Salerno et l'auteur de ces lignes, estime que la solution la plus adaptée consisterait à défendre, pour l'exercice de l'activité bancaire, les principes traditionnels du Droit (exigence d'un coefficient de caisse de 100 pour cent pour les dépôts à vue) comme condition nécessaire au bon fonctionnement de tout système de liberté bancaire[84].

*La théorie de la population*

La théorie de la population a, elle aussi, connu un développement important. Même si Mises se montre encore, dans l'analyse qu'il réalise en la matière dans *L'action humaine* (chapitre XXIV, paragraphe 2), trop influencé par les doctrines malthusiennes, il commence à deviner qu'avec un système d'économie de marché, la croissance de la population, loin de représenter un

---

[83] Par exemple, dans l'Appendice sur la « Reconstruction monétaire » qu'il inclut dans la réédition anglaise de *The Theory of Money and Credit* publié en 1953, quatre ans après la publication de la première édition d'*Human Action*, et où il conclut que : « *The main thing is that the government should not longer be in a position to increase the quantity of money in circulation and the amount of chequebook money not fully – that is, 100 percent – covered by deposits paid in by the public* ». Ludwig von Mises, *The Theory of Money and Credit*, Liberty Classics, Indianapolis 1981, p. 481 et 491 (p. 408 et 414 de l'édition espagnole publiée par Unión Editorial en 1997).

[84] Dans mon ouvrage *Dinero, crédito bancario y ciclos económicos* (Unión Editorial, Madrid 1998, 2° éd., 2002) je passe en revue et évalue tous les aspects de cette intéressante polémique. L'on peut, en outre, consulter l'essentiel de la bibliographie des auteurs cités, dans mon article « Teoría del Banco Central y de la banca libre », chap. XI de Jesús Huerta de Soto, *Estudios de Economía Política*, op. cit., en particulier pp. 139-141. Il est important de préciser que Mises et les économistes de l'École autrichienne partisans d'un système de liberté bancaire fondé sur le coefficient de caisse de 100 pour cent maintiennent en réalité une position radicalement distincte de celle des théoriciens de l'École de Chicago qui ont défendu aussi le coefficient de caisse de 100 pour cent pour les dépôts bancaires à vue. Les théoriciens de l'École de Chicago, en effet, défendent la nécessité de l'existence d'une banque centrale monopoliste qui soit responsable de l'offre monétaire et, s'ils ont proposé un coefficient de caisse de 100 pour cent, c'était précisément pour rendre plus facile et prévisible la politique monétaire des gouvernements. Les économistes autrichiens, au contraire, défendent la disparition totale de l'intervention de l'État en matière monétaire et de crédit, de même que la reprivatisation du système monétaire avec un coefficient de caisse de 100 pour cent pour les dépôts à vue de la monnaie marchandise qui prédomine, suivant les époques, dans le marché (or et, dans une moindre mesure, argent). La position autrichienne est, donc, contraire aux postulats des monétaristes (équation générale des échanges) et des keynésiens, car ces deux groupes partagent l'optique macroéconomique et ignorent l'application de la théorie de l'utilité marginale à la monnaie et les effets de désorganisation microéconomique que produit l'inflation sur la structure des biens d'investissement. Voir Jesús Huerta de Soto, « Crítica de la doctrinas monetarista y keynesiana », chap. VII de *Dinero, crédito bancario y ciclos económicos*, op. cit.

obstacle au développement économique, augmente la richesse et favorise considérablement le développement de la civilisation[85]. C'est cette idée fondamentale qu'a développée Friedrich A. Hayek, en particulier dans son dernier livre intitulé *La présomption fatale*. Il y explique que l'homme n'étant pas un facteur homogène de production et possédant une capacité créative innée de type entrepreneurial, loin de constituer un frein au développement économique, se présente, au contraire, à la fois comme le moteur et la condition nécessaire à sa réalisation. Il a en outre été démontré que le développement de la civilisation impliquait une division toujours croissante, horizontale et verticale, de la connaissance pratique, laquelle n'est possible que si, parallèlement au progrès de la civilisation, se produit un accroissement du nombre des êtres humains qui soit capable de supporter le volume croissant d'information pratique utilisée au niveau social[86]. Les idées d'Hayek ont été, à leur tour, développées par d'autres spécialistes qui, comme Julian L. Simon, les ont appliquées à la théorie de la croissance démographique des pays du Tiers Monde et à l'analyse des effets économiques bénéfiques de l'immigration[87].

*« L'action humaine », annonciatrice de l'École du choix public*

Ludwig von Mises a été l'un des précurseurs les plus notables de l'École dite du choix public, laquelle utilise l'analyse économique pour étudier le comportement combiné des politiques, bureaucrates et électeurs. Cette approche, qui s'est considérablement développée grâce à des théoriciens tels que James M. Buchanan (prix Nobel d'économie en 1986), s'adapte parfaitement à la vaste conception praxéologique de l'économie développée par Mises, qui considère que l'objectif de notre science est d'élaborer une théorie générale de l'action humaine dans toutes ses variantes et tous ses contextes (y compris, donc, celui des actions réalisées dans le domaine politique).

Ainsi, Mises est l'un des premiers à critiquer le présupposé traditionnel de l'analyse politique et économique, qui considérait que les gouvernants étaient toujours « *sages et impartiaux* » et leurs serviteurs, les fonctionnaires et bureaucrates, des créatures quasi angéliques. Pour Mises, au contraire, « *le politique est toujours égoïste ; aussi bien quand, pour arriver au pouvoir, il adopte les doctrines les plus populaires, que lorsqu'il reste fidèle à ses convictions personnelles* » (p. 866), « *la condition des fonctionnaires et de leurs subordonnés n'étant malheureusement pas angélique* » (p. 867)[88]. À l'image idyllique du gouvernant, « *être bon et sage par excellence, qui se*

---

[85] « La pauvreté qui naît dans les systèmes non capitalistes disparaît dès que s'instaure un régime de marché libre. L'accroissement de la population, alors, loin de provoquer la multiplication des indigents, permet de disposer de plus d'êtres humains dont l'emploi engendre plus de richesse » (pp. 988-989).

[86] Voir Huerta de Soto, J., 2001, *Socialismo, cálculo económico y función empresarial*, op. cit., pp. 80-82.

[87] Voir Simon, J. L., 1989, *Tje Economic Consequences of Immigration*, Basil Blackwell, Londres, et *The Ultimate Resource*, Princeton University Press, Princeton 1994 (2° éd.).

[88] Voir aussi l'étude détaillée de Mises sur la *Burocracia* (Traduction de Dalmacio Negro, Unión Editorial, Madrid 1974, première édition anglaise par Yale University Press, 1944), où il conclut que : « *C'est une confusion intentionnelle des métaphysiciens allemands de l'étatolatrie que de parer tous les hommes au service de l'État de l'auréole d'un autosacrifice aussi altruiste* » (p. 108). L'analyse misienne exerce une grande influence sur William A. Niskanen qui dans son livre classique sur l'analyse économique de la bureaucratie cite

*consacre à assurer le bien-être constant de ses administrés* », Mises oppose la figure du « *gouvernant réel, homme qui aspire avant tout à consolider sa position et celle de son clan, de ses amis et de son parti* » (p. 1004).

Mises s'intéresse également aux groupes de pression. Il en donne cette définition : « *association constituée de personnes qui s'emploient à développer leur propre bien-être matériel par tous les moyens* » et « *prennent soin de justifier leurs propres prétentions en assurant que leur réalisation profitera au public en général* » (p. 384).

L'action combinée du comportement des bureaucrates, politiques et groupes de pression perturbe le fonctionnement démocratique, car elle empêche de prendre de nombreuses décisions majoritaires de façon correcte et adéquate, l'opinion publique étant avilie par des idéologies erronées et démagogiques.[89] C'est pourquoi Mises juge si importante l'existence d'institutions qui, tel l'étalon-or, éliminent du domaine politique, par exemple, les décisions concernant les questions monétaires[90].

Il n'est donc pas étonnant que James Buchanan ait dit, en hommage à Mises et à l'École autrichienne qui ont influencé sa pensée : « *I have often argued that the Austrians seem to be more successful in conveying the central principles of economics to students than alternative schools or approaches* »[91].

## 5. Méthode concernant l'étude et l'enseignement de *l'action humaine*

*À qui s'adresse ce traité*

Nous avons indiqué que l'objectif primordial de Mises, lorsqu'il conçut la rédaction de *L'action humaine*, était d'écrire un Traité d'économie omni-compréhensif fait pour toute personne cultivée s'intéressant à l'analyse des problèmes sociaux les plus pressants de notre époque. D'après lui, en effet, « *l'économie ne peut plus être reléguée au cadre étroit des salles de cours universitaires, aux bureaux de statistique ou à des cercles ésotériques. Il s'agit de la philosophie de la vie et de*

---

abondamment l'étude pionnière de Mises. Voir William A. Niskanen, *Bureaucracy and Representative Government* (2° éd. incluse dans *Bureaucracy and Public Goods*, Edward Elgar, Aldershot, Angleterre, 1994), pp. 3, 7-9, 19, 36, 68-69, 201 et 208.

[89] « *La démocratie garantit un gouvernement en harmonie avec les désirs et les plans de la majorité ; en revanche, ce qu'elle ne peut pas empêcher c'est que la majorité soit victime d'idées fausses et qu'elle adopte, donc, des mesures erronées, qui non seulement ne conviennent pas pour atteindre les fins désirées, mais sont, en outre, désastreuses. Les majorités peuvent facilement se tromper et détruire la civilisation* » (p. 231).

[90] « *L'étalon-or rend le pouvoir acquisitif de la monnaie indépendant des ambitions et doctrines fluctuantes des partis politiques et des groupes de pression. Ce n'est pas un défaut, mais précisément la vertu par excellence du système* » (p. 566).

[91] « *J'ai souvent affirmé que les Autrichiens réussissaient mieux à transmettre aux étudiants les principes essentiels de la science économique que les autres écoles ou programmes de recherche* ». Cité par Thomas J. Dilorenzo, « The Subjectivist Roots of James Buchanan's Economics », *The Review of Austrian Economics*, vol. 4, 1990, p. 108. Dilorenzo reconnaît, cependant, que l'influence du subjectivisme sur l'École du choix public n'est pas complète et qu'une bonne partie de son analyse est encore très influencée par la méthodologie positiviste et scientiste de l'École néoclassique. Voir aussi Thomas J. Dilorenzo, « Competition and Political Entrepreneurship : Austrian Insights into Public Choice Theory », *The Review of Austrian Economics*, vol. 2, pp. 59-71.

*l'activité humaine et elle concerne tout et tout le monde. Elle est la base même de la civilisation et de l'existence de l'homme* » (p. 1037). Par conséquent, et si Mises a raison, son Traité d'économie est un instrument de travail intellectuel qui devrait se trouver dans la bibliothèque de toutes les personnes cultivées du monde moderne.

Cela étant, il est indéniable que la mission la plus importante que peut et doit remplir *L'action humaine* de Mises se situe dans le cadre de la formation universitaire. L'on peut considérer en ce sens que l'ouvrage s'adresse à deux grands groupes d'étudiants. D'un côté, les étudiants en économie politique et introduction à l'économie des Facultés des Sciences Juridiques et Sociales, qui doivent recevoir une formation économique générale, suivant une conception et une méthodologie à la fois rigoureuses et fortement humanistes. Nous mentionnerons, à ce propos, l'expérience très positive des quinze dernières années universitaires, durant lesquelles *L'action humaine* a été le manuel principal de mes étudiants en économie politique de la Faculté de droit de l'Université Complutense de Madrid et de la Faculté des Sciences Juridiques et Sociales de l'Université Rey Juan Carlos. Les étudiants en Sciences Juridiques et Sociales comprennent mieux, avec Mises, la relation qui existe entre les connaissances économiques et les autres disciplines juridiques qu'ils étudient ; ils acquièrent, sur les principes et fondements essentiels de notre science, une connaissance d'une valeur incalculable pour le futur de leur vie professionnelle. La situation des étudiants en économie inscrits dans les Facultés de Sciences Économiques est un peu différente : ils reçoivent actuellement dans les universités une formation fortement influencée par la méthodologie positiviste et scientiste que Mises critiquait tant. Or, il est, à notre avis, indispensable, afin d'équilibrer la formation de ces étudiants et de leur donner un point de vue original et distinct de celui qu'ils reçoivent traditionnellement, que tous les étudiants en sciences économiques étudient en profondeur le Traité d'économie de Mises. Ils enrichiront ainsi leurs connaissances en la matière, pourront comparer et connaître de nouveaux points de vue qui leur paraîtront très attrayants et originaux ; cela les aidera à acquérir une formation professionnelle meilleure et plus complète qui leur permettra d'adopter, face aux différentes théories possibles, une position intellectuelle plus saine, mieux documentée et plus critique[92].

Le quatrième et dernier groupe de lecteurs qui peuvent profiter avantageusement des enseignements du Traité d'économie de Mises est celui des spécialistes en science économique. Ceux-ci manifestent un intérêt de plus en plus net pour les théories de l'École autrichienne d'économie, surtout depuis que la chute du socialisme « *réel* » et la crise de l'État-providence ont prouvé que les postulats interventionnistes soutenus jusqu'à maintenant ne reposaient pas sur une base théorique solide. Par ailleurs, la crise du paradigme néoclassique-walrasien conduit forcément à enrichir le *corpus* théorique de l'économie d'une conception beaucoup plus humaniste et dynamique, comme celle qui, depuis

---

92 En somme, et pour employer une expression assez malheureuse devenue classique chez les économistes, l'étude détaillée de *L'action humaine* doit supposer pour eux un « *investissement en capital humain* » très rentable. On peut constater incidemment le caractère pionnier des apports de Mises sur la théorie du « *capital humain* », les processus d'investissement en éducation et formation et leur nature éminemment spéculative et entrepreneuriale, aux pp. 737-738 de *La acción humana.*

toujours, a été développée par les théoriciens de l'École autrichienne en général et par Ludwig von Mises en particulier[93].

*Recommandations pratiques sur l'organisation du cours et sa bibliographie*

Notre expérience nous a montré que le contenu de *L'action humaine* pouvait être étudié sans problèmes particuliers sur une période correspondant à une année universitaire. Ainsi, l'on peut parfaitement expliquer, à raison de trois cours par semaine de trois quarts d'heure entre octobre et juin, conformément à l'organisation habituelle des cours d'économie politique et d'Introduction à l'économie dans les universités espagnoles, les trente-neuf sujets que traite *L'action humaine*. Il convient, en ce sens, de recommander à l'étudiant de lire avec rigueur et assiduité, avant l'explication de chaque sujet par le professeur, le chapitre correspondant de *L'action humaine*, même s'il éprouve certaines difficultés de compréhension. L'expérience démontre que, de cette façon, l'explication du professeur est beaucoup plus profitable et l'assimilation postérieure, par l'étudiant, des idées les plus importantes plus faciles.

D'une part, l'on peut également organiser l'étude de ce livre sur deux semestres, en divisant *L'action humaine* en deux grandes parties. La première allant jusqu'au chapitre XVI ; la seconde du chapitre XVII à la fin. Cette division ne correspond pas, contrairement à ce qui est habituel dans les autres manuels d'économie, à la séparation entre la « *micro* » et la « *macroéconomie* » entendues comme compartiments étanches. Car, ainsi que nous l'avons indiqué, la différenciation radicale entre ces deux sphères n'a, pour Mises, aucun sens du point de vue analytique. Néanmoins, il paraît opportun de garder pour la seconde partie l'analyse de la théorie de la monnaie, du capital, de l'intérêt et des cycles économiques, car cette seconde partie aborde, d'une certaine manière, et toujours à partir de la conception subjectiviste nuancée fondée sur l'individualisme méthodologique traditionnel chez Mises, les problèmes les plus pratiques et généraux relatifs à l'économie. D'autre part, il est également possible, si l'on ne dispose que d'un seul semestre, de réaliser une étude suffisamment étendue de *L'action humaine*, même si elle doit, dans ce cas, être évidemment moins détaillée et moins profonde.

Pour ce qui est de la bibliographie complémentaire qu'exige la lecture de *L'action humaine*, il est à noter qu'en ce qui concerne deux domaines concrets (théorie génético-causale de la détermination des prix de marché et analyse de la formation du prix des facteurs de production), Mises part du principe que les étudiants sont déjà familiarisés avec leur développement le plus élémentaire. Ainsi, Mises déclare-t-il expressément, dans le cas de la théorie de la détermination des prix (p. 244. note 1), que la connaissance élémentaire présupposée corresponde aux développements de Böhm-Bawerk contenus dans le volume II de son traité d'économie intitulé *Capital et Intérêt* ; il ne fournit aucune indication pour la théorie de la formation des prix des facteurs de production. Afin d'aider les étudiants à se familiariser avec ces questions, nous avons personnellement publié des *Lectures d'économie politique* qui complètent les

[93] Voir Huerta de Soto, J., 2000, *La Escuela Austríaca: Mercado y creatividad empresarial*, Editorial Síntesis, Madrid.

enseignements de *L'action humaine* et dont il est recommandable de faire la lecture en parallèle avec l'étude de ce traité.[94]

Enfin, l'on peut consulter, en ce qui concerne la bibliographie complémentaire, non seulement les ouvrages de F. A. Hayek et, en particulier, les précités *Derecho, legislación y libertad* et *La fatal arrogancia*[95], mais aussi mes propres livres *Socialismo cálculo económico y función empresarial*, ainsi que *Dinero, crédito bancario y ciclos económicos* et *La Escuela Austríaca : mercado y creatividad empresarial*. Il faut signaler également la publication en espagnol de l'important ouvrage posthume d'histoire de la pensée économique que nous a laissé Murray N. Rothbard ; le point de vue qu'il adopte et l'étendue de ce travail en font un complément de grande valeur pour l'étude de *L'action humaine*[96].

## CONCLUSION

*L'action humaine* de Mises ne cessera d'exercer une influence notable sur la pensée économique et d'être considérée dans les années à venir comme l'un des livres classiques et les plus importants de notre science. Nous souhaitons que les lecteurs de langue espagnole continuent de tirer le meilleur profit de cet extraordinaire instrument intellectuel et de populariser avec enthousiasme, comme ils l'ont fait jusqu'à maintenant, l'idéologie misienne. De la sorte, l'édifice de la science économique continuera de se consolider et de progresser, et celle-ci pourra remplir cette mission transcendante qui consiste à servir de support théorique au développement de la civilisation, évitant ainsi les crises et conflits sociaux qui peuvent la mettre en péril. En outre, l'évolution même de la pensée économique rendra inévitable l'apparition, dans un futur que nous espérons proche, d'un nouveau traité sur les principes et fondements de la science économique qui englobe et, dans la mesure du possible, améliore les apports réalisés par Mises dans *L'action humaine*. Nous sommes sûrs que cet ambitieux projet intellectuel, qui devra, en tout cas, prendre pour base les fondements solides établis par Ludwig von Mises dans son Traité, sera le

---

94 Voir Jesús Huerta de Soto (éd.) *Lecturas de Economía Política*, 3 vol., Unión Editorial, Madrid 1986-1987 et, en particulier, Eugen von Böhm-Bawerk, « La ley básica de determinación del precio » (vol. I, p. 99-142) et Murray N. Rothbard, « La fijación general del precio de los factores de producción » (vol. II, pp. 21-48).

95 Les œuvres complètes d'Hayek sont éditées simultanément en anglais, espagnol, allemand et japonais. Ont paru jusqu'ici en anglais les volumes I (*The Fatal Conceit : The Errors of Socialism*), III (*The Trend of Economic Thinking*), IV (*The Fortunes of Liberalism*), V (*Good Money, Part I*), VI (*Good Money, Part II*) et IX (*Contra Keynes and Cambridge*). Ils ont tous été traduits en espagnol et publiés par Unión Editorial, Madrid 1997-2001.

96 Cet ouvrage posthume de Murray N. Rothbard sur l'histoire de la pensée économique du point de vue de l'École autrichienne se compose des 2 volumes d'*An Austrian Perspective on the History of Economic Thought : Economic Thought before Adam Smith* (vol. I) et *Classical Economics* (vol.II), Edward Elgar, Aldershot, Angleterre, 1995. Traduction espagnole de Federico Basáñez et Ramón Imaz, *Historia del pensamiento económico*, Vol I: *El pensamiento económico hasta Adam Smith* et Vol. II: *La economía clásica*, Unión Editorial, 1999-2000.

meilleur monument que l'on puisse ériger en l'honneur de ce grand économiste[97].

[97] On ne peut pas ne pas mentionner ici le remarquable traité d'économie de Murray N. Rothbard, *Man, Economy and State*, dont ont été publiées jusqu'à présent quatre éditions (Van Nostrand, New Jersey, 1962 ; Nash Publishing, Los Angeles 1970) ; New York University Press, 1979 ; et Ludwig von Mises Institute, Auburn University, 1994), et que complète le livre *Power and Market* (Institute for Human Studies, 1970, et New York University Press, 1977). Bien que le traité de Rothbard soit extraordinairement clarificateur et soit même, à divers points de vue, supérieur à *L'action humaine*, nous croyons cependant qu'il reste encore à écrire un *Traité d'économie politique moderne*, qui intègre les dernières contributions de l'École autrichienne et favorise encore davantage son développement au siècle prochain.

# CHAPITRE XXIX

## F. A. HAYEK : UN PORTRAIT MORAL

Friedrich August von Hayek (1899-1992) a été l'une des figures intellectuelles les plus importantes du siècle qui s'achève. Philosophe multidisciplinaire, grand penseur libéral et prix Nobel d'économie, Hayek est l'auteur d'une œuvre très vaste. Cette œuvre, de mieux en mieux connue, exerce une telle influence dans les domaines les plus variés que l'on pourra considérer les prochaines années comme celles de « *l'ère Hayek* » dans l'histoire de la pensée économique, politique et sociale.

Cela étant, et laissant de côté le commentaire intellectuel de ses doctrines, d'ailleurs de mieux en mieux comprises, l'on peut se demander quelles ont été les caractéristiques les plus significatives de la personnalité de cet auteur. Bien qu'il eût très probablement considéré comme une inutile et authentique «*présomption fatale*» le fait d'essayer de présenter un portrait moral de sa personne, l'on peut considérer que tout ce qui nous rapproche de la personnalité humaine d'Hayek nous aidera à mieux comprendre le sens véritable de son œuvre.

Hayek naquit dans une famille d'universitaires et de hauts fonctionnaires chez qui la vie intellectuelle et universitaire tenait une grande place, mais il ne fut jamais un étudiant brillant : une curiosité intellectuelle aiguë et désordonnée l'empêchait de se concentrer sur les différentes matières. Il avoue que, s'il prenait des notes, il ne pouvait pas comprendre ce qu'il écoutait et, incapable de retenir les explications de ses professeurs, il était ainsi obligé de reconstruire au prix d'un grand effort les raisonnements qu'il voulait exposer. Comme il l'indique dans son article « *Two Types of Mind* », Hayek attribuait sa capacité intellectuelle précisément au processus mental, apparemment désordonné et intuitif qui lui était propre. Celui-ci contrastait nettement avec la mentalité d'autres théoriciens de l'École autrichienne tels que Böhm-Bawerk ou Mises lui-même, qui dominaient absolument leur matière et étaient capables de l'exposer oralement et par écrit de façon très rigoureuse et très claire.

Après la Première Guerre mondiale et à son retour du front (où il contracta la malaria et apprit quelques rudiments d'italien), Hayek entra à l'Université de Vienne, qui était alors un foyer de courants et de controverses intellectuels sans précédent dans le monde (la raison de l'apparition de ce phénomène dans la Vienne de l'après-guerre reste encore à éclaircir). Hésitant entre la psychologie et les sciences juridiques et sociales, il se décida pour ces dernières et se spécialisa en économie politique avec Friedrich von Wieser, le représentant peut-être le plus confus et éclectique de la deuxième génération d'économistes de l'École autrichienne d'économie.

Hayek avoue que, durant ces années-là, il ne se distinguait guère de ses condisciples pour ce qui est des idées politiques : il était un socialiste « *Fabien* » qui, à l'instar de son maître Wieser, pensait que l'intervention bienveillante de l'État était capable de faire progresser l'ordre social. C'est la lecture de l'analyse critique du socialisme publiée par Mises en 1922 sous le titre *Die Gemeinwirtschaft* qui le fit abandonner les idéaux socialistes qu'il avait embrassés dans sa première jeunesse (Robbins et Röpke, comme beaucoup d'autres, firent une expérience semblable en lisant le livre de Mises). À partir de ce moment et grâce à une recommandation de Wieser, Hayek commença à collaborer étroitement avec Mises sur le plan professionnel, d'abord au bureau des réparations de guerre que dirigea Mises et ensuite à l'Institut Autrichien de Recherche sur le cycle économique que celui-ci avait fondé. Il collabora également avec lui dans le contexte universitaire et fut l'un des participants les plus productifs au séminaire de théorie économique que Mises tenait tous les quinze jours dans le bureau qu'il occupait comme Secrétaire général de la Chambre de commerce de Vienne.

Mises est le point de départ de presque tout ce qu'a fait Hayek en théorie économique. Grâce à Mises, Hayek abandonna une grande partie de l'influence malsaine de Wieser et reprit l'essentiel de la conception autrichienne de l'économie, émanée de Menger et enrichie par Böhm-Bawerk, que Mises s'était proposé de développer et de défendre face aux velléités de théoriciens positivistes, comme Schumpeter, ou plus favorables au modèle d'équilibre, comme Wieser.

Les relations entre le maître, Mises, et le disciple, Hayek, ont été quelque peu curieuses. Elles reposaient, d'une part, sur une grande admiration et un grand respect. Mais il se produisit, d'autre part, un certain éloignement, selon les périodes et les circonstances : Hayek tenait à souligner son indépendance intellectuelle vis-à-vis d'un maître dont, cependant, et comme Hayek lui-même le reconnaissait, l'évolution de la réalité finissait, à la longue, par confirmer les thèses.

À partir de 1931, et grâce à un autre disciple de Mises, Lionel Robbins, Hayek occupa une chaire jusqu'en 1949 à la London School of Economics et devint le principal représentant, en langue anglaise, des apports de l'École autrichienne d'économie. Hayek a toujours été d'une courtoisie exquise vis-à-vis de ses opposants ; il ne les accusa jamais d'être de mauvaise foi, mais leur reprocha seulement leur erreur intellectuelle. C'est ce qui arriva, par exemple, à l'occasion des polémiques qui l'opposèrent aux théoriciens socialistes, à Keynes et à Knight et à l'École de Chicago, sur des questions concernant non seulement la méthodologie, mais aussi la théorie de la monnaie, du capital et des cycles. Hayek affirma, par exemple, qu'après la *Théorie Générale* de Keynes, le livre le plus dangereux pour la science économique avait été celui des *Essais d'économie positive* de Milton Friedman.

Il n'eut jamais une plainte ou un mot de reproche, même lorsqu'il fut l'objet d'attaques injustes et furieuses de la part de Keynes, ou qu'il fut repoussé par les membres du département d'économie de Chicago, que l'arrogance empêcha d'accepter parmi eux un « *théoricien de l'École autrichienne* ». Heureusement, Hayek fut admis – sans traitement officiel, car sa rémunération fut assurée par une fondation privée – dans le département de sciences sociales et humaines de cette même Université, où il put écrire son ouvrage monumental *Les fondements de la liberté*.

Hayek n'eut pas beaucoup de chance dans sa vie privée. Il détruisit sa famille en 1949 lorsqu'il décida de divorcer pour épouser l'amour impossible de sa première jeunesse : une cousine qui avait épousé un autre homme et qu'il rencontra par hasard en allant faire une visite à des parents viennois après la Seconde Guerre mondiale. Le coût de cette décision fut énorme aussi bien pour Hayek que pour sa famille. Ses amis anglais, Robbins en particulier, l'abandonnèrent et il semble que la peine du divorce ait coûté la vie à sa première femme, malgré le fait qu'il s'agisse là d'un sujet tabou dont Hayek et ses proches ne voulurent jamais parler. Le fait est qu'Hayek ne se réconcilia avec Robbins que beaucoup plus tard, à l'occasion du mariage de son fils Lawrence, et fut obligé de « *s'exiler* » aux États-Unis durant les années 50 et une partie des années 60.

Il commença, en outre, à avoir d'importants ennuis de santé : d'abord, des problèmes de métabolisme le rendirent extrêmement maigre, puis une surdité croissante le transforma en un intellectuel assez distant ; enfin, des crises aigües et récurrentes de dépression le laissaient prostré et intellectuellement improductif durant de longues périodes. (Il déclare, dans le prologue de *droit, législation et liberté,* avoir cru à certains moments que ses problèmes de santé l'empêcheraient de terminer son livre.) On ne sait pas à quel point ces dures expériences personnelles réaffirmèrent en lui ses convictions concernant l'importance vitale des comportements moraux pour la préservation de la vie individuelle et sociale de l'homme, mais l'emphase avec laquelle il aborde ce sujet dans ses ouvrages donne l'impression que cette question a été développée par quelqu'un qui savait très bien et de première main de quoi il parlait.

Tous ces problèmes de santé (physique et morale) disparurent, de façon presque miraculeuse, lorsque Hayek reçut, en 1974, le prix Nobel d'économie. Il sentit, à partir de ce moment-là qu'il sortait de son isolement universitaire et se lança dans une activité frénétique qui le mena à voyager dans le monde entier pour exposer ses idées et à écrire plusieurs autres ouvrages. Lorsque le dernier, *La présomption fatale : les erreurs du socialisme* fut publié, il avait 90 ans.

Hayek a toujours voulu rester en marge de l'activité politique. Il considérait même incompatibles le rôle de l'intellectuel, qui doit faire de la vérité scientifique le but de sa vie, et celui de l'homme politique, toujours obligé de se soumettre au diktat de l'opinion publique pour obtenir des voix. C'est pourquoi il croyait qu'à la longue il serait beaucoup plus productif à essayer de convaincre les intellectuels (d'où le succès qu'il obtint lors de la création de la Société libérale Mont Pèlerin) ou de changer l'état de l'opinion publique (Hayek dissuada Anthony Fisher d'entrer en politique, le convainquant qu'il serait beaucoup plus utile de créer l'Institute of Economic Affairs et plus tard l'Atlas Research Foundation pour diffuser l'idéologie libérale dans le monde). En sorte qu'on ne peut pas imaginer, sans les initiatives stratégiques d'Hayek, le changement qui se produisit dans l'opinion publique et dans le milieu universitaire ; ce changement a conduit à la révolution libérale-conservatrice qu'ont connue (et qui se poursuit aujourd'hui) les États-Unis de Reagan et l'Angleterre de Margaret Thatcher et qui a eu et continue d'avoir tellement d'influence dans le monde entier.

Nous parlerons brièvement, pour terminer, des relations d'Hayek avec la religion. Baptisé comme catholique, il abandonna dès sa jeunesse la pratique religieuse et devint agnostique. Néanmoins, il comprit mieux, avec le temps, la façon essentielle dont la religion contribuait à l'observation des normes qui servent de fondement à la société et, en particulier, l'importance des théologiens espagnols du Siècle d'Or comme précurseurs de la science économique et sociale moderne. Par ailleurs, le penseur catholique Michael Novak surprit, en 1992, le monde intellectuel lorsqu'il rendit publique la longue conversation personnelle que le pape Jean-Paul II et Hayek avaient maintenue avant la mort de ce dernier. Ainsi, il existe des signes manifestes de la grande influence qu'eut la pensée d'Hayek dans l'encyclique *Centesimus Annus* et, en particulier, dans ses chapitres 31 et 32.

On ne saura jamais si cet agnostique déclaré fut capable, aux derniers moments de sa vie, de comprendre et d'accepter cet être suprême « *anthropomorphique qui dépassait, de loin, sa capacité de compréhension* ». Mais ce dont on est sûr c'est qu'il comprit comme personne les risques de l'orgueil de la raison humaine et le rôle essentiel que joue la religion pour les éviter, au point que, comme il l'indique dans la dernière phrase de son dernier livre, « *de cette question peut dépendre la survie de toute notre civilisation* ».

# CHAPITRE XXVIII

# *IN MEMORIAM* M. N. ROTHBARD (1926-1995)*

## INTRODUCTION

La première fois que j'ai entendu parler de Murray N. Rothbard, c'était à l'automne 1973, au séminaire d'économie autrichienne que tenait Luis Reig à son domicile particulier de Madrid tous les jeudis après-midi. Les idées de Rothbard soulevaient alors de violentes polémiques qui occupaient une bonne partie des sessions du séminaire. Nous discutions, en particulier, en les comparant à la théorie économique « *orthodoxe* », aussi bien les apports de Rothbard que ceux de son maître Ludwig von Mises et ceux des autres théoriciens de l'École autrichienne. Nous étions aussi très intéressés par la théorie du monopole que Rothbard avait débarrassée des imperfections et incohérences qu'elle conservait encore dans *L'action humaine* de Mises. Enfin, en matière de philosophie politique, Rothbard divergeait aussi de son maître et défendait une position jusnaturaliste qui contrastait nettement avec l'utilitarisme de Mises. Ces raisons et d'autres m'incitèrent à entreprendre l'étude détaillée des ouvrages que Murray N. Rothbard avait écrits quelques années plus tôt : son traité *Man, Economy and* State[1] et le livre qui est son complément, *Power and Market*[2].

Rothbard réussit à achever ses Principes d'économie, de près de mille pages, à trente-six ans, ce qui est admirable. La clarté de l'exposé, la profondeur et la finesse de l'analyse, l'esprit critique et l'originalité caractérisent chaque page de *Man, Economy and State.* Il n'est donc pas étonnant que ce livre ait joué un grand rôle dans ma formation en tant qu'économiste ; cette même influence s'est manifestée chez toute une génération d'économistes autrichiens du monde entier.

Huit ans devaient s'écouler, cependant, avant que je ne rencontre personnellement Rothbard, dont je fis la connaissance chez lui, à Palo Alto, en 1980. Cette rencontre eut lieu grâce à l'heureuse coïncidence qui fit que Rothbard travaillait sous les auspices de l'*Institute for Humane Studies*, tout à côté

---

*Article paru dans *Nueva Revista*, n° 42, décembre 1995, pp. 98-103. Une version anglaise de ce travail a été publiée dans le *Journal des Économistes et des Études Humaines*, vol. 6, n° 1, mars 1995, pp. 15-20. De même, une autre version espagnole a été incluse comme « Note introductrice » dans l'édition espagnole du livre de Murray N. Rothbard *La ética de la libertad*, publié par Unión Editorial, Madrid 1995, pp. 13-17.

[1] *Man, Economy and State. A Treatise on Economic Principles* a d'abord été publié en deux volumes par Van Nostrand, Princeton (New Jersey, 1962). Plus tard, parurent successivement trois nouvelles éditions, l'une publiée par Nash Publishing (Los Angeles 1970) ; une autre par New York University Press (New York 1979) ; et la troisième par le Ludwig von Mises Institute et la Auburn University, en 1994. Plusieurs sections de ce livre ont été traduites en espagnol et publiées dans les volumes I et II de mes *Lecturas de Economía Política*, Unión Editorial (Madrid 1986-1987).

[2] *Power and Market*, Institute for Humane Studies, Menlo Park (Californie, 1970) ; 2° édition par New York University Press (New York, 1977).

de l'Université de Stanford, où je venais d'arriver pour compléter mes études d'économie politique, bénéficiant d'une bourse que m'avait attribuée la Banque d'Espagne. Même si je connaissais déjà les principaux ouvrages et apports théoriques de Rothbard, mon contact personnel avec lui constitua une expérience mémorable. Son extraordinaire sympathie personnelle, son enthousiasme inépuisable et son étonnante érudition faisaient que c'était un plaisir intellectuel indescriptible que de commenter avec lui non seulement les questions les plus vives, controversées et intéressantes de la science économique, mais aussi de nombreux autres aspects directement ou indirectement liés à elle et qui entraient carrément dans le domaine de la science politique, la philosophie, l'éthique et même la théologie[3].

## 1. Racines de l'École autrichienne à Salamanque

L'expérience d'une discussion avec Murray N. Rothbard qui, pouvant se prolonger tard dans la nuit[4], se déroulait dans une atmosphère détendue permettant l'expression ouverte de toutes les positions qui, cependant, faisaient l'objet d'une critique pénétrante et d'une profonde dissection théorique de la part de Rothbard était extraordinaire. Mais il était plus extraordinaire encore de pouvoir profiter de la très vaste culture et de l'érudition difficilement égalable dont Rothbard faisait preuve dans toutes ses conversations.

Ainsi, sa connaissance de l'histoire de l'Espagne[5] était stupéfiante : celle du rôle que les *fueros* et le mouvement foral avaient joué dans la formation de notre droit et dans notre histoire politique, de même que sa connaissance de la tradition libertaire espagnole, qu'il jugea toujours avec une grande sympathie du point de vue de la position anarcho-capitaliste cohérente qu'il maintint tout au long de sa vie.

Rothbard connaissait, en outre, très bien les contributions des théoriciens de l'École de Salamanque du Siècle d'Or espagnol ; il les résuma dans son article

[3] Rothbard défendit le jusnaturalisme thomiste de façon si énergique que le bruit commença à courir de sa conversion au catholicisme. Bien qu'ayant démenti cette rumeur, Rothbard resta néanmoins un « *thomiste agnostique* » ; c'est ainsi que l'a qualifié récemment le père Robert Sirico dans la revue *Liberty*, vol. 8, n° 4, mars 1995, p. 13.

[4] C'est à l'occasion d'une de ces sessions marathoniennes de discussion que Robert Nozick s'intéresse à la théorie libérale, comme il l'avoue lui-même : « *It was a long conversation about six years ago with Murray Rothbard that stimulated my interest in individualist anarchist theory* ». Robert Nozick, *Anarchy, State and Utopia*, Basic Books (New York, 1974), p. XV.

[5] Joseph Soberan indique, dans ses souvenirs sur Rothbard, que « *Murray's earliest memory of a political conversation was of a family gathering in the 30's at which his relatives, most of them communists, were denouncing Franco. The prebubescent Murray Rothbard shocked them by asking 'what's so bad about Franco anyway?' In that setting the question was heretical. Murray started young* » (*Liberty*, vol. 8, n° 4, mars 1995, p. 26). Bien que la question du jeune Rothbard ait pu paraître hérétique à ses parents communistes, elle était tout à fait pertinente, surtout si l'on constatait la grande similitude existant entre le caractère dictatorial et coercitif du régime franquiste et celui du régime que ses opposants communistes essayaient d'imposer par la force.

« *New Light on the Prehistory of the Austrian School* »[6]. D'après lui, les fondements de l'économie autrichienne moderne remontent aux scolastiques espagnols des XVI et XVII siècles, qui non seulement développèrent la théorie subjective de la valeur, mais en outre, l'appliquèrent à la monnaie et à l'étude des institutions sociales. On comprend, dans cette perspective, que le développement de l'économie réalisé par l'École classique anglo-saxonne, axée sur la théorie objective de la valeur travail et sur l'analyse de l'équilibre, puisse être interprété comme un déviationnisme d'origine protestante par rapport à la tradition thomiste continentale, plus centrée sur l'homme et pas obsédée par les dogmes de la prédestination et de la rédemption par le travail[7].

À mon retour en Espagne, en 1983, j'ai conservé une relation épistolaire suivie avec Rothbard, que je rencontrai d'ailleurs à diverses occasions. De cette période, il convient de souligner non seulement l'apparition de son ouvrage fondamental sur l'éthique, *The Ethics of Liberty*, dont il eut l'extrême amabilité de me laisser et de me permettre de lire et commenter le manuscrit avant sa publication, mais aussi la fondation du Ludwig von Mises Institute en 1985 et l'apparition de *The Review of Austrian Economics*, revue scientifique consacrée exclusivement à l'analyse et discussion des principaux champs de recherche de l'École autrichienne.

L'une des caractéristiques les plus typiques de cet échange épistolaire avec Murray N. Rothbard était qu'à l'occasion d'un bref commentaire ou de l'évocation d'un sujet intéressant, il ne manquait jamais de répondre par des lettres de plusieurs pages écrites serrées, à un seul espace, qui, du fait de l'étendue de ses connaissances, de son érudition et de l'exposé d'idées et de solutions théoriques toujours suggestives et attrayantes, constituaient souvent de véritables articles.

## 2. Dernières années

La dernière fois que je rencontrai Murray N. Rothbard, ce fut à l'occasion de la Réunion régionale de la Mont-Pèlerin Society à Rio de Janeiro en septembre 1993. Il présenta, à ce congrès, un travail sur la privatisation des nations, qui a été publié avec quelques modifications dans *The Journal of Libertarian Studies*[8]. Cette réunion fut mémorable, car elle rassembla les théoriciens les plus

---

6 Rothbard, M. N., 1976, « New Light on the Prehistory of Austrian School », chap. 3 du livre *The Foundations of Modern Austrian Economics*, Edwin G. Dolan (éd.), Sheed & Ward, Kansas City, pp. 52-74.

7 Edward Elgar a publié, à titre posthume, deux volumes de Rothbard consacrés à l'histoire de l'analyse économique jusqu'à l'apparition de l'École classique anglo-saxonne, où il élargit et approfondit ses réflexions sur l'importance de la tradition catholique continentale par rapport à l'anglo-saxonne d'origine protestante. Sur ce sujet, voir mon article « Génesis, esencia y evolución de la Escuela Austríaca de Economía » publié comme chapitre premier de mes *Estudios de Economía política*, Unión Editorial (Madrid, 1994).

8 Murray N. Rothbard, 1982, *The Ethics of Liberty*, Humanities Press, New Jersey. En 1991, parut la traduction française (les Belles Lettres, Paris) pour laquelle Rothbard avait rédigé une postface qui – sur indication de l'auteur – fut également incluse dans l'édition espagnole.

importants de l'actuelle École autrichienne d'économie, dont Murray N. Rothbard et Israël Kirzner. Il fut très curieux et intéressant d'observer la relation personnelle existant entre ces deux géants de l'École autrichienne, dont la personnalité et la manière d'être étaient si différentes : Rothbard très sympathique et communicatif ; Kirzner sérieux, circonspect et toujours très correct. En tout cas, les rapports personnels ont toujours été beaucoup plus fluides et directs avec Rothbard qu'avec Kirzner, bien que ce dernier se montre plus poli dans ses commentaires critiques et, à la différence de Rothbard, ne blesse jamais de susceptibilités personnelles.

On indiquera pour terminer, et à titre d'anecdote que Rothbard me disait à Rio de Janeiro le plaisir qu'il aurait à visiter l'Université de Salamanque, berceau, d'après lui, des fondements de l'École autrichienne moderne. De plus, l'intérêt de Rothbard pour les scolastiques espagnols s'accrut encore lorsqu'il apprit que mes travaux de recherche en matière de théorie monétaire m'avaient conduit à conclure que l'opposition entre École bancaire et École monétaire était apparue non pas dans l'Angleterre du XIX siècle, mais presque trois siècles plus tôt chez les scolastiques espagnols. Rothbard m'encouragea à faire le résumé écrit des principales conclusions de mon travail en vue de sa publication dans *The Review of Austrian Economics.* Puis nous entreprîmes d'organiser une tournée de conférences en Espagne et au Portugal qui devait avoir lieu dans la seconde moitié de l'année 1995 et s'achever à l'Université de Salamanque. Je reçus en janvier de cette année-là les épreuves de mon travail, corrigées à la main par Rothbard et malheureusement accompagnées d'une note de l'éditeur m'indiquant que le grand maître des économistes autrichiens était mort à New York d'un infarctus du myocarde le 7 janvier 1995. Rothbard, hélas, ne pourra jamais visiter notre pays ni sa chère École de Salamanque, mais il nous reste ses vingt-cinq livres et ses centaines d'articles, qui seront toujours une source inépuisable d'enrichissement intellectuel et de suggestions pour de futures recherches.

# CHAPITRE XXXI

# L'ÉCOLE AUTRICHIENNE

> « *Ce qui distingue l'École autrichienne et lui fera acquérir une célébrité immortelle est justement d'avoir développé une théorie de l'action économique et non pas de la « non-action » ou « équilibre » économique.* »
>
> (Von Mises, 2001, p. 70)

L'École autrichienne est une école d'économistes de longue tradition qui a connu un nouvel essor au cours des trente dernières années : elle se présente aujourd'hui comme l'une des principales solutions d'avenir permettant de remplacer le paradigme néoclassique-walrasien qui a prévalu jusqu'ici en science économique, mais se trouve actuellement dans une phase de stagnation en raison du grand irréalisme de ses hypothèses, de son caractère statique et de son réductionnisme formel. L'École autrichienne, au contraire, centre son programme de recherche sur l'analyse des processus dynamiques de coopération sociale qui caractérisent le marché et accorde une importance spéciale au rôle fondamental que jouent, dans ces processus, la fonction entrepreneuriale et les différentes institutions qui assurent la vie en société. En net contraste avec les versions de l'analyse économique qui considère que le marché est dans une situation d'équilibre souffrant de défaillances (néo et post keynésiens) ou en étant dépourvu parce qu'il est Pareto-efficient (École de Chicago), l'École autrichienne considère que les deux versions de l'analyse de l'équilibre, malgré leur opposition idéologique, méconnaissent toutes deux le fonctionnement réel du marché. Le marché étant envisagé comme un processus entrepreneurial de créativité et de coordination qui, par définition, ne peut jamais atteindre aucun optimum parétien, mais est dynamiquement efficient (en ce sens qu'il stimule la créativité et la coordination) pourvu que la contrainte institutionnelle de l'État (interventionnisme et socialisme) n'entrave pas l'exercice de la fonction entrepreneuriale et la libre appropriation des fruits de son action créatrice (respect de la propriété privée dans le cadre d'un État de droit avec un gouvernement aux pouvoirs limités).

Parmi les principaux succès théoriques de l'École autrichienne et ses contributions au progrès de l'humanité, on notera la démonstration scientifique de l'impossibilité d'organiser la société à partir d'ordres et de règlements coercitifs (socialisme et interventionnisme), l'organe régulateur ou planificateur ne pouvant pas obtenir l'information directe dont il a besoin pour donner un contenu coordinateur à ses ordres. C'est ainsi que les économistes de l'École autrichienne ont été les seuls à prévoir l'effondrement des économies du socialisme réel et la crise sans issue de l'État-providence. Cette prédiction contraste avec l'incapacité des théoriciens de l'équilibre général (Lange, Taylor, Samuelson, Dickinson, entre autres) à apprécier le problème de calcul économique que pose le socialisme ; problème insoluble, car leurs modèles partent du principe que toute l'information nécessaire à la résolution du système d'équations correspondant « *est donnée* », et pourrait être connue par le planificateur à tout moment. Ainsi, ces théoriciens trouvent résolu dès le départ le problème réel que l'ordre spontané du marché résout chaque jour dans un contexte de changement, de créativité et de coordination continuels. Les théoriciens de l'équilibre appartenant à l'École de Chicago (Knight, Friedman, Stigler, Rosen, Coase) n'ont pas su, non plus, comprendre pleinement le défi lancé par l'École autrichienne au paradigme dominant. Ainsi, Sherwin Rosen a fini par reconnaître que « *l'échec de la planification centrale fut une surprise pour la plupart d'entre nous* » (Rosen, 1997, pp. 139-152). Et Ronald H. Coase a admis ceci : « *rien de ce que j'avais lu ou de ce que je savais ne laissait entrevoir que l'effondrement du système socialiste allait se produire* » (Coase, 1997, p. 45).

Une autre contribution fondamentale de l'École autrichienne est sa théorie du capital, de la monnaie et des cycles économiques : elle soutient que la concession expansive de crédits sans l'appui d'un accroissement effectif de l'épargne volontaire, concession que favorise le système bancaire de réserve fractionnaire actuellement en vigueur dans le monde sous le contrôle des banques centrales dans un contexte de monnaie nationalisée et de lois de cours forcé, conduit inexorablement à un « *allongement* » fictif et insoutenable des processus d'investissement productif (bulle spéculative qui engendre de graves erreurs d'investissement), qui tendent ainsi à devenir exagérément intensifs en capital. L'amplification du processus inflationniste due à l'expansion de crédit sera spontanément et inévitablement inversée et donnera lieu à une crise ou récession économique : les erreurs d'investissement se manifesteront, le chômage apparaîtra et il faudra liquider et procéder à la réaffectation des ressources investies à tort. Les crises ne sont donc pas exogènes comme le croient les théoriciens de Chicago et ceux des « *chocs externes* » (Kydland et Prescott) ni consubstantielles à l'économie de marché (comme le pensent les keynésiens et les théoriciens des défaillances du marché). Elles naissent d'une erreur de conception institutionnelle (l'existence d'un système bancaire de réserve fractionnaire) que l'on pourrait corriger en privatisant la monnaie (étalon-or pur), en exigeant un coefficient de caisse de 100 pour cent pour les dépôts à vue (comme pour tout autre dépôt de bien fongible, blé ou huile par exemple) et en supprimant les banques centrales (seuls organes de planification socialiste dans le domaine monétaire qui subsistent encore dans les économies modernes). Il ne faut donc pas s'étonner que les théoriciens autrichiens (Ludwig von Mises et Friedrich A. Hayek) aient été les seuls à prévoir l'avènement de la Grande Dépression de 1929 (alors que Keynes et les monétaristes de Fisher considéraient qu'on était entré dans une étape nouvelle et irréversible de prospérité économique), à la suite des abus monétaires et financiers commis après la création de la Réserve fédérale en 1913 et en particulier, durant les « *heureuses années vingt* » du vingtième siècle. Ils prédirent également la récession inflationniste qui se déclara à partir de ce qu'on appelle la crise du pétrole de 1973 et qui démolit l'analyse théorique keynésienne. Ils ont aussi lancé plusieurs avertissements après les douze années de bulle de crédit et d'« *exubérance irrationnelle* » qui ont caractérisé la période de la « *nouvelle* » économie qui va de 1992 à nos jours (2004) (voir Huerta de Soto, 2005).

L'on doit encore à l'École autrichienne d'autres contributions importantes comme le développement de la théorie de la fonction entrepreneuriale, entendue comme la capacité de l'homme à trouver des occasions de gain subjectif qui se présentent autour de lui et à agir de façon à les mettre à profit, créant ainsi un processus inépuisable de créativité et de coordination de désajustements préalables qui constitue le coeur de l'ordre spontané du marché (Hayek, Kirzner). Est étroitement lié à cette théorie le concept dynamique de concurrence. Celle-ci est envisagée comme un processus de créativité et de découverte au cours duquel les entrepreneurs rivalisent entre eux pour détecter et mettre à profit chacun avant les autres les occasions de gain, concept qui est aux antipodes du modèle néoclassique de concurrence «*parfaite*», dans lequel, paradoxalement, tous font la même chose et vendent au même prix, c'est-à-dire ne rivalisent pas entre eux. Il faut citer également la critique qui vise l'application incorrecte de la méthode des sciences naturelles et de la physique au domaine de l'économie (« *scientisme* » dans la terminologie hayekienne), de même que le développement d'une méthodologie aprioristique-déductive qui met convenablement en relation le monde de la théorie (formel) et celui de l'histoire (empirique). L'usage des mathématiques en économie est repoussé, car c'est un langage formel qui est apparu pour satisfaire les nécessités de la science physique et de la logique formelle, dans lesquelles existe le présupposé de constance et où la créativité entrepreneuriale et l'écoulement du temps subjectif (non «*spatialisé*») brillent par leur absence : seul le langage verbal créé évolutivement par les êtres humains à l'occasion de leur activité entrepreneuriale quotidienne est considéré comme adapté à l'analyse scientifique des réalités d'ordres spontanés propres au marché qui ne sont jamais en équilibre. Les économistes autrichiens considèrent en outre que le domaine de la prédiction spécifique est celui de l'entrepreneur et non pas de l'économiste, lequel ne pourra, tout au plus qu'effectuer des «*prédictions*» de type qualitatif ou théoriques («*pattern prédictions*»), relatives aux effets d'incoordination de l'interventionnisme économique dans n'importe laquelle de ses facettes, mais sans pouvoir d'effectuer, en tant que spécialiste, de prédictions applicables à des coordonnées de temps et de lieu déterminées. En définitive, le problème économique fondamental pour les économistes autrichiens n'est ni de nature technique ni de maximisation d'une fonction objectif « *connue* » et constante soumise à des restrictions également « *connues* » et constantes. Il est, au contraire, strictement « *économique* » (au sens autrichien) : il apparaît lorsque les objectifs et moyens sont nombreux, qu'ils rivalisent entre eux, que la connaissance de ceux-ci n'est ni donnée ni constante, mais disséminée dans l'esprit d'innombrables êtres humains qui la créent sans cesse *ex novo* et lorsqu'on ne peut donc même pas connaître toutes les options existantes, ni celles qui se créeront dans le futur, ni l'intensité relative avec laquelle on veut poursuivre chacune d'elles. C'est pourquoi il n'est pas étonnant que de grands économistes néoclassiques, comme Mark Blaug, aient eu le courage de renier finalement le modèle d'équilibre général et la synthèse néoclassique-keynésienne en concluant : « *j'ai fini lentement et avec beaucoup de réticence par me rendre compte que les théoriciens de l'École autrichienne avaient raison et que, tous les autres, nous étions dans l'erreur* » (Blaug et De Marchi, 1991, p. 508). Pour les théoriciens autrichiens, la défense que fait l'École de Chicago du marché libre est particulièrement erronée : le marché «*parfait*» des néoclassiques est une contradiction dans les termes ; le marché doit être défendu non pas parce qu'il est efficient du point de vue parétien, mais parce que c'est un processus de découverte, de créativité et de coordination qui n'est jamais en équilibre et, en plus, il n'est pas remplaçable, car il ne peut pas être amélioré (tout au contraire) par l'interventionnisme d'État.

On considère généralement que l'École autrichienne est née en 1871 avec la publication du livre de Carl Menger (1840-1021) *Principes d'économie politique*. En réalité, cet auteur a repris une tradition de la pensée de l'Europe continentale qui remonte aux études des théoriciens de l'École de Salamanque (XVI-XVII siècles), de sorte que l'École autrichienne devrait plutôt s'appeler « *École espagnole* » (Huerta de Soto, 2000). Ainsi, les scolastiques du Siècle d'Or ont établi les principes fondamentaux suivants de l'École autrichienne : *premièrement*, la théorie subjective de la valeur (Diego dc Covarrubias y Leyva) ; *deuxièmement*, le fait que ce sont les prix qui déterminent les coûts et non l'inverse (Luis Saravia de la Calle) ; *troisièmement*, la nature dynamique du marché et l'impossibilité d'obtenir et de connaître les données de l'équilibre (Juan de Lugo et Juan de Salas) ; *quatrièmement*, le concept dynamique de concurrence, en tant que processus de rivalité entre vendeurs (Castillo de Bobadilla et Luis de Molina) ; *cinquièmement*, le principe, redécouvert, de la préférence temporelle (Martin de Azpilcueta) ; *sixièmement*, la distorsion exercée par l'inflation sur l'économie réelle (Juan de Mariana, Diego de Covarrubias y Martin de Azpilcueta) ; *septièmement*, l'analyse critique du système bancaire de réserve fractionnaire (Luis Saravia de la Calle et Martin de Azpilcueta) ; *huitièmement*, le fait que les dépôts bancaires font partie de l'offre monétaire (Luis de Molina et Juan de Lugo) ; *neuvièmement*, l'impossibilité, faute d'information, d'organiser la société sur la base d'ordres contraignants; et *dixièmement*, la tradition libérale selon laquelle toute intervention injustifiée sur le marché viole le droit naturel (Juan de Mariana).

Les principaux apports de Menger (théorie subjective de la valeur, utilité marginale, théorie de l'apparition spontanée des institutions, conception du processus de production comme une série d'étapes successives et critique de l'historicisme dans le *Methodenstreit* qui l'opposa à Schmoller) ont été développés par son disciple le plus brillant, Eugen von Böhm-Bawerk (1851-1914), qui les appliqua à la théorie de l'intérêt (déterminé par l'appréciation subjective de la préférence temporelle et jamais par la productivité marginale du capital) et à la théorie du capital (entendu comme valeur estimée à prix de marché libre des biens d'investissement qui incarnent les étapes intermédiaires de tout processus de production). Böhm-Bawerk démolit également la théorie marxiste de l'exploitation et la théorie de Marshall sur la détermination mutuelle des prix (d'après l'utilité – correct – et les coûts – incorrect –). Ludwig von Mises (1881-1973) est le chef de la troisième génération d'économistes autrichiens ; il fut, sans aucun doute, le plus important de tous et celui à qui on doit les apports pratiques les plus transcendants de l'École (théorie de l'impossibilité du socialisme, théorie du cycle économique, théorie de la fonction entrepreneuriale, critique de l'interventionnisme et systématisation méthodologique) et le traité d'économie autrichienne le plus connu, *L'action humaine*, édité plusieurs fois et dans toutes les langues. Le disciple principal de Mises fut Friedrich A. Hayek (1899-1992), prix Nobel d'économie en 1974, qui approfondit tous les apports de son maître, démolit la théorie économique keynésienne et fut, au XX siècle, le principal théoricien de l'ordre spontané du marché. Plus récemment, les principaux économistes autrichiens ont été Murray N. Rothbard (1926-1995), auteur de plus de vingt livres et de centaines d'articles de théorie et d'histoire et principal promoteur de la théorie de l'anarcho-capitalisme ; et Israël Kirzner (né le 13 février 1930), professeur d'économie de l'Université de New York, qui a affiné au maximum la théorie autrichienne de la fonction entrepreneuriale. Une pléiade de jeunes théoriciens et professeurs d'universités européennes et américaines s'efforcent d'approfondir et de perfectionner les apports de l'École autrichienne ; ils publient leurs travaux dans de multiples revues scientifiques dont *The Quaterly Journal of Austrian Economics*, publiée par le Ludwig von Mises Institut de l'Université d'Auburn, *The Review of Austrian Economics* publiée par Kluwer, la revue française *Journal des Économistes et des Études humaines*, et l'espagnole *Procesos de Mercado : Revista europea de economía política.*

## BIBLIOGRAPHIE DE BASE

HAYEK, F.A., HUERTA DE SOTO, J., 1997, *La fatal arrogancia: los errores del socialismo,* vol. I des *Obras Completas de F. A. Hayek,* Unión Editorial, Madrid.
HUERTA DE SOTO, J., 2000, *La Escuela Austríaca: mercado y creatividad empresarial,* Editorial Síntesis, Madrid.
HUERTA DE SOTO, J., 2001, *Socialismo, cálculo económico y función empresarial,* 2° édition, Unión Editorial, Madrid.
KIRZNER, I.M., 1998, *Competencia y empresarialidad,* Unión Editorial, Madrid.
MISES, L. von, 2004, *La acción humana: tratado de economía,* 7° édition Unión Editorial, Madrid.
ROTHBARD, M.N., 2004, *Man, Economy and State.*The Scholars' Édition, Ludwig von Mises Institute, Auburn University, Alabama.
ROTHBARD, M.N., 1999-2000, *Historia del Pensamiento Económico,* vol. I et II, Unión Editorial, Madrid.

## RÉFÉRENCES CITEES DANS LE TEXTE

BLAUG, M., MARCHI, N., 1991, *Appraising Economic Theories,* Edward Elgar, Londres.
COASE, R.H., 1987, « Looking for Results », *Reason,* juin.
HUERTA DE SOTO, J., 2005, *Dinero, crédito bancario y ciclos económicos,* 3° édition, Unión Editorial, Madrid.
MISES, L. von, 2001, *Autobiografía de un liberal,* Unión Editorial, Madrid.
ROSEN, S., 1997, « Austrian and Neoclassical Economics : Any Gains from Trade ? », *Journal of Economic Perspectives,* vol. II, n°4, pp. 139-152.

# CHAPITRE XXXII

## L'ERREUR FATALE DE BEN BERNANKE

Bien que la crise actuelle ait eu une origine monétaire (la grave expansion monétaire et de crédit à des taux d'intérêt très faibles, orchestrés par les banques centrales ces cinq dernières années), elle a actuellement une nature réelle fondamentalement microéconomique : de nombreux entrepreneurs, trompés par les facilités de crédit artificielles, ont investi là où il ne fallait pas et se sont engagés dans des projets d'investissement qui s'avèrent maintenant ne pas intéresser les consommateurs en général.

Heureusement, le marché détecte rapidement les erreurs d'investissement et met spontanément en marche les processus nécessaires (réduction des prix, changement de la structure relative et de la paralysie des projets d'investissement non viables) pour faire face le plus vite possible et à moindres frais à la restructuration nécessaire et inévitable. C'est précisément en cela que consiste la récession qui, de même que la gueule de bois, n'est que le symptôme de la réaction d'un organisme : de l'organisme social face à l'agression monétaire ; réaction qui exige un réalignement des prix relatifs et une réduction des biens produits à tort, de façon à atteindre les niveaux où de nouveau surgissent des occasions de profit entrepreneurial, et à poser ainsi les bases nécessaires à la reprise postérieure et tant désirée.

Le problème le plus grave qui puisse alors se poser vient de ce que l'intervention des gouvernements et banques centrales peut entraver ou même empêcher complètement le processus de réajustement. En ce sens, la décision adoptée par Ben Bernanke et la Réserve fédérale est particulièrement préoccupante. Elle consiste à abaisser pratiquement à zéro les taux d'intérêt et à injecter sous forme de crédits toute la liquidité nécessaire pour sortir de la crise. Il est clair que ce genre de politiques monétaires, loin d'accélérer la reprise, la retardent et la compliquent dans la mesure où elles vont prolonger inutilement l'agonie des processus entrepreneuriaux qu'il faut liquider le plus vite possible ; à moins que la reprise ne soit indéfiniment bloquée, comme c'est le cas au Japon, les entreprises invariables perdant tout intérêt à se restructurer (de fait, le Japon n'est pas sorti de la récession pendant plus de dix ans, car le renouvellement indéfini de prêts a permis le remboursement généralisé des prêts en retard avec d'autres, nouvellement créés et ainsi de suite).

On a donc trois scénarios possibles. Le premier est peu probable : la politique agressive d'injection monétaire reproduit la bulle (ce serait le pire de tous, car il supposerait une nouvelle récession beaucoup plus grave qui se produirait forcément au moment où, avant le premier rebond inflationniste, il serait inévitable de hausser, même légèrement, les taux d'intérêt). Le deuxième serait la japonisation de l'économie – évoquée plus haut – par suite de l'effet bloquant de la récupération des nouveaux crédits concédés. Dans le troisième, malgré les plans grandioses et contreproductifs de récupération, la restructuration nécessaire suivrait son cours tant bien que mal (mais avec un coût et une durée bien supérieurs à ceux qui auraient été nécessaires). En définitive, au lieu d'une crise en V, profonde et rapide (celle que le marché libre favoriserait), l'intervention monétaire et gouvernementale force inutilement une récession beaucoup plus prolongée et douloureuse. Face à une demande sociale qui réclame qu'« *on agisse d'urgence* » en temps de crise et de récession économique, l'art politique véritable consisterait alors à transmettre le sentiment que l'on fait quelque chose, en prenant des mesures qui, en raison de leur timidité, leur conception et le moment choisi, sont anodines en pratique et ne perturbent pas le processus spontané d'assainissement que le marché a mis en marche. L'idéal serait, sans aucun doute, que de véritables hommes d'État soient capables d'expliquer la réalité et le caractère inévitable de la situation du moment, capables de faire comprendre que seules de profondes réformes de libéralisation structurelle (concernant en particulier le marché du travail, la dérégulation à tous les niveaux et l'augmentation de l'austérité du secteur public) peuvent accélérer l'avènement de la reprise dans un environnement aussi concurrentiel et mondialisé que celui que nous connaissons actuellement.

Nous ajouterons, pour terminer, les deux remarques suivantes : l'une concerne la déflation et l'autre la prétendue opportunité d'une stimulation de la consommation. Il semble qu'on revive actuellement l'hystérie anti-déflationniste qui servit de prétexte il y a quelques années pour justifier les politiques de monnaie bon marché qui ont conduit aux résultats désastreux que nous connaissons tous aujourd'hui. Et pourtant c'est seulement la stagflation ou la récession inflationniste qu'il faut éviter à tout prix (parce que c'est « *le pire de monde* »). Car, de fait et en l'absence d'interventions contreproductives, la déflation qui suit l'inévitable contraction de crédit postérieure à toute « *bulle* » a des effets bénéfiques : elle renverse les injustices distributives de la phase antérieure artificiellement expansive, en favorisant l'ensemble des consommateurs et en particulier, les créanciers et percepteurs de revenus fixes (pensionnés, veuves et orphelins) et, surtout, elle accélère le processus de reconversion des investissements non rentables, car ce sont précisément les premiers à ne plus être financés lors de la contraction de crédit, ce qui libère des ressources rares très nécessaires dans d'autres lignes de production.

L'idée qu'il faut stimuler la consommation est une grave erreur. Il convient de rappeler que la chute (relative) de la consommation est la conséquence, et non la cause, de la crise et de la récession économique. Et si la perception générale est autre, cela est dû en grande partie à la déficience du concept de PIB de la comptabilité nationale, qui tend à exagérer indûment l'importance de la consommation ; il ne tient pas compte, en effet, de près des deux tiers du chiffre d'affaires global des entreprises (précisément celui qui se fait dans les étapes intermédiaires du processus de production, qui sont, de loin, les plus touchées par la contraction). Si la crise s'est déclarée, c'est faute d'épargne réelle pour soutenir des projets d'investissement trop ambitieux qui ont été financés artificiellement par l'expansion du crédit, et nous ne pourrons en sortir qu'en épargnant davantage et en consommant moins : c'est ce que, soit dit en passant, font des milliers d'entreprises et d'agents économiques qui essaient d'assainir leurs comptes et leurs bilans en réduisant leurs coûts et leur endettement excessif. De fait, si beaucoup d'entreprises ne peuvent pas obtenir actuellement de financement bancaire, à supposer qu'elles soient viables, elles pourraient au moins se financer si leurs associés épargnaient davantage (c'est-à-dire consommaient moins). Par conséquent, toute politique d'expansion artificielle de la consommation est à l'heure actuelle nettement contre-indiquée ; elle nous rappelle cet absurde remède maison contre la gueule de bois (faire boire encore du même alcool) et on peut considérer que c'est une folie aussi grande que de charger un groupe de pyromanes armés de lance-flammes d'éteindre un incendie.

# CHAPITRE XXXIII

## ENTRETIEN ACCORDÉ À LA *AUSTRIAN ECONOMICS NEWSLETTER*

- *Vous venez d'annoncer une nouvelle extraordinaire au Congrès des académiciens de l'École autrichienne qui s'est tenu aujourd'hui. Pourriez-vous la répéter pour les lecteurs d'Austrian Economics Newsletter ?*

- Je voudrais, tout d'abord, remercier le Mises Institute d'avoir organisé cet important Congrès. Il est très agréable de constater qu'il accueille autant de pays et de disciplines, et j'ai hâte d'examiner toutes les communications qui y ont été présentées.

La nouvelle est la suivante : au mois d'octobre prochain commencera la publication en espagnol des *Obras completas* (œuvres complètes) de Ludwig von Mises. Nous avons obtenu le soutien de plus de 300 souscripteurs privés, ainsi que l'aide de quelques Instituts partisans du marché libre en Espagne et dans divers pays de langue espagnole.

Ces *Obras completas* représenteront sept volumes, l'extension de chacun étant similaire à celle l'*Action humaine*. Le premier volume, qui est déjà en cours de publication, inclut *La Teoría del dinero y del crédito* (théorie de la monnaie et du crédit), premier travail important de Mises en matière de théorie monétaire, écrit en 1912.

Ce nouveau projet est sans précédent dans le monde, et nous espérons le compléter au cours des prochaines années. De plus, nous sommes sûrs que ces *Obras completas* de Mises seront très favorablement accueillies dans le milieu intellectuel non seulement en Espagne, mais aussi en Amérique latine. C'est, sans aucun doute, le meilleur tribut que nous puissions payer à notre grand maître.

- *Comment se fait-il qu'il existe un marché pour ce genre de livres ?*

- La publication de traductions espagnoles de livres de Mises a commencé très tôt. Ainsi, en 1936 *La Teoría monetaria y del crédito* (La théorie monétaire et du crédit) de Mises tout comme le livre d'Hayek *La Teoría monetaria y el ciclo económico* (la théorie monétaire et le cycle économique) ont été publiés en Espagne. Cependant, leur influence fut minime à cause du déclenchement de la Guerre civile en juillet de la même année.

Il faudra attendre 20 ans pour que l'édition fasse de nouveaux progrès : de fait, jusqu'à ce que le jeune universitaire Joaquín Reig Albiol soutienne à la Faculté de droit de l'Université Complutense de Madrid sa thèse de doctorat « *Los problemas sociales modernos a la luz del pensamiento económico de Ludwig von Mises* » (Les problèmes sociaux à la lumière de la pensée économique de Ludwig von Mises). C'était la première thèse de doctorat soutenue en Espagne sur l'important traité économique de Mises *L'action humaine*, lequel n'avait été publié aux États-Unis que 8 ans auparavant, c'est-à-dire en 1949.

Reig fit la connaissance de Mises et devint l'un de ses meilleurs amis et disciples. La preuve en est que Mises a reconnu, dans la Préface qu'il écrivit en 1966 pour la troisième édition anglaise de *L'action humaine*, l'aide que le docteur

Reig lui avait prêtée. Celui-ci nous racontait souvent l'anecdote suivante : il demanda un jour à Mises ce qu'il pensait de la façon dont Rothbard traitait le sujet du monopole dans son livre *Man, economy and state.* La question était particulièrement délicate étant donné l'analyse un peu désordonnée que Mises fait de ce problème dans *L'action humaine* et qui contraste tellement avec les conclusions convaincantes auxquelles aboutit Rothbard dans son traité. Or Mises répondit à Reig : « *Je partage absolument tout ce qu'a écrit le professeur Rothbard sur ce sujet* ».

- *Quand la première édition espagnole de L'action humaine a-t-elle été publiée?*
- La traduction faite par Reig a été publiée en 1960 après avoir rencontré d'importantes difficultés dues à la censure franquiste. De fait, les autorités prétendaient supprimer différents paragraphes du livre qu'ils considéraient alors politiquement dangereux pour le régime dictatorial du général Franco.

À partir de la fin des années 1960, Joaquín Reig et son frère Luis organisèrent un important séminaire d'économie autrichienne qui se tenait tous les jeudis chez ce dernier. Ce séminaire, auquel je commençais à assister en octobre 1973 est, sans aucun doute, à l'origine de l'expansion des idées de l'École autrichienne en Espagne. Hayek lui-même y fut convié à plusieurs reprises. On comprend pourquoi, à partir de ces années-là, Reig traduisit et publia également d'autres livres de Mises comme *Le libéralisme* et *La mentalité anticapitaliste.*

Ce séminaire changea de lieu de réunion à partir de 1985, lorsque j'accédai par concours au poste de maître de conférences en économie politique à la Faculté de droit de l'Université Complutense de Madrid. À compter de cette date, les réunions eurent lieu régulièrement dans la salle de réunion du département d'économie politique de cette Faculté et coïncidaient généralement avec la session hebdomadaire du cours de doctorat que je faisais à l'Université. Il faut dire que la plupart des universités espagnoles les plus prestigieuses sont publiques. Tous les professeurs sont, donc, des fonctionnaires de l'État qui conservent leur vie durant jusqu'à leur retraite le poste auquel ils ont accédé. La liberté académique est l'un des principes constitutionnels en vigueur en Espagne ; il est, sauf dans de très rares occasions, toujours respectées. De fait, les marxistes et les professeurs socialistes ont usé et abusé du système pendant de longues années. Mais, heureusement, dès la fin des années 1970, certains professeurs d'économie défenseurs de la liberté d'entreprise ont pu s'introduire progressivement dans le système des universités publiques et enseigner, comme c'est mon cas, la théorie économique des ordres spontanés, la conception dynamique du marché et les relations de tout cela avec les institutions sociales et l'état de droit.

L'Université Complutense de Madrid, qui remonte à 1293, est l'une des plus anciennes d'Espagne. Elle compte aujourd'hui plus de 100.000 étudiants et la Faculté de Droit, où j'enseigne, dépasse les 17.000. Jusqu'à mon entrée en fonction comme professeur titulaire de chaire d'économie politique de l'Université Rey Juan Carlos, j'ai utilisé comme manuel, pendant 15 ans, *L'action humaine* de Mises. Plus de 3.000 étudiants l'ont étudié avec enthousiasme. Au total et en comptant les cours d'Introduction à la science économique que je fais à la Faculté des Sciences Juridiques et Sociales de l'Université Rey Juan Carlos, environ 15.000 exemplaires du grand traité de Mises ont été vendus en Espagne, en six éditions différentes.

- *Comment étaient acceptées dans votre département universitaire les idées de l'École autrichienne ?*

- Il faut bien dire qu'au début mes collègues ont eu un certain mal à les accepter. Mais cela a changé au fil des années. Puis, j'ai fini par organiser un cours annuel de doctorat, qui analyse en profondeur les différents aspects de l'École autrichienne d'économie et que suivent chaque année un nombre croissant d'étudiants et de chercheurs provenant aussi bien d'Espagne que – grâce au programme Erasmus – du reste de l'Europe. Le programme de mes cours de licence est fortement « *autrichien* », en ce sens qu'il met l'accent sur la conception dynamique du marché, la fonction entrepreneuriale et l'étude des institutions qui rendent possible la vie en société. Il faut également citer les importantes activités extra-universitaires qui se sont déroulées sous le thème de l'École autrichienne. J'aimerais, à ce propos, mentionner la conférence de deux jours consacrée à Ludwig von Mises et qui, patronnée par Esperanza Aguirre, alors Conseillère des affaires culturelles de la Mairie de Madrid, se tint dans la capitale espagnole ; elle attira plus de 300 professeurs et étudiants et bénéficia d'une couverture médiatique importante.

D'une part, nous suivons avec intérêt, depuis l'Espagne, les débats qui se tiennent aux États-Unis entre les différents courants de l'École autrichienne. Par exemple, celui qui concerne les divers points de vue sur la théorie de l'impossibilité du calcul économique socialiste. Il faut reconnaître qu'on n'a encore abouti à aucune conclusion sur ce point précis, mais j'ai tendance à penser que les arguments de Mises et d'Hayek ne sont pas exclusifs l'un de l'autre, mais plutôt complémentaires et ne représentent que les deux faces d'une même pièce.

D'autre part, et parmi les caractéristiques les plus intéressantes de l'approche de l'économie autrichienne telle qu'elle est pratiquée en Espagne, je citerai l'intérêt que nous manifestons pour l'élaboration d'une synthèse entre le rationalisme utilitariste de Mises, le jusnaturalisme de Murray Rothbard et la théorie évolutionniste d'Hayek. Il s'agit de ma théorie des *trois niveaux*, qui est publiée dans mes *Estudios de economía política* (Études d'économie politique). Chacun des niveaux (théorie, histoire, éthique) aide à éviter les vices des deux autres, tous se renforçant mutuellement. Et pour ce qui concerne la théorie bancaire, mon livre *Dinero, crédito bancario y ciclos económicos* (Monnaie, crédit bancaire et cycles économiques) défend l'établissement du coefficient de caisse de cent pour cent, non seulement pour des raisons de consistance juridique (il s'agit d'un des principes généraux du droit concernant le contrat de dépôt de tout bien fongible), mais comme principale réforme institutionnelle indispensable pour éviter des expansions de crédit ne s'appuyant pas sur des augmentations de l'épargne volontaire et éliminer ainsi les récessions et cycles économiques.

- *Étant donné la grande quantité de livres qu'a publiés Unión Editorial sur l'École autrichienne d'économie, on peut penser qu'ils ont une grande répercussion dans le monde hispanophone. Croyez-vous qu'il en soit ainsi?*

- Je m'occupe de l'édition des *Obras completas* de Mises et Hayek et suis également le directeur de la collection *Nueva Biblioteca de la Libertad*, publiée par Unión Editorial. Cette collection a publié jusqu'ici 30 titres différents, parmi lesquels, très récemment, le livre de Bruce Benson, *Justicia sin estado* (Justice sans

État). Unión Editorial publie aussi d'autres collections, comme la « *Biblioteca Austríaca* » (dirigée par les professeurs Dario Antiseri et Lorenzo Infantino, de la prestigieuse Université LUISS « *Guido Carli* » de Rome), consacrée expressément à la publication de livres sur ce courant de pensée. Ces diverses collections ont permis de publier des traductions espagnoles des livres les plus importants de Mises, Hayek, Rothbard, Kirzner, Bruno Leoni, Roepke, et une édition commémorative du 50 anniversaire du livre d'Henry Hazlitt *La economía en una lección* (L'économie politique en une leçon), avec une introduction de Llewellyn H. Rockwell, président du Ludwig von Mises Institute. La publication de la collection intitulée « *Clásicos de la Libertad* » (Classiques de la Liberté), qui comprend les deux volumes de *La historia del pensamiento económico desde el punto de vista austríaco* (L'histoire de la pensée économique du point de vue autrichien) du professeur Rothbard, est également très importante.

- *Avez-vous connu personnellement Murray Rothbard ?*

- J'obtins, peu avant la soutenance de ma deuxième thèse de doctorat (thèse de droit), une bourse de la Banque d'Espagne pour approfondir mes études d'économie politique aux États-Unis. Je fus admis, grâce à une lettre de recommandation du professeur Hayek, à l'Université de Stanford. Un heureux hasard fit que Rothbard se trouvait lui aussi à cette même Université où il travaillait pour l'Institute for Humane Studies, ce qui me permit de faire sa connaissance et de le rencontrer durant plusieurs mois. Je pus parler avec lui des différents chapitres du manuscrit de la première édition de son *Éthique de la liberté*, manuscrit qu'il eut d'ailleurs l'extrême amabilité de m'offrir et que je conserve comme l'un des trésors les plus précieux de ma bibliothèque.

Rothbard était un grand érudit. Il connaissait pratiquement en détail l'histoire et la géographie de l'Espagne ; en particulier, ses connaissances sur la guerre civile espagnole étaient impressionnantes. Rothbard fut toujours opposé à Franco, même s'il reconnaissait que le Parti communiste espagnol était beaucoup plus dangereux et sanguinaire. Je partageais personnellement ce point de vue. De fait, l'une des plus grandes atrocités commises par les communistes fut la persécution et le massacre systématique qu'ils infligèrent aux anarchistes. Mon grand-père disait que « *les anarchistes espagnols durant la Guerre civile étaient loin d'être aussi mauvais que les communistes* ». Les libertaires espagnols, malgré leur confusionnisme idéologique, se méfièrent toujours du pouvoir général de l'État que socialistes et communistes ne cessaient de préconiser.

La dernière fois que je rencontrai le professeur Rothbard, ce fut à la Réunion régionale de la *Mont Pèlerin Society* qui se tint à Rio de Janeiro en 1993. Nous avions organisé ensemble une série de conférences que Rothbard devait faire en Espagne et au Portugal. Son périple universitaire en Espagne se serait terminé à l'Université de Salamanque, berceau, selon Rothbard, de la pensée de l'École autrichienne. Malheureusement, Rothbard n'a jamais pu réaliser ce voyage ni visiter sa chère Salamanque puisqu'il mourut d'une crise cardiaque en janvier 1995, quelques mois avant d'entreprendre son voyage en Espagne. Je suis sûr, cependant, qu'il aurait été très satisfait de constater le succès du congrès que nous célébrons aujourd'hui, ainsi que les importantes relations qui s'établissent entre les théoriciens de l'École autrichienne des deux côtés de l'Atlantique.

*- Le fait de considérer l'Espagne comme le berceau de l'École autrichienne d'économie ne semble-t-il pas un peu révisionniste ? Qu'en pensez-vous ?*

- Il est vrai que cela peut choquer, mais le point de vue est exact et je le partage pleinement. L'importance de l'histoire de la pensée est vitale en économie et, de fait, les idées les plus importantes dans ce domaine ont très certainement été pensées dans le passé. Cela même est applicable aux contenus fondamentaux de l'École autrichienne d'économie.

L'une des contributions majeures de Rothbard est d'avoir démontré que la préhistoire de notre école remontait aux apports des théoriciens de l'École de Salamanque du Siècle d'Or espagnol qui écrivirent aux XVI et XVII siècles. Rothbard développa cette thèse pour la première fois dans un article qu'il présenta à la conférence tenue à South Royalton en 1974 et qui fut ensuite incluse dans le livre *The Foundations of modern Austrian Eonomics.*

*- Mais il faut tenir compte que l'apport de Rothbard a lui aussi des antécédents*

- Certes, Joseph Schumpeter accordait déjà en 1954, dans sa monumentale *Histoire de l'analyse économique*, une grande importance à la pensée des scolastiques. Par ailleurs, Hayek eut l'occasion dans les années 50 d'entrer en contact avec le grand professeur italien Bruno Leoni, auteur de *La Liberté et le Droit.* Leoni le convainquit que les origines intellectuelles du libéralisme se trouvaient en Europe continentale et méditerranéenne plutôt qu'en Écosse. Cela décida Hayek à modifier son programme de recherche qui était trop axé, depuis son arrivée à la London School of Economics, sur l'étude des philosophes écossais et anglais. On apprécie facilement cette évolution si l'on compare *La constitution de la liberté*, livre écrit par Hayek en 1960, et *Droit, législation et liberté* qui parut dans les années 70. De plus, cette évolution hayékienne a été très influencée par les travaux de Marjorie Grace-Hutchinson qui, sous la direction d'Hayek, traduisit et publia en anglais les principaux textes de théorie monétaire des scolastiques espagnols.

Bruno Leoni cite dans son livre certains paragraphes du *De Republica* de Cicéron qui font allusion au fait que Caton considérait le Droit romain comme le plus parfait des Droits parce qu'il était le résultat de l'évolution et n'avait été délibérément créé par aucun homme. Les avocats ne font pas le Droit, ils ne font que le découvrir et l'améliorent peu à peu et grâce à un travail d'exégèse.

Leoni convainquit Hayek de toutes ces idées, et je crois qu'en tant qu'Espagnols nous devons tous considérer comme un honneur le fait qu'Hayek, dans son discours de réception du prix Nobel d'économie en 1974, ait cité quelques-uns de nos scolastiques les plus importants : Luis de Molina, Juan de Salas et Juan de Lugo. Cela ne s'est produit dans aucun discours de réception de Prix Nobel.

Enfin, je possède une lettre que nous écrivit Hayek le 7 janvier 1979 où il nous indique que nous devons lire aussi bien l'article de Rothbard que les travaux de Marjorie Grice-Hutchinson parce que – je cite littéralement – « *il y est démontré dans les deux cas que les principes fondamentaux de la théorie du marché concurrentiel ont été développés par les scolastiques espagnols du XVI siècle et que le libéralisme économique a été conçu, plus que par les calvinistes écossais, par les jésuites espagnols* ».

*- Qui étaient ces prédécesseurs espagnols de l'École autrichienne ?*

- La plupart des scolastiques espagnols étaient professeurs et occupaient des chaires de Théologie et de Morale à l'Université de Salamanque, ville située à 150 milles au nord-ouest de Madrid, près de la frontière portugaise, et qui possède une des universités les plus belles du monde. C'étaient presque tous des dominicains ou des jésuites et leur conception subjectiviste et dynamique de l'économie devait être reprise par Carl Menger plus de 300 après. L'un des scolastiques que je préfère s'appelle Diego de Covarrubias y Leyva ; il fut le premier à énoncer la théorie subjective de la valeur. Il indiqua que « *la valeur d'un article ne dépend pas de sa nature essentielle, mais de l'estimation subjective des hommes, même si cette estimation est extravagante* ». Covarrubias naquit en 1512 et fut évêque de Ségovie (où il est enterré) étant ministre de Philippe II. L'on peut voir actuellement au musée du Greco à Tolède deux portraits impressionnants de Covarrubias. Et peu de gens savent que Carl Menger lui-même cite le traité que Covarrubias écrivit sur le castillan maravedi en 1560, *Veterum collatio numismatum.*

Un autre scolastique espagnol important, Luis Saravia de la Calle, fut le premier théoricien à démontrer que ce sont les prix qui déterminent les coûts et non le contraire. Il écrivit : « *ceux qui mesurent le juste prix des choses à partir du travail de ceux qui fabriquent la marchandise ou en font le commerce, ou à partir des coûts ou des risques encourus se trompent beaucoup. Parce que le juste prix ne dépend pas des coûts, mais de l'abondance ou de la rareté de marchandises, de marchands et de monnaies* ». Saravia fut en outre un critique sévère de la pratique du système bancaire de réserve fractionnaire, de sorte que, d'après lui, ce sont les déposants qui devraient payer les banquiers pour le service de gardes et de dépôt qu'ils en reçoivent et non l'inverse.

*- Pourriez-vous nous parler de votre article paru dans The Review of Austrian Economics (volume 9, numéro 2) et qui traite précisément cette question ?*

- Jusqu'à la parution de mon article, on avait très peu écrit sur la théorie bancaire de l'École de Salamanque. De fait, mon travail s'attache à démontrer que les scolastiques ont été, dans une large mesure, les précurseurs de nombre d'idées qui furent débattues entre les théoriciens de la *Currency School* et la *Banking School* en Angleterre, au XIX siècle. Car les scolastiques espagnols ont été les témoins d'exception des intimes relations de complicité et de corruption qui s'établirent entre les gouvernants et les banquiers de notre pays à partir du XVI siècle, et qui favorisèrent l'extension d'une banque libre avec réserves fractionnaires, vouée essentiellement et systématiquement à l'insolvabilité et à la suspension de paiement.

Les scolastiques espagnols s'opposèrent, en outre, à tous les types d'inflation. Martin de Azpilcueta, le célèbre Docteur Navarro, qui naquit en 1493 et vécut 94 ans, est spécialement connu pour avoir expliqué en détail la théorie quantitative de la valeur dans son livre *Comentario resolutorio de cambios* (Commentaire résolutoire sur les changes) publié en 1556 (j'ai la chance de posséder dans ma bibliothèque un exemplaire de la première édition de ce livre !). Covarrubias conclut que « *la monnaie vaut plus où et quand elle est rare que où et quand elle abonde* ».

Azpilcueta s'opposa aussi au système de banque libre avec réserves fractionnaires et distingua nettement le contrat de prêt bancaire de celui de dépôt bancaire. De sorte qu'il n'y a pas possibilité de les confondre en acceptant que le banquier pratique le système des réserves fractionnaires. S'il en était ainsi, le contrat réalisé entre les parties serait entaché de fraude et de nullité.

Luis de Molina, de son côté, se montre plus favorable à la pratique du système de réserves fractionnaires ; il est, en outre, le premier théoricien à avoir compris que les dépôts bancaires faisaient partie de l'offre monétaire. Toutefois, il commit la grave erreur de confondre les contrats de prêt et de dépôt. Il ne parvint pas à saisir que le système bancaire de réserves fractionnaires favorisait l'expansion du crédit et déstabilisait l'économie. Ainsi, l'on peut considérer que Martin de Azpilcueta et Saravia de la Calle appartiennent à une « *École monétaire* » (*Currecy School*) naissante, très méfiante à l'égard d'un système bancaire ne respectant pas un coefficient de caisse de cent pour cent, alors que Luis de Molina et Juan de Lugo constitueraient une « *École bancaire* » (*Banking School)* également naissante, mais beaucoup plus tolérante vis-à-vis du système de réserves fractionnaires.

- *Indépendamment de vos apports à l'histoire de la pensée économique, projetez-vous d'entrer dans le débat qui oppose les différents théoriciens autrichiens sur la question de la pratique bancaire de la réserve fractionnaire ?*

Certainement. J'ai écrit un long article qui défend, contre la position maintenue par des théoriciens comme George Selgin, Lawrence White et d'autres, le principe du coefficient de caisse de cent pour cent. Selon ces auteurs, les banques doivent pouvoir répondre sans entraves à la demande de moyens fiduciaires de la part du public. Ils prétendent que ce comportement consiste simplement à adapter l'offre de moyens fiduciaires à leur demande et qu'il ne devrait pas engendrer systématiquement de mauvais investissements ni de cycles économiques. Toutefois, Selgin ne fait, à mon avis, que reprendre la vieille doctrine de l'École bancaire sur les « *besoins du commerce* ». Et, ce qui me semble pire, son analyse, comme celle des keynésiens, part de l'idée que tous les problèmes commencent par d'inexplicables et surprenantes mutations à court terme de la demande de monnaie.

Cependant, les études de ces théoriciens ne tiennent pas compte du fait que la demande de moyens fiduciaires n'est pas exogène par rapport au processus bancaire de réserves fractionnaires, mais qu'elle est déterminée par celui-ci de façon endogène. Autrement dit, les banques elles-mêmes manipulent l'offre monétaire parce qu'il y va de leur propre intérêt. La nouvelle expansion de crédit engendre sa propre demande et finit, invariablement, par provoquer des cycles économiques. Le problème principal des théoriciens du système de banque libre avec réserves fractionnaires vient, donc, de ce qu'ils s'appuient sur une doctrine exclusivement macroéconomique. Celle-ci les empêche de voir la réalité microéconomique engendrée par l'expansion artificielle de crédit que le système qu'ils préconisent ne peut pas éviter.

- *Au-delà de la théorie monétaire, considérez-vous en général la position des scolastiques espagnols comme favorable au marché libre ?*

- Les scolastiques espagnols adoptèrent généralement des positions assez libérales. Par exemple, Francisco de Vitoria, fondateur du droit international, développa l'idée que le Droit naturel est toujours moralement supérieur au pouvoir coercitif de chaque État. Mais le plus libéral de ces scolastiques est, sans aucun doute, le célèbre jésuite Juan de Mariana qui condamna la réduction de la quantité de métal précieux des monnaies opérée par les gouvernements ; il la considérait comme un vol qui spoliait les citoyens. Il condamnait aussi l'établissement d'impôts sans le consentement du peuple. Il développa également la théorie du tyrannicide. Le seul point sur lequel j'estime que Mariana s'est trompé concerne la condamnation radicale qu'il fit des courses de taureaux, mais comme je suis apparenté à de grands toreros, je ne suis peut-être pas tout à fait impartial en la matière…

- *Comment peut-on expliquer la connexion intellectuelle entre les scolastiques espagnols et la moderne École autrichienne ?*

- Il faut rappeler qu'au XVI siècle l'empereur Charles Quint, alors roi d'Espagne, envoya son frère Fernand I comme roi d'« *Autriche* », c'est-à-dire de la « *partie est de l'Empire* » ; celui-ci comprenait alors toute l'Europe continentale à l'exception de la France, qui était isolée et entourée de forces espagnoles.

Cela explique que les relations économiques, politiques et culturelles entre les deux extrêmes de l'empire (l'Espagne et l'Autriche) aient été très fluides. C'est pourquoi Carl Menger reprit une tradition qui n'était pas étrangère à son milieu intellectuel, mais qui au XIX siècle, était presque oubliée.

- *Pouvez-vous nous expliquer la cause de cet oubli et pourquoi il a fallu redécouvrir la tradition ?*

- L'influence négative d'Adam Smith et de ses disciples de l'École classique anglaise a joué ici un très grand rôle. D'une part, les uns et les autres ont effacé la tradition subjectiviste inaugurée par les scolastiques espagnols et l'ont remplacée par une théorie objective de la valeur-travail qui a finalement servi de base au marxisme et à la théorie de l'exploitation. D'autre part, l'Espagne a beaucoup souffert de la période de décadence correspondant aux XVIII et XIX siècles, du développement terrible de l'étatisme avec la Maison d'Autriche et les Bourbons et du centralisme obsessif qui prétendait régenter tout l'Empire depuis Madrid, objectif impossible qui ruina le dynamisme de la nation.

Si l'on ajoute à cela la Légende noire qui s'est répandue contre tout ce qui était espagnol en général et contre la pensée catholique en particulier, on s'expliquera facilement le phénomène dont je parlais tout à l'heure. De surcroît, en discréditant le pouvoir compensateur de Rome, la Réforme protestante a finalement renforcé le pouvoir absolu des différents États.

- *Est-ce par simple hasard qu'un Autrichien comme Carl Menger a redécouvert la tradition scolastique ?*

- Les livres des scolastiques espagnols ont généralement été publiés en latin dans des villes de l'Empire comme Bruxelles et celles du nord de l'Italie, mais ils circulaient librement dans toute l'Europe et parvenaient sans difficulté en Espagne et à Vienne. D'autre part, l'influence de la tradition scolastique en Autriche, pays catholique à 90 pour cent, est manifeste.

Il faut également rappeler qu'un catholique espagnol résolut, 27 ans avant Menger, le paradoxe de la valeur et énonça en détail la théorie de l'utilité marginale. Il s'appelait Jaime Balmes. Né en Catalogne en 1810, il mourut en 1848. Il fut, durant sa courte vie, le plus important philosophe thomiste espagnol et il publia en 1844 un article intitulé « *La véritable idée de valeur ; ou réflexion sur l'origine, la nature et la variété des prix* ». Balmes se demande, dans ce travail, pourquoi une pierre précieuse a plus de valeur qu'un morceau de pain ;

il conclut que la valeur d'un bien est déterminée par son utilité marginale et qu'il existe une relation nécessaire entre l'augmentation ou la diminution de la valeur et la pénurie ou l'abondance de chaque bien.

- *Dans quelle mesure les penseurs de l'École autrichienne actuelle sont-ils influencés par les travaux des scolastiques espagnols du Siècle d'Or ?*

- Il y a quelques années, un groupe de latinistes entreprirent de traduire en espagnol les principaux ouvrages des scolastiques espagnols, ce qui a favorisé une connaissance beaucoup plus large de leurs travaux. En même temps, l'importance en Espagne de l'École autrichienne d'économie n'a cessé de croître au cours du dernier quart de siècle. De plus en plus d'universitaires espagnols se sentent très honorés d'étudier cette tradition de la pensée dont l'importance renaît avec tant de vigueur dans le monde entier. Si l'on ajoute à cela l'écho international qu'ont trouvé les contributions de Schumpeter, Rothbard, Grice-Hutchinson, Alejandro Chafuen et d'autres dans ce domaine, on comprendra que nous sommes nombreux à considérer notre époque comme un moment excitant de l'histoire de la pensée économique et où les universitaires espagnols ont une grande responsabilité et un travail important à réaliser.

- *Pour passer à un autre sujet, pourriez-vous nous expliquer brièvement quel est votre programme pour réformer et privatiser la Sécurité sociale ?*

- Le problème des prestations de retraite est l'un des plus graves qui se présente au monde occidental. L'évolution de la démographie et le vieillissement progressif de la population qu'elle entraîne, s'ajoutant aux prestations généreuses accordées par les systèmes publics de Sécurité sociale de nombreux pays occidentaux, ont fait que les obligations actuarielles correspondantes croissent de manière exponentielle. Ainsi, il est prévisible que les obligations ne pourront être payées qu'en établissant dans le futur un niveau intolérablement haut d'impôts et contributions. Car on ne pourra pas réformer le système public de Sécurité sociale tant qu'on n'aura pas compris ses contradictions, qui sont essentiellement au nombre de quatre.

Premièrement, les systèmes publics de Sécurité sociale fondés sur le financement par répartition exercent un fort effet dissuasif sur l'épargne privée. D'un côté, les contributions au système diminuent évidemment les possibilités d'épargne des citoyens. De l'autre, le système agit comme un faux substitut de l'épargne, dans la mesure où les citoyens croient que le système par répartition fonctionnera toujours lorsqu'ils prendront leur retraite.

Deuxièmement, il ne faut pas oublier que le coût intégral de la Sécurité sociale pèse sur les épaules des travailleurs, indépendamment de la façon dont il se présente du point de vue légal. C'est là un aspect que Mises expliqua clairement dans son ouvrage sur *Le Socialisme*, car les contributions à la Sécurité sociale font partie du coût total de la main-d'œuvre que paie l'entrepreneur et qu'il lui serait indifférent de les payer intégralement à ses travailleurs.

Troisièmement, le système public de Sécurité sociale est fondé sur l'agression générale et indiscriminée contre la liberté de choix des citoyens. Ainsi se trouve bloqué, dans le domaine de la prévision sociale, un immense volume de créativité entrepreneuriale, concernant la conception de nouvelles formes de retraites, de systèmes de financement et d'assurances ; cela donne lieu à une mauvaise assignation des ressources, qui coûte extrêmement cher.

Quatrièmement, le système public de Sécurité sociale prétend atteindre simultanément des objectifs d'assurance et d'assistance sociales, essentiellement incompatibles entre eux. Car l'assistance sociale est fondée sur l'aide aux personnes nécessiteuses, alors que le principe de l'assurance se fonde sur la proportionnalité existant entre les contributions réalisées et les prestations que l'on compte recevoir.

On peut alors se demander : pourquoi se maintiennent les systèmes publics de Sécurité sociale ? La réponse habituelle consiste à dire que si l'État ne prenait pas en charge ces systèmes, les citoyens arrivés à la retraite ne pourraient pas se suffire, faute de prévision. Mais cela est aussi absurde que de dire que parce qu'un petit groupe de gens ne peut pas s'alimenter, il faut obliger tout le monde à manger dans des casernes une galimafrée uniforme.

- *La réforme que vous proposez pour la Sécurité sociale s'inspire-t-elle de celle effectuée pour le système de pensions au Chili ?*

- Le système que je propose veut restituer aux citoyens la responsabilité du financement et de la planification des ressources nécessaires pour leur retraite. Rappelons que, lorsque le Chili réforma son système de sécurité sociale, les obligations actuarielles qui s'y étaient accumulées étaient très inférieures à celles existant dans d'autres pays occidentaux comme l'Espagne ou les États-Unis. Je propose d'autoriser ceux qui voudraient sortir du système public de Sécurité sociale à le faire ; ils renonceraient à obtenir de celui-ci des prestations et seraient, en contrepartie, libérés du paiement de contributions à ce système. Cela dit, il faut une période de transition d'environ une génération, pendant laquelle on continuera à prendre en charge ceux qui sont déjà à la retraite. C'est pourquoi ce n'est qu'en donnant à ceux qui le désirent la liberté de se « *dégager* » que l'on pourra connaître leur véritable préférence. Je suis sûr que si l'on offrait cette possibilité à des citoyens espagnols, par exemple, l'immense majorité de la génération active actuelle serait disposée à abandonner le système public de la Sécurité sociale et à continuer de soutenir les retraités actuels jusqu'à leur disparition. Cela poserait les bases définitives pour la future privatisation intégrale du système et les problèmes dont elle souffre actuellement seraient complètement éliminés.

- *Pourrait-on appliquer une stratégie similaire pour démanteler la santé publique ?*

- Le système de santé espagnol est beaucoup plus étatiste que le système nord-américain. Il est presque entièrement sous le contrôle du gouvernement, soit de façon directe soit par l'intermédiaire des communautés autonomes. Ce que je propose est d'autoriser aussi dans ce domaine le système de *contracting out* ou « *décrochage* ». Paradoxalement, deux millions de fonctionnaires en Espagne ont la possibilité de souscrire des contrats de service sanitaire par l'intermédiaire de compagnies privées. Pourquoi ne pas étendre cette possibilité aux autres espagnols ?

- *Dans quelle mesure ces idées se font-elles jour dans votre pays, en Espagne ?*

- Nous avons eu l'année dernière des élections législatives et le candidat socialiste a perdu face à José Maria Aznar. Ce jeune premier ministre est entouré d'une nouvelle génération d'hommes politiques, dont certains ont eu la possibilité de lire des auteurs comme Mises, Hayek et même Rothbard et d'en recevoir l'influence. D'autres disent même être des libéraux classiques. Il n'est donc pas étonnant que, malgré toutes les difficultés et contraintes que rencontrent les hommes politiques, on ait commencé à adopter quelques mesures libéralisatrices comme la réduction de l'impôt sur les plus-values qui est passé de 56% à 18%.

La gageure principale, cependant, concerne le secteur du travail, soumis en Espagne à un contrôle exceptionnel. De fait, les années de gouvernement socialiste ont peu fait pour changer l'extraordinaire rigidité du droit du travail que nous avions hérité de l'époque du général Franco. Par exemple, tout entrepreneur désirant congédier un travailleur doit payer une indemnisation équivalant à 1260 jours de travail. De sorte que les entrepreneurs se décident difficilement à employer des travailleurs et que l'Espagne présente un des niveaux de chômage les plus élevés de l'OCDE.

- *Quels changements pourrait-on considérer comme possibles en ce moment ?*

- Le plus important serait de réduire les indemnisations en cas de licenciement à moins de la moitié et de les mettre au niveau de celles des autres pays de l'Union européenne. Toute réforme, en tout cas, devrait viser à ce que les conditions de licenciement soient celles que les entrepreneurs et travailleurs négocient librement au départ.

Une autre mesure libéralisatrice importante prise par ce gouvernement concerne l'élimination du service militaire obligatoire. Jusque-là, 200.000 jeunes perdaient chaque année leur temps à prêter des services d'une valeur sociale très douteuse, précisément durant les années les plus importantes de leur vie du point de vue de leur formation et du début de leur vie professionnelle. Une fois le service militaire obligatoire disparu, il est sûr qu'à la longue la richesse et la vitalité du pays s'accroîtront sensiblement.

- *Croyez-vous que les jeunes qui jusqu'ici faisaient leur service militaire doivent forcément se consacrer aux études ?*

- Pas nécessairement, car on peut commettre dans le domaine du « *capital humain* », tout comme dans celui des biens matériels d'investissement, de graves erreurs d'investissement, surtout si l'éducation est subventionnée et dirigée par l'État. L'une des erreurs de la théorie du capital humain de Gary Becker consiste à justifier implicitement l'idée que plus l'État dépensera pour l'éducation, meilleurs seront les résultats sociaux. Je suis en total désaccord avec Gary Becker sur ce point. En effet, chaque fois que l'État finance l'éducation, il est impossible de savoir si les résultats que l'on va obtenir justifient ou non l'investissement réalisé. Il est probable qu'il n'en soit pas ainsi et que l'on commette de graves erreurs d'investissement. Beaucoup de jeunes passent des années à étudier des matières qui ne vont leur servir à rien dans la vie pratique. Il est important de comprendre qu'un mauvais investissement dans le domaine intellectuel est plus nocif encore qu'un mauvais investissement dans le secteur industriel ou strictement économique.

- *Voyez-vous quelque contradiction entre vos idéaux théoriques et les réformes politiques que vous proposez ?*

- Le plus grand danger, dans toute stratégie libérale, est de tomber dans le pragmatisme politique de la vie quotidienne. Si l'on adopte le pragmatisme, il est très facile d'oublier les objectifs finaux que tout libéral doit poursuivre. Les objectifs finaux ne doivent jamais être oubliés, parce que toute mesure à court terme doit au moins être compatible avec eux.

La façon de prévenir les erreurs dans ce domaine consiste, premièrement, à conserver les objectifs finaux que l'on veut atteindre. Deuxièmement, à chercher des politiques à court terme permettant toujours d'approcher l'idéal. Ainsi, on avancera peu à peu dans la bonne direction, sans cesser de montrer aux citoyens quels sont les objectifs à atteindre pour éviter les problèmes qui se posent à nous aujourd'hui.

- *Comment êtes-vous entré en contact avec les idées de l'École autrichienne d'économie ?*

- Mon intérêt pour la théorie économique est apparu lorsque j'avais 16 ans. Je passais des matinées entières à chercher dans toutes les librairies de Madrid les traités d'économie disponibles et dépensais tout mon argent à les acheter. Au bout d'un certain temps, j'ai fini par penser que je possédais et avais consulté tout ce qui était publié en espagnol, mais je me trompais. Un jour, me promenant dans la rue Fuencarral de Madrid, je trouvai dans la librairie Fuenteteja un livre que je n'avais pas. Il s'intitulait *La acción humana* (L'action humaine) et son auteur s'appelait Ludwig von Mises. En ce qui me concerne, plus les livres sont « *gros* » plus ils me plaisent et celui-là m'attira initialement à cause de son épaisseur. J'en achetai immédiatement un exemplaire et commençai à le lire. Dès le début, l'ouvrage me fascina.

Un ami de mon père me vit, par hasard, lire le livre de Mises et m'invita à assister au séminaire que Joaquín et Luis Reig tenaient chaque semaine et dont j'ai parlé tout à l'heure. Ceux qui assistaient au séminaire furent très surpris de voir arriver un jeune homme qui avait déjà lu *L'action humaine* et travaillait à l'ouvrage *Man, economy and state* de Murray Rothbard. À partir de ce moment-là, j'ai assisté assidûment à ce séminaire et suis devenu l'un des participants les plus actifs.

- *Il semble curieux que l'économie ait pu intéresser autant une personne aussi jeune*

- Nous avons une affaire de famille spécialisée dans l'Assurance-vie. J'ai, en cela, un point commun avec John Maynard Keynes qui présida jusqu'aux années 30 la compagnie anglaise National Mutual Life Assurance Society. L'assurance-vie est une institution très traditionnelle, qui a évolué durant les 200 dernières années sans avoir besoin de l'intervention de l'État. Je me suis naturellement intéressé, en travaillant avec mon père, aux questions financières et monétaires de même qu'aux institutions économiques. De fait, je décidai d'être actuaire, car les mathématiques me plaisaient beaucoup.

Mais je me suis vite rendu compte que ce qui était valable pour les actuaires ne l'était pas dans le domaine de la théorie économique. Car les actuaires travaillent sur des tables de mortalité et de probabilités qui font partie du monde naturel, où il y a des constantes. En revanche, en théorie économique on travaille sur l'action humaine et la créativité entrepreneuriale où tout n'est que variable. La société se caractérise par la créativité, le changement, le choix et la découverte entrepreneuriale et il n'y a donc, dans le domaine social, ni correspondances fixes entre ensembles ni fonctions mathématiques.

Hans Mayer, qui succéda à Menger à la chaire d'économie politique de Vienne, écrivit un article très important sur ce sujet, qui critiquait la théorie fonctionnelle de détermination des prix développée par l'École néoclassique. Cet article a été édité en anglais grâce à Israël Kirzner. Mayer explique que les courbes d'offre et de demande ne reflètent pas la réalité parce qu'elles ne recueillent pas l'information changeante propre aux processus dynamiques de marché. Cette information n'apparaît jamais de façon simultanée, mais de façon séquentielle, de sorte qu'elle ne peut être reflétée par des fonctions mathématiques. En somme, c'est là un argument typique de l'École autrichienne d'économie que Mayer partagea avec Mises. Il est regrettable que Mayer se soit comporté, en politique, comme un caméléon, en particulier pendant la Seconde Guerre mondiale, devenant ainsi un ennemi politique de Mises, et qu'il ait été l'un des économistes autrichiens à poursuivre avec le plus d'acharnement ses collègues d'ascendance juive, tels que Mises, Machlup et d'autres.

*- Apparemment Keynes n'a pas abouti aux mêmes conclusions que vous en travaillant dans le domaine de l'assurance-vie.*

- Il se trouve que Keynes a corrompu non seulement la science économique, mais aussi les sains usages propres au secteur de l'assurance-vie. Ainsi, il s'éloigna de la façon de faire traditionnelle dans de nombreux domaines du secteur des assurances ; par exemple, en évaluant les actifs aux prix de marché et même en distribuant aux assurés de la participation aux bénéfices sans que ceux-ci aient été préalablement réalisés. Cela lui donna à court terme un avantage énorme sur ses collègues, mais, à la longue, lors du krach boursier de 1929 et de la Grande Dépression, sa propre compagnie se trouva au bord de la faillite. Ces politiques corrompues de Keynes ont continué à exercer jusqu'à nos jours une certaine influence dans les marchés d'assurances anglais et nord-américains. Il semble, heureusement, qu'on en revienne aux principes fondamentaux que le continent européen n'a jamais complètement oubliés. Il existe à nouveau un parallélisme apparent entre le relâchement et la pagaille monétaires du monde anglo-saxon propres à la Réserve fédérale et à la Banque d'Angleterre, d'une part, et la solvabilité, la rigidité et la stabilité monétaire relativement plus grande de l'Europe continentale, représentées pendant des décennies par le Bundesbank, d'autre part. Espérons que la Banque européenne poursuivra dans la même voie.

*- Nous avons vu au Ludwig von Mises Institute une photographie du Roi Juan Carlos achetant un livre à côté d'un buste de Mises. Le Roi d'Espagne est-il un « Autrichien » ?*

- Je n'irais pas si loin. Il inaugure tous les ans la Feria del Libro (Foire du Livre) de Madrid et il se trouve que nous montons un stand avec tous les livres d'économie libérale et de l'École autrichienne que nous avons publiés. Une année, il s'est approché, a été surpris du stand et nous a acheté l'un des livres. C'est l'explication de la photo dont vous parlez.

*- Quelle a été l'influence possible, peut-être par l'intermédiaire des scolastiques de l'École de Salamanque, de l'École autrichienne sur l'Église catholique actuelle ?*

- L'Église catholique est comme un énorme transatlantique. S'il vire à tribord, le bateau ne bouge que lentement, mais il change nettement de direction.

Par exemple, il existe en Espagne un groupe catholique puissant qui s'est étendu dans le reste du monde et que l'on connaît sous le nom d'Opus Dei. Il est très proche du pape et très influent grâce à différentes universités. Il contrôle en Espagne une université importante en Navarre. Chose curieuse, quelqu'un a ordonné que l'on y étudie les ouvrages d'Hayek, et sont apparus une série de chercheurs et de thèses de doctorat qui s'occupent de questions liées à l'École autrichienne.

En Espagne, il y a aussi des jésuites qui s'intéressent à l'École autrichienne, tel le père Menéndez Ureña.

Rappelons enfin que l'Encyclique *Centesimus Annus* est pleine d'idées qui semblent dictées par Hayek. De fait, le discours du pape en matière économique est rempli de réflexions sur le marché, celui-ci étant entendu comme un ordre spontané qui favorise la connaissance et l'information dont tout le monde profite. Intuitions qui ont toutes été développées par Hayek et les théoriciens de l'École autrichienne.

- *Le pape semble avoir beaucoup progressé en matière économique, mais il fait encore des déclarations sur les questions sociales et les syndicats, par exemple, qui ne semblent pas très justes…*

- Lorsque le Pape parle du « *travail* » dans ses écrits, il pense en réalité à l'« *action humaine* », douée d'une capacité entrepreneuriale innée. Quand le Pape dit que le travail a une capacité entrepreneuriale, qu'il est productif, il fait justement allusion à cette fonction entrepreneuriale qui est au cœur de tous les processus sociaux et stimule le changement et le progrès de la civilisation.

Naturellement, l'Église peut se tromper en matière économique ; ainsi, dans le passé, elle a fait erreur pendant plusieurs siècles, par exemple en interdisant le prêt à intérêt.

Mais cela ne veut pas dire que les opinions de l'Église sur les questions économiques ne doivent pas être prises au sérieux. À ce propos, j'ai dans ma bibliothèque une belle photographie du Pape saluant affectueusement Hayek.

- *Croyez-vous que les économistes devraient prendre la religion plus au sérieux qu'ils ne l'ont fait jusqu'à présent ?*

- Sans aucun doute. La religion joue un rôle vital dans la vie de toute société. Elle permet de transmettre de génération en génération certaines règles de comportement et des principes moraux, tel le respect de la loi. Ceux-ci rendent possibles le libre échange volontaire et la fonction entrepreneuriale qui fait progresser la vie en société et la civilisation. En effet, si les contrats ne s'exécutaient pas, la société entière serait détruite. La religion est donc, plus que l'État, le moyen principal de transmettre le sens moral de l'accomplissement des obligations et des contrats ainsi que le respect de la propriété privée d'autrui.

- *Existe-t-il un économiste qui a été déclaré saint par l'Église ?*

- Si l'on considère deux des scolastiques médiévaux les plus éminents en tant qu'économistes, la réponse est affirmative. Je veux parler de Saint Bernardin de Sienne et de son grand disciple Saint Antonin de Florence. Souhaitons qu'ils ne soient pas les derniers et que quelque autre économiste (sans aucun doute partisan du marché libre) puisse être demain canonisé.

## CHAPITRE XXXIV

## ENTRETIEN ACCORDÉ À LA REVUE EPOCA

- *Pourquoi le communisme a-t-il échoué en tant que modèle économique ?*

- Au début, beaucoup ont pensé que cela venait du manque de stimulants : le simple enthousiasme ou l'esprit de collaboration ne pouvaient l'emporter sur l'intérêt personnel et l'égoïsme, présents chez tout être humain. C'est pourquoi les dirigeants parlaient de la nécessité et même de la convenance, du point de vue moral, de créer un *homme nouveau.* Même si cela était vrai, ce ne fut pas le plus important. Dans les années 20, déjà, Mises démontrait théoriquement – dans son livre *Le Socialisme* – qu'une économie centralisée n'aurait jamais pu fonctionner, même avec des anges. Aucun organe de direction n'aurait jamais pu obtenir toute l'information concernant les besoins et demandes des individus qui composent une société. Tous les jours, chacun de nous prend une série de petites décisions, depuis le journal que nous achetons jusqu'à ce que nous prenions au petit déjeuner, décisions pour lesquelles nous suivons des critères personnels qu'aucun hiérarque n'est capable d'intégrer. Ce n'est pas une simple question de capacité à obtenir et gérer de l'information, car il ne s'agit pas d'une information donnée, statique, mais d'une information qui se renouvelle continuellement, qui est vivante. Personne ne peut ni ne doit, prendre ces décisions à la place d'autrui.

- *Voulez-vous dire par là qu'aucune planification ne peut s'ajuster aux demandes de la société, que les politiques économiques « scientifiques » n'ont pas de sens ?*

- Exactement. Et cela est valable non seulement pour le modèle socialiste, plus ou moins marxiste, mais également pour le modèle néoclassique. J'ai encore le souvenir de mes premiers cours d'économie, lorsque le professeur commençait en disant : *supposons que toute l'information soit donnée*... Nous ne nous rendions pas compte que le point de départ de ce que l'on nous enseignait était complètement vicié. Il n'est pas possible d'établir l'ensemble des demandes de la société, parce que celles-ci sont sujettes à des changements continuels, qui sont fonction des attentes de l'individu à chaque moment.

- *Cependant, beaucoup appuient un modèle socialiste, bien qu'il soit économiquement imparfait, pour des raisons morales : il poursuit un objectif d'égalité sociale qui constitue l'aspiration d'une grande partie de la société. Cette finalité ne peut-elle pas compenser une efficience moindre ?*

- Non, parce que ce concept contient une double erreur qui a des conséquences morales perverses. La première erreur vient de sa conception *scientiste*, qui prétend appliquer à l'action humaine une méthode qui lui est étrangère, conçue pour les sciences naturelles et la physique. Si l'on utilise un critère de *rationalité* pour obtenir des résultats *optimaux*, comme c'est le cas dans le domaine du génie scientifique, alors l'importance des principes éthiques en tant que guides du comportement humain disparaît. Les valeurs telles que la vérité, la loyauté, l'engagement, le respect... et, en définitive, les concepts du bien et du mal sont subordonnés à l'efficacité. Il y a ensuite le *conséquentialisme*, qui consiste à faire dépendre les méthodes d'un objectif considéré bénéfique. Comme le but poursuivi est très élevé, tout ce qui est fait pour l'atteindre est considéré comme justifié. Là non plus, pas de place pour les critères moraux. On se fixe, par exemple, comme objectif de créer une société égalitaire ; en échange de quoi, le *moral* consiste à abattre les obstacles qui gênent, même s'il faut violer droits et principes.

- *Mais ne serait-il pas possible d'éviter des moyens illicites, sans perdre de vue l'objectif ?*

- Ce qu'il y a, c'est que la méthode erronée corrompt tout, pas seulement la politique économique. Pensez à ce qui s'est passé, par exemple, avec le GAL qui est un cas typique de *présomption fatale*, ce que reprochait Hayek au socialisme. Pourquoi prit-on la décision de lancer une *guerre sale* contre l'ETA ? Parce que ceux qui le décidèrent n'avaient en tête que des critères d'utilité. Ils supposaient qu'elle combattrait efficacement le terrorisme et ils subordonnèrent à cet objectif les moyens qu'ils étaient disposés à employer. Personne ne considéra qu'il existait des principes, en vertu desquels certaines actions ne doivent jamais être commises, même si l'on recherche un effet bénéfique. Et, en plus, en mettant en marche l'opération, ils supposèrent qu'ils disposaient de toute l'information nécessaire, qu'ils pourraient contrôler certains actes même s'ils constituaient une grave violation de l'ordre moral. On a bien vu qu'il n'en était pas ainsi. La violation des principes a engendré, comme à l'ordinaire, des effets pervers imprévisibles : les maux causés par les agissements du GAL, la corruption qui en découla, le retard dans la lutte antiterroriste, la mise en prison d'hommes politiques, etc. C'est là le problème des conceptions *scientistes*, de ceux qui se croient suffisamment malins pour connaître ou contrôler toutes les conséquences. La nature et l'expérience humaines nous enseignent la fausseté de ce point de vue. Ainsi s'explique pourquoi les *ingénieries sociales* qui envahissent le domaine propre à la libre décision des personnes échouent.

- *Ce qui n'empêche pas qu'il ait encore des adeptes et qu'il obtienne, dans des variantes moins agressives, l'appui social suffisant pour gouverner. Comment expliquez-vous cela ?*

- Par l'imperfection naturelle de l'être humain. Ainsi, nous subirons encore longtemps le socialisme sous l'une ou l'autre de ses formes, car il est consubstantiel à la présomption humaine. La tentation du socialisme est la tentation de l'homme qui veut être comme Dieu. La tentation d'Adam et d'Ève au Paradis, ce fut la promesse qu'en mangeant de l'arbre de la science du bien et du mal, c'est-à-dire en commettant la transgression, « *ils seraient comme des dieux* ». Le plus important pour l'homme est d'être conscient de sa limitation et, pour cela, on a besoin de ce que j'appelle le *pilote automatique* de la morale. Savoir qu'il y a un nord, des principes est ce qui nous permet de redresser le cap quand nous nous dévions. Nous nous dévierons toujours, parce que nous ne sommes pas parfaits.

- *Compte tenu de votre point de vue, et pour en revenir à l'affaire du GAL, je suppose que vous ne partagez pas la décision du gouvernement Aznar de ne pas livrer à la Justice les documents secrets qui paraissent impliquer le cabinet précédent.*

- La seule explication cohérente qu'ils aient donnée est qu'ils voulaient ainsi tourner la page et oublier une affaire ennuyeuse. Le Gouvernement, de nouveau, a choisi la solution qu'il estimait la plus efficiente et au service de ses objectifs politiques, sans se soucier de son caractère moral ou immoral. C'est un argument *conséquentialiste*, parce qu'il implique de pouvoir contrôler les effets et il se peut qu'il en soit ainsi ou pas. Le temps nous le dira. La seule chose qui réussisse toujours est de respecter les principes, qui dans ce cas sont ceux de l'État de droit. Quoique, sans sortir de ce sujet, ce qui personnellement me préoccupe le plus c'est le Projet de Loi sur les Secrets officiels.

- *Ne pensez-vous pas que ce soit la première conséquence négative de la décision de ne pas collaborer avec la justice ?*

- Ce qui me paraît le plus dangereux est de permettre de déclarer secret pratiquement tout, puisque même le bon fonctionnement des institutions est envisagé, sans que le projet spécifie nulle part que la déclaration de secret ne pourra en aucun cas favoriser l'impunité d'un délit. C'est pourquoi le Projet ne répond pas aux éléments essentiels de l'État de droit.

- *L'État viole ses propres normes de comportement…*

- Non seulement cela. Le pire des délits est, à mon avis, celui que commettent les agents de l'autorité contre l'État de droit ; il est plus grave encore que ceux des terroristes. N'oublions pas que la Guerre civile fut déclenchée par un crime d'État : l'assassinat d'un leader parlementaire, Calvo Sotelo, par des agents de la police. C'est dans ces cas-là que tout principe de sécurité s'effondre. On veut aujourd'hui tourner la page, mais avec une Loi sur les Secrets officiels qui ne corrige pas les comportements passés et permet ainsi qu'il y ait demain un nouveau GAL.

- *Partagez-vous le critère d'après lequel le respect de l'État de droit est l'une des conditions fondamentales requises pour un bon fonctionnement de l'économie ?*

- C'est une partie du respect nécessaire des principes. Rien n'est plus efficient, à la longue, que la morale. Comme le dit un dicton anglais : *The best policy is honesty* (La meilleure politique est l'honnêteté). Efficience et justice ne s'opposent pas. Au contraire : seul le juste est efficient. Justice et efficience sont les deux faces de la même monnaie.

- *Et que se passe-t-il lorsque c'est l'immoralité qui prévaut ?*

- À long terme, elle ne gagne jamais. À court terme, elle ne doit jamais être admise. Ceux qui disent que le problème du GAL vient de ce qu'il a été si mal organisé qu'on les a découverts me préoccupent beaucoup. Je ne suis pas du tout de cet avis : si l'on n'avait pas trouvé de preuves qui permettent l'enquête judiciaire, la situation aurait été encore beaucoup plus grave. Non seulement il se serait produit un grave préjudice, mais il serait resté caché, impuni, et tout cela encouragerait à recommencer.

- *Il existe sans aucun doute une manipulation intéressée de l'opinion à propos de la bonté des politiques interventionnistes, qui permettent aux hommes politiques d'accroître leur pouvoir, mais n'est-il pas vrai que l'économie libre n'a pas été capable de satisfaire les espérances d'égalité sociale, ou du moins de couverture des besoins minimaux ?*

- Le problème du socialisme ne réside pas dans son désir proclamé d'égalité ou de prise en charge des personnes les moins fortunées, mais dans l'utilisation de la coercition pour atteindre ses objectifs égalitaires. Il est toujours immoral d'utiliser la coercition, et encore plus la violence.

- *Et n'y aurait-il pas, sans cette coercition, des gens dont les besoins minimaux comme l'attention médicale ne seraient pas couverts, ce qui provoquerait une situation de détresse que la société contemporaine estime inacceptable ?*

- Si la coercition n'existait pas, les désirs de solidarité propres, eux aussi, à la nature humaine se manifesteraient, en sorte dont ces besoins pourraient parfaitement être couverts dans une société libre. En ce sens, L'État interventionniste est corrupteur : il élimine la solidarité. Au lieu d'une aide dispensée par amour, il y a un fonctionnaire avec un horaire qui, le cas échéant, considèrera même l'usager du service public comme quelqu'un d'incommodant. Si l'on donnait plus d'espace à la spontanéité de l'individu, nous serions tous plus créatifs et le processus de créativité ne va pas à l'encontre de l'égalité. Ce serait le meilleur système pour détecter des situations d'inégalité et les corriger. L'Administration de l'État, au contraire, favorise les situations de fraude, car elle ne dispose pas d'information de première main. La société se corrompt. Le socialisme, quoique démocratique, endort les masses. L'État-providence équivaut à un socialisme de moindre intensité, mais l'État absorbe environ la moitié du PIB. Il y a plus d'oxygène que dans le socialisme totalitaire, mais ces 50 pour cent pèsent très lourd. Même de petites réformes, comme celles annoncées par le Gouvernement du Parti populaire, coûtent beaucoup.

- *Quelle opinion avez-vous de la politique économique de ce gouvernement ?*

- Son centre de gravité s'incline vers la liberté, mais les gouvernants sont attentifs aux états de l'opinion ; c'est pourquoi ils ont besoin que celle-ci se modifie. Il ne faut pas non plus être trop pessimistes : si l'on compare la situation actuelle à celle d'il y a 30 ans, la société espagnole est aujourd'hui beaucoup plus libérale. Mais les politiques disposent d'une marge de manœuvre et peuvent toujours adopter les options les plus libérales, lesquelles épargneraient de surcroît beaucoup de souffrances à l'Espagne. J'espère que quelques-uns des nouveaux gouvernants auront le courage d'aller dans la bonne direction. Le pays leur en serait reconnaissant.

# CHAPITRE XXXV

## ENTRETIEN ACCORDÉ À LA REVUE *GENERACION XXI*

- *Parlez-nous un peu de la prétendue hégémonie actuelle du libéralisme. S'agit-il d'une véritable réalité ou n'est-ce que pure rhétorique ?*

- Je répondrais d'un double point de vue, correspondant à deux niveaux. Le libéralisme s'est mis à la mode au niveau politique et celui qui ne se dit pas libéral semble être éliminé de la scène. Mais, en réalité, derrière ces déclarations de libéralisme des politiques, il n'y a pas grand-chose. Il y a des différences de degré : les politiques du PP qui contrôlent maintenant le parti sont moins interventionnistes que ceux du PSOE. Mais, le moment venu, de vrais libéraux il y en a très peu. Les politiques sont victimes de l'opinion publique et le système les mène à intervenir, à utiliser le budget pour acheter des voix.

Au deuxième niveau, celui de la pensée économique et philosophique, on constate l'hégémonie du libéralisme, mais c'est le libéralisme de l'École de Chicago, qui n'a rien à voir avec celui de l'École autrichienne d'économie. C'est un libéralisme d'ingénierie sociale, tiède, qui finit par justifier l'intervention de l'État, contredisant donc les idéaux du libéralisme. Il est important que, face à ce libéralisme, celui de l'École autrichienne arrive à percer. C'est pourquoi nous avons publié chez Unión Editorial un livre intitulé *Liberalismo contra liberalismo* (Libéralisme contre libéralisme) du Professeur Aranzadi del Cerro, qui montre les graves carences du libéralisme de l'École de Chicago.

Nous croyons que l'ingénierie sociale du libéralisme « *scientiste* » va se retourner contre la liberté et que la seule solution de rechange est celle de l'École autrichienne : le libéralisme humaniste et créatif aux racines jusnaturalistes de l'École de Salamanque.

- *Qu'est-ce que l'École autrichienne d'économie ? Pourriez-vous nous définir, de façon brève et précise, quelques-uns de ses traits fondamentaux ?*

- L'École autrichienne, dans sa version moderne, est apparue au siècle dernier à Vienne (d'où son nom) avec Carl Menger. Celui-ci reprit la tradition beaucoup plus ancienne des scolastiques de l'École de Salamanque. C'est pourquoi il serait plus exact de parler d'École espagnole. Ses caractéristiques distinctives par rapport à d'autres courants sont, entre autres, celles-ci : c'est une école très humaniste qui développe ses apports théoriques à partir de l'être humain, des hommes et des femmes tels qu'ils sont en réalité ; elle ne s'intéresse pas à un stéréotype, une espèce d'être robotisé : l'« *homo economicus* », maximisateur de profits, protagoniste des modèles néoclassiques et de l'École de Chicago ; c'est une École libérale, qui défend la liberté de l'homme dans tous les domaines : civil, politique et économique. Selon les Autrichiens, le protagoniste des phénomènes sociaux est l'entrepreneur, c'est-à-dire l'être doté d'une capacité innée à découvrir ce qui vaut la peine d'être recherché dans la vie et de lutter pour atteindre les moyens de l'obtenir. Humanisme, fonction entrepreneuriale et libéralisme sont ses trois notes distinctives.

- *Votre dernier livre « Monnaie, crédit bancaire et cycles économiques » étudie en profondeur l'influence de l'expansion de crédit sur les cycles récurrents d'essor et de récession qui, affectant toutes les économies, engendrent tant de souffrance sociale. Pouvez-vous nous parler de cette question ?*

- La masse monétaire, le total de la monnaie qu'utilise la société, se compose pour un dixième d'argent liquide (billets et monnaie métallique) et pour neuf dixième de dépôts bancaires. Comment ont été créés ces neuf dixièmes de la base monétaire ? Grâce à un processus d'expansion de crédit. Les banques entament un processus orchestré par la Banque centrale (l'organe de planification centrale dans les pays occidentaux dans le domaine monétaire et financier), grâce auquel des crédits sont créés à partir du néant. La banque donne à un particulier un prêt qu'il crée à partir de rien. Elle lui donne un chéquier et celui qui reçoit le prêt commence à effectuer des paiements financés par ce dépôt sorti de nulle part ; et ces paiements sont reçus par des personnes qui les déposent dans une autre banque. Ainsi se produit insensiblement un processus inflationniste hautement préjudiciable. Si cette monnaie nouvellement créée, abstraite, était dépensée par les banques en bâtiments somptueux, yachts ou prostituées, le processus n'engendrerait qu'une hausse des prix des biens mentionnés. Le problème vient de ce que les banques le donnent sous forme de prêts et que tous les agents sociaux croient qu'il y a plus d'épargne réelle disponible qu'il n'y en a véritablement. Il s'en suit dans la société un désajustement, un manque de coordination très grave. Les entrepreneurs commencent à investir avec ce crédit nouvellement créé et les consommateurs continuent à consommer au même rythme qu'auparavant. Prenons l'exemple des États-Unis : augmentation du crédit, 12%, taux d'épargne, 0%. C'est ce qui s'est passé au Japon avant l'explosion de la bulle financière. Chaque fois que se produit un désajustement aussi grave – et dans ce cas, il est dû à l'intervention de l'État par l'intermédiaire de la Banque centrale et aux privilèges accordés aux banques pour qu'elles puissent opérer avec un coefficient dit de réserve fractionnaire –, chaque fois, dis-je, que se produit un tel désajustement, des forces spontanées, que j'étudie dans mon livre, tend à montrer les erreurs commises et un processus inévitable de réajustement, la récession inflationniste, se met en marche. Celle-ci est inéluctable et affectera, comme elle l'a déjà fait en Asie, le reste du monde à commencer par les États-Unis. Cela se produira plus ou moins tard. Je ne sais pas si le détonateur aura été déclenché au moment des élections législatives prochaines ou si la chance favorisera encore Aznar, la récession se produisant après le mois de mars.

- *Parlez-nous du nationalisme libéral – sujet qui vous tient spécialement à cœur –, compte tenu des processus de décomposition autonomique et d'agrégation supranationale, en particulier du point de vue de la formation d'une Europe unie.*

- Il y a deux sortes de nationalisme : le nationalisme libéral et le social-nationalisme. L'idée que j'ai développée dans différents travaux est que le nationalisme n'est pas mauvais en soi ; ce qui est mauvais c'est le social-nationalisme : lorsque l'idée de nation se corrompt pour justifier un protectionnisme économique ou culturel (en imposant par la force l'utilisation d'un langage ou d'une histoire officielle à travers l'enseignement obligatoire), ou un protectionnisme migratoire, en empêchant l'arrivée volontaire de personnes dans un pays pour des motifs religieux, politiques ou raciaux.

Les libéraux avons toujours été partisans de l'autodétermination des peuples : personne ne peut obliger aucun groupe social à faire partie d'une organisation politique malgré lui.

La décentralisation est un autre principe essentiel du libéralisme. Diviser les ministères en 15 (autonomies), ou en 150 si c'était faisable (plus il y en a, mieux c'est). L'on peut songer aujourd'hui, avec les progrès des technologies de la communication (Internet) et des transports, au démembrement des États actuels. Le modèle idéal pour le monde du prochain millénaire sera celui des Cités libres. Comme Monaco. Elles peuvent être la propriété privée du roi et n'ont pas même besoin d'être démocratiques, car les citoyens non satisfaits peuvent voter avec leurs pieds et s'en aller ; et le roi-propriétaire lui-même maintiendra, dans son propre intérêt, un niveau d'imposition et d'intervention plus faible (comme à Monaco, à Singapour ou en Andorre).

Communes libres, enclaves autonomiques, provinces indépendantes... c'est par la voie du démembrement et de l'autodétermination que le nationalisme libéral introduira le capitalisme et la liberté. Québec, les républiques russes, Timor...

- *Parlez-nous de Jean-Paul II et de son prétendu libéralisme*

- Jean-Paul II a connu de grandes hésitations : lorsqu'il accéda à la papauté, il n'avait d'autre point de référence que le socialisme. Puis ses assesseurs et l'évolution même de l'histoire (chute du Mur) lui ouvrirent les yeux. Son cheminement s'achève avec l'encyclique *Centesimus Annus*. Des chapitres entiers de ce document semblent écrits sous la dictée d'Hayek. L'Église catholique a toute ma sympathie parce que c'est un pouvoir neutralisant ; la réforme protestante, en revanche, renforça le pouvoir temporel des États. Je perçois des relations entre le protestantisme et le marxisme, toute cette déification de la raison humaine et ce désir d'implanter le Royaume de Dieu sur la Terre.

Il n'y a dans l'évangile aucun exemple où Jésus-Christ ait imposé quoi que ce soit par la force ; un seul cas fait exception : l'expulsion des banquiers du Temple de Jérusalem. Bien que la traduction espagnole de la Vulgate parle de « *changeurs* », il serait plus correct de dire « *banquiers* ». Il les expulsa comme des voleurs. Pour moi, libéralisme et catholicisme vont de pair.

- *Une dernière question, Jesús, pourquoi tant de libéraux sont-ils fonctionnaires ?*

- Les mécanismes que les socialistes ont créés pour imposer l'interventionnisme à l'Université se sont retournés contre eux. Il y a maintenant des fonctionnaires libéraux qui entrent dans le système pour le critiquer. C'est curieux, mais les libéraux qui disposent de plus de liberté pour attaquer le système sont les fonctionnaires publics. Les Universités privées offrent une formation très proche de la pratique, qui laisse de côté l'humanisme et la philosophie, et en général tout ce qui n'a pas une projection utilitaire immédiate. L'on pourrait dire que je suis moi-même membre d'une cinquième colonne au sein de l'Université publique. Pour ce qui touche au domaine scientifique, le libéralisme sain est humble en ce qui concerne possibilités de la raison humaine. Nous ne savons pas ce qui va se passer, nous allons tacher de tout expérimenter, mais d'une façon particulière et volontaire.

# CHAPITRE XXXVI

## ENTRETIEN ACCORDÉ À LA REVUE *ACRATA*

*- Nous autres, libéraux, avons dû pendant longtemps lutter contre les confusions relatives aux termes libéraux, néolibéralisme et, en particulier, en Espagne, à l'adjectif « libertaire ». J'ai remarqué qu'en Espagne les gens associaient « libertaire » à « anarchiste » ou « anarcho-communiste », et c'est un terme que vous utilisez beaucoup. À quoi, d'après vous, se doit cette confusion et quelle est l'acception la plus claire qu'il faut utiliser ?*

- Le problème vient de la modification sémantique du sens du terme libéral dans le monde anglo-saxon. Le terme libéral a pris au cours de ce siècle, en Angleterre et aux États-Unis, un sens presque opposé à celui qu'il avait traditionnellement en Europe continentale. De sorte qu'aux États-Unis les « *libéraux* » sont l'équivalent des sociaux-démocrates : c'est-à-dire la gauche. Comme Galbraith, par exemple. Il s'est passé ce qu'explique Hayek dans *La Présomption Fatale* ; la gauche a procédé à vider les termes de leur signification, non seulement le terme libéral, mais aussi, par exemple, les mots démocratie et justice : démocratie « *populaire* » ou justice « *sociale* ». Chaque fois qu'on donne un surnom à quelque chose, on le vide de son contenu. Ici, on n'a même pas eu besoin de mettre un surnom. En Europe continentale, en général, mais surtout en Espagne, le mot libéral conserve le sens qu'il a depuis que les députés des Cortes de Cadix de 1812 se sont qualifiés eux-mêmes pour la première fois de libéraux ; c'est-à-dire de défenseurs de la liberté de l'homme dans tous les domaines, y compris l'économique, le civil et le politique. En Espagne, ce processus de prostitution du terme libéral ne s'est pas encore accompli. Cependant, le mot est aujourd'hui très attrayant, et tous les politiques veulent se l'approprier. Récemment, le secrétaire général du Parti socialiste, Rodríguez Zapatero, s'est qualifié lui-même de socialiste libéral et, même, de socialiste libertaire.

Le terme libertaire a été introduit au niveau mondial par l'intermédiaire des États-Unis, parce que libéral signifiant là-bas social-démocrate, c'est-à-dire pratiquement socialiste, il fallait introduire un autre terme. Ainsi, furent proposés, aux États-Unis, les termes *libertarian* ou *conservative libertarian.* Libertarien ou conservateur-libertarien. Le mot libertaire a lui aussi une grande tradition en Espagne, parce que l'Espagne a traditionnellement été un pays très individualiste et anarchiste…

*- Vous pourriez nous parler de cela…*

- Depuis la période des années de tension qui ont précédé la Guerre civile, et même durant la Guerre civile, il existe en Espagne un mouvement anarchiste très important. Il est vrai que c'est un anarchisme communiste, anarcho-communisme, anarcho-collectivisme, ou libertarisme communiste ou communautaire. Ainsi, un groupe de ces anarchistes s'enferma à Casas Viejas et l'armée dut aller les déloger avec violence ; de même, il se créa un syndicat lié aux libertaires : la CNT, Confederación Nacional de Trabajadores (Confédération nationale des Travailleurs). Plus tard, pendant la Guerre civile, ils agirent à travers la tristement célèbre FAI, Fédéración Anarquista Ibérica (Fédération Anarchique Ibérique), surtout en Catalogne… et il ne faut pas oublier qu'ils étaient anarcho-communistes. Mais, malgré leur confusion idéologique, ils m'ont personnellement inspiré plus de sympathie que les communistes stalinistes, qui prirent finalement le dessus dans l'Espagne républicaine. De fait, les communistes pratiquèrent toute une « *épuration physique* » des anarchistes, un assassinat généralisé et systématique. Il faut donc éclaircir la confusion terminologique et, si peu à peu, à cause de l'influence anglo-saxonne, le terme « *libertarisme* » ou « *libertaire* » fait son apparition en Espagne, il faut signaler que par ces termes nous voulons désigner un anarchisme de propriété privée ou, plutôt, un système anarcho-capitaliste. À ce propos, il existe encore aujourd'hui de nombreux intellectuels et individus, anarchistes traditionnels, mais qui réalisent que le communisme ne fonctionne pas, et qui sont issus du meilleur de cette tradition libertaire communiste. S'ils se mettent à lire, par exemple, les principes essentiels des œuvres de Rothbard, il est tout à fait possible que leur désir de démonter l'État prédomine en eux sur leur utopie communautaire et qu'ils puissent, donc, se convertir d'une certaine façon à l'anarcho-capitalisme. Je terminerai ce commentaire en disant que le libéralisme traditionnel, fondé sur la liberté politique et la démocratie, est dans une passe difficile parce qu'il n'a pas su mettre un frein au gouvernement. C'est pourquoi les libéraux traditionnels doivent se demander s'ils vont ou pas se convertir, au moins sur le plan théorique, en anarchistes ; je crois que c'est la seule issue et c'est celle que défendent des théoriciens libéraux tels que Hans-Herman Hoppe ou Rothbard. Que les principes soient clairs, que l'on soit convaincu de la nécessité pour la société civile et le marché d'un schéma juridique et de services de sécurité pour l'imposer est une chose, mais cela ne veut pas dire que le gouvernement doive s'en charger de façon monopolistique, parce que s'il le fait, c'est toujours de façon inefficiente et à un coût très élevé. Si un système d'agences concurrentielles est concevable, nous embrasserions, en tant que libéraux, le modèle anarcho-capitaliste qui serait, disons, le nord ou le but vers lequel nous devrions nous diriger ; et c'est dans cette situation que se trouvent aujourd'hui les libéraux : ils doivent décider s'ils vont continuer à défendre le modèle de gouvernement limité ou, au contraire, se convaincre que c'est impossible, que leur tentative a échoué, qu'il est impossible de limiter le gouvernement et qu'il faut donc aller plus loin, vers l'anarcho-capitalisme.

- *Et nous devrions tenir compte également du mot néolibéralisme qui a été inventé par la gauche*

- C'est là un terme créé dans un but nettement péjoratif : chaque fois qu'on ajoute « *néo* » à quelque chose, c'est pour le disqualifier d'emblée. Le véritable libéralisme n'est que libéralisme. Il n'est pas néo et n'a besoin d'aucun qualificatif. Il a toujours défendu les mêmes principes. Liberté maximale de l'être humain dans tous les domaines : sociaux, civils, politiques et économiques. Le terme néolibéralisme est utilisé dans un sens péjoratif et souvent pour définir certains systèmes politiques, régimes et gouvernants, qui se caractérisent précisément par le fait qu'ils se situent aux antipodes du véritable libéralisme. En Amérique latine, on qualifie de « *néolibérales* » certaines personnes qui justifient l'interventionnisme à des niveaux très importants ; en sorte que, d'un côté, si leur système échoue, ce qui arrive toujours, l'échec est attribué au libéralisme traditionnel et, de l'autre, on arrive à distraire l'opinion, à créer un écran de fumée, lequel suscite une réaction de rejet dans la société et bloque le processus de découverte de la vérité dans laquelle elle se trouve impliquée, surtout après la chute du mur de Berlin qui a représenté un coup très dur pour la gauche. Celle-ci s'est vue obligée de trouver une autre solution ; et cette autre solution lui permettant de survivre a consisté, d'une part, à inventer une « *troisième voie* » qui n'est, en fait, que la reconnaissance déguisée de son évident échec. Au lieu de dire : nous avons échoué, la solution se trouve dans le libéralisme, les progressistes misent maintenant sur une troisième voie qui, analysée en détail, apparaît comme un libéralisme décaféiné ; et ils s'obstinent, d'autre part, à qualifier les libéraux de « *néolibéraux* », leur imputant tous les péchés imaginables : la dictature de Pinochet, les erreurs des ministres argentins, etc. Ils orchestrent avec cette stratégie toute une campagne de confusion qui leur convient tout à fait pour récupérer pouvoir et influence sociale.

- *On dirait, d'un point de vue programmatique, que le nouvel ennemi des libéraux, c'est la troisième voie que proposent les sociaux-démocrates…*

- Oui, parce que c'est une façon de réintroduire de manière plus ou moins subreptice de très importantes doses d'intervention. Il est vrai qu'il y a de nombreuses versions de cette troisième voie. La plus libérale et *light* est, par exemple, celle de Tony Blair, parce qu'il a été obligé, pour arriver au pouvoir, de conserver les réformes de Margaret Thatcher. Mais il y a d'autres variantes beaucoup plus interventionnistes qui vont, par exemple, jusqu'au socialisme le plus traditionnel de Lionel Jospin, en France. Évidemment, les interventionnistes se rassemblent autour de nouveaux drapeaux. L'un d'eux est celui de l'attaque contre la mondialisation. Au dernier « *sommet* » européen, tenu à Nice, on a vu plus de quatre mille manifestants violents attaquer la mondialisation. Il aurait dû y avoir beaucoup plus de quatre mille manifestants, pas des adversaires du mondialisme, mais des adversaires du socialisme européen et des milliers de nos libéraux protestant, par exemple, contre la politique agraire communautaire qui fait du tort aux pays du tiers-monde et transforme l'Europe en une forteresse ; contre le désir d'établir une charte de droits de l'homme qui ne sont que de pseudo-droits positifs, de deuxième ou troisième génération, laissant de côté les droits véritables ; et contre tout le réseau bureaucratique qui prétend imposer dans chaque pays de l'Union européenne le niveau maximum d'interventionnisme existant dans n'importe quel autre pays.

C'est cela qui aurait justifié une manifestation à Nice ; mais non, la manifestation à laquelle nous avons assisté avait pour but d'imputer au capitalisme, aux multinationales et à la mondialisation tous les maux du monde. Enfin, il y a une autre version « *progressiste* » de rassemblement : l'écologie et l'environnement. De fait, ce sont les partis verts qui recueillent les restes du naufrage des partis de gauche traditionnels. C'est pourquoi nous avons publié, pour lutter contre le mythe de l'écologisme de gauche, un livre d'Anderson et Leal, intitulé *Écologie de Marché*, qui explique que la meilleure façon de défendre l'environnement passe précisément par l'utilisation du marché et des institutions traditionnelles de la propriété privée.

*- Cependant, en admettant que la présence de ces quatre mille libéraux protestant contre le socialisme européen ait été réellement importante, reste à savoir si, en tant que libéraux, nous sommes condamnés à être un mouvement purement intellectuel, sans capacité d'action politique. Cela est-il exact ?*

- Mon avis est qu'il faut se spécialiser au moyen de la division du travail. Il faut d'abord être conscient des principes du libéralisme et travailler sans perdre de vue leurs implications pures et dogmatiques. Il faut, pour cela, disposer de professeurs dans les universités, prononcer des conférences pour faire connaître les problèmes concrets et en débattre à la lumière des principes, et publier des livres. Ensuite, une fois que les principes sont clairs, il faut les faire connaître dans les différentes couches de la société. Pour ce faire, nous devons convaincre ceux qu'Hayek appelait *second hand dealers of ideas*, c'est-à-dire « *revendeurs d'idées* » : journalistes, commentateurs politiques, romanciers, auteurs de théâtre, tous ceux qui, d'une façon ou d'une autre, exercent une influence dans la société et créent un climat d'opinion qui affecte les politiques. Je voudrais ajouter ici une affirmation d'Hayek ; il disait que l'état de théoricien libéral pur était incompatible avec celui d'homme politique, parce que le politique doit dire sans cesse aux gens ce qu'ils veulent entendre pour qu'ils votent pour lui et, par contre, le théoricien libéral pur doit expliquer les principes libéraux dogmatiques et aller toujours à contre-courant. Ainsi, les politiques ont une marge de manœuvre limitée, parce qu'ils doivent conserver le pouvoir dans le cadre d'élections démocratiques et, s'ils défendent ouvertement les principes libéraux, ils s'exposent aux manœuvres démagogiques de leurs adversaires de l'opposition. Il s'agit là d'un équilibre très difficile que seuls ceux qui se sont consacrés depuis toujours à la politique peuvent comprendre et manier.

Mais cela veut-il dire que les politiques n'ont aucune marge de manœuvre ? Non, car ils en ont une. Et, d'ailleurs, la situation est bien différente suivant que les décisions sont prises par un libéral ou par un politique qui ne l'est pas. Ainsi, le politique qui croit au marché prendra des décisions moins nocives pour la société. Il est possible aussi qu'il y ait des politiques capables de présenter l'idéologie libérale de façon attrayante pour de vastes couches de la société, de gagner les élections et de promouvoir le programme de façon démocratique. Mais ces politiques sont une espèce rare : ils passent comme des étoiles filantes. Les sociétés qui réussissent à en avoir ont beaucoup de chance. Je citerais, par exemple, parmi ceux qui ont réussi, Margaret Thatcher et, à certains moments de ses mandats, Ronald Reagan. Parmi ceux qui ont échoué, par exemple, Antonio Martino en Italie, qui fut ministre des affaires étrangères, très libéral, avec Berlusconi, mais qui ne dura que quelques mois ; l'on peut citer aussi le cas de Vargas Llosa, ou celui de Turgot, qui fut contrôleur général des finances au XVIII siècle en France.

Dans un article que j'ai publié dans l'*Homenaje a Fraga Iribarne*, édité par la *Fundación Cánovas del Castillo*, je présente une classification des politiques en quatre groupes[1].

Le politique du type numéro un est celui qui est totalement pragmatique. Son seul objectif est de prendre le pouvoir. C'est le cas de la plupart des politiques. Nous pensons à Felipe González, à Hugo Chávez, parmi beaucoup d'autres. Le

[1] Voir, dans ce volume, la p. 163

politique numéro deux est celui qui est d'abord du type numéro un, mais qui commence au moins à prendre conscience du mal qu'il fait. Cela peut s'apprendre à force d'avoir été longtemps au pouvoir ou par ce dont on s'inquiète un peu de ses actions. Cependant, ce politique continue à être pragmatique et fera donc n'importe quoi pour rester au pouvoir. Le politique numéro trois est un politique libéral qui, sans jouer sa carrière politique ni mettre son avenir en danger, fera son possible pour faire évoluer la situation vers la solution libérale. Il y a eu, en Espagne, des politiques de cette sorte comme Esperanza Aguirre, qui a été ministre de l'Éducation, et quelques autres. Enfin, il y a ce politique extrêmement difficile à trouver, le numéro quatre, l'oiseau rare, qui est capable de structurer de façon attrayante l'idéologie libérale, de l'expliquer aux masses, de gagner les élections et de mettre le programme en pratique. L'histoire offre bien peu d'exemples de ce cas.

Par conséquent, je recommande ceci : luttons sur le plan théorique et au niveau de la diffusion ; faisons en sorte que les principes libéraux pénètrent dans tous les partis, parce qu'il est possible – et cela s'est produit – qu'une réforme libérale soit réalisée par un parti socialiste ; travaillons à ce qu'il y ait un maximum de politiques du type numéro trois, parce qu'avec un peu de chance il en sortira un du type numéro quatre. Et s'il n'apparaît pas, on pourra peut-être, dans les étroites limites de la marge de manoeuvre dont disposent habituellement les politiques, faire quelque chose pour nos idées.

- *Et dans ce schéma de pensée, du domaine théorique et des principes, il y aussi beaucoup de nuances. Dans ce cas, des tendances. On en observe deux importantes : la tendance utilitariste et la jusnaturaliste. Croyez-vous, comme j'ai pu le lire dans certains de vos écrits, que la tendance jusnaturaliste dépasse l'utilitarisme misien ?*

- Ce sujet est l'un de ceux qui se trouvent actuellement au centre du débat libéral. En 1988, à la suite de séminaires auxquels je participai à Bordeaux, au château de la Brède, où Montesquieu écrivit *L'esprit des lois*, il me vint une idée que j'ai depuis lors postulée : la « *théorie des trois niveaux* ». J'ai développé cette théorie au chapitre sept de mes *Estudios de Economía Política*, intitulé « Historia, Ciencia Económica y Etica Social » (Histoire, science économique et éthique sociale). En bref, ce qui caractérise ma conception du libéralisme c'est la synthèse de trois niveaux d'approche : le premier niveau ou niveau évolutif, qu'étudient Hayek et Bruno Leoni et qui a fourni un soutien important au libéralisme. Une série d'institutions, ou systèmes normatifs de comportement, sont apparus de manière évolutive ; parmi elles, nous pensons aux normes morales, à la tradition, aux lois et aux principes généraux du droit. Elles sont le résultat de la longue expérience de très nombreuses générations et comprennent de nouveaux niveaux d'information très supérieurs à ceux que peuvent atteindre un esprit isolé ou un groupe d'esprits. En ce sens, ces institutions sont une espèce de « *pilote automatique* » de la liberté.

Le deuxième niveau est celui de la théorie économique, élaborée par les théoriciens de l'École autrichienne d'économie à l'initiative de Mises et Hayek. Ces théoriciens ont développé la théorie économique, utilitariste au sens large, et non pas au sens strict comme le font les néoclassiques. Nous reparlerons de cela parce que c'est aussi très important. La théorie économique postulée par les Autrichiens explique *ex post* ces processus et institutions. Cependant, cette analyse ne peut expliquer qu'une partie de la richesse sociale qui s'est accumulée, elle n'est jamais complète. De plus, elle doit être faite très minutieusement parce que l'on peut toujours commettre des erreurs théoriques et, face à cette possibilité, il vaut mieux donner la priorité au résultat évolutif. Sinon, imaginez une analyse théorique qui conclurait que la propriété privée ou la famille ne sont pas nécessaires. Comme je l'explique dans mon livre, il s'allumerait une sorte de « *lumière rouge* », car la propriété privée et la famille sont les institutions qui ont connu le plus de succès dans l'histoire. Alors, revoyez cette analyse théorique qui exclut la propriété privée et la famille, parce qu'il doit y avoir une erreur, et il est sûr que vous allez la trouver. Néanmoins, la théorie est importante parce qu'elle peut faire le travail d'exégèse, d'épuration et de perfectionnement des principes. Elle ne pourra pas faire disparaître la propriété privée ou la famille, mais elle pourra perfectionner ces institutions, permettre l'application du droit des contrats à de nouveaux cas qui n'étaient pas possibles jusque-là, par exemple la propriété privée de couloirs aériens, de la mer ou de l'espace, etc. Par ailleurs, tout ce qui a été reçu de manière évolutive n'est pas acceptable, parce que sont apparus de manière évolutive le socialisme, les dictatures et des institutions erronées comme la société de castes en Inde ; alors, l'analyse théorique montre quels processus évolutifs sont naturels et lesquels ont été le fruit d'interventions violentes du passé.

Mais il y a un troisième niveau très important, le niveau éthique, le niveau du droit naturel. Car, on peut et l'on doit aussi (Hayek ne le fait pas, Mises ne s'en soucie pas, mais Rothbard s'y est appliqué) utiliser sa raison pour essayer de découvrir un schéma éthique fondé sur des principes et des déductions et saisir ainsi la nature de l'être humain. J'ai toujours été jusnaturaliste, mais pourquoi un jusnaturaliste va-t-il renoncer à l'idée que la nature de l'homme prend forme de manière évolutive ? Notre nature est là, il faut la découvrir, même s'il nous en coûte beaucoup d'effort et si notre esprit a une capacité limitée de compréhension.

Alors, ma théorie des trois niveaux implique que ceux-ci se renforcent mutuellement et chaque niveau sert à épurer les vices des autres. D'un côté, si tout ce qui est évolutif n'est pas acceptable, le niveau éthique et la théorie nous aident à découvrir ses erreurs et contradictions. D'un autre côté, si la théorie commet des erreurs parce qu'on théorise en marge de la réalité, on aura toujours comme pilotes de sauvetage l'éthique et l'évolution. Enfin, si l'éthique nous permet de construire un monde utopique qui va être un échec sur la terre, comme c'était le cas de l'« *éthique* » communiste, on a la théorie et l'évolution pour s'en défendre.

Ainsi, nous concluons que l'univers est doté d'une unité intégrée, et que les conclusions de la science économique et celles de l'éthique ne peuvent pas se contredire. Je m'occupe même de développer un nouveau critère d'efficience économique dont le fondement repose sur l'éthique. Rien, d'après ce critère, n'est plus efficient que la justice ; ainsi, rien ne peut être juste ce qui est efficient. Mais soutenir cela exige de redéfinir le concept d'efficience. L'efficience dont je parle n'est pas l'efficience parétienne, néoclassique, mathématique, mais une efficience dynamique, de créativité entrepreneuriale, qui ne peut être créée par un être humain que dans un cadre de liberté, et qui exige donc un principe éthique de justice : que chacun ait le droit de s'approprier les résultats de sa créativité entrepreneuriale. C'est-à-dire l'éthique de la propriété privée avec toutes ses implications. Si nous parvenons à achever ce travail, nous aurons réalisé une étude unifiée de la science sociale, nous appuyant sur trois niveaux : l'évolution, analysée par Friedrich A. Hayek, la théorie de Ludwig von Mises, et le jusnaturalisme de Murray Rothbard.

*- Il y a une deuxième question que je voudrais aborder avec vous. C'est celle des limites du constructivisme. Quel est le point où la raison cesse d'opérer en tant que phénomène d'interprétation et où l'on entre dans le terrain purement évolutif. Hayek condamne le constructivisme en soi, en tant qu'ingénierie sociale ; cependant, cela n'implique pas que la raison tout entière soit laissée complètement de côté. Quel est, dans ce cas, le point limite ?*

- Hayek explique dans *Droit, Législation et Liberté* le caractère évolutif du droit et des normes morales. Il dit que la raison joue un rôle très important dans l'analyse, l'exégèse, l'étude des contradictions et l'épuration des principes et des institutions qui sont apparus de manière évolutive. Ce n'est pas que la raison puisse créer de nouveaux principes ou institutions, mais elle les définit mieux, les épure et les perfectionne. Voilà le rôle de la raison. La limite de la raison a plutôt trait à son attitude : la raison ne doit pas s'enorgueillir et penser qu'elle peut, aussi bien au niveau de la science économique qu'à celui de l'éthique, faire son chemin seule, en marge des processus évolutifs de l'être humain. Or, la science peut se développer indéfiniment, pourvue, à mon avis, qu'elle n'abandonne jamais cette attitude d'humilité, c'est-à-dire qu'elle ne néglige pas la référence que suppose l'étude des processus évolutifs et l'étude de l'éthique. Cela ne reviendrait pas à imposer des limites à la raison, mais parviendrait à accroître au maximum ses performances. Autrement, une raison orgueilleuse qui fait que l'homme croit n'avoir à rendre de comptes à personne qu'il est seul maître de son destin et peut construire les institutions sociales et les principes moraux à son gré est un danger public, car elle va à l'encontre de la nature même de l'être humain. J'insiste : l'homme est un être limité, nous sommes des milliards à agir les uns avec les autres. Cela a donné naissance à un ordre spontané que personne n'avait prévu et que la raison ne peut appréhender ni comprendre. Nous devons, par conséquent, éviter le scientisme, c'est-à-dire l'application de la méthode des sciences naturelles et des expériences de laboratoire au monde social, parce que cela est contraire à la nature de l'être humain : celui-ci est doté d'une capacité créative innée qui fait défaut aux éléments du monde de la botanique, de la biologie ou de la physique. Voilà où se situerait pour moi la limite de la raison.

*- Je voudrais évoquer le système objectiviste développé par Ayn Rand. C'est, me semble-t-il, un système distinct de cette perspective jusnaturaliste et de la perspective utilitaire. Ayn Rand est-elle libérale ?*

- Je n'ai pas beaucoup de sympathie pour Ayn Rand. En réalité, plus qu'à cause du contenu de sa philosophie, qui a eu et a un grand retentissement aux États-Unis – surtout pour des gens qui étaient, disons, avides d'un contenu éthique –, c'est en raison de la manière dont elle a développé ses idées, à la façon d'une secte léniniste, que je l'estime peu. De fait, j'ai vu récemment une série télévisée, *La Historia d'Ayn Rand* : c'est quelque chose de terrible ; elle exerçait sur tous les membres de son groupe comme une espèce de contrôle psychique et personnel, à tel point que Nathaniel Branden demandait à sa femme l'autorisation d'être l'amant d'Ayn Rand. Il y a une autre anecdote amusante et très significative selon laquelle Ayn Rand effectue une espèce de purge au sein de la secte et expulse du groupe Murray Rothbard, parce qu'il avait « *copié* » dans un de ses articles une idée de Rand sans la citer ; et il lui disait : « *Comment pourrais-je citer un roman dans une revue scientifique ?* » Cette attitude ne m'inspire aucune sympathie, parce qu'elle est contraire à l'ouverture que nous défendons en tant que libéraux et parce que je crois qu'il y a toute une tradition de pensée qui vient du grec – la tradition aristotélico-thomiste et de l'École de Salamanque – et qui a construit tout un édifice philosophique, lequel peut parfaitement être utilisé dans le schéma des trois niveaux que j'ai exposé. Ainsi, cette doctrine philosophique ou pseudo-philosophique m'apparaît comme une excroissance inutile. C'est peut-être un jugement très sévère. Car Ayn Rand a aussi son côté positif, dans la mesure où son idéologie est philosophique et éthique. Elle aussi parle de trois niveaux : je le vérifiai précisément dans un livre d'Estiagarra qui vient de sortir. Ce n'est pas exactement la même chose : elle fait plutôt allusion à un niveau économique, un niveau culturel et un niveau politique.

*- Vous m'avez dit avoir participé à la dernière réunion de la Mont Pèlerin Society, tenue au Chili en novembre 2000, et y avoir présenté un travail dans lequel vous avouez être anarcho-capitaliste. Pourriez-vous nous parler de cela ?*

- Cela s'est passé lors de la dernière session, à laquelle participaient aussi James Buchanan et Bruno Frei, et qui traitait de l'opposition entre démocratie directe et démocratie indirecte. Frei défendait le système de référendums qui existe en Suisse, et Buchanan lui répliquait qu'il fallait faire très attention parce que les référendums peuvent souvent favoriser des dictateurs comme, par exemple, Hugo Chávez qui réussit à faire adopter toutes ses réformes présidentialistes via référendums. J'ai dit alors, dans mon intervention, que j'éprouvais de la sympathie pour la démocratie directe, mais que l'objectif d'un libéral n'était pas la démocratie. L'objectif d'un libéral c'est la liberté. Par conséquent, ce qu'il faut chercher c'est à diminuer au maximum le pouvoir de l'État et élargir au maximum la sphère de la société civile. Cela implique de rechercher les procédés les plus efficaces pour atteindre cet objectif et l'un d'eux peut être la démocratie directe, mais, dans ce cas, celle-ci dépend de deux conditions : elle n'existe que dans des pays petits, comme la Suisse, et le principe de sécession doit être garanti, c'est-à-dire que la minorité qui a perdu le référendum doit avoir le droit de se séparer, si elle n'est pas d'accord, et de fonder un autre pays plus petit ou d'adhérer à un autre État. Ainsi s'accomplira l'idéal de la démocratie directe, qui serait le morcellement de l'État en petites unités. L'Allemagne a commencé à faire du mal lorsqu'elle s'est unifiée, et il en est résulté deux Guerres mondiales. Avant l'unification, les Allemands formaient environ deux cents États et autant de cités libres, où il n'y avait pas de passeports, et où régnait la liberté de circulation des personnes, des capitaux et des biens parce que c'étaient de petits États. Goethe était ministre de la Défense de l'un de ces États et n'avait que 600 soldats. Avec 600 soldats, on fait peu de mal, mais avec 600.000 on en fait beaucoup. Et puis, une Union européenne formée de centaines d'États, de cités libres, du genre de Singapour, Monaco, etc., entre lesquelles régnerait la libre circulation des personnes, des capitaux et des biens, et qui seraient unies par une monnaie privée d'étalon-or, serait un centre de libéralisme extraordinaire et atteindrait, en outre, une richesse économique et un développement encore jamais vus.

Cet idéal de la démocratie directe serait le marché. C'est la démocratie la plus directe que l'on puisse concevoir ! Chacun achète avec son argent ce qu'il estime convenable. De fait, il existe une analogie traditionnelle entre le marché et la démocratie. Deux économistes ont évoqué ce concept : Frank Albert

Fetter, qui faisait déjà allusion à la souveraineté du consommateur et au système d'élections démocratiques en 1913 et, quelques années plus tard, William Hutt. Ce qui se passe, c'est qu'ils inversent le sens de la métaphore. Ils disent que le marché fonctionne comme une démocratie, alors que c'est le contraire : la démocratie est une mauvaise imitation du marché. La démocratie la plus parfaite serait celle où l'individu aurait, dans le domaine politique, le même pouvoir que celui qu'il a dans le marché. Il faudrait, pour cela, que le domaine du politique disparaisse et que tout, y compris la défense, la sécurité, etc. soit du domaine privé, fonctionnant selon le système de marché. On se trouverait alors dans le régime de marché le plus large. La déconstruction de l'État serait alors accomplie : le domaine du politique disparaîtrait et les fonctions essentielles actuellement remplies de façon monopolistique par l'État seraient remplies par un ensemble d'agences en régime de concurrence. C'est ce que Frei appelle les *juridictions fonctionnelles en concurrence* : certains pourraient acheter des services de sécurité à une multinationale et d'autres à une autre multinationale, et vivre ensemble sur le même territoire géographique. Par conséquent, grâce à la division de l'État en petits États et ces agences privées, l'on pourrait arriver à l'idéal, non pas de détruire, car c'est une idée très négative, mais de construire, de démonter l'État en petites pièces et d'ouvrir la porte à une véritable société libre, idéal qui s'accomplira à partir de ce nouveau millénaire.

*- Quelles seraient, d'après vous, les principales différences entre l'École autrichienne et l'École de Chicago… de nombreux commentateurs estiment qu'elles sont équivalentes…*

- Cette équivalence constitue, à mon avis, le problème théorique principal du libéralisme à l'heure actuelle : on identifie les théoriciens autrichiens et ceux de Chicago. Bien qu'ils partagent nombre de leurs conclusions libérales, ils sont en réalité diamétralement opposés les uns aux autres. Voyons pourquoi. L'École autrichienne est d'origine espagnole : elle naît chez les théoriciens de l'École de Salamanque ; celle-ci, en effet, s'interroge la première sur l'origine de la valeur des biens, postulant de cette façon la théorie subjective de la valeur. Ainsi, Diego de Covarrubias y Leiva, évêque de Ségovie au XVI siècle, dit que la valeur des biens est déterminée par l'appréciation subjective des hommes, même si cette appréciation est extravagante. Ainsi, les théoriciens de l'École de Salamanque centrent leur analyse sur l'être humain, ce qui constitue un premier appui à l'individualisme méthodologique. On leur doit aussi, en matière économique, une théorie de la concurrence dynamique ; et, en matière politique, une théorie de la justification du tyrannicide : il est licite de tuer le tyran qui viole les principes du droit naturel. Ils postulent également l'immoralité de la conquête des Indiens, parce qu'aucun titre n'autorisait la Couronne à attaquer qui que ce soit en Amérique. Tous leurs apports sont, on peut le voir, très importants.

Cependant, toute cette conception subjectiviste est bloquée par l'influence négative d'Adam Smith qui fait table rase de siècles de réflexion et introduit la théorie objective de la valeur, dont il dit qu'elle est déterminée par le travail. Adam Smith est néfaste parce qu'il pose les fondements du marxisme : si la valeur est déterminée par le travail incorporé, pourquoi ne pas payer tout le montant du produit de la vente au travailleur ? De même, Smith introduit en économie le paradigme de l'équilibre, sur lequel repose toute l'économie néoclassique : le prix et le coût ne coïncident qu'en équilibre.

Plus tard, au XIX siècle, Carl Menger reprend la tradition autrichienne (ce n'est pas une coïncidence, car l'Autriche constituait l'autre partie de l'Empire espagnol et le siècle d'or espagnol exerçait une grande influence intellectuelle en Autriche) qui est la tradition subjectiviste de l'économie ; celle-ci n'étudie pas l'équilibre, mais le processus dynamique qui conduit vers l'équilibre sans jamais l'atteindre, et elle a pour protagoniste l'entrepreneur.

Ainsi, les grandes différences qui séparent la théorie de l'École autrichienne d'économie et celle de l'École de Chicago sont les suivantes : les théoriciens de l'École autrichienne partent d'une conception dynamique du marché, tel qu'il est dans la réalité, alors que les théoriciens de Chicago n'étudient que l'équilibre. Pour les théoriciens de l'École autrichienne, le protagoniste du processus économique est l'entrepreneur, c'est-à-dire l'être humain doué de capacité créative innée... C'est lui qui découvre de nouvelles choses, de nouvelles idées : Christophe Colomb découvrant l'Amérique ; Miguel de Cervantes qui a l'idée d'écrire *Don Quichotte* ; ou l'entrepreneur qui découvre un nouveau modèle de voiture ou le lance sur le marché. Alors que le protagoniste de l'École de Chicago est l'*homo economicus*, un personnage robotisé, qui réagit aux évènements externes en maximisant mathématiquement un ensemble d'objectifs donnés soumis à des restrictions connues.

Par ailleurs, l'École autrichienne est multidisciplinaire, car ses représentants ne sont pas seulement des théoriciens de l'économie ; ce sont aussi des juristes, des philosophes, etc. Alors que les théoriciens de l'École de Chicago sont exclusivement des ingénieurs sociaux. Les libéraux les plus authentiques proviennent de l'École autrichienne, parce qu'ils associent tous les niveaux : juridiques, économiques, éthiques ; jamais ils n'oublient cette conception dynamique du marché et de la société. L'École de Chicago, au contraire, est une école d'ingénieurs sociaux, qui passent leur temps à découvrir des formules de maximisation du comportement comme, par exemple, le bon scolaire ou l'impôt négatif sur le revenu. Ils croient que leurs formules améliorent le fonctionnement du marché, mais ce qu'ils font en réalité c'est fournir, involontairement, des armes aux interventionnistes et aux socialistes…

- *Ils sont, pour ainsi dire, la cinquième colonne…*

- L'École de Chicago est la cinquième colonne du libéralisme. Vous le verrez dans mon livre sur l'École autrichienne d'économie, publié récemment par Editorial Síntesis, où je développe une analyse détaillée du rôle très négatif qu'a joué l'École de Chicago au sein du mouvement libéral. De fait, Hayek dit (c'est une des choses les plus importantes de son autobiographie, lorsqu'on lui demande ce qu'il pense de l'École de Chicago) que les *Essais d'économie positive* de Milton Friedman sont le livre qui, après la *Théorie Générale* de Keynes, a fait le plus de tort à l'humanité. Hayek signale que c'est un essai positiviste atroce et utilitariste, dans lequel Friedman dit que les cas sont sans importance, que n'importe quelle théorie est légitime si elle sert à prédire, etc. Et il indique, pour conclure, que ce livre est l'extrapolation du positivisme scientiste le plus extrême au domaine de l'économie. Ajoutons qu'à la base de tout cela se trouve le Cercle positiviste de Vienne qui au début du XX siècle, appliquait une méthode unique à toutes les sciences, y compris aux sciences sociales : méthode copiée du monde de la physique. Cela allait à l'encontre de la position autrichienne traditionnelle, née du *Methodenstreit* de Carl Menger. Quant à la conception du modèle d'équilibre, elle date d'Adam Smith et de son idée selon laquelle la valeur est déterminée par les coûts.

- *Vous partagez donc l'idée du professeur Murray Rothbard d'après laquelle Adam Smith ne représente pas un progrès, mais plutôt une régression…*

- Adam Smith représente une régression très importante en économie. Dans de nombreuses réunions de libéraux, comme celles de la Mont Pèlerin, on rencontre beaucoup de naïfs qui « *portent la cravate* » d'Adam Smith, et j'aimerais, pour le dire sur le ton de la plaisanterie, les pendre avec leur propre cravate ! (rires)

- *J'aimerais, pour finir, que vous nous parliez un peu de la Sociedad para el Estudio de la Acción Humana…*

- C'est une société civile créée par ceux qui désirent promouvoir les idées libérales en Espagne et apportent, dans ce but, leurs ressources matérielles, leurs connaissances et leurs relations. C'est une organisation très horizontale, très anarchiste, où l'on agit en parallèle ; elle coordonne les activités développées dans le cadre de l'Université, dans le monde de l'édition, de la divulgation journalistique et dans celui des relations internationales, avec la Société Mont Pèlerin et les divers instituts du monde entier qui promeuvent ces idées. Je crois que l'on a fait des choses très importantes. Par ailleurs, on a beaucoup progressé dans les universités, car à l'Université Complutense où j'ai enseigné pendant quinze ans et, aujourd'hui, à l'Université Rey Juan Carlos où je suis professeur, personne n'est surpris ni scandalisé par ce que je dis. Cela est très important, car si l'on pouvait remonter le temps et visiter l'Espagne d'il y a seulement vingt ans, on constaterait que l'opinion publique était infiniment moins disposée à accepter l'économie de marché qu'aujourd'hui. Cela signifie-t-il qu'il faille s'endormir sur ses lauriers ? Non, car il faudra défendre la liberté à chaque génération : n'oublions pas que la présomption fatale est toujours présente chez l'être humain ; elle consiste à se croire capable de planifier son propre destin et celui de ses semblables. C'est pourquoi le socialisme renaîtra toujours, sous un masque ou un autre. Par conséquent, la seule manière de défendre la liberté est d'être toujours vigilant, d'utiliser notre intelligence pour développer la théorie libérale, de considérer avec respect la tradition, d'estimer et d'observer les principes éthiques qui sont, nous l'avons dit, le pilote automatique de la liberté.

Chaque fois que l'interventionnisme ou le socialisme ont triomphé, cela s'est dû à la conjonction de trois facteurs, chacun d'eux étant lié à l'un des trois niveaux que j'ai mentionnés. Par exemple, premièrement, parce qu'un groupe concret s'est aperçu qu'il avait intérêt à obtenir des avantages ou des privilèges de l'État. Il s'agirait là du niveau historique ou évolutif. Deuxièmement, parce que des théoriciens ont commis, par intérêt ou pas, une erreur d'analyse en affirmant que l'intervention étatique était salutaire. Souvent, même, s'ils se présentent comme indépendants, ils le font en réalité de façon intéressée, car ce sont des théoriciens liés au pouvoir ou qui cherchent à s'en rapprocher. Dans ces conditions, la seule planche de salut qui restait à la société était d'observer dogmatiquement un principe éthique : il est mal de voler en augmentant les impôts ! Mais lorsque ce principe a été violé, tout est perdu : on a ouvert la porte aux groupes d'intérêt privilégiés, aux erreurs scientifiques et le bacille du socialisme, de l'ingénierie sociale ou de l'utilitarisme étroit est entré, avec le cortège de conséquences néfastes que nous savons. C'est pourquoi le salut libéral sera lié aussi à la compréhension et à l'application adéquates des trois niveaux…

- *C'est là le défi…*

- Oui. Le défi consiste à maintenir de façon dogmatique les principes éthiques, ne pas abandonner le développement de la théorie de la liberté – deuxième niveau, le niveau scientifique – et déterminer les principes évolutifs qui sont là et dont nous savons qu'il faut les observer, les institutions qu'il faut conserver et qui permettent la vie en société de façon pacifique et constructive.

# CHAPITRE XXXVII

## RÉCESSIONS, RÉFORME BANCAIRE ET L'AVENIR DU CAPITALISME

L'exposé qui suit se penche sur la récente crise financière et la récession qui touchent le monde entier et que je considère comme le plus grand défi auquel les économistes sont confrontés.

*L'erreur fatale de la loi bancaire de Peel*

J'aimerais commencer en insistant sur une idée importante : tous les problèmes économiques et financiers que nous subissons aujourd'hui sont, d'une façon ou d'une autre, le résultat d'un évènement précis ayant eu lieu en Angleterre le 19 juillet 1844.

Quel évènement allant profondément influencer l'évolution financière et économique jusqu'à aujourd'hui s'est-il produit à cette date ? Ce jour-là fut promulguée la loi bancaire de Peel, après des années de débat entre les théoriciens de la Currency School et de la Banking School à propos des causes véritables des booms économiques artificiels et des crises financières qui les suivent, notamment depuis le début de la Révolution industrielle.

La loi de 1844, le Bank Charter Acta, prenait correctement en compte les apports théoriques de la Currency School en faveur d'une monnaie saine. Cette école de pensée était parvenue à percevoir correctement l'origine des cycles économiques dans les expansions artificielles de crédit réalisées par les banques commerciales, financées non pas par une épargne antérieure réelle des citoyens, mais par l'émission de grandes quantités de monnaie fiduciaire (à cette époque, principalement des billets de banque ou des certificats de dépôt à vue émis par les banques, pour un montant bien plus élevé que celui de l'or initialement déposé dans leurs coffres). Ainsi, l'obligation, introduite par Peel, de conserver des réserves à 100 pour cent sur les billets de banque émis n'était pas seulement en accord avec les principes élémentaires de droit romain relatifs à la nécessité d'empêcher la contrefaçon ou l'émission excessive de certificats de dépôt, mais constituait également un premier pas dans la bonne direction afin d'éviter une répétition infinie des cycles de booms économiques et de dépressions.

Pourtant, malgré les bonnes intentions qui la guidaient et ses sains fondements théoriques, la loi bancaire de Peel s'avéra un échec cuisant. Pourquoi ? Parce qu'elle n'étendit pas l'obligation de réserve à 100 pour cent aux comptes de dépôt à vue (Mises 1980, pp. 446-448). Malheureusement, du temps de Peel, certaines idées déjà développées par les Scolastiques espagnols étaient tombées dans l'oubli. Ceux-ci avaient découvert au moins trois cents ans auparavant que les dépôts à vue (alors nommés en latin *chirographis pecuniarium*, autrement dit, monnaie créée uniquement par les entrées dans les livres comptables des banques) faisaient partie de l'offre de monnaie (Huerta de Soto 2009, p. 606). Ils s'étaient également rendu compte que d'un point de vue légal, négliger de maintenir des réserves à 100 pour cent sur les comptes de dépôt à vue était un crime non pas de contrefaçon, comme pour l'émission excessive de billets de banque, mais de détournement.

Cette erreur de la loi bancaire de Peel, ou plutôt de la plupart des économistes de l'époque, qui ignoraient un fait déjà découvert bien plus tôt par les Scolastiques espagnols, s'est révélée fatale : après 1844, les banquiers ont continué à opérer avec des réserves fractionnaires, non plus sur les billets de banque bien sûr puisque cela était interdit par le Bank Charter Acta, mais sur les dépôts à vue. Autrement dit, les banques ont déplacé leur activité de la surémission de billets de banque à l'émission de monnaie fiduciaire non garantie par une réserve à 100 pour cent, ce qui d'un point de vue économique revient strictement au même.

Ainsi, les expansions artificielles de crédit ont perduré, et ni les crises financières ni les récessions ne furent évitées. Malgré toutes ses bonnes intentions et tous les espoirs placés en elle, la loi bancaire de Peel perdit rapidement sa crédibilité et son soutien populaire. De plus, l'échec de la loi allait conditionner l'évolution de la finance jusqu'à nos jours, et explique ainsi le cadre institutionnel déficient entourant le système financier et monétaire des économies dites libérales, avec les conséquences économiques dramatiques dont nous souffrons actuellement.

Lorsque l'on prend en compte l'échec de la loi bancaire de Peel, la succession des évènements jusqu'à aujourd'hui s'explique parfaitement : des bulles ont continué à se former, des crises financières et économiques se sont ensuivies, des sauvetages bancaires ont été régulièrement requis, le prêteur de dernier ressort – la banque centrale – fut créé précisément pour sauver les banques et permettre la création de liquidités nécessaires en période de crise, l'ancrage de l'or fut abandonné et un système purement fiduciaire fut introduit partout dans le monde. Ainsi, comme nous pouvons le constater, le résultat de ce processus historique éclaire le cadre institutionnel défectueux et le désordre financier qui, de façon incroyable, affecte encore le monde au début de la deuxième décennie du XXI siècle.

*Le processus bénéfique de l'accumulation de capital base sur une épargne véritable*

Il est maintenant important d'examiner brièvement les spécificités des processus économiques à travers lesquels les expansions artificielles de crédit engendrées par un système bancaire à réserves fractionnaires, sous la direction d'une banque centrale, créent des distorsions dans la structure réelle de production – et génèrent ainsi des bulles, entraînent des investissements imprudents et causent finalement une crise financière et une profonde récession économique. Mais avant cela, il convient de rappeler les bases fondamentales de la théorie du capital, bases qui au moins depuis la révolution keynésienne et jusqu'à aujourd'hui, sont pratiquement absentes des syllabus de la plupart des cours universitaires de théorie économique. Autrement dit, nous expliquerons tous d'abord les processus entrepreneuriaux, spontanés et microéconomiques qui, dans un marché libre non entravé, acheminent correctement l'ensemble des fonds précédemment épargnés par les agents économiques vers l'investissement. Cela est essentiel, car seules ces connaissances nous permettront de comprendre les énormes différences entre les conséquences d'un investissement financé par la simple création *ex nihilo* de nouvelle monnaie scripturale, qui ne se matérialise que dans les entrées comptables des banques.

Ce que nous allons expliquer à présent n'est ni plus ni moins que la raison pour laquelle le fameux « *paradoxe de l'épargne* » de Keynes est totalement erroné du point de vue de la théorie économique (Hayek 1975, pp. 199-263). Malheureusement, très peu d'étudiants de la théorie économique le savent, même à la fin de leur cursus. Pourtant, cette connaissance concerne sans aucun doute les processus spontanés du marché parmi les plus importants, que tout économiste devrait maîtriser.

Afin de comprendre ce qui va suivre, nous devons visualiser la structure réelle de production comme un processus s'étendant dans le temps, composé de nombreuses étapes complexes. Au cours de la plupart de ces étapes, le travail, le capital et les ressources productives ne sont pas utilisés en vue de produire des biens prévus pour une consommation durant l'année courante, mais en vue de la production de biens et de services qui seront prêts et demandés par les consommateurs dans deux, trois, quatre ans, ou même plus loin dans le futur. Par exemple, une période de plusieurs années s'écoule entre le moment où les ingénieurs commencent à imaginer et concevoir une nouvelle voiture et le moment où le minerai de fer aura déjà été extrait du sol et transformé en acier, celui où les différents composants de la voiture auront été produits, celui où ils auront été assemblés dans l'usine automobile et celui où les nouvelles voitures seront distribuées, commercialisées et vendues.

Cette période comprend une succession particulièrement complexe de stades de production successifs. Dès lors, que se passe-t-il si la préférence temporelle pour le présent des agents économique baisse soudainement et que la consommation de l'année courante chute, par exemple, de 10 pour cent ? Si cela arrivait, trois mécanismes microéconomiques spontanés essentiels seraient mis à contribution et tendraient à garantir l'investissement correct des biens de consommation désormais épargnés.

Le *premier effet* est le nouvel écart de profit entre les différents stades de production : les ventes immédiates des industries de vente de biens de consommation vont chuter et leur profit baisser et stagner par rapport aux profits des autres secteurs, plus éloignés dans le temps de la consommation courante. Nous pensons ici aux industries produisant les biens de consommation prévus pour dans deux, trois, cinq ans ou plus, dont le profit n'est pas affecté par l'évolution négative de la consommation de court terme.

Les profits entrepreneuriaux sont le signal clef qui guide les entrepreneurs dans leurs décisions d'investissement. Le profit relativement supérieur des industries des biens intermédiaires, qui facilitent la production des biens de consommation arrivant à maturation dans le plus long terme, indique aux entrepreneurs de toute la structure de production qu'ils doivent rediriger leurs efforts et investissements des industries moins profitables, proches de la consommation courante, vers les industries plus profitables des biens intermédiaires, plus éloignés de la consommation immédiate.

Le *deuxième effet* du nouvel accroissement de l'épargne est la baisse du taux d'intérêt et la façon dont celui-ci influence le prix des biens de production éloignés dans le temps : le taux d'intérêt étant utilisé pour actualiser la valeur des revenus futurs attendus de chaque bien de production, une baisse du taux d'intérêt provoque une hausse du prix de marché des biens de production, hausse d'autant plus marquée que ces derniers prennent un temps plus long pour être transformés en biens de consommation. Cette hausse significative des prix de marché des biens de production accompagnée de prix relativement plus bas des biens de consommation moins demandés (en raison de l'augmentation de l'épargne) constitue un deuxième effet microéconomique très puissant, qui signale à l'ensemble du marché que les entrepreneurs doivent rediriger leurs efforts et investir moins dans les industries de biens de consommation et davantage dans les industries de biens de production.

Enfin, comme *troisième effet*, nous devons mentionner ce que Hayek appelait « *l'effet Ricardo* » (Hayek, 1948, pp. 220-254 ; 1978, pp. 165-178), qui se réfère à l'impact sur les salaires réels de toute augmentation de l'épargne ; à chaque fois que l'épargne augmente, les ventes et les prix des biens de consommation stagnent ou baissent même par rapport aux autres biens. Si la rémunération des facteurs de production reste stable, cela implique des salaires réels plus élevés, et la réaction correspondante des entrepreneurs qui vont chercher à substituer à la marge le travail par du capital, devenu relativement moins onéreux.

Ce qu'explique l'effet Ricardo est qu'il est parfaitement possible de faire des bénéfices même lorsque les ventes (des biens de consommation) chutent – si les coûts baissent encore plus, en raison du remplacement du travail devenu relativement plus onéreux par des machines et des ordinateurs, par exemple. Par qui sont produits ces machines, ordinateurs et biens de production nouvellement demandés ? Précisément par les travailleurs ayant quitté les industries stagnantes des biens de consommation et qui se sont reconverties dans les industries des biens de production, où il existe une nouvelle demande de travail en raison de la demande accrue de biens de production.

Ce troisième effet, l'effet Ricardo, accompagné des deux autres précédemment mentionnés, encourage un processus de production plus long, avec des stades plus nombreux éloignés de la consommation courante. Et cette nouvelle structure de production, plus intensive en capital, est tout à fait durable, puisqu'elle repose sur une véritable épargne préalable. De plus, elle peut, dans le futur, augmenter significativement la production de biens de consommation et le revenu réel de tous les agents économiques. Ces trois effets combinés jouent tous dans la même direction ; ils constituent les enseignements élémentaires de la théorie du capital ; ils expliquent la tendance séculaire des marchés libres non entravés à investir correctement la nouvelle épargne et l'augmentation durable subséquente du développement et du bien-être économiques.

*La nature des bulles causées par le système bancaire à réserves fractionnaires*

Nous sommes à présent en mesure de pleinement comprendre la différence entre, d'une part, le sain processus d'accumulation du capital et, d'autre part, ce qui se produit lorsque les investissements ne sont pas financés par une véritable épargne préalable, mais par un processus d'expansion artificielle du crédit, mené par les banques fonctionnant avec un système de réserves fractionnaires, et dirigé par la banque centrale, prêteur de dernier ressort.

L'expansion unilatérale du crédit signifie que de nouveaux prêts sont accordés par les banques et inscrits à l'actif de leurs bilans avec, comme seul collatéral, inscrit automatiquement du côté du passif, la nouvelle monnaie scripturale créée *ex nihilo*. Ainsi, de la nouvelle monnaie, ou plutôt de la nouvelle monnaie « *virtuelle* » (car elle ne se matérialise que dans les entrées comptables des banques) est constamment créée à travers ce processus d'expansion artificielle du crédit. Et, en effet, dans la plupart des économies importantes, seulement environ 10 pour cent de la masse monétaire est constitué du numéraire (billets et pièces de monnaie). Alors que les 90 pour cent restants de la masse monétaire ne sont composés que de cette forme de monnaie virtuelle qui n'existe que dans les entrées comptables des banques. (C'est précisément ce que les Scolastiques espagnols nommaient, il y a plusieurs siècles, *chirographis pecuniarum*, monnaie virtuelle qui n'existe que par écrit dans un livre comptable.)

Il est aisé de comprendre pourquoi les expansions de crédit sont si tentantes et populaires. Et de saisir la façon dont elles corrompent complètement le comportement des agents économiques et entraînent finalement une démoralisation profonde de la société à tous les niveaux. Tout d'abord, les entrepreneurs sont généralement très satisfaits des expansions de crédit, car elles laissent penser que n'importe quel projet d'investissement, peu importe à quel point il pourrait paraître déraisonné dans d'autres situations, trouvera facilement un financement à un taux d'intérêt très faible. La monnaie créée à travers les expansions de crédit est utilisée par les entrepreneurs pour demander des facteurs de production qu'ils emploient principalement dans les industries de biens de production, plus éloignés de la consommation.

Cependant, comme ce processus n'a pas été provoqué par un accroissement de l'épargne, aucune ressource productive n'a été libérée des industries de consommation, et le prix des matières premières, des facteurs de production, des biens de production et des titres qui les représentent sur les marchés financiers a tendance à augmenter substantiellement et à créer une bulle. Tout le monde s'en réjouit, principalement parce qu'il semble soudain possible d'accroître sa richesse très facilement, sans devoir consentir le moindre effort sous la forme d'épargne préalable ou d'honnête et dur travail individuel.

Le cercle prétendu vertueux de cette « *nouvelle économie* », au sein de laquelle les récessions semblent pouvoir être évitées pour toujours, trompe tous les agents économiques : les investisseurs sont très satisfaits de voir les cours boursiers grimper de jour en jour ; les industries de biens de consommation sont en mesure de vendre tout ce qu'elles mettent sur le marché à des prix de plus en plus élevés ; les restaurants sont toujours pleins, avec de longues listes d'attente simplement pour obtenir une table ; les travailleurs et leurs syndicats voient combien les entrepreneurs demandent désespérément leurs services dans un environnement de plein emploi, de hausse salariale et d'immigration ; les leaders politiques bénéficient de ce qui semble être un climat économique et social exceptionnellement favorable, qu'ils présentent invariablement à l'électorat comme étant le résultat direct de leur leadership et de leurs politiques économiques ; les fonctionnaires des finances publiques sont surpris de constater que les recettes fiscales augmentent chaque année à un taux de deux chiffres, notamment en raison de la taxe sur la valeur ajoutée qui, bien que payée finalement par le consommateur, est avancée par les entrepreneurs des premiers stades de production nouvellement créés et artificiellement financés par l'expansion du crédit.

Mais il faut maintenant se demander jusqu'à quand la fête peut continuer. Combien de temps un tel manque de coordination entre le comportement des consommateurs (qui ne souhaitent pas augmenter leur épargne) et celui des investisseurs (qui augmentent continuellement leurs investissements financés par la création artificielle de monnaie virtuelle par les banques, et non par une véritable épargne préalable des citoyens) peut-il persister ? Combien de temps cette illusion, selon laquelle chacun peut obtenir tout ce qu'il désire sans aucun effort peut-elle durer ?

Le marché non entravé est un processus dynamiquement très efficace (Huerta de Soto 2010a, pp. 1-30). Tôt ou tard, il découvre inévitablement (et essaie de corriger) les énormes erreurs commises. Six réactions microéconomiques spontanées se produisent invariablement pour stopper et renverser les effets négatifs des années de bulle financées par l'expansion artificielle de crédit bancaire.

*La réaction spontanée du marché contre les effets des expansions de crédit*

Dans mon livre *Money, Bank Credit and Economic Cycles* (Huerta de Soto, 2009, pp. 361-384), j'étudie en détail les six causes microéconomiques spontanées et inévitables du renversement du boom artificiel que l'expansion agressive de crédit bancaire déclenche invariablement sur le marché. Nous pouvons les résumer brièvement comme suit :

*1.* L'augmentation du prix des facteurs de production originaux (principalement le travail, les ressources naturelles et les matières premières). Cela se produit lorsque ces ressources n'ont pas été libérées par les industries des biens de consommation (parce que l'épargne n'a pas augmenté) et que les entrepreneurs des différents stades de production, ayant à leur disposition les prêts nouvellement créés qu'ils ont reçus du système bancaire, entrent en compétition les uns avec les autres dans la demande des facteurs de production originaux.

*2.* *L'augmentation subséquente du prix des biens de consommation, à un rythme encore plus marqué que celui de la hausse du prix des facteurs de production.* Cela arrive lorsque les préférences temporelles restent stables et que la nouvelle monnaie créée par les banques atteint les porte-monnaie des consommateurs, dans un environnement au sein duquel les entrepreneurs tentent frénétiquement de produire plus pour une consommation ultérieure et moins pour la consommation immédiate de tous les types de biens. Cela explique également le troisième facteur.

*3.* *L'augmentation relative substantielle des profits des entreprises les plus proches de la consommation finale*, surtout par rapport aux profits des industries des biens de production, qui commencent à stagner lorsque leurs coûts augmentent plus rapidement que leur chiffre d'affaires.

*4.* *L'effet Ricardo*, qui exerce un effet exactement opposé à celui qu'il exerce lorsqu'il y a une augmentation de l'épargne volontaire. En effet, dans le cas d'une expansion artificielle du crédit, l'augmentation relative du prix des biens de consommation (ou du chiffre d'affaires des industries des biens de consommation dans un environnement de productivité accrue) par rapport à l'augmentation du revenu des facteurs originaux commence à faire baisser le salaire réel. Cela incite les entrepreneurs à substituer le travail devenu meilleur marché aux machines, ce qui réduit la demande pour les biens de production et réduit d'autant plus les profits des entreprises opérant au sein des stades de production les plus éloignés de la consommation.

*5.* *L'augmentation du taux d'intérêt des prêts, dépassant même les niveaux d'avant l'expansion du crédit.* Cela se produit lorsque le rythme de l'expansion du crédit cesse de s'accélérer, ce qui doit arriver tôt ou tard. Les taux d'intérêt augmentent de manière significative en raison du pouvoir d'achat supérieur et des primes de risque plus élevées demandées par les prêteurs. Les entrepreneurs engagés dans de mauvais investissements se lancent en outre dans une « *lutte à mort* » pour obtenir un financement additionnel afin de terminer leurs projets d'investissement (Hayek, 1937).

Ces cinq facteurs provoquent le sixième effet combiné suivant :

6. *Les entreprises qui évoluent dans les stades de production relativement plus éloignés de la consommation commencent à découvrir qu'elles encourent de lourdes pertes comptables.* Ces pertes comptables, lorsqu'elles sont comparées aux profits relatifs générés dans les stades plus proches de la consommation, révèlent finalement avec certitude que des erreurs entrepreneuriales ont été commises et qu'il y a un besoin urgent de les corriger, en stoppant et en liquidant les projets d'investissement lancés par erreur durant les années de boom.

La *crise financière* commence au moment où le marché (qui est, comme nous l'avons mentionné, dynamiquement très efficace (Huerta de Soto, 2010a, pp. 1-30), découvre que la valeur réelle des prêts accordés par les banques durant le boom n'est en vérité qu'une fraction de ce qui était supposé au départ. Autrement dit, le marché découvre que la valeur des actifs bancaires est bien plus basse qu'estimée précédemment et, puisque le passif des banques (formé des comptes de dépôts créés pendant le boom) reste constant, le marché découvre que les banques sont en vérité en faillite. Sans l'action désespérée du prêteur de dernier ressort pour sauver les banques, l'ensemble du système financier et monétaire s'écroulerait. En tous les cas, il est important de comprendre que la crise financière et bancaire *n'est pas* la cause de la récession, mais l'un de ses principaux symptômes.

Les récessions économiques débutent lorsque le marché découvre que de nombreux projets d'investissement initiés pendant les années de boom ne sont pas profitables. Les consommateurs réclament alors la liquidation de ces mauvais investissements (lesquels, comme cela est désormais apparent, devaient arriver à maturation dans un futur trop distant par rapport aux souhaits véritables des consommateurs) : La récession marque le début d'un réajustement douloureux de la structure de production qui consiste à retirer des ressources productives des stades éloignés de la consommation et à les transférer à nouveau vers ceux qui en sont plus proches.

Tant la crise financière que la récession économique deviennent inéluctables dès lors que l'expansion du crédit a débuté, car le marché découvrira tôt ou tard que les projets d'investissement financés par les banques durant la période du boom étaient trop ambitieux, en raison d'un manque de ressources réelles épargnées qui seraient nécessaires pour les mener à bien. En d'autres termes, l'expansion du crédit bancaire pendant la période de boom encourage les entrepreneurs à agir comme si l'épargne avait augmenté alors que cela n'est en réalité pas le cas.

Une erreur de calcul économique généralisée a été commise et sera tôt ou tard découverte et corrigée spontanément par le marché. En fait, toute la théorie hayékienne des cycles économiques peut être vue comme un cas particulier du théorème de l'impossibilité du calcul économique en régime socialiste découvert par Ludwig von Mises, théorème d'ailleurs pleinement applicable au système bancaire actuel, mal conçu et lourdement réglementé.

*Les spécificités de la crise financière de 2008 et de la récession économique actuelle*

Le cycle expansionniste qui est désormais arrivé à son terme fut amorcé alors que l'économie américaine sortait de sa dernière récession, en 2001, et que la Réserve fédérale commençait une nouvelle expansion artificielle majeure du crédit et de l'investissement - une expansion non soutenue par une augmentation parallèle de l'épargne volontaire des ménages. En fait, depuis plusieurs années, la masse monétaire sous forme de billets de banques et dépôts à vue croît à un rythme annuel moyen de 10 pour cent (ce qui signifie que le volume total de monnaie en circulation double tous les sept ans).

Les moyens d'échange monétaires provenant de cette importante inflation fiduciaire ont été placés sur le marché par le système bancaire sous forme de prêts nouvellement créés, octroyés à des taux d'intérêt extrêmement bas (et même négatifs en termes réels). Cela a alimenté une bulle spéculative sous la forme d'une augmentation substantielle des prix des biens de production, des biens immobiliers et des titres les représentant, échangés sur les marchés financiers où les indices grimpèrent en flèche.

Curieusement, comme lors des « *roaring twenties* » qui ont précédé la Grande Dépression de 1929, le choc monétaire expansif n'a pas influencé de manière significative les prix unitaires du sous-ensemble des biens et des services de consommation (qui ne représentent qu'environ un tiers du nombre total de biens échangés sur le marché). La dernière décennie, comme celle des années 1920, a été le témoin d'une augmentation remarquable de la productivité provoquée par l'introduction à très grande échelle de nouvelles technologies et d'innovations entrepreneuriales qui, sans l'injection de monnaie et de crédit, auraient donné lieu à une réduction saine et soutenue des prix unitaires des biens et des services que tous les citoyens consomment.

Par ailleurs, l'intégration des économies de la Chine et de l'Inde au marché mondial a graduellement augmenté encore davantage la productivité réelle des biens et des services de consommation. L'absence d'une saine « *déflation* » dans les prix des biens de consommation dans une période de croissance de la productivité aussi élevée que celle de ces dernières années montre bien que le choc monétaire a perturbé sérieusement l'ensemble du processus économique. Et rappelons l'hystérie anti-déflationniste de ceux qui, même pendant ces années de bulle, ont utilisé le moindre symptôme de cette saine déflation pour justifier encore davantage d'expansion du crédit.

Comme nous l'avons déjà vu, l'expansion artificielle et l'inflation (fiduciaire) des moyens d'échange n'offrent pas de raccourcis vers un développement économique stable et durable ni de moyen d'éviter les efforts et la discipline nécessaires à un taux d'épargne élevé. (En réalité, avant la crise, et tout particulièrement aux États-Unis, l'épargne volontaire non seulement n'était pas en hausse, mais chutait même à un taux négatif durant certaines années).

Les facteurs spécifiques qui provoquent la fin de « *l'ivresse* » monétaire euphorique et le début de la récession « *gueule de bois* » sont nombreux et peuvent varier d'un cycle à l'autre. Dans cette crise-ci, les déclencheurs les plus évidents furent : en premier lieu, l'augmentation des prix des matières premières, plus particulièrement du pétrole ; en deuxième lieu, la crise des subprimes aux États-Unis et, finalement, la faillite d'importantes institutions bancaires lorsqu'il devint clair sur le marché que la valeur de leurs dettes excédait celle de leurs actifs (principalement des prêts immobiliers octroyés à tort).

Si nous observons le niveau de la dernière expansion du crédit et le type et le volume des mauvais investissements qu'elle a engendrés, nous pouvons dire que, lors de ce cycle, les économies de l'Union monétaire européenne sont, par comparaison avec la précédente crise américaine, dans un état relativement moins mauvais (pour autant que nous ne tenions pas compte des rigidités relativement plus marquées en Europe continentale, particulièrement sur le marché du travail, qui tendent à rendre les récessions plus longues et plus douloureuses).

D'une part, la politique expansionniste de la Banque centrale européenne, loin d'être exempte de graves erreurs, a été cependant quelque peu moins irresponsable que celle de la Réserve fédérale américaine. D'autre part, le respect des critères de Maastricht pour l'Union monétaire nécessitait à l'époque une réhabilitation saine et significative des principales économies européennes. Seuls quelques pays périphériques, comme l'Irlande ou l'Espagne, furent submergés par une expansion considérable du crédit dès le début du processus de convergence.

Le cas de l'Espagne est emblématique. L'économie espagnole subit un essor économique qui, en partie, était dû à des causes réelles (comme les réformes de libéralisation structurelles qui furent lancées durant le gouvernement de José Maria Aznar). Néanmoins, le boom fut aussi largement alimenté par l'expansion artificielle de la monnaie et du crédit, qui crût à un taux pratiquement trois fois supérieur à celui de la France et de l'Allemagne.

Les agents économiques espagnols interprétèrent essentiellement la baisse des taux d'intérêt provoquée par le processus de convergence comme une occasion d'argent facile, habituelle en Espagne : cela s'est traduit par des demandes de prêt massif auprès des banques espagnoles (principalement pour financer une spéculation immobilière), prêts que les banques espagnoles octroyèrent en créant de la monnaie *ex nihilo*, alors que les banquiers centraux européens observaient sans sourciller. Une fois que la crise atteignit l'Espagne, le réajustement fut rapide et efficace : en moins d'un an, plus de 150.000 entreprises – principalement liées au secteur immobilier – disparurent, près de cinq millions de travailleurs qui étaient employés dans les mauvais secteurs ont perdu leur emploi et, aujourd'hui, nous pouvons conclure que, bien que toujours très faible, le cœur économique de l'Espagne a déjà été guéri. Nous reviendrons ultérieurement sur la question des politiques économiques les plus appropriées aux circonstances actuelles. Mais avant cela, attardons-nous sur l'influence des nouvelles règles comptables sur la crise économique et financière actuelle.

*L'influence négative des nouvelles règles comptables*

Il ne faut pas oublier que l'une des caractéristiques centrales de la période passée d'expansion artificielle fut une corruption graduelle, tant sur le continent américain qu'en Europe, des principes traditionnels de comptabilité tels que pratiqués durant des siècles.

Pour être plus précis, l'admission des Normes Comptables internationales (IAS) et leur incorporation dans les lois de la plupart des pays ont signifié l'abandon du traditionnel principe de prudence et son remplacement par le principe de la « *juste valeur* » dans l'estimation de la valeur des actifs du bilan, plus particulièrement des actifs financiers.

En fait, durant les années de « *bulle spéculative* », ce processus se caractérisait par un cercle vicieux : les prix en hausse des actions étaient immédiatement inscrits dans les livres de compte, et ces entrées comptables étaient ensuite utilisées pour justifier une nouvelle augmentation artificielle du prix des actifs financiers cotés sur les marchés.

Il est facile de comprendre que les nouvelles règles comptables agissent d'une façon pro cyclique en renforçant la volatilité et en biaisant la gestion des affaires : en période de prospérité, elles créent un faux « *effet de richesse* » qui incite les agents économiques à prendre des « *risques* » disproportionnés ; lorsque, d'un jour à l'autre, les erreurs commises sont mises au grand jour, la chute de la valeur des actifs décapitalise immédiatement les entreprises, qui sont obligées de vendre leurs actifs et doivent chercher à se recapitaliser au pire des moments, lorsque les actifs ont une valeur moindre et les marchés financiers s'assèchent.

À l'évidence, des principes comptables s'étant révélés aussi nocifs devraient être abandonnés au plus vite et il faudrait défaire les réformes comptables récemment promulguées. Non seulement parce que ces réformes mènent à une impasse dans une période de crise financière et de récession, mais surtout parce qu'il est vital de s'en tenir au principe de prudence dans l'évaluation des actifs en période de prospérité, un principe qui a façonné tous les systèmes comptables, depuis l'époque de Luca Pacioli au début du XV siècle jusqu'à l'adoption de la fausse panacée des normes comptables internationales.

Il faut souligner que le but de la comptabilité n'est pas de refléter une supposée « *vraie* » valeur (de toute façon subjective, déterminée sur les marchés concernés et variant de jour en jour) sous prétexte d'atteindre une « *transparence comptable* » (mal comprise). Le but de la comptabilité est plutôt de permettre la gestion prudente de chaque entreprise pour empêcher la consommation de capital, ce qu'Hayek avait établi en 1934 déjà, dans son article « *The Maintenance of Capital* » (Hayek, 1934).

Cela nécessite l'application de normes strictes d'une comptabilité conservatrice, fondée sur le principe de prudence et le recours soit au coût, soit à la valeur de marché, en retenant la plus basse des deux comme valeur comptable. Ces normes assurent en tout temps que les profits distribuables proviennent d'un surplus assuré qui peut être versé sans mettre en péril de quelque façon la viabilité future et la capitalisation de l'entreprise.

### *Qui est responsable de la situation actuelle ?*

Bien entendu, l'ordre spontané du marché non entravé n'est pas responsable de la situation actuelle. L'une des conséquences les plus répandues de chaque crise passée et, évidemment, également de celle-ci est que de nombreuses personnes accusent le marché et sont fermement convaincues que la récession est une « *défaillance du marché* » qui nécessite plus d'intervention étatique.

Le marché est un processus qui réagit spontanément de la façon que nous avons vue contre l'agression monétaire des années de bulle, qui consiste en une énorme expansion du crédit qui n'a pas seulement été permise, mais même orchestrée directement par *les banques centrales, lesquelles sont les institutions réellement responsables de tous les bouleversements économiques engendrés par la crise et la récession qui touchent le monde.* Et, paradoxalement, les banques centrales sont parvenues à se présenter au public non seulement comme des victimes indignées des boucs émissaires qu'elles ont désignés (stupides banquiers commerciaux, managers cupides percevant des bonus exorbitants, etc.), mais encore comme les seules institutions qui, en sauvant le système bancaire en dernier recours, ont pu éviter une tragédie encore pire.

Il est en tout cas clair que le système bancaire et monétaire mondial souffre d'une mauvaise conception institutionnelle qui remonte au moins à la loi bancaire de Peel de 1844. Il n'y a pas de marché libre dans le système monétaire et bancaire, mais précisément le contraire : la monnaie privée a été nationalisée, un grand désordre de réglementation administrative a été introduit, le taux d'intérêt a été manipulé. Mais, surtout, l'ensemble de la politique monétaire est dirigée par une agence de planification centralisée : la banque centrale.

Autrement dit, un véritable socialisme, consistant en une monnaie étatisée, des banques centrales et des réglementations financières, est toujours en vigueur dans les secteurs de la monnaie et du crédit des économies dites libérales.

Le résultat de cette situation est que nous faisons régulièrement l'expérience dans le domaine de la monnaie et du crédit de toutes les conséquences négatives établies par le théorème de l'impossibilité du socialisme découvert par ces remarquables membres de l'École autrichienne d'économie qu'étaient Ludwig von Mises et Friedrich Hayek.

Plus spécifiquement, les planificateurs centraux de la monnaie étatisée sont incapables de connaître, de suivre ou de contrôler les changements tant dans la demande que dans l'offre de monnaie. Par ailleurs, comme nous l'avons vu, l'ensemble du système financier est basé sur le privilège légal accordé par l'État aux banques commerciales, qui peuvent utiliser un système de réserve fractionnaire pour la monnaie fiduciaire qu'ils reçoivent de leurs clients. En raison de ce privilège, les banques commerciales ne sont pas de réels intermédiaires financiers, mais sont principalement des créateurs de dépôts qui se matérialisent sous forme d'expansion du crédit, laquelle finit irrémédiablement par une crise et une récession.

L'analyse économique la plus rigoureuse et l'interprétation la plus lucide et équilibrée des évènements économiques et financiers passés et présents mènent inexorablement à la conclusion que les banques centrales (qui sont, encore une fois, de véritables agences de planification centrale) ne peuvent en aucun cas parvenir à trouver la politique monétaire la plus appropriée à n'importe quel moment. C'est exactement ce type de problème qui devint apparent dans le cas des essais infructueux de planifier l'ancienne économie soviétique et ses satellites.

Autrement dit, le théorème de l'impossibilité du socialisme, que les économistes autrichiens Ludwig von Mises et Friedrich Hayek ont découvert, est pleinement applicable aux banques centrales en général, et à la Réserve fédérale américaine et (précédemment) Alan Greenspan et (désormais) Ben Bernanke en particulier. Selon ce théorème, aucun secteur de l'économie, et encore moins le secteur financier ne peut être organisé au moyen d'ordres coercitifs délivrés par une agence de planification, car une telle entité ne pourra jamais obtenir l'information dont elle a besoin pour que ses ordres soient d'une nature coordinatrice. C'est précisément ce que j'analyse dans le troisième chapitre de mon livre *Socialism, Economic Calculation and Entrepreneurship* (Huerta de Soto, 2010b)

En effet, rien n'est plus dangereux que de céder à la « *présomption fatale* » de la connaissance – pour utiliser l'expression fort utile de Hayek (Hayek, 1990) – de se croire omniscient ou, en tout cas, assez sage et puissant pour être en mesure de mettre en place la politique monétaire la plus appropriée en tout temps. Plutôt que d'aplanir les pics et les creux les plus violents du cycle économique, la Réserve fédérale américaine et, dans une moindre mesure, la Banque centrale européenne ont été leurs principales causes.

Le dilemme auquel font face Ben Bernanke et son comité de gouverneurs, ainsi que les autres banques centrales (à commencer par la Banque centrale européenne), n'est pas du tut confortable. Pendant des années, ils se sont dérobés à leur responsabilité monétaire et se trouvent aujourd'hui dans une impasse. Ils peuvent soit permettre au processus de récession de se poursuivre, de pair avec un réajustement sain, mais douloureux à pratiquer soit la fuite en avant avec un nouveau « *remède inflationniste* ». La seconde option s'accompagne du risque d'une récession encore plus dure (ou même d'une stagflation) dans un avenir proche. (C'est précisément l'erreur commise après le krach boursier de 1987, une erreur qui mena à l'inflation de la fin des années 1980 et se termina avec la vive récession de 1990-1992.)

Par ailleurs, la réintroduction d'une politique de crédit facile et artificiel ne pourrait à ce stade qu'entraver la liquidation nécessaire des investissements non profitables et la reconversion des entreprises. Cela pourrait même finir par prolonger la récession indéfiniment, comme cela a été le cas pour l'économie japonaise qui, bien que toutes les interventions possibles et imaginables aient été essayées, a cessé de répondre à toute forme de stimulus, qu'il s'agisse d'une expansion du crédit d'inspiration monétariste ou des méthodes keynésiennes.

C'est dans ce contexte de « *schizophrénie financière* » dont nous pouvons comprendre les coups à l'aveuglette tirés ces dernières années par les autorités monétaires (lesquelles ont deux responsabilités totalement contradictoires : d'un côté contrôler l'inflation et de l'autre injecter toutes les liquidités nécessaires dans le système pour empêcher son effondrement). Ainsi, un jour la Fed sauve Bear Stearns, AIG, Fannie Mae, Freddie Mac ou Citigroup et, le jour d'après, laisse Lehman Brothers faire faillite, invoquant le refus (amplement justifié) de renforcer l'aléa moral.

Enfin, à la lumière de la façon dont se sont déroulés les évènements, le gouvernement américain et les gouvernements européens ont lancé des plans de plusieurs milliards de dollars pour racheter les actifs illiquides (c'est-à-dire sans valeur) du secteur bancaire, ou pour monétiser la dette publique, ou même pour acheter des actions des banques et nationaliser totalement ou partiellement le système bancaire privé. Ayant considéré tout ce qui précède, quels sont les scénarios futurs potentiels ?

*Scénarios futurs potentiels et la politique économique la plus appropriée*

En théorie, avec le système financier actuel, mal conçu, dans une situation où la crise a déjà commencé, nous pouvons envisager quatre scénarios :

*Le premier scénario* est le scénario catastrophe dans lequel l'ensemble du système bancaire basé sur des réserves fractionnaires s'effondre. Ce scénario semble avoir été évité par les banques centrales qui, en tant que prêteurs de dernier ressort, s'attachent à sauver les banques à chaque fois que cela s'avère nécessaire.

*Le deuxième scénario* est l'opposé du premier, mais il est tout aussi tragique : il s'agit d'un « *remède inflationniste* » si intense qu'une nouvelle bulle est créée. Cette fuite en avant ne ferait que remettre à plus tard la solution aux problèmes, au prix de leur aggravation ultérieure (c'est précisément ce qui s'est produit lors de la crise de 2011).

*Le troisième scénario* est ce que je nomme une « *japonisation* » de l'économie : cela arrive lorsque la réintroduction de la politique de crédit facile accompagnée de n'importe quelle intervention gouvernementale concevable bloque totalement le processus spontané du marché de liquidation des investissements non profitables et de reconversion des entreprises. En conséquence, la récession est prolongée indéfiniment, l'économie ne se rétablit pas et celles de répondre à tous les stimuli comprenant des expansions du crédit monétariste ou des méthodes keynésiennes.

*Le quatrième et dernier scénario* est actuellement le plus probable : il prend place lorsque l'ordre spontané du marché, contre toute attente et en dépit de toutes les interventions gouvernementales, est enfin en mesure de parachever le réajustement microéconomique de l'ensemble de l'économie et la réallocation nécessaire du travail et des autres facteurs de production vers des branches basées sur de nouveaux projets d'investissement durables.

Dans tous les cas, après que la crise financière et la récession économique ont frappé, il est nécessaire d'éviter toute expansion supplémentaire du crédit (excepté l'injection monétaire minimale strictement nécessaire pour éviter la chute de l'ensemble du système bancaire à réserves fractionnaires). Et la mesure politique la plus appropriée serait de libéraliser l'économie à tous les niveaux (tout particulièrement le marché du travail) pour permettre une réallocation rapide des facteurs de production (notamment le travail) vers des secteurs profitables. De même, il est essentiel de réduire les dépenses publiques et les impôts, afin d'augmenter le revenu disponible des agents économiques lourdement endettés qui ont besoin de rembourser leurs dettes le plus vite possible.

Les agents économiques en général et les entreprises en particulier ne peuvent rééquilibrer leurs finances qu'en réduisant leurs coûts (particulièrement le coût du travail) et en remboursant leurs dettes. Pour y parvenir, un marché du travail très flexible et un secteur public bien plus limité sont nécessaires. Ces mesures sont fondamentales pour que le marché puisse révéler le plus vite possible les valeurs réelles des biens de production produits par erreur et ainsi poser les bases d'une reprise économique saine et durable.

Cependant, une fois que l'économie s'est rétablie (et, dans un sens, la reprise commence avec la crise et la récession qui marquent le début de la découverte par le marché des erreurs commises et le début du réajustement microéconomique nécessaire), peut-on attendre des banques centrales qu'elles aient retenu la leçon ? Pour combien de temps vont-elles se souvenir de ce qui s'est passé ? Je crains que, comme cela s'est produit à de nombreuses reprises dans le passé, la prudence attendue des banques centrales ou le nombre de nouvelles réglementations promulguées n'aient aucun effet (par le passé, toutes les réglementations, et en particulier Bâle II et III, ne s'en sont prises qu'aux symptômes et non aux causes véritables des problèmes).

Tôt ou tard, de nouveaux cycles d'expansion du crédit, de boom économique artificiel, de crise financière et de récession économique finiront inévitablement par toucher le monde. Et continueront de survenir jusqu'à ce que le système financier et bancaire mondial soit entièrement refondé selon les principes généraux de propriété privée qui constituent la fondation essentielle du système capitaliste et qui requièrent une réserve à 100 pour cent pour tout contrat de dépôt à vue.

## CONCLUSION

J'ai commencé cet exposé avec la loi bancaire de Peel et je le terminerai également avec elle. Les 13 et 24 juin 1844, Robert Peel rappela devant la Chambre des communes britannique que dans toutes les crises monétaires précédentes, « *il y a eu une augmentation des émissions de billets de banque du pays* » et qu'« *une monnaie sans base [...] crée seulement une valeur fictive et, quand la bulle éclate, elle répand la ruine sur le pays et perturbe toutes les transactions commerciales* ».

Aujourd'hui, plus de 160 après, nous souffrons encore des problèmes correctement diagnostiqués par Robert Peel. Pour les résoudre et aboutir enfin au seul système monétaire et financier libre, stable et compatible avec une économie libérale en ce XXI siècle, il serait nécessaire d'entreprendre les trois étapes suivantes :

*En premier lieu,* il s'agirait de parvenir à l'aboutissement du concept de base du Bank Charter Acta en étendant l'obligation d'une réserve de 100 pour cent aux dépôts à vue et à leurs équivalents. Hayek indique que cette solution radicale empêcherait toute crise future (Hayek, 1984, p. 29), car aucune expansion du crédit ne serait possible sans une augmentation préalable de l'épargne véritable, rendant les investissements durables et en total accord avec l'épargne volontaire préalable. Et j'ajouterais au propos de Hayek un fait plus fondamental, à savoir que le système bancaire à coefficient de réserve de 100 pour cent est le seul compatible avec les principes généraux du droit de propriété, indispensables au bon fonctionnement du capitalisme : il n'y a aucune raison de traiter les dépôts de monnaie différemment de tous les autres dépôts de biens fongibles, comme le blé ou le pétrole, à propos desquels personne ne doute de la nécessité de conserver une obligation de réserve de 100 pour cent.

*En deuxième lieu*, si l'on veut parachever la chute du mur de Berlin et se débarrasser du socialisme réel qui persiste encore dans le secteur du crédit et de la monnaie, l'élimination des banques centrales serait une priorité. Elles deviendraient obsolètes en tant que prêteurs en dernier ressort si la réforme précédente en faveur d'une réserve de 100 pour cent était introduite, et resteraient nuisibles si elles continuaient d'agir comme agences de planification centrale.

Et *troisièmement*, qui émettra la base monétaire ? Le prix Nobel d'économie Maurice Allais proposait qu'une agence publique imprimât le papier-monnaie à un taux de croissance annuel de 2 pour cent. Je n'ai personnellement aucune confiance en cette solution, puisque n'importe quelle situation d'urgence dans le budget de l'État serait utilisée, comme par le passé, comme excuse pour émettre des quantités additionnelles de monnaie fiduciaire. Pour cette raison, et c'est probablement ma proposition la plus sujette à controverse, en vue de mettre un terme à toute manipulation future de notre monnaie par les autorités, ce qui est nécessaire est la privatisation totale de la base monétaire fiduciaire actuellement émise de façon monopolistique par l'État, et son remplacement par un pur étalon-or classique : aux grands maux, les grands remèdes. Bien que n'importe quelle étape en direction de ces trois mesures puisse améliorer le système économique actuel de manière significative, il faut comprendre que les réformes proposées et mises en œuvre par les gouvernements à ce jour (incluant Bâle II et III) attaquent nerveusement les symptômes, mais non les vraies racines du problème, et c'est précisément la raison pour laquelle elles vont à nouveau échouer misérablement.

Entre-temps, il est encourageant de voir comment un nombre croissant de chercheurs et d'institutions privées sont à nouveau en train d'étudier non seulement les réformes radicales nécessaires à une monnaie privée vraiment honnête, mais aussi de très intéressantes propositions pour une transition appropriée vers un nouveau système bancaire, comme celui que je développe au chapitre 9 de mon livre *Money, Bank Credit and Economic Cycles*. D'ailleurs, j'expose également dans ce chapitre un effet annexe des plus intéressants de la réforme proposée, à savoir la possibilité qu'elle offre de rembourser, sans aucun coût ou effet inflationniste, une grande partie de la dette publique, qui constitue actuellement un poids particulièrement inquiétant et de plus en plus lourd dans la plupart des pays.

En résumé, ce que je propose est d'imprimer les billets de banque nécessaires pour consolider le volume des dépôts à vue que le public décide de conserver dans les banques. Dans tous les cas, l'impression de cette nouvelle monnaie ne serait pas inflationniste, puisqu'elle serait transférée aux banques et gardée totalement stérilisée, en quelque sorte, en tant qu'actifs servant de collatéral à 100 pour cent des passifs des banques en forme de dépôt à vue. Ainsi, le panier d'actifs bancaires (prêts, investissements, etc.) qui correspondent actuellement aux dépôts à vue serait « *libéré* ». Ce que je propose est d'incorporer ces actifs « *libérés* » à des fonds mutuels, échangeant leurs unités à leur valeur de marché contre les obligations en circulation.

Bien sûr, la solution proposée n'est valable que dans le contexte d'une décision irrévocable de rétablir un système bancaire libre, soumis à une obligation de réserve de 100 pour cent pour les dépôts à vue. Il s'agit seulement d'un dérivé (d'importance secondaire) de la réforme principale.

Pour conclure, si, en ce XXI siècle, un nouveau Robert Peel était en mesure de promouvoir avec succès toutes ces réformes, il rendrait un grand service non seulement à lui-même, mais également au reste du monde.

## RÉFÉRENCES BIBLIOGRAPHIQUES


HAYEK, F.A., 1937, « Investment that Raises the Demand for Capital », *Review of Economics and Statistics*, vol. 19, n° 4. Réimprimé dans *Profits, Interest and Investment*, pp. 73-82.

HAYEK, F.A., 1948, « The Ricardo Effect » dans *Individualism and Economic Order*, Chicago, University of Chicago Press, pp. 250-254.

HAYEK, Friedrich A., 1975, « The « Paradox » of Saving » dans *Profits, Interest and Investment and other Essays on the Theory of Industrial Fluctuations*, Clifton, Augustus M. Kelly.

HAYEK, F.A., 1978, « Three Elucidations of the Ricardo Effect » dans *New Studies in Philosophy, Politics and the History of the Ideas,* Londres, Routledge and Kegan Paul, pp. 165-178.

HAYEK, F.A., 1984, « The Monetary Policy of the United States after the Recovery from the 1920 Crisis », ch. 11 de *Money, Capital and Fluctuations: Early Essays,* R. M. McCloughry, éd., Chicago, University of Chicago Press.

HAYEK, F.A., 1990, *The Fatal Conceit: The errors of Socialism,* W. W. Bartley, III (éd.), Londres, Routledge et Chicago, University of Chicago Press.

HUERTA DE SOTO, J., 2009 [1998], *Money, Bank Credit and Economic Cycles,* Auburn, Mises Institute.

HUERTA DE SOTO, J., 2010a, *The Theory of Dynamic Efficiency,* Londres et New York, Routledge.

MISES, L. von., 1980 [1912], *The Theory of Money and Credit,* Liberty Classics, Indianapolis.

## TABLE DES MATIÈRES

## Revue « Marché et Organisations »
## L'Harmattan

Cahiers d'économie et de gestion thématiques dont le but est de promouvoir la recherche originale sur les relations de plus en plus étroites qui se tissent entre le marché et les organisations. Les acteurs économiques de taille, de puissance et de pouvoir différents dont les intérêts peuvent être convergents, complémentaires ou, le plus souvent, antagoniques, ont tendance à organiser les marchés. La raison du marché, pourtant, est la référence stratégique pour l'entreprise ainsi que pour les institutions publiques de décision économique.

*Numéros parus :*

N°1 : Artisanat. La modernité réinventée, 2006
N°2 : La petite entreprise, elle a tout d'une grande. De l'accompagnement aux choix stratégiques, 2006
N°3 : Tourisme et Innovation. La force créative des loisirs, 2007
N°4 : Le travail. Formes récentes et nouvelles questions, 2007
N°5 : Les universités et l'innovation. L'enseignement et la recherche dans l'économie des connaissances, 2007
N°6 : Entrepreneuriat et accompagnement. Outils, actions et paradigmes nouveaux, 2008
N°7 : Développement durable des territoires. Economie sociale, environnement et innovations, 2008
N°8 : Développement durable et responsabilité sociale des acteurs, 2009
N°9 : Gouvernance : exercices de pouvoir, 2009
N°10 : Le travail collaboratif. Une innovation générique, 2009
N°11 : Economie sociale et solidaire. Nouvelles trajectoires d'innovations, 2010
N°12 : Relations à la marque et marques de la relation. Regards croisés sur le management relationnel de la marque, 2010
N°13 : Les contrats au service de la recherche ?, 2011
N°14 : Le potentiel économique de l'Afrique subsaharienne, 2011
N°15 : Management de la distribution, 2012
N°16 : Territoire Vert. Entreprises, Institutions, Innovations, 2012
N°17 : Eco-conception, conception et innovation. Les nouveaux défis de l'entreprise, 2013
N°18 : Intelligence économique : entreprises et territoires, 2013
N°19 : La finance globale. Un monde fini, 2013
N°20 : La crise du « développement », 2014
N°21 : La Chine innove. Politiques publiques et stratégies d'entreprise, 2014
N°22 : Go East! Nouvelles Economies de Marché, 2015
N°23 : L'économie du changement, 2015
N°24 : Le temps des artisans. Permanences et mutations, 2015
N°25 : Innovations de proximité et esprit d'entreprise, 2016
N°26 : L'avenir des économies du Maghreb : entre inertie structurelle et envie de rupture, 2016/3 (n° 27)
N°27 : Le sport aux frontières du marché du travail, 2016
N°28 : Dynamiques internationales des entreprises, 2017
N°29 : L'univers du risque, 2017

## Collection « L'esprit économique »

fondée par Sophie Boutillier et Dimitri Uzunidis en 1996
dirigée par Sophie Boutillier, Blandine Laperche, Dimitri Uzunidis

**Dernières parutions**

► ***Série Economie et Innovation***

N. ABBES, *L'entreprise responsable. De la responsabilité sociétale à la communication environnementale*, 2013.
Z. LIU, *Politiques d'innovation et pme en France. Une histoire de liens faibles*, 2013.
E. BESANÇON, N. CHOCHOY, T. GUYON, *L'innovation sociale. Principes et fondements d'un concept*, 2013.
F. PAUN, L. ALEXANDRE-LECLAIR, I. VAILEANU-PAUN, *Innover ou périr. Paroles d'experts*, 2014.
F. ABADA, *Individualiser son offre au moindre coût*, 2015.
S. MAHREZ, La division cognitive du travail dans le capitalisme postfordiste, 2016.
M.-J. POLLET-VILLARD, L'innovation dans les services. cadre d'une analyse dynamique fondee sur les reseaux, 2017.

► ***Série Le Monde en Question***

P. BAGUS, *La tragédie de l'euro*, 2012.
C. BERTHOMIEU, J.-P. GUICHARD, E. PONOMARENKO (dir.), *La Russie, l'Europe et la méditerranée dans la crise*, 2013.
T. BRUGVIN, *Le commerce équitable et éthique. Opportunités et limites*, 2014.
W. AMEDZRO St-HILAIRE, *Le capital global et sa régulation*, 2014.
W. AMEDZRO St-HILAIRE, *Reconstruire l'Afrique. Nouvelle gouvernance et projet de développement*, 2014.
M. SANTI, *Misère et opulence. Chroniques d'austérité globalisée*, 2015
J.-M. BOUSSARD, *Les prix agricoles. Nouveau dialogue sur le commerce des bleds*, 2017

► ***Série Krisis***

A. MARQUEZ-VELASCO, *Politique et économie. 10 mesures phares pour un monde meilleur*, 2015.
R. GOODFELLOW, *Le cycle des crises aux États-Unis depuis 1929. essai de systématisation de la conjoncture*, 2016.
M. LAUDET, *Aux origines de l'économie politique : Antoine de Montchrestien et son « traicte de l'oeconomie politique »*, 2016.

► ***Série Clichés***

S. BOUTILLIER, D. UZUNIDIS (dir.), *La Russie européenne. Du passé composé au futur antérieur*, 2008.
R. VOLPI, *La négociation. Pain, paix, liberté*, 2009.

► ***Série Cours Principaux***

L. DANIEL, M. RUIMY, *Taux d'intérêt et marches financiers*, 2013.
G. FONOUNI-FARDE, *Comprendre l'économie internationale. L'économie pour tous !*, 2103.
B. NDIAYE, *Analyse économique de l'investissement en capital humain*, 2014.
P. BOUVIER-PATRON, *Economie et management de l'entreprise innovante. Réseaux, territoire et développement durable*, 2014.
J. KIAMBU, *Eléments d'analyse économique*
J.-P. MOCKERS, *Court traite d'économie et de politique économique*, 2016.

► ***Série L'économie formelle***

F. DUHAMEL, A. DUNOYER de SEGONZAC, *La cocotte-minute financière. Petit précis de décomposition socio-économique*, 2012.
P. BRACONNIER, G. CAIRE (dir.), *L'économie sociale et solidaire et le travail*, 2013.
M. SANTI, *L'Europe. Chroniques d'un fiasco économique et politique*, 2013.
J. BERNARD, *La croissance. 10 points cruciaux*, 2013.
P.-A. LAMBERT, *Le temps de la rigueur. Fiscalité, protection sociale, mondialisation*, 2014.
F. BISMANS, *La grande récession : un autre regard sur des temps troubles (2007-2013)*, 2016.
B. SCHWENGLER, *De l'inflation à la dette publique : analyse des discours politiques*, 2016.

# Économie et Entreprise aux éditions L'Harmattan

## *Dernières parutions*

**MONDIALISATION, ACCORDS COMMERCIAUX RÉGIONAUX ET INTÉGRATION DE L'AFRIQUE**
*Sous la direction de Cécile Bastidon, Ochozias Gbaguidi, Azzedine Ghoufrane, Ahmed Silem*
Ce livre porte sur le phénomène du multilatéralisme qui caractérise le système commercial administré par l'OMC issu du traité de Marrakech (15 avril 1994). La mondialisation se double d'accords de libre-échange bilatéraux et régionaux en Afrique. Compte tenu des difficultés rencontrées pour arriver à un accord dans le cadre des négociations du cycle de Doha, ce régionalisme s'accompagne d'un plurilatéralisme qui est sans doute sous-optimal par rapport au multilatéralisme traditionnel.
*(19.00 euros, 170 p.)*
*ISBN : 978-2-343-11849-9, ISBN EBOOK : 978-2-14-003477-0*

**L'ENTREPRISE – Pour mieux la connaître**
*Bersinger Sylvain*
Ce livre vise à présenter le monde de l'entreprise sous ses différents aspects, principalement à destination d'un public d'étudiants. Écrits dans un langage simple, parsemé d'exemples et de schémas, il se veut accessible aux débutants qui souhaitent découvrir ce monde fascinant qu'est celui de l'entreprise.
*(22.50 euros, 220 p.)*
*ISBN : 978-2-343-11792-8, ISBN EBOOK : 978-2-14-003481-7*

**HISTOIRE D'UN ENTRETIEN D'EMBAUCHE RÉUSSI**
**Récit d'une démarche efficace avec les bons outils et la bonne posture**
*Ramirez Morales Gabriel*
De nos jours, le chômage reste élevé et les postes fragiles. Ainsi, la posture de la personne devient un enjeu majeur dans la recherche d'emploi. Cet ouvrage nous permet d'accompagner Claude, sans emploi depuis plusieurs mois. Nous allons apprendre avec lui à trouver la bonne posture, la meilleure stratégie comportementale afin d'intégrer au plus tôt le monde d'exigence qu'est l'entreprise.
*(17.50 euros, 164 p.)*
*ISBN : 978-2-343-11781-2, ISBN EBOOK : 978-2-14-003389-6*

**POLITIQUE DU TRAVAIL**
**La fierté professionnelle**
*Tertrais Laurent*
L'ampleur du chômage nous aurait-elle fait oublier le travail lui-même ? La course à l'emploi et à la productivité a pris le pas sur une approche positive de l'activité. On valorise peu les métiers, le goût pour le travail bien fait et la performance collective. La précarité et l'intensification de l'activité nous font paradoxalement oublier que le travail est en soi un objet public. Parlons de nos

identités professionnelles. Donnons alors des moyens contre la solitude. Misons sur la politique éducative et la qualité des parcours dès l'enfance.
*(Coll. Questions contemporaines, 15.00 euros, 130 p.)*
*ISBN : 978-2-343-11501-6, ISBN EBOOK : 978-2-14-003422-0*

**LES ESPACES DU TRAVAIL**
**Prévention et santé au travail**
*Salignac Philippe*
En éclairant la théorie par des exemples concrets rencontrés durant son activité professionnelle, l'auteur montre comment l'espace en lui-même et les pratiques spatiales associées peuvent être révélateurs des tensions et des enjeux qui traversent toute entreprise. À partir de situations vécues, il révèle l'importance des spécificités du fonctionnement collectif et étudie leurs effets sur la santé au travail.
*(Coll. Sciences et Société, 25.00 euros, 236 p.)*
*ISBN : 978-2-343-11469-9, ISBN EBOOK : 978-2-14-003407-7*

**LES DYNAMIQUES D'ÉMERGENCE DANS UN MONDE EN PERPÉTUELLE MUTATION**
*Schulders Guy - Préface de Phillip LeBel*
L'auteur de cet ouvrage pose des questions difficiles sur les enjeux d'un monde nouvellement reformaté, dont aucun pays ne maîtrise plus vraiment ni les rythmes, ni les orientations. Comment les pays en difficulté des continents africain, latino-américain ou du Sud-Est asiatique font-ils évoluer leur processus de croissance vers une dynamique de développement, puis d'émergence ? Quel rôle les BRICS, en particulier la Chine, l'Inde et le Brésil, jouent-ils dans la mise en œuvre des nombreuses synergies avec les autres pays du monde, riches comme pauvres ?
*(25.00 euros, 236 p.)*
*ISBN : 978-2-343-11250-3, ISBN EBOOK : 978-2-14-003251-6*

**LES PRIX AGRICOLES**
**Nouveau dialogue sur le commerce des bleds**
*Boussard Jean-Marc*
Dans tous les systèmes économiques, les prix servent de messagers entre les producteurs et les consommateurs, informant les premiers des désirs des seconds, et ces derniers de la difficulté de produire. Dans le secteur agroalimentaire, ni les consommateurs ni les producteurs ne peuvent s'adapter facilement aux variations de prix. Voici proposées quelques solutions pour rationaliser le commerce de produits agricoles, sans rien perdre des avantages liés aux échanges mais en évitant les gaspillages associés à l'instabilité des prix.
*(Coll. L'esprit économique, série Le Monde en Questions, 21.00 euros, 194 p.)*
*ISBN : 978-2-343-11246-6, ISBN EBOOK : 978-2-14-003101-4*

**L'AUTONOMIE FINANCIÈRE DES AUTORITÉS INDÉPENDANTES**
*Palma-Amalric Valérie - Préface de Vincent Dussart*
*(Prix de thèse de la Société française de finances publiques)*
Les autorités indépendantes occupent une place considérable dans le fonctionnement des institutions de la Ve République, mais soulèvent de nombreuses questions. À l'heure où les parlementaires discutent d'une proposition de loi portant statut général des autorités administratives et publiques indépendantes, cette étude interroge l'ampleur et la portée de leur autonomie financière apportant des éléments relatifs au financement, au personnel et à la gestion.
*(Coll. Finances publiques, 49.00 euros, 622 p.)*
*ISBN : 978-2-343-11595-5, ISBN EBOOK : 978-2-14-003299-8*

**L'IDENTITÉ DES MARCHÉS FINANCIERS**
**Conseils aux épargnants actifs**
*Gallot Philippe*
Le premier objectif de ce livre est d'inciter les épargnants à s'intéresser aux principaux mouvements des marchés financiers. Ces derniers sont en effet porteurs d'enseignements potentiels dignes

d'intérêt : ils offrent des opportunités d'investissements conséquentes. Dans le même temps, une mise en garde s'impose aux épargnants et aux investisseurs car manipulations et dérives sévissent sur ces marchés dont il ne faut pas minimiser les risques intrinsèques.
*(29.00 euros, 278 p.)*
*ISBN : 978-2-343-11503-0, ISBN EBOOK : 978-2-14-003324-7*

**LA GESTION PLANIFIÉE**
**Logiques, fondements et perspectives**
*Amedzro St-Hilaire Walter*
Quels sont les liens entre la gestion planifiée et la dynamique des affaires ? Quels sont les facteurs économiques et gestionnaires qui influencent l'interconnexion entre la logique planifiée et la productivité des entreprises ? L'auteur tente ici d'identifier le rôle de l'optimisation des affaires dans l'opérationnalisation de la gestion planifiée et de comprendre comment, au niveau des entreprises et des organisations, l'efficacité décisionnelle oriente les stratégies planifiées.
*(Coll. Dynamiques d'entreprises, 26.00 euros, 260 p.)*
*ISBN : 978-2-343-11402-6, ISBN EBOOK : 978-2-14-003131-1*

**COMPRENDRE ET PRATIQUER LA BOURSE**
*Zamble - Bi B. Emmanuel - Préface de Stefan Nalletamby*
Cet ouvrage définit la bourse des valeurs, décrit son organisation ainsi que son fonctionnement et présente les produits financiers, notamment les actions, les obligations, les OPCVM et les produits dérivés. Il expose les techniques d'évaluation de société ou d'emprunt obligatoire dans le cadre d'une introduction en bourse, décrit le mécanisme de dénouement des transactions et présente un répertoire des bourses des valeurs d'Afrique et des principales bourses hors Afrique. Afin de faciliter la compréhension, chaque section s'achève sur des exemples pratiques ou des exercices corrigés.
*(Harmattan Côte-d'Ivoire, 24.50 euros, 228 p.)*
*ISBN : 978-2-343-11492-7, ISBN EBOOK : 978-2-14-003260-8*

**ET S'IL FALLAIT TOUT CHANGER ?**
*Hébert Michel*
Un jour ou l'autre, votre entreprise sera confrontée à un changement brutal auquel elle n'était pas préparée. Il va falloir bousculer toutes nos façons de réfléchir, d'organiser, et inventer de nouvelles façons de travailler. Tout est à revoir, tout devient adaptatif : la vie, la stratégie, le long terme. Rien ne sert de traiter ce monde avec l'état d'esprit d'hier.
*(23.50 euros, 230 p.)*
*ISBN : 978-2-343-10596-3, ISBN EBOOK : 978-2-14-003313-1*

**DÉCIDER À L'INTERNATIONAL**
**Est-ce une question de distance ?**
*Moalla Emna*
Cet ouvrage s'interroge sur le rôle de la distance dans les décisions de développement à l'international des entreprises, et examine notamment l'impact de la distance sur le choix de mode d'entrée à l'étranger. Il étudie les différentes dimensions de la distance (culturelle, administrative, géographique, économique) en s'appuyant sur un échantillon de 203 opérations de rapprochement effectuées par des entreprises françaises avec des partenaires localisés dans le monde entier.
*(Coll. Entreprises et Management, 30.00 euros, 288 p.)*
*ISBN : 978-2-343-08938-6, ISBN EBOOK : 978-2-14-003179-3*

**CHOISIR POUR RÉUSSIR**
**La psychanalyse adaptée aux problématiques professionnelles**
*De Queylar Axel*
Se développer dans son travail nécessite de quitter la dépendance au profit de la liberté. Cette recherche d'autonomie permet de s'épanouir en étant davantage soi-même. Des entraves personnelles ou extérieures peuvent gêner ce processus et il devient important de les surmonter. Se sentir libre dans ses choix permet d'avancer en confiance. Cet ouvrage est donc un levier

de compréhension et un outil pratique. Il s'adresse à toute personne souhaitant améliorer son positionnement professionnel.
*(22.00 euros, 232 p.)*
*ISBN : 978-2-343-11636-5, ISBN EBOOK : 978-2-14-003216-5*

**BURN-OUT ET TRAVAIL SOCIAL**
**Du changement aux résistances à l'épreuve**
*Ben Mrad Fathi - Préface de Patrick Molodtzoff*
Le *burn-out* est devenu un sujet rebattu. Le sous-titre de ce livre traduit la volonté de l'auteur de s'intéresser à la manière dont certains professionnels sont affectés par leur situation, des points de vue physique, psychologique et social. Quels sont les changements personnels que les individus connaissent lorsqu'ils sont confrontés à l'expérience d'un *burn-out* et lorsqu'ils doivent déployer certaines de leurs ressources pour résister et faire face à leur situation ? À partir de ses observations, l'auteur propose de mieux considérer certains éléments minorés dans les travaux internationaux sur le sujet.
*(Coll. Questions contemporaines, 20.50 euros, 200 p.)*
*ISBN : 978-2-343-11558-0, ISBN EBOOK : 978-2-14-003217-2*

**LA FABRIQUE DU PRÊT-À-PENSER**
**Mécanismes de diffusion et d'adoption des outils de gestion**
**(Nouvelle édition)**
*Zerbib Romain*
Comment les cabinets de conseil en stratégie procèdent-ils pour imposer leur offre sur les marchés ? Comment font-ils pour qu'au même moment la quasi-totalité des managers utilisent le même champ lexical, emploient la même pratique de gestion ? Cet ouvrage met en évidence les techniques pour y parvenir, en décryptant le protocole de production, de légitimation et de diffusion d'un dispositif de gestion au sein des médias spécialisés, des universités et des entreprises.
*(Coll. Entreprises et Management, 18.00 euros, 160 p.)*
*ISBN : 978-2-343-11459-0, ISBN EBOOK : 978-2-14-003219-6*

**MANAGER À L'ÈRE DIGITALE**
**Le i-management**
*Sous la direction de Philippe Étienne*
Cet ouvrage traite du management à l'ère de la transformation numérique et de l'»ubérisation» des métiers et des fonctions. Il raconte ce qui se passe chez les banquiers, les comptables, les assureurs, les informaticiens, les responsables des ressources humaines ; il décrit les nouvelles façons de se préparer à ces nouvelles formes de travail. Il raconte aussi les nouvelles façons d'apprendre pour se préparer à ces nouvelles formes de travail, ces nouveaux rapports dans l'entreprise, cette nouvelle relation de chacun d'entre nous avec le travail à l'époque du numérique.
*(Coll. Horizons anthropologiques, 14.00 euros, 116 p.)*
*ISBN : 978-2-343-10348-8, ISBN EBOOK : 978-2-14-002998-1*

**AU CŒUR DE LA DIMENSION CULTURELLE DU MANAGEMENT**
*Sous la direction de Pierre Dupriez et Blandine Vanderlinden*
*Préface de Philippe d'Iribarne / Postface de Pierre Calame*
L'ouvrage renouvelle la manière d'aborder la dimension culturelle à travers des concepts qui permettent d'évoquer les nombreux défis posés au management dans des situations comme la gestion et la composition des équipes, la RSE, l'innovation responsable, la qualité, l'apprentissage organisationnel, la GRH renouvelée dans des contextes différents, le leadership, la transition culturelle ou encore le développement des communautés rurales. C'est également transcender le quotidien de l'entreprise et voir comment la prise en compte de la dimension culturelle peut contribuer à la construction du futur.
*(Coll. Diversité culturelle et dynamique des organisations, 49.00 euros, 673 p.)*
*ISBN : 978-2-343-10311-2, ISBN EBOOK : 978-2-14-002985-1*

**L'HARMATTAN ITALIA**
Via Degli Artisti 15; 10124 Torino
harmattan.italia@gmail.com

**L'HARMATTAN HONGRIE**
Könyvesbolt ; Kossuth L. u. 14-16
1053 Budapest

**L'HARMATTAN KINSHASA**
185, avenue Nyangwe
Commune de Lingwala
Kinshasa, R.D. Congo
(00243) 998697603 ou (00243) 999229662

**L'HARMATTAN CONGO**
67, av. E. P. Lumumba
Bât. – Congo Pharmacie (Bib. Nat.)
BP2874 Brazzaville
harmattan.congo@yahoo.fr

**L'HARMATTAN GUINÉE**
Almamya Rue KA 028, en face
du restaurant Le Cèdre
OKB agency BP 3470 Conakry
(00224) 657 20 85 08 / 664 28 91 96
harmattanguinee@yahoo.fr

**L'HARMATTAN MALI**
Rue 73, Porte 536, Niamakoro,
Cité Unicef, Bamako
Tél. 00 (223) 20205724 / +(223) 76378082
poudiougopaul@yahoo.fr
pp.harmattan@gmail.com

**L'HARMATTAN CAMEROUN**
TSINGA/FECAFOOT
BP 11486 Yaoundé
699198028/675441949
harmattancam@yahoo.com

**L'HARMATTAN CÔTE D'IVOIRE**
Résidence Karl / cité des arts
Abidjan-Cocody 03 BP 1588 Abidjan 03
(00225) 05 77 87 31
etien_nda@yahoo.fr

**L'HARMATTAN BURKINA**
Penou Achille Some
Ouagadougou
(+226) 70 26 88 27

**L'HARMATTAN SÉNÉGAL**
10 VDN en face Mermoz, après le pont de Fann
BP 45034 Dakar Fann
33 825 98 58 / 33 860 9858
senharmattan@gmail.com / senlibraire@gmail.com
www.harmattansenegal.com

www.ingramcontent.com/pod-product-compliance
Lightning Source LLC
LaVergne TN
LVHW021131061026
849535LV00002B/208
* 9 7 8 2 3 4 3 1 2 5 2 6 8 *